Die Übernahmerichtlinie und ihre Umsetzung in das deutsche Recht

Europäische Hochschulschriften

Publications Universitaires Européennes
European University Studies

Reihe II
Rechtswissenschaft

Série II Series II
Droit
Law

Bd./Vol. 4524

PETER LANG
Frankfurt am Main · Berlin · Bern · Bruxelles · New York · Oxford · Wien

Karsten Hilmer

Die Übernahmerichtlinie und ihre Umsetzung in das deutsche Recht

Eine Analyse des Übernahmerichtlinie-Umsetzungsgesetzes

PETER LANG
Europäischer Verlag der Wissenschaften

Bibliografische Information der Deutschen Nationalbibliothek
Die Deutsche Nationalbibliothek verzeichnet diese Publikation in der Deutschen Nationalbibliografie; detaillierte bibliografische Daten sind im Internet über <http://www.d-nb.de> abrufbar.

Zugl.: Saarbrücken, Univ., Diss., 2006

D 291
ISSN 0531-7312
ISBN-10: 3-631-56551-8
ISBN-13: 978-3-631-56551-3

www.peterlang.de

Meinen Eltern

VORWORT

Die vorliegende Arbeit wurde im Sommersemester 2006 vom Fachbereich Rechtswissenschaft der Universität des Saarlandes als Dissertation angenommen.

Ein besonderer Dank gilt meinem Doktorvater, Herrn Professor Dr. Filippo Ranieri, der diese Arbeit betreut und begleitet hat und mir den notwendigen wissenschaftlichen Freiraum bei der Ausgestaltung und Bearbeitung des ausgewählten Themas gelassen hat. Herrn Professor Dr. Günther Hönn danke ich ebenfalls für die zügige Erstellung des Zweitgutachtens.

Des Weiteren gebührt mein Dank meiner Frau Boryana. Ihre Liebe und ihr Zuspruch gaben mir die Kraft und den nötigen Rückhalt während der Entstehung dieser Arbeit.

Für die Unterstützung bei der Erstellung des Manuskripts gilt Boryana mein Dank ebenso wie meiner Schwester Karina Hilmer und meinen Eltern für die mühevolle Arbeit des Korrekturlesens und der sprachlichen Verbesserung des Manuskripts.

Außerdem möchte ich meinen Eltern für ihre stetige und vorbehaltlose Unterstützung – nicht nur während des Studiums – danken, ohne die die Erstellung dieser Arbeit nicht möglich gewesen wäre.

Schließlich möchte ich mich bei meinen Großeltern bedanken, die mir ein Ansporn dafür waren, die Arbeit zügig fertig zu stellen.

Gelnhausen, im Dezember 2006 Karsten Hilmer

GLIEDERUNG

INHALTSVERZEICHNIS

ABKÜRZUNGSVERZEICHNIS

A

a.A.	anderer Ansicht
ABl.	Amtsblatt
ABl. EG	Amtsblatt der Europäischen Gemeinschaften
ABl. EU	Amtsblatt der Europäischen Union
Abs.	Absatz (Absätze)
AcP	Archiv für die civilistische Praxis
a.E.	am Ende
a.F.	alte Fassung
AG	Aktiengesellschaft; Die Aktiengesellschaft (Zeitschrift); Amtsgericht
AG-R	Aktiengesellschaft-Report (Beilage zur Zeitschrift)
AktG	Aktiengesetz
Alt.	Alternative(n)
a.M.	am Main
AngVO	Verordnung über den Inhalt der Angebotsunterlage, die Gegenleistung bei Übernahmeangeboten und Pflichtangeboten und die Befreiung von der Verpflichtung zur Veröffentlichung und zur Abgabe eines Angebots
AnwVO	Verordnung über die Anwendbarkeit von Vorschriften bei Angeboten i.S.d. § 1 Abs. 2 und 3 des Wertpapiererwerbs- und Übernahmegesetzes
Art.	Artikel, *Article*
Aufl.	Auflage
ausf.	ausführlich

B

BaFin	Bundesanstalt für Finanzdienstleistungsaufsicht
BB	Der Betriebs-Berater (Zeitschrift)
Bd.	Band
BDA	Bundesvereinigung der Deutschen Arbeitgeberverbände e.V.
BDI	Bundesverband der Deutschen Industrie e.V.
Begr.	Begründer; Begründung
BFuP	Betriebswirtschaftliche Forschung und Praxis (Zeitschrift)
BGB	Bürgerliches Gesetzbuch

BGBl.	Bundesgesetzblatt
BGH	Bundesgerichtshof
BGHZ	Entscheidungen des Bundesgerichtshofs in Zivilsachen
BegrRegE	Begründung des Regierungsentwurfs
BFinVwNeuOG	Gesetz zur Neuorganisation der Bundesfinanzverwaltung und zur Schaffung eines Refinanzierungsregisters
BKR	Zeitschrift für Bank- und Kapitalmarktrecht (Zeitschrift)
BMF	Bundesministerium der Finanzen
BMJBerG	Gesetz über die Bereinigung von Bundesrecht im Zuständigkeitsbereich des Bundesministeriums der Justiz
BörsG	Börsengesetz
BR-Drs.	Drucksache des Bundesrates
bspw.	beispielsweise
BT	Deutscher Bundestag
BT-Drs.	Drucksache des Bundestages
BuW	Betrieb und Wirtschaft (Zeitschrift)
BVerfG	Bundesverfassungsgericht
BVerfGE	Entscheidung des Bundesverfassungsgerichts
BZ	Börsenzeitung
bzgl.	bezüglich
bzw.	beziehungsweise

C

CDU	Christlich Demokratische Union
City Code	City Code on Takeovers and Mergers
CMLR	Common Market Law Review (Zeitschrift)
Corp.	Corporation
CSU	Christlich-Soziale Union

D

d.h.	das heißt
DAI	Deutsches Anwaltsinstitut e.V.
DAV	Deutscher Anwaltverein e.V.
DAX	Deutscher Aktienindex
DB	Der Betrieb (Zeitschrift)
DBW	Die Betriebswirtschaft (Zeitschrift)
ders.	derselbe

dies.	dieselbe(n)
DIHK	Deutsche Industrie- und Handelskammer
DIHT	Deutscher Industrie- und Handelstag
DiskE	Diskussionsentwurf
Diss.	Dissertation
DJT	Deutscher Juristentag
DJZ	Deutsche Juristenzeitung (Zeitschrift)
DNotZ	Deutsche Notar-Zeitschrift (Zeitschrift)
DStR	Deutsches Steuerrecht (Zeitschrift)
DSW	Deutsche Schutzvereinigung für Wertpapierbesitz e.V.
DZWiR	Deutsche Zeitschrift für Wirtschaftsrecht (bis 1998) (Zeitschrift)
DZWIR	Deutsche Zeitschrift für Wirtschafts- und Insolvenzrecht (ab 1999) (Zeitschrift)

E

EBLR	European Business Law Review (Zeitschrift)
EC	European Community
ECFR	European Company and Financial Law Review (Zeitschrift)
ecgi	European Corporate Governance Institute
ECLR	European Community Law Review (Zeitschrift)
EG	Europäische Gemeinschaft(en); Vertrag zur Gründung der Europäischen Gemeinschaft
EGAktG	Einführungsgesetz zum Aktiengesetz
EGBGB	Einführungsgesetz zum Bürgerlichen Gesetzbuch
EGMR	Europäischer Gerichtshof für Menschenrechte
EGV	Vertrag zur Gründung der Europäischen Gemeinschaft
Einl.	Einleitung
EKMR	Europäische Kommission für Menschenrechte
EMRK	Europäische Konvention zum Schutz der Menschenrechte und Grundfreiheiten
endg.	endgültig
EP	Europäisches Parlament
EU	Europäische Union
EuGH	Europäischer Gerichtshof
EuGRZ	Europäische Grundrechte-Zeitschrift (Zeitschrift)
EUR	Euro

EuR	Europarecht (Zeitschrift)
EUÜRL	Europäische Übernahmerichtlinie
EUV	Vertrag über die Europäische Union
EuZW	Europäische Zeitschrift für Wirtschaftsrecht
e.V.	eingetragener Verein
evtl.	eventuell
EWG	Europäische Wirtschaftsgemeinschaft
EWiR	Entscheidungen zum Wirtschaftsrecht (Zeitschrift)
EWR	Europäischer Wirtschaftsraum
EWS	Europäisches Wirtschafts- und Steuerrecht (Zeitschrift)

F

f.,ff.	folgende Seite(n)
FamR	Familienrecht
FAZ	Frankfurter Allgemeine Zeitung
FB	Finanz-Betrieb (Zeitschrift)
FGG	Gesetz über die Angelegenheiten der freiwilligen Gerichtsbarkeit
FinDAG	Finanzdienstleistungsaufsichtsgesetz
Fn.	Fußnote
FS	Festschrift
FTD	Financial Times Deutschland

G

G	Gesetz
GATS	General Agreement on Trade in Services
GDV	Gesamtverband der Deutschen Versicherungswirtschaft e.V.
gem.	gemäß
GesAusG	Österreichisches Gesellschafter-Ausschlussgesetz
GG	Grundgesetz (für die Bundesrepublik Deutschland)
ggf.	gegebenenfalls
GmbH	Gesellschaft mit beschränkter Haftung
GmbHR	GmbH Report (Zeitschrift)
GRC	Charta der Grundrechte der Europäischen Union

H

Halbs.	Halbsatz
Harv. L. Rev.	Harvard Law Review (Zeitschrift)
HB	Handelsblatt
Hdb.	Handbuch
HGB	Handelsgesetzbuch
h.M.	herrschende(n) Meinung
Hrsg.	Herausgeber
hrsg.	herausgegeben

I

i.E.	im Ergebnis
IDW	Institut der Wirtschaftsprüfer
IG BCE	Industriegewerkschaft Bergbau, Chemie, Energie
IntGesR	Internationales Gesellschaftsrecht
InvG	Investmentgesetz
i.S.d.	im Sinne des/der
IStR	Internationales Steuerrecht (Zeitschrift)
i.V.m.	in Verbindung mit

J

J. Pol. Econ.	Journal of Political Economy (Zeitschrift)
JbJZiwW	Jahrbuch Junger Zivilrechtswissenschaftler
JZ	Juristenzeitung (Zeitschrift)

K

KG	Kammergericht
KGaA	Kommanditgesellschaft auf Aktien
KMU	kleine und mittlere Unternehmen
KonTraG	Gesetz für Kontrolle und Transparenz im Unternehmensbereich
krit.	kritisch

L

LG	Landgericht
Liefg.	Lieferung
lit.	*littera* (Buchstabe)

Losebl.-Ausg.	Loseblattausgabe

M

M&A	*Mergers and Acquisitions*; Mergers & Acquisitions Review (Zeitschrift)
Mio.	Million(en)
m.N.	mit Nachweisen
Mrd.	Milliarde(n)
m.w.N	mit weiteren Nachweisen

N

n.F.	neue Fassung
NJW	Neue Juristische Wochenschrift (Zeitschrift)
Nr.	Nummer
NVwZ	Neue Zeitschrift für Verwaltungsrecht (Zeitschrift)
NZG	Neue Zeitschrift für Gesellschaftsrecht (Zeitschrift)

O

OECD	*Organization for Economic Cooperation and Development* (Organisation für wirtschaftliche Zusammenarbeit und Entwicklung)
OLG	Oberlandesgericht

P

p.	page
PfandBNeuOG	Gesetz zur Neuordnung des Pfandbriefrechts
PlPr.	Plenarprotokoll
Pr.Nr.	Protokoll Nummer

R

R	Report
RefE	Referentenentwurf
RegE	Regierungsentwurf
RIW	Recht der internationalen Wirtschaft (Zeitschrift)
RL	Richtlinie
Rn.	Randnummer(n)
Rs.	Rechtssache

Rspr.	Rechtsprechung

S

S.	Seite(n); Satz (Sätze)
SAG	Schweizerische Aktiengesellschaft, Zeitschrift für Handels- und Wirtschaftsrecht (Zeitschrift)
SE	*Société europóene* (Europäische Gesellschaft)
Sec.	Section
SEEG	Gesetz zur Einführung der Europäischen Gesellschaft
Slg.	Sammlung
SLIM	*Simpler Legislation for the Internal Market* (Vereinfachung der Rechtsvorschriften im Binnenmarkt)
sog.	so genannt
SPD	Sozialdemokratische Partei Deutschlands
SpruchG	Gesetz über das gesellschaftsrechtliche Spruchverfahren
st. Rspr.	ständige Rechtsprechung
str.	streitig
SWI	Steuer und Wirtschaft International (Zeitschrift)
SZ	Süddeutsche Zeitung

U

u.a.	unter anderem
Uabs.	Unterabsatz (Unterabsätze)
ÜbG	Österreichisches Übernahmegesetz
ÜbRÄG	Österreichisches Übernahmerechts-Änderungsgesetz
UMAG	Gesetz zur Unternehmensintegrität und Modernisierung des Anfechtungsrechts
UmwG	Umwandlungsgesetz
Univ.	Universität
USA	*United States of America* (die Vereinigten Staaten)
usw.	und so weiter
Ü-UG	Übernahmerichtlinie-Umsetzungsgesetz

V

v.	von; vom
VE	Vertrag über eine Verfassung für Europa
vgl.	vergleiche

VO	Verordnung
Vol.	*volume*
VW-Gesetz	Gesetz über die Überführung der Anteilsrechte an der Volkswagenwerk Gesellschaft mit beschränkter Haftung in private Hand
VwVfG	Verwaltungsverfahrensgesetz

W

WiB	Wirtschaftliche Beratung (Zeitschrift)
WISU	Das Wirtschaftsstudium (Zeitschrift)
WM	Wertpapiermitteilungen (Zeitschrift)
WPg	Die Wirtschaftsprüfung (Zeitschrift)
WpHG	Wertpapierhandelsgesetz
WpÜG	Gesetz zur Regelung von öffentlichen Angeboten zum Erwerb von Wertpapieren und von Unternehmensübernahmen
WTO	World Trade Organisation (Welthandelsorganisation)

Z

z.	zu(m)
z.B.	zum Beispiel
ZBB	Zeitschrift für Bankrecht und Bankwirtschaft (Zeitschrift)
Zfbf	Schmalenbachs Zeitschrift für betriebswirtschaftliche Forschung (Zeitschrift)
ZfgK	Zeitschrift für das gesamte Kreditwesen (Zeitschrift)
ZGR	Zeitschrift für Unternehmens- und Gesellschaftsrecht (Zeitschrift)
ZHR	Zeitschrift für das gesamte Handelsrecht und Wirtschaftsrecht (Zeitschrift)
Ziff.	Ziffer
ZIP	Zeitschrift für Wirtschaftsrecht (Zeitschrift)
zit.	zitiert
ZP	Zusatzprotokoll
ZPO	Zivilprozessordnung
ZR	Zivilrecht
ZRP	Zeitschrift für Rechtspolitik (Zeitschrift)
ZVglRWiss	Zeitschrift für vergleichende Rechtswissenschaft (Zeitschrift)

KAPITEL 1: GRUNDLEGUNG

A. Einleitung

Gegenstand dieser Arbeit ist die Umsetzung der EG-Übernahmerichtlinie 2004/25/EG vom 21. April 2004[1] in das deutsche Recht. Angesichts des Umfangs der Richtlinie wird nicht jede Richtlinienbestimmung besprochen, sondern sich auf einige wesentliche Kernbestimmungen der Richtlinie beschränkt. Eingegangen wird insbesondere auf den Anwendungsbereich der Richtlinie, die damit zusammenhängenden Fragen der zuständigen Aufsichtsstelle und des anwendbaren Rechts, das Pflicht- und das freiwillige Übernahmeangebot, das Optionsmodell in Bezug auf die Verhaltenspflichten des Leitungsorgans und auf die Durchgriffsregelung sowie das Ausschluss- und Andienungsrecht[2]

Das deutsche Recht regelt Angebote[3] durch das Wertpapiererwerbs- und Übernahmegesetz[4], welches am 1. Januar 2002 in Kraft getreten ist. Dieses Gesetz beinhaltet Vorschriften in Bezug auf öffentliche Angebote[5] zum Erwerb von Wertpapieren, die von einer Zielgesellschaft ausgegeben wurden und zum Handel an einem organisierten Markt zugelassen sind[6]. Bei der Ausarbeitung des

---

1 RL 2004/25/EG v. 21. April 2004 betreffend Übernahmeangebote, ABl. EU Nr. L 142 v. 30. April 2004, S. 12. Die RL 2004/25/EG wird als „Richtlinie" bezeichnet.

2 Für einen Überblick über die Richtlinienbestimmungen siehe Kapitel 1 E.

3 Siehe zu den mit Unternehmensübernahmen verfolgten Zwecken Kainer, Unternehmensübernahmen, 2004, S. 34f.

4 Im Folgenden WpÜG; verkündet als Art. 1 des Gesetzes zur Regelung von öffentlichen Angeboten zum Erwerb von Wertpapieren und von Unternehmensübernahmen v. 20. Dezember 2001, BGBl. I/2001, S. 3822ff., zuletzt geändert durch Art. 1 des Gesetzes zur Umsetzung der Richtlinie 2004/25/EG des Europäischen Parlaments und des Rates vom 21. April 2004 betreffend Übernahmeangebote (Übernahmerichtlinie-Umsetzungsgesetz) vom 8. Juli 2006, BGBl. I/2006, S. 1426.

5 Die Frage, was genau unter einem öffentlichen Angebot zu verstehen ist, ist nicht abschließend geklärt. Der deutsche Gesetzgeber hat sich bei dem Wortlaut daran orientiert, dass ausländische Rechtsordnungen ebenfalls den Begriff „öffentliches Angebot" enthalten, ohne ihn zu definieren, was angesichts der Vielzahl der denkbaren Konstellation auch nicht möglich ist. Vgl. BT-Drs. 14/7034, B. Zu Artikel 1 Zu Abschnitt 1 Zu § 2 Zu Absatz 1, S. 32. Nach Assmann/Bozenhardt ist ein öffentliches Angebot ein *„von einem in- oder ausländischen Bieter gleichzeitig an alle Aktionäre der Zielgesellschaft gerichtetes öffentliches Angebot, deren Aktien in begrenztem oder unbegrenztem Umfang innerhalb eines limitierten Zeitraums, unter im übrigen gleichen Bedingungen, zu einem bestimmten Preis oder im Umfang gegen andere Aktien zu erwerben"*. Assmann/Bozenhardt, in: Assmann/Basaldua/Bozenhardt/Peltzer, Übernahmeangebote, 1990, S. 1, 8. Zu weiteren Definitionsversuchen vgl. Frei, Öffentliche Übernahmeangebote, 1995, S. 11f.

6 Seit Einführung des WpÜG wurde dies bereits häufig für Unternehmensübernahmen ge-

WpÜG bemühte man sich zunächst darum, bereits vorausschauend die erhoffte europäische Richtlinie möglichst weitgehend vorwegzunehmen, um für den Fall der Verabschiedung einer solchen Richtlinie nur kleine Veränderungen an dem WpÜG vornehmen zu müssen[7].

Die Vorwegnahme ist, wie die Arbeit zeigen wird, nur zum Teil gelungen. Insbesondere bedurfte es Änderungen bezüglich des Regelungsbereiches, der Einführung eines aus dem Aktiengesetz und auch in anderen Ländern Europas bekannten *Squeeze Out* Verfahrens[8] sowie eines bislang dem deutschen Recht unbekannten Andienungsverfahrens. Ebenso war das in der Richtlinie enthaltene Optionsmodell umzusetzen, welches – Stichwort *level playing field* – erst eine politische Einigung auf europäischer Ebene ermöglichte. Darüber hinaus wurden viele weitere Anpassungen erforderlich, die hier noch nicht im Detail angesprochen werden sollen.

Zunächst wird die jeweils umzusetzende Richtlinienbestimmung beschrieben und ihr europäischer Hintergrund erläutert. Anschließend wird untersucht, ob die fragliche Bestimmung nur Mindest- oder auch Maximalvorgaben enthält, bevor ausgehend von der nationalen Regelung vor Umsetzung der Übernahmerichtlinie der Änderungsbedarf lokalisiert wird. Darauf aufbauend wird der neue Gesetzeswortlaut und die Begründung dargestellt sowie überprüft, ob das Übernahmerichtlinie-Umsetzungsgesetz den Richtlinienanforderungen entspricht bzw. inwieweit der Gesetzgeber über das von der Richtlinie vorgeschriebene Maß hinausgehende Regelungen getroffen hat oder hinter diesem zurückgeblieben ist.

---

nutzt. Im Jahr 2002 wurden 30 Entscheidungen zur Abgabe eines Übernahmeangebots bzw. Ankündigungen der Kontrollerlangung sowie 22 Angebotsunterlagen veröffentlicht. Im Jahr 2003 waren es 39 Entscheidungen und Kontrollerlangungen und 30 veröffentlichte Angebotsunterlagen und im ersten Halbjahr 2005 elf Entscheidungen und Kontrollerlangungen. Die Angebotsunterlagen sind unter www.bafin.de abrufbar. Regelmäßige Auswertungen gibt es von Blättchen/Götz. Vgl. Blättchen/Götz, FB 2005, 203, zuletzt Blättchen/Götz, FB 2006, 270ff.

7 Dies gilt jedenfalls überwiegend. Teilweise war man nach Kenntnis des Scheiterns des vorherigen Richtlinienvorschlags bewusst von diesem abgewichen.

8 Ein *Squeeze Out* ist der zwangsweise Ausschluss von Minderheitsaktionären aus einer Gesellschaft gegen Gewährung einer (angemessenen) Abfindung.

B. Ziel und Entstehungsgeschichte der Übernahmerichtlinie

I. Ziel der Richtlinie

Die EG-Übernahmerichtlinie ist Teil des Aktionsplans für Finanzdienstleistungen. Sie wurde vom Europäischen Rat im März 2002 als prioritär eingestuft, um europaweite Restrukturierungen zu ermöglichen und auf diese Weise dazu beizutragen, *„Europa bis zum Jahre 2010 zur wettbewerbsfähigsten Wirtschaft der Welt zu machen“*[9].
Die Richtlinie hat dabei zwei wesentliche Zielsetzungen: einerseits sollen Übernahmen[10] in Europa mit einem für Unternehmen Rechtssicherheit bietenden Rechtsrahmen ausgestattet werden[11], andererseits soll ein EU-weites adäquates Schutzniveau für Minderheitsaktionäre im Falle eines Kontrollwechsels garantiert werden[12].

II. Entstehungsgeschichte der Richtlinie

Diskussionen um eine europäische Regelung von Übernahmeangeboten gibt es bereits seit mehr als 30 Jahren[13]. Im Jahre 1974 entwarf der englische Jurapro-

---

9 Folgenabschätzungsbogen: Auswirkungen des vorgeschlagenen Rechtsakts auf die Unternehmen unter besonderer Berücksichtigung der kleinen und mittleren Unternehmen (KMU), abrufbar unter: http://www.bafin.de/internationales/eu_eg-recht/uebernahmeRL_vorsch_EU-komm.pdf, S. 36-38.

10 Unter einer Unternehmensübernahme versteht man den Erwerb der Kontrolle an einer Gesellschaft. Vgl. Frei, Öffentliche Übernahmeangebote, S. 9.

11 Grenzüberschreitende Unternehmensübernahmen dienen sowohl der Steigerung der Effizienz von Unternehmen als auch der Senkung von Markteintrittsbarierren. Siehe zur Bedeutung von Unternehmensübernahmen im Binnenmarkt Kainer, Unternehmensübernahmen, 2004, S. 56f. Der Weltmarkt für Fusionen und Übernahmen näherte sich im ersten Halbjahr 2006 dem Rekordniveau aus 2000. Vgl. FAZ vom 28. Juni 2006, S. 21.

12 Vgl. Erwägungsgründe (2) und (3) der Übernahmerichtlinie. Die Richtlinie beruht also auf der Prämisse, (grenzüberschreitende) Unternehmensübernahmen seien durch die Nutzung von Synergien gemeinwohlförderlich. Vgl. zu diesem Ausgangspunkt die Ausführungen im Dauner-Lieb/Lamandini-Gutachten, S. 15 sowie Bericht der Hochrangigen Gruppe von Experten auf dem Gebiet des Gesellschaftsrechts über die Abwicklung von Übernahmeangeboten vom 10. Januar 2002 („Winter-Bericht“), S. 3, 21, abrufbar unter: http://europa.-eu.int/comm/internal_market/company/docs/takeoverbids/2002-01-hlg-report_de.pdf.
Dieser Ausgangspunkt ist hingegen nicht unbestritten. Vgl. dazu Krause, WM 1996, 893, 896; Schneider, AG 2002, 125ff.; Schneider/Burgard, DB 2001, 963; Werner, „Feindliche“ Übernahmeangebote, 1989, S. 15; Zöllner/Noack, AG 1991, 117, 121ff. Schneider vertritt in AG 2002, 125, 126 gar die These, in 80 % der Unternehmensübernahmen könnten nicht einmal die Kapitalkosten der Übernahme realisiert werden.

13 Die älteste europäische Übernahmeregelung ist der 1968 in Kraft getretene englische *City Code on Takeovers and Mergers („City Code“)*. Er war in (großen) Teilen Vorbild sowohl für die europäische Richtlinie als auch für das deutsche WpÜG bzw. dessen Vorläufer. Vgl.

fessor *Robert Roland Pennington*[14] einen wenig beachteten Report, in dessen Anhang er einen ersten Vorentwurf eines Richtlinienvorschlags für Unternehmensübernahmen einfügte[15]. Die Kernpunkte des Reports waren die Forderung nach Gleichbehandlung der Aktionäre, Transparenz, Neutralitätspflicht[16] und einem Pflichtangebot[17]. Angesichts der auf dem europäischen Festland im Gegensatz zu dem angelsächsischen Raum nahezu unbekannten Unternehmensübernahmen sah man allerdings keinen Anlass zur Regelung der Unternehmensübernahmen, weshalb der *Pennington*-Report lange Zeit weitgehend unbeachtet blieb. Die Kommission verfolgte daher ihr Ziel, einen ersten Richtlinienentwurf zu präsentieren, zunächst nicht weiter, sondern verabschiedete lediglich eine nicht bindende Empfehlung zu europäischen Wohlverhaltensregeln für Wertpapiertransaktionen[18].

---

zum *City Code*: Gower/Davies, Principles, 2003, S. 704ff.; Defriez, in: von Rosen/Seifert, Die Übernahme börsennotierter Unternehmen, 1999, S. 29ff.; Lee, in: Hopt/Wymeersch, European Takeovers, 1992, S. 133ff.; aus dem deutschsprachigen Schrifttum Rosskopf, Selbstregulierung, 2000, S. 86ff.; Zinser, Übernahmeangebote (takeover bids), 2000, S. 67ff.; ders., RIW 2001, 481ff. Die aktuelle Fassung des *City Code* ist abrufbar unter: *www.thetakeoverpanel.org.uk*.

14 Zur Person siehe Beckmann, Übernahmeangebote, 1995, S. 27.

15 Sogenannter Pennington-Report, EG-Kommissions-Dokument XI/56/74. Hierzu bereits Behrens, ZGR 1975, 433ff.; Bess, AG 1976, 169, 206; König, in: Schmitthoff/Goré/Heinsius, Übernahmeangebote, 1976, S. 63ff.; Heinsius, in: Schmitthoff/Goré/Heinsius, Übernahmeangebote, 1976, S. 35, 58f.; Herkenroth, Konzernierungsprozesse, 1994, S. 280ff.; Hopt, in: Büschgen/Schneider, Binnenmarkt, 1990, S. 297, 300f.; Krause, Das obligatorische Übernahmeangebot, 1996, S. 29ff.; Richter, Chancen für eine Übernahmeregelung, 1997, S. 15ff. Zur Entstehungsgeschichte der Übernahmerichtlinie aus englischer Perspektive vgl. Edwards, ECFR 2004, 416ff.

16 Gemeint ist die Neutralitätspflicht des Vorstandes bzw. Leitungsorgans der Zielgesellschaft, also der Gesellschaft, welche Ziel des Übernahmeangebots ist. Indes ist der Begriff missverständlich gewählt, da von dem Vorstand bzw. Leitungsorgan grundsätzlich eine Stellungnahme erwartet wird, er sich also insoweit zu dem Angebot nicht neutral zu verhalten hat. Sinnvoller wäre daher die Wahl des Begriffs „Vereitelungsverbot" gewesen. Ungeachtet dessen hat sich die Bezeichnung „Neutralitätspflicht" durchgesetzt und wird daher auch hier verwendet.

17 Unter einem Pflichtangebot versteht man ein Angebot, welches im Anschluss an den Erwerb der Kontrolle einer Gesellschaft abzugeben ist. Hiervon zu unterscheiden ist das Angebot, welches einen Kontrollerwerb zum Ziel hat. Sowohl Pflicht- als auch Übernahmeangebot werden in der Richtlinie als „freiwilliges Angebot" oder „freiwilliges Übernahmeangebot" bezeichnet, im deutschen WpÜG wird nur das auf Kontrollerwerb gerichtete Angebot als „Übernahmeangebot" bezeichnet. Sofern also in dieser Arbeit beide Angebotsformen gemeint sind, wird schlicht von „Angeboten" gesprochen. Andernfalls wird die im deutschen Recht benutzte Begriffsbezeichnung gewählt. Das freiwillige oder einfache (Erwerbs-) Angebot i.S.d. WpÜG ist ein Angebot, welches gerade nicht den Kontrollerwerb zum Ziel hat. Dieses findet in der Richtlinie keine Entsprechung.

18 Empfehlung der Kommission v. 25. Juli 1977, ABl. EG Nr. L 212 v. 20. August 1977, S. 37.

Einen ersten Vorschlag kündigte die Kommission 1985 an[19]. Es entstand ein Vorentwurf in 1987[20], gefolgt von einem ersten Richtlinienvorschlag, den die Kommission im Jahre 1989 unterbreitete[21]. Er enthielt eine im Vergleich zur heutigen Richtlinie detaillierte Regelung, die allerdings im Europäischen Rat gerade wegen dieses Detailreichtums auf wenig Gegenliebe stieß. Auch in den Mitgliedstaaten fand der Vorschlag keinen Anklang. Folgerichtig wurde er von der Kommission verworfen. Aus dem Jahre 1990 stammte ein geänderter, inhaltlich und vom Umfang auf dem Vorgängervorschlag basierender Vorschlag[22]. Diesem stand insbesondere das Vereinigte Königreich feindlich gegenüber, da der Vorschlag das Übernahmerecht in Gesetzesvorschriften regeln wollte[23]. Außerdem scheiterte er an der geplanten Einführung eines Pflichtangebots sowie an den Arbeitnehmerschutzvorschriften[24]. Im Februar 1996 unterbreitete die Kom-

---

19 In dem Weißbuch zur Vollendung des Binnenmarktes bis 1992, Weißbuch der Kommission der Europäischen Gemeinschaften an den Europäischen Rat, (KOM (85) 310 endg.) S. 34, Anhang S. 36.

20 EG-Komm.-Dok. XV/63/87-DE rev. 1. Dazu Assmann/Bozenhardt, in: Assmann/Basaldua/Bozenhardt/Peltzer, Übernahmeangebote, 1990, S. 1, 32ff.; Hauschka/Roth, AG 1988, 181, 184ff.; Krause, Das obligatorische Übernahmeangebot, 1996, S. 32f; Wiesner, GmbHR 1987, R 81.

21 Am 19. Januar 1989, KOM (88) 823 endg., ABl. EG Nr. C 64/8 v. 14. März 1989. Vgl. hierzu Baums, ZIP 1989, 1376ff.; Grunewald, WM 1989, 1233ff.; Hommelhoff/Kleindiek, AG 1990, 106ff.; Hopt, in: FS Rittner, 1991, S. 187, 195ff.; Hopt, in: Büschgen/Schneider, Binnenmarkt, 1990, S. 297ff.; Mertens, AG 1990, 252ff.; Stoll, BB 1989, 1489ff.; Peltzer, in: Assmann/Basaldua/Bozenhardt/Peltzer, Übernahmeangebote, 1990, S. 179ff.; Richter, Chancen für eine Übernahmeregelung, 1997, S. 29ff; Eymann/Menichetti, Die Regelung von Übernahmeangeboten, 1990, S. 13ff. Aus ökonomischer Sicht Hahn, ZBB 1990, 10ff.

22 Vom 14. September 1990, KOM (90) 416 endg., ABl. EG Nr. C 240/7 v. 26. September 1990. Vgl. hierzu van Alstine, EWS 1993, 8ff.; Depser, RIW 1992, 351, 357ff.; Baums, in: Rengeling, Europäisierung des Rechts, 1996, S. 91ff.; Beckmann, DB 1995, 2407ff.; Beckmann, Übernahmeangebote, 1995, S. 17ff.; Ebenroth/Rapp, DZWiR 1991, 2, 5ff.; Grunewald, WM 1991, 1361ff.; Herkenroth, Konzernierungsprozesse, 1994, S. 285ff.; Hommelhoff, in: FS Semler, 1993, S. 455ff.; Hopt, in: Hopt/Wymeersch, European Takeovers, 1992, S. 165, 174ff.; Krause, Das obligatorische Übernahmeangebot, 1996, S. 33ff.; Lutter, Europäisches Unternehmensrecht, 1996, S. 281ff.; Sandberger, DZWiR 1993, 319ff.; Wouters, J. (1993) 30 CMLR, 267ff. Aus ökonomischer Sicht Reul, JbJZivW 1990, 11ff.

23 Obgleich die Vorschriften und Prinzipien in weitem Umfang dem *City Code* entsprachen, führte dies zu einer ablehnenden Haltung des Vereinigten Königreichs, da lange Rechtsstreitigkeiten befürchtet wurden. Edwards, ECFR 2004, 416, 420; Bittner, RIW 1992, 182, 187; Neye, DB 1996, 1121.

24 Das Pflichtangebot wäre ausgelöst worden, wenn ein Bieter mehr als ein Drittel der Stimmrechte erwerben wollte. Insbesondere Deutschland (vgl. Beschlussempfehlung des Rechtsausschusses des Deutschen Bundestages, BT-Drs. 12/1465 v. 5. November 1991; Beschluss des Deutschen Bundestages v. 5. Dezember 1991, BT-PlPr. 12/64, 5410 (D)) und die Niederlanden (vgl. Kindler, ZGR 1997, 449, 453) wollten die Einführung eines Pflichtangebots verhindern. Vgl. Grunewald, WM 1991, 1361ff.

mission erneut einen, diesmal wesentlich allgemeiner gehaltenen Richtlinienvorschlag[25]. Nachdem der Wirtschafts- und Sozialausschuss[26] und das Europäische Parlament diesen Vorschlag grundsätzlich begrüßten, aber auch insgesamt 20 Abänderungen vorschlugen, legte die Kommission 1997 eine geänderte Fassung vor[27], in der die Abänderungsvorschläge Berücksichtigung fanden. Diese zog kontroverse Beratungen, die am 21. Juni 1999 unter deutscher Ratspräsidentschaft zu einer politischen Einigung führten, nach sich. Im Jahre 2000[28] folgte die Verabschiedung eines Gemeinsamen Standpunkts[29]. Nachdem sich zwischen dem Europäischen Rat einerseits und dem Parlament andererseits grundlegende Meinungsunterschiede bezüglich des Gemeinsamen Standpunkts herauskristallisierten[30], die sich insbesondere in den Punkten Neutralitätspflicht bei Vorliegen

[25] Vom 7. Februar 1996; KOM (95) 655 endg., ABl. EG Nr. C 162/5 v. 6. Juni 1996 S. 5. Vgl. hierzu DAV-Stellungnahme, WiB 1996, 1023; Hopt, ZHR 161 (1997), 368, 379ff.; Krause, AG 1996, 209ff.; Neye, DB 1996, 1121ff.; Peltzer, AG 1997, 145ff.; Neye, DB 1996, 1121ff.; Schuster, EuZW 1997, 237ff.; Roos, WM 1996, 2177ff.

[26] Stellungnahme vom 11. Juli 1996, CES 876/1996, ABl. EG Nr. C 295 v. 7. Oktober 1996, S. 1; abgedruckt in EWS 1996, 389ff. Der Wirtschafts- und Sozialausschuss besteht aus Vertretern der verschiedenen wirtschaftlichen und sozialen Bereiche der organisierten Zivilgesellschaft (Art. 257 EG) und wird vom Rat bzw. der Kommission in den im EG-Vertrag vorgesehenen Fällen gehört (Art. 262 EG). Art. 44 Abs. 1 EG sieht eine solche Anhörung des Wirtschafts- und Sozialausschusses vor.

[27] ABl. EG Nr. C 378/10 v. 13. Dezember 1997. Vgl. hierzu Habersack/Mayer, ZIP 1997, 2141ff.; Hopt, in: FS Zöllner, 1998, S. 253, 255ff.; Monti, in: von Rosen/Seifert, Die Übernahme börsennotierter Unternehmen, 1999, S. 15; Mülbert, IStR 1999, 83ff.; Weber, EuZW 1998, 464ff.; Witt, EWS 1998, 318ff. Kritik am Konzept einer Rahmenrichtlinie äußerten Hopt, ZHR 161 (1997), 368, 380f. sowie Roos, WM 1996, 2177, 2187f.

[28] Bereits am 19. Juni 1999 bestand zwischen Rat und Kommission Einigkeit über den Wortlaut des Gemeinsamen Standpunkts, allerdings gab es zu diesem Zeitpunkt noch Schwierigkeiten bezüglich der Gibraltar-Frage. Dabei ging es um die Ausgestaltung der Aufsicht bei Übernahmeverfahren unter Beteiligung von Gesellschaften mit Sitz auf Gibraltar. Diesbezügliche Differenzen zwischen Spanien und dem Vereinigten Königreich verschoben die offizielle Verabschiedung des Gemeinsamen Standpunkts. Das Vereinigte Königreich und Spanien kamen dahingehend überein, eine „*postbox*"-Lösung zu vereinbaren. Bei Gibraltarsachverhalten sollten die Vorgänge über ein Büro im Londoner Außenministerium nach Gibraltar weitergeleitet werden. Vgl. Pötzsch/Möller, WM Sonderbeilage Nr. 2 zu Heft 31/2000, S. 5 Fn. 14.

[29] 8129/1/2000, C5-0327, ABl. EG Nr. C 23/1 v. 24. Januar 2001. Vgl. hierzu Hopt, in: FS Koppensteiner, 2001, S. 61, 63ff.; Krause, NZG 2000, 905ff.; Neye, AG 2000, 289ff.; Weisner, ZRP 2000, 520, 524f.; Wiesner, ZIP 2000, 1792, 1795f.; Pötzsch/Möller, WM Sonderbeilage Nr. 2 zu Heft 31/2000, S. 4ff.; van Hulle, EWS 2000, 521, 524.

[30] Der zuständige Berichterstatter des Ausschusses für Recht und Binnenmarkt des Europäischen Parlaments, der deutsche Abgeordnete Klaus-Heiner Lehne, kündigte bereits frühzeitig Änderungen des Ratstextes an. Vgl. Leserbrief in der FAZ vom 14. März 2000, S. 11; FAZ vom 31. August 2000, S. 20. Befürchtet wurden angesichts der Neutralitätspflicht Waffengleichheitsprobleme sowohl in Europa als auch im Verhältnis zu den USA. Vgl. FAZ vom 5. Juni 2001, S. 13. Die Bundesrepublik Deutschland unterstützte erstaunlicherweise diesen

gleicher Ausgangsbedingungen[31], der (mangelnden) Festlegung einer Kontrollschwelle bei einem Pflichtangebot sowie der (fehlenden) Bestimmung der angemessenen Gegenleistung äußerten[32] und zu einer Abänderung des Gemeinsamen Standpunkts in fünfzehn Punkten führte[33], wurde ein Vermittlungsverfahren in Gang gesetzt, an dessen Ende die denkbar knappste Ablehnung des dort gefundenen Ergebnisses stand: 273 Mitglieder des Europäischen Parlaments stimmten am 4. Juli 2001 für den Vorschlag; 273 Mitglieder stimmten dagegen[34].

Widerstand ab April 2001, nachdem sie zuvor im Jahre 2000 den Gemeinsamen Standpunkt im Rat zugestimmt hatte, da auch sie plötzlich die Neutralitätspflicht als gefährlich für den Wirtschaftsstandort Deutschland einstufte (zur vormaligen Position der Bundesregierung siehe BT-Drs. 14/3895 v. 13. Juli 2000, S. 13). Zeitungsberichten zufolge sei diese geänderte Haltung der Bundesregierung auf den VW Aufsichtsratsvorsitzenden Ferdinand Piech zurückzuführen gewesen. So SZ vom 3. Mai 2001, S. 25, wonach Gerhard Schröder *„den Wünschen seines Freundes Ferdinand Piech aus Wolfsburg nachgegeben haben"* solle und FTD vom 7. Juni 2001, S. 2, die in Piech den *„Motor hinter dem deutschen Widerstand gegen die EU-Übernahmerichtlinie"* sah. Zitiert nach Altmeppen, ZIP 2001, 1073, 1074. Die CDU/CSU-Bundestagsfraktion unterstützte Klaus-Heiner Lehne ebenfalls in der Frage der Waffengleichheitsprobleme. Vgl. FAZ vom 17. Mai 2000; Antrag der CDU/CSU-Fraktion, BT-Drs. 14/3776 v. 4. Juli 2000; BT-Drs. 14/7477 v. 14. November 2001, S. 50.

[31] Lehne, in: Hirte, WpÜG Materialien, 2002, S. 33, 41f.

[32] Auf der Seite des Europäischen Parlaments bzw. von Klaus-Heiner Lehne standen auch deutsche Wirtschaftsverbände (vgl. Spitzenverbände der deutschen Wirtschaft, Stellungnahme zum DiskE ÜG vom 24. Juli 2000, 2f.), Teile der Praxis (Wiese/Demisch, DB 2001, 849, 852) und Wissenschaft (Kirchner, WISU 2001, 1037, 1038; ders., WM 2000, 1821, 1829; Schneider/Burgard, DB 2001, 963ff.).

[33] Legislative Entschließung des Europäischen Parlaments v. 13. Dezember 2000, A5-0368/2000. Die Abänderungen betrafen die Regelung zum anwendbaren Recht, zum zuständigen Aufsichtsorgan, den Harmonisierungsgrad der Richtlinie, die Arbeitnehmerrechte sowie den rechtlichen Rahmen für Verteidigungsmaßnahmen der Zielgesellschaft.

[34] Zudem gab es 23 Enthaltungen. Zunächst fehlte eine (abgegebene) Nein-Stimme zur Ablehnung. Ein neues Mitglied des Parlaments war noch nicht im elektronischen Abstimmregister eingetragen. Vgl. FTD vom 5. Juli 2001, S. 25. Damit hat das Europäische Parlament gemäß Art. 251 Abs. 5 EG mangels Erreichens der absoluten Mehrheit der abgegebenen Stimmen den Rechtsakt zum Scheitern gebracht. Das erste Mal in der Geschichte des Europäischen Parlaments stimmte damit das Europäische Parlament gegen einen im Vermittlungsverfahren gefundenen Kompromiss. Das (ablehnende) Ergebnis wäre weitaus klarer ausgefallen, hätten nicht kurz vor der Abstimmung ein großer Teil der spanischen Abgeordneten ihr Abstimmungsverhalten geändert bzw. ändern müssen. Vgl. Lehne/Haak, Der Konzern 2003, 163, 166. Das geänderte Abstimmungsverhalten von Teilen der spanischen Abgeordneten war auf die Unterstützung für erhöhte Fischbeihilfen zurückzuführen. Vgl. Edwards, ECFR 2004, 416, 427. Das Parlament lehnte den Vorschlag im Wesentlichen aus drei Gründen ab: er führe zu keinem *level playing field* für Zielgesellschaften, der Arbeitnehmerschutz in den Zielgesellschaften sei nicht gewährleistet und es werde kein *level playing field* mit den USA erreicht. Zu der Geschichte des europäischen Übernahmerechts bis zum vorläufigen Scheitern der Richtlinie ausführlich Rasner, Pflichten der Zielgesellschaft, 2005, S. 57ff.

Die Kommission setzte in der Folgezeit eine hochrangige Gruppe von Experten auf dem Gebiet des Gesellschaftsrechts[35] ein, die in ihrem Bericht vom 10. Januar 2002 Empfehlungen bezüglich eines neuen Vorschlags abgab[36]. Diese Empfehlungen fanden auch weitgehend Berücksichtigung in dem Vorschlag der Kommission vom 2. Oktober 2002[37]. In Teilen blieb er jedoch mit verblüffender Begründung hinter den Empfehlungen der Expertenkommission zurück. So wurden insbesondere die in Skandinavien und Frankreich verbreiteten Doppel- und Mehrstimmrechte nicht von der Durchgriffsregel[38] erfasst[39]. Das Europäische Parlament seinerseits beauftragte die Professoren *Dauner-Lieb* und *Lamandini* mit der Erstellung eines Rechtsgutachtens[40]. Hauptaufgabe war hierbei, das sachlich und auch politisch äußerst schwierige Problem des *level playing field*

---

[35] Die Gruppe stand unter Vorsitz des niederländischen Gesellschaftsrechtlers Jaap Winter und wurde deshalb auch als „Winter-Kommission" bzw. „Winter-Gruppe" bezeichnet. Der Gruppe gehörten neben Jaap Winter an: José Maria Garrido García (Spanien), Klaus J. Hopt (Deutschland), Jonathan Rickford (Vereinigtes Königreich), Guido Rossi (Italien), Jan Schans Christensen (Dänemark) und Joëlle Simon (Frankreich).

[36] Der Bericht wird in Anlehnung an den Vorsitzenden der Gruppe als „Winter-Bericht" bezeichnet. Die Vorschläge der Winter-Kommission waren von zwei Leitsätzen geprägt: Zum einen sollten die Entscheidungsbefugnisse der Aktionäre gewahrt bleiben, zum anderen eine Proportionalität zwischen Risikoübernahme und Kontrolle bestehen, was durch eine Durchgriffsregelung erreicht werden sollte. Vgl. Winter-Bericht, S. 22, 32ff. Der auf dem zweiten Leitsatz beruhende Vorschlag führte zu Schwierigkeiten mit Schweden. In Schweden haben mehr als die Hälfte der börsennotierten Gesellschaften ein System mit zwei unterschiedlich starken Stimmrechten. Die schwedische Regierung fürchtete, dass es sich bei der zeitweise Außerkraftsetzung von besonderen Stimmrechten um eine Form der Enteignung handelt, die Grundrechte verletzen könnte. Ähnliche Bedenken äußerten Finnland, Dänemark und Frankreich, wo *dual voting rights* ebenfalls weit verbreitet waren. Deutschland hingegen war besorgt wegen des sogenannten „VW-Gesetzes" (Gesetz über die Überführung der Anteilsrechte an der Volkswagenwerk Gesellschaft mit beschränkter Haftung in private Hand v. 21. Juli 1960, BGBl I, S. 585ff., zuletzt geändert durch das 2. ÄnderungsG v. 31. Juli 1970, BGBl I, S. 1149), welches eine Stimmrechtsbegrenzung auf höchstens 20 % des Grundkapitals vorsieht (§ 3 Abs. 5 des Gesetzes) und dem Land Niedersachsen besondere Entsenderechte gewährt. Zum Volkswagengesetz und der Vereinbarkeit mit der Kapitalverkehrsfreiheit vgl. ausführlich Kleinschmit, Volkswagengesetz, 2004, S. 55ff.

[37] KOM (2002) 534 endg.

[38] Hierzu mehr in Kapitel 2 I.I.

[39] Die Kommission ging davon aus, dass die zeitweise Aufhebung der Stimmrechte zu verfassungsrechtlichen Problemen führen kann. Da im Übrigen auch nicht bewiesen sei, dass von ihnen eine übernahmeverhindernde Wirkung ausgehen könne, bedürfe es einer Einbeziehung dieser Stimmrechte nicht. Die von der Kommission beauftragte Winter-Gruppe hingegen führte in ihrem Bericht deutlich die übernahmehemmenden Wirkungen dieser Doppel- bzw. Mehrstimmrechte auf. Vgl. Winter-Bericht, S. 85. In Wahrheit dürfte es der Kommission vielmehr darum gegangen sein, genügend Stimmen zu sammeln, um eine Verabschiedung des Vorschlags zu erreichen. So auch Neye, NZG 2002, 1144, 1145. Ebenso Pötzsch, in: Assmann/Pötzsch/Schneider, WpÜG, 2005, Einl. Rn. 76.

[40] Dauner-Lieb/Lamandini-Gutachten, S. 57.

noch einmal eingehend zu untersuchen[41]. Am 28. Januar 2003 folgte eine Expertenanhörung, die hinreichend die mit der Übernahmerichtlinie einhergehenden Probleme verdeutlichte: Nicht nur Rechtsfragen an der Schnittstelle zwischen Gesellschafts- und Kapitalmarktrecht bedurften einer Lösung, sondern es ging darüber hinaus um die negativen Vorstellungen, welche mit Unternehmensübernahmen verknüpft wurden – Rationalisierung, Arbeitsplatz- und Standortverluste[42].

Schließlich gelang es durch die Einbeziehung der Mehrstimmrechte[43] und die Hereinnahme eines Optionsmodells[44], ein Einvernehmen im Ministerrat über eine Allgemeine Ausrichtung zu erzielen[45]. Das Europäische Parlament nahm am 16. Dezember 2003 in der ersten Lesung auf Empfehlung des Ausschusses für Recht und Binnenmarkt den Kommissionsvorschlag mit den der Allgemeinen Ausrichtung entsprechenden Änderungsvorschlägen an[46]. Am 30. März 2004 stimmte der Rat gegen das Votum der EG-Kommission[47] einstimmig diesen Änderungsvorschlägen zu, wodurch die Richtlinie verabschiedet wurde[48].

---

[41] Dauner-Lieb/Lamandini-Gutachten, S. 15.

[42] Dauner-Lieb/Lamandini, Der Konzern 2003, 168, 169. Das Interesse der Staaten an heimischen Großkonzernen ist erheblich. Vgl. FAZ vom 28. Februar 2006, S. 14 („*Vorrang für die eigenen Champions – In Spanien und Frankreich genießen Großkonzerne Bestandsschutz/Italien hält sich zurück, aber nicht aus ideologischen Gründen*"). Die Börsenwerte der deutschen Konzerne sind vergleichsweise klein. Vgl. FAZ vom 2. März 2006, S. 21.

[43] Die Doppelstimmrechte nach französischem Recht werden von der Richtlinie hingegen nicht erfasst.

[44] Hiermit sind die Regelungen des Art. 12 gemeint, der freiwillige Regelungen enthält. Dieser lässt den Mitgliedstaaten die Wahl, ob bzw. wie sie Teile der Richtlinie umsetzen werden. Vgl. hierzu ausführlich Kapitel 2 H. und I. Der Vorschlag wurde im Juni 2003 von portugiesischer Seite unterbreitet.

[45] Ratsdokument 15476/03 vom 27. November 2003. Mit Ausnahme von Spanien sprachen sich sämtliche Mitgliedstaaten für den Kompromissvorschlag aus. Selbst Frankreich sprach sich hierfür aus, obwohl es gedachte, die Regelungen vollständig und nicht nur optional umzusetzen. Dies wurde durch ein Entgegenkommen Deutschlands bei den Verhandlungen über die gemeinsame Agrarpolitik ermöglicht. Edwards, ECFR 2004, 416, 431.

[46] Mit 321 Ja- gegenüber 219 Nein-Stimmen bei 9 Enthaltungen (Art. 251 Abs. 2, Art. 44 Abs. 1 EG). Abrufbar unter: http://europa.eu.int/eur-lex/de/treaties/dat/EC_consol.pdf.

[47] Die EG-Kommission forderte ein detailliertes und einheitliches Regelungskonzept, welches sie in dieser Richtlinie nicht gewährleistet sah. Der damalige zuständige Kommissar für den Binnenmarkt, Frits Bolkestein, war mit der sich abzeichnenden Lösung sehr unzufrieden. Er sagte im November 2003, „*sollte die Richtlinie entsprechend dem Kompromiss beschlossen werden, wäre sie das Papier, auf dem sie stünde, nicht wert*". Zitiert nach Edwards, ECFR 2004, 416, 417.

[48] Art. 250 Abs. 1 i.V.m. Art. 251 EG. Vgl. Gallermann, in: Streinz, EUV/EGV, 2003, Art. 251 EG Rn. 20, Art. 250 EG Rn. 15, wonach der Rat einstimmig entscheiden muss, sollte die Kommission – wie hier – ihren Vorschlag nicht den Änderungswünschen des Parlaments angepasst haben. Ebenso Schoo, in: von der Groeben/Schwarze, Kommentar zum EUV/EGV, 2004, Art. 251 EG Rn. 37.

Am 21. April 2004 folgte die Unterzeichnung durch den Präsidenten des Europäischen Parlaments und durch den Präsidenten des Rates. Schließlich wurde die Richtlinie am 30. April 2004 im Amtsblatt der EU veröffentlicht.

C. Das deutsche Übernahmerecht

I. Von den Anfängen des deutschen Übernahmerechts bis zur Verabschiedung des WpÜG

Das WpÜG ist am 1. Januar 2002 in Kraft getreten. Allerdings handelt es sich hierbei nicht um die erste deutsche Regelung, die Rahmenbedingungen bei Unternehmensübernahmen und anderen öffentlichen Angeboten von Wertpapieren festlegt[49].

So gab es bereits 1979 die Leitsätze der Börsensachverständigenkommission[50] und den Übernahmekodex von 1995[51], der die erstgenannten Leitsätze ablöste. Diese Regelungen waren keine rechtsverbindlichen Vorschriften, weshalb zumindest die Leitsätze von 1979 kaum Beachtung fanden[52]. Aber auch der Übernahmekodex von 1995 erhielt nicht die Anerkennung, die für wünschenswert erachtet wurde. Etwa zwei Drittel der börsennotierten Gesellschaften – unter ihnen einige Gesellschaften aus dem DAX – erkannten den Kodex an[53]. Bei den zwischen 1996 und 2001 durchgeführten öffentlichen Kaufangeboten wurde der Übernahmekodex fast flächendeckend angewandt. Grund für das Scheitern waren nach Ansicht der Übernahmekommission[54] und der Börsensachverständigenkommission[55] neben der fehlenden vollständigen Anerkennung[56] letztlich

---

49 Vgl. zur Entwicklung des (deutschen) Übernahmerechts von den Leitsätzen von 1979 bis zum Inkrafttreten des WpÜG Schuster, in: Zschocke/Schuster, Bad Homburger Hdb Übernahmerecht, 2003, S. 1-10.

50 Abgedruckt in: Baumbach/Hopt, HGB, 1995, Nr. 18 (Übernahmeangebote), S. 1398ff.

51 Übernahmekodex der Sachverständigenkommission vom 14. Juli 1995, letzte Fassung vom 28. November 1997, abgedruckt in: Baumbach/Hopt, HGB, 2000, Nr. 18 (Übernahmekodex), S. 1644. Vgl. zum Übernahmekodex Assmann, AG 1995, 563ff.; Heinle, City Code und Übernahmekodex, 2001, S. 44ff.; Hopt, ZHR 161 (1997), 368, 393ff.; Kallmeyer, ZHR 161 (1997), 421ff.; Kirchner/Ehricke, AG 1998, 105ff.; Loehr, in: von Rosen/Seifert, Die Übernahme börsennotierter Unternehmen, 1999, S. 149ff.; Thoma, ZIP 1996, 1725ff.; Weisgerber, ZHR 161 (1997), 421ff.

52 Dies mag auch daran gelegen haben, dass keine Überwachungsstelle eingerichtet wurde. Vgl. Hopt, in: FS Rittner, 1991, S. 188, 208. Der Übernahmekodex von 1995 hingegen enthielt mit der Übernahmekommission ein zuständiges Überwachungsorgan.

53 Insgesamt 755 von 1016 börsennotierten Gesellschaften (ausgenommen Freiverkehr) erkannten den Kodex an, hiervon waren 86 aus dem DAX-100. Vgl. Begr. RegE, BT-Drs. 14/7034 v. 5. Oktober 2001, S. 27.

54 Übernahmekommission, Drei Jahre Übernahmekodex, 1999, S. 22f.

55 Börsensachverständigenkommission, Standpunkte der Börsensachverständigenkommission zur zukünftigen Regelung von Unternehmensübernahmen, 1999, S. 9f.

Vollzugsdefizite, nämlich die fehlende Möglichkeit, die Kodexeinhaltung zu erzwingen[57].

Noch bevor es zu dem medienwirksamen Übernahmeangebot durch die britische *Vodafone Airtouch Plc* für die *Mannesmann AG* kam[58], forderte die Börsensachverständigenkommission den Gesetzgeber zum Handeln auf[59] und die Vorarbeiten begannen. Das *Vodafone*-Angebot dürfte zu dem (verstärkten) Interesse der Politik an der Regelung von Übernahmeangeboten geführt haben. Eine Expertenrunde wurde vom (damaligen) Bundeskanzler einberufen[60], von der im Mai 2000 zehn Eckpunkte für ein Übernahmegesetz vorgestellt wurden[61]. Es folgte im Juni 2000 der Diskussionsentwurf[62], der insbesondere in Bezug auf die Neut-

---

56 So auch Kleindiek, ZGR 2002, 546, 554.

57 Dazu Kirchner/Ehricke, AG 1998, 105, 110ff.

58 Die Annahmefrist bezüglich dieses Angebots begann am 24. Dezember 1999. Vgl. zu diesem feindlichen Übernahmeangebot Burgard, WM 2000, 611; Kiem, EWiR 2000, 413; Riehmer/Schröder, NZG 2000, 820ff. Unter feindlichen Übernahmeangeboten versteht man Angebote, denen das Leitungs- oder Verwaltungsorgan der Zielgesellschaft nicht zustimmt. Bisweilen wird auch weitergehend dahin unterschieden, ob das Leitungs- bzw. Verwaltungsorgan dem Übernahmeangebot zunächst oder endgültig nicht zustimmt. Vgl. zur Diskussion über die Konsequenzen aus dem Mannesmann-Urteil des BGH v. 21. Dezember 2005 – 3 StR 470/04, ZIP 2006, 72 die Besprechungen von Peltzer, ZIP 2006, 205ff. und Spindler, ZIP 2006, 349ff. sowie etwa Jahn, ZIP 2006, 738ff. Siehe auch Die Welt vom 22. Dezember 2005, S. 1, 2, 3 über das *„spektakulärste deutsche Wirtschaftsstrafverfahren"*.

59 Börsensachverständigenkommission, Standpunkte der Börsensachverständigenkommission zur zukünftigen Regelung von Unternehmensübernahmen, 1999, S. 9f., im Februar 1999.

60 Dieser Runde gehörten an: Gerhard Schröder (Bundeskanzler), Wolfgang Clement (Ministerpräsident Nordrhein-Westfalen), Herta Däubler-Gmelin (Bundesjustizministerin), Werner Müller (Bundeswirtschaftsminister), Paul Achleitner (Allianz AG), Klaus Esser (Mannesmann AG), Ron Sommer (Deutsche Telekom AG), Kurt Viermetz (Hypo-Vereinsbank AG), Werner Seifert (Deutsche Börse AG), Ulrich Hocker (DSW), Theodor Baums (Universität Frankfurt/M.), Hubertus Schmoldt (IG BCE), Roland Berger (Roland Berger Consulting). Die Bezeichnungen in Klammern geben die jeweilige Funktion der Rundenteilnehmer zum damaligen Zeitpunkt an.

61 Pressemitteilung des Bundespresseamts Nr. 237/2000 vom 17. Mai 2000 (*„Expertenkommission verabschiedet Eckpunkte eines Gesetzes zur Regelung von Unternehmensübernahmen"*); abgedruckt bei Pötzsch/Möller, WM Sonderbeilage Nr. 2 zu Heft 31/2000, S. 3, 37f.

62 Zum Diskussionsentwurf vom 29. Juni 2000, abgedruckt in NZG 2000, 844ff. vgl. Dimke/Heiser, NZG 2001, 241ff.; Halm, NZG 2000, 1162ff.; Hopt, in: FS Koppensteiner, 2001, S. 61, 70ff.; Kallmeyer, AG 2000, 553f.; Kiem, ZIP 2000, 1509ff.; Kirchner, WM 2000, 1821ff; Körner, DB 2001, 367ff.; Krause, NZG 2000, 905ff.; Land/Hasselbach, DB 2000, 1747ff.; Pötzsch/Möller, WM Sonderbeilage Nr. 2 zu Heft 31/2000, S. 3ff.; Riehmer/Schröder, NZG 2000, 820ff.; Rühland, WM 2000, 1884ff.; Vetter, ZIP 2000, 1817ff.; Witt, NZG 2000, 809ff.; Witte, BB 2000, 2161ff. Zu diesem Diskussionsentwurf gab es mit etwa 700 Eingaben eine vergleichsweise hohe Zahl von Eingaben für Gesetzgebungsvorhaben. Vgl. Krause, ZGR 2002, 500, 505.

ralitätspflicht kritisiert wurde[63]. Während man Jahre vorher nämlich noch davon ausging, deutsche Unternehmen seien relativ übernahmefest[64] (dies lag nicht zuletzt an den noch in den 90er Jahren weit verbreiteten Höchststimmrechten[65]), hatten sich unter anderem durch die *one share – one vote* Regelung[66] die Rahmenbedingungen verändert[67]. Natürlich wird auch der Eindruck des *Vodafone*-Angebots eine Rolle gespielt haben.

Hingegen war das Pflichtangebot, welches auf europäischer Ebene ehemals stark bekämpft wurde[68], kaum noch Gegenstand der Kritik. Anschließend wurde der Referentenentwurf vom 12. März 2001[69] und der Regierungsentwurf vom 11. Juli 2001[70] verfasst. Letzterer wurde in der Folgezeit, nachdem erneut Kritik an der Vorschrift zu den Verhaltenspflichten aufkam, noch weiter aufgelockert.

Die fehlende Durchsetzbarkeit des Übernahmekodex führte also letztlich zur

---

63 So zum Beispiel in der Gemeinsamen Stellungnahme des BDI, BDA, GDV und DIHT zum RegE WpÜG, S. 2f.

64 Assmann/Bozenhardt, in: Assmann/Basaldua/Bozenhardt/Peltzer, Übernahmeangebote, 1990, S. 12ff.; Hopt, in: FS Rittner, 1991, S. 187, 189ff.; Peltzer, ZIP 1989, 69, 72; Werner, „Feindliche" Übernahmeangebote, 1989, S. 17ff.

65 Höchststimmrechte sind solche, die die Stimmkraft einzelner Aktionäre, denen mehrere Aktien gehören, beschränken.

66 § 12 Abs. 1 S. 1, Abs. 2 AktG.

67 Daneben wurde diese These aus der dualistischen Leitungsstruktur, der Arbeitnehmermitbestimmung und der Präsenz von Vertretern der Hausbanken im Aufsichtsrat hergeleitet. Auch Begrenzungen der Depotstimmrechtsausübung durch Banken haben hierzu beigetragen. Vgl. Gordon, AG 2002, 670, 672.

68 Vgl. etwa die Stimmen zu den Richtlinienvorschlägen von 1989, 1990: Assmann/Bozenhardt, in: Assmann/Basaldua/Bozenhardt/Peltzer, Übernahmeangebote, 1990, S. 37f., 48ff.; Baums, ZIP 1989, 1376, 1377ff.; Grunewald, WM 1989, 1233, 1236, 1239; Grunewald, WM 1991, 1361, 1363ff.; Hahn, ZBB 1990, 10, 17f.; Hoffmann-Becking, Referat 59. DJT, 1992, R 14; Hommelhoff/Kleindiek, AG 1990, 106, 108ff.; Lutter, Europäisches Unternehmensrecht, 1991, S. 71; Mertens, AG 1990, 252, 256ff.; Werner, „Feindliche" Übernahmeangebote, 1989, S. 13; Zöllner, Referat 59. DJT, 1992, R 35, R 54, These 12.

69 Der Referentenentwurf unterschied sich erheblich vom Diskussionsentwurf. Während der Diskussionsentwurf im Einklang mit dem damaligen Richtlinienvorschlag Übernahmen und öffentliche Übernahmeangebote umfasste, wurde der Anwendungsbereich, wie verschiedentlich gefordert, im Referentenentwurf auf sämtliche öffentliche Angebote, die auf den Erwerb von Wertpapieren gerichtet sind, erweitert. Vgl. RefE-WpÜG, Begründung, Allgemeiner Teil, S. 66. Diese Erweiterung wird auch in der Namensgebung deutlich: *Wertpapiererwerbs-* und Übernahmegesetz. Zum RefE WpÜG Altmeppen, ZIP 2001, 1073ff.; Grunewald, AG 2001, 288ff.; Pluskat, DStR 2001, 897ff.; Liebscher, ZIP 2001, 853ff.; Riehmer/Schröder, BB 2001, Beilage 5, S. 1ff.; Rühland, NZG 2001, 448ff.; Thaeter/Barth, NZG 2001, 545ff.; Vetter, DB 2001, 743ff.; Wiese/Demisch, DB 2001, 849ff.; Witt, AG 2001, 233ff.; Zinser, NZG 2001, 391ff.

70 Hierzu Fleischer/Körber, BB 2001, 2589ff.; Habersack, ZIP 2001, 1230ff.; Kalss/Zollner, SWI 2002, 36ff.; Land, DB 2001, 1707ff.; Möller/Pötzsch, ZIP 2001, 1256ff.; Mülbert, ZIP 2001, 1221ff.; Schüppen, WPg 2001, 958ff.; Zinser, ZRP 2001, 363ff.

Einführung des WpÜG als verbindliche gesetzliche Regelung. Hierbei mussten keine europäischen Vorgaben berücksichtigt werden, da zum Zeitpunkt der Verabschiedung des WpÜG im Bundestag am 15. November 2001 bereits das (im Juli des gleichen Jahres erfolgte) Scheitern des Richtlinienvorschlags bekannt war. Dies führte zu einer Lockerung und Abweichung des WpÜG in einigen wesentlichen Punkten von dem Gemeinsamen Standpunkt aus dem Jahre 2000 (und damit auch von der nun verabschiedeten Richtlinie). Zu nennen ist hier insbesondere die Neutralitätspflicht, welche nur noch im Grundsatz vorgesehen war, aber auch Ausnahmen enthielt[71]. Unabhängig davon entsprach das WpÜG in Bezug auf Übernahme- und Pflichtangebote konzeptionell der Übernahmerichtlinie, da abzusehen war, dass es in der Zukunft zu einem erfolgreichen Richtlinienvorschlag kommen würde.

II. Das Gesetzgebungsverfahren zur Umsetzung der Übernahmerichtlinie

Die Arbeiten an einem ersten Entwurf zur Umsetzung der Übernahmerichtlinie sollten ursprünglich mit einem Diskussionsentwurf Ende des dritten Quartals 2005 abgeschlossen sein und das Ergebnis veröffentlicht werden. Angesichts der politischen Entwicklungen (Neuwahlen zum Deutschen Bundestag) sowie aufgetretener Schwierigkeiten bei der Ausarbeitung des Entwurfs wurde anschließend eine Veröffentlichung nicht vor Ende Oktober 2005, vermutlich jedoch eher Ende November 2005 angepeilt. Schließlich wurde am 19. Dezember 2005 der Referentenentwurf *„Entwurf eines Gesetzes zur Umsetzung der Richtlinie 2004/25/EG des Europäischen Parlaments und des Rates vom 21. April 2004 betreffend Übernahmeangebote (Übernahmerichtlinie-Umsetzungsgesetz)“* [72]

---

[71] Während die Neutralitätspflicht im Referentenentwurf noch im Einklang mit dem Gemeinsamen Standpunkt war, sah der am 11. Juli 2001 vom Bundeskabinett beschlossene Regierungsentwurf (BT-Drs. 14/7034 v. 5. Oktober 2001) in § 33 Abs. 2 RegE WpÜG eine Ermächtigung des Vorstands auf Vorrat vor. Hierzu Möller/Pötzsch, ZIP 2001, 1256, 1259ff.; Land, DB 2001, 1707ff.

Später folgten weitere Ausnahmen, wonach der Vorstand Handlungen vornehmen darf, die auch ein ordentlicher und gewissenhafter Geschäftsleiter einer Gesellschaft, die nicht Ziel eines Übernahmeangebots geworden ist, vorgenommen hätte (§ 33 Abs. 1 S. 2 Alt. 1 WpÜG) sowie der Aufsichtsrat den Vorstand von der Neutralitätspflicht entbinden kann (§ 33 Abs. 1 S. 2 Alt. 3 WpÜG, auch als „VW-Klausel“ bezeichnet). Vgl. Ekkenga/Hofschroer, DStR 2002, 724, 734. Diese beiden Ausnahmen wurden im November 2001 durch den Finanzausschuss des Deutschen Bundestages hinzugefügt. Vgl. Krause, ZGR 2002, 500, 507. Ausgangspunkt für die Neuregelungen war die erhebliche Kritik, welche etwa Wirtschaftsverbände (vgl. FAZ vom 4. April 2001, S. 17) und Gewerkschaften (vgl. Putzhammer nach FAZ vom 7. Juni 2001, S. 17) an der Neutralitätspflicht übten. In der Wissenschaft wurde die Neutralitätspflicht sowohl begrüßt (vgl. etwa die ablehnenden Worte von Hommelhoff/Witt, RIW 2001, 561, 566 bezüglich der Neuregelung), als auch abgelehnt (Kirchner nach FAZ vom 8. Mai 2001, S. 19).

[72] Im folgenden RefE Ü-UG. Vereinzelt wird dieser in Stellungnahmen auch als *„Diskussi-*

veröffentlicht[73]. Bereits zu diesem Zeitpunkt zeichnete sich ab, dass eine Umsetzung der Richtlinie bis zum 20. Mai 2006, wie in der Richtlinie vorgegeben, wohl nicht zu erreichen war. Vielmehr wurde damit gerechnet, das Gesetzgebungsverfahren am 16. Juni 2006 abzuschließen[74]. Am 26. Januar 2006 folgte im Bundesministerium der Finanzen eine Anhörung mit der Möglichkeit der Stellungnahme zu dem Entwurf. Anschließend wurde am 15. Februar 2006 der Gesetzesentwurf des Kabinetts beschlossen[75]. Diesen verzeichnete der Bundesrat am 24. Februar 2006 als Neueingang[76]. Angesichts des Termindrucks zur Umsetzung der Richtlinie wurde die Vorlage an den Bundesrat als besonders eilbedürftig i.S.d. Art. 76 Abs. 2 S. 4 GG bezeichnet[77]. Es erfolgte die Zuweisung an den (federführenden) Finanzausschuss, den Rechtsausschuss sowie den Wirtschaftsausschuss des Bundesrates[78]. Diese fertigten eine Empfehlung an[79], wel-

---

onsentwurf" (DiskE Ü-UG) bezeichnet.

[73] Einen ersten Vorabbericht über den Inhalt gab es in der SZ vom 19. Dezember 2005, S. 21 unter der Überschrift „*Regierung will Konzerne bei Fusionen schützen – Vorstände dürfen sich künftig gegen feindliche Übernahmen verteidigen / Große Koalition setzt EU-Richtlinie um*". Es folgten am 20. Dezember 2005 Berichte in der FTD, S. 12 („*Berlin stützt Übernahmekandidaten – Firmen sollen sich wehren können, Hedge-Fonds künftig unter scharfer Beobachtung*") und der FAZ, S. 11 („*Konzerne können sich gegen Übernahmen wehren – Regierung hält an Abwehrmechanismen fest / Gesetzentwurf zur EU-Richtlinie*") sowie am 21. Dezember 2005 in der BZ, S. 2 („*Übernahme-Novelle bleibt beim Pflichtprogramm – Verteidigungsmöglichkeiten werden beibehalten, Offenlegung von Übernahmehindernissen künftig im Lagebericht*"). Ein weiterer Bericht vom 28. Dezember 2005 in der FAZ, S. 19 stand unter der Überschrift „*Das deutsche Übernahmerecht wird komplizierter – Aber keine generelle Überarbeitung des Gesetzes*". Kritisch gegenüber dem Referentenentwurf zeigte sich auch Schüppen, BZ vom 18. Januar 2006, S. 2: „*Übernahme-Kompromiss hat Charakter eines Trojanischen Pferdes*".

[74] So Finanzstaatssekretärin Barbara Hendricks, zitiert nach FAZ vom 20. Dezember 2005, S. 11.

[75] Gesetzentwurf der Bundesregierung, Stand 15. Februar 2006 (BT-Drs. 16/1003 bzw. „RegE Ü-UG"). Erste Berichte dazu gab es in der FAZ vom 16. Februar 2006, S. 10 („*Schutz vor Übernahmen*"). Die Verabschiedung des RegE Ü-UG am 15. Februar 2006 kündigte die Finanzstaatssekretärin Barbara Hendricks bereits am 19. Dezember 2005 bei Bekanntgabe des Referentenentwurfs an. Barbara Hendricks, zitiert nach FAZ vom 20. Dezember 2005, S. 11. Der Entwurf wurde später in der FAZ erneut kommentiert. Vgl. Austmann, FAZ vom 29. März 2006, S. 27 („*Ausschluss von Minderheitsaktionären wird leichter – Regierung plant Lockerungen zur Umsetzung der Brüsseler Übernahmerichtlinie*"). Siehe auch Austmann, BZ vom 29. März 2006, S. 2 („*Neue Optionen bei feindlichen Übernahmeversuchen – Umsetzung der Übernahmerichtlinie eröffnet Wahlmöglichkeiten für Emittenten*").

[76] RegE Ü-UG, BR-Drs. 154/06 v. 24. Februar 2006.

[77] Siehe BR-Drs. 154/06, S. 1. Hiermit ist eine Zuleitung der Vorlage an den Bundestag nach drei Wochen oder bei einem Fristverlängerungsverlangen nach sechs Wochen möglich, selbst wenn die Stellungnahme des Bundesrates zu diesem Zeitpunkt noch nicht bei der Bundesregierung eingegangen ist.

[78] BR-Drs. 154/06.

che der Bundesrat als Stellungnahme in seiner Sitzung vom 7. April 2006 beschloss[80]. Bei der 1. Beratung im Bundestag wurde der unter der BT-Drs. 16/1003 geführte Entwurf der Bundesregierung ohne Aussprache an den (federführenden) Finanzausschuss, den Rechtssauschuss, den Ausschuss für Wirtschaft und Technologie sowie den Ausschuss für die Angelegenheiten der Europäischen Union überwiesen[81]. Die Bundesregierung gab zwischenzeitlich eine Gegenäußerung zu der Stellungnahme des Bundesrates ab[82]. Es folgte am 10. Mai 2006 die Anhörung in den Ausschüssen[83], bevor der Bundestag in zweiter und dritter Lesung den Gesetzesentwurf in der durch die Stellungnahme der Ausschüsse[84] geänderten Fassung ohne Aussprache bei Enthaltung der Fraktionen Die Linke und der Grünen annahm[85].

Die zuständigen Bundesratsausschüsse befassten sich mit der geänderten Fassung am 1. Juni 2006 und empfahlen keinen Antrag auf Anrufung des Vermittlungsausschusses zu stellen[86]. Der Bundesrat schloss sich am 16. Juni 2006 der Empfehlung der Ausschüsse an[87]. Das Übernahmerichtlinie-Umsetzungsgesetz trat damit am Tag nach seiner Verkündung, dem 14. Juli 2006, in Kraft[88].

---

79 Empfehlungen der Ausschüsse Fz – R – Wi vom 27. März 2006 zu BR-Drs. 154/06.

80 Tagesordnungspunkt 21 der 821. Sitzung des Deutschen Bundesrates vom 7. April 2006, PlPr. 821, 113 D. Hierbei entschied sich der Bundesrat für die Annahme der Ziffern 16 bis 18 sowie der Ziffer 6, welche die Ziffern 7 und 8 der Beschlussempfehlung entfallen ließ. Auf den Inhalt der Stellungnahme wird jeweils bei Besprechung des betroffenen Artikels eingegangen.

81 Tagesordnungspunkt 32 lit. b) der 32. Sitzung des Deutschen Bundestages vom 6. April 2006, PlPr. 16/32, 2628 D.

82 BT-Drs. 16/1342.

83 Hierzu gab es einen Vorabbericht in der BZ vom 10. Mai 2006, S. 6 unter der Überschrift „*Wirtschaft unterstützt neues Übernahmegesetz – Aktionärsvertreter reklamieren Rechte*") sowie im HB vom 10. Mai 2006, S. 35 („*Kleinaktionäre geraten unter Druck – Wirtschaft setzt sich für leichteren Ausschluss des Streubesitzes bei Unternehmensübernahmen ein*") und S. 30 zu der Reform im Allgemeinen („*Der wahre Preis des Unternehmens – Neues Übernahmegesetz will börsennotierten Firmen schnellere Trennung von Minderheitsaktionären ermöglichen*"). Siehe auch BZ vom 17. Mai 2006, S. 2: „*Firmen mit neuer Durchbrechungsregel konfrontiert – Hindernisse für Übertragungsbeschränkungen und Stimmbindungen, Große Bedeutung für börsennotierte Familiengesellschaften*".

84 BT-Drs. 16/1541.

85 Tagesordnungspunkt 20 lit. d) der 36. Sitzung des Deutschen Bundestages vom 19. Mai 2006. Vgl. PlPr. 16/36, 3148f. BR-Drs. 336/06.

86 Anlage 2 zur 823. Sitzung des Deutschen Bundesrates vom 16. Juni 2006, PlPr. 823, 196 A (Punkt 6).

87 Tagesordnungspunkt 6 der 823. Sitzung des Deutschen Bundesrates vom 16. Juni 2006, PlPr. 823, 174 C.

88 Art. 8 des Ü-UG. Ausgenommen sind einzelne Vorschriften des Gesetzes, die erst am 1. Januar 2007 in Kraft treten.

D. Die EG-Richtlinie: Die Vorgaben der Richtlinie bezüglich der Umsetzung und strukturelle Erwägungen

Im Rahmen dieses Kapitels wird dargelegt, anhand welches Prüfungsschemas die Notwendigkeit der Umsetzung der einzelnen Richtlinienbestimmungen untersucht wird, wie ihre Umsetzung ins nationale Recht durch den Gesetzgeber geplant war und letztlich erfolgt ist und ob eine solche Umsetzung sachgemäß erscheint. Bisweilen wird es Abweichungen von diesem Schema geben, sofern dies praktikabel ist oder sich die etwaigen Punkte für die entsprechende Richtlinienbestimmung als überflüssig und nicht klärungsbedürftig erweisen. Grundsätzlich jedoch werden die Richtlinienbestimmungen mittels des im Folgenden erläuterten Grobschemas untersucht.

I. Darlegung der umzusetzenden Richtlinienbestimmung

Unter diesem Punkt wird die jeweils umzusetzende Bestimmung kurz dargestellt. Teilweise werden in diesem Zusammenhang auch Auslegungsfragen angesprochen, die sich aus dem Wortlaut der Richtlinie ergeben können. Das richtige Verständnis einer Vorschrift ist eine unabdingbare Voraussetzung für deren richtlinienkonforme Umsetzung ins nationale Recht. Die in der deutschen Methodenlehre[89] etablierten und auch durch die deutschen Gerichte angewandten Auslegungsformen[90], namentlich die grammatikalische, systematische, historische und teleologische Auslegung werden befolgt. Dabei werden die Besonderheiten einer Richtlinie berücksichtigt, die sich daraus ergeben, dass sie ein Akt einer supranationalen Rechtsordnung ist und einem supranationalen Gesetzgebungsverfahren entstammt[91]. Diese Vorgehensweise ist auch dem Europäischen Gerichtshof nicht fremd, der bei der Auslegung europarechtlicher Normen die schon erwähnten Auslegungsmethoden anwendet, die er durch für das EG-Recht spezifische Kriterien anreichert[92]. Bei der Darlegung der Richtlinienbestimmung wird vor allem die grammatikalische Auslegung von Bedeutung sein. Im Rahmen dieser Auslegung wird der Wortlaut und der Wortsinn der Richtlinienvorschrift ermittelt[93], wobei Ausgangspunkt dieser Auslegungsmethode der veröffentlichte Wortlaut des Rechtsakts ist[94]. Die Schwierigkeiten bei der grammatikalischen Auslegung von Gemeinschaftsakten resultieren in erster Linie daraus, dass sie in allen Sprachen der Mitgliedstaaten gefasst sind und in der Fassung

[89] Eine Darstellung der Auslegungsmethoden findet sich bei Larenz/Canaris, Methodenlehre, 1995, S. 141ff.

[90] Vgl. BVerfGE 1, 299ff., 312.

[91] Lutter, JZ 1992, 593, 598.

[92] Bleckmann, NJW 1982, 1177ff.; Lutter, JZ 1992, 593, 598.

[93] So z.B. EuGH, Rs. 1/54, Französische Regierung ./. Hohe Behörde, Slg. 1954/55, 7, 13, 27 (st. Rspr.).

[94] Buck, Auslegungsmethoden, 1998, S. 152.

jeder Nationalsprache verbindlich sind[95]. Aus diesem Grund ist es nicht auszuschließen, dass die verschiedenen Sprachfassungen voneinander abweichen. Durch einen Vergleich unterschiedlicher Sprachfassungen wird also nach dem eigentlichen Wortsinn der Vorschrift gesucht[96]. In diesem Zusammenhang wird die im Völkerrecht ausgearbeitete Arbeitssprachenregelung, wonach die Arbeitssprache, in welcher der Rechtsakt zunächst ausgehandelt oder entworfen wurde, gegenüber den anderen Sprachfassungen Vorrang gebührt[97], auch bei der Auslegung europarechtlicher Akte im Rahmen der grammatikalischen Auslegung (zurückhaltend) berücksichtigt. Dem Europäischen Gerichtshof scheint diese „Auslegungshilfe" nicht fremd zu sein, da er in vielen Urteilen den französischen und den englischen Text des Rechtsakts als Originalfassungen betrachtet und die Übrigen de facto als Übersetzungen einstuft[98]. Daher ist der englischen Arbeitsfassung besondere Aufmerksamkeit zu widmen.

II. Europäischer Hintergrund sowie Regelungen in einzelnen Mitgliedstaaten

Hier wird jeweils der europäische Hintergrund der entsprechenden Richtlinienbestimmung erläutert, der im Einzelfall notwendig ist, um die in der Richtlinie getroffene Regelung zu verstehen bzw. um ihre Auslegung bezüglich der Umsetzung zu ermöglichen. Die entsprechenden Verhandlungen auf europäischer Ebene um die Berücksichtigung der Rechte einzelner Mitgliedstaaten machen häufig die Reichweite einer Bestimmung deutlich. Hier finden sich also Hinweise, die bei der historischen Auslegung einer Vorschrift Bedeutung erlangen können. Im Rahmen dieser Auslegung werden zudem ältere Versionen der Richtlinie herangezogen. Die Übernahmerichtlinie hat keinen Vorgänger, der geltendes Recht geworden ist. Trotzdem geben die Vorgängervorschläge, die dazu abgegebenen Stellungnahmen und die daraus zu entnehmenden Gründe für deren Scheitern ebenso wichtige Hinweise wie die Grundlage der verabschiedeten Richtlinie, der Kommissionsvorschlag von 2002.

Darüber hinaus bietet die Begründung zu den einzelnen Artikeln des Kommissionsvorschlags von 2002 Anhaltspunkte für den objektiven Willen des historischen Gesetzgebers. Zwar ist die Kommission nicht Gesetzgebungsorgan, weshalb die von ihr vorgebrachte Begründung rechtlich nicht verbindlich ist[99]. Andererseits ist das Gewicht der Kommission als ausschließliches Initiativorgan

---

95 Schübel-Pfister, Sprache und Gemeinschaftsrecht, 2004, S. 128.

96 Schübel-Pfister, Sprache und Gemeinschaftsrecht, 2004, S. 128.

97 Vgl. Schübel-Pfister, Sprache und Gemeinschaftsrecht, 2004, S. 143.

98 EuGH, Rs. C-372/88, Cricket St. Thomas, Slg. 1990, I-1345, 1376 Rn. 18; EuGH, Rs. C-83/96, Dega, Slg. 1997, I-5001, 5012 Rn. 6; Schübel-Pfister, Sprache und Gemeinschaftsrecht, 2004, S. 218, 289ff.

99 Vgl. Pechstein, EuR 1990, 249, 253.

der Gesetzgebung zu berücksichtigen. Insofern wird man die Kommissionsbegründung durchaus berücksichtigen können, zumal der Kommissionsvorschlag von 2002 und die verabschiedete Richtlinie weitgehend identisch sind. Außerdem ist die Kommission insoweit in die Gesetzgebung mit einbezogen, als sie ihren Vorschlag ändern kann und bei Abänderungsvorschlägen seitens des Parlaments die Zustimmung der Kommission erforderlich ist. Andernfalls bedarf es, wie bei der Übernahmerichtlinie, der Einstimmigkeit im Rat.

Zudem sind die Erwägungsgründe zu berücksichtigen[100]. Sie sind Teil des Rechtsaktes und finden Eingang in die Präambel. Als Bestandteil des Normtextes sind sie folglich für die Auslegung von hervorgehobener Bedeutung. Das ergibt sich nicht zuletzt aus Art. 253 EG. Danach muss eine Richtlinie eine Begründung enthalten. Darin sind die wichtigsten rechtlichen und tatsächlichen Erwägungen, welche der Maßnahme zugrunde liegen, aufzunehmen[101].

Schließlich kann ein Vergleich mit nationalen Regelungen, welche ggf. Vorbildcharakter für die Richtlinienbestimmung hatten, sinnvoll sein[102]. Bei der Ermittlung von Sinn und Zweck einer gemeinschaftsrechtlichen Bestimmung darf nicht auf Rechtsvorschriften der Mitgliedstaaten zurückgegriffen werden, selbst wenn die Norm aus diesen abgeleitet wurde, es sei denn, die Richtlinie sieht das ausdrücklich vor[103]. Trotzdem können die Herkunft der Norm und ihre Entwicklung in einzelnen nationalen Rechtsordnungen zur Ergänzung und Erläuterung des durch Auslegung erforschten Ergebnisses benutzt werden[104], eine Methode, die bei der Arbeit mit der Übernahmerichtlinie in vielen Fällen zu der Überzeugungskraft der Auslegung beiträgt. Daraus ergibt sich zugleich, dass die im Rahmen dieses Kapitels gemachten Ausführungen den Rechtszustand vor der Umsetzung der Übernahmerichtlinie wiedergeben.

---

[100] Köndgen, in: Riesenhuber, Europäische Methodenlehre, 2006, S. 65, 81f.

[101] Vgl. Gellermann, in: Streinz, EUV/EGV, 2003, Art. 253 EGV Rn. 6.

[102] Die unter dieser Rubrik dargestellten Regelungen entsprechen daher, soweit nicht anders vermerkt, dem Stand vor der Umsetzung der Übernahmerichtlinie. Die entsprechenden nationalen Regelungen finden sich bei Baums/Thoma, Takeover Laws in Europe, 2003.

[103] EuGH Rs. 69/81, Cormann, Slg. 1982, 13, 24 Rn. 8f. Der Grund hierfür dürfte vor allem darin liegen, dass der Europäische Gerichtshof eine von den Mitgliedstaaten unabhängige Auslegung gewinnen wollte. Ziel war es also wohl nicht, den Sinngehalt einer Richtlinienvorschrift nicht anhand einer nationalen Ursprungsvorschrift zu beurteilen, sondern die Hoheit bezüglich der Auslegung der Richtlinienvorschrift zu behalten. Niemand sollte mit nationalen Gerichtsentscheidungen bezüglich der Auslegung der entsprechenden Vorbildregelung den Europäischen Gerichtshof an dessen letztverbindlicher Auslegung hindern können.

[104] Siehe Schübel-Pfister, Sprache und Gemeinschaftsrecht, 2004, S. 132 m.w.N.; Großfeld, WM 1992, 2121, 2123.

III. Richtlinienbestimmung als Mindest- bzw. Maximalstandard

Erörterungsbedürftig ist darüber hinaus, in wie weit der (deutsche) Gesetzgeber einen Spielraum bei der Umsetzung der einzelnen Bestimmung hat. Es werden also die Mindestvoraussetzungen und auch das höchste zulässige Maß angegeben, sofern ein solches sich aus der jeweiligen Bestimmung ergibt. Diese Frage ist zu unterscheiden von den Fällen, in denen die Richtlinie gar keine Vorgaben macht, weil die Fälle von der Richtlinie nicht erfasst werden. Soweit der Regelungsbereich der Richtlinie nicht betroffen ist, verbleibt es bei der Regelungshoheit der Mitgliedstaaten[105]. Ob der Regelungsbereich überhaupt betroffen ist, ist somit durch Auslegung der Richtlinienbestimmungen zu ermitteln.

Bezüglich jeder einzelnen Richtlinienbestimmung ist also gesondert zu beurteilen, ob sie (nur) eine Mindestanforderung oder zugleich auch eine Höchstgrenze bestimmt, wie sich aus den folgenden Ausführungen ergibt.

1. Mindeststandard

Erwägungsgrund (25)[106] stellt zunächst einmal fest, dass die Ziele der beabsichtigten Maßnahmen „*die Festlegung von Mindestvorgaben für die Abwicklung von Übernahmeangeboten und die Gewährleistung eines ausreichenden Schutzes für Wertpapierinhaber in der gesamten Gemeinschaft*" sind.

Gleichfalls besagt Art. 3 Abs. 2 lit. a)[107], es handele sich bei den Anforderungen der Richtlinie um Mindestanforderungen, welche die Beachtung der in Art. 3 Abs. 1 aufgeführten Grundsätze sicherstellen sollen. Allerdings muss dieser Absatz in Zusammenhang mit den übrigen Regelungen der Richtlinie gesehen werden. So bestimmt Art. 3 Abs. 2 lit. b), das die Mitgliedstaaten für Angebote zusätzliche Bedingungen und strengere Bestimmungen als in dieser Richtlinie festlegen können. Hierin könnte man eine Einschränkung des Gesetzgebungsspielraums auf Angebote sehen.

Andererseits ermöglicht Art. 4 Abs. 5 Uabs. 2 den Mitgliedstaaten, in den gemäß dieser Richtlinie erlassenen oder eingeführten Vorschriften durch Aufnahme von Ausnahmen den auf nationaler Ebene festgelegten Fällen Rechnung zu tragen und abweichende Regelungen von diesen Vorschriften zu erlassen, wenn die allgemeinen Grundsätze des Art. 3 Abs. 1 gewahrt bleiben. Daneben wird den Mitgliedstaaten auch die Möglichkeit eingeräumt, die zuständige Aufsichtsstelle zu ermächtigen, entsprechende Ausnahmen vom nationalen Recht zuzulassen.

---

105 Taschner, in: FS Steffen, S. 479, 482.

106 Alle nicht anders bezeichneten Erwägungsgründe sind solche der Übernahmerichtlinie (RL 2004/25/EG).

107 Alle nicht anders bezeichneten Artikel sind solche der Übernahmerichtlinie (RL 2004/25/EG).

Diese Vorschrift hat in Teilen des Schrifttums[108] zu der Befürchtung geführt, dass viele Mitgliedstaaten in ihr eine Möglichkeit sehen (könnten), die Mindestanforderungen der Richtlinie in weitem Umfang zu unterlaufen.

Indes ergibt sich aus der Richtlinie, dass die Mindestanforderungen grundsätzlich umzusetzen sind und es nicht allein darauf ankommt, ob die nationalen Vorschriften die allgemeinen Grundsätze des Art. 3 Abs. 1 einhalten. Schon dem Wortlaut nach geht Art. 4 Abs. 5 Uabs. 2 davon aus, dass in einem ersten Schritt die Vorschriften dieser Richtlinie umzusetzen sind. Mit den „Vorschriften" können also nur die Mindestanforderungen gemeint sein. Erst in einem zweiten Schritt würde dann den Mitgliedstaaten erlaubt, von diesen Vorschriften für bestimmte Fälle Ausnahmen zuzulassen. Begrifflich folgt daraus, dass die Ausnahmen nicht den Regelfall darstellen, sondern eben nur Sonderfälle erfassen dürfen. Eine andere Interpretation wird den Absichten des Richtliniengebers nicht gerecht[109].

Für eine solche Interpretation sprechen bereits der oben angeführte Erwägungsgrund (25) sowie Art. 3 Abs. 1.

Gestützt wird die Auffassung, dass Abweichungen nur in eng umgrenzten Ausnahmefällen zulässig sein sollen, um den Gehalt der Richtlinie nicht zu entwerten sowohl durch Art. 5 Abs. 4 als auch durch Art. 7 Abs. 1 und durch Art. 12.

Art. 5 Abs. 4 legt den Rahmen fest, in dem unter Beachtung der allgemeinen Grundsätze des Art. 3 Abs. 1 die Abänderung des angemessenen Preises im Sinne von Art. 5 Abs. 4 möglich ist. Hierdurch wird deutlich, dass nicht willkürlich von den Mindestanforderungen abgewichen werden kann, sondern nur innerhalb eines vorgegebenen Rahmens.

Art. 7 Abs. 1 schreibt in Zusammenhang mit der Annahmefrist vor, dass diese, sofern der allgemeine Grundsatz nach Art. 3 Abs. 1 lit. f) eingehalten wird, nicht in dem sonst von der Richtlinie vorgeschriebenen Zeitfenster von zwei bis zehn Wochen liegen muss. Die Richtlinie legt also auch in dieser Bestimmung das zulässige Maß der Abweichung fest und lässt die Einhaltung des Art. 3 Abs. 1 lit. f) allein nicht ausreichen.

Auch die Regelung des Art. 12 wäre nicht nötig gewesen, wenn grundsätzlich Abweichungen, welche sich innerhalb der Grundsätze des Art. 3 Abs. 1 halten, zulässig wären.

Folglich ist davon auszugehen, dass die Mindestanforderungen, welche die Richtlinie aufstellt, einzuhalten sind. Dies gilt unabhängig davon, ob durch anderweitige, geringere Anforderungen die Grundsätze des Art. 3 Abs. 1 ebenfalls eingehalten werden könnten[110].

---

108 Siehe beispielsweise Mülbert, NZG 2004, 633, 635.

109 Ebenso Mülbert, NZG 2004, 633, 635.

110 Ebenso Mülbert, NZG 2004, 633, 635.

Die Richtlinie stellt damit verbindliche Mindestanforderungen auf, über die auch hinausgegangen werden darf und die, soweit nichts anderes in der Richtlinie zugelassen wird, von den einzelnen Mitgliedstaaten zu befolgen sind.

2. Maximalstandard

Fraglich ist, ob die Richtlinie nur Mindestanforderungen aufstellt und die einzelnen Mitgliedstaaten beliebig über diese Anforderungen hinausgehen dürfen, oder ob die Vorschriften ebenfalls einen Höchstrahmen beinhalten.

a. Festlegung durch die Richtlinie

Diese Frage ist jedenfalls recht einfach für die Fälle zu beantworten, in denen die Richtlinie in den einzelnen Artikeln selbst einen zulässigen Höchstrahmen festlegt:

So bestimmt Art. 6 Abs. 2 beispielsweise, dass die Aufnahme zusätzlicher Angaben in die Angebotsunterlagen nur unter bestimmten Voraussetzungen verlangt werden kann.

Art. 15 Abs. 2 lit. b) beschränkt den zulässigen *Squeeze Out* Höchstschwellenwert, der mindestens 90 % betragen muss, auf 95 %.

Art. 15 Abs. 3 gestattet den Mitgliedstaaten festzulegen, dass das Ausschlussrecht nur in der Gattung ausgeübt werden kann, in der der besagte Schwellenwert erreicht ist.

Art. 5 Abs. 5 bestimmt, dass die Mitgliedstaaten als Gegenleistung zumindest wahlweise eine Geldleistung vorsehen können. Damit handelt es sich um eine ausdrückliche Gestattung einer über die von der Richtlinie zwingend vorgeschriebene Regelung hinausgehende Regelungsmöglichkeit für die Mitgliedstaaten.

Art. 9 Abs. 2 lässt eine Verschärfung in Bezug auf die Ermächtigung des Verwaltungsorgans zum Ergreifen von Maßnahmen zu.

Somit ist in den vorliegenden Fällen der zulässige Höchstrahmen bzw. die erlaubte Abweichung jeweils konkret angegeben.

Andere Artikel, wie etwa Art. 5 Abs. 6, der es den Mitgliedstaaten gestattet, weitere Instrumente zum Schutz der Interessen der Wertpapierinhaber vorzusehen, sofern diese den normalen Gang des Angebots nicht behindern, sind weniger bestimmt. Dennoch geben auch sie Anhaltspunkte für zulässige Regelungen vor.

b. Vorschriften ohne weitere Vorgaben

Übrig bleiben damit diejenigen Artikel, die keine eigenen Vorgaben bezüglich einer zulässigen Verschärfung enthalten. Sicher ist, dass eine solche grundsätzlich möglich sein muss[111]. Eine Richtlinie ist ein Instrument zur Rechtsangleichung, nicht zur Rechtsvereinheitlichung[112].

Die Zulässigkeit der Verschärfung ergibt sich aus Erwägungsgrund (25) und aus Art. 3 Abs. 1. Hierfür spricht auch die Rechtsgrundlage der Richtlinie, Art. 44 Abs. 2 lit. g) EG. Das Schutzziel der Rechtsgrundlage, der Schutz von Dritten und Gesellschaftern, spricht gleichfalls für eine Interpretation der Richtlinienvorgaben als Mindestvorschrift[113]. Ob strengere Vorschriften außerhalb des explizit in Art. 3 Abs. 1 geregelten Bereichs zulässig sind, ist folglich anhand der jeweiligen Vorschrift zu ermitteln. Würde man eine solche Zulässigkeit generell verneinen, entspräche dies einer Auslegung allein am Wortlaut. Das steht nicht im Einklang mit europäischen Auslegungsregeln, wonach der Gesetzeswortlaut nicht alleiniges Auslegungskriterium ist[114].

Somit ist jede dieser Vorschriften für sich daraufhin zu untersuchen, ob sie unter Berücksichtigung des Regelungszweckes eine Verschärfung zulässt oder ob sie eine feststehende Größe beinhaltet, die von den Mitgliedstaaten nicht verändert werden darf[115]. Im Einzelfall kann sich eine Begrenzung zudem auch aus der Niederlassungsfreiheit selbst ergeben[116].

IV. Rechtslage vor der Umsetzung und Anpassungsbedarf

Unter diesem Punkt wird erörtert, an welchem Ort die Bestimmung bestmöglich in nationales Recht umzusetzen (gewesen) wäre bzw. ob eine Umsetzung angesichts der vor dem Übernahmerichtlinie-Umsetzungsgesetz bestehenden nationalen Regelungen überhaupt erforderlich war. Umsetzungsstandort im deutschen Recht wird hierbei regelmäßig das WpÜG sein.

---

111 Eine grundsätzlich abschließende Regelung durch Richtlinien wird man hingegen, anders als vereinzelt befürwortet, nicht annehmen können. So auch Lutter, in: FS Everling, 1995, S. 765, 775; Grundmann, JZ 1996, 274, 277; Roth, ZEuP 1994, 5, 32. A.A. hingegen Steindorff, EuZW 1990, 251, 252f. Gegen eine stets abschließende Regelung sprechen sowohl die Intention der Richtliniengeber als auch der Grundsatz der Subsidiarität, der eine Angleichung nur im für das Erreichen der Vertragsziele erforderlichen Maß erlaubt. Vgl. Art. 5 Uabs. 3 EG.

112 Vgl. Taschner, in: von der Groeben/Schwarze, Kommentar zum EUV/EGV, 2003, Art. 94 EG Rn. 1, 12. Zwar spricht Art. 44 Abs. 2 lit. g) EG von Koordinierung, eine sachliche Differenzierung ergibt sich hieraus jedoch nicht. Allerdings wird unter Hinweis auf Art. 249 EG vertreten, die Vorschrift richte sich nur an die Mitgliedstaaten, nicht an die EG, weshalb sich ihr auch nicht die Zulässigkeit von über die Anforderungen der Richtlinie hinausgehenden Maßnahmen entnehmen lasse.

113 Lutter, in: FS Everling, 1995, S. 765, 782.

114 Hopt, ZGR 1992, 265, 286.

115 So auch Mülbert, NZG 2004, 633, 636.

116 Lutter, in: FS Everling, 1995, S. 765, 775. Siehe auch die Nachweise in Fn. 111.

Besprochen wird hier also die nationale Regelung in der Form, die sie vor der Umsetzung des Übernahmerichtlinie-Umsetzungsgesetzes hatte bzw., sollte der nationale Gesetzgeber eine Umsetzung für entbehrlich erachtet haben, immer noch hat. Ungeachtet der Tatsache, ob der Gesetzgeber eine Veränderung des entsprechenden Paragraphen des WpÜG bei Umsetzung der Richtlinie vorgenommen hat, wird die Fassung vor der Umsetzung als „WpÜG a.F.“[117] bezeichnet. Diese muss sich damit nicht notwendigerweise von der nun geltenden Fassung unterscheiden. Die neue Fassung des WpÜG wird jeweils entsprechend als „WpÜG n.F.“ gekennzeichnet.

Um den ggf. bestehenden Einklang bzw. die Unterschiede zwischen Richtlinie und nationaler Norm a.F. feststellen zu können, wird auf die bereits ausführlicher angesprochenen Auslegungsmethoden zurückgegriffen. Zudem sind auch die systematische und vor allem die teleologische Auslegung von Bedeutung. Die systematische Auslegung einer Richtlinie unterscheidet sich nicht von der systematischen Auslegung, wie man sie aus dem nationalen Recht kennt. Bei der systematischen Auslegung erforscht der Europäische Gerichtshof den Sinn der Norm aus dem Zusammenhang und der Systematik des Rechtsakts[118]. Er und die Literatur messen dem objektiven Zweck einer Richtliniennorm einstimmig besondere Wichtigkeit bei[119]. Wiederholt hat der Europäische Gerichtshof Sinn und Zweck einer Gemeinschaftsbestimmung als die entscheidenden Gesichtspunkte für sein Auslegungsverständnis hervorgehoben[120]. Deshalb wird die teleologische Auslegung in dieser Arbeit besondere Berücksichtigung finden. Im Rahmen der teleologischen Auslegung lässt sich zwischen unterschiedlichen Interpretationstechniken differenzieren[121], wie z.B. der subjektiven und der objektiven teleologischen Auslegung[122]. Beim sekundären Recht betrachtet man eine starke Subjektivierung der teleologischen Auslegung, da sich der Europäische Gerichtshof oft auf die Begründungserwägungen stützt[123]. Folglich wird dieser Rechtsprechung auch hier Rechnung getragen.

---

117 WpÜG a.F., verkündet als Art. 1 des Gesetzes zur Regelung von öffentlichen Angeboten zum Erwerb von Wertpapieren und von Unternehmensübernahmen v. 20. Dezember 2001, BGBl. I/2001, S. 3822ff., geändert durch Art. 71 Achte ZuständigkeitsanpassungsVO v. 25. November 2003, BGBl. I/2003, S. 2304, 2312, zuletzt geändert durch Art. 2 Abs. 3 des Gesetzes v. 22. September 2005, BGBl. I/2005, S. 2802.

118 Schübel-Pfister, Sprache und Gemeinschaftsrecht, 2004, S. 129.

119 Vgl. etwa die umfassenden Nachweise bei Grundmann, Auslegung des Gemeinschaftsrechts, 2004, S. 364 Fn. 1629. Siehe auch Buck, Auslegungsmethoden, 1998, S. 202.

120 Siehe etwa EuGH, Rs. T-41/89, Schwedler ./. Parlament, Slg. 1990 II, 79, 81, 89 Rn. 27.

121 Schübel-Pfister, Sprache und Gemeinschaftsrecht, 2004, S. 130.

122 Gegen eine solche Differenzierung Buerstedde, Juristische Methodik, 2006, S. 127.

123 EuGH, Rs. 25/70, Einfuhr- und Vorratsstelle Getreide ./. Köster, Slg. 1970, 1163, 1174 Rn. 16; EuGH, Rs. 6/77, Schouten ./. Hoofdproduktschap voor Akkerbouwprodukten, Slg. 1977, 1292, 1298 Rn. 12; EuGH, Rs. 124/79, van Walsum ./. Produktschap voor vee en vlees, Slg. 1980, 814, 823 Rn. 9. Vgl. Bleckmann, NJW 1982, 1177, 1178.

V. Umsetzung und Bewertung

Hier werden zunächst der verabschiedete Gesetzeswortlaut sowie die Begründung wiedergegeben und anschließend eine Bewertung der Umsetzung vorgenommen. Berücksichtigung finden hierbei, sofern dies für die Auslegung des verabschiedeten Gesetzestextes oder aus anderen Gründen sinnvoll erscheint, auch die maßgeblichen Veränderungen, welche die jeweilige Vorschrift im Laufe des Gesetzgebungsverfahrens erfahren hat[124]. Naturgemäß wird jedoch das Hauptaugenmerk auf der verabschiedeten Fassung liegen.

Es wird untersucht, ob die Vorschrift die Richtlinienvorgaben hinreichend bestimmt, klar und transparent in das nationale Recht umsetzt[125]. Maßgeblich ist, ob die in der Richtlinie angelegten Pflichten so bestimmt und klar umgesetzt werden, dass Rechtssicherheit garantiert ist[126].

Sollte sich ergeben, dass die nationale Umsetzungsnorm die Verpflichtung der Mitgliedstaaten, die Richtlinie zielkonform ins nationale Recht umzusetzen[127], nicht erfüllt, wird zunächst untersucht, ob dieses Ziel durch eine richtlinienkonforme Auslegung der Vorschrift zu erreichen ist. In seiner ständigen Rechtsprechung hat der Europäische Gerichtshof immer wieder betont, dass das nationale Recht soweit wie möglich im Lichte des Wortlauts und des Zwecks der Richtlinie auszulegen ist[128]. Folglich muss zunächst festgestellt werden, ob es möglich ist, die Vorschrift richtlinienkonform auszulegen[129].

Diese Möglichkeit darf allerdings nicht überstrapaziert werden. Versuche durch richtlinienkonforme Auslegung nationale Vorschriften zu „korrigieren", die inhaltlich der Richtlinie widersprechen, genügen dem Grundsatz der Rechtssicherheit nicht[130]. Auch befreit die richtlinienkonforme Auslegung den Mitgliedstaat weder von seiner Pflicht, die Richtlinie fehlerfrei umzusetzen noch von anderen Folgen einer fehlerhaften Umsetzung[131].

---

[124] Je nach Umfang der Unterschiede erfolgt dies durch eine Anmerkung in den Fußnoten oder im Text.

[125] Vgl. Nettesheim, in: Grabitz/Hilf, EU Kommentar, 2005, Art. 249 Rn. 139.

[126] Siehe etwa EuGH, Rs. C-16/95, Kommission ./. Spanien, Slg. 1995, I-4883, 4892 Rn. 8; EuGH, Rs. C-217/97, Kommission ./. Deutschland, Slg. 1999, I-5087, 5116 Rn. 34 (st. Rspr.).

[127] Schroeder, in: Streinz, EUV/EGV, 2003, Art. 249 EGV Rn. 78ff.

[128] Siehe z.B. EuGH, Rs. C-106/89, Marleasing, Slg. 1990, I-4135, 4159 Rn. 8; Rs. C 168/95, Arcaro, Slg. 1996, I-4705, 4730 Rn. 41.

[129] Siehe zur richtlinienkonformen Auslegung aus jüngerer Zeit Roth, EWS 2005, 385ff. sowie Riesenhuber/Domröse, RIW 2005, 47ff.

[130] Hierzu aus der Rechtsprechung des Europäischen Gerichtshofs: EuGH, Rs. C-144/99, Kommission ./. Niederlande, Slg. 2001, I-3541, 3566 Rn. 21.

[131] Mögliche Folgen sind die Einleitung eines Vertragsverletzungsverfahrens nach Art. 226, 227 EGV, ggf. die Verhängung eines Zwangsgeldes nach Art. 228 Abs. 2 EGV sowie die Haftung des Mitgliedstaats für durch seine Untätigkeit oder fehlerhafte Umsetzung verursachte Schäden.

Die richtlinienkonforme Auslegung führt also nicht zu einer ordnungsgemäßen Umsetzung. Die Primärpflicht des Gesetzgebers zur ordnungsgemäßen Umsetzung bleibt nach wie vor bestehen, der Mitgliedstaat hat die entsprechende Regelung nachzubessern[132].

Eine unmittelbare Wirkung der Richtlinienbestimmung kommt bei fehlerhafter Umsetzung durch den Mitgliedstaat nicht in Betracht. Zwar ist diskutabel, ob der Inhalt einzelner Richtlinienbestimmungen unbedingt und hinreichend konkret ist[133]. Allerdings kann eine Richtlinie für den Einzelnen keine Pflichten begründen, weil sie sich einzig an die Mitgliedstaaten richtet und für diese verbindlich sind[134].

Ein Bürger (oder eine Gesellschaft) kann sich folglich nicht unmittelbar auf eine nicht umgesetzte Richtlinienbestimmung stützen, um Ansprüche gegen eine andere Person geltend zu machen, wie der Europäische Gerichtshof ausdrücklich entschieden hat[135]. Die horizontale Wirkung von Richtlinienbestimmungen ist immer noch abzulehnen.

Das hat hier erst recht zu gelten, da ausweislich von Art. 4 Abs. 6 S. 2 die Mitgliedstaaten die Befugnis haben, festzulegen, ob und unter welchen Voraussetzungen die Parteien Rechte in einem Verfahren geltend machen können.

---

[132] Vgl. Riesenhuber/Domröse, RIW 2005, 47, 48.

[133] Zu diesen Erfordernissen siehe die Nachweise bei Schmidt, in: von der Groeben/Schwarze, Kommentar zum EUV/EGV, 2004, Art. 249 EG Rn. 42.

[134] Vgl. Schmidt, in: von der Groeben/Schwarze, Kommentar zum EUV/EGV, 2004, Art. 249 EG Rn. 42.

[135] EuGH, Rs. 152/84, Marshall ./. Southampton and South-West Hampshire Area Health Authority, Slg. 1986, 723, 737, 748 Rn. 43; EuGH, Rs. 14/86, Pretore di Salo, Slg. 1987, 2545, 2570 Rn. 19; EuGH, Rs. C-91/92, Paolo Faccini Dori ./. Recreb Srl, Slg. 1994, I-3325, 3347, 3355, 3356, Rn. 20, 24. Diese Haltung hat der Europäische Gerichtshof in der Entscheidung EuGH verb. Rs. C-397/01 bis C-403/01, Pfeiffer ./. Deutsches Rotes Kreuz, Slg. 2004, I-8835, 8878, 8916 Rn. 108f., bekräftigt. Siehe dazu etwa Thüsing, ZIP 2004, 2301ff.; Riesenhuber/Domröse, RIW 2005, 47ff.

E. Die EG-Richtlinie im Überblick

Im Folgenden wird der Aufbau der Richtlinie im Überblick dargestellt[136]:

- **Anwendungsbereich, Art. 1**[137];
- **Begriffsbestimmungen, Art. 2**[138];
- **Allgemeine Grundsätze, Art. 3**[139];
- **Aufsichtsstelle, Zuständigkeit und anwendbares Recht, Art. 4**[140];
- Gerichtsverfahren, Streitbeilegung und Haftung, Art. 4[141];
- **Schutz der Minderheitsaktionäre, Pflichtangebot und angemessener Preis, Art. 5**[142];
- Verfahrensvorschriften, Art. 6, 7, 8;
- **Pflichten des Leitungs- bzw. Verwaltungsorgans der Zielgesellschaft, Art. 9**[143];
- Informationen über die Gesellschaften im Sinne von Artikel 1 Absatz 1, Art. 10[144];
- **Durchgriff, Art. 11**[145];
- **Freiwillige Regelungen, Art. 12**[146];
- Weitere Verfahrensregeln für die Angebote, Art. 13;

---

136 Fettgedruckt sind die Artikel der Richtlinie, deren Umsetzung in dieser Arbeit näher besprochen wird.

137 Hierzu ausführlich in Kapitel 2 A., S. 29ff.

138 Hierzu ausführlich in Kapitel 2 C., S. 59ff.

139 Hierzu ausführlich in Kapitel 2 D., S. 69ff.

140 Hierzu ausführlich in Kapitel 2 B., S. 37ff.

141 Nach Art. 4 Abs. 6 sind die Mitgliedstaaten für die Benennung der Gerichte oder Behörden zur Streitbeilegung zuständig, sowie dafür, festzulegen, unter welchen Voraussetzungen die Parteien des Angebots Rechte im Verwaltungs- oder Gerichtsverfahren geltend machen können. Diese Regelung ging maßgeblich auf das Betreiben Großbritanniens zurück. Dort wurde befürchtet, Übernahmen könnten durch Gerichtsverfahren unnötig lange behindert werden. Das WpÜG sieht hierzu in den §§ 40ff. und den §§ 66f. WpÜG Regelungen vor. Ob die Richtlinie ungeachtet der Aussage in Art. 4 Abs. 6 zumindest teilweise individualschützenden Charakter hat, wird zumindest vertreten. So Habersack, ZHR 166 (2002), 619, 621 zum noch unveränderten Kommissionsvorschlag von 2002.

142 Hierzu ausführlich in Kapitel 2 E., S. 77ff.

143 Hierzu ausführlich in Kapitel 2 G., S. 135ff. und H., S. 142ff.

144 Siehe hierzu Lanfermann/Maul, BB 2004, 1517ff; Seibt/Heiser, ZIP 2002, 2193, 2196ff.; Maul/Muffat-Jeandet, AG 2004, 306, 307ff.; Krause, BB 2004, 113, 116; Glade/Haak/Hellich, Der Konzern 2004, 455, 459ff.; Seibt/Heiser, ZGR 2005, 200, 236ff.

145 Hierzu ausführlich in Kapitel 2 I.I., S. 199ff.

146 Hierzu ausführlich in Kapitel 2 H., S. 142ff. und I., S. 199ff.

- Unterrichtung und Anhörung der Arbeitnehmervertreter, Art. 14;
- **Ausschluss von Minderheitsaktionären, Art. 15**[147];
- **Andienungsrecht, Art. 16**[148];
- Sanktionen, Art. 17;
- Ausschussverfahren, Art. 18[149];
- Kontaktausschuss, Art. 19;
- Weitere Bestimmungen bezüglich Revision, Umsetzung, Inkrafttreten und Adressaten.

Die hervorgehobenen Artikel, welche die wesentlichen Elemente der Richtlinie beinhalten und deren Umsetzung in das deutsche Recht werden nach einem Überblick über die Konzeption des Übernahmerichtlinie-Umsetzungsgesetzes eingehend besprochen.

F. Die Konzeption des Übernahmerichtlinie-Umsetzungsgesetzes

Der Gesetzgeber hat sich, entsprechend den Vorgaben in dem Koalitionsvertrag, auf eine „Eins zu Eins"-Umsetzung der Richtlinie beschränkt[150]. Dies zeigte bereits der RefE Ü-UG[151]. Auch bei dem darauf folgenden RegE Ü-UG [152] und dem verabschiedeten Ü-UG wurde an diesem Gedanken festgehalten. Der Gesetzgeber beabsichtigte mit der nun erfolgten Umsetzung die derzeit bestehenden Vorschriften, soweit dies im Einklang mit der Richtlinie möglich ist, beizubehalten[153]. Insbesondere sollten nationale Besonderheiten nicht aufgegeben werden

[147] Hierzu ausführlich in Kapitel 2 J., S. 239ff. und L., S. 375ff.

[148] Hierzu ausführlich in Kapitel 2 K., S. 350 und L., S. 375ff.

[149] Das Ausschuss- oder Komitologieverfahren findet lediglich Anwendung bezüglich der Durchführungsbestimmungen betreffend den Inhalt der Angebotsunterlage (Art. 6 Abs. 4). Weitere Artikel verweisen nicht auf Art. 18.

[150] Der Koalitionsvertrag zwischen CDU, CSU und SPD vom 11. November 2005 ist abrufbar unter: http://www.cducsu.de/upload/koavertrag0509.pdf. In ihm wurde nicht auf die Übernahmerichtlinie als solche eingegangen, wohl aber für den Bereich Finanzmarktpolitik festgelegt, dass *„die nationale Umsetzung von Richtlinien (…) Eins zu Eins* [erfolgt], *nationale Spielräume (…) im Sinne der Wettbewerbsfähigkeit genutzt*" werden (Rn. 3584, 3605ff.).

[151] RefE Ü-UG, Begründung, A. Allgemeiner Teil, I. S. 1. Zudem wird es noch eine Erweiterung der Auskunfts- und Begehungsrechte der BaFin geben, um ein *acting in concert* besser nachweisen zu können. Ausschlaggebend hierfür war der Abschlussbericht einer von der Bundesregierung im Zusammenhang mit der Diskussion um Hedge-Fonds eingesetzten Arbeitsgruppe zur Finanzmarktgesetzgebung.

[152] RegE Ü-UG, Begründung, A. Allgemeiner Teil, I., S. 1.

[153] BT-Drs. 16/1003, Begründung, A. Allgemeiner Teil, I., S. 12.

sowie die in der Richtlinie verankerten Wahlrechte genutzt werden[154]. Das WpÜG wird damit zwei unterschiedliche Regelwerke in einem Gesetz vereinen. Für die einfachen Erwerbsangebote wird das WpÜG a.F. praktisch unverändert aufrechterhalten und für den Regelungsbereich der Übernahmerichtlinie, also die Übernahme- und Pflichtangebote, wurden teilweise abweichende Vorschriften geschaffen. Die Umsetzung der Richtlinie erfolgte erwartungsgemäß in verschiedenen Gesetzen. Der Gesetzgeber hat neben den Änderungen im WpÜG[155] und der WpÜG-AngVO[156], zum Beispiel Art. 10 im Handelsgesetzbuch umgesetzt[157], was eine Änderung des Einführungsgesetzes zum Handelsgesetzbuch erforderlich machte[158]. Außerdem wurden (Folge-) Änderungen im Aktiengesetz vorgenommen[159], das Gerichtskosten-[160] und das Rechtsanwaltsvergütungsgesetz[161] abgeändert, und die Basis für eine „Verordnung über die Anwendbarkeit von Vorschriften betreffend Angebote im Sinne des § 1 Abs. 2 und 3 des Wertpapiererwerbs- und Übernahmegesetzes (WpÜG-Anwendbarkeitsverordnung)“[162] geschaffen[163]. Schließlich enthält das Artikelgesetz noch Vorschriften bezüglich des Inkrafttretens[164]. Danach trat das Ü-UG am 14. Juli 2006, dem Tag nach seiner Verkündung, in Kraft[165]. Die WpÜG-AnwVO wurde vom Bundesministerium der Finanzen am 17. Juli 2006 erlassen und trat am 25. Juli 2006 in Kraft[166].

---

[154] BT-Drs. 16/1003, Begründung, A. Allgemeiner Teil, I., S. 12. Zuvor bereits RefE Ü-UG, Begründung, A. Allgemeiner Teil, I., S. 1.

[155] Art. 1 des Ü-UG.

[156] Art. 7 des Ü-UG.

[157] Dies erfolgt nach Art. 4 des Ü-UG durch Anfügung eines Abs. 4 an § 289 HGB sowie eines zusätzlichen Abs. 4 bei § 315 HGB. Siehe hierzu auch die Erläuterungen in BT-Drs. 16/1003, Begründung, B. Zu Artikel 4, S. 2431ff. Vgl. zu Art. 10 bereits die Stellungnahmen und Vorschläge aus der Literatur in Fn. 144.

[158] Art. 5 des Ü-UG.

[159] Art. 6 des Ü-UG.

[160] Art. 2 des Ü-UG. Diese Änderungen waren im RefE Ü-UG noch nicht enthalten und wurden mit dem RegE Ü-UG eingeführt.

[161] Art. 3 des Ü-UG. Diese Änderungen waren im RefE Ü-UG ebenfalls noch nicht enthalten.

[162] Im Folgenden WpÜG-AnwVO.

[163] Ein Entwurf einer WpÜG-AnwVO war in Art. 5 des RefE Ü-UG enthalten. Diese wurde allerdings richtigerweise nicht in den RegE Ü-UG übernommen, da Verordnungsgeber das Bundesministerium der Finanzen ist. Der vom Bundesministerium der Finanzen verfasste RefE Ü-UG gab allerdings Anhaltspunkte für die inhaltliche Ausgestaltung einer solchen Verordnung.

[164] Art. 8 des Ü-UG.

[165] Ausgenommen hiervon sind jedoch einige Vorschriften des WpÜG n.F., welche erst am 1. Januar 2007 in Kraft treten. Diese betreffen vor allem Bekanntmachungs- und Mitteilungspflichten im Bundesanzeiger bzw. elektronischen Bundesanzeiger.

[166] WpÜG-AnwVO vom 17. Juli 2006, BGBl. I/2006, S. 1698.

KAPITEL 2: DIE UMSETZUNG DER RICHTLINIENBESTIMMUNGEN IM EINZELNEN

A. Anwendungsbereich der Richtlinie, Art. 1

I. Darlegung der umzusetzenden Richtlinienbestimmung

Einer der Meilensteine des zukünftig einheitlicheren europäischen Übernahmerechts ist der in Art. 1 definierte Anwendungsbereich des Regelwerkes[167].

Nach Art. 1 Abs. 1 findet die Richtlinie Anwendung auf Übernahmeangebote für die Wertpapiere einer dem Recht eines Mitgliedstaats unterliegenden Gesellschaft, sofern alle oder ein Teil dieser Wertpapiere zum Handel auf einem geregelten Markt im Sinne der Wertpapierdienstleistungsrichtlinie[168] in einem oder mehreren Mitgliedstaaten zugelassen sind, wobei gemäß Art. 2 Abs. 1 lit. e) nur übertragbare Wertpapiere, die Stimmrechte in einer Gesellschaft verleihen, in den Anwendungsbereich der Richtlinie fallen. Die Mitgliedstaaten können allerdings vorsehen, dass „*die Verpflichtung, allen Wertpapierinhabern ein Angebot zu machen, nicht nur für Wertpapiere gilt, die Stimmrechte verleihen, sondern auch für Wertpapiere, die nur unter bestimmten Umständen Stimmrechte verleihen oder überhaupt nicht mit Stimmrechten ausgestattet sind*" (Erwägungsgrund (11))[169].

---

[167] So hat sich das Volumen der grenzüberschreitenden Transaktionen in Europa in 2005 auf EUR 270 Milliarden verdoppelt. 63 % aller europäischen Fusionen und Übernahmen sind damit grenzüberschreitend. Die Anzahl der Unternehmensübernahmen steigt an. Vgl. FAZ vom 23. Dezember 2005, S. 19. Gerade deutsche Unternehmen interessieren sich verstärkt für Unternehmensübernahmen im Ausland. Den DAX 30 Unternehmen standen im Januar 2006 mehr als EUR 120 Milliarden als liquide, für Übernahmen einsetzbare Mittel zur Verfügung. Vgl. FAZ vom 30. Januar 2006, S. 18.

[168] RL 93/22/EWG des Rates über Wertpapierdienstleistungen v. 10. Mai 1993, ABl. EG Nr. L 141 v. 11. Juni 1993, S. 27, zuletzt geändert durch Art. 27 der Richtlinie 2002/87/EG des Europäischen Parlaments und des Rates v. 16. Dezember 2002, ABl. EG Nr. L 35 v. 11. Februar 2003, S. 1.

[169] Dieser Erwägungsgrund ist unterschiedlich interpretiert worden. Teilweise wurde ihm entnommen, dass der gesamte Anwendungsbereich der Richtlinie auf stimmrechtslose Wertpapiere ausgeweitet werden kann. Gestützt werden könnte diese Interpretation auf den ähnlich gefassten Erwägungsgrund (11) des Kommissionsvorschlags von 2002. Auch dieser bezog sich ausdrücklich nur auf das Pflichtangebot, während es in der Begründung zu den Begriffsbestimmungen hieß, eine Erweiterung des Anwendungsbereichs auch auf andere Wertpapiere durch die Mitgliedstaaten sei zulässig, da die Richtlinie nur Mindestanforderungen aufstelle (Begründung des Kommissionsvorschlags von 2002, S. 2. Erläuterung der Artikel, Art. 2 – Begriffsbestimmungen, S. 5). Siehe hierzu auch die Ausführungen und Auswirkungen beim *Squeeze Out* unter J.II.4.b.2)a), S. 271. Sämtliche Überschriftenverweise beziehen sich, sofern nicht anders kenntlich gemacht, auf dieses Kapitel.

Unter einem Übernahmeangebot ist gemäß Art. 2 Abs. 1 lit. a) ein öffentliches Pflichtangebot oder ein freiwilliges Angebot zum Erwerb eines Teils oder aller dieser Wertpapiere zu verstehen.

Ausdrücklich vom Anwendungsbereich der Richtlinie ausgenommen sind gemäß Art. 1 Abs. 2 und Abs. 3 Übernahmeangebote für Wertpapiere, die von den Zentralbanken oder von Gesellschaften ausgegeben werden, deren Zweck es ist, die vom Publikum bei ihnen eingelegten Gelder nach dem Grundsatz der Risikostreuung gemeinsam anzulegen, und deren Anteilsscheine auf Verlangen der Anteilsinhaber unmittelbar oder mittelbar zu Lasten des Vermögens dieser Gesellschaften zurückgenommen oder ausgezahlt werden.

II. Europäischer Hintergrund sowie Regelungen in einzelnen Mitgliedstaaten

Die Definition des Wertpapiers als stimmberechtigtes Wertpapier folgt daraus, dass mehrere Mitgliedstaaten im Rahmen der Unternehmensübernahme eine Erweiterung des Anwendungsbereichs auf nicht stimmberechtigte Wertpapiere nicht für erforderlich hielten[170]. Nicht stimmberechtigte Wertpapiere können einem Kontrollwechsel mangels Stimmrecht nicht entgegenstehen. Daher war deren Berücksichtigung nicht notwendig[171].

Zudem werden in Art. 2 Abs. 1 lit. g) Wertpapiere mit Mehrfachstimmrechten definiert, worunter im Prinzip auch Doppelstimmrechte fallen. Die Formulierung dieser Definition des Mehrfachstimmrechts war notwendig, um sich die Zustimmung Frankreichs zu der Richtlinie zu sichern. Das französische Doppelstimmrecht ist keines im Sinne der Richtlinie, da es sich nicht um ein einer gesonderten und eigenen Gattung angehörendes Mehrfachstimmrecht handelt. Vielmehr entsteht das französische Doppelstimmrecht bei sämtlichen ausgegebenen Aktien, sofern eine Mindesthaltefrist abgelaufen ist. Insoweit fehlt es also am Merkmal einer „gesonderten und eigenen Gattung“[172].

Die Ausnahme von Zentralbanken aus dem Anwendungsbereich der Richtlinie beruht auf dem Verlangen Belgiens. Hintergrund der Regelung ist, dass in Belgien und in Griechenland die Wertpapiere der Zentralbanken historisch bedingt an einem geregelten Markt zugelassen sind[173].

---

170 Maul, NZG 2005, 151, 157. Ebenso bereits die Prämisse im Winter-Bericht, S. 24f.

171 Allerdings ist eine Berücksichtigung bei Angeboten grundsätzlich zulässig (siehe Erwägungsgrund (11)).

172 Ebenso Pötzsch, in: Assmann/Pötzsch/Schneider, WpÜG, 2005, Einl. Rn. 77 Fn. 3.

173 Vgl. Maul/Muffat-Jeandet AG 2004, 221, 227.

III. Richtlinienbestimmung als Mindest- bzw. Maximalstandard

Die Richtlinie erlaubt (zumindest teilweise) auch nicht stimmberechtigte Wertpapiere in den Anwendungsbereich mit einzubeziehen.

IV. Rechtslage vor der Umsetzung und Anpassungsbedarf

1. Umsetzungsstandort

Das WpÜG regelt Angebote zum Erwerb von Wertpapieren. Daher kommen andere Umsetzungsstandorte nicht in Betracht.

2. Entsprechende nationale Regelungen

Nach § 1 WpÜG a.F. ist das WpÜG a.F. auf Angebote zum Erwerb von Wertpapieren anzuwenden, die von einer Zielgesellschaft ausgegeben wurden und zum Handel an einem organisierten Markt zugelassen sind. § 2 Abs. 3 WpÜG a.F. definiert die Zielgesellschaften als Aktiengesellschaften oder Kommanditgesellschaften auf Aktien mit Sitz im Inland; bezüglich des organisierten Marktes wurde auf Art. 1 Nr. 13 der Richtlinie 93/22/EWG[174] verwiesen. Die Wertpapiere werden in § 2 Abs. 2 WpÜG a.F. definiert als Aktien bzw. mit diesen vergleichbare Wertpapiere[175].

3. Umsetzungserfordernisse

Eine Umsetzung war trotz der bestehenden nationalen Regelung notwendig, da die nationale Regelung teilweise über die EG-Regelung hinausging, andererseits in ihrem Anwendungsbereich hinter den EG-Vorgaben zurückblieb. Das WpÜG a.F. erfasst gleichermaßen einfache Erwerbsangebote, Übernahmeangebote[176] und Pflichtangebote. Einfache Erwerbsangebote werden von der Richtlinie nicht erfasst[177]. Insofern bedurfte es lediglich für Übernahme- und Pflichtangebote einer Modifikation[178].

---

[174] Siehe Fn. 168.

[175] Zu den hierunter fallenden Wertpapieren siehe Schüppen, in: Haarmann/Schüppen, Frankfurter Kommentar WpÜG, 2005, § 2 Rn. 21ff.

[176] Im Folgenden wird dem Begriff „Übernahmeangebot" das Begriffsverständnis des WpÜG und nicht der Richtlinie zugrunde gelegt, sofern sich nicht aus dem jeweiligen Zusammenhang etwas anderes ergibt.

[177] Vor Einführung des WpÜG war angedacht worden, den Anwendungsbereich auf Übernahme- und Pflichtangebote zu begrenzen. So sah der DiskE WpÜG eine solche Beschränkung vor. Erst im RefE WpÜG wurde der Anwendungsbereich auf den Gesetz gewordenen Anwendungsbereich erweitert. DiskE WpÜG und RefE WpÜG sind abgedruckt bei Fleischer/Kalss, WpÜG Gesamtdarstellung, 2002, S. 237 bzw. S. 374.

[178] Ebenso Pötzsch, in: Assmann/Pötzsch/Schneider, WpÜG, 2005, Einl. Rn. 110.

a. Anwendungsbereich in Bezug auf Wertpapiere

Im Unterschied zum Wortlaut des § 1 WpÜG a.F.[179] ist der Anwendungsbereich der Richtlinie weiter. Während das WpÜG a.F. scheinbar nur börsennotierte Aktien dem Übernahmerecht unterwirft, ist die Richtlinie nicht auf börsennotierte Wertpapiere beschränkt. Dies folgt aus dem eindeutigen Wortlaut des Art. 1 Abs. 1, wonach es ausreichend ist, wenn ein Teil dieser Wertpapiere zum Handel auf einem geregelten Markt zugelassen ist[180]. In diesem Fall erstreckt sich also auch das Pflichtangebot auf die nicht zum Börsenhandel zugelassenen Wertpapiere mit Stimmrecht[181]. Die Auslegung des WpÜG a.F. durch die BaFin, welche den Anwendungsbereich des WpÜG a.F. auch als eröffnet ansieht, wenn nur Teile der Wertpapiere zum Handel an einem geregelten Markt zugelassen sind, stimmt damit zum Teil mit den europäischen Vorgaben überein[182].

Anders verhält es sich, wenn lediglich stimmrechtslose Wertpapiere zum Börsenhandel zugelassen sind. Dann ist bereits der Anwendungsbereich der Richtlinie auf Grund des Wertpapierbegriffs nicht eröffnet[183].

Der Wortlaut des § 1 WpÜG a.F. hätte daher abgeändert werden sollen, um die bisherigen Diskussionen um die Auslegung des § 1 WpÜG zu beenden. Es wäre klarzustellen gewesen, dass bei Zulassung eines Teils der stimmberechtigten Wertpapiere zum Handel an einem organisierten Markt auch die übrigen stimmberechtigten Wertpapiere durch das WpÜG erfasst werden.

Der Anwendungsbereich des WpÜG a.F. ist, bezogen auf Übernahmeangebote, eingeschränkt. So sind nach dem WpÜG a.F. Übernahmeangebote, welche sich nur auf einen Teil der ausgegebenen Aktien der Zielgesellschaft erstrecken, unzulässig (§ 32 WpÜG a.F.). Diese Regelung wird dennoch als mit der Richtlinie

---

[179] Nach dem Wortlaut von § 1 WpÜG aF kam es darauf an, ob Aktien an einer Börse notiert sind.

[180] Ebenso Austmann/Mennicke, NZG 2004, 846.

[181] Krause/Pötzsch, in: Assmann/Pötzsch/Schneider, WpÜG, 2005, § 35 Rn. 21.

[182] Die BaFin wendete das WpÜG a.F. auch auf nicht börsennotierte Aktien an. Vgl. Lenz/Behnke, BKR 2003, 43, 49. Diese Haltung kritisierte von Bülow, BZ vom 15. Oktober 2003, S. 5, da das WpÜG dem Schutz des Kapitalmarkts und dem Anlegerschutz diene, nicht aber als Konzerneingangsschutz zu begreifen sei. Die wohl überwiegende Meinung im Schrifttum fordert(e) eine teleologische Reduktion des Anwendungsbereichs des WpÜG. Andernfalls drohe eine Benachteiligung des Bieters, da nicht börsennotierte Wertpapiere ungleich weniger fungibel als börsennotierte sind. Vgl. hierzu Vogel, in: Haarmann/Schüppen, Frankfurter Kommentar WpÜG, 2005, § 32 Rn. 15. Eine solche Auslegung ist zukünftig auf Grund der eindeutigen Richtlinienvorgaben nicht mehr möglich.

[183] Krause/Pötzsch, in: Assmann/Pötzsch/Schneider, WpÜG, 2005, § 35 Rn. 21. Die Begründung des Kommissionsvorschlages von 2002, 2. Erläuterung der Artikel, Artikel 1, Anwendungsbereich, S. 5, weist darauf hin, dass es den Mitgliedstaaten unbenommen bleibe, den Anwendungsbereich auch auf Gesellschaften auszudehnen, deren Wertpapiere nicht börsennotiert sind.

vereinbar angesehen, da sie zulässigerweise strenger als die Richtlinie sei[184]. Dem ist zuzustimmen, wie sich aus Art. 3 Abs. 2 lit. b) ergibt[185]. Danach dürfen die Mitgliedstaaten – unter Einhaltung der allgemeinen Grundsätze des Art. 3 Abs. 1 – zusätzliche Bedingungen und strengere Bestimmungen als in der Richtlinie festlegen. Da § 32 WpÜG a.F. keinen der allgemeinen Grundsätze des Art. 3 Abs. 1 verletzt und eine strengere Bestimmung gerade für Angebote, wie Art. 3 Abs. 2 lit. b) fordert, beinhaltet, bedurfte es keiner Abänderung des § 32 WpÜG a.F.

b. Wertpapierbegriff

Der Begriff des Wertpapiers in § 2 Abs. 2 WpÜG a.F. ist weiter als in der Richtlinie und umfasst auch stimmrechtslose Wertpapiere, also die Fälle, in denen das Stimmrecht ausgeschlossen ist (§ 139 Abs. 1 AktG). Diese Vorzugsaktien ohne Stimmrecht werden hingegen von der Richtlinie nicht erfasst[186].

Ungeachtet dessen bedurfte es allein aus diesem Grunde keiner Veränderung des Wortlauts des § 2 Abs. 2 WpÜG a.F. Zwar lässt sich das nicht unmittelbar aus der Bestimmung des Art. 2 Abs. 1 lit. e) herleiten. Hilfreich ist insofern Erwägungsgrund (11). Danach soll zwar die Verpflichtung zur Abgabe eines Angebots nicht für stimmrechtslose Wertpapiere gelten, den Mitgliedstaaten aber die Möglichkeit belassen werden, die Verpflichtung zur Abgabe eines Angebots auch auf die Wertpapierinhaber zu erstrecken, die Wertpapiere halten, welche nur unter bestimmten Umständen Stimmrechte verleihen oder überhaupt nicht mit Stimmrechten ausgestattet sind.

Das WpÜG a.F. erfasst ausweislich des § 2 Abs. 2 Nr. 2 a.F. auch Wertpapiere, die zum Erwerb von Aktien berechtigen. Optionsanleihen, Wandelschuldverschreibungen (§ 221 Abs. 1 AktG) oder sonstige Wandlungs- oder Bezugsrechte (wie etwa *Stock options*, § 192 Abs. 2 Nr. 3, § 193 Abs. 2 Nr. 4 AktG) werden folglich vom Anwendungsbereich des WpÜG a.F.[187], nicht aber der Richtlinie

---

[184] Maul/Muffat-Jeandet, AG 2004, 221, 225. Vgl. zu den Vor- und Nachteilen eines Teilangebots Ekkenga, in: Ehricke/Ekkenga/Oechsler, WpÜG, 2003, § 32 Rn. 1ff.

[185] So auch Pötzsch, in: Assmann/Pötzsch/Schneider, WpÜG, 2005, § 2 Rn. 9.

[186] Neye, AG 2000, 289, 291 wies für den Gemeinsamen Standpunkt vom 19. Juni 2000 darauf hin, dass somit auch Vorzugsaktien, deren Stimmrecht gemäß § 140 Abs. 2 AktG für die Zeit, bis die Rückstände nachbezahlt worden sind, besteht, von diesem engeren Wertpapierbegriff erfasst werden. Diese Ansicht lässt sich für die verabschiedete Richtlinie nicht mehr aufrechterhalten. Erwägungsgrund (11) besagt eindeutig, dass die Verpflichtung, ein Angebot abzugeben, auch auf Wertpapiere ausgeweitet werden kann, die nur unter bestimmten Umständen Stimmrechte verleihen. Vorzugsaktien geben gerade nur bei Vorliegen bestimmter Umstände, der Nichtzahlung des Vorzugs, ein Stimmrecht. Sie fallen damit im Grundsatz nicht in den Anwendungsbereich der Richtlinie.

[187] Vgl. Schüppen, in: Haarmann/Schüppen, Frankfurter Kommentar WpÜG, 2005, § 2 Rn. 24; Assmann, in: Assmann/Pötzsch/Schneider, WpÜG, 2005, § 2 Rn. 78; Baums/Hecker, in: Baums/Thoma, WpÜG, 2004, § 2 Rn. 63ff.

erfasst. Dies ist unschädlich, wie sich aus den Vorschriften zum Übernahme- und Pflichtangebot ergibt. Zum einen stellt § 29 Abs. 2 WpÜG a.F. für den Begriff der Kontrolle auf Stimmrechte ab, zum anderen richtet sich die Verpflichtung zur Abgabe eines Vollangebots *auf Aktien* und nicht auf Wertpapiere, wie sich aus §§ 39, 32 WpÜG a.F. ergibt[188]. Der weitere Begriff des Wertpapiers in der alten Fassung hat also nur für einfache Erwerbsangebote Bedeutung.

Folglich waren hierdurch die Richtlinienvorgaben gewahrt.

Der Wertpapierbegriff des WpÜG a.F. erwähnt nicht explizit die Mehrfachstimmrechte, schließt sie jedoch auch nicht von dem Anwendungsbereich des WpÜG a.F. aus. Eine gesonderte Aufführung der Gattung „Mehrfachstimmrechte" war daher nicht erforderlich.

Somit konnte § 2 Abs. 2 WpÜG a.F. beibehalten werden[189].

c. Erfasste Gesellschaften

Änderungsbedarf bestand hinsichtlich § 2 Abs. 3 WpÜG a.F. Dieser musste gemäß Art. 2 Abs. 1 lit. b) auf die entsprechenden ausländischen Rechtsformen ausgedehnt werden. Die Aufnahme der Europäischen Gesellschaft (SE) mit Sitz im Inland war hingegen entbehrlich, da sie wie eine Aktiengesellschaft zu behandeln ist[190].

Fraglich ist, ob eine unmittelbare Einschränkung des § 1 WpÜG a.F. oder eine mittelbare Einschränkung über § 2 Abs. 3 WpÜG a.F. für die in Art. 1 Abs. 2 bezeichneten Gesellschaften notwendig war[191]. Auf den ersten Blick könnte man davon ausgehen, weil Art. 1 Abs. 2 ausdrücklich Angebote für Wertpapiere, die von Gesellschaften ausgegeben werden, deren Zweck in der Anlage von vom

---

188 Schüppen, in: Haarmann/Schüppen, Frankfurter Kommentar WpÜG, 2005, § 2 Rn. 25.

189 Dieser Auffassung auch: Maul/Muffat-Jeandet, AG 2004, 221, 226 und Erwe, in: Müller/Rödder, Beck'sches Hdb AG, 2004, § 25 Rn. 32ff. Die Regelung des § 2 Abs. 2 WpÜG a.F. ist sinnvoll, da stimmrechtslose Wertpapierinhaber abgesehen von dem Stimmrecht die gleichen Rechte haben wie alle anderen Aktionäre der Gesellschaft (§ 140 Abs. 1 AktG). Folglich sind sie auch in ähnlicher Weise von einer Unternehmensübernahme betroffen. Pötzsch/Möller, WM Sonderbeilage Nr. 2 zu Heft 31/2000, S. 3, 15. So auch Seibt/Heiser, ZGR 2005, 200, 203.

190 Vgl. Art. 10 VO (EG) Nr. 2157/2001 des Rates vom 8. Oktober 2001 über das Statut der Europäischen Gesellschaft (SE), ABl. EG Nr. L 294 v. 10. November 2001. Vgl. Pötzsch, in: Assmann/Pötzsch/Schneider, WpÜG, 2005, § 2 Rn. 91.

191 Investmentaktiengesellschaften sind, weil sie ausschließlich Investmentzwecke und keine unternehmerischen Ziele verfolgen, nach § 99 Abs. 4 InvG vom Anwendungsbereich des WpÜG ausgenommen, nicht aber Investmentfondsgesellschaften im Allgemeinen. Investmentgesetz v. 15. Dezember 2003, BGBl. I/2003, S. 2676, zuletzt geändert durch Gesetz zur Beschleunigung der Umsetzung von Öffentlich Privaten Partnerschaften und zur Verbesserung gesetzlicher Rahmenbedingungen für Öffentlich Private Partnerschaften v. 1. September 2005, BGBl. I/2005, S. 2676. Siehe zu § 99 Abs. 4 InvG Entzian, Investmentrecht, 2004, § 99 InvG, S. 162.

Publikum eingelegtem Geld besteht, vom Anwendungsbereich ausnimmt. Somit ist zu untersuchen, ob insoweit nur der Anwendungsbereich der Richtlinie nicht eröffnet ist und es den Mitgliedstaaten dennoch erlaubt ist, im Wege überschießender Umsetzung diese Gesellschaften gleichwohl zu erfassen, oder ob es sich hierbei um eine verbindliche, abschließende negative Regelung handelt.

Der Wortlaut „findet keine Anwendung" könnte zunächst für eine abschließende negative Regelung sprechen. Andererseits wäre denkbar, es handele sich lediglich um eine negative Abgrenzung der europarechtlichen Regelungsvorgaben, nicht jedoch um eine abschließende Regelung. Ausgehend von dem Ziel der Regelung, gleichwertige Schutzbestimmungen in der Gemeinschaft zu schaffen, ist nur eine Harmonisierung in dem durch die Richtlinie festgelegten Anwendungsbereich zu schaffen. Darüber hinausgehend lässt sich der Vorschrift nichts entnehmen. Hierfür spricht auch der Vergleich mit Art. 1 Abs. 3, wonach die Richtlinie keine Anwendung auf Angebote für Wertpapiere der Zentralbanken der Mitgliedstaaten findet. Hierin könnte man eher eine abschließende Regelung sehen, wie sich aus Erwägungsgrund (4) der Richtlinie ableiten lässt. Dort heißt es, es ist *„angesichts der Zwecke des öffentlichen Interesses, die die Zentralbanken erfüllen* (...) *nicht vorstellbar, dass sie Ziel von Übernahmeangeboten sein können. Da die Wertpapiere einiger dieser Zentralbanken aus historischen Gründen an geregelten Märkten notiert werden, ist es erforderlich, diese ausdrücklich vom Anwendungsbereich dieser Richtlinie auszuschließen*". Eine vergleichbare Zielsetzung lässt sich jedoch für Art. 1 Abs. 2 nicht erkennen. Folglich bestand bezüglich Art. 1 Abs. 2 kein zwingender Änderungsbedarf. Insoweit ist die nationale Regelung also eine überschießende Umsetzung.

Ungeachtet der vorhergehenden Ausführungen war eine Umsetzung des Art. 1 Abs. 3 gleichfalls nicht notwendig, da dieser Fall in Deutschland, anders als etwa in Belgien oder Griechenland, keine Bedeutung erlangt[192].

d. Angebotsbegriff

Auch die mit dem Anwendungsbereich des WpÜG a.F. verknüpfte, in § 2 Abs. 1 WpÜG a.F. enthaltene Definition des Angebots[193] konnte beibehalten werden[194]. Zwar ist sie weiter als die Definition in der Richtlinie, da die Definition im

---

[192] In Belgien und Griechenland sind die Wertpapiere der Zentralbanken an geregelten Märkten notiert.

[193] Eine Übersicht über die Übernahmen und *Squeeze Out* 2004 basierend auf Angaben der BaFin, der Deutschen Börse AG sowie eigenen Recherchen wurde von Bozicevic, AG-R 2005, R 246ff. zusammengestellt. Danach wurden 2004 13 freiwillige Übernahmeangebote sowie 18 Pflichtangebote für börsennotierte Gesellschaften abgegeben. 2005 waren es 16 Übernahmeangebote und 12 Pflichtangebote.

[194] Pötzsch, in: Assmann/Pötzsch/Schneider, WpÜG, 2005, § 2 Rn. 9; Kindler/Horstmann, DStR 2004, 866, 871; Versteegen, in: Hirte/von Bülow, Kölner Kommentar WpÜG, 2003, § 2 Rn. 19 (zum Gemeinsamen Standpunkt des Rates vom 19. Juli 2000).

WpÜG a.F. auch einfache Erwerbsangebote erfasst, jedoch werden diese durch die Richtlinie nicht ausgeschlossen. Hierfür wird zu Recht Erwägungsgrund (9) S. 3 angeführt, der unter anderem beispielhaft einen zulässigen Fall außerhalb des Anwendungsbereichs der Richtlinie benennt[195].

Eine zusätzliche Aufnahme des Begriffs „Übernahmeangebot" war indes zu vermeiden, da dieses bereits in § 29 WpÜG a.F. definiert gewesen ist. Die Begriffe „Übernahmeangebot" und „Angebot" werden in der Richtlinie unterschiedslos verwandt[196], nicht aber im WpÜG a.F. Die Gleichstellung im WpÜG wäre daher inhaltlich verfehlt gewesen.

Bei Beibehaltung des Angebotsbegriff war dem Umstand Rechnung zu tragen, dass dieser weiter ist als der Angebotsbegriff der Richtlinie. Folglich waren die Zuständigkeiten und das anwendbare Recht bezüglich Auslandsgesellschaften entsprechend den Richtlinienvorgaben zu begrenzen[197].

e. Definition des organisierten Marktes

Die Definition des in der Richtlinie als „geregelten Markt" bezeichneten Marktes entspricht dem „organisierten Markt" in § 2 Abs. 7 WpÜG a.F. und bedurfte folglich keiner Umsetzung[198]. Beide Vorschriften nehmen Bezug auf den „geregelten Markt" im Sinne der Richtlinie 93/22/EWG. Allerdings erfasst das WpÜG a.F. darüber hinaus, wie sich aus § 2 Abs. 8 WpÜG a.F. ergibt, auch Aktien, welche in einem Staat des Europäischen Wirtschaftsraums zugelassen sind, also in den Staaten Island, Liechtenstein oder Norwegen[199].

Indes war auch dies unschädlich, da der Geltungsbereich des WpÜG a.F. nicht auf den der Richtlinie beschränkt bleiben musste[200].

4. Zusammenfassung

Nach den vorstehenden Ausführungen war der Anwendungsbereich[201] des WpÜG a.F., vorbehaltlich notwendiger aus Art. 4 resultierender Änderungen, im

---

[195] So Pötzsch, in: Assmann/Pötzsch/Schneider, WpÜG, 2005, § 2 Rn. 9.

[196] Pötzsch, in: Assmann/Pötzsch/Schneider, WpÜG, 2005, § 2 Rn. 8.

[197] Siehe dazu die Ausführungen unter B.II, S. 38ff. (insbesondere B.II.4.b.2), S. 49f.).

[198] So auch Maul/Muffat-Jeandet, AG 2004, 221, 226; Angerer, in: Geibel/Süßmann, WpÜG, 2002, § 1 Rn. 45; Versteegen, in: Hirte/von Bülow, Kölner Kommentar WpÜG, 2003, § 2 Rn. 218.

[199] Abkommen über den Europäischen Wirtschaftsraum, BGBl. II/1993, S. 267.

[200] Ebenso Seibt/Heiser, ZGR 2005, 200, 203; Maul/Muffat-Jeandet, AG 2004, 221, 225f.

[201] Die Formulierung „Anwendungsbereich" geht auf die Wortwahl in der amtlichen Überschrift der Richtlinie zurück. Allerdings gibt diese den Anwendungsbereich nur teilweise wieder und ist insofern unglücklich, wenn nicht gar missverständlich. Weitere Präzisierungen folgen durch die in Art. 4 getroffene Festlegung des anwendbaren Rechts, welche den Anwendungsbereich des Gesetzes in bestimmten grenzüberschreitenden Fällen einschränkt.

folgenden Punkt zu modifizieren.

§ 1 WpÜG a.F. war mit einem klarstellenden Zusatz zu versehen, wonach bereits die Zulassung eines Teils der stimmberechtigten Wertpapiere den Anwendungsbereich des WpÜG eröffnet.

V. Umsetzung und Bewertung

Das Ü-UG bezieht sowohl die Bestimmungen des Art. 1 als auch diejenigen des Art. 4, welche das anwendbare Recht und die Zuständigkeit in grenzüberschreitenden Fällen festlegt, in einen erweiterten § 1 WpÜG n.F. mit ein[202]. Daher wird der neue Wortlaut von § 1 WpÜG n.F. im Anschluss an die hiernach folgende Besprechung des Art. 4 inhaltlich wiedergegeben und bewertet.

B. Aufsichtsstelle, Zuständigkeit und anwendbares Recht, Art. 4

I. Aufsichtsstelle

Nach Art. 4 Abs. 1 bestimmen die Mitgliedstaaten die für die Aufsicht des Übernahmeangebots zuständige Stelle.

1. Darlegung der umzusetzenden Richtlinienbestimmung

In Art. 4 Abs. 1 wird genauer dargelegt, welche Voraussetzungen eine Aufsichtsstelle zu erfüllen hat. Aufsichtsstelle kann danach eine Behörde, eine Vereinigung oder eine private Einrichtung sein.

2. Europäischer Hintergrund sowie Regelungen in einzelnen Mitgliedstaaten

Die Aufnahme auch einer privaten Einrichtung als Aufsichtsstelle ging auf den Wunsch Großbritanniens zurück, nach dem die dort bereits in mehr als 30 Jahren bewährte Regulierung durch das *Takeover Panel*, eine private Institution, nicht aufgegeben werden sollte[203].

3. Rechtslage vor der Umsetzung und Anpassungsbedarf

a. Umsetzungsstandort

Als Umsetzungsstandort kam nur die Modifikation des WpÜG a.F. in Betracht.

---

[202] Zuvor in § 1 RegE Ü-UG.

[203] Vgl. Pötzsch/Möller, WM Sonderbeilage Nr. 2 zu Heft 31/2000, S. 3, 10, noch zum insoweit sinngemäß gleichen Gemeinsamen Standpunkt vom 19. Juni 2000.

b. Entsprechende nationale Regelungen und Umsetzungsbedarf

§ 4 WpÜG a.F. bestimmt die Bundesanstalt für Finanzdienstleistungsaufsicht (BaFin) als zuständige Aufsichtsstelle[204]. Die BaFin ist eine bundesunmittelbare, rechtsfähige Anstalt des öffentlichen Rechts[205], die der Rechts- und Fachaufsicht des Bundesministeriums der Finanzen untersteht[206]. Hierdurch ist eine den Anforderungen der Richtlinie geeignete Stelle benannt worden, so dass es keiner Änderung des WpÜG a.F. bedurfte[207].

4. Umsetzung und Bewertung

Mangels Notwendigkeit einer Umsetzung hat der Gesetzgeber auch keinen Vorschlag bezüglich einer Abänderung der zuständigen Stelle unterbreitet. § 4 WpÜG a.F. blieb unverändert. Die BaFin ist weiterhin die zuständige Aufsichtsstelle.

II. Zuständigkeit und anwendbares Recht

Art. 4 Abs. 2 enthält eine detaillierte Regelung bezüglich des anwendbaren Rechts und der zuständigen Aufsichtsstelle im Fall des Vorliegens eines vom Anwendungsbereich der Richtlinie erfassten Angebots.

Der europäische Gesetzgeber hatte drei bekannte Lösungsmodelle zur Auswahl, die zunächst kurz beschrieben werden: (i) die vertragsrechtliche, (ii) die kapitalmarktrechtliche und (iii) die gesellschaftsrechtliche Anknüpfung. Schließlich entwickelte er aus den Modellen (ii) und (iii) das Richtlinienmodell (iv).

(i) Nach der sogenannten vertragsrechtlichen Anknüpfung ist auf eine Unternehmensübernahme das Recht anzuwenden, welches für den zwischen dem Bieter und einem veräußerungswilligen Wertpapierinhaber abzuschließenden Kauf- oder Tauschvertrag maßgeblich ist[208]. Diese Ansicht wurde nur bis etwa Anfang der 90er Jahre in der Diskussion vertreten und ist heute zu Recht nicht mehr ak-

---

204 Innerhalb der BaFin ist ein Referat der Säule Wertpapierhandel/Asset Management zuständig. Vgl. Linke (Stögmüller), in: Haarmann/Schüppen, Frankfurter Kommentar WpÜG, 2005, § 4 Rn. 22. Die BaFin ist zum 1. Mai 2002 durch Zusammenlegung des Bundesaufsichtsamtes für den Wertpapierhandel mit den Bundesaufsichtsämtern für das Kreditwesen und für das Versicherungswesen entstanden.

205 § 1 FinDAG (Gesetz über die Bundesanstalt für Finanzdienstleistungsaufsicht – Finanzdienstleistungsaufsichtsgesetz v. 22. April 2002, BGBl. I/2002, S. 1310 zuletzt geändert durch Gesetz zur Neuorganisation der Bundesfinanzerwaltung und zur Schaffung eines Refinanzierungsregisters v. 22. September 2005, BGBl. I/2005, S. 2809).

206 § 2 FinDAG.

207 Ebenso Linke (Stögmüller), in: Haarmann/Schüppen, Frankfurter Kommentar WpÜG, 2005, § 4 Rn. 17.

208 Ebenroth/Wilken, ZvglRWiss 90 (1991), 235, 241f.; dies., JZ 1991, 1061, 1067.

tuell[209], da sie dem besonderen Charakter des Übernahmerechts, das keineswegs nur als Teil des Privatrechts betrachtet werden kann[210], nicht genügend Rechnung trägt[211].

(ii) Die kapitalmarktrechtliche Anknüpfung stellt auf die Rechtsordnung ab, deren Kapitalmarkt von dem Übernahmeangebot betroffen ist. Dies bringt die Schwierigkeit der Feststellung des betroffenen Kapitalmarktes mit sich. Als Auswahlkriterium kommt zunächst die Niederlassung oder der Wohnsitz der Angebotsadressaten in Frage. Sie seien die Personen, welche die Dispositionsbefugnis über das betroffene Kapital besitzen, also sei der Kapitalmarkt des Wohnsitzes oder der Niederlassung am ehesten betroffen[212]. Dieser am Schutz der Anleger ausgerichtete Ansatz ist unter anderem wegen der möglichen Ungleichbehandlung der Aktionäre zu verwerfen[213]. Es kann weiter im Rahmen dieser Anknüpfung auf den Ort abgestellt werden, an dem die vom Übernahmeangebot betroffenen Wertpapiere zum Börsenhandel zugelassen sind, weil die Zielgesellschaft durch die Zulassung ihrer Wertpapiere auf dem Börsenmarkt eine enge Beziehung zum Kapitalmarktrecht des entsprechenden Staates herstellt. Die Schwierigkeiten, die sich aus der Möglichkeit der Zulassung der Wertpapiere zum Handel auf unterschiedlichen Märkten ergeben, ließen sich im Falle der Annahme dieser Anknüpfungsmethode durch Kollisionsvorschriften lösen.

(iii) Die gesellschaftsrechtliche Anknüpfung hingegen stellt auf die Rechtsordnung ab, welche das gesellschaftliche Statut der Zielgesellschaft regelt[214]. Problematisch hierbei ist jedoch die umstrittene Frage, wie sich das Gesellschaftssta-

---

209 Von Hein, AG 2001, 213, 223f. m.w.N.

210 Siems, ECFR 2004, 458, 475.

211 Die vertragsrechtliche Anknüpfung befürworteten Ebenroth/Wilken, ZVglRWiss 90 (1991), 235, 241f.; dies., JZ 1991, 1061, 1067. Gegen diese Form der Anknüpfung ausdrücklich: von Hein, AG 2001, 213, 223f. m.w.N. Vgl. Zimmer, ZGR 2002, 731, 732.

212 Vgl. Zimmer, ZGR 2002, 731, 733. In Amerika wurde diese kapitalmarktrechtliche Anknüpfung bis Ende 1999 angewandt. Der Wohnsitz von Aktionären in den USA war ausreichend, um die Anwendung des amerikanischen Übernahmerechts zu begründen. Vgl. zum amerikanischen Übernahmerecht (mit Vergleich zur Richtlinie) Siems, ECFR 2004, 458, 464ff. Siehe auch Schneider, AG 2001, 269, 276f.

213 Der Gleichbehandlungsgrundsatz der Anleger wäre damit nicht gewährleistet (etwa wegen unterschiedlicher nationaler Annahmefristen, aber auch wegen Unterschieden bezüglich der Preisbestimmung). Vgl. Zimmer, ZGR 2002, 731, 734. Außerdem könnte dies zur Anwendung einer Vielzahl nationaler Rechtsordnungen führen. Es liegt auf der Hand, dass dies eine unpraktikable Lösung wäre.

214 Für eine gesellschaftsrechtliche Anknüpfung sprechen die Verbindungen des Gesellschaftsrechts mit den Übernahmevorschriften, etwa die Verpflichtung zur Abgabe eines Angebots (welche teilweise aus einer Treuepflicht gegenüber den anderen Aktionären hergeleitet wurde), so Dürig, RIW 1999, 746, 748; Ebenroth/Wilken, ZVglRWiss 90 (1991), 235, 242, oder die Zulässigkeit von Abwehrmaßnahmen, die sich teilweise nach allgemeinem Aktienrecht bestimmt (Assmann, in: Hopt/Wiedemann, Grosskommentar AktG, 1992, Einl. Rn. 723; Dürig, RIW 1999, 746, 748). Vgl. Zimmer, ZGR 2002, 731, 735.

tut bestimmt, und insbesondere, was unter dem „Sitz einer Gesellschaft" zu verstehen ist.

Wie eingangs erwähnt, entschied sich der Gesetzgeber für eine Kombination aus der kapitalmarktrechtlichen (ii) und der gesellschaftsrechtlichen Anknüpfung (iii).

Die Ansicht, wonach das Sachrecht nach der Zuständigkeit der Aufsichtsstelle zu bestimmen ist (iv)[215], setzte sich gegen die auch vertretene Ansicht durch, wonach sowohl die Zuständigkeit der Aufsichtsstelle als auch das anwendbare Recht nach dem Sitz der Zielgesellschaft (gesellschaftsrechtliche Anknüpfung (iii)) bestimmt werden sollte[216]. Die Zuständigkeit der Aufsichtsstelle und das anwendbare Recht bestimmt sich folglich danach, ob kapitalmarktrechtliche Fragestellungen – dann Zuständigkeit der Aufsichtsstelle und anzuwendendes Recht nach dem Marktort[217] – oder gesellschaftsrechtliche – dann Zuständigkeit der Aufsichtsstelle und anzuwendendes Recht nach Sitzort – zu behandeln sind[218]. Dadurch wurde die „Gefahr" vermieden, dass eine Aufsichtsstelle ausländisches Sachrecht anwenden muss[219].

Ein interessantes und kompliziertes (neues) Anknüpfungsmodell ist entstanden, welches der Gesetzgeber ins nationale Recht umzusetzen hatte.

---

215 Der Berichtsentwurf des Rechtsausschusses des Europäischen Parlaments empfahl bezüglich eines früheren Richtlinienvorschlags bei Auseinanderfallen von Sitz- und Marktstaat die Maßgeblichkeit des Marktstaats mit der höchsten Börsenkapitalisierung (*Committee on Legal Affairs and the Internal Market, Recommendation for Second Reading, Rapporteur Lehne, 29. November 2000, Amendment 6*). Gegen eine Kompetenzaufspaltung von Hein, AG 2001, 213, 230f., der stets die Aufsichtsbehörde des Marktstaats entscheiden lassen wollte.

216 So Zimmer, ZGR 2002, 731, 742ff., der zu Bedenken gibt, dass eine gespaltene Anknüpfung zu vielen schwierigen Einzelfallabgrenzungen und damit verbunden zu einer unnötigen Verkomplizierung des Verfahrens führen wird. Als Beispiel führt er folgenden Punkt an: Unklar sei, ob die Stellungnahme des Leitungs- und Verwaltungsorgans der Zielgesellschaft eine Frage des Angebotsvorgangs sei oder zum Gesellschaftsrecht gehöre. Art. 4 Abs. 2 lit. e) gebe insoweit keinen Aufschluss. Auch könne man sich durch die Wahl des Börsenplatzes das anwendbare Recht aussuchen bzw. ein Übernahmerecht ganz ausschließen, sofern man einen entsprechenden Drittstaat wählen würde.

217 Zu dieser Anknüpfung wurde angemerkt, sie habe etwas illusorisches, da es weder den deutschen, noch den österreichischen oder beispielsweise den italienischen Kapitalmarkt gebe, weil die Aktionäre in den unterschiedlichsten Ländern ansässig seien. Witt, ZGR 2002, 754.

218 Diese Anknüpfungsmethode wird im internationalen Privatrecht als umgekehrter Gleichlauf bezeichnet. Zimmer, ZGR 2002, 731, 740; Kropholler, Internationales Privatrecht, 2004, § 58 II 3.

219 Für bedauerlich erachtet Schüppen die getroffene Regelung. Er moniert, dass der europäische Gesetzgeber einer Behörde nicht die Anwendung ausländischen Rechts zugetraut hat. Schüppen, BB 2006, 165, 169.

1. Darlegung der umzusetzenden Richtlinienbestimmung

Art. 4 beinhaltet zwei Regelungskomplexe: Art. 4 Abs. 2 lit. a) widmet sich dem Regelfall und die Art. 4 Abs. 2 lit. b) bis e) den „schwierigeren" Ausnahmefällen.

a. Regelfall

Art. 4 Abs. 2 lit. a) erklärt die Aufsichtsstelle des Sitzmitgliedstaats für die Beaufsichtigung des Angebotsvorgangs für zuständig, wenn die Wertpapiere der Zielgesellschaft auf einem geregelten Markt dieses Mitgliedstaats zum Handel zugelassen sind. Bereits der Wortlaut der Richtlinie drückt aus, dass in Fällen eines *Dual Listings* bei deutschen Zielgesellschaften, deren Aktien (auch) im Inland zugelassen sind, der deutsche Gesetzgeber für das Angebotsverfahren zuständig ist (Art. 4 Abs. 2 lit. a): „(...) *ist die Aufsichtsstelle des Mitgliedstaats zuständig, in dem die Zielgesellschaft ihren Sitz hat, wenn die Wertpapiere dieser Gesellschaft auf einem geregelten Markt dieses Mitgliedstaates zum Handel zugelassen sind*" (Hervorhebung durch den Verfasser))[220].

Ein solches Verständnis legt auch die Zusammenfassung des Rechtsaktes 2004/25/EG Art. 4 Abs. 2 zu Grunde, in der es heißt *„Für die Beaufsichtigung des Angebotsvorgangs ist die Aufsichtsstelle des Mitgliedstaates zuständig, in dem die Zielgesellschaft ihren Sitz hat, wenn die Wertpapiere dieser Gesellschaft auf einem geregelten Markt dieses Mitgliedstaates zum Handel zugelassen sind. In allen anderen Fällen (...).*".

Dies ergibt sich auch aus der Erläuterung der Artikel durch die Kommission im Kommissionsvorschlag von 2002, unter Begründung 2. Artikel 4 – Aufsichtsorgan und anwendbares Recht: *„Werden die Wertpapiere der Zielgesellschaft auf einem geregelten Markt ihres Sitzmitgliedstaats gehandelt, ist die Bestimmung des zuständigen Aufsichtsorgans und des anwendbaren Rechts einfach: Maßgebend sind in diesem Fall das Aufsichtsorgan und das Recht des Sitzmitgliedstaats.*"

Zudem spricht für diese Auslegung, dass lit. a) nicht auf die zeitliche Abfolge der Zulassung abstellt, sondern nur darauf, ob die Papiere in dem Sitzmitgliedstaat zugelassen sind[221].

---

[220] Ebenso Hopt/Mülbert/Kumpan, AG 2005, 109; Mülbert, NZG 2004, 633, 639. Dieser Ansicht ebenfalls Seibt/Heiser, ZGR 2005, 200, 205. Anderer Auffassung hingegen Krause, BB 2002, 2341, 2344, zum Kommissionsvorschlag von 2002, der sich dabei auf eine Regelung im Vermittlungsverfahren beruft, welche nicht in die Richtlinie aufgenommen wurde. Bei Seibt/Heiser, ZGR 2005, 200, 206, findet man eine Tabelle mit Beispielfällen für die Regelungen des Art. 4 Abs. 2.

[221] So bereits Zimmer, ZGR 2002, 731, 739 (Fn. 26), allerdings zu dem (insoweit identischen) Kommissionsvorschlag von 2002. Ebenso von Hein, AG 2001, 213, 214 und Pötzsch/Möller, WM Sonderbeilage Nr. 2 zu Heft 31/2000, S. 3, 11, allerdings zum Gemein-

Aus dem Wortlaut der Regelung geht nicht eindeutig hervor, welches nationale Recht die zuständige Aufsichtsstelle anzuwenden hat. Es ist aber unstrittig, dass sie stets ihr eigenes Nationalrecht anwenden wird[222]. Dies folgt zunächst aus dem Wortlaut des Artikels „Aufsichtsstelle und anwendbares Recht“[223] und aus dem in Art. 4 Abs. 2 lit. e) verankerten Gleichlaufprinzip[224].

b. Auseinanderfallen von Markt- und Sitzort

Art. 4 Abs. 2 lit. b) bis e) enthalten einerseits Regelungen, die nur anzuwenden sind, wenn die Wertpapiere der Zielgesellschaft nicht auf einem geregelten Markt des Sitzmitgliedstaats zugelassen sind[225].

Hier wird die bereits dargestellte Kombination aus gesellschaftsrechtlicher und kapitalmarktrechtlicher Anknüpfung zur Anwendung gebracht. In diesem Zusammenhang gibt die Richtlinie Anhaltspunkte dafür, welche Fragen von der Aufsichtsstelle des Marktstaats nach ihrem Recht zu entscheiden sind (Fragen bezüglich des Angebotsvorgangs[226]) und welche von der Aufsichtsstelle des Sitzstaats entsprechend ihres nationalen Rechts entschieden werden (gesellschaftsrechtliche Fragen[227] und Fragen bezüglich der Unterrichtung der Arbeitnehmer der Zielgesellschaft – Art. 4 Abs. 2 lit. e)).

Die sich aus der Zulassung der Wertpapiere der Zielgesellschaft zum Handel an mehreren Märkten ergebenden Probleme werden wie folgt gelöst[228]:

---

samen Standpunkt vom 19. Juni 2000. Dieser enthielt einen klarstellenden Zusatz am Ende von Art. 4 Abs. 2 lit. a): „*Anderenfalls gilt Buchstabe b oder c.*“ Offensichtlich hielt man einen solchen Zusatz nicht mehr für notwendig.

222 So auch von Hein, ZGR 2005, 528, 537.

223 Siems, ECFR 2004, 458, 469.

224 Ausführlich von Hein, AG 2001, 213, 214ff., zum Gemeinsamen Standpunkt vom 19. Juni 2000; Zimmer, ZGR 2002, 731, 739 in Fn. 26. Letzterer auch zur Unterscheidung zwischen dem Gleichlaufprinzip, wonach die Zuständigkeit dem anwendbaren Recht folgt, und dem sogenannten „umgekehrten“ Gleichlaufprinzip – anwendbares Recht folgt Zuständigkeit.

225 Aktien folgender ausländischer Gesellschaften sind ausschließlich an einer Börse in Deutschland zum Handel zugelassen: Thiel Logistik AG, Quiagen N.V., Brainpower N.V., Fabasoft AG, Sanochemia AG. Vgl. Pötzsch, in: Assmann/Pötzsch/Schneider, WpÜG, 2005, § 1 Rn. 8 Fn. 1.

226 Diese sind nach dem Wortlaut des Art. 4 Abs. 2 lit. e) S. 1 „*Fragen, die* [die] *im Fall eines Angebots angebotene Gegenleistung, insbesondere den Preis, betreffen und Fragen des Angebotsverfahrens, insbesondere die Unterrichtung über die Entscheidung des Bieters zur Unterbreitung eines Angebots, der Inhalt der Angebotsunterlage und die Bekanntmachung des Angebots*“.

227 Als solche werden qualifiziert der Stimmrechtsanteil, welcher die Kontrolle über die Gesellschaft begründet, die Zulässigkeit von Abwehrmaßnahmen, sowie die Ausnahmen von der Angebotspflicht (Art. 4 Abs. 2 lit. e) S. 2).

228 Für diesen Fall wurden auch andere Lösungen in Erwägung gezogen, letztlich aber wegen

1) Werden die Wertpapiere der Zielgesellschaft auf den Märkten mehrerer Mitgliedstaaten zum Handel zugelassen, wovon keiner der Sitzstaat der Zielgesellschaft ist, gilt ein in Art. 4 Abs. 2 lit. b) verankertes Prioritätsprinzip, nach welchem die Beaufsichtigung des Angebots der Aufsichtsstelle des Mitgliedstaats obliegt, auf dessen geregeltem Markt die Wertpapiere zuerst zum Handel zugelassen wurden[229]. Die Aufsichtsstelle wendet auch in diesem Fall ihr nationales Recht an[230].

2) Bei Gleichzeitigkeit der Zulassung in verschiedenen Mitgliedstaaten ist die Zielgesellschaft gemäß Art. 4 Abs. 2 lit. c) S. 1 berechtigt (und verpflichtet) selbst zu entscheiden, welche Aufsichtsstelle für die Beaufsichtigung eines sie betreffenden Angebotsvorgangs zuständig sein soll, wobei sie nur zwischen den Aufsichtsstellen der Mitgliedstaaten wählen kann, auf deren geregelten Märkten ihre stimmberechtigten Wertpapiere zugelassen sind[231]. Die Wahl muss die Gesellschaft am ersten Handelstag treffen und den entsprechenden Aufsichtsstellen mitteilen (Art. 4 Abs. 2 lit. c) S. 1 a.E.). Die Richtlinie sieht keine Widerrufsmöglichkeit vor, was im Einklang mit der h.M. bezüglich anderer kollisionsrechtlicher Gestaltungsrechte steht[232].

Das so ausgeübte Optionsrecht betrifft auch das anwendbare Verfahrensrecht (Art. 4 Abs. 2 lit. e)).

3) Für die Fälle, in denen eine Zulassung in mehreren Mitgliedstaaten schon bei Ablauf der Umsetzungsfrist besteht, gelten die Regelungen des Art. 4 Abs. 2 lit. c), S. 2 und 3[233]. Danach müssen sich zunächst die in Frage kommenden Aufsichtsstellen der Marktstaaten darüber einigen, welcher die Zuständigkeit im

---

der damit verbundenen Folgeschwierigkeiten abgelehnt. Angedacht wurde zum Beispiel ein Abstellen auf den „Haupthandelsplatz". Schwierigkeiten hätten aber die zugrunde zu legenden Kriterien wie Umsatz, Anzahl abgeschlossener Geschäfte und deren zeitlicher Rahmen mit sich gebracht. Deshalb wurde vernünftigerweise dieser leichter handhabbare Weg gewählt. Pötzsch/Möller, WM Sonderbeilage Nr. 2 zu Heft 31/2000, S. 3, 11 Fn. 67.

229 Als Beispiel hierfür lässt sich die EASDS N.V. anführen, deren Aktien seit dem 26. Mai 2000 in Frankfurt a.M. notiert sind sowie seit November 2005 in Amsterdam. Beispiel entnommen von Meyer, WM 2006, 1135, 1138 Fn. 28.

230 Dies folgt aus Art. 4 Abs. 2 lit. e).

231 Insbesondere besteht entgegen der Systematik des Art. 4 Abs. 2, der auf der Spaltung der Anknüpfung in übernahmeverfahrens- und gesellschaftsrechtlichen Fragen beruht, die Möglichkeit die Aufsichtsstelle des Sitzstaats auszuwählen. Siehe dazu auch Steinmeyer, in: FS Immenga, 2004, S. 743, 754; von Hein, AG 2001, 213, 227ff.

232 Siehe z.B. Art. 40 Abs. 1. S. 2 EGBGB; Heldrich, in: Palandt, BGB, 2006, Art. 40 EGBGB Rn. 4. Einführungsgesetz zum Bürgerlichen Gesetzbuche in der Fassung der Bekanntmachung v. 21. September 1994, BGBl. I, S. 2494, zuletzt geändert durch Art. 122 des BMJBerG 1 v. 19. April 2006, BGBl. I/2006, S. 866.

233 Ein Beispiel ist die EADS N.V., deren Aktien seit dem 10. Juli 2000 sowohl in Frankfurt a.M., Paris, als auch in Madrid, Bilbao, Barcelona und Valencia notiert sind. Beispiel entnommen von Meyer, WM 2006, 1135, 1138.

Falle eines Angebots zustehen wird. Falls keine Einigung erreicht werden kann, entsteht ein Optionsrecht der Gesellschaft. Es gelten dann die unter 2) dargestellten Grundsätze.

2. Europäischer Hintergrund sowie Regelungen in einzelnen Mitgliedstaaten

a. Geschlossenes Regelwerk und klare Verteilung der Zuständigkeiten

Die Richtlinie wurde lange, nicht zuletzt wegen des Wunsches einer Regelung der Zuständigkeiten bei grenzüberschreitenden Übernahmen, herbeigesehnt[234]. Außerdem sollte hierdurch die sich überschneidende Anwendung oder die fehlende Anwendung eines nationalen Übernahmerechts auf grenzüberschreitende Unternehmensübernahmen geregelt werden, ein Problem, welches die nationalen Gesetzgeber naturgemäß nicht lösen konnten.

b. Begriff des „Sitzes" der Zielgesellschaft

Schwierigkeiten bereitet angesichts der Tradition der Mitgliedstaaten ungeachtet der Regelungen der Richtlinie die Frage, was unter dem Begriff „Sitz der Zielgesellschaft" zu verstehen ist, ein Thema, welches unter den Stichworten „Sitztheorie"[235] und „Gründungstheorie"[236] in anderem Zusammenhang bereits Gegenstand lebhafter Diskussionen war.

---

[234] So beispielsweise Krause, ZGR 2002, 500, 517: „*Anders als durch eine Richtlinie scheint eine von den EU-Mitgliedstaaten einheitlich gehandhabte Abgrenzung des anwendbaren Rechts und der behördlichen Zuständigkeiten nicht möglich zu sein. Jedenfalls zu diesem Zweck brauchen wir eine EU-Richtlinie!*". Dies gilt vor allem deshalb, weil das nationale Übernahmerecht je nach Mitgliedstaat nicht an den Sitz der Zielgesellschaft, sondern an die Ansässigkeit der Aktionäre der Zielgesellschaft anknüpft. So etwa in Belgien, Italien, Luxemburg und Schweden. Hierzu Holzborn, BKR 2002, 67, 69f., 72ff. m.w.N.

[235] Danach bestimmt sich das Personalstatut einer Gesellschaft nach dem Recht des Staates, in dem sie ihren tatsächlichen Verwaltungssitz hat.

[236] Danach bestimmt sich das Personalstatut einer Gesellschaft nach dem Recht des Staates, in dem sie gegründet ist, mit der Konsequenz, dass der tatsächliche Verwaltungssitz nicht maßgeblich ist. Hierzu Kindler, in: Sonnenberger, Münchener Kommentar BGB-IntGesR, 1999, Rn. 265ff.; Staudinger/Großfeld, BGB-IntGesR, 1998, Rn. 22, 31; Schwarz, Europäisches Gesellschaftsrecht, 2000, Rn. 161. Siehe aus der deutschen Rechtsprechung zur Sitztheorie etwa RGZ 77, 19, 22; BGHZ 51, 27, 28; 53, 181, 183; 78, 318, 334; 97, 269, 271. Unter Verweis auf die Rechtsprechung des Europäischen Gerichtshofs der Gründungstheorie folgend: BGHZ 154, 185, 188; BGH NJW 2005, 1648, 1649.

1) Keine Legaldefinition

Obwohl die Feststellung des Sitzes der Zielgesellschaft im Rahmen des Art. 4 Abs. 2 eine erhebliche Rolle spielt, hat es der europäische Gesetzgeber nicht für nötig befunden, den Terminus legal zu definieren[237].

2) Wortlaut

Die unterschiedlichen Sprachfassungen geben auch nur wenig Aufschluss. Die deutsche Fassung spricht schlicht von dem „Sitz" und lässt somit jede Interpretation zu. In der englischen Fassung wird von dem *„registered office"* gesprochen. Die französische Fassung spricht vom *„siège social"*. Im Zusammenhang mit der EuGVO, welche den Begriff *„registered office"* ebenfalls verwendet, wird darunter der Ort verstanden, der dem staatlichen Register als formale Adresse der Gesellschaft angegeben wird[238]. Funktional gesehen handelt es sich bei dem *„registered office"* in *common-law* Rechtsordnungen daher um die Entsprechung des Satzungssitzes zu den kontinentaleuropäischen Rechtsordnungen[239]. Die englische Fassung tendiert also zu einem satzungsmäßigen Sitzverständnis.

Der *„siège social"* der französischen Fassung hingegen neigt dem Verwaltungssitz zu[240]. Zwar handelt es sich nicht um den Verwaltungssitz im Wortsinne[241], allerdings wird der *„siège social"* im französischen Internationalen Privatrecht der Sitztheorie folgend als effektiver Verwaltungssitz verstanden[242].

Aus dem Wortlaut des Art. 4 Abs. 2 lässt sich damit kein eindeutiges Ergebnis ableiten[243]. Die der Gründungstheorie folgenden Staaten könnten daher den „Sitz" als Satzungssitz verstehen[244], während die der Sitztheorie folgenden Län-

---

[237] Von Hein, ZGR 2005, 528, 545. Vgl. auch Zimmer, ZGR 2002, 731, 741; Krause, BB 2002, 2341, 2344 Fn. 48; ders., BB 2004, 113, 117 Fn. 65; Mülbert, NZG 2004, 633, 638.

[238] Von Hein, ZGR 2005, 528, 545 m.w.N.

[239] Ein Gesellschaftssitz im kontinentaleuropäischen Sinn ist dem *common-law* nicht bekannt. Vgl. von Hein, ZGR 2005, 528, 545. Verkürzt ist hingegen die Annahme von Mülbert, mit *„registered office"* könne nur der Satzungssitz gemeint sein, wie von Hein, ZGR 2005, 528, 546 treffend bemerkt. Habersack, Stellungnahme zum RegE Ü-UG, S. 2, sieht ebenso wie Mülbert den Begriff *„registered office"* zwingend als Satzungssitz an.

[240] Ebenso Mülbert, NZG 2004, 633, 638; von Hein, ZGR 2005, 528, 546. Der Satzungssitz wäre der *„siège statutaire"*.

[241] Dies wäre der *„siège réel"*.

[242] Von Hein, ZGR 2005, 528, 546 m.w.N.

[243] Krause, BB 2004, 113, 117 Fn. 65; Ekkenga/Kuntz, WM 2004, 2427, 2436 Fn. 123; Seibt/Heiser, ZGR 2005, 200, 206f.; von Hein, ZGR 2005, 528, 546.

[244] In Bezug auf den englischen *City Code* ist diese Annahme jedoch nicht gesichert. Zwar folgt auch Großbritannien der Gründungstheorie, aber vor Umsetzung der Richtlinie fand der *City Code* Anwendung auf Gesellschaften, die *„resident"* in dem Gebiet der Kanalinseln, der Isle of Man oder Großbritannien sind (*Introduction, No. 4 (a) paragraph 2 City Code*). Hierunter wird zum einen die Inkooperation verstanden, gleichzeitig aber verlangt, dass ihr

der (beispielsweise Deutschland) dazu geneigt sein könnten, ihn als Verwaltungssitz zu begreifen[245]. Allerdings ist zu bedenken, dass das übernahmerechtliche Sitzverständnis durchaus von dem mittels der Gründungs- bzw. Sitztheorie gefundenen Ergebnis abweichen kann[246].

3) Systematische und teleologische Auslegung

Für die Anwendung der Gründungstheorie spricht auch der Inhalt der Richtlinie. Ausgehend vom Wortlaut des Art. 1 Abs. 1 regelt sie Angebote für Gesellschaften, welche dem Recht eines Mitgliedstaats unterliegen. Sollte nunmehr der Sitztheorie gefolgt und an den tatsächlichen Verwaltungssitz angeknüpft werden, stünde man vor dem Ergebnis, dass auch Gesellschaften aus Drittstaaten, welche ihren tatsächlichen Verwaltungssitz innerhalb der Europäischen Union haben, in den Anwendungsbereich der Richtlinie fielen[247].

Gegen die Sitztheorie streitet auch Erwägungsgrund (21). Dieser spricht davon, die unterschiedlichen Mechanismen und Strukturen des Gesellschaftsrechts der Mitgliedstaaten führten dazu, dass verschiedene Bestimmungen der Richtlinie nicht angewandt werden müssen. Es geht also immer um Gesellschaften der Mitgliedstaaten.

Den Begriff „Sitz" im Sinne der Richtlinie wird man aber nicht unterschiedlich auslegen können – einmal nach der Sitztheorie und einmal nach der Gründungstheorie. Die Richtlinie enthält jedenfalls keine Anhaltspunkte für unterschiedliche Anknüpfungen.

Hauptquartier und *place of central management* in einem dieser Gebiete liegt. Damit wird also zumindest auch der Verwaltungssitz mit zu Grunde gelegt. Siehe zu einem praktischen Beispiel Fn. 246. Vgl. Weinberg/Blank, Take-Overs and Mergers, Stand: Oktober 2001, Tz 4 – 1006 sowie Versteegen, in: Hirte/von Bülow, Kölner Kommentar WpÜG, 2003, § 1 Rn. 15.

245 Eingehend von Hein, AG 2001, 213, 216ff. mit tabellarischen Übersichten. Vgl. auch die Diskussionen um den Sitzbegriff im WpÜG a.F. unter B.II.4.b., S. 48.

246 Zu zwei häufig zitierten Beispielen (Tag Heuer International S.A. sowie Xstrata plc) aus der europäischen Praxis siehe von Hein, AG 2001, 213, 216f. bzw. ZGR 2005, 528, 548f. Diese Fälle behandelten jeweils grenzüberschreitende Sachverhalte. Im zweiten genannten Beispiel entschied das *Takeover Panel*, dass es weder für die Beaufsichtigung des Übernahmeangebots zuständig war, noch der britische *City Code* auf den Fall anwendbar war, da der effektive Verwaltungssitz der Gesellschaft in der Schweiz lag. Die Entscheidung ist abrufbar unter *www.thetakeoverpanel.org.uk* (The *Takeover Panel*, Statement Nr. 2002/7 – Xstrata plc, 22. März 2002).

247 Aus diesem Grund auf den Satzungssitz als maßgeblichen Sitz abstellend Seibt/Heiser, ZGR 2005, 200, 210. Für eine solche Interpretation bereits zuvor Mülbert, NZG 2004, 633, 638. Seibt/Heiser zeigen in ZGR 2005, 200, 209, anhand einer Tabelle die praktischen Konsequenzen bezüglich des anwendbaren Gesellschaftsrechts und des Marktrechts in unterschiedlichen Fallkonstellationen auf.

Für das Verständnis des Sitzes als Satzungssitz lässt sich auch die Regelung in der SE-VO[248] anführen. Art. 7 der SE-VO geht davon aus, dass unter Sitz der Satzungssitz zu verstehen ist[249]. Für diese Anknüpfung spricht auch Art. 2 SE-VO. Dort wird in den Abs. 1 bis 5 jeweils danach unterschieden, ob die Gesellschaften ihren Sitz sowie ihre Hauptverwaltung in der Gemeinschaft haben. Die Hauptverwaltung ist also gerade nicht mit dem Sitz gleichzusetzen, sondern kann sich von diesem unterscheiden[250]. Da der Grundsatz der einheitlichen, widerspruchsfreien Rechtsordnung zu wahren ist[251], muss dieses Sitzverständnis auch bei anderen Rechtsakten der Gemeinschaft berücksichtigt werden. Die Festlegung des Sitzes als Satzungssitz in der SE-VO ist somit ebenfalls ein Beleg dafür, dass die Übernahmerichtlinie von dem Satzungssitz als maßgeblichen Sitz ausgeht.

4) Heranziehung der EuGH-Rechtsprechung zur Niederlassungsfreiheit

Eine Konkretisierung des Begriffs könnte sich auch aus der EuGH-Rechtsprechung zur Niederlassungsfreiheit ergeben[252]. Nach den bekannten EuGH Entscheidungen – *Centros – Überseering – Inspire Art* – kann festgehalten werden, dass (zumindest in Zuzugsfällen) für die Rechtsfähigkeit einer Gesellschaft im Binnenmarkt die Gründungstheorie gilt, wobei in einem sehr begrenzten Rahmen Sonderregelungen auf Grund von Arbeitnehmer- oder Gläubigerschutzvorschriften zulässig sind. Zwar kann sich das übernahmerechtliche Sitzverständnis durchaus vom niederlassungsrechtlichen Sitzbegriff unterscheiden. Eine unterschiedliche Behandlung der Sitzbegriffe ist jedoch vor allem deshalb durch nationale Behörden bzw. Gerichte erfolgt, um zu praktikablen Lösungen zu gelangen. Eine solche Unterscheidung ist durch die Richtlinie obsolet geworden. Vor diesem Hintergrund ist nicht davon auszugehen, dass sich der Europäische Gerichtshof, sollte er einen übernahmerechtlichen Sachverhalt zu entscheiden haben, von der in Bezug auf die Niederlassungsfreiheit vertretenen Gründungstheorie abwenden und der Sitztheorie zuwenden würde. Dies gilt umso mehr, als auch die Richtlinie auf der Niederlassungsfreiheit beruht.

---

[248] VO (EG) Nr. 2157/2001 des Rates vom 8. Oktober 2001 über das Statut der Europäischen Gesellschaft (SE), ABl. EG Nr. L 294 v. 10. November 2001.

[249] Fuchs, in: Manz/Mayer/Schröder, SE, 2005, Art. 7 SE-VO, Rn. 2.

[250] Ebenso Kiesewetter, RIW 2006, 518, 520.

[251] Schröder/Fuchs, in: Manz/Mayer/Schröder, SE, 2005, Teil A, S. 39 Rn. 62.

[252] Vgl. hierzu die Rechtsprechungsentwicklung von Centros (EuGH NZG 1999, 298, 299 Rn. 26) über Überseering (EuGH NZG 2002, 1164, 1169 Rn. 57) zu Inspire Art (EuGH NJW 2003, 3331, 3333 Rn. 96f.). Vgl. die Besprechungen von Lutter, BB 2003, 7, 9; Geyrhalter/Gänßler, NZG 2003, 409, 410; dies., DStR 2003, 2167, 2170; Eidenmüller, ZIP 2002, 2233, 2238; Maul/C. Schmidt, BB 2003, 2297, 2298; Heidenhain, NZG 2002, 1141, 1143; Grosserichter, DStR 2003, 159, 165ff.; Kindler, NZG 2003, 1086, 1089; Hirte, EWS 2002, 573; Neye, EWiR 2002, 1003, 1004.

5) Schlussfolgerung

Unter Zugrundelegung der oben dargestellten Argumente und der Rechtsprechung des Europäischen Gerichtshofs gelangt man zu der Schlussfolgerung, dass die Richtlinie im Rahmen des Art. 4 Abs. 2 allein auf den Satzungssitz abstellt[253]. Es ist daher zu hoffen, dass eine Fortsetzung der Diskussion um den Begriff „Sitz" ausbleibt[254].

3. Richtlinienbestimmung als Mindest- bzw. Maximalstandard

Der nationale Gesetzgeber hat bezüglich Art. 4 Abs. 2 keinen Umsetzungsspielraum. Selbst wenn eine Richtlinie grundsätzlich nur Mindestanforderungen aufstellt, ergibt sich aus dem detaillierten Regelungssystem des Art. 4 Abs. 2, dass Abweichungen unzulässig sind. Eine auch nur geringfügig abweichende nationale Zuständigkeitsregelung würde eines der Ziele der Richtlinie, nämlich die Schaffung eines verlässlichen Rechtsrahmens für Unternehmensübernahmen zu schaffen, konterkarieren. Jede nationale Abweichung führt entweder zu einer Doppelzuständigkeit von Aufsichtsbehörden und der Anwendbarkeit mehrerer nationaler Rechte oder aber zu gar keiner Zuständigkeit einer Behörde und fehlender Anwendbarkeit eines mitgliedstaatlichen Rechts. Es ergibt sich also „aus der Natur der Sache", dass hier nationale Abweichungen unzulässig sind.

4. Rechtslage vor der Umsetzung und Anpassungsbedarf

a. Umsetzungsstandort

Als Umsetzungsstandort kam nur die Modifikation des WpÜG a.F. in Betracht.

b. Entsprechende nationale Regelungen und Umsetzungsbedarf

1) Sitzverständnis i.S.d. § 2 Abs. 3 WpÜG a.F.

Wie bereits erörtert[255], ist das WpÜG a.F. auf Gesellschaften mit Sitz im Inland anwendbar, unter der weiteren Voraussetzung der Zulassung der Aktien an einem organisierten Markt[256]. Sind diese Voraussetzungen erfüllt, findet das WpÜG a.F. Anwendung; die BaFin ist die zuständige Aufsichtsstelle. Was unter „Sitz im Inland" i.S.d. § 2 Abs. 3 WpÜG a.F. zu verstehen ist, ist im deutschen

---

[253] So auch u.a. von Hein, ZGR 2005, 528, 553f.; Mülbert, NZG 2004, 633, 638; Siems, ECFR 2004, 458, 472f.; Schüppen, in: Haarmann/Schüppen, Frankfurter Kommentar WpÜG, 2005, § 2 Rn. 30; Habersack, Stellungnahme zum RegE Ü-UG, S. 2.

[254] Baums, EBLR 2004, 1453, 1459, weist zu Recht auf die Bedeutung eines einheitlichen Verständnisses des Sitzbegriffs hin.

[255] Vgl. die Ausführungen unter A.IV.2., S. 31.

[256] § 1, § 2 Abs. 3, 7 WpÜG a.F.

Recht keineswegs geklärt. So wird mit guten Gründen vertreten, der „Sitz im Inland“ sei wie im Aktienrecht als statutarischer Sitz zu verstehen[257], während eine andere Auffassung anknüpfend an die im internationalen Gesellschaftsrecht auch vertretene Sitztheorie den effektiven Verwaltungssitz für maßgeblich hält[258]. Für die vorzugswürdige Anknüpfung an den Satzungssitz wird die Rechtsklarheit, die Rechtssicherheit, die Nähe des WpÜG a.F. zum Aktienrecht[259] sowie die Irrelevanz von Sitz- oder Gründungstheorie für die Auslegung einer inländischen Kollisions- oder Sachnorm[260] angeführt. Insbesondere gibt es keine Anzeichen dafür, der deutsche Gesetzgeber habe im WpÜG a.F. von seinem im Aktiengesetz verwendeten[261] Sprachgebrauch abweichen wollen[262]. Umsetzungsbedarf bestand daher bei der richtigerweise vorzunehmenden Anknüpfung an den Satzungssitz nicht.

Eine Klarstellung durch den deutschen Gesetzgeber[263] wäre gerade angesichts dieser Meinungsunterschiede wünschenswert, da der Wortlaut der Richtlinie beide Modelle zulassen könnte und folglich noch für Konfliktpotential in Bezug auf die Zuständigkeit in gesellschaftlichen Fragen und damit auch auf das anwendbare Recht sorgen könnte[264]. Dies ergibt sich bereits aus den bislang in der Literatur geführten Diskussionen um die Auslegung des Begriffs „Sitz“.

2) *Regelungen des § 1 Abs. 2, § 2 Abs. 3, 7 WpÜG a.F.*

Bei der Umsetzung der Richtlinie musste der deutsche Gesetzgeber folgende Probleme ausräumen.

---

[257] So etwa Baums/Hecker, in: Baums/Thoma, WpÜG, 2004, § 2 Rn. 88; Versteegen, in: Hirte/von Bülow, Kölner Kommentar WpÜG, 2003, § 2 Rn. 107; Pötzsch, in: Assmann/Pötzsch/Schneider, WpÜG, 2005, § 2 Rn. 94; Schüppen, in: Haarmann/Schüppen, Frankfurter Kommentar WpÜG, 2005, § 2 Rn. 30.

[258] Von Hein, AG 2001, 213, 231; Angerer, in: Geibel/Süßmann, WpÜG, 2002, § 1 Rn. 40ff.; Oechsler, in: Ehricke/Ekkenga/Oechsler, WpÜG, 2003, § 1 Rn. 6; Schüppen, in: Haarmann/Riehmer/Schüppen, WpÜG, 2002, § 2 Rn. 28.

[259] Vgl. Schüppen, in: Haarmann/Schüppen, Frankfurter Kommentar WpÜG, 2005, § 2 Rn. 30.

[260] Baums/Hecker, in: Baums/Thoma, WpÜG, 2004, § 2 Rn. 87.

[261] § 5 Abs. 1 AktG.

[262] Baums/Hecker, in: Baums/Thoma, WpÜG, 2004, § 2 Rn. 88.

[263] Diese Klarstellung hätte natürlich nur deklaratorische Wirkung für Deutschland. Nach der hier vertretenen Position ist dieses Begriffsverständnis bereits europarechtlich vorgegeben.

[264] Diese Befürchtung hat auch Zimmer, ZGR 2002, 731, 741, allerdings noch zum Kommissionsvorschlag von 2002.

Zunächst bedurfte es einer Modifizierung[265] der sich aus den §§ 1, 2 Abs. 3[266] und Abs. 7 WpÜG a.F. ergebenden einseitigen Kollisionsnorm[267]. Nach vor der Umsetzung der Richtlinie geltendem Recht war das WpÜG auf Angebote zum Erwerb von Wertpapieren anzuwenden, die von einer Aktien- oder Kommanditgesellschaft auf Aktien ausgegeben wurden und zum Handel an einem organisierten Markt zugelassen waren. Folglich kam es hiernach zu einer einheitlichen Anknüpfung der Angebotsverfahrensfragen und gesellschaftsrechtlicher Aspekte an den Sitz der Zielgesellschaft (der Sitz wäre dann Deutschland), sofern ihre Wertpapiere zum Handel an einem organisierten Markt im Rahmen des Europäischen Wirtschaftsraums zugelassen gewesen sind.

Diese Regelung war durch das gestaffelte Anknüpfungssystem der Richtlinie zu ersetzen[268]. Sowohl der Anwendungsbereich des Gesetzes als auch die Zuständigkeit der BaFin waren abzuändern, allerdings lediglich in Bezug auf Übernahme- und Pflichtangebote, nicht auf einfache Erwerbsangebote[269]. Für die zuerst genannten Angebote wurde die Einführung nationaler Regelungen notwendig, welche inhaltlich den unter B.II.1.b. dargelegten Anforderungen entsprechen[270]. Es war darauf zu achten, die (Übernahme-) Angebotsdefinition der Richtlinie und diejenige des WpÜG a.F. nicht miteinander zu vermengen.

Einer gesonderten Regelung bezüglich der Zuständigkeit der BaFin bedurfte es je nach Neugestaltung des Gesetzes nicht. Die BaFin kann nämlich nur dort tätig werden, wo der Anwendungsbereich des Gesetzes überhaupt eröffnet ist. Somit wird die Beschränkung der Aufsichtszuständigkeit über die Beschränkung des Anwendungsbereichs des Gesetzes erreicht.

Zudem war eine Ausnahme für die Zentralbanken entbehrlich, da diese Regelung nur in Belgien und Griechenland Bedeutung erlangt[271].

5. Umsetzung und Bewertung

a. § 1 WpÜG n.F.

§ 1 WpÜG n.F. setzt sowohl Art. 1 als auch Art. 4 ins nationale Recht um.

---

265 Von Hein, ZGR 2005, 528, 531.

266 Siehe hierzu bereits die Ausführungen unter A.IV.3.c., S. 34.

267 Eine einseitige Kollisionsnorm ist eine Norm, die ausschließlich die Reichweite des eigenen Rechts festlegt, nicht jedoch, welches fremde Recht im Falle der Nichtanwendung des eigenen Rechts Anwendung findet. Vgl. von Bar/Mankowski, Internationales Privatrecht, 2003, S. 13.

268 Siehe auch die Vorschläge von von Hein, ZGR 2005, 528, 566f.; Mülbert, NZG 2004, 633, 639 und Hopt/Mülbert/Kumpan, AG 2005, 109.

269 Pötzsch, in: Assmann/Pötzsch/Schneider, WpÜG, 2005, Einl. Rn. 110.

270 Siehe S. 42.

271 Vgl. bereits die Ausführungen unter A.II., S. 30.

1) § 1 Abs. 1 WpÜG n.F.

Der Anwendungsbereich des WpÜG erfährt durch die Regelung des Art. 4 eine weit reichende Neuerung[272]. Nach der Regierungsbegründung wird in § 1 WpÜG n.F., dem Anwendungsbereich des Gesetzes, der Vorschrift des Art. 4 Rechnung getragen. Abs. 1 wird genutzt, um den grundsätzlichen Anwendungsbereich des Gesetzes klarzustellen, während die folgenden Absätze diesen weiter konkretisieren. Abs. 1 entspricht hierbei wortgleich § 1 WpÜG a.F. Dennoch wird der Anwendungsbereich erweitert, da der Begriff „Zielgesellschaft" (weiterhin definiert in § 2 Abs. 3 WpÜG n.F.) nun neben Aktiengesellschaften und Kommanditgesellschaften auf Aktien mit Sitz im Inland (§ 2 Abs. 3 Nr. 1 WpÜG n.F.) auch Gesellschaften mit Sitz in einem anderen Staat des Europäischen Wirtschaftsraums (§ 2 Abs. 3 Nr. 2 WpÜG n.F.) erfasst.

2) § 1 Abs. 2 WpÜG n.F.

§ 1 Abs. 2 WpÜG n.F. legt den von der Richtlinie vorgegebenen Anwendungsbereich für Übernahme- und Pflichtangebote fest, in denen *stimmberechtigte* Aktien einer deutschen Zielgesellschaft nicht im Inland, allerdings in einem anderen Staat des Europäischen Wirtschaftsraums[273] zum Handel an einem organisierten Markt zugelassen sind[274]. Hier soll das WpÜG künftig nur in Bezug auf Fragen betreffend die *„Kontrolle, die Verpflichtung zur Abgabe eines Angebots und hiervon abweichende Regelungen, die Unterrichtung der Arbeitnehmer der Zielgesellschaft oder des Bieters, Handlungen des Vorstands der Zielgesellschaft, durch die der Erfolg eines Angebots verhindert werden könnte, oder andere gesellschaftsrechtliche Fragen"*[275] anzuwenden sein (Hervorhebung durch den Verfasser). Der Geltungsbereich des WpÜG werde somit im Einklang mit der Richtlinie für deutsche Zielgesellschaften, auf die das Gesetz bisher vollum-

---

[272] BT-Drs. 16/1003, Begründung, A. Allgemeiner Teil, III. 1. lit. a), S. 13.

[273] Das Ü-UG ist insofern enger als der Referentenentwurf (§ 1 Abs. 2 RefE Ü-UG). Letzterer sah keine Beschränkung auf den Europäischen Wirtschaftsraum vor. Durch diese Änderung ist sichergestellt, dass das WpÜG in außerhalb der Richtlinie liegenden Fällen weiterhin vollumfänglich auf deutsche Gesellschaften anwendbar ist. Die im Referentenentwurf enthaltene Beschränkung war in dieser Weite durch die Richtlinie nicht vorgegeben.

[274] Hervorhebung durch den Verfasser.

[275] § 1 Abs. 2 WpÜG n.F. Nicht abschließend klärt der Gesetzestext, was genau zu den gesellschaftsrechtlichen Fragen gehört. In der Begründung wird sich mit dem Hinweis begnügt, *„andere gesellschaftsrechtliche Fragen sind vor allem in den Vorschriften zur Geltung vertraglicher und satzungsmäßiger Stimmrechtsübertragung und -ausübung und der Mehrstimmrechte sowie in den Regelungen zum Ausschluss und das Andienungsrecht der übrigen Aktionäre enthalten"* (BT-Drs. 16/1003, Begründung, B. Zu Artikel 1 Zu Nummer 2 (§ 1) Zu Absatz 2, S. 16). Die WpÜG-AnwVO gibt anders als das Ü-UG insoweit eine Antwort, als sie die in den Fällen des § 1 Abs. 2 WpÜG n.F. anwendbaren Vorschriften auflistet.

fänglich anzuwenden war, eingeschränkt[276]. Der Gesetzestext übernimmt, wenn auch in veränderter Reihenfolge, die in Art. 4 Abs. 2 lit. e) aufgestellten Voraussetzungen. Aus der Beschränkung auf Pflicht- und Übernahmeangebote ergibt sich, dass sonstige Erwerbsangebote deutscher Aktiengesellschaften oder Kommanditgesellschaften auf Aktien nach wie vor stets in den Anwendungsbereich des WpÜG fallen[277].

Zur Konkretisierung der auf Angebote i.S.d. § 1 Abs. 2 WpÜG n.F. anwendbaren Vorschriften hat das Bundesministerium der Finanzen eine WpÜG-AnwVO geschaffen[278], welche die einzelnen anwendbaren Normen auflistet[279].

3) § 1 Abs. 3 WpÜG n.F.

§ 1 Abs. 3 WpÜG n.F. diene der Umsetzung der Art. 4 Abs. 2 lit. e) und der lit. b) bis lit. d) und regelt die Anwendbarkeit des WpÜG n.F. in Bezug auf Zielgesellschaften mit Sitz in einem anderen Staat des Europäischen Wirtschaftsraums, die stimmberechtigte Wertpapiere ausgegeben haben[280]. Zusätzlich muss es sich um ein „europäisches Angebot" handeln, einen Begriff, der in § 2 Abs. 1a WpÜG n.F. definiert wird. Ein europäisches Angebot liegt vor, wenn es sich um ein Angebot auf eine Zielgesellschaft im vorgenannten Sinne handelt, und das Angebot nach dem Recht des Sitzstaats der Zielgesellschaft als Angebot nach Art. 2 Abs. 1 lit. a) zu qualifizieren ist. Folglich ist diese Frage nach dem Sitzstaatrecht der Zielgesellschaft zu beurteilen. Außerdem müssen die von der Richtlinie aufgestellten Anknüpfungspunkte vorliegen. Um Teile des WpÜG n.F. anwenden zu können, müssen daher zusätzlich entweder die stimmberechtigten Wertpapiere dieser Gesellschaft ausschließlich im Inland zum organisierten Markt zugelassen sein[281] oder in mehreren Staaten des Europäischen Wirtschaftsraums, nicht aber im Sitzstaat der Zielgesellschaft. Weiterhin ist erforderlich, dass entweder die Zulassung zum Handel zuerst im Inland beantragt

---

276 Vgl. BT-Drs. 16/1003, Begründung, B. Zu Artikel 1 Zu Nummer 2 (§ 1) Zu Absatz 2, S. 16.

277 Vgl. BT-Drs. 16/1003, Begründung, B. Zu Artikel 1 Zu Nummer 2 (§ 1) Zu Absatz 2, S. 16.

278 Siehe hierzu die Ermächtigung in § 1 Abs. 4 WpÜG n.F., die unter B.II.5.a.4), S. 54, vorgestellt wird.

279 Dies sind nach § 1 WpÜG-AnwVO die §§ 1 bis 9, § 29, § 30, § 33, § 33a, § 33b, § 33c, § 33d, § 34, § 35 Abs. 1 S. 4 i.V.m. § 10 Abs. 5 S. 2 und 3, § 35 Abs. 2 S. 1 hinsichtlich der Verpflichtung zur Abgabe eines Angebots, § 35 Abs. 2 S. 2 i.V.m. § 14 Abs. 4 S. 2 und 3, § 35 Abs. 2 S. 3, § 35 Abs. 3, § 36, § 37, § 38, § 39, § 39a, § 39b, § 39c und die §§ 40 bis 68 WpÜG. Damit entspricht die WpÜG-AnwVO mit wenigen Ausnahmen (neu hinzugekommen sind die im Rahmen des § 35 vorgenommenen Verweise auf § 10 Abs. 5 S. 3 sowie auf § 14 Abs. 4 S. 3Art. 5) dem in Art. 5 des RefE Ü-UG beigefügten Entwurf der WpÜG-AnwVO.

280 BT-Drs. 16/1003, Begründung, B. Zu Artikel 1 Zu Nummer 2 (§ 1) Zu Absatz 3, S. 16.

281 § 1 Abs. 3 S. 1 Nr. 2 lit. b aa) WpÜG n.F.

worden ist oder bei gleichzeitiger Zulassung die BaFin als Aufsichtsstelle von der Zielgesellschaft ausgewählt wurde[282].

§ 1 Abs. 3 S. 2 WpÜG n.F. beschränkt den Anwendungsbereich des Gesetzes in diesen Fällen auf Fragen der Gegenleistung, des Inhalts der Angebotsunterlage und des Angebotsverfahrens. Dies korrespondiert mit den Anforderungen in Art. 4 Abs. 2 lit. e). Zudem steht die Anwendung unter dem Vorbehalt des § 11a WpÜG n.F., welcher den „Europäischen Pass" regelt[283].

Wie bei der Vorschrift des § 1 Abs. 2 WpÜG n.F. soll das Bundesministerium der Finanzen die auf Angebote anwendbaren Vorschriften näher bezeichnen[284].

---

282 § 1 Abs. 3 S. 1 Nr. 2 lit. b bb) WpÜG n.F. In diesem Zusammenhang ist die Übergangsregelung in § 68 Abs. 2 WpÜG n.F. zu beachten. Danach ist § 1 Abs. 3 WpÜG n.F. für EWR-Auslands-Zielgesellschaften, deren stimmberechtigte Wertpapiere am 20. Mai 2006 zum Handel an einem organisierten Markt zugelassen sind, mit der Maßgabe anzuwenden, dass die Entscheidung nicht von der Zielgesellschaft sondern der entsprechenden Aufsichtsstelle getroffen wird. Zudem bestimmt § 68 Abs. 2 die Nichtanwendbarkeit des § 1 Abs. 5 WpÜG n.F., wenn sich die Aufsichtsstellen bis zum 18. Juni 2006 für EWR-Gesellschaften auf die Zuständigkeit einer Aufsichtsstelle geeinigt haben. § 68 WpÜG n.F. dient der Umsetzung des Art. 4 Abs. 2 lit. c) Uabs. 2. Vgl. BT-Drs. 16/1003, Begründung, B. Zu Artikel 1 Zu Nummer 23 (§ 68), S. 23 sowie Beschlussempfehlung und Bericht des Finanzausschusses, BT-Drs. 16/1541, B. Einzelbegründung Zu Artikel 1 Zu Nummer 23 (§ 68) Zu Absatz 3, S. 13.

283 Danach ist eine Angebotsunterlage, welche von einer zuständigen Aufsichtsstelle eines anderen EWR-Staates gebilligt wurde, auch im Inland ohne Billigungsverfahren anzuerkennen. Die Vorschrift dient der Umsetzung des Art. 6 Abs. 2 Uabs. 2, ohne von den dort eingeräumten Ausnahmetatbeständen Gebrauch zu machen. Unklar ist, ob ggf. eine Übersetzung der Angebotsunterlage in die deutsche Sprache gefordert werden kann, wie dies Art. 6 Abs. 2 Uabs. 2 vorsieht. Der Wortlaut des § 11a WpÜG n.F. scheint eine solche Übersetzung in die deutsche Sprache nicht vorauszusetzen. Allerdings ergibt sich aus § 11 Abs. 1 S. 4 WpÜG n.F., dass eine Angebotsunterlage stets in deutscher Sprache zu erstellen ist. Ist dies nicht der Fall, erfolgt keine Billigung durch die BaFin. Nun bedarf es zukünftig in den Fällen des § 11a WpÜG n.F. keiner Billigung mehr durch die BaFin. Problematisch ist, dass sich die mit der Angebotsunterlage zusammenhängenden Fragen nach dem Recht der zuständigen Aufsichtsstelle richten (Art. 4 Abs. 2 lit. e)), also gerade nicht nach inländischem Recht. Da der dritte Abschnitt auf die hier fraglichen Fälle auch nicht sinngemäß Anwendung findet (vgl. jeweils die WpÜG-AnwVO), ist eine Anwendung des § 11 Abs. 1 S. 4 WpÜG n.F. nicht möglich. Die WpÜG-AnwVO ist an dieser Stelle allerdings fehlerhaft, da sie nicht die Anwendung des § 11a WpÜG n.F. vorsieht. Gleiches galt bereits für den RefE WpÜG-AnwVO. Im Ergebnis ebenso Schüppen, BB 2006, 165, 170, sowie Meyer, WM 2006, 1135, 1138, die der deutschen Umsetzung ebenfalls keinen Übersetzungsvorbehalt der Angebotsunterlage entnehmen können.

284 Dies sind nach § 2 WpÜG-AnwVO die §§ 1 bis 9, § 31, § 32, § 33d, § 34, § 35 Abs. 1 S. 1 bis 3, S. 4 i.V.m. § 10 Abs. 2, 3 S. 3, Abs. 4, 5 S. 1 und Abs. 6, § 35 Abs. 2 S. 1 hinsichtlich der Verpflichtung zur Übermittlung und Veröffentlichung, § 35 Abs. 2 S. 2 i.V.m. § 14 Abs. 2 S. 2, Abs. 3 und 4 S. 1, § 38, § 39 und die §§ 40 bis 68 WpÜG. Die Vorschriften entsprechen im Wesentlichen den in Art. 5, Zweiter Abschnitt § 2 der WpÜG-AnwVO des RefE Ü-UG enthaltenen Vorschriften. Auffällig ist die nicht mehr vorhandene Bezugnahme auf § 16 Abs. 2 und 23 Abs. 2 WpÜG in der erlassenen WpÜG-AnwVO. Die Zaunkönigregelung

4) § 1 Abs. 4 WpÜG n.F.

§ 1 Abs. 4 WpÜG n.F. überträgt dem Bundesministerium der Finanzen die Befugnis, durch Rechtsverordnung die in den Fällen des § 1 Abs. 2 und Abs. 3 WpÜG n.F. anwendbaren Vorschriften näher zu konkretisieren. Inhaltlich sind die Fälle gemeint, welche Übernahme- und Pflichtangebote zum Erwerb stimmberechtigter Wertpapiere einer Zielgesellschaft mit Bezug zum Europäischen Wirtschaftsraum betreffen.

Von der Ermächtigung hat das Bundesministerium der Finanzen umgehend Gebrauch gemacht[285]. Die WpÜG-AnwVO listet die in den § 1 Abs. 2 und Abs. 3 WpÜG n.F. jeweils anwendbaren Vorschriften auf. Sowohl bezüglich § 1 Abs. 2 WpÜG n.F. als auch bezüglich dessen Abs. 3 werden darin jedoch Einschränkungen dahingehend gemacht, dass die sinngemäße Anwendbarkeit der Vorschriften nur erfolgt, sofern nicht durch ausländisches Recht Abweichungen geboten sind. Dieser Vorbehalt sei erforderlich, da der deutsche Gesetzgeber nicht in die (ebenfalls auf der Umsetzung des Art. 4 beruhenden) Zuständigkeit des ausländischen Rechts eingreifen könne[286].

5) § 1 Abs. 5 WpÜG n.F.

Nach § 1 Abs. 5 WpÜG n.F., welcher erst auf Beschlussempfehlung des Bundestagsfinanzausschusses in den Gesetzestext aufgenommen wurde[287], entscheidet die Zielgesellschaft bei nur außerhalb des Sitzstaats erfolgter Mehrfachzulassung der stimmberechtigten Wertpapiere, welche Aufsichtsstelle für die Angebotsbeaufsichtigung zuständig ist, teilt dies der BaFin mit und veröffentlicht die Entscheidung[288]. Zudem wird das Bundesministerium der Finanzen ermächtigt, durch Rechtsverordnung das Verfahren (Zeitpunkt, Inhalt und Form der Mitteilung bzw. Veröffentlichung) genauer festzulegen[289]. Zur Begründung der

---

findet damit bei Übernahmeangeboten auf Gesellschaften mit Sitz in einem anderen Staat des EWR keine Anwendung.

[285] Dies hat sich bereits bei Vorlage des RefE Ü-UG angedeutet, in dessen Art. 5 eine solche WpÜG-AnwVO im Entwurf beigefügt war.

[286] So die Begründung zum RefE der WpÜG-AnwVO (RefE Ü-UG, Begründung, B. Zu Artikel 5 Zum ersten Abschnitt Zu § 1, S. 32).

[287] Vgl. Beschlussempfehlung und Bericht des Finanzausschusses, BT-Drs. 16/1541, Nummer 1 Artikel 1 lit. a) bb), S. 4.

[288] § 1 Abs. 5 S. 1, 2 WpÜG n.F.

[289] § 1 Abs. 5 S. 3 WpÜG n.F. Die Ermächtigung ist auf die BaFin übertragbar (§ 1 Abs. 5 S. 4 WpÜG n.F.). Die Übertragungsmöglichkeit hat das Bundesministerium der Finanzen durch die „Dritte Verordnung zur Änderung der Verordnung zur Übertragung von Befugnissen zum Erlass von Rechtsverordnungen auf die Bundesanstalt für Finanzdienstleistungsaufsicht" vom 17. Juli 2006, BGBl. I/2006, S. 1699, in Kraft getreten am 25. Juli 2006, genutzt. Die BaFin hat von der Ermächtigung durch Erlass der am 21. Oktober 2006 in Kraft getretenen „Verordnung über den Zeitpunkt sowie den Inhalt und die Form der Mitteilung und der

Vorschrift führt der Bundestagsfinanzausschuss aus, es werde damit Art. 4 Abs. 2 lit. c) Uabs. 1 letzter Halbsatz sowie lit. d) umgesetzt[290].

b. Bewertung

Eine zentrale Frage in Zusammenhang mit den anwendbaren Vorschriften bei europäischen Sachverhalten hat weder der Regierungsentwurf noch die endgültige Gesetzesfassung beantwortet: die Frage, was unter dem Begriff des „Sitzes" zu verstehen ist. Insoweit wäre eine – deklaratorische – Klarstellung sinnvoll gewesen[291], dass es sich dabei um den Satzungssitz der Gesellschaft handelt[292].

Ebenso ist das nationale Recht nicht auf die Richtlinienvorgaben beschränkt worden, wie dies teilweise gefordert wurde[293]. Das war nach den Ausführungen unter A.IV.3.c. nicht notwendig[294]. Insoweit hat der Richtliniengeber keine negativ abschließende Regelung getroffen.

Entbehrlich in Ermangelung eines deutschen Anwendungsfalls war zudem eine Umsetzung des Art. 1 Abs. 3, wonach Wertpapiere, die von Zentralbanken ausgegeben werden, nicht vom Anwendungsbereich der Richtlinie erfasst sind.

Sinnvollerweise hat der Gesetzgeber Art. 4 Abs. 2 lit. c) Uabs. 2 in einen neugefassten § 68 WpÜG integriert[295]. Wegen des Übergangscharakters der Vorschrift ist die Einfügung bei den Schlussvorschriften des Gesetzes zweckmäßig.

Zu den Vorschriften im Einzelnen:

Veröffentlichung der Entscheidung einer Zielgesellschaft nach § 1 Abs. 5 Satz 1 und 2 des Wertpapiererwerbs- und Übernahmegesetzes" (WpÜG-Beaufsichtigungsmitteilungsverordnung) vom 13. Oktober 2006, BGBl. I/2006, S. 2266 Gebrauch gemacht.

[290] Vgl. Beschlussempfehlung und Bericht des Finanzausschusses, BT-Drs. 16/1541, B. Einzelbegründung Zu Artikel 1 Zu Nummer 2 (§ 1) Zu Doppelbuchstabe bb) (Absatz 5), S. 12. Siehe zur Übergangsvorschrift des § 68 Abs. 3 WpÜG n.F. Fn. 282.

[291] Eine Klarstellung fordert auch der DAV-Handelsrechtsausschuss, Stellungnahme zum DiskE Ü-UG, NZG 2006, 177.

[292] Der englische *City Code* wurde entsprechend abgeändert. Dort ist nun ausschließlich maßgeblich, ob die Gesellschaften ihren „*registered office*" in Großbritannien, den Kanalinseln oder der Isle of Man haben. Auf den „*place of central management*" wird nicht mehr abgestellt. Vgl. *Introduction, No.3(a) (i) City Code.* Zur vorherigen Regelung siehe Fn. 244.

[293] Eine ausdrückliche Aufnahme einer Art. 1 Abs. 2 entsprechenden Vorschrift befürwortet die Gemeinsame Stellungnahme von BDI, BDA, GDV und DIHK zum RefE Ü-UG, S. 8, sowie zum RegE Ü-UG, S. 6.

[294] Siehe S. 34.

[295] Siehe die Ausführungen in Fn. 282.

1) § 1 Abs. 1 WpÜG n.F.

Der Anwendungsbereich des Gesetzes wurde entgegen der hier vertretenen Ansicht[296] nicht geändert. Dies wäre ungeachtet der bereits im Regierungsentwurf gewählten Konzeption hilfreich und zur fehlerfreien Umsetzung der Richtlinie notwendig gewesen. Der deutsche Wortlaut lässt nämlich nicht erkennen, dass eine Teilzulassung der stimmberechtigten Aktien zum Handel an einem organisierten Markt ausreicht, um den Anwendungsbereich des WpÜG in Bezug auf Übernahme- und Pflichtangebotssachverhalte zu eröffnen. Auch die Übereinstimmung einer Praxis berechtigt nicht zu einem Absehen von einer hinreichend klaren Umsetzung[297]. Somit ist die Vorschrift richtlinienkonform dahingehend auszulegen, dass allein die Teilzulassung stimmberechtigter Wertpapiere den Anwendungsbereich eröffnet. § 1 Abs. 3 WpÜG n.F. gewährleistet allein für Zielgesellschaften mit Sitz im Ausland, dass auch die Teilzulassung der stimmberechtigten Wertpapiere ausreichend ist, für inländische Gesellschaften wird dies jedoch weder im Gesetzeswortlaut ausdrücklich klargestellt noch geht dies aus der Regierungsbegründung hervor.

2) § 1 Abs. 2 WpÜG n.F.

§ 1 Abs. 2 WpÜG n.F. schränkt den Anwendungsbereich für den Fall der deutschen Zielgesellschaft, deren stimmberechtigte Aktien nur im EWR-Ausland zum Handel an einem organisierten Markt zugelassen sind, entsprechend den Richtlinienvorgaben nur für Übernahme- und Pflichtangebote ein[298]. Eine Einschränkung in Bezug auf die einfachen Erwerbsangebote war angesichts des Regelungsgegenstands der Richtlinie nicht erforderlich.

Auf Beschlussempfehlung des Bundestagsfinanzausschusses wurde das anwendbare Recht durch Hinzufügen der Passage „*Unterrichtung der Arbeitnehmer (...) des Bieters*“ konkretisiert[299]. Das ist vor dem Hintergrund des Wortlauts der Richtlinie nicht notwendig. Danach ist „*für Fragen, die die Unterrichtung der Arbeitnehmer der Zielgesellschaft, und für gesellschaftsrechtliche Fragen*“, welche anschließend näher ausgeführt werden, das Recht des Sitzmitglied-

---

[296] Vgl. die Ausführungen unter A.IV.3.a., S. 32.

[297] Vgl. Nettesheim, in: Grabitz/Hilf, EU Kommentar, 2005, Art. 249 Rn. 139.

[298] Hiermit wurde die zu weit reichende Regelung des § 1 Abs. 2 RefE Ü-UG auf die Richtlinienvorgaben eingeschränkt. Das deutsche WpÜG bleibt also voll umfänglich anwendbar, wenn die Aktien nur an einem organisierten Markt außerhalb des EWR zugelassen sind. Vgl. bereits Fn. 273.

[299] Die Änderung ist wohl auf die Haltung des DGB bzw. die Ausführungen von Seyboth (DGB) in der Anhörung des Bundestagsfinanzausschusses zurückzuführen. Vgl. Öffentliche Anhörung des Finanzausschusses, 16. Sitzung vom 10. Mai 2006, Pr.Nr. 16/16, S. 33. Siehe bereits DGB, Stellungnahme zum DiskE Ü-UG, S. 2.

staats maßgeblich[300]. Gerade nicht aufgeführt sind die Arbeitnehmer der Bietergesellschaft.

Dennoch wird die Unterrichtung der Arbeitnehmer grundsätzlich als gesellschaftsrechtliche Frage verstanden[301]. Nach dem Wortlaut der Richtlinienvorgabe ist ein solches Verständnis hingegen nicht zwingend vorgegeben.

Selbst wenn man aber ein solches Verständnis zu Grunde legt, ist die Aufnahme der Arbeitnehmer der Bietergesellschaft in § 1 Abs. 2 WpÜG n.F. systematisch fehlerhaft. Die Regelung des § 1 Abs. 2 WpÜG n.F. betrifft einzig die Frage, welche Bestimmungen bei grenzüberschreitenden Sachverhalten auf die *Ziel*gesellschaft anzuwenden sind[302]. Der Anwendungsbereich für die *Bieter*gesellschaft wird hingegen durch die Regelung überhaupt nicht betroffen. Somit ist die Verortung der Arbeitnehmerunterrichtung der Bietergesellschaft in § 1 Abs. 2 WpÜG n.F. unzutreffend. Die Erweiterung ist nicht mit den Richtlinienvorgaben in Einklang zu bringen.

3) § 1 Abs. 3 WpÜG n.F.

§ 1 Abs. 3 WpÜG n.F. trägt dazu bei, dass der Anwendungsbereich des WpÜG n.F. mit den Richtlinienvorgaben übereinstimmt. Dabei wird sich des Kunstgriffes des „europäischen Angebots“ bedient. Hierdurch wird zum einen der Angebotsbegriff des WpÜG für richtlinienbezogene Fälle, in denen eine Zielgesellschaft ihren Sitz in einem anderen Staat des EWR hat, modifiziert und gleichzeitig die erforderliche Beschränkung des Anwendungsbereichs bewirkt. Art. 2 Abs. 1 lit. a), auf den in § 1 Abs. 3 WpÜG n.F. Bezug genommen wird, stellt auf die (Teil-) Zulassung der stimmberechtigten Wertpapiere zum Handel auf einem organisierten Markt ab.

Im Übrigen schließt sich § 1 Abs. 3 WpÜG n.F. damit der überwiegend und auch hier vertretenen Ansicht[303] an, wonach bei Zulassung der Wertpapiere zum Handel im Sitzmitgliedstaat stets das Recht des Sitzmitgliedstaats anwendbar ist[304].

4) § 1 Abs. 4 WpÜG n.F.

Die Einführung eines § 1 Abs. 4, der dem Bundesministerium der Finanzen den Erlass einer Verordnung erlaubt, welche die in den Fällen des § 1 Abs. 2, Abs. 3 WpÜG n.F. anwendbaren Vorschriften enthält, ist zu begrüßen[305].

---

300 Art. 4 Abs. 2 lit. e) S. 2.

301 So etwa Merkt, Stellungnahme zum RegE Ü-UG, S. 9.

302 Ebenso Seibt/Heiser, AG 2006, 301, 304.

303 Vgl. die Ausführungen unter B.II.1.a., S. 41.

304 BT-Drs. 16/1003, Begründung, B. Zu Artikel 1 Zu Nummer 2 (§ 1) Zu Absatz 3, S. 16.

305 A.A. Schüppen, BB 2006, 165, 169. Nach seiner Ansicht sind die anwendbaren Vor-

Dies gilt jedenfalls, wenn man die seit dem RefE Ü-UG verfolgte Konzeption gutheißt und eine Zweigleisigkeit des WpÜG um den Preis der Einheitlichkeit (und Übersichtlichkeit) akzeptiert. Anders wäre es nicht möglich gewesen, die schon im Referentenentwurf hervorgehobenen *„nationalen Besonderheiten“*[306] aufrechtzuerhalten. Die verabschiedete Fassung bemüht sich, dem Rechtsanwender durch die Ermöglichung einer WpÜG-AnwVO eine Hilfestellung bezüglich der in den jeweiligen Konstellationen anwendbaren Vorschriften des WpÜG zu geben. Dies ist im Grunde zu befürworten. Schade ist nur, dass es nicht gelungen ist, das Gesetz aus sich heraus verständlich genug zu gestalten, um auf eine solche WpÜG-AnwVO verzichten zu können. Allein die mögliche Existenz der Verordnung zeugt von der Unübersichtlichkeit des „neuen“ WpÜG.

5) § 1 Abs. 5 WpÜG n.F.

Die relativ spät eingeführte Vorschrift setzt, wie in der Beschlussempfehlung des Bundestagsfinanzausschuss richtig ausgeführt, die Bestimmung des Art. 4 Abs. 2 lit. c) Uabs. 1 und lit. d) ordnungsgemäß um. Die näheren Formalien werden durch eine Rechtsverordnung geregelt. Die entsprechende Rechtsverordnung ist vom Bundesministerium der Finanzen erlassen worden[307]. Die Verordnung enthält die nach Art. 4 Abs. 2 lit. c) Uabs. 1 und lit. d) erforderlichen Angaben, insbesondere die Notwendigkeit der Mitteilung am ersten Handelstag[308].

6) Unveränderte Beibehaltung des § 2 Abs. 1 WpÜG

Der Angebotsbegriff des § 2 Abs. 1 WpÜG wird unverändert beibehalten. Dies ist zulässig, da der von der Richtlinie vorgegebene begrenzte Anwendungsbereich über die Einschränkungen im Anwendungsbereich in § 1 Abs. 2 und 3 WpÜG n.F. bzw. durch den Begriff des „europäischen Angebots“ gewährleistet wird.

7) Ergebnis

Abgesehen von der fehlerhaften Aufnahme der Unterrichtung der Arbeitnehmer des Bieters und der fehlenden Konkretisierung in § 1 Abs. 1 WpÜG n.F., wonach bereits eine Teilzulassung der stimmberechtigten Aktien ausreichend ist,

---

schriften *„im Wesentlichen klar“*. Zweifelsfälle müssten ohnehin von den Gerichten geklärt werden, da eine vom Gesetz abweichende Verordnung rechtlich nicht bindend sei. Dies ist zwar in der Sache zutreffend. Ungeachtet dessen stellt eine solche Verordnung eine sinnvolle Hilfestellung bei der Anwendung des Gesetzes dar.

306 RefE Ü-UG, Entwurf einer Begründung, A. Allgemeiner Teil, I., S. 1; ebenso die Regierungsbegründung, BT-Drs. 16/1003, Begründung, A. Allgemeiner Teil, I., S. 12.

307 Vgl. die Nachweise in Fn. 289.

308 Vgl. § 1 Abs. 1 der WpÜG-Beaufsichtigungsmitteilungsverordnung.

um den Anwendungsbereich in Bezug auf Übernahme- und Pflichtangebote zu eröffnen, wurde die Umsetzung zutreffend vorgenommen.

C. Begriffsbestimmungen, Art. 2

I. Darlegung der umzusetzenden Richtlinienbestimmung

Art. 2 enthält eine Reihe von Begriffsbestimmungen. So definiert Art. 2 das „Übernahmeangebot", die „Zielgesellschaft", den „Bieter", „gemeinsam handelnde Personen", „Wertpapiere", „Parteien des Angebots" und „Wertpapiere mit Mehrfachstimmrecht".

Auf eine Darstellung der Begriffsbestimmungen der Richtlinie wird hier verzichtet. Insoweit wird auf den Richtlinientext verwiesen.

II. Europäischer Hintergrund sowie Regelungen in einzelnen Mitgliedstaaten

Art. 2 Abs. 1 lit. d), die Definition der „Gemeinsam handelnde[n] Personen" geht zurück auf das Konzept des *City Code – acting in concert*[309].

Zum Begriff des Mehrfachstimmrechts siehe bereits die Ausführungen unter A.II.[310]

III. Rechtslage vor der Umsetzung und Anpassungsbedarf

1. Umsetzungsstandort

Als Umsetzungsstandort kam nur die Modifikation des WpÜG a.F. in Betracht.

2. Entsprechende nationale Regelungen und Umsetzungsbedarf

Das WpÜG a.F., welches insgesamt ähnlich der Richtlinie konstruiert wurde, enthält in § 2 ebenfalls Begriffsbestimmungen.

a. Angebot

Bezüglich der in Art. 2 Abs. 1 lit. a) enthaltenen Definition des Angebots wird auf die Ausführungen unter A.IV.3.d. verwiesen[311].

---

[309] *City Code*, C 1 "*Definitions – Acting in concert*". Unter *acting in concert* versteht man das abgestimmte Verhalten mehrerer Personen (verhaltensbedingte Zurechnung). Zu der Auslegung des Begriffs „*acting in concert*" vgl. die Ausführungen im Zusammenhang mit dem Pflichtangebot unter E.I.4.b., S. 84 (insbesondere E.I.4.b.2), S. 88).

[310] Siehe S. 30.

[311] Siehe S. 35.

Letztlich konnte der Angebotsbegriff des WpÜG beibehalten werden, weil die Richtlinie den Anwendungsbereich durch die Vorschriften des § 1 WpÜG n.F. vorgibt.

b. Zielgesellschaft

Wie bereits in A.IV.3.c. besprochen[312], war § 2 Abs. 3 WpÜG a.F., die Definition der Zielgesellschaft, um die entsprechenden ausländischen Gesellschaften zu erweitern. Die Einführung einer Begriffsbestimmung wie in Art. 2 Abs. 1 lit. b), wonach eine Zielgesellschaft eine Gesellschaft ist, deren Wertpapiere Gegenstand eines Angebots sind, war angesichts des Wortlauts von § 1 WpÜG a.F. nicht erforderlich.

c. Bieter

Die Definition des Bieters im WpÜG a.F. stimmt zwar nicht mit der der Richtlinie überein, es handelt sich jedoch nur um sprachliche Unterschiede. Der Anwendungsbereich der Definitionen ist identisch, sieht man einmal davon ab, dass im WpÜG a.F. unter das Angebot auch das einfache Erwerbsangebot fällt. In der Sache bestehen somit keine Unterschiede[313]. Folglich war eine Abänderung des Wortlauts von § 2 Abs. 4 WpÜG a.F. denkbar, aber nicht erforderlich[314].

d. Gemeinsam handelnde Personen

Art. 2 Abs. 1 lit. d) erweitert den Kreis der unter den Begriff „gemeinsam handelnde Personen" fallenden Personen nicht nur auf Personen, die gemeinsam mit dem Bieter handeln, sondern auch auf solche, die mit der Zielgesellschaft zusammen handeln, um den Erfolg des Angebots zu vereiteln[315].

1) Verhältnis des § 2 Abs. 5 WpÜG a.F. zu § 30 Abs. 2 WpÜG a.F.

Die Definition der „gemeinsam handelnden Personen" ist nicht identisch. Die §§ 2 Abs. 5 WpÜG a.F. und 30 Abs. 2 WpÜG a.F. beinhalten im WpÜG a.F. die *acting in concert* Vorschriften. Diese unterscheiden sich jedoch von der Richtli-

---

[312] Siehe S. 34.

[313] Ebenso Pötzsch, in: Assmann/Pötzsch/Schneider, WpÜG, 2005, § 2 Rn. 100.

[314] Ob eine Abänderung zu einer Vereinheitlichung des Wortlauts in den europäischen Übernahmegesetzen bzw. Kodizes beitragen würde, ist angesichts des Rechtsinstruments „Richtlinie" ohnehin fraglich.

[315] Den Sinn dieser erweiterten Regelung stellen zu Recht in Frage Pötzsch/Möller, WM Sonderbeilage Nr. 2 zu Heft 31/2000, S. 3, 7, allerdings noch zum Gemeinsamen Standpunkt vom 19. Juni 2000. Schwierigkeiten bereitet dies vor allem in Zusammenhang mit Art. 5 Abs. 1. Seinem Sinngehalt nach kann dort nur das gemeinsame Handeln mit dem Bieter gemeint sein.

nie. Beide Vorschriften enthalten keine Regelungen bezüglich mit der Zielgesellschaft gemeinsam handelnder Personen.

Zudem sind sie auch darüber hinaus nicht identisch, weil das WpÜG a.F. von verschiedenen Begriffen des „*acting in concert*" ausging[316]. Nach überwiegender Ansicht wird in § 2 Abs. 5 WpÜG a.F. der Begriff des „*acting in concert*" definiert, während § 30 Abs. 2 WpÜG a.F. eine Zurechnungsnorm darstellt. Einige Verfasser hielten in ersten Kommentierungen beide Vorschriften für „weitgehend identisch"[317]. Danach hat sich die gegenteilige Auffassung durchgesetzt. Allerdings wäre es kaum zu einer Konkurrenz beider Normen gekommen[318]. Im Einzelnen ist freilich vieles streitig[319]. Letztlich ist die Zurechnungsnorm des § 30 Abs. 2 WpÜG a.F. spezieller als die des § 2 Abs. 5 WpÜG a.F. Daher ist ein Rückgriff auf § 2 Abs. 5 WpÜG bei Vorliegen der Tatbestandsvoraussetzungen des § 30 Abs. 2 WpÜG nicht zulässig[320].

2) Vergleich mit Art. 2 Abs. 1 lit. d)

Die Richtlinie lässt anders als das WpÜG a.F. abgestimmte Verhaltensweisen grundsätzlich nicht genügen, sondern fordert die Zusammenarbeit auf Grund einer Vereinbarung. Nicht ausreichend ist also eine bloße Interessenabstimmung[321]. Dies beruhe auf einer unterschiedlichen Grundidee. Die Grundidee sei bei der Richtlinie die Gleichbehandlung der Aktionäre. Diese werde nur bei einer Kontrollerlangung durch Aktienerwerbe und nicht durch rein tatsächliches gleichgerichtetes Verhalten tangiert[322].

Schließlich unterscheidet sich Art. 2 Abs. 1 lit. d) von § 2 Abs. 5 WpÜG a.F., indem die erstgenannte Vorschrift „gemeinsam handelnde Personen" nur dann annimmt, wenn die getroffene Vereinbarung auf die Kontrollerlangung bzw. Vereitelung gerichtet ist. § 2 Abs. 5 WpÜG a.F. fordert eine solche Zielrichtung jedenfalls dem Wortlaut nach nicht[323].

---

[316] Vgl. etwa Versteegen, in: Hirte/von Bülow, Kölner Kommentar WpÜG, 2003, § 2 Rn. 142; Noack, in: Schwark, Kapitalmarktskommentar, 2004, § 30 WpÜG Rn. 13ff, § 2 WpÜG Rn. 35ff.; Schüppen, in: Haarmann/Schüppen, Frankfurter Kommentar WpÜG, 2005, § 2 Rn. 36.

[317] Schüppen, in: Haarmann/Schüppen, Frankfurter Kommentar WpÜG, 2005, § 2 Rn. 36; Schneider, in: Assmann/Pötzsch/Schneider, WpÜG, 2005, § 2 Rn. 116.

[318] So bereits Baums/Hecker, in: Baums/Thoma, WpÜG, 2004, § 2 Rn. 117.

[319] Vgl. etwa Casper, in: Veil/Drinkuth, Übernahmerecht, 2005, S. 45, 50.

[320] Ebenso Casper, in: Veil/Drinkuth, Übernahmerecht, 2005, S. 45, 50.

[321] Von Bülow, BZ vom 11. Mai 2005, S. 2.

[322] Von Bülow, BZ vom 11. Mai 2005, S. 2.

[323] Ebenso Schüppen, in: Haarmann/Schüppen, Frankfurter Kommentar WpÜG, 2005, § 2 Rn. 36.

3) Anpassungsbedarf bei § 2 Abs. 5 WpÜG a.F.

Unklar erscheint nach dem zuvor genannten, ob § 2 Abs. 5 WpÜG a.F. überhaupt an die Richtlinie anzupassen war, oder ob ggf. allein eine Anpassung des spezielleren § 30 Abs. 2 WpÜG a.F. ausreichend wäre.

Letzteres ist zu verneinen, da in §§ 31, 33 WpÜG a.F. auf die Definition des § 2 Abs. 5 WpÜG a.F. Bezug genommen wird[324]. Die besagten Vorschriften behandeln die Gegenleistung und Fragen der Verhaltenspflichten gegenüber dem Vorstand der Zielgesellschaft. Beide Paragraphen waren, da sie in Abschnitt 4, Übernahmeangebote, angesiedelt sind, in von der Richtlinie betroffenen Fällen anzuwenden. Dies machte daher eine Anpassung des § 2 Abs. 5 WpÜG a.F. erforderlich. Fraglich ist jedoch, in welchem Umfang eine Anpassung notwendig war.

Eindeutig ist, dass die in Art. 2 Abs. 2 enthaltene gegenseitige Zurechnung von Tochterunternehmen in die Vorschrift aufzunehmen war[325].

Problematischer gestaltet es sich für die mit der Zielgesellschaft gemeinsam handelnden Personen. Außerdem könnte Anpassungsbedarf bestehen, weil die Richtlinie, wie gezeigt, rein tatsächlich abgestimmtes Verhalten nicht ausreichen lässt. Schließlich ist § 2 Abs. 5 WpÜG a.F. auch nicht auf einen Kontrollerhalt gerichtet.

a) *Aufnahme der gemeinsam mit der Zielgesellschaft handelnden Personen*

Art. 2 Abs. 2 erfasst die mit der Zielgesellschaft gemeinsam handelnden Personen. Insoweit könnte man annehmen, es bestehe Anpassungsbedarf nur für Übernahmeangebote, nicht für Pflichtangebote[326].

Die Begriffsbestimmung in Art. 2 Abs. 1 lit. a) deutet allerdings in eine andere Richtung. Danach fällt unter das Übernahmeangebot im Sinne der Richtlinie auch das Pflichtangebot. Gegen eine solche Interpetation spricht jedoch der Wortlaut von Art. 2 Abs. 1 lit. d). Das ergibt sich aus dem Gegensatzpaar „*um die Kontrolle zu erhalten*“ und andererseits „*den Erfolg des Übernahmeangebots zu vereiteln*“[327]. Systematisch geht es daher scheinbar nur um die Frage der Kontrollerlangung.

---

[324] Ebenso Casper, in: Veil/Drinkuth, Übernahmerecht, 2005, S. 45, 51.

[325] Insoweit lässt sich die teilweise vertretene enge Definition des „Tochterunternehmens“ in § 2 Abs. 6 WpÜG a.F. nicht aufrechterhalten. Ebenso Seibt/Heiser, AG 2006, 301, 308.

[326] In diese Richtung tendiert wohl Schüppen, BB 2006, 165, 170.

[327] Deutlicher die englische Fassung: „*aimed either at acquiring control of the offeree company or at frustrating the successful outcome of a bid*“. Hier zeigt sich im Übrigen wieder, dass der Wortlaut nicht vornehmlichstes Auslegungskriterium sein sollte, da die englische Fassung von „*bid*“, also „Angebot“ spricht, die deutsche Fassung hingegen von „Übernahmeangebot“, also „*takeover bid*“. Im Ergebnis macht das allerdings angesichts der identischen Definition beider Begriffe in Art. 2 Abs. 1 lit. a) keinen Unterschied.

Letzlich ist aber an der Definition in Art. 2 Abs. 1 lit. a) festzuhalten und auch das Pflichtangebot zu erfassen. Maßgeblich ist, den Minderheitsaktionären eine Ausstiegsmöglichkeit zu gewähren und ihnen die ungehinderte Veräußerung der Aktien an den Bieter zu ermöglichen[328]. § 2 Abs. 5 WpÜG a.F. war also entsprechend zu erweitern.

b) Vereinbarung / in sonstiger Weise

Die Richtlinie setzt grundsätzlich eine Vereinbarung voraus, damit der Tatbestand gemeinsam handelnder Personen erfüllt ist. Damit ist aber noch nicht gesagt, dass eine Abstimmung in sonstiger Weise richtlinienwidrig wäre. Im Ergebnis wird man eine Abstimmung in sonstiger Weise als richtlinienkonform anzusehen haben. Es ist nicht ersichtlich, dass die Richtlinie in Art. 2 lit. d) eine abschließende Regelung treffen wollte. Grundsätzlich ist eine Verhaltensabstimmung ebenso dazu geeignet, einen Kontrollwechsel herbeizuführen. Ausweislich des Erwägungsgrundes (2) sind dabei die Interessen der Wertpapierinhaber zu schützen. Gleiches ergibt sich aus Art. 3 Abs. 1 lit. a). Daher ist es zulässig, die gemeinsam handelnden Personen im Rahmen des § 31 bzw. § 33 WpÜG a.F. über § 2 Abs. 5 WpÜG a.F. ebenfalls mit zu berücksichtigen. Bezüglich der Frage der Kontrollerlangung ist, wie festgestellt wurde, § 30 Abs. 2 WpÜG a.F. spezieller. Auf den dort ggf. bestehenden Anpassungsbedarf wird später noch zurückzukommen sein[329].

c) Zielrichtung: Kontrollerwerb

Wie dargelegt, fordert das abgestimmte Verhalten nach § 2 Abs. 5 WpÜG a.F. keine Ausrichtung auf einen Kontrollerwerb. Hieraus folgt jedoch kein Anpassungsbedarf bei § 2 Abs. 5 WpÜG a.F., da § 30 Abs. 2 WpÜG a.F. insoweit spezieller ist[330]. Dieser ist für die Stimmrechtszurechnung in Bezug auf Übernahmeangebote vorrangig. Übernahmeangebote ihrerseits sind jedoch stets auf den Kontrollerwerb gerichtet. Somit muss auf Grund von § 30 Abs. 2 WpÜG a.F. eine Zusammenarbeit in Richtung Kontrollerhalt vorliegen. Nur dann greift bezüglich der Gegenleistung (§ 31 WpÜG a.F.) und des Verbots der Inaussichtstellung von Vorteilen an den Vorstand oder den Aufsichtsrat (§ 33 WpÜG

---

328 Vgl. Erwägungsgrund (9). Ähnlich wird § 33 WpÜG aF in Bezug auf Pflichtangebote interpretiert. Vgl. Pötzsch, in: Assmann/Pötzsch/Schneider, WpÜG, 2005, § 39 Rn. 48. Praktische Auswirkungen dürfte die Erweiterung auf mit der Zielgesellschaft gemeinsam handelnde Personen indes kaum haben, weil weder die Richtlinie noch das nationale Recht bezüglich der zulässigen Verteidigungsmaßnahmen auf die gemeinsam handelnden Personen Bezug nimmt.

329 Siehe dazu die Ausführungen unter E.I.4.b.2), S. 88.

330 Ebenso Seibt/Heiser, AG 2006, 301, 307.

a.F.) die Vorschrift des § 2 Abs. 5 WpÜG a.F. ein. Letztlich ist also auch hier die Zielrichtung „Kontrollerwerb“ mittelbar gegeben.

Damit ist § 2 Abs. 5 WpÜG a.F. mit den Richtlinienvorgaben vereinbar.

Eine Ausrichtung auf den Kontrollerwerb wäre zudem verfehlt, weil § 2 Abs. 5 nicht allein auf Angebote anwendbar ist, welche den Kontrollerwerb zum Ziel haben, sondern auch auf einfache Erwerbsangebote[331]. Hinzu kommt, dass nach der Richtlinie auch die Fälle des gemeinsamen Handelns zur Verhinderung des Kontrollerhalts zukünftig über § 2 Abs. 5 WpÜG zu erfassen sind[332].

e. Wertpapierbegriff (Wertpapier und Wertpapier mit Mehrfachstimmrecht)

Bezüglich der Definition des Wertpapiers wird auf die obigen Ausführungen unter A.IV.3.b. verwiesen[333].

f. Parteien des Angebots

Der Begriff „Parteien des Angebots“ taucht in den Begriffsbestimmungen des WpÜG a.F. nicht auf. Das war aber unschädlich[334]. Die Richtlinie nimmt auf diesen Begriff nur in den Art. 4 Abs. 1 S. 4, Art. 4 Abs. 5 S. 1, Art. 4 Abs. 6 S. 1, S. 3 und Art. 6 Abs. 5 Bezug. Die entsprechenden Regelungen des WpÜG a.F. setzen diesen Begriff durch die jeweiligen Einzelbestimmungen um.

Art. 4 Abs. 1 S. 4 fordert in diesem Zusammenhang die Unabhängigkeit der BaFin von den Parteien des Angebots. Diese ist gewahrt, da die BaFin eine unabhängige, bundesunmittelbare, rechtsfähige Anstalt des öffentlichen Rechts ist.

In Art. 4 Abs. 5 S. 1 wird gefordert, dass die auf Grund der Regelungen der Richtlinie erlassenen Normen eingehalten werden. Die BaFin hat nach § 4 Abs. 1 WpÜG a.F. für die ordnungsgemäße Durchführung der Angebotsverfahren zu sorgen und auftretende Missstände zu beseitigen. Hierzu stehen ihr nach § 46 WpÜG a.F. auch Zwangsmittel zur Verfügung.

Art. 4 Abs. 6 betrifft die Frage, ob Parteien des Angebots Rechte in einem Verwaltungs- oder Gerichtsverfahren geltend machen können oder die Aufsichtsstellen in irgendeiner Form haftbar gemacht werden können. Auch dies war im WpÜG a.F. geregelt[335].

---

331 So Seibt/Heiser, AG 2006, 301, 307.

332 Siehe die Ausführungen unter C.III.2.d.3)a), S. 62.

333 Siehe S. 33.

334 So zum Gemeinsamen Standpunkt des Rates vom 19. Juni 2000 Pötzsch/Möller, WM Sonderbeilage Nr. 2 zu Heft 31/2000, S. 3, 7.

335 Vgl. §§ 40ff., 66ff. WpÜG a.F.

Art. 6 Abs. 5 fordert, dass die Aufsichtsstellen von den Parteien des Angebots erforderliche Informationen bezüglich des Angebots verlangen können. Dies war im deutschen Recht durch § 40 WpÜG a.F. gewährleistet.

3. Zusammenfassung des Umsetzungsbedarfs

Eine Abänderung des Angebotsbegriffs war wegen der Ausgestaltung des § 1 WpÜG n.F. nicht erforderlich.

Erforderlich war aber die Änderung des Begriffs der „Zielgesellschaft" sowie des Begriffs der „gemeinsam handelnden Personen".

IV. Umsetzung und Bewertung

1. § 2 WpÜG n.F.

a. § 2 Abs. 1a WpÜG n.F.

§ 2 Abs. 1a WpÜG n.F. enthält die bereits im Zusammenhang mit dem Anwendungsbereich bzw. dem anwendbaren Recht[336] angesprochene Definition des europäischen Angebots. Eine Unterscheidung des Angebots vom europäischen Angebot ist erforderlich geworden, um den weiten Anwendungsbereich des WpÜG für die nicht von der Richtlinie erfassten Fälle aufrechterhalten zu können. Hierbei wird auf die in der Richtlinie verwendete Definition des „Übernahmeangebots" oder „Angebots" verwiesen. Nicht einbezogen in den Begriff des europäischen Übernahmeangebots sind die inländischen Zielgesellschaften[337]. Durch den Verweis auf § 3 Abs. 2 Nr. 2 WpÜG n.F. gilt das europäische Angebot nur für Gesellschaften mit Sitz in einem anderen EWR-Staat als Deutschland. Die inländischen Zielgesellschaften werden hingegen über die Regelungen der § 1 Abs. 1, Abs. 2, § 2 Abs. 1 WpÜG n.F. erfasst.

b. § 2 Abs. 3 WpÜG n.F.

Wie bereits beschrieben, wird der Begriff der Zielgesellschaften erweitert. § 2 Abs. 3 Nr. 1 WpÜG n.F. beinhaltet die erfassten deutschen Gesellschaften und Nr. 2 die Gesellschaften mit Sitz in einem anderen EWR-Staat. Eingeschränkt

---

336 Vgl. die Ausführungen unter B.II.5.a.3), S. 52 bzw. B.II.5.b.3), S. 57.

337 Die Regierungsbegründung stellt darauf ab, dass die Qualifikation eines Angebots im Einklang mit den Vorgaben der Richtlinie zum anwendbaren Recht erfolge, weshalb es nicht erforderlich sei, die inländischen Gesellschaften in das europäische Angebot mit einzubeziehen. Vgl. BT-Drs. 16/1003, Begründung, B. Zu Artikel 1 Zu Nummer 3 (§ 2) Zu Buchstabe a, S. 17. Unklar bleibt, ob die Begründung hier auf das Angebot i.S.d. § 2 Abs. 1 WpÜG abstellt, oder aber das Angebot im Sinne der Richtlinie meint. Letztlich soll wohl ausgedrückt werden, dass das nationale Recht bei inländischen Gesellschaften die Angebotsdefinition vorgibt.

wird die Regelungszuständigkeit des Gesetzgebers für diese Gesellschaften durch die neuen Vorschriften des § 1 Abs. 3, § 2 Abs. 1a WpÜG n.F., da der Gesetzgeber nur für EWR-Gesellschaften, deren stimmberechtigte Wertpapiere zum Handel an einem organisierten Markt zugelassen sind, regelungsbefugt ist[338].

c. § 2 Abs. 5 WpÜG n.F.

S. 1 des Abs. 5 WpÜG bleibt unverändert, während S. 2 sich in abgeänderter Fassung als S. 3 wieder findet.

Der neue § 2 Abs. 5 S. 2 WpÜG bestimmt die mit der Zielgesellschaft gemeinsam handelnden Personen und dient der Umsetzung des Art. 2 Abs. 1 lit. d)[339]. Auf Empfehlung des Bundestagsfinanzausschusses wurde die Vorschrift, welche bis dato nur auf gemeinsame Handlungen zur Verhinderung eines Übernahmeangebots abstellte, um gemeinsame Handlungen zur Verhinderung des Pflichtangebots erweitert[340]. Hierbei handele es sich um eine Anpassung an die Begriffsbestimmung in Art. 2 Abs. 1 lit. a).

Die Abwandlung des alten S. 2 erweitert den Begriff der „gemeinsam handelnden Personen" auf mit der Zielgesellschaft gemeinsam handelnde Personen. Zudem gelten nun auch die Tochtergesellschaften unter sich als gemeinsam handelnde Personen, wie es von Art. 2 Abs. 2 gefordert wird[341].

2. Bewertung

Im Grundsatz ist § 2 WpÜG n.F. zu begrüßen. Insbesondere ist durch die gewählte Methode keine Änderung des Angebotsbegriffs erforderlich.

Zu den Vorschriften im Einzelnen:

---

[338] Damit werden also nur Kapitalgesellschaften von dem WpÜG (bzw. von der Richtlinie) erfasst. Die Regierungsbegründung (BT-Drs. 16/1003, Begründung, B. Zu Artikel 1 Zu Nummer 3 (§ 2) Zu Buchstabe b, S. 17) ist zumindest irreführend, da sich aus dem Begriff der „Zielgesellschaft" die ausgeführten Konsequenzen nicht ergeben, sondern erst aus einer Gesamtschau der in der Begründung, abgesehen von § 1 Abs. 1 WpÜG n.F., nicht benannten Paragraphen.

[339] BT-Drs. 16/1003, Begründung, B. Zu Artikel 1 Zu Nummer 3 (§ 2) Zu Buchstabe c, S. 17f.

[340] Vgl. Beschlussempfehlung und Bericht des Finanzausschusses, BT-Drs. 16/1541, Nummer 1 Artikel 1 lit. b), S. 4.

[341] Hierbei ist jeweils von einer unwiderleglichen Vermutung auszugehen. Vgl. BT-Drs. 16/1003, Begründung, B. Zu Artikel 1 Zu Nummer 3 (§ 2) Zu Buchstabe c, S. 17f.

a. § 2 Abs. 1a WpÜG n.F.

Wie bereits in Zusammenhang mit dem Anwendungsbereich des WpÜG beschrieben[342], erfüllt die Definition des europäischen Angebots die Richtlinienvorgaben. Fragwürdig erscheint jedoch, warum die verabschiedete Fassung bei einem so zentralen Begriff wie der Angebotsdefinition auf die Richtlinie verweist, statt deren Wortlaut in das deutsche Gesetz aufzunehmen[343]. Dies wäre weitaus anwendungsfreundlicher gewesen.

b. § 2 Abs. 3 WpÜG n.F.

Auch die Vorschrift des § 2 Abs. 3 WpÜG n.F. ist aus dem genannten Grund – Regelungszuständigkeit nur für EWR-Gesellschaften – richtig. Allerdings wäre angezeigt gewesen, den Sitzbegriff i.S.d. Satzungssitzes zu präzisieren. Dies wurde im Rahmen der Besprechung des Anwendungsbereichs bereits ausführlich erläutert[344] und gilt gleichermaßen für die in § 2 Abs. 3 Nr. 1 WpÜG n.F. definierten deutschen Zielgesellschaften als auch für die in § 2 Abs. 3 Nr. 2 WpÜG n.F. definierten ausländischen Zielgesellschaften. Zwar ist ohne eine solche Klarstellung eine Auslegung i.S.d. Satzungssitzes ohne weiteres möglich. Da aber allein eine Anknüpfung an den Satzungssitz zu sachgerechten Ergebnissen führt, wäre eine ausdrückliche Klarstellung sinnvoll[345].

c. § 2 Abs. 5 WpÜG n.F.

Die Änderung des § 2 Abs. 5 WpÜG a.F. ist wegen der Richtlinienvorgaben notwendig geworden[346] und entsprechend durch das Umsetzungsgesetz erfolgt.

---

342 Vgl. oben unter B.II.5.b.3), S 57.

343 Dies fordert zu Recht auch das DAI, Stellungnahme zum RefE Ü-UG, S. 2.

344 Siehe die Ausführungen unter B.II.2.b., S. 44 zum Sitzverständnis der Richtlinie sowie unter B.II.4.b.1), S. 48, zum Klarstellungsbedürfnis des nationalen Gesetzgebers.

345 So auch Habersack, Stellungnahme zum RegE Ü-UG, S. 2, der anhand des Beispiels Air Berlin plc die Konsequenzen einer Anknüpfung an den Verwaltungssitz veranschaulicht. Würde man bei dieser an den inländischen Verwaltungssitz anknüpfen, würde die Gesellschaft nicht unter das WpÜG fallen. Inländische erfasste Gesellschaften sind nur AG und KGaA, nicht aber eine plc, ausländische nur solche mit Sitz in einem anderen EWR-Staat. Auch das wäre nicht gegeben, da der Verwaltungssitz in Deutschland liegt. Im Ergebnis auch Merkt, Stellungnahme zum RegE Ü-UG, S. 10; Merkt/Binder, BB 2006, 1285, 1287; Seibt/Heiser, AG 2006, 301, 302.

346 Vgl. hierzu die Ausführungen unter C.III.2.d., S. 60.

1) Konzeption bezüglich des Merkmals „gemeinsamen Handelns“

Teilweise wird die Umsetzung als fehlerhaft kritisiert, da sie über die Vorgaben der Richtlinie hinausgehe[347]. § 2 Abs. 5 WpÜG n.F. würde nicht nur Fälle der Zusammenarbeit zur Kontrollerlangung erfassen, sondern darüber hinaus auch Fälle des schlichten Parallelerwerbs. Dies schließe der Wortlaut „*im Hinblick auf ihren Erwerb von Wertpapieren der Zielgesellschaft*“ nicht aus. Folglich sei die Vorschrift weder mit § 30 Abs. 2 WpÜG noch mit den Richtlinienvorgaben vereinbar[348]. Zwecks Klarstellung sei daher eine Angleichung an den Richtlinienwortlaut angezeigt gewesen. Diese Ansicht ist abzulehnen, weil bezüglich der Frage des Kontrollerwerbs die Vorschrift des § 30 Abs. 2 WpÜG spezieller ist. § 2 Abs. 5 WpÜG n.F. wird also für die Frage der Kontrollerlangung gar nicht relevant[349]. Damit ist auch unerheblich, ob die Vorschrift Fälle des abgestimmten Parallelerwerbs erfasst.

2) Gemeinsames Handeln zur Verhinderung eines Pflichtangebots

§ 2 Abs. 5 WpÜG n.F. nimmt dank der Beschlussempfehlung des Bundestagsfinanzausschusses auch Handlungen zur Verhinderung eines Pflichtangebots in die Definition der gemeinsam handelnden Personen auf. Das ist nach den unter C.III.2.d.3)a) gemachten Ausführungen zutreffend[350]. Zwar beruft sich der Bundestagsfinanzausschuss auf die Begriffsbestimmung in Art. 2 Abs. 1 lit. d). Dort heißt es, „(...) *um die Kontrolle über die Zielgesellschaft zu erhalten bzw. den Erfolg des Übernahmeangebots zu vereiteln*“. Aus dieser Begriffsbestimmung ergibt sich die Notwendigkeit der Einbeziehung des Pflichtangebots nicht ohne weiteres. Genau genommen wird wohl auf die Definition des Übernahmeangebots in Art. 2 Abs. 1 lit. a) abgestellt, wonach darunter sowohl ein „*öffentliches Pflicht- oder freiwilliges Angebot zum Erwerb eines Teils oder aller dieser Wertpapiere, das sich an den Erwerb der Kontrolle der Zielgesellschaft im Sinne des einzelstaatlichen Rechts anschließt oder diesen Erwerb zum Ziel hat*“ zu verstehen ist. Im Ergebnis ist die Anpassung jedenfalls im Einklang mit der Richtlinie erfolgt.

d. Ergebnis

Es war ausreichend, wie geschehen, die mit der Zielgesellschaft gemeinsam handelnden Personen sowie die Tochtergesellschaften in die Vorschrift mit aufzunehmen. Eine weitergehende Abänderung war nicht geboten.

---

[347] So Schüppen, BB 2006, 165, 170.

[348] Schüppen, BB 2006, 165, 170. A.A. zu Recht Seibt/Heiser, AG 2006, 301, 307.

[349] Siehe die Ausführungen unter C.III.2.d.3), S. 62.

[350] Siehe S. 62.

Das WpÜG n.F. entspricht bezüglich der Umsetzung von Art. 2 den Richtlinienvorgaben.

D. Allgemeine Grundsätze, Art. 3

I. Darlegung der umzusetzenden Richtlinienbestimmung

Art. 3 enthält allgemeine Grundsätze.

1. Art. 3 Abs. 1 lit. a)

Art. 3 Abs. 1 lit. a) beinhaltet den Grundsatz der Gleichbehandlung. Es sind allen Wertpapierinhabern bei Annahme des Angebots die gleichen Konditionen zu gewähren. Außerdem ist diesem Grundsatz zu entnehmen, dass nach Kontrollerlangung die übrigen Inhaber von Wertpapieren zu schützen sind, was mittels Pflichtangebot bzw. Austrittsrecht erreicht werden soll[351].

2. Art. 3 Abs. 1 lit. b)

Art. 3 Abs. 1 lit. b) legt fest, dass den Wertpapierinhabern zur Entscheidung bestimmte Informationen zur Verfügung gestellt werden müssen. Diese Informationen werden in der Richtlinie in den Art. 6 und 8, teilweise auch in Art. 7 näher ausgestaltet. Außerdem hat eine Information über die Auswirkungen des Angebots auf die Beschäftigung etc. zu erfolgen, deren Ausgestaltung in Art. 9 Abs. 5 konkretisiert wird.

3. Art. 3 Abs. 1 lit. c)

Art. 3 Abs. 1 lit. c) fordert ein Handeln des Leitungs- bzw. Verwaltungsorgans der Zielgesellschaft im Interesse der Zielgesellschaft. Weiterhin sind die Interessen der Gesellschafter zu beachten, da den Inhabern von Wertpapieren nicht die Möglichkeit vorenthalten werden darf, das Angebot selbst zu beurteilen.

---

[351] Zur zwingenden Gleichbehandlung aus ökonomischer Sicht vgl. aus dem deutschen Schrifttum Houben, WM 2000, 1873, 1880; Pietzke, in: FS Fikentscher, 1998, S. 601, 618; Schmidt/Prigge, DBW 62 (2002), 225, 233; Wymeersch, ZGR 2002, 520, 541f.; Fleischer/Kalss, WpÜG Gesamtdarstellung, S. 39; Herkenroth, Konzernierungsprozesse, 1994, S. 297ff. Umstritten ist, ob es sich bei dem Pflichtangebot um eine ökonomisch richtige Entscheidung handelt. Gefördert wird jedenfalls das Vertrauen in Aktien als Anlageinstrument. Eine aus ökonomischer Sicht schädliche Konzentration der Volkswirtschaft sehen hierin Hommelhoff/Kleindiek, AG 1990, 106, 111; Kallmeyer, ZHR 161 (1997), 435, 436. Zumindest sei aber die Angebotspflicht gesamtwirtschaftlich betrachtet das kostengünstigste Instrument des Minderheitenschutzes. Burkart/Panunzi, in: Ferrarini/Hopt/Winter/Wymeersch, Takeover Law in Europe, 2004, S. 737, 743, weisen darauf hin, dass Minderheitenschutz und ein möglichst effektiver Übernahmemarkt widerstreitende Ziele sind.

4. Art. 3 Abs. 1 lit. d)

Art. 3 Abs. 1 lit. d) besagt, dass keine Marktverzerrungen durch künstliche Beeinflussung der Wertpapierkurse und durch Verfälschung des normalen Funktionierens der Märkte herbeigeführt werden dürfen. Die Störung des Marktes soll vermieden werden.

5. Art. 3 Abs. 1 lit. e)

Nach Art. 3 Abs. 1 lit. e) ist vom Bieter die Erbringung der Gegenleistung sicherzustellen.

6. Art. 3 Abs. 1 lit. f)

Art. 3 Abs. 1 lit. f) fordert als letzter Grundsatz, dass die Geschäftstätigkeit der Zielgesellschaft nicht über einen angemessenen Zeitraum hinaus behindert wird.

II. Europäischer Hintergrund sowie Regelungen in einzelnen Mitgliedstaaten

Die ursprüngliche Begründung für den Gleichbehandlungsgrundsatz in Art. 3 Abs. 1 lit. a) sah man darin, dass alle Gesellschafter an der Kontrollprämie in gleicher Weise partizipieren sollten, ihnen also eine Möglichkeit des Anbietens der Aktien zum gleichen Preis einzuräumen ist („*equal opportunity*")[352]. In der verabschiedeten Richtlinie wird die Gleichbehandlung ohne nähere Begründung als Ziel ausgegeben (Erwägungsgrund (9))[353].

---

352 Vgl. etwa die Erwägungsgründe des Richtlinienvorschlags von 1990.

353 Vgl. zu Begründungsansätzen für eine Gleichbehandlung durch ein Pflichtangebot Sandberger, DZWir 1993, 319, 322ff.; Heiser, Interessenkonflikte, 1999, S. 51ff., 303ff. Die Begründungen ablehnend: Letzel, BKR 2002, 293, 297; Hommelhoff/Witt, in: Haarmann/Riehmer/Schüppen, WpÜG, 2002, Vor § 35 Rn. 27. Vgl. zu den Argumenten für und wider ein Pflichtangebot Wymeersch, ZGR 2002, 520, 535ff.

Vgl. auch weitere Nachweise bei Baums/Hecker, in: Baums/Thoma, WpÜG, 2004, Vor § 35 Rn. 104. Indes gehen – Stand vor Umsetzung der Übernahmerichtlinie – nicht alle Mitgliedstaaten von diesem absoluten Gleichbehandlungserfordernis – bezogen auf den Angebotspreis – aus. Gerade beim Kauf von Aktienpaketen wird in den Mitgliedstaaten stellenweise ein anderer Weg gewählt. Unter einem Paketkauf versteht man den außerbörslichen Erwerb eines Aktienpaketes, welches im Idealfall bereits die Kontrolle über die Gesellschaft vermittelt. Hierdurch wird ein Ansteigen der Kurse, wie dies beim sukzessiven Ankauf über die Börse der Fall sein kann, vermieden. Der Bieter wendet sich also nicht an die gesamte Aktionärsschaft, sondern nur an ausgesuchte Inhaber von relativ großen Anteilen. Hierbei bedient er sich häufig der Hilfe von Investmentbanken zur Finanzierung. Voraussetzung ist also sowohl die Kenntnis des Großaktionärs als auch dessen Verkaufsbereitschaft. Der Paketkäufer zahlt dann häufig einen über dem Börsenkurs liegenden Wert, da er gleichsam die Paket- bzw. Kontrollprämie mit entrichtet. Dieser sogenannte Paketzuschlag ist also die Differenz zwischen dem

Die Regelung des Art. 3 Abs. 1 lit. c), wonach die Interessen der Zielgesellschaft zu beachten sind, hat in den Vorläufern der Richtlinie verschiedene Ausgestaltungen erfahren. Teilweise enthielten die Vorschläge den verabschiedeten Wortlaut[354]. Dann wurden auch ausdrücklich die Interessen „der Beschäftigung" erwähnt[355]. Im Gemeinsamen Standpunkt fand erstmals wieder die nun verabschiedete Formulierung Verwendung. Ungeachtet dessen umfassen die Interessen der Gesellschaft auch diejenigen der Arbeitnehmer[356], da auf die Interessen der „gesamten Gesellschaft" abgestellt wird.

Anders wäre die Erweiterung der Regelung des Art. 3 Abs. 1 lit. b) gegenüber dem Gemeinsamen Standpunkt von 2000 nicht verständlich. In die allgemeinen Grundsätze wurde der Zusatz aufgenommen, dass das Leitungs- bzw. Verwaltungsorgan auf die Auswirkungen der Durchführung des Angebots auf die Beschäftigung, die Beschäftigungsbedingungen und die Standorte einzugehen hat. Die bereits im Gemeinsamen Standpunkt von 2000 in Art. 9 Abs. 1 lit. b) ausgedrückte Haltung, dass zu den Interessen der Gesellschaft auch die Interessen der

---

tatsächlich entrichteten Preis und dem Produkt aus der Anzahl der erworbenen Aktien und dem Börsenkurs.

Daher waren etwa in Österreich bei einem solchen Vorerwerb Paketabschläge von bis zu 15 % zulässig (§ 26 Abs. 1 S. 1 Halbs. 2, Abs. 3 ÜbG). Zur Berechnung der Mindestgegenleistung nach (altem) österreichischem Recht siehe Kaindl, Pflichtangebot, 2004, S. 191ff.; Gall, Angebotspflicht, S. 115ff.; Diregger/Kalls/Winner, Das österreichische Übernahmerecht, 2003, Rn. 184ff.; Fleischer/Kalss, WpÜG Gesamtdarstellung, 2002, S. 186ff. sowie Diregger/Winner, WM 2002, 1583, 1587f. Einen rechtsvergleichenden Überblick zum österreichischen Recht bieten Baums/Hecker, in: Baums/Thoma, WpÜG, 2004, Vor § 35 Rn. 48-70. Der DiskE WpÜG und der RefE WpÜG sahen ebenfalls die Möglichkeit eines Paketabschlages von bis zu 15 % vor, sollten die Vorerwerbe außerbörslich erfolgen. Zur Begründung wurde angeführt, der Zuschlag sei Ausdruck einer „*besonderen ökonomischen Leistung*". So Pötzsch/Möller, WM Sonderbeilage Nr. 2 zu Heft 31/2000, S. 3, 23. Diese Haltung konnte sich aber nicht durchsetzen. Der RegE WpÜG enthielt eine solche Regelung nicht mehr. Vgl. Möller/Pötzsch, ZIP 2001, 1256, 1259. Den strikten Grundsatz der Gleichbehandlung bei der Übernahmerichtlinie für fehlerhaft hält auch Liekefett, RIW 2004, 824, 828, der sich eine Regelung wie die österreichische in der Übernahmerichtlinie gewünscht hätte. Er weist, meiner Ansicht nach zutreffend, darauf hin, dass zum einen Paketaktionäre durch ihre Einflussnahmemöglichkeit auf die Unternehmensführung einen geldwerten Vorteil gegenüber den anderen Aktionären haben und diesen gleichsam mit veräußern. Zum anderen stellt er heraus, dass Paketverkäufer regelmäßig nicht nur ihre Aktien veräußern, sondern dafür auch in einem bestimmten Umfang Gewährleistungen übernehmen müssen. Dies muss der einzelne Aktionär nicht, was letztlich eine Ungleichbehandlung zum Nachteil des veräußernden Paketinhabers darstellt. Ausführlich zum Pakethandel Wastl, NZG 2000, 505ff.

354 So etwa der Vorschlag von 1996.

355 Dies war im (geänderten) Vorschlag von 1997 der Fall.

356 So Maul/Muffat-Jeandet, AG 2004, 221, 227. Ebenso zum wortgleichen Art. 3 Abs. 1 lit. c) des Gemeinsamen Standpunkts von 2000 Pötzsch/Möller, WM Sonderbeilage Nr. 2 zu Heft 31/2000, S. 1, 7.

Beschäftigung bzw. Beschäftigten zu zählen sind, fand somit ausdrücklich in einem der allgemeinen Grundsätze Berücksichtigung[357].

Insgesamt sind die allgemeinen Grundsätze, mit Ausnahme der besprochenen Regelungen so oder in ähnlicher Form bereits im Kommissionsvorschlag von 1996 enthalten gewesen.

III. Rechtslage vor der Umsetzung und Anpassungsbedarf

Als Umsetzungsstandort kam nur die Modifikation des WpÜG a.F. in Betracht.

§ 3 WpÜG a.F. enthält ebenfalls allgemeine Grundsätze, die weitgehend mit denen der Richtlinie übereinstimmen. Die Aufnahme der allgemeinen Grundsätze des § 3 WpÜG a.F. erfolgte nach der Regierungsbegründung, weil es sich hierbei um die grundlegenden Wertungen des Gesetzgebers handelt, die bei der Gesetzesauslegung zu beachten sind[358]. Es erscheint folglich sinnvoll, die jeweiligen Grundsätze entsprechend den Richtlinienvorgaben zu erweitern. In der Literatur gibt es allerdings auch Stimmen, die eine Übernahme nicht für gerechtfertigt halten. So spricht sich etwa *Schüppen* gegen eine Übernahme in das WpÜG und für eine ersatzlose Streichung des § 3 WpÜG a.F. aus[359]. Dieser Ansicht ist meines Erachtens nicht zu folgen. Insoweit wird auf die im Rahmen der Bewertung des Vorschlags des Gesetzgebers folgenden Ausführungen verwiesen[360].

1. Art. 3 Abs. 1 lit. a)

So war in § 3 Abs. 1 WpÜG a.F. am Ende entsprechend Art. 3 Abs. 1 lit. a) anzufügen: „darüber hinaus müssen die anderen Inhaber von Wertpapieren geschützt werden, wenn eine Person die Kontrolle über eine Gesellschaft erwirbt“.

Hierdurch würde der allgemeine Gleichbehandlungsgrundsatz und die Schutzpflicht gegenüber den übrigen Wertpapierinhabern im deutschen WpÜG ausdrücklich als zu wahrender Grundsatz kenntlich gemacht[361].

---

[357] Daneben findet sich die Regelung auch weiterhin bei der Stellungnahmepflicht in Art. 9 Abs. 5. Dort kommt noch deutlicher zum Ausdruck, dass die Interessen der Gesellschaft auch diejenigen der Beschäftigung umfassen.

[358] BT-Drs. 14/7034, S. 35. Diese Ansicht teilen wohl Schwennicke, in: Geibel/Süßmann, WpÜG, 2002, § 3 Rn. 1 und Steinmeyer/Häger, WpÜG, 2002, § 3 Rn. 1.

[359] Schüppen, in: Haarmann/Schüppen, Frankfurter Kommentar WpÜG, 2005, § 3 Rn. 2. Noack, in: Schwark, Kapitalmarktskommentar, 2004, § 3 WpÜG Rn. 2 sieht ebenfalls keine Rechtfertigung für die Vorschrift.

[360] Siehe unter D.IV.2., S. 75.

[361] Sowohl die Richtlinie als auch das WpÜG sehen jeweils nur eine Gleichbehandlung nach Gattungen vor. Kritisch gegenüber dieser gattungsbezogenen Gleichbehandlung Archner, ZfgK 2001, 999, 1000. Diese Gleichbehandlung nach Gattungen kann insbesondere dann zu einem Problem werden, wenn bei einer Gattung etwa im Rahmen eines Paketerwerbs ein vergleichsweise hoher Preis entrichtet wurde, der bei einem nachfolgenden Pflichtangebot eben

Dieser Grundsatz wird im WpÜG a.F. durch die §§ 19, 31 und 35 gewahrt[362]. Fraglich ist allerdings, ob die Regelung des § 24 WpÜG a.F. gegen den Grundsatz der Gleichbehandlung aller Inhaber von Wertpapieren gleicher Gattung verstößt. § 24 WpÜG a.F. wird in Zusammenhang mit dem Pflichtangebot erörtert[363].

2. Art. 3 Abs. 1 lit. b)

Entsprechend war bei § 3 Abs. 2 WpÜG a.F. zu verfahren und an dessen Ende folgende Formulierung anzufügen: „das Leitungs- bzw. Verwaltungsorgan einer Zielgesellschaft muss bei der Beratung der Inhaber von Wertpapieren auf die Auswirkungen der Durchführung des Angebots auf die Beschäftigung, die Beschäftigungsbedingungen und die Standorte der Gesellschaft eingehen".

Dieser Grundsatz wird im WpÜG a.F. durch die §§ 10, 11, 16, 21, 23, 27 Abs. 1 Nr. 2 WpÜG a.F. gewährleistet[364].

3. Art. 3 Abs. 1 lit. c)

§ 3 Abs. 3 WpÜG a.F. entspricht inhaltlich den Anforderungen der Richtlinie. Aus den Gesetzgebungsmaterialien zum WpÜG a.F. ergibt sich, dass die Interessen der Aktionäre, der Arbeitnehmer und der Zielgesellschaft zu berücksichtigen sind[365]. Dies stimmt mit der Intention des Richtliniengebers überein. Gefolgt wird also (weiterhin) dem sogenannten Stakeholder Ansatz, welcher neben den Interessen der Aktionäre die Interessen der Allgemeinheit, der Arbeitnehmer und anderer Gruppen berücksichtigt[366].

---

nur in dieser Gattung berücksichtigt wird. Dies könnte im Einzelfall zu erheblichen Differenzen zwischen den angebotenen Gegenleistungen je nach Gattung führen. Vgl. zu einem solchen Fall aus dem deutschen Recht: Procter & Gamble Germany Management GmbH / Wella GmbH. Dort wurde für eine Stammaktie EUR 92,25 geboten, für eine Vorzugsaktie hingegen nur EUR 65,00. Die Angebotsunterlage ist abrufbar auf der Website der BaFin (www.bafin.de). Siehe dazu etwa Mark, in: Zschocke/Schuster, Übernahmerecht, Jahrbuch 2004, S. 41, 42.

362 Vgl. dazu auch Schüppen, in: Haarmann/Schüppen, Frankfurter Kommentar WpÜG, 2005, § 3 Rn. 7.

363 Siehe dazu die Ausführungen unter E.I.4.d.2), S. 95.

364 Vgl. die Ausführungen von Schüppen, in: Haarmann/Schüppen, Frankfurter Kommentar WpÜG, 2005, § 3 Rn. 8ff.

365 BT-Drs. 14/7034, S. 35. Dieses Verständnis stimmt im Übrigen mit dem Verständnis des § 76 Abs. 1 AktG überein. Vgl. Hüffer, AktG, 2006, § 76 Rn. 12-15 m.w.N. Wackerbarth, in: Kropff/Semler, Münchener Kommentar AktG, 2004, § 3 WpÜG Rn. 19ff. hingegen will ungeachtet der Gesetzesbegründung das Gesellschaftsinteresse als „*Kollektivinteresse der Gesamtheit der Gesellschafter*" verstanden wissen.

366 Vgl. weiterführend dazu bereits von Werder, ZGR 1998, 69, 77ff.; Schilling, BB 1997, 373, 377ff. Zum Shareholder Value Ansatz aus rechtswissenschaftlicher Sicht vergleiche die

Freilich war und ist damit nicht die Frage geklärt, welche von den genannten Interessen Vorrang genießt[367]. Kein Problem ergibt sich dann, wenn die Interessen gleichgerichtet sind. Hieran fehlt es allerdings in Übernahmefällen regelmäßig. Der Richtliniengeber hat sich insoweit ebenfalls bedeckt gehalten und keine diesbezügliche Entscheidung getroffen[368]. Somit werden die Diskussionen, welchen Interessen im Zweifelsfall Vorrang zu gewähren ist, weiter anhalten.

Die Ausweitung des Begriffs „Zielgesellschaft" war in § 3 Abs. 3 WpÜG a.F. selbst nicht erforderlich, sondern durch eine Änderung des § 2 Abs. 3 WpÜG a.F. vorzunehmen, um auch ausländische Gesellschaften zu erfassen[369].

Die Berücksichtigung der verschiedenen Interessen wird durch die Regelungen der § 11 Abs. 2 S. 3 Nr. 2[370], § 27 Abs. 1 und Abs. 2 sowie in § 33 WpÜG a.F. gewahrt[371].

4. Art. 3 Abs. 1 lit. d)

§ 3 Abs. 5 WpÜG a.F.[372] entspricht im Wesentlichen dem detaillierteren Art. 3 Abs. 1 lit. d). Dieser nennt beispielhaft zwei mögliche Arten der Marktverzerrung, welche in dem allgemeiner gehaltenen § 3 Abs. 5 WpÜG a.F. nicht ausdrücklich aufgeführt sind. Inhaltlich ist der Grundsatz „*dürfen keine Marktverzerrungen geschaffen*" oder im Wortlaut der Richtlinie „*herbeigeführt werden*", identisch. Bei der Umsetzung einer Richtlinienbestimmung in das nationale Recht ist eine förmliche und wörtliche Wiedergabe der Bestimmung nicht notwendig, sofern ihr Inhalt klar zum Ausdruck kommt[373]. Eine Änderung war daher nicht erforderlich. Im WpÜG ist dieser Grundsatz nicht durch spezielle Vorschriften gewährleistet.

---

bereits zuvor genannten sowie Mülbert, ZGR 1997, 129. Aus wirtschaftswissenschaftlicher Sicht: Wöhe, Betriebwirtschaftslehre, 2005, S. 66ff.; Rappaport, Shareholder Value, 1999, S. 1ff.

367 Vgl. hierzu die Ausführungen von Krause/Pötzsch, in: Assmann/Pötzsch/Schneider, WpÜG, 2005, § 3 Rn. 31ff.

368 Ebenso Krause/Pötzsch, in: Assmann/Pötzsch/Schneider, WpÜG, 2005, § 3 Rn. 37.

369 Siehe dazu bereits oben unter C.III.2.b., S. 60.

370 Dieser wendet sich zwar nicht an die Zielgesellschaft, ermöglicht es ihr aber erst, durch Kenntnis der Vorstellungen des Bieters in Bezug auf die zukünftige Geschäftstätigkeit der Zielgesellschaft die Auswirkungen auf die Arbeitnehmerinteressen zu bewerten.

371 Siehe hierzu die Kommentierung von Schüppen, in: Haarmann/Schüppen, Frankfurter Kommentar WpÜG, 2005, § 3 Rn. 18.

372 Zur Auslegung von § 3 Abs. 5 WpÜG vgl. Oechsler, in: Ehricke/Ekkenga/Oechsler, WpÜG, 2003, § 3 Rn. 31ff.

373 EuGH, Rs. C-361/88, TA-Luft, Slg. 1991, I-2567, 2600f. Rn. 15.

5. Art. 3 Abs. 1 lit. e)

Daneben war Art. 3 Abs. 1 lit. e) als neuer § 3 Abs. 6 WpÜG einzufügen. Diesen allgemeinen Grundsatz gewährleistet das WpÜG a.F. durch die Regelung des § 13 WpÜG a.F.

6. Art. 3 Abs. 1 lit. f)

§ 3 Abs. 4 S. 2 WpÜG a.F. enthält den Grundsatz des Art. 3 Abs. 1 lit. f) und bedurfte mithin keiner Veränderung. Dieser Grundsatz wird im WpÜG a.F. letztlich durch eine Vielzahl das Angebotsverfahren betreffende Maßnahmen gewährleistet. Beispielhaft zu nennen sind etwa die zwingende Übermittlung der Angebotsunterlage innerhalb von vier Wochen ab Bekanntgabe der Entscheidung zur Abgabe eines Angebots[374], die anschließende Veröffentlichung der Angebotsunterlage spätestens nach Ablauf von zehn Werktagen[375], die Befristung des Angebots auf mindestens vier und maximal zehn Wochen[376], die Sperrfrist des § 26 WpÜG a.F. sowie nicht zuletzt der Tatbestand des § 33 Abs. 1 S. 2 WpÜG a.F., wonach der Vorstand der Zielgesellschaft gewöhnliche Handlungen eines ordentlichen und gewissenhaften Geschäftsleiters einer Gesellschaft vornehmen darf.

IV. Umsetzung und Bewertung

1. Vorschlag des Gesetzgebers zur Umsetzung

Weder der Regierungsentwurf noch die verabschiedete Fassung enthalten Vorschläge zur Änderung des § 3 WpÜG a.F.

2. Bewertung

Nach der hier vertretenen Ansicht wäre es sinnvoll gewesen, die allgemeinen Grundsätze des § 3 WpÜG (a.F. und n.F.) an die in der Richtlinie gewählten Formulierungen anzupassen.

Maßgeblich für die Umsetzung einer Richtlinienbestimmung ist jedoch deren inhaltliche Umsetzung[377], was am Beispiel des Art. 3 Abs. 1 lit. a) verdeutlicht werden soll.

Dieser nennt, anders als § 3 Abs. 1 WpÜG n.F., ausdrücklich die Schutzpflicht gegenüber den Wertpapierinhabern. Die Schutzpflicht gegenüber anderen Wertpapierinhabern ist also zu wahren. Wie beschrieben, wird dies durch die Be-

---

[374] § 14 Abs. 1 S. 1 WpÜG a.F.

[375] § 14 Abs. 2 S. 1 WpÜG a.F.

[376] § 16 Abs. 1 S. 1 WpÜG a.F.

[377] EuGH, Rs. C-361/88, TA-Luft, Slg. 1991, I-2567, 2600f. Rn. 15.

stimmung des § 35 WpÜG getan. Ob die Schutzpflicht auch in Zusammenhang mit den *Squeeze Out* Vorschriften gewahrt bleibt, bedarf einer an anderer Stelle vorzunehmenden genaueren Untersuchung[378].

Auch bezüglich der übrigen in § 3 WpÜG enthaltenen allgemeinen Grundsätze gilt gleiches: Maßgeblich ist ausweislich des Art. 3 Abs. 1, dass die in Art. 3 Abs. 2 enthaltenen Grundsätze beachtet werden. Diese Beachtung wird nach Art. 3 Abs. 2 lit. a) durch die Einhaltung der Anforderungen der Richtlinie gewährleistet. Es kommt folglich nicht auf eine Wiedergabe der Grundsätze an, sondern allein auf die Umsetzung der Richtlinienanforderungen. Entscheidend ist daher die inhaltliche Umsetzung des Grundsatzes[379]. Letztlich ist somit eine Anpassung der allgemeinen Grundsätze des § 3 WpÜG nicht erforderlich gewesen, wenngleich aber wünschenswert. Durch eine Abänderung hätten der Gesetzgeber, die BaFin bzw. die Gerichte stets vor Augen gehabt, welche Grundsätze (bei zukünftigen Änderungen oder der Auslegung einzelner Vorschriften des WpÜG) zu beachten sind. Aus diesem Grund ist auch die von *Schüppen* geforderte Abschaffung der allgemeinen Grundsätze abzulehnen.

Nicht konsequent ist es jedenfalls, die alten Grundsätze beizubehalten, ohne sie um die neuen Grundsätze zu „vervollständigen“.

---

[378] Siehe hierzu J.III., S. 306.

[379] Ebenso im Ergebnis Schüppen, in: Haarmann/Schüppen, Frankfurter Kommentar WpÜG, 2005, § 3 Rn. 2 Fn. 4.

E. Schutz der Minderheitsaktionäre: Pflichtangebot und angemessener Preis

I. Schutz der Minderheitsaktionäre durch Pflichtangebot

Die Minderheitsaktionäre sollen unter bestimmten Voraussetzungen durch ein Pflichtangebot[380] geschützt werden[381].

1. Darlegung der umzusetzenden Richtlinienbestimmung

Art. 5 Abs. 1 verpflichtet die natürlichen oder juristischen Personen, die infolge ihres Erwerbs von Wertpapieren[382] unmittelbar oder mittelbar die Kontrolle an

---

380 Zur Erläuterung des Begriffs Pflichtangebot siehe Fn. 17.

381 Zu den ökonomischen Auswirkungen und den Gründen für die Einführung einer solchen Angebotspflicht vergleiche die Nachweise in Fn. 351 sowie etwa McCahery/Renneboog/Ritter/Haller, in: Ferrarini/Hopt/Winter/Wymeersch, Takeover Law in Europe, 2004, 575, 619ff.; Adams, AG 1990, 243, 248ff.; Assmann, AG 1995, 563, 570ff.; Baums, ZIP 1989, 1376, 1379ff.; Doralt, in: FS Kropff, 1997, S. 53, 61ff.; Grunewald, WM 1989, 1233ff.; Hommelhoff, in: FS Semmler, 1993, S. 455, 459ff.; Hommelhoff/Kleindiek, AG 1990, 106, 108ff.; Houben, WM 2000, 1873, 1876ff.; Hopt, in: FS Rittner, 1991, S. 187, 198ff.; Hopt, ZGR 1992, 265, 282ff.; Hopt, ZHR 161 (1997), 368, 384ff.; Kallmeyer, ZHR 161 (1997), 435, 436ff.; Krause, WM 1996, 893, 896ff.; Liekefett, RIW 2004, 824, 830ff.; Mertens, AG 1990, 252, 256ff.; Pietzke, in: FS Fikentscher, 1998, S. 601, 609ff.; Rau-Bredow, DBW 59 (1999), 763ff.; Sandberger, DZWir 1993, 319, 322ff.; Wymeersch, in: Hopt/Wymeersch, European Takeovers, 1992, S. 351ff.; Enriques, ECFR 2004, 440ff. Aus verfassungsrechtlicher Sicht: Loritz/Wagner, WM 1991, 709ff. Monographisch: Beckmann, Übernahmeangebote, 1995, S. 98ff.; Herkenroth, Konzernierungsprozesse, 1994, S. 287ff.; 296ff.; Krause, Das obligatorische Übernahmeangebot, 1996, S. 93ff., 162ff.; Reul, Die Pflicht zur Gleichbehandlung, 1991, S. 10ff., 102ff.; Schindler, Austrittsrecht, 1999, S. 375ff.; Heiser, Interessenkonflikte, 1999, S. 39ff., 303ff. McCahery/Renneboog/Ritter/Haller, in: Ferrarini/Hopt/Winter/Wymeersch, Takeover Law in Europe, 2004, 575, 621 verdeutlichen, dass eine Pflichtangebotsregelung zu einer Verringerung von Übernahmen (auch wertsteigernden) führen kann, gleichzeitig aber wertmindernde Übernahmen verhindert.

382 Erneut ist darauf hinzuweisen, dass die Richtlinie unter Wertpapieren nur Wertpapiere versteht, die Stimmrechte in einer Gesellschaft verleihen (Art. 2 Abs. 1 lit. e)). Ein Pflichtangebot bezüglich sonstiger Wertpapiere besteht damit ausdrücklich nicht. Enriques, ECFR 2004, 440, 447, merkte daher an, kontrollierende Gesellschafter könnten sich dazu veranlasst sehen, verstärkt die Ausgabe von nicht stimmberechtigten Aktien zu beschließen. Dadurch könnten sie ihre Aktien freier verkaufen und voraussichtlich einen höheren Preis erzielen, da sie den Käufer vor einem Pflichtangebot bewahren könnten. Die gilt uneingeschränkt, wenn die potentiellen Käufer nicht zugleich auch stimmberechtigte Wertpapiere in einem die Kontrolle begründenden Umfang erwerben. Wäre dies der Fall, stünde der Käufer nach deutschem Recht schlechter, da er neben den stimmberechtigten auch bezüglich der stimmrechtslosen Anteile ein Pflichtangebot abgeben müsste. Der Gesetzgeber hat an der Angebotspflicht für nicht stimmberechtigte Aktien festgehalten. Dies ist nach der Richtlinie zulässig (vgl. dazu die Ausführungen unter A.IV.3.b., S. 33).

einer Gesellschaft erhalten, zur Abgabe eines Pflichtangebots an alle Wertpapierinhaber für alle ihre Wertpapiere.

Der die Kontrolle begründende prozentuale Anteil an Stimmrechten bestimmt sich nach den Vorschriften des Mitgliedstaats, in dem die Zielgesellschaft ihren Sitz hat (Art. 5 Abs. 3)[383]. Art. 5 Abs. 2 befreit von einem Pflichtangebot, „*wenn die Kontrolle aufgrund eines freiwilligen Angebots erlangt worden ist, das im Einklang mit dieser Richtlinie allen Wertpapierinhabern für alle ihre Wertpapiere unterbreitet worden ist*".

Den Mitgliedstaaten bleibt es unbenommen, weitere Schutzinstrumente für die Wertpapierinhaber vorzusehen, soweit diese den normalen Gang eines Angebots nicht behindern (Art. 5 Abs. 6).

2. Europäischer Hintergrund sowie Regelungen in einzelnen Mitgliedstaaten

a. Keine grundsätzlichen Bedenken mehr gegen ein Pflichtangebot

Die Vorreiterrolle in Bezug auf die Angebotspflicht spielte der *City Code* als erstes nationales Regelwerk in Europa, welches eine Angebotspflicht (*mandatory bid*) bei Kontrollerwerb vorsah[384]. Die Ausgestaltung des Pflichtangebots in der Richtlinie folgt im Grundsatz[385] dem Regelwerk des *City Code*[386]. Auf europäischer Ebene sah als erstes der *Pennington*-Entwurf von 1974 zum Schutz der Anteilseigner einer Publikumsgesellschaft vor den Nachteilen der Beherrschung durch einen Anteilseigner in Art. 7 eine Pflichtangebotsregelung vor[387].

Lange Zeit war in Europa umstritten, ob es überhaupt eines Pflichtangebots zum Minderheitenschutz bedarf, was insbesondere Deutschland bis vor einigen Jahren verneinte. Zur Begründung wurde bei früheren Entwürfen von deutscher Seite vorgebracht, es gebe in Deutschland mit den §§ 291ff., 311ff. AktG als Konzerneingangsschutz bereits ein taugliches und dem Pflichtangebot vergleichbares Instrument[388]. Diese deutsche Haltung wurde dann im Gemeinsamen

---

383 Dies wird kritisiert von Edwards, ECFR 2004, 416, 434, die den Harmonisierungseffekt wegen des Fehlens einer vorgegebenen Kontrollschwelle für äußerst gering hält.

384 Diese Regelung wurde 1972 zum Schutz der Aktionäre der Zielgesellschaft in dem 1968 in Kraft getretenen *City Code* verankert. Zur Entstehungsgeschichte der *mandatory bid* siehe Zinser, Übernahmeangebote (takeover bids), 2000, S. 90f.; Richter, Chancen für eine Übernahmeregelung, 1997, S. 53f; Krause, Das obligatorische Übernahmeangebot, 1996, S. 65ff.

385 Durch das Abstellen auf den Erwerbsvorgang.

386 Vgl. *Rule 9.1 des City Code*. Vgl. Seibt/Heiser, ZGR 2005, 200, 214.

387 Pennington-Entwurf, Ziffer 86f., abgedruckt bei Fleischer/Kalss, WpÜG Gesamtdarstellung, 2002, S. 831, 900, 916, 920.

388 So zu den Richtlinienvorschlägen von 1989/1990: Mertens, AG 1990, 252, 256ff.; Grunewald, WM 1991, 1361, 1362ff.; Loritz/Wagner, WM 1991, 709. Hommelhoff/Kleindiek, AG 1990, 106; Hommelhoff, in: FS Semler, 1993, S. 455; Pietzke, in: FS Fikentscher, 1998,

Standpunkt des Rates 2000 zu Recht aufgegeben[389], da sie international nicht vermittelbar war und der Konzerneingangsschutz und das Pflichtangebot nicht auf das gleiche Ziel gerichtet sind. Der Konzerneingangsschutz des Aktiengesetzes dient der Sicherung der Unabhängigkeit der Zielgesellschaft, während die Angebotspflicht auf den durch die geänderten Mehrheitsverhältnisse resultierenden Änderungen der Mitgliedschaft der Gesellschafter beruht[390].

Jedenfalls gibt es nunmehr kaum noch grundsätzliche Bedenken gegen eine Angebotspflicht, wie dies noch bei Vorgängerentwürfen der Richtlinie der Fall war[391]. Teilweise wurde jedoch die Ausgestaltung des Pflichtangebots und die

---

S. 601, 604ff., 612ff.; Kallmeyer, ZHR 161 (1997), 435, 436ff.; Pluskat, WM 2001, 1937, 1941f. Altmeppen, ZIP 2001, 1073, 1082f. zweifelt gar den Sinn einer Ankaufspflicht zum Schutz der Aktionäre an, da es ja kaum bezweckt sein könne, zukünftig in Europa *„die Einmann-AG als Regelfall zu schaffen“*. Der europäische Konzerneingangsschutz sei deshalb *„undifferenziert, überflüssig und schädlich“*.

389 Auch die deutsche Literatur vertrat nun häufiger die Ansicht, insbesondere beim faktischen Konzern sei ein vergleichbarer Schutz nicht zu erzielen. Hopt, ZHR 161 (1997) 368, 387f.; Hopt, in: FS Zöllner 1999, S. 253, 258; Habersack/Meyer, ZIP 1997, 2141, 2143f.; Krause, WM 1996, 893, 897f.; Benner-Heinacher, DB 1997, 2521. Das Gleichstellungsansinnen wurde unter deutscher Ratspräsidentschaft aufgegeben. Pötzsch/Möller, WM Sonderbeilage Nr. 2 zu Heft 31/2000, S. 3, 8.

390 Ebenso Baums/Hecker, in: Baums/Thoma, WpÜG, 2004, Vor § 35 WpÜG Rn. 93. Wohl auch Hommelhoff/Witt, in: Haarmann/Riehmer/Schüppen, WpÜG, 2002, Vor § 35 Rn. 31 a.E. Eine eingehende Darstellung der Grundlagen der Angebotspflicht nach deutschem Recht bieten Baums/Hecker, in: Baums/Thoma, WpÜG, 2004, Vor § 35 Rn. 89-107.

391 Gegen die Begründung, eine Angebotspflicht sei aus Minderheitsschutzgesichtspunkten angebracht, wendet sich Enriques, ECFR 2004, 440, 447ff., der bezweifelt, dass die Vorteile, welche sich für die Minderheitsaktionäre aus dem Pflichtangebot ergeben, die Nachteile (weniger Übernahmeangebote gerade wegen der Existenz des Pflichtangebots) aufwiegen. Enriques steht der Einführung eines Pflichtangebots (in der verabschiedeten Form) insgesamt sehr kritisch gegenüber. Seiner Ansicht nach ist das Argument, ein *level playing field* erreichen zu wollen, nicht ausreichend zur Begründung des Pflichtangebots. Auch der Gleichbehandlungsgrundsatz sei sehr fragwürdig, da es in den europäischen Gesellschaftsrechten keinen Grundsatz der Gleichbehandlung zwischen Aktionären auf horizontaler Ebene gebe. Ob die Fairness eine Gleichbehandlung gebiete, sei angesichts der fehlenden Griffigkeit des Begriffs *„Fairness“* nur schwer zu widerlegen. Die Fairness werde immer dann als Argument herangezogen, wenn andere Erklärungsversuche scheiterten. Die Integration der europäischen Kapitalmärkte werde durch das Pflichtangebot auch nicht verstärkt: Man könne das Pflichtangebot als ein Mittel der Verteidigung gegen Übernahmen begreifen. Dies sei aber nur dann gerechtfertigt, wenn die Gesellschaften unter die Neutralitätspflicht fielen, was jedoch wegen Art. 12 nicht der Fall sei. Folglich führe die fehlende Koordination mit der *Opt-Out* Regelung des Art. 12 dazu, dass der Markt für Unternehmenskontrolle noch stärker als notwendig behindert werde. Man hätte entweder die Neutralitätspflicht kombiniert mit einem Pflichtangebot einführen, oder Abwehrmaßnahmen zulassen und auf die Neutralitätspflicht verzichten sollen. Ähnlich gegen die Zulässigkeit von Abwehrmaßnahmen bei gleichzeitigem Pflichtangebot H. Baum, RIW 2003, 421, 423f., 433. Ungeachtet der von Enriques vorgebrachten Argumente hat sich die Angebotspflicht durchgesetzt. Letztlich wird man sie als Ausfluss des Gleichbehand-

Möglichkeit der Kombination mit dem *Opt-Out* kritisiert[392].

b. Pflichtangebot als europäischer Standard

Das Pflichtangebot stellt mittlerweile einen europaweiten Standard dar[393]. Allerdings ist – Stand vor Umsetzung der Übernahmerichtlinie – nicht in ganz Europa das Pflichtangebot auf alle Aktien zu erstrecken. Spanien bildet hier mit seinem gestaffelten Pflichtangebot eine Ausnahmeregelung[394]. Einen Spezialfall bildet auch Italien[395]. Dort ist ein Pflichtangebot nicht erforderlich, wenn sich das vo-

---

lungsgebotes verstehen müssen. Eine Gegenüberstellung von Pflichtangebot und Neutralitätspflicht, wie von Enriques vorgenommen, vermag nicht zu überzeugen, da das Pflichtangebot kein Mittel zur Verteidigung gegen Übernahmen sondern Folge einer erfolgreichen Übernahme ist. Daher ist es auch nicht sachgerecht, die Neutralitätspflicht und das Pflichtangebot aneinander zu koppeln. Zwar mag das *Opt-Out* Recht grundsätzlich Unternehmensübernahmen gegenüber einer zwingenden Neutralitätspflicht erschweren. Hierdurch wird jedoch der Markt für Unternehmenskontrolle nicht stärker beschränkt als vor Umsetzung der Richtlinie.

392 Siehe zunächst die Ausführungen in der vorigen Fußnote. Enriques, ECFR 2004, 440, 441, 448, 457, sieht vor allem die Juristen und Mitarbeiter der Überwachungsbehörden als Nutznießer, da die Richtlinie wenig Vereinheitlichung, dafür aber mehr Kosten produzieren werde. Die Richtlinie führe zu 25 möglicherweise stark divergierenden Pflichtangebotsregelungen. Zudem würden feindliche Übernahmen zugunsten der Manager erschwert, was letztlich einen weniger effizienten Markt der Unternehmenskontrolle mit sich bringe. Enriques, in: Ferrarini/Hopt/Winter/Wymeersch, Takeover Law in Europe, 2004, S. 767, 784, plädiert gar für ein Verbot von Pflichtangeboten, um ein *level playing field* zu erreichen. Dies überzeugt bereits deshalb nicht, weil das Pflichtangebot nicht in sachlichem Zusammenhang zur Ermöglichung von Unternehmensübernahmen steht.

393 Wymeersch, ZGR 2002, 520, 525ff., 545; Hopt, ZHR 166 (2002), 383, 415; Hommelhoff/Witt, in: Haarmann/Riehmer/Schüppen, WpÜG, 2002, Vor § 35 Rn. 31; Baums/Hecker, in: Baums/Thoma, WpÜG, 2004, Vor § 35 Rn. 99. Anders ist dies in den USA, in denen es keine bundeseinheitlichen Pflichtangebotsregelungen gibt. Dies beruht darauf, dass das Gesellschaftsrecht, anders als das Kapitalmarktrecht, in die Bundesstaatenkompetenz fällt. Einzelne Bundesstaaten, unter anderem Delaware, haben hingegen ähnlich wirkende Regelungen. Vgl. Baums/Hecker, in: Baums/Thoma, WpÜG, 2004, Vor § 35 Rn. 99f.; Choper/Cofee/Gilson, Cases and Materials, 2004, S. 1093ff.

394 Vgl. Wymeersch, ZGR 2002, 520, 534; Rojo, AG 1994, 16, 17; Ruiz Peris, in: Hommelhoff/Hopt/Lutter, Konzernrecht und Kapitalmarktrecht, 2001, S. 243, 272ff. Vgl. *Art. 1 Royal Decree 1197/1991, amended by Royal Decree 432/2003, of 11 April on the Regulation of takeover bids.*

395 Dazu Diemer/Hasselbach, NZG 2000, 824, 829ff.; Hommelhoff, in: Fischer/Medicus/Busnelli, Jahrbuch für italienisches Recht, 2001, S. 121, 133ff., allerdings leicht missverständlich. Die Ausführungen Hommelhoffs könnten darauf hindeuten, ein Pflichtangebot könne auf 60 % der Anteile beschränkt werden. Gemeint ist aber wohl die mögliche Befreiung von einem Pflichtangebot, wenn das vorausgehende Angebot auf den Erwerb von 60 % der stimmberechtigten Aktien bezogen war. Vgl. auch Kindler, in: Hommelhoff/Hopt/Lutter, Konzernrecht und Kapitalmarktrecht, 2001, S. 123, 147ff.

rangehende Übernahmeangebot auf mindestens 60 % der zu einem geregelten Markt zugelassenen Aktien bezogen hat[396].

c. Pflichtangebot in der Entwicklung der Richtlinienvorschläge

In der Entwicklung der Richtlinienvorschläge hat das Pflichtangebot verschiedene Ausgestaltungen gefunden. In den Richtlinienvorschlägen von 1989 und 1990 war es zwingend als Vollangebot auf alle Wertpapiere ausgestaltet (Art. 4 Abs. 1 der jeweiligen Fassung), wobei die Mitgliedstaaten einen Schwellenwert, der ein Drittel der Stimmrechte der Zielgesellschaft nicht überschreiten durfte, für die Auslösung des Pflichtangebots festlegen sollten. Die Vorschläge von 1996 und 1997 verzichteten gar völlig auf ein Pflichtangebot, sofern *„andere und mindestens gleichwertige Vorkehrungen zum Schutz der Minderheitsaktionäre"* getroffen wurden (jeweils in Art. 3 Abs. 1 der Vorschläge). Außerdem war ein Pflichtteilangebot auf einen wesentlichen Teil (Art. 10 des Vorschlags von 1996) bzw. mindestens 70 % der Aktien (Art. 10 Abs. 1 des Vorschlags von 1997) ausreichend. Der Gemeinsame Standpunkt vom 19. Juni 2000 forderte wieder ein Voll-Pflichtangebot (Art. 5 Abs. 1 S. 2 des Gemeinsamen Standpunkts) und verlängerte im Falle gleichwertiger Vorkehrungen die Frist zur Einführung eines solchen Pflichtangebots nur um ein Jahr (Art. 5 Abs. 3 des Gemeinsamen Standpunkts). Eine bestimmte Kontrollschwelle enthielt der Gemeinsame Standpunkt nicht mehr (Art. 5 Abs. 1 und 5 des Gemeinsamen Standpunkts). Die Pflichtangebotsregelung unterschied sich damit in nahezu allen wichtigen Punkten in jedem der Vorschläge[397].

d. Bestimmung der Pflichtangebotsschwelle

Die Methoden der Festlegung, ab wann ein Pflichtangebot abzugeben ist, sind unterschiedlich. Hierbei lassen sich zwei große Gruppen unterscheiden: Zum einen die Gruppe derjenigen Staaten, die einen festen Schwellenwert annehmen[398], zum anderen die Staaten, die einen flexiblen Wert annehmen[399].

---

396 Vgl. Art. 107 Testo unico delle disposizioni in materia di intermediazione finanziaria (Legislative Decree No 58 of 24 February 1998, as amended by Law 262/2005).

397 Einen Überblick über die einzelnen Regelungen gibt Kleindiek, ZGR 2002, 546, 548ff.

398 Einen festen Schwellenwert nehmen an Deutschland, Großbritannien, Frankreich, Spanien, Italien, im Grundsatz auch Österreich, wobei es sich aber um eine widerlegliche Vermutung handelt, kombiniert mit einem handelsrechtlichen Kontrollerlangungstatbestand. Vgl. für Österreich auch Fn. 536. Vgl. die Ausführungen bei Wymeersch, ZGR 2002, 520, 528ff.

399 So etwa Belgien und früher Italien. Vgl. die Ausführungen bei Wymeersch, ZGR 2002, 520, 530.

e. Aktionärsstruktur innerhalb Europas

Die Aktionärsstruktur ist innerhalb der europäischen Staaten noch sehr unterschiedlich. Während in den meisten kontinental-europäischen Gesellschaften ein Aktionär herrschend ist, ist die Stimmrechtskonzentration in den angloamerikanischen Staaten wesentlich geringer[400]. Auf dem Festland wird daher häufig zuerst durch Verhandlungen eine Einigung über den Kontrollwechsel erzielt und danach ein Übernahmeangebot abgegeben, während der Kontrollwechsel im angloamerikanischen Raum das Ergebnis des Übernahmeangebots ist[401].

f. Rechtsnatur des Pflichtangebots

Fraglich ist, ob das Pflichtangebot gesellschaftsrechtlicher oder kapitalmarktrechtlicher Natur ist. Zur Klärung dieser Frage könnte die Regelung des Art. 4 Abs. 2 lit. e) S. 2 beitragen. Danach gilt bei gespaltener Zuständigkeit für „*gesellschaftsrechtliche Fragen, insbesondere betreffend den Anteil an Stimmrechten, der die Kontrolle begründet, und von der Verpflichtung zur Abgabe eines Angebots abweichende Regelungen sowie für die Bedingungen, unter denen das Leitungs- bzw. Verwaltungsorgan der Zielgesellschaft Maßnahmen ergreifen kann, die das Angebot vereiteln könnten, (...) das Recht des Sitzmitgliedstaats der Zielgesellschaft*“. *Krause/Pötzsch* weisen darauf hin, dass es nicht zwingend ist, die „abweichenden Regelungen“ als Unterfall der „gesellschaftsrechtlichen Fragen“ zu verstehen[402]. Vielmehr ergebe sich aus der historischen Auslegung das Gegenteil. So gebe es in der verabschiedeten Richtlinie – anders als in den Vorgängerentwürfen – keine gesellschaftsrechtliche Bezugnahme mehr („*13. Richtlinie auf dem Gebiet des Gesellschaftsrechts*“)[403]. Ungeachtet dessen ist die Richtlinie auf Art. 44 Abs. 2 lit. g) EG gestützt, also eine gesellschaftsrechtliche Anknüpfung gegeben[404].

Das folgt auch aus der Systematik des Art. 4 Abs. 2 lit. e) S. 2. Dieser umschreibt eine Vielzahl gesellschaftsrechtlicher Fragen, die sich überwiegend mit dem Pflichtangebot befassen. Das gilt für den Ausgangspunkt, die Kontrollschwelle ebenso wie für von der Abgabe des Angebots befreiende Regelungen. Daher ist nicht ersichtlich, weshalb das Pflichtangebot selbst nicht gesellschaftsrechtlicher Natur sein sollte.

---

[400] Vgl. Wymeersch, ZGR 2002, 520, 522, mit Zahlenangaben bezüglich der Aktionärsstruktur von 1998 bis 2001.

[401] Wymeersch, ZGR 2002, 520, 522.

[402] Krause/Pötzsch, in: Assmann/Pötzsch/Schneider, WpÜG, 2005, § 35 Rn. 19.

[403] Krause/Pötzsch, in: Assmann/Pötzsch/Schneider, WpÜG, 2005, § 35 Rn. 19.

[404] Vgl. Erwägungsgrund (1).

Im Ergebnis ist dies jedoch eher von untergeordneter Bedeutung, da die Richtlinie in dem genannten Artikel vorgibt, welche Fragen von welchen Aufsichtsstellen nach deren Recht zu beurteilen sind.

3. Richtlinienbestimmung als Mindest- bzw. Maximalstandard

Ausweislich des Wortlauts setzt die Richtlinie in Bezug auf Pflichtangebote nur Minimalvoraussetzungen fest und erlaubt weitergehende Schutzvorschriften zugunsten der Wertpapierinhaber (Art. 5 Abs. 6 i.V.m. Art. 5 Abs. 1). Aus Erwägungsgrund (9) ergibt sich zudem, dass die Mitgliedstaaten „*weitere Vorkehrungen zum Schutz der Wertpapierinhaber vorsehen können, wie etwa die Verpflichtung, ein Teilangebot zu unterbreiten, wenn der Bieter nicht die Kontrolle über die Gesellschaft erwirbt*“[405]. Dieser Gedanke findet sich wieder in Art. 3 Abs. 2 lit. b), wonach „*die Mitgliedstaaten für Angebote zusätzliche Bedingungen und strengere Bestimmungen als in dieser Richtlinie festlegen*“ können. Hinzu kommt die Vorschrift des Art. 4 Abs. 5, welche es den Mitgliedstaaten erlaubt, im Rahmen der Grundsätze des Art. 3 Abs. 1[406] selbst oder durch Ermächtigung der Aufsichtsbehörden abweichende Regelungen zu erlassen[407].
Ausdrücklich zulässig ist die Erweiterung der Angebotspflicht auf nicht stimmberechtigte Wertpapiere (Erwägungsgrund (11))[408].

4. Rechtslage vor der Umsetzung und Anpassungsbedarf

a. §§ 35, 39 WpÜG a.F.

§ 35 Abs. 2 WpÜG a.F. bestimmt die Verpflichtung zur Abgabe eines Angebots bei Kontrollerlangung[409]. Maßgeblicher Schwellenwert bezüglich der Kontrolle

---

[405] Enriques, ECFR 2004, 440, 446, weist darauf hin, dass Teilangebote aus wirtschaftlicher Sicht sinnvoll sein können, da die Finanzierung des Angebots in zwei Schritten erfolgen kann: Zuerst wird ein Teilangebot abgegeben, dem ggf. (bei Erlangung der Kontrolle) ein Pflichtangebot folgt. So wäre klar, ob es überhaupt der Finanzierung von 100 % der Anteile bedürfe.

[406] Hier ist Art. 3 Abs. 1 lit. a) einschlägig, der den Minderheitenschutz enthält.

[407] Aus diesem Grund fürchtet Enriques, ECFR 2004, 440, 443, dass der hiermit geschaffene Graubereich den Mitgliedstaaten bzw. den Aufsichtsbehörden einen zu großen Spielraum bei der Verwaltung der nationalen Pflichtangebotsregelung gewährt. Außerdem werde es hierdurch starke Unterschiede in der Behandlung von Kontrollwechseln in den einzelnen Mitgliedstaaten geben. Ob sich diese Befürchtungen bewahrheiten, bleibt abzuwarten.

[408] Die Winter-Gruppe und ihr folgend die Richtlinie hielt eine Ausweitung auf die nicht stimmberechtigten Wertpapiere zwar für zulässig, nicht aber für erforderlich, da diese Wertpapiere eine ähnliche wirtschaftliche Funktion wie Schulden hätten, weil sie keinen Anspruch auf Überschüsse, sondern nur begrenzte Dividenden bzw. Liquidationserlöse gewährten. Insoweit handele es sich nicht um risikotragendes Kapital. Vgl. Winter-Bericht, S. 24f. Mülbert, ecgi Law Working Paper 13/2003, S. 10, weist zutreffend darauf hin, dass eine Einbeziehung der Vorzugsaktien Übernahmen kostspieliger und somit auch weniger wahrscheinlich macht.

[409] In den Jahren 2002, 2003 und 2004 wurden 9, 17 bzw. 17 Pflichtangebote abgegeben.

ist das Halten von 30 % der Stimmrechte[410] (§§ 39, 29 Abs. 2 WpÜG a.F.). Da es Sache des nationalen Gesetzgebers ist, für die in seinem Mitgliedstaat sitzenden Zielgesellschaften entsprechende Schwellenwerte festzulegen, war eine Änderung dieses Schwellenwertes nicht notwendig[411].

b. Auslöser des Pflichtangebots

1) Differenzierung Erwerb i.S.d. Richtlinie / erlangt i.S.d. WpÜG a.F.

Bezüglich § 35 Abs. 1 S. 1 WpÜG a.F. ist umstritten, wann ein Pflichtangebot abzugeben ist. Folgt man dem Wortlaut des § 35 Abs. 1 S. 1 WpÜG, so kommt es allein darauf an, dass die Kontrolle über eine Zielgesellschaft *erlangt* wird, während nach Art. 5 Abs. 1 der *Erwerb* der Kontrolle maßgeblich ist.

a) Erlangt i.S.d. WpÜG a.F.

Die Formulierung des § 35 WpÜG a.F. löst(e) in verschiedenen Konstellationen Diskussionen über die Reichweite des Begriffs „Erlangung der Kontrolle" aus. Die Diskussionen waren zum Teil beabsichtigt, an anderen Stellen hingegen war der Regelungsgehalt des Begriffs wohl einfach nicht hinreichend bedacht worden.

So ist etwa umstritten, ob die Art der Kontrollerlangung zu berücksichtigen ist. Insbesondere strukturändernde Maßnahmen nach Aktien- bzw. Konzernrecht sind daher Gegenstand heftiger Diskussion geworden. In Bezug auf die umwandlungsrechtlichen Vorgänge nach dem Umwandlungsgesetz[412] wird überwiegend davon ausgegangen, es käme nicht auf die Art der Kontrollerlangung an, weshalb auch die Kontrollerlangung durch Umwandlungsvorgänge erfasst würde. Andere wiederum wollen nach der Art des Umwandlungsvorganges differenzieren[413] oder lehnen eine Anwendbarkeit auf Umwandlungsvorgänge

---

Siehe hierzu die Nachweise bei Hommelhoff/Witt, in: Haarmann/Schüppen, Frankfurter Kommentar WpÜG, 2005, Vor §§ 35 bis 39 Rn. 6 Fn. 3. In 2005 waren es 12 Pflichtangebote.

410 Das Stimmrecht ist in § 134 AktG geregelt.

411 Art. 5 Abs. 3. Die nationalen Schwellenwerte – Stand vor Umsetzung der Übernahmerichtlinie – weichen dabei nicht unerheblich von einander ab. So liegen die Schwellenwerte in Europa vornehmlich zwischen 25 und 33 1/3, wobei sie teilweise an das Aktienkapital, teilweise an die Stimmrechte anknüpfen. Einige Nationale Übernahmerechte sind abgedruckt bei Baums/Thoma, Takeover Laws in Europe, 2003. Vgl. auch Diemer/Hasselbach, NZG 2000, 824, 829; Zinser, NZG 2000, 573ff.; Hurstell/Süß, EuZW 1998, 203, 204.

412 Umwandlungsgesetz v. 28. Oktober 1994, BGBl. I/1994, S. 3210, zuletzt geändert durch Art. 10 des Gesetzes zur Anpassung von Verjährungsvorschriften an das Gesetz zur Modernisierung des Schuldrechts v. 9. Dezember 2004, BGBl. I/2004, S. 3214.

413 So etwa Technau, AG 2002, 260, 261ff., der auch innerhalb der Verschmelzungsvorgänge unterscheiden möchte. Da der Gesetzgeber abwarten wollte, ob es in bestimmten Fallkonstellationen besonderer gesetzlicher Regelungen bedarf, bis mit dem neuen Gesetz Erfahrungen

grundsätzlich ab[414]. Der Gesetzgeber war sich dieser Fragestellung durchaus bewusst, wollte aber die in der Anwendungspraxis gewonnenen Erkenntnisse abwarten[415]. Der Wortlaut lässt eine Erfassung umwandlungsrechtlicher Vorgänge zu. Auch die historische Auslegung spricht hierfür. In der Begründung zum RegE WpÜG wird einerseits darauf hingewiesen, jede Rechtsmaterie sei gesondert darauf hin zu überprüfen, ob eine Anwendung des WpÜG in Frage kommt. Ein Vorrang des UmwG vor dem WpÜG ist hieraus nicht ersichtlich. Hinzu kommt, dass die Begründung zu § 36 Nr. 2 WpÜG a.F., auf den später noch einzugehen sein wird[416], ausführt, eine Sonderregelung bei Rechtsformwechseln nach dem UmwG sei nicht erforderlich, da dort kein Übertragungsvorgang stattfinde. Hieraus lässt sich schließen, dass der Gesetzgeber die grundsätzliche Anwendbarkeit des WpÜG auf die Fälle des UmwG wenn nicht angenommen[417], so doch zumindest nicht ausgeschlossen hat. Ungeachtet dieser wohl positiven Signale des Gesetzgebers wird aber wegen des angeblich parallelen Schutzzweckes von UmwG und WpÜG die Anwendbarkeit teilweise verneint[418]. Diese Ansicht ist mit der inzwischen wohl h.M. in der Literatur[419] und der Anwendungspraxis der BaFin[420] abzulehnen. Vielmehr ist von einer grundsätzlichen Anwendbarkeit auszugehen. Zum einen fehlt es schon an identischen Schutzzwecken und Schutzmechanismen, da sich die Anforderungen an die Geltendmachung des Austritts sowie die Austrittsberechtigten[421] in WpÜG und UmwG unterscheiden.

---

gewonnen wurden, ist hier zumindest Zurückhaltung geboten.

414 Vetter, WM 2002, 1999ff.; Weber-Rey/Schütz, AG 2001, 325, 327ff.; Angerer, in: Geibel/Süßmann, WpÜG, 2002, § 1 Rn. 106; Grabbe/Fett, NZG 2003, 755, 757ff., 763.

415 BT-Drs. 14/7034, S. 31.

416 Dazu unter E.I.4.e.2), S. 99.

417 Für eine positive Entscheidung des Gesetzgebers von Bülow, in: Hirte/von Bülow, Kölner Kommentar WpÜG, 2003, § 35 Rn. 69. Ihm folgend Krause/Pötzsch, in: Assmann/Pötzsch/Schneider, WpÜG, 2005, § 35 Rn. 137.

418 Siehe bereits die Nachweise in Fn. 414.

419 Seibt/Heiser, ZHR 165 (2001), 446ff.; Technau, AG 2002, 260, 261ff.; Lenz/Linke, AG 2002, 361, 367f.; Hommelhoff/Witt, in: Haarmann/Riehmer/Schüppen, WpÜG, 2002, § 35 Rn. 28ff.; Fleischer, NZG 2002, 545, 549f.; Kleindiek, ZGR 2002, 546ff.; von Bülow, in: Hirte/von Bülow, Kölner Kommentar WpÜG, 2003, § 35 Rn. 75; DAV-Handelsrechtsausschuss, Stellungnahme zum RefE WpÜG, NZG 2001, 420; Schlitt, in: Kropff/Semler, Münchener Kommentar AktG, 2004, § 35 WpÜG Rn. 130; Baums/Hecker, in: Baums/Thoma, WpÜG, 2004, § 35 Rn. 110ff.; Krause/Pötzsch, in: Assmann/Pötzsch/Schneider, WpÜG, 2005, § 35 Rn. 139.

420 Siehe dazu etwa das Pflichtangebot Carl Zeiss Jena / Carl Zeiss Meditech v. 25. Juli 2002, S. 6f. Die Angebotsunterlagen sind auf der Website der BaFin abrufbar.

421 Das umwandlungsrechtliche Austrittsrecht steht nicht den Anteilsinhabern des übernehmenden Rechtsträgers zu. Vgl. Marsch-Barner, in: Kallmeyer, UmwG, 2006, § 29 Rn. 1.

Zudem knüpft das UmwG keine Rechtsfolgen an die Änderung der Kontrollverhältnisse an[422]. Eine Erläuterung, welche Umwandlungsvorgänge konkret in den Anwendungsbereich des WpÜG fallen, würde den Rahmen sprengen[423].

Nach alledem ist nach dem WpÜG a.F. also nur die Kontrollerlangung maßgeblich. Eine Differenzierung entsprechend der Art der Kontrollerlangung wird hingegen nicht vorgenommen.

b) Erwerb i.S.d. Richtlinie

Fraglich ist, welche Vorgaben der europäische Gesetzgeber diesbezüglich aufgestellt hat. Gemäß Art. 5 Abs. 1 ist ein Pflichtangebot abzugeben, sofern eine Person infolge ihres Erwerbs einen die Kontrolle begründenden Anteil an den Stimmrechten der Zielgesellschaft hält. Gleiches folgt aus dem allgemeinen Grundsatz des Art. 3 Abs. 1 lit. a), welcher ebenfalls auf den Schutz beim Erwerb der Kontrolle abstellt.

Nicht geklärt ist hingegen, was unter „Erwerb" zu verstehen ist. Begrifflich könnte der Erwerb die Begründung einer Rechtsinhaberschaft voraussetzen. Dann wäre davon auszugehen, dass stets eine Aktie auf den Bieter oder gemeinsam handelnde Personen übertragen werden muss[424]. Selbst wenn man dies bejaht, ist damit noch nicht entschieden, dass nur Erwerbe durch ein Übernahmeangebot in den Anwendungsbereich der Vorschrift fallen.

Denkbar ist, den Begriff des „Erwerbs" weit auszulegen und hierunter auch etwa Umwandlungsvorgänge zu fassen. Betrachtet man die Begründung der Kommission zu der Grundlage der verabschiedeten Richtlinie, dem Kommissionsvorschlag von 2002, scheint eine solche Auslegung jedoch verfehlt. Dort heißt es, Art. 5 soll den Schutz der Minderheitsaktionäre in allen Fällen wahren, in denen eine Person im Zuge eines *Übernahme*angebots die Kontrolle in einer börsennotierten Gesellschaft erlangt[425]. Hier kommt sehr deutlich zum Ausdruck, dass der Kommissionsvorschlag in erster Linie reine Erwerbstatbestände im Sinne eines Ankaufs bzw. Tausches von Aktien anderer Aktionäre vor Augen hatte. Gegen eine Anwendung auf Umwandlungsvorgänge könnte zudem sprechen, dass es sich nicht mehr um einen Kontrollwechsel „in der Zielgesellschaft" handelt.

Die Begründung der Kommission erfasst jedoch nicht sämtliche Fälle des Kontrollerwerbs, die nach der Intention des Richtliniengebers erfasst werden sollten.

---

422 Krause/Pötzsch, in: Assmann/Pötzsch/Schneider, WpÜG, 2005, § 35 Rn. 139.

423 Vgl. dazu etwa von Bülow, in: Hirte/von Bülow, Kölner Kommentar WpÜG, 2003, § 35 Rn. 70ff.; Krause/Pötzsch, in: Assmann/Pötzsch/Schneider, WpÜG, 2005, § 35 Rn. 139.

424 Ebenso Seibt/Heiser, ZGR 2005, 200, 214.

425 Begründung des Kommissionsvorschlags von 2002, 2. Erläuterung der Artikel, Art. 5 – Schutz der Minderheitsaktionäre, Pflichtangebot, angemessener Preis, S. 6. Aus dem Zusammenhang ergibt sich, dass hier dem Begriff „Übernahmeangebot" das deutsche Verständnis zugrunde liegt.

Die Richtlinie stellt nämlich (ebenso wie der Kommissionsvorschlag von 2002) nicht nur auf den Kontrollerwerb durch ein vorausgehendes *Übernahme*angebot ab, sondern erfasst auch andere Erwerbstatbestände, was sich aus dem allgemeinen Grundsatz des Art. 3 Abs. 1 lit. a) ableiten lässt. In Betracht kommt etwa der außerbörsliche Paketerwerb[426]. Schon deshalb bildet die Kommissionsbegründung keine tragfähige Grundlage, um andere Arten der Kontrollerlangung auszuschließen[427].

Für eine extensive Auslegung des Begriffs „Erwerb" spricht hingegen Erwägungsgrund (9). Dieser besagt, die Wertpapierinhaber seien *„nach einem Kontrollwechsel in ihren Gesellschaften zu schützen"*. Kurioserweise verwendet die deutsche Fassung der Richtlinie in diesem Zusammenhang das Verb „erlangen" und nicht „erwerben"[428], was ebenfalls auf eine weite Auslegung hindeutet. Auch Erwägungsgrund (2) verlangt einen Schutz beim Kontrollwechsel.

Schließlich lässt sich Erwägungsgrund (3) für die Erfassung von Strukturmaßnahmen anführen. Dort wird zwar einleitend auf die Klarheit und Transparenz in Bezug auf Rechtsfragen, die bei Übernahmeangeboten zu regeln sind, abgestellt, gleichfalls aber betont, dass die Formen der Umstrukturierung von Unternehmen in der Gemeinschaft nicht verzerrt werden dürfen. Hierunter wird man auch Unternehmenszusammenschlüsse durch Umwandlungsvorgänge fassen müssen[429]. Wie für das deutsche Recht ausgeführt, kann es in einer solchen Situation zu einem Kontrollwechsel oder einer Kontrollerlangung kommen. Daher ist in Bezug auf die verabschiedete Richtlinie angesichts des bezweckten Schutzes der Minderheitsaktionäre der Erwerbstatbestand sehr weit zu fassen, so dass darunter auch Umwandlungsvorgänge zu verstehen sind[430].

Allerdings wird man wohl auch davon auszugehen haben, dass stets der Erwerb im Sinne eines Rechtsübergangs von zumindest einer Aktie erforderlich ist, um in den Anwendungsbereich des Pflichtangebots zu gelangen[431].

---

426 Findet ein solcher Aktienerwerb als Parallelerwerb neben einem Übernahmeangebot statt, so wird der Parallelerwerb nach deutschem Recht gleichsam in den Begriff des Übernahmeangebots mit einbezogen. So sind etwa Fälle denkbar, in denen der Kontrollerwerb nur durch den Parallelerwerb und das Angebot erreicht wurde bzw. erreicht werden kann. Vgl. dazu Diekmann, in: Baums/Thoma, WpÜG, 2004, § 29 Rn. 24ff. Es ist aber auch denkbar, dass gar kein öffentliches Angebot gemacht wird, sondern nur ein Paketkauf erfolgt.

427 Im Übrigen ist der Begründung des Kommissionsvorschlags ohnehin nur eine relativ geringe Bedeutung beizumessen. Vgl. die Ausführungen in Kapitel 1 D.II., S. 17.

428 Erwägungsgrund (9) S. 2. Die englische Fassung hingegen verwendet sowohl bei Art. 5 Abs. 1 als auch in Erwägungsgrund (9) stets *„acquired"* bzw. *„acquisition"*.

429 So wohl auch das Dauner-Lieb/Lamandini-Gutachten, S. 16.

430 Ebenso Mülbert, NZG 2004, 633, 641 der beispielhaft den Fall der übertragenden Verschmelzung nennt, bei dem ein Aktionär einen die Kontrolle begründenden Stimmrechtsanteil an der aufnehmenden Gesellschaft erlangt.

431 Ebenso Seibt/Heiser, ZGR 2005, 200, 214, unter Bezugnahme auf die Vorbildregelung des *City Code*. Zwar ist eine nationale Vorbildregelung für die Auslegung einer gemein-

Selbst wenn man sich aber gegen eine extensive Auslegung des Art. 5 Abs. 1 wenden sollte, ist der Wortlaut und die Auslegung des § 35 Abs. 1 S. 1 WpÜG a.F. zumindest nicht durch die Richtlinienvorgaben ausgeschlossen[432]. Das folgt zum einen aus den oben zitierten Erwägungsgründen, die maßgeblich auf den Kontrollwechsel abstellen. Ein solcher ist in den vom WpÜG a.F. erfassten Fällen gegeben. Zudem kann Art. 5 Abs. 1 nicht so verstanden werden, dass in Fällen ohne Erwerb im Sinne der Richtlinie die Auslösung eines Pflichtangebots angesichts des Schutzzwecks unzulässig ist.

c) Ergebnis

§ 35 Abs. 1 S. 1 WpÜG a.F. ist nach den vorstehenden Ausführungen richtlinienkonform. Das ergibt sich entweder aus einer vorzugswürdigen extensiven Auslegung des Begriffs „Erwerb", jedenfalls aber aus einer fehlenden abschließenden Regelung, sollte man eine weite Auslegung des Erwerbstatbestandes im Sinne der Richtlinie verneinen. Dies gebietet der Minderheitenschutz als Richtlinienziel.

Eine Änderung des § 35 Abs. 1 S. 1 WpÜG a.F. war daher nicht notwendig.

2) Acting in concert

Der Themenkomplex *„acting in concert"* wirft zwei Fragestellungen auf: Zum einen, wie bzw. in welchen Situationen Stimmrechte zugerechnet werden und zum anderen, wer bei einer Zurechnung von Stimmrechten Angebotsverpflichteter ist.

a) Zurechnung von Stimmrechten, § 30 Abs. 2 S. 1 WpÜG a.F.

Schwierigkeiten bereitet die Einordnung des § 30 Abs. 2 S. 1 WpÜG a.F.[433], also derjenigen Bestimmung, welche im internationalen Kontext die *„acting in concert"* Verhaltensweisen mit umfasst[434]. Nach dieser Vorschrift, die bei Pflichtangeboten sinngemäß anzuwenden ist[435], werden dem Bieter Stimmrechte eines Dritten zugerechnet, sofern Bieter und Dritter entweder auf Grund einer Verein-

---

schaftsrechtlichen Vorschrift nicht von ausschlaggebender Bedeutung. Sie kann aber zur Begründung eines gefundenen Ergebnisses herangezogen werden.

[432] Im Ergebnis ebenso Seibt/Heiser, ZGR 2005, 200, 215.

[433] Vgl. dazu LG München I BKR 2003, 810, 812; OLG Frankfurt a.M., Beschluss v. 25. Juni 2004, ZIP 2004, 1309, 1313 (Pixelpark II); Seibt, ZIP 2004, 1829ff.; Weiler/Meyer, NZG 2003, 909f.; Sudmeyer, BB 2002, 685ff.; Holzborn/Blank, NZG 2002, 948, 952; von Bülow/Bücker, ZGR 2004, 669, 669ff., 695ff., 707ff.; Berger/Filgut, AG 2004, 592ff.

[434] Vgl. BegrRegE zum WpÜG, BT-Drs. 14/7034, Zu § 30 Zu Absatz 2, S. 54.

[435] § 39 WpÜG a.F. verweist auf die Vorschriften des 4. Abschnittes und damit auch auf diese Norm.

barung oder in sonstiger Weise ihr Verhalten in Bezug auf die Zielgesellschaft abstimmen[436].

Bei einem bloß abgestimmten Verhalten in Bezug auf die Zielgesellschaft gehen keine Aktien von einer Gesellschaft auf eine andere über, so dass es nahe liegend wäre, den Anwendungsbereich der Richtlinie für nicht eröffnet zu erachten. Dies wird daher in der Literatur namentlich von *Seibt/Heiser* so vertreten[437], die mit der vergleichbaren Regelung des *City Code*[438] argumentieren, wonach die Abgabe eines Pflichtangebots erst zu erfolgen hat, sollte eine an der Vereinbarung beteiligte Person Aktien erwerben[439]. Die Richtlinie verstehe unter „*acting in concert*" das gemeinsame Handeln verschiedener Personen zur Kontrollerlangung auf Grund einer Vereinbarung[440]. Sie diene in erster Linie der Gleichbehandlung der Aktionäre bei einem Kontrollerwerb, weshalb ihr die deutsche Zurechnungsvorschrift nicht bekannt sei[441]. Die bloße Kontrollerlangung durch eine Stimmrechtszurechnung wie in § 30 Abs. 2 S. 1 WpÜG a.F. reicht nach der Richtlinie also nicht aus[442].

Letztlich besteht relativ weitgehend Einigkeit darüber, dass die Richtlinie den „*acting in concert*" Begriff anders versteht als § 30 Abs. 2 S. 1 WpÜG a.F. Allerdings wird, soweit ersichtlich, dadurch kein zwingender Änderungsbedarf durch die Richtlinienvorgaben gesehen.

Insbesondere *Mülbert* vertritt die These, § 30 Abs. 2 WpÜG a.F. sei mit den Richtlinienvorgaben vereinbar und könne daher aufrechterhalten werden, da es sich bei dem Zurechnungstatbestand in Art. 5 Abs. 1 lediglich um einen Mindeststandard handle[443]. Auch die Vorschrift des Art. 2 Abs. 1 lit. d), welche die gemeinsam handelnden Personen definiert, gestatte die Erweiterung des Art. 5 Abs. 1[444].

Entscheidend für die Frage, ob § 30 Abs. 2 WpÜG a.F. richtlinienkonform ist, dürfte die Regelung des Art. 5 Abs. 6 sein. Zwar darf auf Grund dieser Vorschrift unstreitig über den Mindeststandard der Richtlinie hinausgegangen wer-

---

436 Ausgenommen hiervon sind nach § 30 Abs. 2 S. 1 a.E. WpÜG a.F. „*Vereinbarungen über die Ausübung von Stimmrechten in Einzelfällen*".

437 Seibt/Heiser, ZGR 2005, 200, 214.

438 Stand vor Umsetzung der Übernahmerichtlinie.

439 Seibt/Heiser, ZGR 2005, 200, 214 Fn. 78. *Note 1 on Rule 9.1 City Code.*

440 Dies ist zutreffend, wie sich aus Art. 2 Abs. 1 lit. d) ergibt.

441 Von Bülow, BZ vom 15. Oktober 2003, S. 5; ders., BZ vom 11. Mai 2005.

442 Hommelhoff/Witt, in: Haarmann/Schüppen, Frankfurter Kommentar WpÜG, 2005, § 35 Rn. 22.

443 Mülbert, NZG 2004, 633, 637. Missverständlich Seibt/Heiser, ZGR 2005, 200, 214, Fn. 77, die annehmen, Mülbert vertritt die Auffassung, die Richtlinie erfasse auch den Fall der Vereinbarung ohne Anteilserwerb, während Mülbert lediglich äußert, die Richtlinie verbiete diesen Fall nicht.

444 Mülbert, NZG 2004, 633, 637.

den. Unklar ist aber, ob es sich bei einer Auslegung des Begriffs „*acting in concert*" i.S.d. WpÜG a.F. um ein „*weitere*[s] *Instrument zum Schutz der Interessen der Wertpapierinhaber*" handelt. Dieses könnte „*zusätzlich zu dem Schutz gemäß Absatz 1*" eingeführt werden. Maßgeblich ist also, ob man eine Angebotspflicht bei Vorliegen anderer Tatbestände als einem Erwerbsvorgang im Sinne einer Rechtsübertragung als zusätzliches Schutzinstrument begreifen kann. Meines Erachtens ist dies bei einer extensiven Auslegung der Vorschrift möglich. Ziel der Richtlinie ist es, zumindest in den vorgegebenen Fällen eine Angebotspflicht einzuführen. Außerdem liegt auch bei einem *acting in concert* i.S.d. WpÜG ein Kontrollwechsel bzw. das erstmalige Entstehen einer Kontrollsituation vor. Zudem ist nicht ersichtlich, dass die Richtlinie einen Schutz in diesen Fällen explizit versagen wollte.

Folglich war § 30 Abs. 2 S. 1 WpÜG a.F., soweit er eine Stimmrechtszurechnung ohne Aktienerwerb eines der Beteiligten erlaubt, mit der Richtlinie vereinbar.

Diskussionsstoff liefert auch eine weitere Konstellation des Zusammenwirkens mehrerer Parteien. So wird vertreten, die gängige Entscheidungspraxis der Gerichte bzw. die Auslegung des § 30 Abs. 2 WpÜG a.F. durch die BaFin im Hinblick auf die Fälle des abgestimmten Parallelerwerbs sei nicht mit den Richtlinienvorgaben vereinbar. Nach der wohl überwiegenden Auffassung im Schrifttum, der BaFin und der Gerichte sind diese nicht von § 30 Abs. 2 WpÜG a.F. erfasst[445]. Das müsste sich zukünftig wegen Art. 2 Abs. 1 lit. d) ändern[446]. Dem wäre zu folgen, wenn es sich beim abgestimmten Parallelerwerb um eine Vereinbarung zwischen Aktionären zum Kontrollerwerb in einer Gesellschaft handelt. Dies ist jedoch höchst zweifelhaft. Zwar schließt Art. 2 Abs. 1 lit. d) auch die Zusammenarbeit auf Grund einer stillschweigenden Vereinbarung mit ein. Allerdings ist ein bloß abgestimmtes Verhalten keine solche Vereinbarung[447].

---

445 Siehe dazu von Bülow, in: Hirte/von Bülow, Kölner Kommentar WpÜG, 2003, § 30 Rn. 121ff.; von Bülow/Bücker, ZGR 2004, 669, 715f.; Schockenhoff/Schumann, ZGR 2005, 568, 577ff.; Strunk/Linke, in: Veil/Drinkuth, Übernahmerecht, 2005, S. 3, 22f.; aus der Rechtsprechung wohl OLG Frankfurt a.M., Beschluss v. 25. Juni 2004, ZIP 2004, 1309, 1312 (Pixelpark II) und OLG München, Urteil v. 27. April 2005, 7U 2792/04, ZIP 2005, 856, 857; BaFin-Entscheidung vom 23. Januar 2004 (Beiersdorf-Fall; veröffentlicht in der Pressemitteilung vom gleichen Tage), abrufbar unter: http://www.bafin.de/presse/pm04/040123.htm; a.A. Berger/Filgut, AG 2004, 592, 594ff.; Steinmeyer/Häger, WpÜG, 2002, § 30 Rn. 44; Riehmer, in: Haarmann/Riehmer/Schüppen, WpÜG, 2002, § 30 Rn. 58.

446 So Mülbert, NZG 2004, 633, 637, 641. A.A. Seibt/Heiser, ZGR 2005, 200, 216f.; Schockenhoff/Schumann, ZGR 2005, 568, 578 Fn. 33.

447 Ebenso Seibt/Heiser, ZGR 2005, 200, 216.

Eine Vereinbarung ist nämlich, ebenso wie im deutschen Recht[448], nur ein rechtlich bindender Vertrag.

Somit war eine Änderung der Auslegung des § 30 Abs. 2 WpÜG a.F. nicht erforderlich.

b) *Angebotspflichtiger*

Auch der mittelbare Erwerb der Kontrolle wird von der Richtlinie erfasst. Dies beantwortet aber noch nicht die Frage, ob beim gemeinsamen Handeln von Personen jede einzeln die Angebotspflicht trifft.

Diese Sichtweise, also eine Angebotspflicht für alle, scheint *Mülbert* der Richtlinie zu Grunde zu legen, da die Richtlinie eine wechselseitige Zurechnung auch bei denjenigen gemeinsam handelnden Personen erfordere, welche nicht selbst erwerben[449]. Hierbei wird auf Art. 4 Abs. 5 Uabs. 2 i.V.m. Art. 4 Abs. 2 lit. e) hingewiesen, der jeden Kontrollerwerber zur Abgabe eines Angebots verpflichte. Hätte man diese Angebotspflicht einschränken wollen, wäre eine ausdrückliche Regelung notwendig gewesen[450].

Andere gehen davon aus, lediglich der Inhaber der Kontrolle müsse das Angebot abgeben. Dies sei etwa bei einem Stimmenpool[451], bei dem nach dem Mehrheitsprinzip abgestimmt wird, der Mehrheitsgesellschafter, nicht aber die übrigen Gesellschafter, da sie keine Kontrolle innehätten[452].

Häufig wird es sich aber nicht um den hier beispielhaft dargestellten, relativ eindeutigen Fall handeln. Hätte in diesem Beispiel kein Gesellschafter die Stimmenmehrheit inne, so wäre die Bestimmung des kontrollierenden Gesellschafters nicht so einfach. Vielmehr bedürfte es dann immer zumindest zwei (oder ggf. auch mehr als zwei) Gesellschafter, die gemeinsam handeln. Hier fällt die Bestimmung der kontrollierenden Gesellschafter weitaus schwerer.

Eindeutig ist hingegen der Fall eines Stimmenpools, bei dem nur alle Gesellschafter gemeinsam die Kontrolle ausüben können. Dann ist jeder der Gesellschafter zur Abgabe eines Angebots verpflichtet[453].

---

448 Vgl. Casper, ZIP 2003, 1469, 1475; Diekmann, in: Baums/Thoma, WpÜG, 2004, § 30 Rn. 68; a.A. Schüppen/Walz, in: Haarmann/Schüppen, Frankfurter Kommentar WpÜG, 2005, § 30 Rn. 62, der auch *Gentlemen's Agreements* unter diesen Begriff subsumieren will.

449 Mülbert, NZG 2004, 633, 641; ebenso Seibt/Heiser, ZGR 2005, 200, 214.

450 Mülbert, NZG 2004, 633, 641; Hopt/Mülbert/Kumpan, AG 2005, 109, 113. In diese Richtung tendierend auch Hommelhoff/Witt, in: Haarman/Schüppen, Frankfurter Komm z. WpÜG, 2005, § 35 Rn. 4.

451 Ein Stimmenpool ist ein Zusammenschluss mehrerer Aktionäre mit dem Ziel der gemeinsamen Beeinflussung der Zielgesellschaft. Vgl. zu verschiedenen Formen von Poolvereinbarungen Schneider, in: Assmann/Pötzsch/Schneider, WpÜG, 2005, § 30 Rn. 112ff.

452 Beispiel aus Maul, NZG 2005, 151, 156.

453 So auch Maul, NZG 2005, 151, 156.

Nach *Krause/Pötzsch* hingegen bleibt die zuerst genannte Auslegung, wonach in Ermangelung einer anderweitigen Regelung alle Gesellschafter ein Angebot abzugeben haben, zu stark am Wortlaut der Vorschrift verhaftet und verfehlt den Sinn der Regelung[454]. Dieser bestehe darin, dass den Wertpapierinhabern ein und nicht mehrere Pflichtangebote gemacht werden, um ihnen die Möglichkeit zu geben, aus der Gesellschaft auszuscheiden, wie sich aus Erwägungsgrund (2) ergebe. Weiterer Pflichtangebote bedürfe es hierfür nicht. Der Gesetzgeber habe nie beabsichtigt, aus einem Lebenssachverhalt zwei oder gar noch mehr Pflichtangebote zu gewinnen.

Die Ansicht von *Krause/Pötzsch* erscheint in der Tat vorzugswürdig. Maßgeblich ist allein, dass den Wertpapierinhabern ein Pflichtangebot unterbreitet wird. Die Minderheitsaktionäre hätten im Übrigen auch gar keinen praktischen Nutzen davon, wenn mehrere Parteien ein Pflichtangebot abgeben müssten. Zum einen können sie sich ohnehin nur für die Annahme eines Angebots entscheiden. Zum anderen ist durch die wechselseitige Zurechnung bei sämtlichen abzugebenden Pflichtangeboten der gleiche Angebotspreis gewährleistet.

Maßgeblich ist also das qualifizierende Merkmal der Kontrolle. Eine Angebotspflicht mehrerer Parteien scheidet aus, wenn lediglich eine Partei ihre Auffassung gegen den Willen der übrigen Parteien durchsetzen kann. Im Übrigen kann es jedoch zu einer Angebotspflicht mehrerer Parteien kommen.

Zuzugeben ist, dass diese Lösung im Einzelfall zu Abgrenzungsschwierigkeiten führen kann, die von der Praxis gelöst werden müssen.

Die Vorschriften des §§ 35, 30 WpÜG a.F. stimmen mit diesem Ergebnis überein. Zwar findet grundsätzlich bei § 30 Abs. 2 WpÜG a.F. eine wechselseitige Zurechnung in voller Höhe statt[455]. Dieser Grundsatz gilt aber nur, wenn wie im hier gebildeten Fall kein Poolmitglied die alleinige Kontrollmöglichkeit innehat. Maßgeblich ist auch hier das qualifizierende Merkmal der Kontrolle[456].

Folglich geben die besprochenen Regelungen des WpÜG a.F. die Bestimmungen der Richtlinie zutreffend wieder und bedurften keiner Anpassung.

3) § 30 Abs. 1 WpÜG a.F. (Zurechnung von Stimmrechten)

Das WpÜG a.F. sieht neben der *acting in concert* Vorschrift in § 30 Abs. 1 weitere Zurechnungsvorschriften vor. Nach § 30 Abs. 1 S. 1 Nr. 1 WpÜG a.F. sind dem Bieter Stimmrechte, die einem seiner Tochterunternehmen gehören, zuzurechnen.

---

[454] Krause/Pötzsch, in: Assmann/Pötzsch/Schneider, WpÜG, 2005, § 35 Rn. 29.

[455] Vgl. Diekmann, in: Baums/Thoma, WpÜG, 2004, § 30 Rn. 87. Es kann also durchaus zu einer Angebotspflicht mehrerer Personen kommen.

[456] Vgl. Diekmann, in: Baums/Thoma, WpÜG, 2004, § 30 Rn. 87.

Art. 2 Abs. 2 beinhaltet eine Zurechnung für kontrollierte Personen im Sinne von Art. 87 der Richtlinie 2001/34/EG. Die Vorschrift wurde im Rahmen des § 2 Abs. 5 WpÜG a.F. bereits angesprochen[457]. Nach Art. 2 Abs. 2 sind dem Bieter Stimmrechte einer anderen ihn kontrollierenden Person[458], sowie der von dieser kontrollierten Personen zuzurechnen. Auf die Unternehmenseigenschaft der kontrollierten Personen kommt es nicht an[459]. Zudem sind Tochterunternehmen untereinander wechselseitig die Stimmrechte zuzurechnen.

In § 30 Abs. 1 S. 1 Nr. 1 WpÜG a.F. fehlt damit eine Zurechnung der Stimmrechte des Mutterunternehmens beim Tochterunternehmen[460] und die wechselseitige Zurechnung unter den Tochterunternehmen.

Insoweit hilft auch die Abänderung allein des § 2 Abs. 5 WpÜG a.F. nicht weiter[461], weil der Begriff der „gemeinsam handelnden Personen" in den § 29, 30 WpÜG a.F. keine Berücksichtigung findet, sondern erst bei der Frage der Gegenleistung in § 31 WpÜG a.F.

§ 30 Abs. 1 S. 1 Nr. 1 WpÜG a.F. war damit anzupassen.

4) *Maßgebliche Wertpapiere (§ 39 i.V.m. § 32 WpÜG a.F.)*

Es ist zwischen stimmberechtigten und stimmrechtslosen sowie zwischen börsennotierten und nicht börsennotierten Wertpapieren zu unterscheiden.

Wie bereits unter A.IV.3.b. ausgeführt[462], setzt der Anwendungsbereich der Richtlinie nicht die Börsennotierung sämtlicher Wertpapiere mit Stimmrecht voraus. Ausreichend ist, wenn ein Teil von ihnen zum Handel auf einem geregelten Markt zugelassen ist. Nicht ausreichend ist hingegen, dass ausschließlich die stimmrechtslosen Aktien börsennotiert sind. Dieser Fall wird von der Richtlinie nicht erfasst. Zwar besteht nach der Richtlinie die Möglichkeit, die Angebotspflicht neben den stimmberechtigten Anteilen auch auf die stimmrechtslosen Anteile zu erstrecken, erforderlich ist aber stets, dass ein Teil der stimmberechtigten Wertpapiere zum Börsenhandel zugelassen ist[463].

Nach dem WpÜG a.F. ist das Pflichtangebot auf die stimmberechtigten und die stimmrechtslosen Aktien anzuwenden[464], was richtlinienkonform ist. Darüber hinaus wendet(e) die BaFin das Pflichtangebot auch auf stimmberechtigte Akti-

---

457 Siehe dazu C.III.2.d.3), S. 62.

458 Bei der anderen Person muss es sich nicht um eine juristische Person handeln. Ausreichend ist auch eine natürliche Person.

459 Ebenso Seibt/Heiser, AG 2006, 301, 308.

460 Vgl. Diekmann, in: Baums/Thoma, WpÜG, 2004, § 30 Rn. 26.

461 Ebenso Seibt/Heiser, AG 2006, 310, 308.

462 Siehe S. 33.

463 Ebenso Krause/Pötzsch, in: Assmann/Pötzsch/Schneider, WpÜG, 2005, § 35 Rn. 21.

464 § 39 i.V.m. § 32 WpÜG a.F.

en an, welche nicht zum Handel an der Börse zugelassen sind[465]. Diese Praxis steht zukünftig im Einklang mit der Richtlinie.

Anders verhält es sich in der Konstellation, in der lediglich die nicht stimmberechtigten Wertpapiere börsennotiert sind. Dieser Fall ist von der Richtlinie gar nicht erfasst und bleibt damit dem nationalen Gesetzgeber überlassen[466]. Eine Pflicht zur Abgabe eines Angebots für Wandlungs- oder Optionsrechte besteht ebenfalls nicht, da die Inhaber dieser Papiere von einem Kontrollerwerb oder Kontrollwechsel nicht wie Aktionäre betroffen sind[467]. Gleiches gilt für sonstige Wertpapiere.

Damit konnte § 32 WpÜG a.F. unverändert beibehalten werden.

c. Befreiung vom Pflichtangebot nach erfolgreichem Übernahmeangebot

Das WpÜG a.F. kennt ebenso wie Art. 5 Abs. 2 die Möglichkeit der Befreiung von einem Pflichtangebot im Anschluss an ein erfolgreiches Übernahmeangebot. Diese Regelung findet sich in § 35 Abs. 3 WpÜG a.F. wieder. Da die alte Fassung keine Teilpflichtangebote erlaubt (§ 32 WpÜG a.F.), was nach Art. 5 Abs. 1 S. 2 auch nicht anders zulässig wäre, war § 35 Abs. 3 WpÜG a.F. inhaltlich weitgehend deckungsgleich mit Art. 5 Abs. 2. Letzterer befreit von dem Pflichtangebot gerade nur für den Fall, dass ein freiwilliges Übernahmeangebot an alle Wertpapierinhaber gerichtet wurde.

Ein Unterschied ergibt sich aus der weiteren Definition des Wertpapiers im WpÜG a.F. Danach hat das Übernahmeangebot stimmberechtigte und stimmrechtslose Aktien zu umfassen. Auch dies ist zulässig, da über die Mindestregelung hinausgegangen werden darf[468]. Damit bestand kein Änderungsbedarf[469].

---

[465] Siehe Pflichtangebot P7S1 Holding LP / Pro SiebenSat1 Media AG v. 16. Oktober 2003. Die Praxis der BaFin ist nicht unumstritten.

[466] Ähnlich Krause/Pötzsch, in: Assmann/Pötzsch/Schneider, WpÜG, 2005, § 35 Rn. 28. Die Frage, wie bezüglich nicht börsennotierter Vorzugsaktien zu verfahren ist, ist stark umstritten. Schlitt, in: Kropff/Semler, Münchener Kommentar AktG, 2004, § 32 WpÜG Rn. 16 m.w.N., spricht sich gegen eine Ausweitung auf diese Aktien aus. Für eine Einbeziehung hingegen Vogel, in: Haarmann/Schüppen, Frankfurter Kommentar WpÜG, 2005, § 32 Rn. 15 m.w.N.

[467] Baums/Hecker, in: Baums/Thoma, WpÜG, 2004, § 1 Rn. 45; Ekkenga/Hofschroer, DStR 2002, 768, 771; Letzel, BKR 2002, 293, 302 Fn. 100; von Bülow, in: Kölner Kommentar WpÜG, 2003, § 39 Rn. 36.

[468] Vgl. oben A.IV.3.b, S. 33.

[469] Ebenso Hommelhoff/Witt, in: Haarmann/Schüppen, Frankfurter Kommentar WpÜG, 2005, § 35 Rn. 26.

d. Vollangebotspflicht

Das Pflichtangebot der Richtlinie ist als Vollangebot abzugeben, also für sämtliche Wertpapiere[470].

1) § 35 Abs. 2 S. 3 WpÜG a.F.

§ 35 Abs. 2 S. 3 WpÜG a.F. nimmt bestimmte Aktien von der Angebotspflicht aus. Dies sind eigene Aktien der Zielgesellschaft sowie Aktien der Zielgesellschaft, welche von von der Zielgesellschaft abhängigen Unternehmen gehalten werden. Folglich war bei Beibehaltung dieser Vorschrift die Vollangebotspflicht an sich nicht gewahrt.

Ungeachtet dessen konnte die Vorschrift unverändert bestehen bleiben. Art. 5 Abs. 1 S. 2 dient dem Schutz der Minderheitsaktionäre, wie sich aus dem Zusammenhang mit Art. 5 Abs. 1 S. 1 ergibt („(…) *zum Schutz der Minderheitsaktionäre dieser Gesellschaft zur Abgabe eines Angebots verpflichtet ist. Dieses Angebot* (…)"). Der Schutzzweck des Art. 5 Abs. 1 ist also auf die Minderheitsaktionäre ausgerichtet. Er erfasst nicht die Zielgesellschaft an sich. Damit war es nicht erforderlich, das Angebot auf von der Zielgesellschaft gehaltene eigene Aktien[471] oder auf Aktien der Zielgesellschaft, die von ihr abhängige Unternehmen halten, zu erstrecken.

Es bestand somit kein Änderungsbedarf bezüglich § 35 Abs. 2 S. 3 WpÜG a.F.

2) § 24 WpÜG a.F.

§ 24 WpÜG a.F. könnte zum einen gegen die Vollangebotspflicht des Art. 5 Abs. 1 S. 2, zum anderen gegen den Gleichbehandlungsgrundsatz des Art. 3 Abs. 1 lit. a) verstoßen. Nach § 24 WpÜG a.F. besteht für die BaFin die Möglichkeit, den Bieter auf dessen Antrag bei grenzüberschreitenden Angeboten von einer Angebotspflicht gegenüber bestimmten Inhabern von Wertpapieren zu befreien. Voraussetzung ist, dass es dem Bieter unzumutbar sein muss, neben den Vorschriften des WpÜG a.F. diejenigen eines Staates außerhalb des EWR einzuhalten. Der Gesetzgeber reagierte mit dieser Vorschrift auf den Umstand, dass

---

[470] Art. 5 Abs. 1 S. 2.

[471] Ebenso Krause/Pötzsch, in: Assmann/Pötzsch/Schneider, WpÜG, 2005, § 35 Rn. 27, die darauf hinweisen, dass ein Rückgriff auf die Ausnahmeregelung des Art. 4 Abs. 5 Uabs. 2 weder notwendig noch möglich ist, da ein Verstoß gegen das in Art. 3 Abs. 1 lit. a) normierte Gleichbehandlungsgebot der Aktionäre zu befürchten sei. Tatsächlich scheint ein Verstoß gegen das Gleichbehandlungsgebot in dieser Konstellation vorzuliegen. Allerdings wird man den allgemeinen Grundsatz des Art. 3 Abs. 1 lit. a) teleologisch zu reduzieren haben. So ist eine Gleichbehandlung in Anbetracht der sachlichen Unterschiede (nach § 71b AktG stehen der Gesellschaft aus eigenen Aktien keine Rechte – und damit auch keine Stimmrechte – zu) nicht zwingend erforderlich. Im Ergebnis auch Hommelhoff/Witt, in: Haarmann/Schüppen, Frankfurter Kommentar WpÜG, 2005, § 35 Rn. 26.

er den Bieter nicht von der Einhaltung ausländischen Rechts befreien konnte. Somit blieb ihm nur die Möglichkeit, Auswirkungen des Angebots auf Wertpapierinhaber in Drittstaaten zu vermeiden, indem er die Angebotspflicht in bestimmten Fällen begrenzt[472].

Es ist offensichtlich, dass eine solche Befreiung sowohl eine Ausnahme zur Vollangebotspflicht als auch eine Ungleichbehandlung der Wertpapierinhaber[473] darstellt.

Angedacht werden könnte, Art. 4 Abs. 5 Uabs. 2 als Rechtfertigung heranzuziehen, wonach Ausnahmeregelungen unter Beachtung der allgemeinen Grundsätze des Art. 3 Abs. 1 zulässig sind. Die Regelung des Art. 4 Abs. 5 Uabs. 2 ist jedoch eng auszulegen[474]. Zudem erfordert sie eine Gleichbehandlung der Wertpapierinhaber. Eingeschränkt wird dies nur durch den Zusatz, dass eine Gleichbehandlung nach Gattungen möglich ist. Allerdings könnte man argumentieren, dass eine Ungleichbehandlung sachlich gerechtfertigt ist, weil durch die zusätzlichen Voraussetzungen, welche ggf. neben den Anforderungen der Richtlinie durch das jeweilige Drittstaatenrecht vorgegeben werden, eine andere Ausgangslage besteht[475].

Aber auch aus einem anderen Grund ist § 24 WpÜG a.F. richtlinienkonform. Ziel der Richtlinie ist es, die Schutzbestimmungen gemeinschaftsweit gleichwertig zu gestalten[476]. Der Schutz soll also Anlegern innerhalb der EU bzw. des EWR zugute kommen. Ein weitergehender Schutzauftrag lässt sich auch der Ermächtigungsgrundlage, Art. 44 Abs. 2 lit. g) EG, nicht entnehmen. Die Richtlinie vermeidet durch die detaillierte Aufteilung der Zuständigkeiten weitestgehend, dass über die Richtlinienanforderungen hinausgehende nationale, angebotsbehindernde Anforderungen aufgestellt werden. Dies gilt jedoch nur für den EU- bzw. EWR-Raum. Der europäische Gesetzgeber hat aber gar keinen Auftrag, Gesellschaften oder Bürger außerhalb der EU bzw. des EWR zu schützen. Bereits hieraus folgt, dass weder der Gleichbehandlungsgrundsatz noch die Pflichtangebotsregelung der Richtlinie durch § 24 WpÜG a.F. verletzt werden, da § 24 WpÜG a.F. ausdrücklich nur Staaten außerhalb des EWR erfasst.

Eine Änderung des § 24 WpÜG a.F. war nicht erforderlich[477].

---

472 Schröder, in: Haarmann/Schüppen, Frankfurter Kommentar WpÜG, 2005, § 24 Rn. 3. In England wird ähnlich verfahren. Zwar sieht der *City Code* keine § 24 WpÜG entsprechende Regelung vor. Das *Takeover Panel* gewährt jedoch Ausnahmen, die denen des § 24 WpÜG gleichkommen. Vgl. Versteegen, in: Hirte/von Bülow, Kölner Kommentar WpÜG, 2003, § 24 Rn. 7; Diekmann, in: Baums/Thoma, WpÜG, 2004, § 24 Rn. 6.

473 Ebenso Versteegen, in: Hirte/von Bülow, Kölner Kommentar WpÜG, 2003, § 24 Rn. 7.

474 So auch Mülbert, NZG 2004, 633, 635f.

475 So Schröder, in: Haarmann/Schüppen, Frankfurter Kommentar WpÜG, 2005, § 24 Rn. 7.

476 Erwägungsgrund (1).

477 Im Ergebnis ebenso Schröder, in: Haarmann/Schüppen, Frankfurter Kommentar WpÜG, 2005, § 24 Rn. 7.

e. Nichtberücksichtigung von Stimmrechten nach § 36 WpÜG a.F.

§ 36 WpÜG a.F. enthält eine abschließende Aufzählung von Nichtberücksichtigungstatbeständen[478]. Systematisch handelt es sich daher nicht um einen Befreiungstatbestand[479]. Vielmehr verhindert er bereits das Entstehen einer Veröffentlichungs- und Angebotspflicht[480].

§ 36 Nr. 1 WpÜG a.F. lässt auf Antrag die Nichtberücksichtigung von Stimmrechten zu, welche durch bestimmte erb- und familienrechtliche Sachverhalte erlangt wurden.

§ 36 Nr. 2 WpÜG a.F. erlaubt gleiches im Falle eines Rechtsformwechsels; Nr. 3 bei Umstrukturierungen innerhalb eines Konzerns.

1) § 36 Nr. 1 WpÜG a.F.

Um klären zu können, ob § 36 Nr. 1 WpÜG a.F. mit den Richtlinienvorgaben vereinbar ist, muss sich der Anwendungsbereich der Vorschrift vor Augen geführt werden. Dieser erfasst Erbgang, Erbauseinandersetzung, unentgeltliche Zuwendungen unter Verwandten oder die Auflösung einer Ehe. Dem Gesetzgeber schwebte hierbei vor, die Nachfolge in Familienunternehmen zu erleichtern[481].

Die Fortführung von Familienunternehmen könnte bedroht sein, müsste der Nachfolger ein Pflichtangebot an alle Aktionäre abgeben. Angesichts des Zwecks der Vorschrift hätte man annehmen können, dass sich die Aktien der betroffenen Gesellschaft überwiegend in der Hand einer Familie befinden müssten. Dem ist aber nicht so[482].

Teilweise wurde angedacht, den Wortlaut von Nr. 1 teleologisch dahingehend zu reduzieren, dass nur diejenigen erb- oder familienrechtlichen Sachverhalte erfasst werden, in denen eine bereits bestehende Kontrollposition auf einen Nachfolger übergeht[483]. Wortlaut und Ziel der Regelung lassen eine solche Auslegung der Vorschrift aber nicht zu[484]. Maßgeblich kommt es darauf an, die Fortführung des Familienunternehmens zu ermöglichen. Diese ist in beiden Positionen gleich

---

[478] Diesen Fällen soll gemeinsam sein, dass die Abgabe eines Pflichtangebots nicht sachgerecht ist. BegrRegE WpÜG, BT-Drs. 14/7034, S. 60. Ebenso Schlitt, in: Kropff/Semler, Münchener Kommentar AktG, 2004, § 36 WpÜG Rn. 2.

[479] A.A. Schneider, in: Assmann/Pötzsch/Schneider, WpÜG, 2005, § 36 Rn. 1.

[480] Von Bülow/Bücker, Der Konzern 2003, 185, 186. Ihnen folgend Schlitt, in: Kropff/Semler, Münchener Kommentar AktG, 2004, § 36 WpÜG Rn. 2.

[481] Vgl. BegrRegE WpÜG, BT-Drs. 14/7034, S. 60.

[482] Ekkenga, in: Ehricke/Ekkenga/Oechsler, WpÜG, 2003, § 36 Rn. 17.

[483] So Harbarth, ZIP 2002, 321, 329.

[484] I.E. Harbarth, ZIP 2002, 321, 329; von Bülow, in: Hirte/von Bülow, Kölner Kommentar WpÜG, 2003, § 36 Rn. 22; Schlitt, in: Kropff/Semler, Münchener Kommentar AktG, 2004, § 36 WpÜG Rn. 13.

gefährdet. Es macht keinen Unterschied, ob auf den Nachfolger eine Kontrollposition übertragen wird oder ob diese erst in seiner Person (bspw. durch bereits gehaltene Aktien) entsteht.

Die Richtlinie kennt keine vergleichbare Regelung zu § 36 Nr. 1 WpÜG a.F. Art. 5 Abs. 3 bestimmt jedoch, dass die Festlegung der Kontrollschwelle und die Art der Berechnung des Anteils den Mitgliedstaaten überlassen bleiben soll. Hieraus könnte man folgern, es sei nicht zu erwarten gewesen, dass die Richtlinie Vorgaben bezüglich der Nichtberücksichtigung von Stimmrechten enthält[485].

Fraglich ist, ob damit bereits auf die Zulässigkeit der Nichtberücksichtigungsvorschrift geschlossen werden kann. Dagegen spricht Art. 5 Abs. 1, der im Falle eines Kontrollerwerbs ein Pflichtangebot vorsieht. Zwar trifft zu, dass die Art der Berechnung der Kontrolle den Mitgliedstaaten überlassen bleibt. Insofern wäre es konsequent, das Vorliegen eines Kontrollerwerbes zu verneinen, weil durch die Nichtberücksichtigung eben keine Kontrolle i.S.d. § 29 Abs. 2 WpÜG a.F. und damit im Sinne der Richtlinie vorläge. Indes wird sich kaum bestreiten lassen, dass tatsächlich eine solche Kontrollposition existiert, möge sie auch nicht i.S.d. WpÜG a.F. bestehen.

Eine solche Auslegung legt also einen Verstoß gegen den allgemeinen Grundsatz des Art. 3 Abs. 1 lit. a) nahe. Danach sind bei einem Kontrollerwerb grundsätzlich die anderen Inhaber von Wertpapieren zu schützen. Folglich kommt es darauf an, ob der Kontrollbegriff in Art. 3 Abs. 1 lit. a) dem in Art. 5 Abs. 3 entspricht, welcher von den Mitgliedstaaten festzusetzen ist. Wäre dem so, hätte es der Richtliniengeber bewusst aus der Hand gegeben, einen übergeordneten Kontrollbegriff festzuschreiben. Dann hätte er den hier in Rede stehenden Tatbestand dem nationalen Gesetzgeber überlassen.

Der Richtlinie ist jedenfalls nicht zu entnehmen, dass der in Art. 3 Abs. 1 lit. a) und Art. 5 Abs. 3 unterschiedslos verwandte Kontrollbegriff unterschiedlich ausgelegt werden sollte. Andererseits ist zu bedenken, dass der Richtliniengeber keine einheitliche Kontrollschwelle vorgegeben hat, weil sich die mitgliedstaatlichen Gesellschaftsrechte unterscheiden und demgemäß erst eine unterschiedlich hohe Zahl an Stimmrechten tatsächlich die Kontrolle begründen kann.

Hierdurch ist er aber nicht von seinem Anliegen abgerückt, die Minderheitsaktionäre bei Vorliegen einer Kontrollposition zu schützen.

Somit ist im Falle eines tatsächlichen Kontrollerwerbs (bei Außerachtlassung der Nichtberücksichtigungstatbestände) ein Pflichtangebot abzugeben. Maßgeblich ist das Vorliegen einer materiellen Kontrollposition. Auch *Mülbert* hält eine Beibehaltung des § 36 Nr. 1 WpÜG a.F., der *„der Sache nach eine Befreiungsentscheidung der BaFin"* vorschreibe, zumindest für problematisch[486]. Zwar un-

---

[485] So Schlitt, in: Kropff/Semler, Münchener Kommentar AktG, 2004, § 36 WpÜG Rn. 9.

[486] Mülbert, NZG 2004, 633, 641. Ihm im Ansatz folgend Hommelhoff/Witt, in: Haarmann/Schüppen, Frankfurter Kommentar WpÜG, 2005, § 36 Rn. 10.

terscheidet er nicht zwischen dem Nichtentstehen einer Angebotspflicht und einer Befreiung, sondern knüpft maßgeblich an die faktische Befreiung an. Im Ergebnis ähneln sich aber die hier vertretene Position und die von *Mülbert*.

Unklar ist jedoch, ob die Vorschrift des § 36 Nr. 1 WpÜG a.F. vor diesem Hintergrund aufzugeben war, oder eine teleologische Reduktion auf die Fälle des erst in der Person des Nachfolgers entstehenden Kontrolltatbestands in Betracht kommt[487]. Hier kommt es wieder entscheidend darauf an, ob ein Kontrollerwerb im Sinne der Richtlinie auch bei einer Erlangung im Wege der gesetzlichen Erbfolge, auf Grund eines Testaments, oder etwa bei einer unentgeltlichen Zuwendung anzunehmen ist[488]. Die Einbeziehung der zuletzt genannten Form scheint sehr nahe liegend. Nach dem deutschen Begriffsverständnis fallen unter „Erwerb" die Inhaberschaft auf Grund einer Einzelverfügung oder auch einer Gesamtrechtsnachfolge. Mithin ist auch die unentgeltliche Verfügung oder der Erbgang erfasst, zumal, wie bereits ausgeführt, der Erwerbstatbestand ohnehin extensiv auszulegen ist.

Unter Berücksichtigung des Zieles des Richtliniengebers, die Aktionäre bei einem Kontrollerwerb zu schützen, wird man daher die Fälle des § 36 Nr. 1 WpÜG a.F. als von Art. 5 Abs. 3 erfasst ansehen müssen. Eine Unterscheidung danach, ob eine Kontrollposition übertragen wurde, oder diese erst bei dem Erwerber entsteht, ist ebenfalls nicht möglich, weil die Richtlinie die Aktionäre auch bei einem Kontrollwechsel schützen will.

§ 36 Nr. 1 WpÜG a.F. war damit zu streichen.

2) § 36 Nr. 2 WpÜG a.F.

§ 36 Nr. 2 WpÜG a.F. erfasst die Fälle des Rechtsformwechsels, allerdings nicht diejenigen nach den §§ 190ff. UmwG, da bei diesen (im Regelfall)[489] die rechtliche Identität des Rechtsträgers fortbesteht und es daher schon an einer Übertragung mangelt[490]. Somit bleibt es (angesichts der rechtlichen Identität) bei einer bereits bestehenden Kontrolle; es kommt nicht zu einem Kontrollerwerb. Einen Anwendungsbereich bieten nur die darüber hinausgehenden Rechtsformwechsel. Hierunter sind alle Fälle zu fassen, in denen rechtsgeschäftlich das gesamte Vermögen auf eine andere Gesellschaft bei unverändertem Fortbestand der Kontrollsituation übertragen wird. Der Vorschrift liegt also die Annahme zugrunde,

---

[487] So scheinbar Hommelhoff/Witt, in: Haarmann/Schüppen, Frankfurter Kommentar WpÜG, 2005, § 36 Rn. 10.

[488] Hier setzt sich somit die unter E.I.4.b.1), S. 84, geführte Diskussion bezüglich der Unterscheidung von Erwerb / Erlangung der Kontrolle fort.

[489] Die Ausnahme ist der nicht verhältniswahrende Formwechsel. Dieser wird aber ebenfalls nicht von der Vorschrift erfasst. Siehe Schlitt, in: Kropff/Semler, Münchener Kommentar AktG, 2004, § 36 WpÜG Rn. 28.

[490] Vgl. Schneider, in: Assmann/Pötzsch/Schneider, WpÜG, 2005, § 36 Rn. 7; Schlitt, in: Kropff/Semler, Münchener Kommentar AktG, 2004, § 36 WpÜG, Rn. 27ff.

dass ein Aktionär der Zielgesellschaft die Rechtsform wechselt, ohne die materielle Kontrollsituation zu berühren.

Ob die Richtlinie in dieser Situation ein Pflichtangebot fordert, ist höchst fragwürdig und wird in der Literatur verneint[491].

Das ist mit Blick auf den viel zitierten allgemeinen Grundsatz des Art. 3 Abs. 1 lit. a) folgerichtig. Dieser knüpft ausschließlich an einen Kontrollerwerb an. Ein solcher liegt aber gerade nicht vor. Auch Erwägungsgrund (3), wonach der Schutz bei einem Kontrollwechsel erforderlich ist, ist nicht einschlägig. Materiell gesehen liegt in der genannten Konstellation kein Kontrollwechsel vor. Damit bestand für den deutschen Gesetzgeber kein Änderungsbedarf.

§ 36 Nr. 2 WpÜG a.F. konnte unverändert beibehalten werden.

3) § 36 Nr. 3 WpÜG a.F.

§ 36 Nr. 3 WpÜG a.F. beinhaltet die für die Praxis wichtigste Fallgruppe[492] der Nichtberücksichtigung: die Umstrukturierungen innerhalb eines Konzerns[493]. Ziel der Bestimmung ist, besagte Umstrukturierungen nicht durch ein Pflichtangebot zu erschweren.

Inhaltlich erfasst die Norm die Fälle, in denen ein konzerngebundener Rechtsträger durch die Umstrukturierung erstmals unmittelbar oder mittelbar die Kontrolle über eine Zielgesellschaft erlangt. In dieser Konstellation werden der Muttergesellschaft ohnehin die Anteile der Tochtergesellschaften zugerechnet.

Es ist aber beispielsweise möglich, dass eine Tochtergesellschaft etwa von der Muttergesellschaft Anteile erwirbt und damit ebenfalls die Kontrolle erlangt[494]. Eine materielle Änderung der Kontrollposition ergibt sich dabei nicht. Die Muttergesellschaft hat stets die materielle Kontrollposition inne. Die Umstrukturierungen haben hierauf keine Auswirkungen, weshalb es auch keines Schutzes außenstehender Gesellschafter bedarf[495]. Daher können in dem Beispielfall die Stimmrechte bei der Tochter unberücksichtigt bleiben.

---

[491] Hommelhoff/Witt, in: Haarmann/Schüppen, Frankfurter Kommentar WpÜG, 2005, § 36 Rn. 10. So wohl auch Mülbert, NZG 2004, 633, 641.

[492] In 2005 sind 31 Befreiungen nach dieser Vorschrift erteilt worden.

[493] Maßgeblich für das Vorliegen eines Konzerns ist der aktienrechtliche Konzernbegriff. Vgl. von Bülow/Bücker, Der Konzern 2003, 185, 187; Schneider, in: Assmann/Pötzsch/Schneider, WpÜG, 2005, § 36 Rn. 9 Fn. 3 m.w.N.

[494] Das Umhängen von einer Tochtergesellschaft zu einer anderen fällt hingegen zukünftig nicht mehr unter diese Vorschrift, da hier bereits durch die Richtlinienvorgaben in Art. 2 Abs. 2 eine wechselseitige Zurechnung erfolgt. Dort kann es also auf diese Weise nicht mehr zu einem Kontrollerwerb kommen.

[495] Ebenso Schlitt, in: Kropff/Semler, Münchener Kommentar AktG, 2004, § 36 WpÜG Rn. 33.

Aus dem Gesagten ergibt sich die Richtlinienkonformität der Ausnahme[496]. Ein Schutz der Minderheitsaktionäre ist mangels materieller Kontrolländerung nicht erforderlich.

§ 36 Nr. 3 WpÜG a.F. war richtlinienkonform.

f. Befreiungstatbestände des § 37 WpÜG a.F.

§ 37 Abs. 1 WpÜG a.F. normiert abschließend verschiedene Befreiungstatbestände[497]. Eine Befreiung von der Abgabe eines Pflichtangebots durch die BaFin[498] kommt danach in Betracht, wenn dies durch die Art der Kontrollerlangung, die Beteiligungsverhältnisse an der Zielgesellschaft oder etwa die (fehlende) tatsächliche Möglichkeit zur Kontrollausübung gerechtfertigt erscheint. Konkretisiert werden die Tatbestände durch § 9 WpÜG-AngVO a.F.[499]

Teilweise wird in der Literatur davon ausgegangen, die Befreiungstatbestände sind nicht mit der Richtlinie vereinbar[500]. So gehöre das Pflichtangebot zu dem allgemeinen Grundsatz des Art. 3 Abs. 1 lit. a). Dies ergebe sich aus der darin enthaltenen Verpflichtung, die Wertpapierinhaber bei einem Kontrollerwerb zu schützen.

Krause/Pötzsch hingegen halten die Vorschrift des § 37 WpÜG a.F. für im Grundsatz mit der Richtlinie vereinbar[501]. Zur Begründung führen sie Art. 4 Abs. 2 lit. e) S. 2 an. Dieser Artikel spricht die Möglichkeit an, von der Ver-

---

[496] Ebenso Hommelhoff/Witt, in: Haarmann/Schüppen, Frankfurter Kommentar WpÜG, 2005, § 36 Rn. 10. So wohl auch Mülbert, NZG 2004, 633, 641.

[497] Krause/Pötzsch, in: Assmann/Pötzsch/Schneider, WpÜG, 2005, § 37 Rn. 19.

[498] Die Vorschrift des § 37 WpÜG war und ist Gegenstand teils heftiger Kritik. So wird insbesondere kritisiert, dass die Entscheidung der BaFin eine Ermessensentscheidung ist und die Befreiung bei Vorliegen eines Ausnahmetatbestandes nicht *ex lege* wirkt. Andererseits bringt eine Entscheidung der BaFin auch Rechtssicherheit mit sich, die ohne Entscheidung in dieser Form nicht gegeben wäre. Auch die in § 37 Abs. 1 WpÜG enthaltene Aufzählung wird kritisiert. Es ließe sich nicht ausschließen, dass hierdurch Fälle unerfasst blieben, welche sachlich ebenfalls von der Angebotspflicht befreit werden sollten. Vgl. zum Ganzen Steinmeyer/Häger, WpÜG, 2002, § 37 Rn. 2; Ekkenga/Hofschroer, DStR 2002, 768, 772; Habersack, ZHR 166 (2002), 619, 622f.; Ekkenga, in: Ehricke/Ekkenga/Oechsler, WpÜG, 2003, § 37 Rn. 1.

[499] Verordnung über den Inhalt der Angebotsunterlage, die Gegenleistung bei Übernahmeangeboten und Pflichtangeboten und die Befreiung von der Verpflichtung zur Veröffentlichung und zur Abgabe eines Angebotes (WpÜG-Angebotsverordnung) v. 27. Dezember 2001, BGBl. I/2001, S. 4263, geändert durch Art. 3 Abs. 3 Erste FinDAG-Bezeichnungsanpassungs VO v. 29. April 2002, BGBl. I/2002, S. 1495, zuletzt geändert durch Art. 6 des Gesetzes v. 22. Juni 2005, BGBl. I/2005, S. 1698.

[500] Hopt/Mülbert/Kumpan, AG 2005, 109, 113; Glade/Haak/Hellich, Der Konzern 2004, 455, 459. Zweifelnd Mülbert, NZG 2004, 633, 641f., in Bezug auf den Tatbestand des § 37 WpÜG i.V.m. § 9 Abs. 1 Nr. 1 und 2 WpÜG-AngVO.

[501] Krause/Pötzsch, in: Assmann/Pötzsch/Schneider, WpÜG, 2005, § 37 Rn. 12.

pflichtung zur Abgabe eines Angebots abweichende Regelungen vorzusehen. Hieraus wird die Schlussfolgerung gezogen, das Pflichtangebot gehöre nicht zu den allgemeinen Grundsätzen des Art. 3 Abs. 1, weshalb der Gesetzgeber Ausnahmetatbestände schaffen (bzw. beibehalten) könne und auch die Aufsichtsstelle in bestimmten Konstellationen zur Befreiung vom Pflichtangebot ermächtigen könne. Zudem sei diese Möglichkeit durch Art. 4 Abs. 5 Uabs. 2 gedeckt[502].

Allerdings seien Änderungen der Vorschriften europarechtlich geboten. So fehle in § 37 WpÜG a.F. eine Begründungspflicht der BaFin, welche die Richtlinie vorschreibe[503]. Eine solche ergebe sich mangels Vorliegens eines subjektiv-öffentlichen Rechts[504] auch nicht aus § 39 VwVfG. Neben der Begründungspflicht bedürfe es nach der Intention des Richtliniengebers auch einer Veröffentlichung der Entscheidung der BaFin[505]. Andernfalls würden die Aktionäre von der Befreiungsentscheidung keine Kenntnis erlangen, da sie nicht Beteiligte des Befreiungsverfahrens sind[506].

Im Grundsatz ist *Krause/Pötzsch* zuzustimmen. Ausnahmen von der Verpflichtung zur Abgabe eines Angebots müssen ungeachtet des allgemeinen Grundsatzes des Art. 3 Abs. 1 lit. a) möglich sein. Sonst hätte die Vorschrift des Art. 4 Abs. 2 lit. e) S. 2 keinen Anwendungsbereich.

Dennoch sind die zulässigen Befreiungen im Lichte des Art. 3 Abs. 1 lit. a) zu beurteilen[507]. Maßgeblich ist also die Schutzbedürftigkeit der Aktionäre. Ausgangspunkt der Überlegungen muss (wieder) die deutsche Vorschrift zur Bestimmung der Kontrolle sein.

---

502 Krause/Pötzsch, in: Assmann/Pötzsch/Schneider, WpÜG, 2005, § 37 Rn. 11.

503 Krause/Pötzsch, in: Assmann/Pötzsch/Schneider, WpÜG, 2005, § 37 Rn. 12. Die Begründungspflicht ergibt sich aus Art. 4 Abs. 5 Uabs. 2 lit. ii).

504 Bei antragsgemäßer Befreiung entsteht nach den Vorstellungen des Gesetzgebers und auch nach der bisherigen Rechtsprechung kein subjektives Recht eines Aktionärs der Zielgesellschaft, dem gegenüber das Pflichtangebot ansonsten abzugeben gewesen wäre. Vgl. OLG Frankfurt a.M. v. 27. Mai 2003 – WpÜG 1/03 (ProSiebenSat.1 I), ZIP 2003, 1297, 1298; OLG Frankfurt a.M. v. 9. Oktober 2003 - WpÜG 2/02 (Berliner Effektengesellschaft), ZIP 2003, 2254, 2256 (jeweils mit Auseinandersetzung bezüglich der Intention des Gesetzgebers); Möller, ZHR 167 (2003), 301, 306f.; von Riegen, Der Konzern, 2003, 583, 591; a.A. Cahn, ZHR 167 (2003), 262, 283; Ihrig, ZHR 167 (2003), 315, 342ff.; Seibt, ZIP 2003, 1865, 1875; Versteegen, in: Hirte/von Bülow, Kölner Kommentar WpÜG, 2003, § 48 Rn. 78; Wagner, NZG 2003, 718, 719; Zschocke/Rahlf, DB 2003, 2540; Mülbert/Schneider, WM 2003, 2301, 2306.

505 Krause/Pötzsch, in: Assmann/Pötzsch/Schneider, WpÜG, 2005, § 37 Rn. 13.

506 Vgl. OLG Frankfurt a.M. v. 27. Mai 2003 – WpÜG 1/03 (ProSiebenSat.1 I), ZIP 2003, 1297, 1298; OLG Frankfurt a.M. v. 9. Oktober 2003 - WpÜG 3/03 (ProSiebenSat.1 II), ZIP 2003, 2206; OLG Frankfurt a.M. v. 9. Oktober 2003 - WpÜG 2/02 (Berliner Effektengesellschaft), ZIP 2003, 2254, 2256.

507 So wohl auch Merkt, Stellungnahme zum RegE Ü-UG, S. 15.

§ 29 WpÜG a.F. setzt eine starre Kontrollschwelle: das Innehaben von 30 % der Stimmrechte. Nun ist es möglich, dass ein Bieter, der diese 30 % der Stimmrechte erwirbt, damit begrifflich die Kontrolle innehat, sie in Wahrheit aber doch nicht besitzt, weil etwa ein Fall des § 9 S. 2 Nr. 1 WpÜG-AngVO a.F. vorliegt und ein Dritter über einen höheren Anteil an Stimmrechten verfügt, die dem Bieter auf keine Weise zuzurechnen sind. In einer solchen Situation besteht kein Schutzbedürfnis für die Aktionäre. Wie gezeigt ist nämlich Art. 3 Abs. 1 lit. a) ein materieller Kontrollbegriff zu Grunde zu legen. Für die Vorschrift des § 37 WpÜG a.F. ergibt sich danach folgendes Bild:

1) Art der Kontrollerlangung (§ 37 Abs. 1 Alt. 1 WpÜG a.F.)

Die erste Alternative, die Befreiungen je nach Art der Kontrollerlangung zulässt, meint die Gesamtheit der tatsächlichen Umstände, die dem Erwerb zugrunde lagen. Ein Beispiel hierfür ist der passive Kontrollerwerb. Die tatsächlichen Umstände, welche die Art der Kontrollerlangung betreffen, sind in § 9 S. 1 Nr. 1, 2, 5 WpÜG-AngVO a.F. aufgeführt[508].

In den Fällen fehlt entweder die Verantwortlichkeit des Bieters für den Kontrollerwerb oder es mangelt an einer Schutzwürdigkeit der Aktionäre der Zielgesellschaft[509]. Soweit es an der Verantwortlichkeit des Bieters mangelt, ist zwischen § 9 S. 1 Nr. 1 und 2 einerseits und Nr. 5 andererseits zu unterscheiden. In den zuerst genannten Fällen kann der Bieter einen Kontrollerwerb durch Ausschlagung bzw. Nichtannahme vermeiden[510]. Im Falle der Nr. 5 hingegen besteht eine solche Möglichkeit nicht. Es erscheint folglich sachgerecht, den Schutz der Minderheitsaktionäre in den zuerst genannten Fällen höher einzustufen als im letztgenannten Fall, den der Aktieninhaber nicht vermeiden konnte. Eine Privilegierung des erwerbenden Aktionärs bedarf es in diesen Fällen nicht. Für eine unterschiedliche Behandlung der Nr. 1 und 2 einerseits und Nr. 5 andererseits spricht auch der Umstand, dass es bei letzterem bereits an einem Erwerbstatbestand irgendeiner Art mangelt.

Die Fälle des § 9 S. 1 Nr. 1 und Nr. 2 WpÜG-AngVO a.F. waren daher anders als Nr. 5 als nicht richtlinienkonform zu streichen[511].

---

508 Vgl. Schlitt, in: Kropff/Semler, Münchener Kommentar AktG, 2004, § 37 WpÜG Rn. 34ff.

509 Vgl. Krause/Pötzsch, in: Assmann/Pötzsch/Schneider, WpÜG, 2005, § 37 Rn. 26f.

510 Auf diese Möglichkeit hinweisend Versteegen, in: Hirte/von Bülow, Kölner Kommentar WpÜG, 2003, § 37 Rn. 26.

511 Zweifelnd an der Richtlinienkonformität auch Mülbert, NZG 2004, 633, 641 und Hommelhoff/Witt, in: Haarmann/Schüppen, Frankfurter Kommentar WpÜG, 2005, § 37 Rn. 11 sowie diejenigen, die eine Streichung sowohl des § 36 als auch des § 37 WpÜG für notwendig erachten (vgl. Nachweise in Fn. 500).

2) *Beabsichtigte Zielsetzung (§ 37 Abs. 1 Alt. 2 WpÜG a.F.)*

Ferner gestattet § 37 WpÜG a.F. Ausnahmen im Hinblick auf die beabsichtigte Zielsetzung der Kontrollerlangung. Diese werden in § 9 S. 1 Nr. 3, Nr. 4 WpÜG-AngVO a.F. konkretisiert. § 9 S. 1 Nr. 3 WpÜG-AngVO a.F. betrifft den Fall der Sanierung der Zielgesellschaft. Will jemand die Kontrolle an einer Zielgesellschaft erwerben, um diese zu sanieren, und müsste er daraufhin ein Pflichtangebot abgeben, würde die Bereitschaft zur Mitwirkung an Sanierungsmaßnahmen eingeschränkt. Das kann unter Umständen eine Sanierung der betroffenen Gesellschaft gänzlich ausschließen[512].

Fraglich ist, ob in einem solchen Fall nationale Ausnahmen zulässig sind.

Hiergegen könnte sprechen, dass die Fälle der Sanierungsmaßnahmen in der Richtlinie ausdrücklich Berücksichtigung finden. Art. 5 Abs. 4 S. 3 erlaubt der Aufsichtsstelle zur Rettung eines Unternehmens in Schwierigkeiten, den für die Wertpapiere zu entrichtenden Preis zu verändern. Eine Befreiungsmöglichkeit wird in einem solchen Fall hingegen nicht eingeräumt.

Nun muss die Möglichkeit der Preisanpassung nicht dafür sprechen, dass eine Befreiung von einem Pflichtangebot in dieser Situation ausgeschlossen ist. Vielmehr ist wieder auf Art. 4 Abs. 2 lit. e) und zudem auf Art. 4 Abs. 5 S. 2 lit. ii) abstellen. Es erscheint angemessen, die Sanierungsmöglichkeit einer Gesellschaft vor die Interessen der übrigen Aktionäre zu stellen. Dies ergibt sich aus einer Abwägung der nach Art. 3 widerstreitenden Interessen. Bei einem Angebot sind nach Art. 3 Abs. 1 lit. c) die gesamten Interessen der Gesellschaft zu berücksichtigen. Hierunter fallen auch Arbeitnehmerinteressen. Diese werden im Falle einer Befreiung von einem Pflichtangebot besser geschützt als bei einer Preisanpassung durch die Aufsichtsstelle. Im Übrigen dürften die Interessen der übrigen Gesellschafter auch auf eine Sanierung gerichtet sein, weshalb diese Ausnahme im Ergebnis als richtlinienkonform zu betrachten ist.

Auch den Fall der Forderungssicherung (§ 9 S. 1 Nr. 4 WpÜG-AngVO a.F.) kann man als mit der Richtlinie vereinbar ansehen. Dies deshalb, weil der Sicherungsnehmer als Eigentümer der Aktien auch Inhaber der Stimmrechte ist, gleichwohl aber regelmäßig schuldrechtlichen Beschränkungen in Bezug auf die Stimmrechtsausübung unterliegt[513].

Somit liegt zum einen wieder keine materielle Kontrollposition vor, weshalb ein Schutz der Minderheitsaktionäre nicht erforderlich ist. Zum anderen wäre es dem nationalen Gesetzgeber möglich, über die ihm überlassene Art der Berech-

---

[512] Vgl. Schlitt, in: Kropff/Semler, Münchener Kommentar AktG, 2004, WpÜG-AVO §§ 9-12 Rn. 16.

[513] Vgl. dazu Schlitt, in: Kropff/Semler, Münchener Kommentar AktG, 2004, WpÜG-AVO §§ 9-12 Rn. 30.

nung des die Kontrolle begründenden Anteils[514] diese Stimmrechte nicht zu erfassen.

3) *Unterschreiten der Kontrollschwelle (§ 37 Abs. 1 Alt. 3 WpÜG a.F.)*

Erwirbt jemand die Kontrolle über eine Gesellschaft, stellt er aber danach wieder die ursprüngliche Situation her, besteht kein Grund für die Abgabe eines Pflichtangebots, da es kein schutzwürdiges Interesse der (ehemaligen) Minderheitsaktionäre mehr gibt. Der Kontrollerwerb hat in dieser Situation nicht dazu geführt, dass dem Erwerber die Rechtsmacht zur Steuerung der Geschäfts- und Unternehmenspolitik zur Verfügung stand[515]. Daher besteht die Möglichkeit der Befreiung von einer Pflichtangebotsabgabe.

Die Richtlinie regelt diesen Fall nicht ausdrücklich.

Sinn der Pflichtangebotsregelung der Richtlinie ist es zum einen, die Minderheitsaktionäre gleich zu behandeln, ihnen also ein Recht einzuräumen, zum gleichen Preis ihre Anteile zu verkaufen wie diejenigen Aktionäre, welche durch ihren Verkauf das Pflichtangebot ausgelöst haben.

Das beabsichtigte Verkaufsrecht wird bei einer Befreiung ausgeschlossen. Indes geht es neben der Gleichbehandlung vor allem um den Schutz der Wertpapierinhaber bei Kontrollerlangung durch eine andere Person[516].

In Anbetracht der Konkretisierung, welche § 37 Abs. 1 Alt. 3 WpÜG a.F. in § 9 S. 1 Nr. 6 WpÜG-AngVO a.F. erfährt, wonach lediglich ein unverzügliches Unterschreiten der Kontrollschwelle von dem Pflichtangebot befreit, wird man diese Norm als richtlinienkonform anzusehen haben.

Zwar ist der Beispielfall des § 9 S. 1 Nr. 6 WpÜG-AngVO a.F. nicht der einzige von Alt. 3 erfasste Fall[517]. Ihnen allen ist jedoch gemeinsam, dass der Bieter keinen Einfluss auf die Zielgesellschaft ausüben konnte, weshalb eine Befreiungsmöglichkeit unbedenklich ist.

4) *Besondere Beteiligungsverhältnisse (§ 37 Abs. 1 Alt. 4 WpÜG a.F.)*

§ 37 Abs. 1 Alt. 4 WpÜG a.F. erfasst Fälle, in denen dem Bieter die tatsächliche Ausübung der Kontrolle praktisch nicht möglich ist. Konkretisiert wird dies durch § 9 S. 2 Nr. 1 WpÜG-AngVO a.F. Hat ein anderer Aktionär einen höheren Stimmrechtsanteil inne, so fehlt, wie bereits einleitend ausgeführt, ein Schutzbedürfnis der Minderheitsaktionäre.

§ 37 WpÜG a.F. i.V.m. § 9 S. 2 Nr. 1 WpÜG-AngVO a.F. entsprach damit den Richtlinienvorgaben und bedurfte keiner Veränderung.

---

514 Art. 5 Abs. 3.

515 Hecker, in: Baums/Thoma, WpÜG, 2004, § 37 Rn. 48.

516 Vgl. Erwägungsgrund (9).

517 Vgl. Krause/Pötzsch, in: Assmann/Pötzsch/Schneider, WpÜG, 2005, § 37 Rn. 56.

5) Fehlen der tatsächlichen Kontrollausübungsmöglichkeit (§ 37 Abs. 1 Alt. 5 WpÜG a.F.)

Der durch § 9 S. 2 Nr. 2 WpÜG-AngVO a.F. konkretisierte § 37 Abs. 1 Alt. 5 WpÜG a.F. befreit von einem Pflichtangebot, wenn ausgehend von den Erfahrungen aus der Vergangenheit anzunehmen ist, dass die tatsächliche Kontrollmöglichkeit des Bieters trotz Innehabens von 30 % der Stimmrechte fehlt. Die Vorschrift stellt einen Kompromiss zur starren Kontrollschwelle des § 29 Abs. 2 WpÜG a.F. dar. Da es dem nationalen Gesetzgeber überlassen bleibt, wie er die Kontrolle bestimmt, muss es ihm auch unbenommen sein, Fälle, die auf Grund der von ihm gewählten Konstruktion als Kontrollpositionen gelten, aber tatsächlich keine Kontrollposition vermitteln, von der Angebotspflicht zu befreien. Wegen des Fehlens der materiellen Kontrolle durch diese Person steht dem auch der Minderheitenschutz nicht im Wege.

Die Vorschrift war folglich richtlinienkonform.

g. Zusammenfassung des Umsetzungsbedarfs

Nach den vorstehenden Ausführungen ergab sich zumindest Änderungsbedarf hinsichtlich der Vorschriften des § 36 Nr. 1 sowie des § 37 Alt. 1 WpÜG a.F. i.V.m. § 9 S. 1 Nr. 1 und 2 WpÜG-AngVO a.F.

5. Umsetzung und Bewertung

a. Darstellung des WpÜG n.F.

1) Allgemeines

Der Gesetzestext enthält außer einer Erweiterung des § 30 Abs. 1 Nr. 1 WpÜG keine weiteren Änderungen zu den §§ 30, 35, 36, 37 WpÜG. In der Regierungsbegründung wird lediglich kurz darauf hingewiesen, bezüglich des Pflichtangebots bestehe kein Änderungsbedarf[518].

2) § 30 Abs. 1 Nr. 1 WpÜG n.F.

Auf Grund der Empfehlung des Bundestagsfinanzausschusses wurde § 30 Abs. 1 Nr. 1 WpÜG n.F. erweitert. Nach der Neufassung der Stimmrechtszurechnungsvorschrift stehen Stimmrechten des Bieters Stimmrechte aus Aktien der Zielgesellschaft gleich, „*die einem Tochterunternehmen des Bieters, der den Bieter kontrollierenden Person oder einem anderen Tochterunternehmen der den Bieter kontrollierenden Person gehören*“. Damit würden dem Bieter Stimm-

---

[518] BT-Drs. 16/1003, Begründung, A. Allgemeiner Teil, III. 1. b), S. 13. Ausgenommen hiervon sei nur die Gegenleistung. Hierzu später mehr unter E.II., S. 111.

rechte seines Mutterunternehmens und der Tochterunternehmen des Mutterunternehmens gemäß den Vorgaben des Art. 2 Abs. 1 lit. d), Abs. 2 zugerechnet[519].

b. Bewertung

1) § 30 Abs. 1 Nr. 1 WpÜG n.F.

Der Gesetzgeber hat in der verabschiedeten Fassung auf Empfehlung des Bundestagsfinanzausschusses eine Schwäche des Regierungsentwurfs behoben. In diesem fehlte die wechselseitige Stimmrechtszurechnung der kontrollierten Personen. Die Abänderung entspricht den Vorgaben der Richtlinie[520].

2) Änderungsbedarf bezüglich § 36 Nr. 1 WpÜG

Unter E.I.4.e.1) wurde dargelegt[521], dass eine unveränderte Beibehaltung des § 36 Nr. 1 WpÜG a.F. nicht mit den Richtlinienvorgaben übereinstimmt[522]. Angesichts des eindeutigen Wortlauts des § 36 Nr. 1 WpÜG, der auf Antrag eine Nichtberücksichtigung der Stimmrechte bei Vorliegen der Tatbestandsmerkmale durch die BaFin zulässt und der BaFin bezüglich der Nichtberücksichtigungsentscheidung kein Ermessen einräumt[523], ist die Vorschrift keiner richtlinienkonformen Auslegung zugänglich. Wie in Kapitel 1 unter D.V. dargestellt[524], ist eine Auslegung entgegen dem Wortlaut einer Bestimmung als Korrekturmittel unzulässig.

§ 36 Nr. 1 WpÜG verstößt gegen die Angebotspflicht und somit gegen die Richtlinienvorgaben.

3) Änderungsbedarf bezüglich § 37 WpÜG

Nach der hier vertretenen Ansicht[525] entspricht auch § 37 Alt. 1 WpÜG n.F. i.V.m. § 9 S. 1 Nr. 1 und Nr. 2 WpÜG-AngVO n.F. nicht den Richtlinienvorgaben.

---

[519] Vgl. Beschlussempfehlung und Bericht des Finanzausschusses, BT-Drs. 16/1541, B. Einzelbegründung Zu Artikel 1 Zu Nummer 13a (§ 30 Abs. 1 Nr. 1), S. 12.

[520] Zum Abänderungsbedarf siehe die Ausführungen unter E.I.4.b.3), S. 92.

[521] Siehe S. 97.

[522] A.A. Simon, der die Beibehaltung der Nichtzurechnungsvorschriften als „*rechtspolitisch begrüßenswerte und rechtstechnisch pragmatische Lösung*“ bezeichnet. Simon, Der Konzern 2006, 12, 15.

[523] Vgl. etwa Hecker, in: Baums/Thoma, WpÜG, 2004, § 36 Rn. 96; Hommelhoff/Witt, in: Haarmann/Schüppen, Frankfurter Kommentar WpÜG, 2005, § 36 Rn. 2.

[524] Siehe S. 24.

[525] Vgl. die Ausführungen unter E.I.4.f.1), S. 103.

Zwar beruht die Richtlinie in erster Linie auf dem Erwerbsprinzip. Allerdings will sie vor allem die Wertpapierinhaber bei einem Kontrollerwerb schützen, wobei der Begriff Kontrollerwerb extensiv auszulegen ist. Dieser Schutz wird durch § 9 S. 1 Nr. 1 und Nr. 2 WpÜG-AngVO evident unterlaufen. Zuzugeben ist, dass hier der Kontrollerwerber gar nicht aktiv auf einen Kontrollerwerb hingearbeitet haben muss. Für die übrigen Aktionäre ist dies jedoch vom Ergebnis her irrelevant – sie befinden sich in einer kontrollierten Gesellschaft. Damit ist wegen des Schutzzweckes zwingend ein Pflichtangebot abzugeben.

Die Mitgliedstaaten sind bei der Umsetzung einer Richtlinie gehalten, „*um die volle Anwendung der Richtlinien in rechtlicher und nicht nur in tatsächlicher Hinsicht zu gewährleisten, einen eindeutigen gesetzlichen Rahmen (…) bereit*[zu]*stellen*“[526]. Hier mangelt es an einem solchen eindeutigen Rahmen. Ausweislich der Regierungsbegründung bestehe kein Änderungsbedarf bezüglich der Pflichtangebotsvorschriften[527], so dass in tatsächlicher Hinsicht nicht gewährleistet ist, dass von der BaFin in den genannten Fällen keine Befreiungen erteilt werden. In diesem Punkt wird also gegen die Richtlinienvorgaben verstoßen.

Somit stellt sich die Frage, ob wenigstens eine richtlinienkonforme Auslegung der Vorschrift in Betracht kommt.

Nach ständiger Rechtsprechung des Europäischen Gerichtshofs richtet sich die Verpflichtung zur richtlinienkonformen Auslegung nach Art. 249 Abs. 3 EGV an sämtliche staatlichen Stellen[528]. Alle Träger öffentlicher Gewalt sind dazu angehalten, die einschlägigen Richtlinien soweit möglich im Rahmen der Auslegung und Anwendung nationalen Rechts zu berücksichtigen[529]. Mithin ist die BaFin verpflichtet, das nationale Recht richtlinienkonform auszulegen. Folglich hat sie die Vorschrift des § 37 Abs. 1 Alt. 1 WpÜG n.F. i.V.m. § 9 S. 1 Nr. 1 und Nr. 2 WpÜG-AngVO n.F. dahingehend auszulegen, dass eine Befreiung von der Verpflichtung zur Veröffentlichung und zur Abgabe eines Angebots in den dort beschriebenen Fällen nicht erteilt wird. Dies ändert aber nichts an der fehlerhaften Umsetzung.

4) § 30 Abs. 2 S. 1 WpÜG

Wie unter E.I.4.b.2)a) ausgeführt[530], bestand kein zwingender Anpassungsbedarf bezüglich § 30 Abs. 2 S. 1 WpÜG.

---

526 EuGH, Rs. C-361/88, TA-Luft, Slg. 1991, I-2567, 2603 Rn. 24.

527 Siehe den Nachweis in Fn. 518.

528 EuGH, Rs. 14/83, von Colson und Kamann ./. Nordrhein-Westfalen, Slg. 1984, 1891, 1909 Rn. 26; EuGH, Rs. 31/87, Beentjes ./. Niederlande, Slg. 1988, 4635, 4662 Rn. 39.

529 Vgl. Franzen, Privatrechtsangleichung, 1999, S. 246.

530 Siehe S. 88.

Nicht geklärt ist damit jedoch, ob das deutsche *„acting in concert“* Konzept nicht auf die Richtlinienvorgaben hätte zurückgeschnitten werden sollen.

So sprechen sich etwa *Seibt/Heiser* für die unveränderte Beibehaltung des § 30 Abs. 2 S. 1 WpÜG aus[531]. Zur Begründung wird die Schutzbedürftigkeit der Kapitalanleger angeführt. Eine Gleichbehandlung der Anleger an sich reiche nicht aus. Vielmehr stehe hinter dem Konzept des Pflichtangebots auch die Überlegung, den Anlegern bei einem Kontrollwechsel (der auch durch Vereinbarungen ohne tatsächlichen Anteilserwerb stattfinden kann)[532] ebenso wie bei einem Kontrollerwerb die Entscheidung zu ermöglichen, aus der Gesellschaft auszutreten[533]. Für den Anleger mache es schließlich keinen Unterschied, auf welche Weise die Kontrolle über eine Gesellschaft erlangt wird, wenn er dieser Kontrolle unterworfen ist.

Dies wird von *von Bülow* bezweifelt, der eine Beschränkung des § 30 Abs. 2 WpÜG auf die Richtlinienvorgaben fordert[534]. Zur Begründung führt er aus, eine Vereinheitlichung der *„acting in concert“* Konzepte sei geboten. Eine Beibehaltung des § 30 Abs. 2 S. 1 WpÜG in derzeitiger Form sei aus Gleichbehandlungsgesichtspunkten verfehlt.

Damit sprechen sowohl gewichtige Gründe gegen die Beibehaltung des WpÜG *„acting in concert“* Konzepts als auch dafür. Für eine Beibehaltung spricht die ähnliche Interessenlage der Minderheitsgesellschafter in beiden Situationen. Probleme bereitet andererseits, dass die Form und Intensität des ohne Aktienerwerb geforderten abgestimmten Verhaltens ungenau und damit nicht gerade Rechtssicherheit bietend ist.

Setzt man stets einen Erwerbsvorgang voraus, würde die Rechtssicherheit zumindest in den Fällen abgestimmten Verhaltens gewahrt sein, in denen es an einem solchen Erwerbsvorgang fehlt. Eine Angebotspflicht würde nämlich stets ausscheiden. Fraglich ist damit, ob man die Interessen der Minderheitsaktionäre höher bewertet als diejenigen solcher Gesellschafter, die auf Grund Vereinbarung oder in sonstiger Weise kontrollieren.

Meines Erachtens hat der Gesetzgeber gut daran getan, zum Schutz der Minderheitsaktionäre die derzeitige Regelung beizubehalten. Durch die Entscheidungspraxis der BaFin und auch der Gerichte wird es möglich sein, einen verlässlichen Rechtsrahmen für sämtliche Aktionäre zu schaffen.

---

[531] So Seibt/Heiser, ZGR 2005, 200, 214f., obgleich er den Anwendungsbereich der Richtlinie für nicht eröffnet ansieht.

[532] Vgl. auch die Begründung RegE WpÜG, BT-Drs. 14/7034, B. IV. S. 2, die ausdrücklich auf den Kontrollwechsel abstellt.

[533] Seibt/Heiser, ZGR 2005, 200, 215; Houben, WM 2000, 1873, 1877; Kleindiek, ZGR 2002, 546, 556ff.; Krause, WM 1996, 893, 899.

[534] Von Bülow, BZ vom 15. Oktober 2003, S. 5; ders., BZ vom 11. Mai 2005.

5) §§ 39, 29 Abs. 2 WpÜG n.F. – Art und Höhe der Kontrollschwelle

Eine Änderung der Kontrollschwelle wird von der Richtlinie nicht gefordert[535].

a) *Art der Kontrollschwelle*

Es wurden im Zuge der durch die Richtlinie vorzunehmenden Änderungen (erneut) Stimmen laut, wonach man die starre 30 % Kontrollschwelle des § 29 Abs. 2 WpÜG abschaffen und zu einer flexibleren Regelung gelangen sollte. So forderten etwa *Hopt/Mülbert/Kumpan* eine Abänderung der Regelung dergestalt, dass die Kontrolle bei Halten von 30 % der Stimmrechte an der Zielgesellschaft (nur) vermutet wird[536]. Zur Begründung wird von ihnen ausgeführt, die starre Grenze, die weit reichenden Folgen eines Pflichtangebots und die Ermessensentscheidung der BaFin bezüglich einer Befreiung nach § 9 WpÜG-AngVO sind nicht sachgerecht[537]. Vielmehr sei es sinnvoller, an den Abhängigkeitstatbestand des § 17 Abs. 1 AktG, verbunden mit einer widerleglichen Vermutung in § 29 Abs. 2 WpÜG, anzuknüpfen[538].

Wie bereits ausgeführt, bestand hier kein zwingender Änderungsbedarf. Ungeachtet dessen ist der Vorschlag von *Hopt/Mülbert/Kumpan* (bei einer weiteren Änderung des WpÜG) durchaus diskussionswürdig.

Gegen eine Abänderung und an sich folgerichtige Anpassung an den Konzernrechtsschutz spricht jedoch die Aufgabe einer eindeutig bestimmten Kontrollschwelle. Eine solche hat den unschlagbaren Vorteil der Planungs- und Rechtssicherheit für sich[539]. Aus diesem Grund ist es richtig, auf eine flexible Schwelle

---

535 Vgl. die Ausführungen unter E.I.1., S. 77.

536 Hopt/Mülbert/Kumpan, AG 2005, 109, 111; von Bülow, in: Hirte/von Bülow, Kölner Kommentar WpÜG, 2003, § 35 Rn. 47. Das österreichische Recht ging von einem solchen flexibleren Kontrollbegriff aus und enthielt lediglich eine widerlegliche Vermutung. Diese Vermutung wurde mit dem neuen § 22 Abs. 2 ÜbG durch eine feste Kontrollschwelle von 30 % ersetzt. Allerdings können daneben Stimmrechte, welche oberhalb von 25 %, aber unterhalb von 30 % der Stimmrechte liegen, bis zu einer Angebotsabgabe nicht ausgeübt werden. Vgl. ÜbRÄG, Art. 1 Nr. 16, Art. 1 Nr. 21, BGBl. I für die Republik Österreich vom 9. Juni 2006. Vgl. für weitergehende Ausführungen zum (alten) österreichischen Recht Baums/Hecker, in: Baums/Thoma, WpÜG, 2004, Vor § 35 Rn. 49ff. m.w.N.

537 Dieser Ansicht sind auch Habersack, ZHR 166 (2002), 619, 622f. und Mülbert, ZIP 2001, 1221, 1225ff.

538 Die Regelung würde wiederum der alten österreichischen Regelung ähneln, in der bei Vorliegen eines handelsrechtlichen Kontrolltatbestands auch der übernahmerechtliche Kontrolltatbestand erfüllt ist (§ 22 Abs. 4 ÜbG). Es handelte sich dort um eine unwiderlegliche Vermutung. Vgl. die Ausführungen von Baums/Hecker, in: Baums/Thoma, WpÜG, 2004, Vor § 35 Rn. 53.

539 Wie hier auch Baums/Hecker, in: Baums/Thoma, WpÜG, 2004, Vor § 35 Rn. 110; Baums, in: von Rosen/Seifert, Die Übernahme börsennotierter Unternehmen, 1999, S. 165, 170f.; Steinmeyer/Häger, WpÜG, 2002, § 29 Rn. 26; Hommelhoff/Witt, in: Haarmann/Rieh-

zu verzichten. Vielmehr sollte in Fällen, in denen die Angebotspflicht dem Sinn und dem Zweck nach offensichtlich nicht ausgelöst werden soll, soweit europarechtlich zulässig, weiterhin das Instrument der §§ 36, 37 WpÜG herangezogen werden[540].

b) *Höhe der Kontrollschwelle*

Ein Bedürfnis zur Änderung der Höhe der Kontrollschwelle, also einer Herab- oder Heraufsetzung bestand ebenfalls nicht. Eine Herabsetzung etwa auf 25 % würde es Unternehmen nicht mehr erlauben, Minderheitsbeteiligungen zu erwerben[541]. Eine Erhöhung der Schwelle war und ist angesichts der Hauptversammlungspräsenzen auch nicht angezeigt[542].
Daher ist es richtig, dass der Gesetzgeber die Kontrollschwelle unverändert beibehalten hat.

II. Schutz der Minderheitsaktionäre durch angemessenen Preis

Die Minderheitsaktionäre sollen durch die Festlegung eines angemessenen Preises geschützt werden.

---

mer/Schüppen, WpÜG, 2002, Vor § 35 Rn. 22.

540 Zu den Hintergründen dieser Ausnahmevorschriften im WpÜG vgl. Baums/Hecker, in: Baums/Thoma, WpÜG, 2004, Vor § 35 Rn. 111 m.w.N. Zur Vereinbarkeit der Vorschriften mit den europarechtlichen Vorgaben siehe die Ausführungen unter E.I.4.e., S. 97, sowie unter E.I.4.f., S. 101.

541 Pötzsch/Möller, WM Sonderbeilage Nr. 2 zu Heft 31/2000, S. 3, 17 allerdings zum DiskE WpÜG.

542 Eine Auswertung der Hauptversammlungspräsenzen erfolgt durch die DSW (Deutsche Schutzvereinigung für Wertpapierbesitz e.V.). Siehe zu den jüngsten Ergebnissen bezüglich der 30 im DAX notierten Unternehmen für 2005 http://www.dsw-info.de/uploads/media/HV-Praesenz_2005.pdf. Danach sinkt die Beteiligung an der Hauptversammlung stetig. Während Sie 1998 durchschnittlich noch bei 60,95 % lag, betrug sie im Jahr 2005 nur noch 45,87 % im Vergleich zu 47,19 % im Vorjahr. Als Gründe für die sinkende Hauptversammlungspräsenz gibt die DSW das verstärkte Engagement ausländischer Investoren an, die ihr Stimmrecht wegen der Kosten und des Zeitaufwandes regelmäßig nicht wahrnehmen. Hinzu käme, dass Sparkassen und Volksbanken ihre Kunden nicht mehr verträten. Vgl. Pressemitteilung der DSW vom 7. Juli 2005, abrufbar unter:
http://www.dsw-info.de/Hauptversammlungspraesenzen_sin.538.0.html. Allerdings geht man seitens des Gesetzgebers davon aus, durch das UMAG wieder einen Anstieg der Hauptversammlungspräsenzen herbeiführen zu können. Ersten Berichten zufolge wird insbesondere von der Möglichkeit des § 127a AktG, dem Aktionärsforum, rege Gebrauch gemacht. Bislang war das „Stimmencatching" mühselig per Fax und E-Mail durchzuführen. Vgl. Eva Engelken, HB vom 21. Dezember 2005, S. 18. Dies scheint sich zu bewahrheiten. So ergibt eine Stichprobe bei 10 von 12 Hauptversammlungen ausgewählter DAX-Unternehmen höhere Präsenzen als im Vorjahr. Vgl. FAZ vom 11. Mai 2006, S. 25 („Hauptversammlungspräsenz nimmt wieder zu – Ein Ende der Talfahrt zeichnet sich ab").

1. Darlegung der umzusetzenden Richtlinienbestimmung

Art. 5 Abs. 4 definiert den angemessenen Preis als den höchsten Preis, der vom Bieter oder einer mit ihm gemeinsam handelnden Person in einem von den Mitgliedstaaten festzulegenden Zeitraum von mindestens sechs bis höchstens zwölf Monaten vor dem Pflichtangebot für die gleichen Wertpapiere gezahlt worden ist[543].

Bei Zwischenerwerben nach Bekanntmachung des Angebots und vor Ablauf der Annahmefrist zu einem höheren als dem Angebotspreis ist der höchste Zwischenerwerbspreis als neuer Angebotsmindestpreis für den Bieter maßgeblich[544].

Die Mitgliedstaaten können eine Liste von Fällen erstellen, in denen ihre Aufsichtsstellen ermächtigt werden, den Angebotspreis abweichend von den obigen Kriterien zu ändern, sofern die Grundsätze des Art. 3 Abs. 1 gewahrt bleiben.

Der Bieter kann als Gegenleistung liquide Wertpapiere[545], eine Geldleistung o-

---

[543] Kallmeyer, DB 2002, 2695, hält die Festlegung des angemessenen Preises bei Pflichtangeboten für EG-rechtswidrig. So hätte man die Preisfestlegung den Mitgliedstaaten überlassen können. Eine allgemeine Aussage dahingehend, die Gegenleistung habe angemessen zu sein, sei zum Schutz der Gesellschafter ausreichend. Es mangele an der Erforderlichkeit einer detaillierten Regelung. Art. 44 Abs. 2 lit. g) EG reiche als Ermächtigungsgrundlage daher nicht aus. Dies ist meines Erachtens nicht zutreffend. Der Subsidiaritätsgrundsatz wird hierdurch nicht verletzt. Der Richtliniengeber durfte eine Preisregelung treffen. Durch eine einheitliche Festlegung der bezüglich der Ermittlung der Preise anzuwendenden Methoden wird ein europaweiter Mindest(schutz)standard eingeführt. Zudem muss eine ausreichende Berechenbarkeit der Gegenleistung gewährleistet sein, um ein effizientes Funktionieren der Kapitalmärkte der Europäischen Union zu garantieren, wie bereits die Winter-Gruppe herausgearbeitet hat. Vgl. Winter-Bericht, S. 11, 57. Im Übrigen ist die getroffene Regelung auch verhältnismäßig, da sie es den Mitgliedstaaten überlässt, den Preis ggf. abzuändern.

[544] Die Winter-Kommission schlug vor, entweder den Parallelerwerb zu verbieten oder eine Erhöhung der Gegenleistung im Falle von Parallelerwerben vorzusehen. Der Kommissionsvorschlag von 2002 hingegen gestattet Parallelerwerbe, verzichtete aber auf eine Erhöhung der Gegenleistungspflicht. Die Vorschrift fand erst durch Änderungsvorschläge des Parlaments ihre jetzige Gestalt. Siehe Europäisches Parlament, Ausschuss für Recht und Binnenmarkt, Bericht über den Vorschlag für eine Richtlinie des Europäischen Parlaments und des Rates betreffend Übernahmeangebote (KOM (2002) 534 – C5-0481/2002 – 2002/0240 (COD)), Parlamentsdokument PE 327.239 vom 8. Dezember 2003 = A5-0469/2003, Änderungsantrag 14. Die Änderungsvorschläge nahm das Parlament in seiner Sitzung vom 16. Dezember 2003 an (Europäisches Parlament, Protokoll der Sitzung vom 16. Dezember 2003, Parlamentsdokument PE 339.900 und PE 339.903). Unter Parallelerwerb versteht man den Aktienerwerb außerhalb des Angebotsverfahrens nach Veröffentlichung der Angebotsabsicht, aber vor Ablauf der Angebotsfrist.

[545] Ungeklärt ist, was liquide Wertpapiere sind. Teilweise wird gefordert, es müsse bereits ein Börsenhandel dieser Aktien stattgefunden haben. So Traugott/Schäfer, NZG 2004, 158, 159 in Bezug auf die deutsche Vorschrift. Andere verneinen dies mit der Begründung, dass andernfalls niemals neue Aktien als Gegenleistung angeboten werden könnten. Der Gesetzgeber des WpÜG hat sich der zuletzt genannten Ansicht angeschlossen, wonach es zumindest ausreichend ist, wenn die Zulassung der Wertpapiere bei der Auslieferung erfolge. Vgl. Be-

der eine Kombination aus Beidem anbieten, und muss eine Geldleistung anbieten, wenn er innerhalb des Zeitraums der Vorerwerbsfrist bis zum Ablauf der Annahmefrist Wertpapiere, die mindestens 5 % der Stimmrechte an der Zielgesellschaft verleihen, gegen Geldleistung erworben hat (Art. 5 Abs. 5). Daneben können die Mitgliedstaaten vorsehen, dass stets wahlweise eine Geldleistung anzubieten ist.

2. Europäischer Hintergrund sowie Regelungen in einzelnen Mitgliedstaaten

Die Regelung der angemessenen Gegenleistung stellte einen der Knackpunkte auf dem Weg zu einer europäischen Richtlinie dar. Es war äußerst schwierig, hier einen Kompromiss zu finden. Dass nur ein Zeitrahmen vorgegeben wurde, beruht auf den unterschiedlichen Systemen der Preisfestlegung in den Mitgliedstaaten. Innerhalb Europas gibt es hiervon im Wesentlichen drei[546]. In manchen Staaten ist der höchste Preis maßgeblich, welchen der Bieter gezahlt hat, um die Kontrolle zu erwerben. In anderen Staaten wird eine Preisformel verwendet. Diese stellt dabei regelmäßig auf den höchsten vom Bieter gezahlten Preis und den Durchschnittsbörsenkurs in einem bestimmten Zeitraum ab[547]. Wieder andere Staaten verlangen einen „angemessenen Preis“. Dieser kann auf unterschiedliche Weise bestimmt werden. So spricht auch das WpÜG a.F. von einer angemessenen Gegenleistung (§ 31 Abs. 1 WpÜG a.F.), berechnet sie aber mit einer Preisformel, wobei der höchste Vorerwerbspreis sowie der gewichtete Börsen-

gründung RegE WpÜG, BT-Drs. 14/7034, S. 55. Für das WpÜG a.F. dürfte die Frage damit dahingehend zu beantworten sein, dass eine vergangenheitsbezogene Betrachtung, wie man sie § 5 Abs. 4 WpÜG-AngVO a.F. entnehmen könnte, nicht angezeigt ist. Vgl. Kremer/ Oesterhaus, in: Hirte/von Bülow, Kölner Kommentar WpÜG, 2003, § 31 Rn. 26. Ausführlich zum Begriff der „liquiden Aktien“ i.S.d. WpÜG Rasner, Pflichten der Zielgesellschaft, 2005, S. 335ff. Dies beantwortet freilich nicht die Frage, wie der Begriff europarechtlich auszulegen ist. Eine Antwort hierauf ist der Richtliniengeber bislang schuldig geblieben. Die Beantwortung ist jedoch für die gesetzestechnische Umsetzung der Richtlinie nicht erforderlich. Der Frage wird vielmehr erst in der Praxis Bedeutung zukommen.

[546] Die Systeme der Preisfestlegung spiegeln den Stand vor der Umsetzung der Richtlinie wider.

[547] In Italien etwa muss der Pflichtangebotspreis mindestens dem mathematischen Mittelwert zwischen gewichteten Börsenkurs der letzten zwölf Monate und dem höchsten vom Bieter in diesem Zeitraum gezahlten Preis entsprechen (*Art. 106 (2), L.1998 Legislative Decree 58 of February 1998 consolidated law on financial intermediation pursuant to Articles 8 and 21 of Law 52 of February 1996, amended by Law 62/2005*). In Portugal ist der vom Bieter gezahlte Höchstpreis bzw. der durchschnittliche Börsenkurs der letzten sechs Monate als Mindestpreis zu zahlen, wobei der höhere Wert maßgeblich ist (*Art. 188 Sec. 1 Securities Code (Código dos Valores Mobiliáres)*). Es besteht daneben bei offensichtlicher Unbilligkeit die Möglichkeit der Preisfestlegung durch einen Experten (*Art. 188 Sec. 2 Securities Code, Decree No. 486/99 of 13 November 1999, amended by law No. 66/2004 of 24 March 2004 (Código dos Valores Mobiliáres)*). Vgl. Wymeersch, ZGR 2002, 520, 532.

kurs der letzten drei Monate zu berücksichtigen ist (vgl. §§ 3 bis 6 WpÜG-AngVO a.F.). Teilweise wird der angemessene Preis auch durch eine Aufsichtsbehörde gebilligt (so etwa in Frankreich)[548], oder unter bestimmten Umständen festgelegt (*City Code*, Großbritannien)[549].

Die Regelung der Richtlinie, wonach Mitgliedstaaten ihre Aufsichtsstellen in bestimmten Fällen ermächtigen können, den Angebotspreis abweichend festzulegen, ist maßgeblich auf das Verhalten Englands zurückzuführen.

Zudem können die Mitgliedstaaten bestimmen, dass stets wahlweise eine Geldgegenleistung anzubieten ist, was ebenfalls auf dem Drängen Englands beruht[550].

3. Richtlinienbestimmung als Mindest- bzw. Maximalstandard

a. Zeitrahmen

Abweichungen von dem zur Preisfestlegung vorgegebenen Zeitrahmen sind unzulässig. Dies ergibt sich aus dem Rahmen, den die Richtlinie bestimmt. Wären darüber hinausgehende Abweichungen zulässig, bedürfte es nicht der Festlegung eines solchen. Die Regelung wäre schlichtweg überflüssig.

b. Preisabweichung durch Aufsichtsstelle

Unbestritten zulässig sind Preisabweichungen durch die Aufsichtsstelle. So *„können die Mitgliedstaaten ihre Aufsichtsstellen ermächtigen, den in Uabs. 1 genannten Preis unter ganz bestimmten Voraussetzungen und nach eindeutig festgelegten Kriterien abzuändern“*[551]. Anschließend werden in der Richtlinie Beispielfälle aufgelistest. Diese zeigen, für welche Art von Fällen eine Liste mit entsprechenden Voraussetzungen erstellt werden darf: Es muss sich regelmäßig um Abweichungen des Marktpreises von den üblichen Marktpreisen handeln, wie etwa bei einer Manipulation der Marktpreise, bei Festlegung des Höchstpreises zwischen Käufer und Verkäufer oder bei Beeinflussung der Marktpreise durch außergewöhnliche Umstände. Ausschlaggebendes Kriterium ist mithin der fehlerhafte Aussagewert des Marktpreises.

Regelungen zur Preisfestsetzung außerhalb eines fehlerbehafteten Marktpreises sollen hingegen nicht zu einer abweichenden Regelung in einer Liste berechtigen.

Eine Ausnahme ist hiervon zu machen. Diese betrifft das Beispiel der Richtlinie: *„um die Rettung eines Unternehmens in Schwierigkeiten zu ermöglichen“*. Dies

---

548 Art. 231-23 No. 2 General Regulation of the Autorité des Marchés Financiers, initial version approved on 12 November 2004.

549 *Note on Rule 11.3 City Code*. Vgl. Seibt/Heiser, ZIP 2002, 2193, 2195 Fn. 25.

550 Maul, NZG 2005, 151, 156.

551 Art. 5 Abs. 4 Uabs. 2.

dürfte indes einen eng begrenzten Ausnahmefall darstellen, passt er doch nicht in die Reihe der anderen Ausnahmefälle hinein.

c. Grundsätzliche Abweichung von Preisregelungen

Ob Abweichungen von der Preisfestlegung der Richtlinie nur in dem oben beschriebenen Umfang zulässig sind, wird sogleich unter E.II.4.a. genauer untersucht.

4. Rechtslage vor der Umsetzung und Anpassungsbedarf

a. Maßgeblicher Zeitraum / Vorschriften der §§ 3 ff. WpÜG-AngVO a.F.

Das WpÜG a.F. legt den Angebotspreis in den §§ 39, 31 Abs. 1 WpÜG a.F. i.V.m. §§ 3ff. WpÜG-AngVO a.F. abweichend von der Richtlinie fest. Die Richtlinie gibt in Art. 5 Abs. 4 einen sechs-[552] bis zwölf-monatigen Zeitraum vor. Nach deutschem Recht waren hingegen mindestens der gewichtete durchschnittliche Börsenkurs der Aktien während der letzten drei Monate vor Bekanntgabe der Entscheidung zur Abgabe eines Angebots bzw. der Kontrollerlangung oder der höchste innerhalb der letzten drei Monate vor der Veröffentlichung der Angebotsunterlage von dem Bieter für den Erwerb der Aktien gezahlte Preis als Angebotspreis zu bestimmen[553].

1) Maßgeblicher Zeitraum

Die deutsche Regelung wich also bezüglich des Vorerwerbszeitraums von der europäischen Vorgabe ab und war entsprechend zu modifizieren[554]. Die Sechs- bis Zwölf-Monats-Frist ist eine zwingende Frist und erlaubt keine Abweichungen (vgl. bereits die Ausführungen oben unter 3.)[555].

---

[552] Der DiskE WpÜG sah, anders als das WpÜG, ebenfalls die Berücksichtigung eines Sechs-Monats-Zeitraums, allerdings bezogen auf den gewichteten durchschnittlichen inländischen Börsenkurs, vor. Dieser Zeitraum war als zu lang empfunden worden und wurde auf drei Monate verkürzt.

[553] Die Berücksichtigung des durchschnittlichen Börsenkurses in § 5 WpÜG-AngVO a.F. kann sich hierbei durchaus als eine Behinderung für etwaige Übernahmen erweisen, sollte der Börsenkurs im Referenzzeitraum gesunken sein, da dann der Mindestpreis über dem aktuellen Börsenkurs liegt. Dies zu Bedenken gibt auch von Bülow, BZ vom 11. Mai 2005, S. 2. Aus ökonomischer Sicht: Liekefett, RIW 2004, 824, 828.

[554] Der Verlängerung der Referenzperiode von drei (vgl. § 4 WpÜG-AngVO a.F.) auf mindestens sechs Monate stehen Seibt/Heiser, ZIP 2002, 2193, 2195 kritisch gegenüber. Dies könne sich bei fallenden Börsenkursen als Übernahmehindernis auswirken. Krause, FAZ vom 7. April 2004, S. 19 sieht entgegen eigener früherer Ansicht (BB 2002, 2341, 2343) ebenfalls Änderungsbedarf im WpÜG a.F.

[555] Im Ergebnis ebenso Pötzsch, in: Assmann/Pötzsch/Schneider, WpÜG, 2005, Einl.

2) *Berücksichtigung des Börsenpreiskriteriums*

Daneben sieht § 31 Abs. 1 WpÜG a.F. i.V.m. § 5 WpÜG-AngVO a.F. die Berücksichtigung des durchschnittlichen gewichteten Börsenkurses der letzten drei Monate vor. Ob eine solche Regelung überhaupt sachgerecht ist, nach der ein börsennotiertes Unternehmen nicht auf derzeitiger Basis, sondern auch nach „älteren" Kursen bewertet wird, ist grundsätzlich diskussionswürdig[556]. Unabhängig davon ist die Richtlinienkonformität der alten Fassung fraglich.

Eine Ansicht geht wegen der detaillierten Regelung des Angebotspreises in der Richtlinie davon aus, es darf ausschließlich auf den Zeitraum der Vorerwerbe ankommen[557]. Das Börsenpreiskriterium sei mithin richtlinienwidrig.

Andere hingegen halten die fehlende Berücksichtigung des gewichteten durchschnittlichen Drei-Monats-Börsenkurses in der Richtlinie für unschädlich und gehen davon aus, der Gesetzgeber kann dieses Kriterium als eine zulässige Erweiterung des Anlegerschutzes beibehalten[558]. Sollte danach der durchschnittliche Börsenkurs höher als der höchste Vorerwerbspreis sein, wäre er anstelle des höchsten Vorerwerbspreises als Gegenleistung heranzuziehen. Gefolgert wird das aus Art. 3 Abs. 2 lit. b), wonach die Mitgliedstaaten frei seien, strengere Vorschriften zu erlassen[559].

Nach einer vermittelnden Ansicht ist hingegen die Berücksichtigung des Börsenpreiskriteriums nur in Ausnahmefällen zulässig. So geben *Baums/Hecker* zu Bedenken, es sei gar nicht zwingend, dass Vorerwerbe überhaupt existieren[560]. Diese könnten fehlen, wenn die Kontrollerlangung durch einen Umwandlungsvorgang oder etwa durch die Zurechnung von Stimmrechten nach § 30 Abs. 1 S. 1 Nr. 4 oder 6 bzw. nach § 30 Abs. 2 WpÜG a.F. ausgelöst wird. In den Fällen bestehe ohne das Börsenpreiskriterium gar kein Maßstab, an dem die Bemessung des Pflichtangebotspreises ausgerichtet werden kann[561]. Der in Erwä-

---

Rn. 111.

556 Die Frage in letzter Zeit aufwerfend: von Bülow, BZ vom 11. Mai 2005, S. 2. Das habe mit dem Kapitalmarkt nur am Rande zu tun und sei wettbewerbsfähigen Kapitalmärkten fremd.

557 So zum Beispiel Maul/Muffat-Jeandet, AG 2004, 221, 231. Von Bülow fordert in BZ vom 11. Mai 2005, S. 2 ebenfalls, auf den Dreimonatsdurchschnittskurs als Mindestpreis zu verzichten. Unklar ist aber, ob er dies für rechtlich zwingend erachtet. Hiergegen spricht die Formulierung „*sollte* (...) *angepasst werden*".

558 Seibt/Heiser, ZGR 2005, 200, 219; Krause, in: Assmann/Pötzsch/Schneider, WpÜG, 2005, § 31 Rn. 22.

559 Glade/Haak/Hellich, Der Konzern 2004, 455, 458; Krause, in: Assmann/Pötzsch/Schneider, WpÜG, 2005, § 31 Rn. 22.

560 Baums/Hecker, in: Baums/Thoma, WpÜG, 2004, Vor § 35 Rn. 48. Ebenso Krause, NJW 2004, 3681, 3685; Krause, in: Assmann/Pötzsch/Schneider, WpÜG, 2005, § 31 Rn. 22.

561 Baums/Hecker, in: Baums/Thoma, WpÜG, 2004, Vor § 35 Rn. 48; Krause, NJW 2004, 3681, 3685; Krause, in: Assmann/Pötzsch/Schneider, WpÜG, 2005, § 31 Rn. 22.

gungsgrund (25) zum Ausdruck kommende Subsidiaritätsgrundsatz gebiete daher, dass ein Festhalten an der alten Regelung für diese Konstellationen möglich bleiben muss. Konsequenterweise könnten auch die §§ 5 und 6 WpÜG-AngVO a.F. beibehalten werden, sofern sie einen Zusatz dergestalt erhielten, dass im Falle des Abweichens der Werte nach §§ 5 und 6 WpÜG a.F. von § 4 WpÜG a.F. letzterer maßgeblich ist[562].

Baums/Hecker vertreten damit die Ansicht, der durchschnittliche Börsenkurs darf nur in den von der Richtlinie durch Vorerwerbe erfassten Fällen nicht berücksichtigt werden.

Die als zweites genannte Ansicht, welche den durchschnittlichen Börsenkurs weiterhin für stets berücksichtigungsfähig hält, ist vorzugswürdig.

Gegen diese Meinung könnte allerdings zunächst die Systematik der Richtlinienvorschriften sprechen.

So wirkt sich jede Änderung der Bestimmung des Pflichtangebotspreises mittelbar auch auf die bei einem ggf. folgenden *Squeeze Out* anzubietende Abfindung aus. Dort gilt die im Rahmen eines Pflichtangebots gezahlte Gegenleistung als angemessene Abfindung.

Die Richtlinie lässt jedoch ausweislich Art. 3 Abs. 2 lit. b) nur strengere Bestimmungen für das Angebot zu, nicht aber für den *Squeeze Out*.

Dennoch kann man hieraus nicht die Unzulässigkeit weiterer Anforderungen an ein (Pflicht-) Angebot ableiten. Andernfalls wäre die Vorschrift des Art. 3 Abs. 2 lit. b) gerade für Angebote, die sie ausdrücklich betrifft, weitgehend gegenstandslos.

Somit ist von der Zulässigkeit einer Pflichtangebotsregelung, welche zusätzlich an das Börsenpreiskriterium anknüpft, auszugehen.

Erwägungsgrund (9) S. 2, wonach eine einheitliche Festlegung des angemessenen Preises für Pflichtangebote vorgenommen wird, schließt das ebenfalls nicht aus[563]. Zwar spricht die Festlegung eines einheitlich definierten Preises zunächst recht deutlich gegen die Zulässigkeit des Börsenpreiskriteriums. In Anbetracht des Art. 3 Abs. 2 lit. b) ist diese Einheitlichkeit jedoch im Sinne einer einheitlich definierten Untergrenze zu verstehen.

Hiergegen lässt sich letztlich auch nicht die detaillierte Regelung des Art. 5 Abs. 4 Uabs. 2 anführen, welche der Aufsichtsstelle die Möglichkeit der Preisanpassung in bestimmten Fällen gestattet[564]. Zwar könnte man die Bestimmung dahingehend interpretieren, sie stelle in Bezug auf die zulässigen Preisabänderungen eine abschließende Konkretisierung des Art. 3 Abs. 2 lit. b) dar. Allerdings wird man dies abzulehnen haben.

---

562 Baums/Hecker, in: Baums/Thoma, WpÜG, 2004, Vor § 35 Rn. 48.

563 Erwägungsgrund (9) S. 2.

564 Siehe hierzu die obigen Ausführungen unter E.II.3.b., S. 114.

Die Vorschrift regelt allein die Befugnisse der Aufsichtsstellen. Nur insoweit ist die Regelung als abschließend zu verstehen. Ziel der Richtlinie ist, Klarheit und Transparenz in Bezug auf Rechtsfragen bei Angeboten zu erreichen[565]. Diese Klarheit wird beeinträchtigt, wenn eine willkürliche Preisfestlegung durch die Aufsichtsstellen zulässig wäre[566].

Anders verhält es sich hingegen bei klaren gesetzlichen Preisvorgaben. Sofern der Gesetzgeber zum Schutz der Aktionäre stets eine Berücksichtigung des Börsenpreises für notwendig erachtet, ist ihm eine Einschätzungsprärogative zuzubilligen.

Eine Anknüpfung an den Börsenpreis scheint insoweit nahe liegend, da dieser letztlich ein Indikator für den Wert der Unternehmensbeteiligung ist.

Nach alledem war eine Beibehaltung des Börsenpreiskriteriums möglich.

§ 31 Abs. 1 WpÜG a.F. i.V.m. § 5 WpÜG-AngVO a.F. entspricht den Richtlinienvorgaben.

3) Zusammenfassung des Umsetzungsbedarfs

Nach den vorstehenden Ausführungen ergibt sich folgendes:

In § 4 S. 1 WpÜG-AngVO a.F. war der Zeitraum von drei auf mindestens sechs und maximal zwölf Monate zu erhöhen.

§ 5 WpÜG-AngVO a.F. konnte unverändert beibehalten werden.

§ 6 WpÜG-AngVO a.F. hat keinen direkten Anwendungsbereich mehr. Dies folgt aus Art. 4 Abs. 2 lit. b) und lit. e), wonach sich die Höhe der Gegenleistung bei Zielgesellschaften, deren Wertpapiere nicht im Sitzmitgliedstaat zugelassen sind, nach dem Recht der Mitgliedstaaten, in denen sie zum Handel zugelassen sind, richtet[567]. Da die Vorschriften der §§ 3 bis 7 WpÜG-AngVO a.F. nur die Gegenleistung bei Übernahme- und Pflichtangeboten, nicht aber die bei einfachen Erwerbsangeboten betreffen, verbleibt auch kein unmittelbarer Anwendungsbereich außerhalb des Anwendungsbereichs der Richtlinie.

Hieraus lässt sich jedoch noch nicht schließen, dass die Vorschrift zu streichen war, da § 7 WpÜG-AngVO a.F. die entsprechende Anwendung der §§ 5 und 6 WpÜG-AngVO anordnet und damit auf § 6 WpÜG-AngVO a.F. verweist.

Inhaltlich regelt § 7 WpÜG-AngVO die Ermittlung des Wertes von Aktien als Gegenleistung. In einem ersten Schritt wird also die vom Bieter anzubietende Mindestgegenleistung nach den §§ 4 bis 6 WpÜG-AngVO a.F. ermittelt und anschließend verglichen, ob dieser Wert durch die zum Tausch angebotenen Aktien bei einer Bewertung nach §§ 5 und 6 WpÜG-AngVO erreicht wird.

---

565 Vgl. Erwägungsgrund (2).

566 Zudem gestattet die Vorschrift auch Preisabweichungen nach unten, was ebenfalls nur begrenzt zulässig sein sollte.

567 Ebenso Krause, in: Assmann/Pötzsch/Schneider, WpÜG, 2005, § 31 Rn. 22.

Die Konstellation unterscheidet sich folglich von dem Fall einer unmittelbaren Festlegung der Geldgegenleistung nach den §§ 5 und 6 WpÜG-AngVO. Allerdings wird mittelbar durch die Bewertung der zum Tausch angebotenen Aktien auf das Börsenpreiskriterium abgestellt.

Das ist richtlinienkonform, selbst wenn man grundsätzlich eine Berücksichtigung des Börsenpreiskriteriums ablehnen würde.

Bezüglich der Wertermittlung von liquiden Aktien als Gegenleistung macht die Richtlinie nämlich keine konkreten Vorgaben. Anders könnte man dies nur sehen, wenn ein Bieter im Vorerwerbszeitraum Aktien im Tausch gegen eine bestimmte Menge anderer Aktien erworben hat. Dann wäre denkbar, dieses Tauschverhältnis als „Preis" für die Aktien verstehen. Hierfür könnte man die Vorschrift des Art. 5 Abs. 5 Uabs. 3 anführen, wonach der Bieter eine Geldleistung zumindest wahlweise anzubieten hat, wenn er 5 % der Stimmrechte an der Zielgesellschaft gegen Geldleistung erworben hat. Die Begriffswahl „Preis" in Art. 5 Abs. 4 spricht hingegen dafür, dass die Vorschrift allein auf eine Geldgegenleistung abstellt. Gleiches gilt für die Formulierung „gezahlt worden ist". Im Unterschied hierzu verwendet die Richtlinie in Art. 5 Abs. 5 Uabs. 1 den Begriff „Gegenleistung". Diesen hätte man gleichfalls in Art. 5 Abs. 4 Uabs. 1 verwenden können, was – wie eben beschrieben – nicht der Fall ist[568].

Die Richtlinie macht also keine Vorgaben bezüglich der Bewertung von Aktien als Gegenleistung[569]. § 6 WpÜG-AngVO a.F. konnte deshalb wegen § 7 WpÜG-AngVO a.F. für die Fälle der Wertermittlung von Aktien als Gegenleistung beibehalten werden[570].

Somit bedurfte es einzig einer Abänderung des § 4 S. 1 WpÜG-AngVO a.F., wie unter (1) beschrieben.

b. Art der Gegenleistung

In Bezug auf die Gegenleistung entsprach das WpÜG a.F. bereits weitgehend den Richtlinienvorgaben. In den §§ 39, 31 Abs. 2 WpÜG a.F. bestimmt es, die Gegenleistung müsse entweder in Geld oder liquiden Aktien bestehen, wie es die Richtlinie fordert. Hierbei ist zu beachten, dass die Art der Gegenleistung bei einem möglicherweise nachfolgenden *Squeeze Out* der Art der Gegenleistung bei einem Pflichtangebot zu entsprechen hat[571].

---

568 Auch die englische Fassung unterscheidet zwischen dem „*price*" einerseits und der „*consideration*" andererseits.

569 Ebenso Krause, in: Assmann/Pötzsch/Schneider, WpÜG, 2005, § 7 WpÜG-AngVO Rn. 4.

570 Für eine Beibehaltung im Ergebnis wohl auch der DAV-Handelsrechtsausschuss, der die §§ 4 und 5 WpÜG-AngVO für eine Bewertung der Aktien bei der Abfindungsermittlung im Rahmen des *Squeeze Out* heranziehen will. DAV-Handelsrechtsausschuss, Stellungnahme zum DiskE Ü-ÜG, NZG 2006, 177, 179.

571 Vgl. hierzu die Ausführungen unter J.III., S. 306.

§§ 39, 31 Abs. 3 S. 1 Nr. 1 WpÜG a.F. stimmen, mit Ausnahme des Zeitraums, der entsprechend neu festzulegen war, ebenfalls bereits mit den EG-Vorgaben überein[572].

Die Regelung der §§ 39, 31 Abs. 3 S. 1 Nr. 2 WpÜG a.F. konnte beibehalten werden, da sie eine Erweiterung der zwingenden Geldgegenleistung festlegt[573]. Dies ergibt sich aus dem Umkehrschluss zu Art. 5 Abs. 5 Uabs. 4, wonach immer eine Geldleistung als Gegenleistung vorgeschrieben werden darf. Somit ist dieser Fall erst recht von der Richtlinienregelung gedeckt[574].

5. Umsetzung und Bewertung

a. Darstellung des WpÜG n.F.

1) § 31 Abs. 3 WpÜG n.F.

§ 31 Abs. 3 WpÜG n.F. soll die bislang bestehenden Regelungen in § 31 Abs. 3 Nr. 1 und Nr. 2 WpÜG a.F. ersetzen. Nr. 2 fällt ersatzlos weg. Eine Unterscheidung nach Vor- und Parallelerwerben wird es mithin künftig nicht mehr geben.

Nach § 31 Abs. 3 WpÜG n.F. hat der Bieter den Aktionären der Zielgesellschaft eine Geldleistung anzubieten, wenn er bzw. gemeinsam mit ihm handelnde Personen oder deren Tochterunternehmen insgesamt mindestens 5 % der Aktien oder der Stimmrechte im Zeitraum von sechs Monaten vor der Veröffentlichung der Entscheidung zur Bekanntgabe eines Angebots bis zum Ablauf der Annahmefrist gegen Geldleistung erworben hat. Der Zeitraum wird damit auf die Sechs-Monats-Vorgabe des Art. 5 Abs. 5 S. 3, Abs. 4 ausgeweitet.

Allerdings bezieht die Richtlinie den Schwellenwert (nur) auf 5 % der Stimmrechte und nicht auch der Aktien. Eine gesonderte Betrachtung von stimmberechtigten und stimmrechtslosen Anteilen sei aber nicht erforderlich, da der Gesetzgeber gemäß Art. 3 Abs. 2 lit. b) strengere Bestimmungen im nationalen Recht vorsehen kann[575].

---

[572] Sinn dieser Regelung ist es, ein „Anschleichen“ an die Zielgesellschaft zu vermeiden. Vgl. RegE WpÜG, BT-Drs. 14/7034, S. 55. Dies wurde von den Spitzenverbänden der deutschen Wirtschaft, Stellungnahme zum RefE WpÜG, S. 7, unter Hinweis auf die Regelungen der § 21ff. WpHG (wonach der Erwerb von 5 % der Stimmrechte an einer Gesellschaft ohnehin zu einer Mitteilungspflicht führt) kritisiert. Angesichts der nun bestehenden gleichlautenden europarechtlichen Vorgaben ist eine Aufhebung der zwingenden Geldgegenleistung in diesen Fällen ausgeschlossen. Wertpapierhandelsgesetz in der Fassung der Bekanntmachung v. 9. September 1998, BGBl. I/1998, S. 2708, zuletzt geändert durch Art. 10a des PfandB-NeuOG v. 22. Mai 2005, BGBl. I/2005, S. 1373

[573] Ebenso Seibt/Heiser, ZGR 2005, 200, 218, mit Verweis auf Art. 3 Abs. 2 lit. b).

[574] Insoweit könnte man von einer zulässigen Minusmaßnahme sprechen.

[575] BT-Drs. 16/1003, Begründung, B. Zu Artikel 1 Zu Nummer 14 (§ 31), S. 19.

2) WpÜG-AngVO

Die WpÜG-AngVO wurde – bezogen auf die Bestimmung der Gegenleistung – wie folgt geändert:

a) § 4 WpÜG-AngVO n.F.

Der Gesetzestext sieht vor, in § 4 WpÜG-AngVO a.F., welcher die Berücksichtigung von Vorerwerben bei der Ermittlung der Gegenleistung regelt, den Zeitraum von drei auf sechs Monate zu verlängern. Damit werde Art. 5 Abs. 4 Uabs. 1 S. 1 umgesetzt[576].

b) Unveränderte Beibehaltung des § 5 WpÜG-AngVO

Die Begründung zur Änderung des § 4 WpÜG-AngVO stellt klar, dass eine Änderung der Regelung des § 5 WpÜG-AngVO, welcher das Börsenpreiskriterium enthält, nicht angezeigt ist. Dies ergebe sich aus Art. 3 Abs. 2 lit. b), der es den Mitgliedstaaten überlasst, strengere Vorschriften als die in der Richtlinie enthaltenen einzuführen[577].

c) Unveränderte Beibehaltung des § 6 WpÜG-AngVO

§ 6 WpÜG-AngVO a.F. beinhaltet eine Regelung bezüglich der Berücksichtigung ausländischer Börsenkurse bei der Ermittlung der Gegenleistung. Diese wird entgegen der Konzeption im Regierungsentwurf beibehalten[578], da die Vorschrift immer noch einen Anwendungsbereich habe. Durch den Verweis in § 7 WpÜG-AngVO sei § 6 WpÜG-AngVO notwendig, wenn bei einem Tauschangebot Aktien angeboten werden, welche ausschließlich an einem organisierten Markt im europäischen Ausland zugelassen sind[579].

b. Bewertung

1) § 31 Abs. 3 WpÜG n.F.

Eine Streichung bzw. völlige Neufassung des § 31 Abs. 3 WpÜG a.F. wäre neben einer sich erwartungsgemäß[580] am unteren Rand haltenden Anpassung des

---

[576] BT-Drs. 16/1003, Begründung, B. Zu Artikel 7 Zu Nummer 4 (§ 4), S. 26.

[577] BT-Drs. 16/1003, Begründung, B. Zu Artikel 7 Zu Nummer 4 (§ 4), S. 26.

[578] Dort hieß es in der Begründung, sie entfalle ersatzlos, da sie durch die Umsetzung der Richtlinie keinen Anwendungsbereich mehr habe. Vgl. BT-Drs. 16/1003, Begründung, B. Zu Artikel 7 Zu Nummer 5 (§ 6), S. 27.

[579] Beschlussempfehlung und Bericht des Finanzausschusses, BT-Drs. 16/1541, B. Einzelbegründung Zu Artikel 7 Zu Buchstabe d (§§ 6 und 7), S. 13.

[580] So auch Seibt/Heiser, ZGR 2005, 200, 218.

Zeitraums in § 31 Abs. 3 S. 1 Nr. 1 WpÜG nicht notwendig gewesen[581]. Allerdings nimmt man durch die Änderungen die Wertung der Richtlinie auf, die nicht nach Vor- und Parallelerwerben unterscheidet, sondern bezüglich beider Tatbestände an gleiche Voraussetzungen anknüpft. Zutreffend ist auch die Erwägung, an einen Erwerb von 5 % der Stimmrechte oder der Aktien anzuknüpfen. Zwar werden durch die Bezugnahme auf Aktien auch nicht stimmberechtigte Anteile erfasst. Das entspricht aber dem System des WpÜG, welches ja gerade nicht wie die Richtlinie nur auf stimmberechtigte Anteile abstellt. Insofern liegt eine Verschärfung gegenüber der Richtlinie vor, weil nun ein Bieter eine zwingende Geldgegenleistung anzubieten hat, wenn er etwa 4 % der stimmrechtslosen Aktien und nur 1 % der stimmberechtigten Aktien gegen Geldleistung erworben hat. Die ausdrückliche Zulässigkeit der Verschärfung ergibt sich aus dem bereits angesprochenen Art. 5 Abs. 5 Uabs. 4, ein Rückgriff auf Art. 3 Abs. 2 lit. b) war mithin nicht notwendig[582].

2) WpÜG-AngVO

a) § 4 WpÜG-AngVO n.F.

Der Gesetzgeber hat § 4 WpÜG-AngVO ordnungsgemäß an die Richtlinienvorgaben angepasst.

b) Unveränderte Beibehaltung des § 5 WpÜG-AngVO

Die unveränderte Beibehaltung des § 5 WpÜG-AngVO überzeugt. Der Gesetzeswortlaut ebenso wie zuvor bereits der Regierungsentwurf schließt sich hiermit unter Hinweis auf Art. 3 Abs. 2 lit. b) der Meinung an, die das Börsenpreiskriterium für richtlinienkonform erachtet. Wie beschrieben, ist diese Auffassung zutreffend[583].

c) Unveränderte Beibehaltung des § 6 WpÜG-AngVO

Wie gezeigt[584], konnte § 6 WpÜG-AngVO für die Fälle des § 7 WpÜG-AngVO beibehalten werden. Darüber hinaus besteht kein Anwendungsbereich. Sinnvoll wäre es folglich gewesen, § 6 WpÜG-AngVO in § 7 WpÜG-AngVO zu integrieren, weil die Vorschrift für ihren unmittelbaren Anwendungsbereich keine Verwendung mehr findet.

---

581 Siehe hierzu die Ausführungen unter E.II.4.b., S. 119.

582 Siehe hierzu ebenfalls die Ausführungen unter E.II.4.b., S. 119.

583 Siehe hierzu die Ausführungen unter E.II.4.a.2), S. 116. Ebenso Merkt, der strengere Bedingungen gestützt auf Art. 3 Abs. 2 lit. b) für zulässig hält, auch wenn diese nicht bruchfrei mit der Richtlinie zu vereinbaren wären. Merkt, Stellungnahme zum RegE Ü-UG, S. 11.

584 Siehe hierzu die Ausführungen unter E.II.4.a., S. 115.

3) *Wahlmöglichkeiten der Richtlinie*

Die Richtlinie gibt den Mitgliedstaaten in Zusammenhang mit der Gegenleistung verschiedene Wahlrechte. Zum einen können die Mitgliedstaaten stets eine Geldgegenleistung zwingend vorschreiben, zum anderen der BaFin die Möglichkeit einräumen, den Angebotspreis unter bestimmten Voraussetzungen anzupassen. Von beiden Möglichkeiten hat Deutschland keinen Gebrauch gemacht. Nachfolgend wird untersucht, ob der Gesetzgeber dies zu Recht unterlassen hat.

a) Einführung einer zwingenden Geldgegenleistung (Art. 5 Abs. 5 Uabs. 4)

Es wird vertreten, aus Sicht der betroffenen Aktionäre wäre eine zwingende Geldgegenleistung (ggf. neben liquiden Aktien) eine Verbesserung, da dies eine sicherere Alternative als eine andere Aktie darstellen würde[585].

Indes ist eine isolierte Betrachtung nicht sachgerecht: Zum einen ist der Aktionär nicht verpflichtet, das Angebot des Bieters anzunehmen. Ihm wird also keine andere Aktie „aufgezwungen", sondern es steht ihm frei, ob er die Gegenleistung für angemessen erachtet. Zudem muss die Aktie liquide, also handelbar sein. Außerdem wird der angemessene Gegenwert anhand der Richtlinienvorgaben bestimmt, so dass der Angebotsempfänger hinreichend geschützt ist.

Des Weiteren hat er sich beim Erwerb seiner nun angebotspflichtigen Aktie für die Anlage von Geld in Form der Aktie entschieden. Der Angebotsempfänger hat also bereits zuvor diese Anlageform gewählt. Eine Risikosteigerung ist im Grundsatz mangels Änderung der Anlageform nicht gegeben[586]. Zumindest aber besteht für den annehmenden Aktionär die Möglichkeit, seine Aktien unmittelbar zu „versilbern", wodurch er dem Risiko eines Wertverfalls entgegenwirken kann.

Außerdem sind auch die Auswirkungen auf den Bieter zu berücksichtigen. Sollte er stets dazu gezwungen sein, neben liquiden Aktien eine Geldgegenleistung anzubieten, müsste er über entsprechende liquide Geldmittel verfügen. Dies stellt aus Sicht des Bieters ein unnötiges Erschwernis dar, da der Nachweis ent-

---

585 So auch Maul, NZG 2005, 151, 157.

586 Dies gilt ausdrücklich nur dem Grundsatz nach. So ist natürlich nicht zu bestreiten, dass es Aktien gibt, die „wertstabiler" sind als andere, also geringeren Kursschwankungen unterworfen sind als der Gesamtmarkt, und solche, die wesentlich stärkeren Schwankungen unterworfen sind. Der Angebotsempfänger ist aber gerade nicht dazu verpflichtet, das Aktienangebot anzunehmen. Vielmehr handelt es sich dabei nur um eine Schutzvorkehrung zu seinen Gunsten. Bei Erwerb der Aktien muss der Anleger sich bereits vergegenwärtigen, dass es zu Veränderungen in der Aktionärsstruktur bis hin zu einem Kontrollwechsel kommen kann. Dies ist Bestandteil des Kapitalmarktes.

sprechender Mengen liquider Aktien leichter zu führen sein dürfte als der Nachweis liquider Mengen an Barkapital[587].

Schließlich könnte das Erfordernis des Barkapitals zu einer vergleichsweise höheren Anzahl fremdfinanzierter Unternehmensübernahmen führen, welches ein erhöhtes Risiko einer anschließenden Zerschlagung der übernommenen Gesellschaft mit sich bringen würde. Grund hierfür ist, dass der Bieter zur Entrichtung des Kaufpreises möglicherweise das Unternehmen ausschlachten müsste[588].

Eine weitere mögliche Folge wäre, dass sich die Anzahl der Übernahmeangebote negativ verändern könnte. Dies würde sich letztlich nachteilig für den Markt für Unternehmenskontrolle und somit für den einzelnen Aktionär auswirken[589]. Daher stellt eine zwingende Geldgegenleistung nicht einmal für den Aktionär zwingend eine Verbesserung dar.

In Anbetracht der Gesamtumstände, insbesondere der freien Entscheidung des Aktionärs über die Annahme des Angebots, sprechen die besseren Argumente gegen eine Pflichtgeldgegenleistung.

Die Entscheidung des Gesetzgebers, keine zwingende Geldgegenleistung einzuführen, ist zu begrüßen.

b) Preisanpassung durch die BaFin

In der Literatur wird wohl überwiegend die Ansicht vertreten, der BaFin sollte die Möglichkeit einer Preisanpassung eingeräumt werden, wie sie in Art. 5 Abs. 4 S. 3 bis 6 vorgesehen ist[590]. Natürlich gehen die Meinungen, wie dies im Einzelnen zu geschehen hat, auseinander. So wird insbesondere angemahnt, dass zeitliche Verzögerungen die Folge einer Preisanpassungsmöglichkeit sein könnten[591].

Dennoch bestehe ein Bedürfnis nach solchen Anpassungsregeln[592]. Dies gelte vor allem bei stark volatilen Börsenkursen. Die Befugnis der Preisanpassung durch die BaFin müsse dann aber in einer entsprechenden Befugnis der Aktionäre korrelieren, Rechtsschutz gegen die Preisanpassung in Anspruch zu neh-

---

587 So auch Maul, NZG 2005, 151, 157.

588 Ähnlich äußerte sich die Bundesregierung in Zusammenhang mit der Einführung des WpÜG. Vgl. BT-Drs. 14/3895, S. 13.

589 Vgl. dazu bereit die Kritik von Enriques, ECFR 2004, 440, 447ff., an der grundsätzlichen Ausgestaltung des Pflichtangebots in Fn. 391.

590 Seibt/Heiser, ZGR 2005, 200, 219; zuvor bereits Seibt/Heiser, ZIP 2002, 2193, 2195; Krause, in: Assmann/Pötzsch/Schneider, WpÜG, 2005, § 31 Rn. 25, jedoch zur Zurückhaltung mahnend; Krause, BB 2004, 113, 117; Glade/Haak/Hellich, Der Konzern 2004, 4555, 459.

591 Krause, BB 2002, 2341, 2343.

592 Baums/Hecker, in: Baums/Thoma, WpÜG, 2004, vor § 35 Rn. 48; Marsch-Barner, in: Baums/Thoma, WpÜG, 2004, § 31 Rn. 16; Seibt/Heiser, ZIP 2002, 2193, 2195.

men[593]. Dieser Gedanke erscheint auf den ersten Blick nahe liegend. Betrachtet man allerdings die Rechtsprechungsentwicklung, so hat sich der Gedanke des Individualaktionärsschutzes zumindest bei den deutschen Oberlandesgerichten noch nicht durchsetzen können[594].

Die Richtlinie überlässt es den Mitgliedstaaten, inwieweit sie den Aktionären Rechtsschutzmöglichkeiten gegen Entscheidungen der BaFin einräumen wollen[595]. Andere wollen hingegen der BaFin nur dann die Möglichkeit einräumen, den Preis anzupassen, wenn gleichzeitig sichergestellt ist, dass es gerade nicht zu den Übernahmevorgang behindernden Rechtsstreitigkeiten kommen kann[596].

Sinnvoll ist eine Preisanpassungsmöglichkeit jedenfalls für die Fälle, in denen sich eine Zielgesellschaft in einer Sanierungssituation befindet. Hier ist regelmäßig ein starker Kursverfall gegeben. Muss der Bieter in dieser Situation einen Preis entrichten, der zumindest dem gewichteten Durchschnittsbörsenkurs der letzten drei Monate entspricht, kann dies eine unbillige Härte darstellen[597].

Die Preisanpassungsmöglichkeit ist in dieser Situation zwar im Grunde wegen der Befreiungsmöglichkeit des § 37 WpÜG i.V.m. § 9 S. 1 Nr. 3 WpÜG-

---

593 Dies fordern Baums/Hecker, in: Baums/Thoma, WpÜG, 2004, Vor § 35 Rn. 48.

594 OLG Frankfurt a.M. v. 27. Mai 2003 (ProSiebenSat.1 I), ZIP 2003, 1297; OLG Frankfurt a.M. v. 9. Oktober 2003 (ProSiebenSat.1 II), ZIP 2003, 2206; OLG Frankfurt a.M. v. 4. Juli 2003 (Wella II), DB 2003, 1782ff. Die Entscheidungen betreffen freilich nicht den im WpÜG nicht geregelten Fall der Preisanpassung, sondern die Versagung des Rechtsschutzes gegen die Befreiung eines Kontrollerwerbers von der Angebotspflicht bzw. Gestattungsbescheide bezüglich der Angebotsunterlage. Vgl. zu den vorstehenden Entscheidungen Hecker, in: Baums/Thoma, WpÜG, 2004, § 37 Rn. 173ff., 199ff.; Baums/Hecker, in: Baums/Thoma, WpÜG, 2004, Vor § 35 Rn. 48. Unter den Gesichtspunkten der Effizienz und Rechtssicherheit befürwortet etwa Schüppen, in: Haarmann/Schüppen, Frankfurter Kommentar WpÜG, 2005, Einl. Rn. 36 mit der herrschenden Meinung im Schrifttum die Ablehnung einer Drittbeteiligung.

595 Das ergibt sich eindeutig aus Art. 4 Abs. 6, wonach es den Mitgliedstaaten überlassen bleiben sollte, „ob und unter welchen Voraussetzungen die Parteien des Angebots Rechte im Verwaltungs- und Gerichtsverfahren geltend machen können“. Die Regelung geht maßgeblich auf das Betreiben Englands zurück. Von englischer Seite wurde befürchtet, die effektive Durchführung von Angebotsverfahren würde durch die Einführung von Rechtsschutzmöglichkeiten der Aktionäre unnötig behindert. Auch die Winter-Gruppe wollte nur beschränkt Rechtsschutz zulassen: „*Die Gruppe hält es nicht für wünschenswert, dass eine solche Frage in langwierigen Gerichtsverfahren gelöst wird,* (...)“. Winter-Bericht, S. 57. Siehe zur Frage des Rechtsschutzes auch Fn. 141.

596 So Seibt/Heiser, ZGR 2005, 200, 219.

597 Glade/Haak/Hellich, Der Konzern 2004, 455, 459. Sie weisen zudem darauf hin, bei Eingreifen nur des Vorerwerbstatbestands wäre der Bieter hingegen nicht schutzwürdig, da er diesen selbst geschaffen habe. Zweifelhaft erscheint, ob dies in der Allgemeinheit zutrifft. So ist durchaus denkbar, dass ein Bieter sich bei der Bewertung der gekauften Anteile „verrechnet“ hat. In einem solchen Fall könnte man zwar durchaus sagen, dies liege allein in seiner Risikosphäre. Zwingend ist das aber nicht.

AngVO entbehrlich[598]. Allerdings hätte man somit einen „doppelten Boden", sollte sich die hier vertretene Ansicht, die Befreiungsmöglichkeit der BaFin entspreche den Richtlinienvorgaben, als fehlerhaft herausstellen[599].

Deswegen ist eine Preisanpassung durch die BaFin zu befürworten.

Grundsätzlich ist es aber rechtlich nicht erforderlich, der BaFin eine Preisanpassungsmöglichkeit einzuräumen, da das Pflichtangebot nicht in das Eigentumsrecht der Aktionäre eingreift[600]. Folglich bedarf es auch keiner Sicherstellung einer an den *DAT/Altana*-Maßstäben gemessenen Gegenleistung.

Würde das Pflichtangebot hingegen in das Eigentumsrecht eingreifen, so wäre ggf. eine Preiskorrektur durch die Aufsichtsstelle nötig und auch europarechtlich zulässig (Art. 5 Abs. 4 Uabs. 2). Bei Nichtnutzung dieser Möglichkeit wäre ein Verstoß gegen deutsches Recht die Folge. Für die Annahme eines Grundrechtseingriffs ergeben sich jedoch keine Anhaltspunkte. Die Aktionäre sind frei in ihrer Entscheidung, Aktien einer Gesellschaft zu erwerben und diese (ggf. durch Annahme des Pflichtangebots) zu veräußern. Es ist nicht ersichtlich, weshalb Aktionäre grundrechtlich vor einem Kontrollerwerb bzw. einem Kontrollwechsel in einer Gesellschaft zu schützen sind. Ein Aktionär, der Anteile an einem Unternehmen erwirbt, muss sich der Möglichkeit vergegenwärtigen, Minderheitsaktionär einer beherrschten Gesellschaft zu sein bzw. sich wechselnder Mehrheitsverhältnisse gegenüber zu sehen.

Durch das Pflichtangebot werden zudem keine Grundrechte des Bieters verletzt. Das hat *Krause* überzeugend dargelegt[601]. Folglich ist eine Preisanpassungsmöglichkeit auch aus dieser Sicht rechtlich nicht zwingend erforderlich.

In Anbetracht der Gesamtumstände wäre es – bei vernünftiger Ausgestaltung – sinnvoll gewesen, der BaFin im Umsetzungsgesetz die Möglichkeit der Preisanpassung zumindest in Sanierungssituationen einzuräumen. Diese Möglichkeit wurde bedauerlicherweise nicht genutzt.

---

598 Vgl. die Ausführungen unter E.I.4.f.2), S. 104.

599 Dies scheinen deshalb auch Glade/Haak/Hellich, Der Konzern 2004, 455, 459 zu befürworten.

600 Krause, in: Assmann/Pötzsch/Schneider, WpÜG, 2005, § 31 Rn. 25; Mülbert/Schneider, WM 2003, 2301, 2315; Mülbert, NZG 2004, 633, 642; a.A. Zschocke/Rahlf, DB 2003, 1375, 1376. A.A. auch diejenigen, welche selbst bei einem freiwilligen Angebot einen Eingriff in den Schutzbereich des Art. 14 GG annehmen: Tröger, DZWIR 2002, 397, 399f. Fn. 138; Nietsch, BB 2003, 2581, 2587; Oechsler, in: FS Hadding, 2004, S. 1027, 1031f.; dagegen Habersack, ZIP 2003, 1123, 1127; Krieger, in: Henze/Hoffmann-Becking, Gesellschaftsrecht, 2001, S. 289, 298.

601 Krause, Das obligatorische Übernahmeangebot, 1996, S. 162ff. Ebenso von Bülow, in: Hirte/von Bülow, Kölner Kommentar WpÜG, 2003, § 35 Rn. 26; Meyer, in: Geibel/Süßmann, WpÜG, 2002, § 35 Rn. 10ff.; Steinmeyer/Häger, WpÜG, 2002, § 35 Rn. 33ff.; Krause/Pötzsch, in: Assmann/Pötzsch/Schneider, WpÜG, 2005, § 35 Rn. 36ff.

F. Freiwillige Übernahmeangebote

I. Darlegung der umzusetzenden Richtlinienbestimmung

Die Richtlinie erfasst auch freiwillige Übernahmeangebote, macht aber diesbezüglich – wenn man von den für Übernahme- und Pflichtangebote gleichermaßen geltenden allgemeinen Grundsätzen, Begriffsbestimmungen, Zuständigkeits- und Verfahrensvorschriften absieht – keine umfassenden Vorgaben.

Bei freiwilligen Übernahmeangeboten sind Teilangebote zulässig. Dies wird deutlich aus der Definition des Art. 2 Abs. 1 lit. a), wonach Angebote auch auf den Erwerb eines Teils der von der Zielgesellschaft ausgegebenen Wertpapiere gerichtet sein können. Gestützt wird diese Ansicht durch Art. 6 Abs. 3 lit. f). Danach hat die Angebotsunterlage Angaben zur Mindest- und Höchstzahl der Wertpapiere, zu deren Erwerb sich der Bieter verpflichtet, zu enthalten[602]. Art. 5 Abs. 2 bestimmt zudem, dass Übernahmeangebote (nur) unter bestimmten Voraussetzungen privilegiert sind.

II. Europäischer Hintergrund sowie Regelungen in einzelnen Mitgliedstaaten

Wie aufgezeigt, regelt die Richtlinie freiwillige Übernahmeangebote nicht umfassend. Sie ordnet jedoch, der Tradition in vielen Mitgliedstaaten entsprechend, an, dass ein im Einklang mit den Vorschriften der Richtlinie abgegebenes freiwilliges Übernahmeangebot bei einem hieraus folgenden Kontrollerwerb befreiende Wirkung im Hinblick auf das sonst zwingend abzugebende Pflichtangebot hat[603].

Die Richtlinie trifft keine verbindlichen Preisbestimmungen. Sie geht von der Prämisse aus, die Kräfte des Marktes bzw. die dortigen Preisfindungsmechanismen seien ausreichend[604].

Der deutsche Gesetzgeber hingegen befürchtete offensichtlich auch in dieser Situation Zwangswirkungen[605] und erstreckte die Pflichtangebotspreisbestimmungen auf freiwillige Übernahmeangebote. Dies wurde von vielen Stimmen in

---

602 Ebenso Möller, in: Assmann/Pötzsch/Schneider, WpÜG, 2005, § 19 Rn. 7.

603 Exemplarisch sei hier die Begründung RegE WpÜG, BT-Drs. 14/7034, S. 60 angeführt, wonach ein Pflichtangebot in dieser Konstellation *„zu unnötigem Zeit- und Kostenaufwand führen würde"*. Den Aktionären ist ja bereits zuvor die Möglichkeit zum Ausstieg aus der Zielgesellschaft gewährt worden.

604 Seibt/Heiser, ZIP 2002, 2193, 2195. Frühere (nationale) Gesetzesvorschläge enthielten auch keine Preisregelungen für freiwillige Angebote. Vgl. Vorschlag von Baums, ZIP 1997, 1310, 1311 (§ 31 Abs. 4) sowie den nachfolgenden SPD-Gesetzesentwurf, BT-Drs. 13/8164, S. 4f.

605 Vgl. Begründung RegE WpÜG, BT-Drs. 14/7034, S. 30. Dementsprechend enthält § 31 WpÜG a.F. für Übernahmeangebote Preisbestimmungen.

der deutschen Literatur befürwortet[606], stieß aber überwiegend auf Ablehnung[607]. Die Ablehnung der Preisregelung ist sachgerecht: Ein Bieter, der die Kontrolle über eine Zielgesellschaft erlangen will, muss sein Angebot entsprechend gestalten. Ist es nicht attraktiv genug, so wird es ihm regelmäßig auch nicht gelingen, die Kontrolle zu übernehmen. Daher ist die Befürchtung, ein Bieter könne auf diese Weise die Pflichtangebotspreisregelungen umgehen wollen, nur wenig tragfähig[608].

III. Richtlinienbestimmung als Mindest- bzw. Maximalstandard

Fraglich ist insbesondere, ob die Richtlinie Vorgaben bezüglich der Gegenleistung bei Übernahmeangeboten macht.

So meinen einige Verfasser, aus Art. 5 Abs. 6 folge, dass der nationale Schutz der Minderheitsaktionäre über die Anforderungen der Richtlinie hinausgehen dürfe[609]. Das Börsenpreiskriterium des § 5 Abs. 1 WpÜG-AngVO a.F. entspreche damit wegen Art. 3 Abs. 2 lit. b) den Richtlinienvorgaben, wonach strengere Vorschriften durch die Mitgliedstaaten zulässig seien[610].

Mülbert hingegen sieht eine Mindestpreisregel als richtlinienwidrig an[611]. Zur Begründung wird die unterschiedliche Behandlung von Übernahme- und Pflichtangeboten in Art. 15 Abs. 5 und Art. 16 Abs. 3 angeführt.

Zuzugeben ist *Mülbert*, dass eine Mindestpreisregel durch das System der Richtlinie nicht vorgegeben ist. Diese geht vielmehr davon aus, der Markt werde über den Erfolg des Übernahmeangebots entscheiden und daher ein entsprechend gutes Angebot verlangen.

Eine Richtlinienwidrigkeit der Festlegung von Mindestpreisregeln für Übernahmeangebote ergibt sich hieraus aber nicht, wie die h.M. ausgehend von Art. 5 Abs. 6 sowie Art. 3 Abs. 2 lit. b) richtig folgert.

---

606 Marsch-Barner, in: Baums/Thoma, WpÜG, 2004, § 31 Rn. 18; Krieger, in: Henze/Hoffmann-Becking, Gesellschaftsrecht, 2001, S. 289, 293f.; Fleischer/Kalss, WpÜG Gesamtdarstellung, 2002, S. 115f.; Rodewald/Siems, ZIP 2002, 926, 927f.; scheinbar auch Hirte, in: Hirte, WpÜG Materialien, 2002, S. 1, 13.

607 Mülbert, ZIP 2001, 1221,1222-1225; Krause, NZG 2000, 905, 908; Houben, WM 2000, 1878, 1881; wohl auch Haarmann, in: Haarmann/Riehmer/Schüppen, WpÜG, 2002, § 31 Rn. 22; Steinmeyer/Häger, WpÜG, 2002, § 31 Rn. 2f.; Traugott/Schäfer, NZG 2004, 158, 160.

608 Traugott/Schäfer, NZG 2004, 158, 160; Steinmeyer/Häger, WpÜG, 2002, § 31 Rn. 2f.

609 Krause/Pötzsch, in: Assmann/Pötzsch/Schneider, WpÜG, 2005, § 35 Rn. 30; Seibt/Heiser, ZIP 2002, 2193, 2195, zum Kommissionsvorschlag von 2002.

610 Krause, in: Assmann/Pötzsch/Schneider, WpÜG, 2005, § 31 Rn. 22; Krause, BB 2004, 113, 116; Glade/Haak/Hellich, Der Konzern 2004, 455, 458; zum Kommissionsvorschlag von 2002 Seibt/Heiser, ZIP 2002, 2193, 2195; Kindler/Horstmann, DStR 2004, 866, 872; Haarmann, in: Haarmann/Schüppen, Frankfurter Kommentar WpÜG, 2005, § 31 Rn. 174.

611 Mülbert, NZG 2004, 633, 640. Ihm folgend Hopt/Mülbert/Kumpan, AG 2005,109, 111.

Die von *Mülbert* angeführte unterschiedliche Behandlung der Übernahme- und Pflichtangebote ist als Gegenargument nicht überzeugend. Zwar ist zutreffend, dass das Pflichtangebot an bestimmte Mindestgegenleistungen anknüpft und daher beim *Squeeze Out* die Gegenleistung des Pflichtangebots als angemessen bezeichnet wird, während dies bei einem Übernahmeangebot nur der Fall ist, wenn das Angebot eine bestimmte Annahmequote erreicht. Die Einführung einer Mindestpreisregelung auch für Übernahmeangebote entkräftet die *Squeeze Out* Vermutung jedoch nicht. Es würde lediglich ein weiteres Schutzinstrument zugunsten der Minderheitsaktionäre eingeführt werden. Schließlich knüpft die Angemessenheit der *Squeeze Out* Abfindung immer noch an eine 90 %-ige Annahmequote an, wobei die Untergrenze des gebotenen Übernahmepreises durch die Mindestpreisregel festgelegt würde.

Zuzugeben ist, dass bei einer identischen Festlegung der Mindestpreisregelungen in Übernahme- und Pflichtangebotsfällen, wie sie im WpÜG a.F. enthalten ist, die *Squeeze Out*-Angemessenheitsvermutung bei Übernahmeangeboten eigentlich entbehrlich wäre, weil man auch dort unabhängig von der Annahmequote den Preis als angemessen ansehen könnte[612].

Ergebnis einer Beibehaltung des deutschen Gleichlaufs wäre nämlich, dass Minderheitsaktionäre bei einem *Squeeze Out* im Anschluss an ein Übernahmeangebot besser geschützt wären als im Anschluss an ein Pflichtangebot. Dort gälte die Gegenleistung als angemessen, während dies bei einem Übernahmeangebot nur der Fall wäre, wenn das Angebot zudem die vorgegebene Annahmequote erreicht.

Allerdings lässt sich ungeachtet der Sinnhaftigkeit einer Mindestpreisregelung für Übernahmeangebote hieraus keine Unzulässigkeit entnehmen. Dafür geben auch die Erwägungsgründe der Richtlinie nichts her.

Die Vorgeschichte und die systematischen Unstimmigkeiten bei einem *Squeeze Out* machen eine Mindestpreisregelung für Übernahmeangebote folglich nicht richtlinienwidrig.

IV. Rechtslage vor der Umsetzung und Anpassungsbedarf

1. Begriffsbestimmung des Übernahmeangebots (§ 29 Abs. 1 WpÜG a.F. / Art. 2 Abs. 1 lit. a))

Die Richtlinie definiert in Art. 2 Abs. 1 lit. a) das Übernahmeangebot als freiwilliges Angebot, welches den Erwerb der Kontrolle der Zielgesellschaft zum Ziel hat. Nach *Möller* ist das Vorliegen der Voraussetzungen eines Übernahmeangebots i.S.d. Richtlinie („*Erwerb der Kontrolle als Ziel*") nach objektiven Kriterien

[612] Dies wäre angesichts des Gleichlaufs von Pflichtangebots- und Übernahmeangebotspreisregelung nahe liegend. Ob dies rechtlich zulässig ist, wird im Rahmen des *Squeeze Out* besprochen.

zu bestimmen[613]. Dies ist, wie er zutreffend darlegt, im Interesse des Anlegerschutzes notwendig.

Das WpÜG a.F. bestimmt als freiwillige Übernahmeangebote öffentliche Angebote, die auf den Erwerb der Kontrolle gerichtet sind. Wann ein Angebot auf den Erwerb der Kontrolle gerichtet ist, bestimmt sich gleichfalls nach objektiven Maßstäben[614], besondere subjektive Absichten sind nicht erforderlich. Ausreichend ist, dass das Angebot bei vollständiger Annahme durch die Aktionäre zum Kontrollerwerb durch den Bieter führen würde[615]. Nicht entscheidend ist, ob der Bieter tatsächlich die Kontrolle erwirbt. Maßgeblich ist also eine *ex ante* Betrachtung[616].

Damit bedurfte es ungeachtet der sprachlichen Abweichung keiner Anpassung des § 29 Abs. 1 WpÜG a.F.

2. Inhaltliche Reichweite des Übernahmeangebots i.S.d. WpÜG a.F.

§ 29 WpÜG a.F. erfasst sämtliche Aktien der Zielgesellschaft, seien es Inhaber- oder Namensaktien, Nennbetrags- oder Stückaktien[617]. Zudem ist das Übernahmeangebot auf sämtliche Aktiengattungen zu erstrecken. Die wohl überwiegende Meinung, die den Anwendungsbereich des WpÜG a.F. auf börsennotierte Wertpapiere beschränken wollte, ist hingegen nicht mehr mit den Richtlinienvorgaben zu vereinbaren[618].

Wertpapiere, welche keine Aktien sind, werden von einem Übernahmeangebot i.S.d. WpÜG a.F. nicht betroffen[619]. Möglich ist aber, neben dem Übernahmeangebot ein freiwilliges Erwerbsangebot bezüglich Optionen und Wandlungsrechten abzugeben. Für die Befreiung vom Pflichtangebot spielt dies jedoch keine Rolle. Von Bedeutung könnte es aber im Zusammenhang mit dem neuen *Squeeze Out* sein. Dies soll allerdings eingehend an anderer Stelle besprochen werden[620].

---

613 Möller, in: Assmann/Pötzsch/Schneider, WpÜG, 2005, § 29 Rn. 5.

614 Von Bülow, in: Hirte/von Bülow, Kölner Kommentar WpÜG, 2003, § 29 Rn. 37; Oechsler, in: Ehricke/Ekkenga/Oechsler, WpÜG, 2003, § 29 Rn. 2; Möller, in: Assmann/Pötzsch/Schneider, WpÜG, 2005, § 29 Rn. 4.

615 Möller, in: Assmann/Pötzsch/Schneider, WpÜG, 2005, § 29 Rn. 4.

616 Von Bülow, in: Hirte/von Bülow, Kölner Kommentar WpÜG, 2003, § 29 Rn. 41.

617 Vogel, in: Haarmann/Schüppen, Frankfurter Kommentar WpÜG, 2005, § 32 Rn. 12.

618 Vgl. die Ausführungen unter A.IV.3.a., S. 32, insbesondere Fn. 182.

619 Vogel, in: Haarmann/Schüppen, Frankfurter Kommentar WpÜG, 2005, § 32 Rn. 5.

620 Siehe dazu die Ausführungen unter J.II.5.b.3), S. 303.

Umstritten ist die Behandlung sogenannter junger Aktien[621]. Fraglich ist insoweit, ob Aktionär der Zielgesellschaft auch die Person ist, welche zwar nach Abgabe des Angebots, jedoch vor Ablauf der Annahmefrist durch Ausübung einer Option oder eines Wandlungsrechts Aktionär geworden ist. Hierfür spricht der Wortlaut von § 32 WpÜG a.F., wonach *alle Aktien* vom Übernahmeangebot erfasst sein müssen. Das sind auch die erst in der Annahmefrist entstehenden Aktien[622].

Aktien, welche erst nach Ablauf der Annahmefrist, aber innerhalb der weiteren Annahmefrist des § 16 Abs. 2 WpÜG a.F. entstehen, werden nicht von dem Übernahmeangebot erfasst. Die Regelung des § 16 Abs. 2 WpÜG a.F. dient nämlich dazu, Aktionären eine zweite Chance zur Annahme des Angebots zu geben. Voraussetzung ist mithin die Stellung als Aktionär und nicht als Optionsrechtsinhaber bereits während der Annahmefrist[623]. Dies lässt sich dem Wortlaut des § 16 Abs. 1 S. 2 WpÜG a.F. entnehmen.

Der Richtliniengeber macht bezüglich der Behandlung von während der Annahmefrist ausgeübten Options- oder Wandlungsrechten keine Vorgaben. Eindeutig ist nur, dass Optionen etc. als solche nicht in den Anwendungsbereich der Richtlinie fallen. Für das Übernahmeangebot nach WpÜG a.F. gilt in diesem Fall nichts anderes, wie bereits ausgeführt wurde.

Da sich der Richtliniengeber nur zurückhaltend dazu geäußert hat, wie ein Übernahmeangebot abzuwickeln ist, kann davon ausgegangen werden, dass es dem nationalen Gesetzgeber zumindest nicht verwehrt sein sollte, die jungen Aktien in den Anwendungsbereich des Übernahmeangebots einzubeziehen. Hierfür spricht nicht zuletzt der allgemeine Grundsatz des Art. 3 Abs. 1 lit. a), wonach die Inhaber von Wertpapieren gleich zu behandeln sind. Auch die jungen Aktionäre sind Wertpapierinhaber im Sinne der Richtlinie. Würde man diese nicht in den Anwendungsbereich eines Übernahmeangebots mit einbeziehen, wäre zudem eine Befreiungsmöglichkeit von der Abgabe des Pflichtangebots fraglich[624]. Diese wird nur erteilt, wenn *allen Wertpapierinhabern* (im Sinne der Richtlinie) ein freiwilliges Angebot unterbreitet wurde.

---

[621] Unter jungen Aktien werden Aktien verstanden, die erst im Lauf der Annahmefrist oder der weiteren Annahmefrist entstehen. Vgl. bezüglich des Streitstandes Vogel, in: Haarmann/Schüppen, Frankfurter Kommentar WpÜG, 2005, § 32 WpÜG Rn. 16f.

[622] So auch Hasselbach, in: Hirte/von Bülow, Kölner Kommentar WpÜG, 2003, § 32 Rn. 5; Thun, in: Geibel/Süßmann, WpÜG, 2002, § 32 Rn. 13ff.; Baums/Hecker, in: Baums/Thoma, WpÜG, 2004, § 32 Rn. 7; a.A. Geibel, in: Geibel/Süßmann, WpÜG, 2002, § 18 Rn. 30.

[623] Ebenso Baums/Hecker, in: Baums/Thoma, WpÜG, 2004, § 32 Rn. 7; Vogel, in: Haarmann/Schüppen, Frankfurter Kommentar WpÜG, 2005, § 32 WpÜG Rn. 17. Widersprüchlich hingegen Hasselbach, in: Hirte/von Bülow, Kölner Kommentar WpÜG, 2003, § 32 Rn. 6 einerseits und Rn. 10 andererseits.

[624] Hierfür spricht der Wortlaut des Art. 5 Abs. 2.

§ 29 WpÜG a.F. entspricht also inhaltlich den Richtlinienvorgaben. Eine Abänderung war nicht erforderlich.

3. Gegenleistungsregelung

Nachdem die Frage, ob die Gegenleistungsregelung des WpÜG a.F. für Übernahmeangebote wegen europarechtlicher Vorgaben zwingend angepasst werden musste, unter F.III. verneint wurde[625], stellt sich die weitere Frage, ob nicht faktisch eine Anpassung notwendig war.

Unstreitig ist, dass ein Übernahmeangebot als Vollangebot ausgestaltet sein muss, um ein Pflichtangebot entbehrlich zu machen[626].

a. Freiwilliges Angebot im Einklang mit der Richtlinie (Art. 5 Abs. 2)

Eine faktische Anpassung der Übernahmepreisregelungen an die Pflichtangebotspreisregelungen der Richtlinie könnte wegen Art. 5 Abs. 2 erforderlich sein. Diese bereits angesprochene Regelung befreit den Bieter von der Verpflichtung zur Abgabe eines Angebots bei Kontrollerlangung durch ein freiwilliges Angebot, welches *„im Einklang mit dieser Richtlinie allen Wertpapierinhabern für alle ihre Wertpapiere unterbreitet worden ist*".

Klärungsbedarf besteht damit in Bezug auf die Frage, ob die Preisbestimmung für Pflichtangebote Teil des freiwilligen Übernahmeangebots sein muss, damit dieses in Einklang mit der Richtlinie unterbreitet wurde. Wäre dies der Fall, so wäre die europäische Regelung für Pflichtangebote auch auf freiwillige Übernahmeangebote zu übertragen. Ansonsten würde nämlich den Bietern bei Beibehaltung der Regelung des § 31 WpÜG a.F. i.V.m. §§ 3ff. WpÜG-AngVO a.F. die Befreiungsmöglichkeit vom Pflichtangebot verwehrt. Das war unbedingt zu vermeiden.

Teilweise wird es zumindest für konsequent gehalten, die alten Regelungen für Übernahmeangebote entsprechend denjenigen der Pflichtangebote auszugestalten (also auch den Drei-Monats-Zeitraum auf sechs Monate auszuweiten), um den Gleichlauf von Übernahme- und Pflichtangebot aufrechtzuerhalten[627]. *Krause* geht sogar davon aus, dass es europarechtlich wegen Art. 5 Abs. 2 erforderlich ist, die Vorerwerbsperiode auf sechs Monate zu verlängern[628]. Andernfalls bestehe keine Möglichkeit des privilegierten Kontrollerwerbs mehr. Gleiches

---

[625] Siehe S. 128.

[626] Krause/Pötzsch, in: Assmann/Pötzsch/Schneider, WpÜG, 2005, § 35 Rn. 25; Hommelhoff/Witt, in: Haarmann/Schüppen, Frankfurter Kommentar WpÜG, 2005, § 39 Rn. 9.

[627] So Pötzsch, in: Assmann/Pötzsch/Schneider, WpÜG, 2005, Einl. Rn. 111. Für eine Beibehaltung des Gleichlaufs und gegen *„den merkwürdigen Dualismus"* der Richtlinie auch Hommelhoff/Witt, in: Haarmann/Schüppen, Frankfurter Kommentar WpÜG, 2005, Vor §§ 35 bis 39 Rn. 5.

[628] Krause, in: Assmann/Pötzsch/Schneider, WpÜG, 2005, § 31 Rn. 22.

gelte für die Preisvorschriften insgesamt, da ansonsten das Übernahmeangebot nicht *„im Einklang mit dieser Richtlinie“* – worunter er auch die Preisvorschriften versteht – abgegeben worden sei[629].

Aus dem Wortlaut von Art. 5 Abs. 4 ergibt sich, dass eine (entsprechende) Anwendung der Vorschrift auf freiwillige Übernahmeangebote nicht vorgesehen ist[630]. Direkt passt Art. 5 Abs. 4 nicht, weil er auf Abs. 1 Bezug nimmt, der den Kontrollerwerb voraussetzt.

Eine entsprechende Anwendung kommt ebenfalls nicht in Betracht. Zum einen würde dass eine Regelungslücke voraus setzen, zum anderen eine vergleichbare Interessenlage[631].

Beides ist hier nicht gegeben: Das freiwillige Übernahmeangebot soll sich nach den Vorstellungen des europäischen Gesetzgebers nach den Marktgegebenheiten richten. Die Preisbestimmung erfolgt also durch den Markt[632]. Eine anderweitige Festlegung war nicht angedacht. Folglich muss dieser Gedanke auch für die Befreiung vom Pflichtangebot fruchtbar gemacht werden. Wollte der Gesetzgeber keine Preisregelungen für die freiwilligen Übernahmeangebote einführen, so muss dies gleichermaßen in Zusammenhang mit dem Fortfall der Verpflichtung zur Abgabe eines Pflichtangebots gelten[633]. Ansonsten würde der Grundgedanke, den Markt entscheiden zu lassen, für den Regelfall entkräftet, da ein Bieter sein Angebot gleich entsprechend der Pflichtangebotsregelungen abgeben würde, um eine weitere Angebotsabgabe zu vermeiden[634]. Gestützt wird diese Ansicht durch die unter J.III.1. anzusprechenden Regelungen zum *Squeeze Out*[635]. Würde das Übernahmeangebot im Sinne der Richtlinie stets die Preisvorschriften des Pflichtangebots erfüllen müssen, um privilegiert zu sein, wäre die Angemessenheitsvermutung beim *Squeeze Out* gegenstandslos. Schließlich dürfte es nie auf die Annahmequote bei Übernahmeangeboten ankommen, weil der Bieter stets die Preisregelungen für das Pflichtangebot einhalten müsste. Hätte er dies nicht getan, wäre noch ein Pflichtangebot abzugeben.

---

629 Krause, in: Assmann/Pötzsch/Schneider, WpÜG, 2005, § 31 Rn. 22. Im Ergebnis ebenso Hommelhoff/Witt, in: Haarmann/Schüppen, Frankfurter Kommentar WpÜG, 2005, § 39 Rn. 10. Gleichfalls Rahlf, FINANCE-Sonderbeilage Februar 2006, S. 11, allerdings unter Bezugnahme auf deutsche Vorgaben.

630 Ebenso Baums/Hecker, in: Baums/Thoma, WpÜG, 2004, Vor § 35 Rn. 137.

631 Vgl. zu den Voraussetzungen einer entsprechenden Anwendung einer Norm Larenz/Canaris, Methodenlehre, 1995, S. 202ff.

632 Seibt/Heiser, ZIP 2002, 2193, 2195, zum Kommissionsvorschlag von 2002. So bereits der Winter-Bericht, S. 11, 53.

633 Im Ergebnis ebenso Krause/Pötzsch, in: Assmann/Pötzsch/Schneider, WpÜG, 2005, § 35 Rn. 25.

634 Ein Bieter wird aus Kostengründen stets die Abgabe von zwei Angeboten vermeiden. Ebenso Seibt/Heiser, AG 2006, 301, 302.

635 Siehe S. 306.

Es fehlt also bereits an der Regelungslücke, da der Gesetzgeber diesen Fall bewusst so entschieden hat.

Auch besteht keine vergleichbare Interessenlage: Hat ein Bieter bereits die Kontrolle erlangt und muss deshalb ein Pflichtangebot unterbreiten, so wird sein Interesse am Erwerb weiterer Aktien eher gering ausfallen[636]. Sein Ziel ist hier bereits erreicht. Er würde freiwillig nur noch einen vergleichsweise geringen Preis anbieten. In diesem Fall bedürfen deshalb die anderen Aktionäre des Schutzes durch Preisregelungen.

Folglich besteht kein faktischer europarechtlicher Zwang, die für die Pflichtangebote geltende europäische Vorgabe für Übernahmeangebote zu übernehmen[637].

b. Auswirkungen der Richtlinienregelung

Teilweise wird daraus gefolgert, die Richtlinie gewähre nicht den Schutz, den das WpÜG a.F. den Aktionären durch den Gleichlauf von Pflicht- und Übernahmeangeboten geboten hat[638]. Schließlich könne ein Bieter die Kontrolle erlangen, ohne ein Angebot abgegeben zu haben, welches irgendwelche Mindestanforderungen erfüllt.

Andererseits muss jedoch das Übernahmeangebot „gut" genug sein, also eine entsprechend hohe Gegenleistung enthalten, um die Aktionäre zu dessen Annahme zu bewegen und einen Kontrollerwerb herbeizuführen. Insoweit wird der Schutz der Aktionäre anders, nämlich durch den Markt, erreicht.

Nach den obigen Ausführungen wäre es sinnvoll, von Preisregelungen für freiwillige Übernahmeangebote Abstand zu nehmen und die Preisbildung dem Markt zu überlassen.

Dafür wäre eine Umstrukturierung des WpÜG a.F. erforderlich gewesen. Im WpÜG a.F. befinden sich die Preisvorschriften in Abschnitt 4, welcher die Übernahmeangebote regelt. Systematisch richtig ist aber die Einfügung in Abschnitt 5 bei den Pflichtangeboten, weil es für freiwillige Übernahmeangebote keiner Regelungen mehr bedarf. Folglich hätten die im Zusammenhang mit der Gegenleistung bei Pflichtangeboten erörterten Änderungen in § 31 WpÜG a.F. vorgenommen werden und anschließend § 31 WpÜG a.F. in Abschnitt 5, etwa als § 38a WpÜG n.F., eingefügt werden sollen.

---

636 Ebenso Baums/Hecker, in: Baums/Thoma, WpÜG, 2004, Vor § 35 Rn. 137.

637 Ebenso Seibt/Heiser, ZIP 2002, 2193, 2195, zum Kommissionsvorschlag von 2002.

638 Krause/Pötzsch, in: Assmann/Pötzsch/Schneider, WpÜG, 2005, § 35 Rn. 25.

V. Umsetzung und Bewertung

1. § 31 Abs. 3 WpÜG n.F.

Wie unter E.II.5.a.1) gezeigt[639], hat sich der Gesetzgeber dazu entschieden, § 31 Abs. 3 WpÜG für Übernahme- und Pflichtangebote gleichermaßen anzupassen. Zur Begründung wird lediglich angeführt, die Fristverlängerung sei notwendig geworden, um Übernahmeangebote auch zukünftig privilegieren zu können[640].

2. Bewertung

Nach der hier vertretenen Auffassung besteht keine faktische Anpassungspflicht der Vorschriften zur Preisbestimmung für Übernahmeangebote[641]. Insoweit geht also die Gesetzesbegründung fehl. Zwar ist eine „Preisbindung", wie sie weiterhin stattfinden wird, unschädlich, weil europarechtlich zulässig[642]. Bedauerlich ist sie trotzdem. Der Gesetzgeber hat es versäumt, die Preisbildung bei Übernahmeangeboten dem Markt zu überlassen[643]. Stattdessen hat er seine „Regulierungswut" unnötigerweise aufrechterhalten.

G. Pflichten des Leitungs- bzw. Verwaltungsorgans der Zielgesellschaft

I. Stellungnahme des Leitungs- bzw. Verwaltungsorgans

Das Leitungs- bzw. Verwaltungsorgan der Zielgesellschaft hat eine mit Gründen zu versehene Stellungnahme zu dem Angebot abzugeben.

1. Darlegung der umzusetzenden Richtlinienbestimmung

Nach Art. 9 Abs. 5 ist in dieser Stellungnahme auf die Auswirkungen des Angebots auf die Interessen der Gesellschaft, insbesondere auf die Beschäftigung, die strategische Planung des Bieters für die Zielgesellschaft und die voraussichtlichen Auswirkungen auf Arbeitsplätze und Standorte, einzugehen. Zudem ist ihr, sofern vorhanden, eine eigene Stellungnahme der Arbeitnehmervertreter zu den Auswirkungen auf die Beschäftigung beizufügen. In Abweichung von anderen

---

[639] Siehe S. 120.

[640] BT-Drs. 16/1003, Begründung, B. Zu Artikel 1 Zu Nummer 14 (§ 31), S. 19.

[641] Vgl. die Ausführungen unter F.IV.3., S. 132.

[642] Vgl. die Ausführungen unter F.III., S. 128.

[643] Hierbei befindet er sich jedoch in guter Gesellschaft. Auch in unserem Nachbarland Österreich werden die Preisregelungen für Übernahmeangebote und Pflichtangebote identisch ausgestaltet bleiben. Vgl. ÜbRÄG, Art. 1 Nr. 20, BGBl. I für die Republik Österreich vom 9. Juni 2006.

Bestimmungen wird hier nicht die Alternative „– *in Ermangelung solcher Vertreter – die Arbeitnehmer selbst*“ (wie in Art. 6 Abs. 1 und Art. 8 Abs. 2) aufgeführt. Das scheint indes nicht beabsichtigt zu sein und steht in Widerspruch zu Erwägungsgrund (23), in dem es heißt: „*Die Arbeitnehmer der betroffenen Gesellschaften oder ihre Vertreter sollten überdies die Möglichkeit erhalten, sich zu den voraussichtlichen Auswirkungen des Angebots auf die Beschäftigung zu äußern*“[644].

2. Europäischer Hintergrund sowie Regelungen in einzelnen Mitgliedstaaten

Die Pflicht zur Stellungnahme des Leitungsorgans einer Zielgesellschaft ist europaweit Standard[645]. Inhaltlich handelt es sich hierbei um diejenige Vorschrift der Richtlinie bzw. der nationalen Übernahmerechte, welche neben der Angebotsunterlage den Aktionären die notwendigen Informationen gibt, um über das Angebot entscheiden zu können. Die Aktionäre erhalten dadurch eine Erläuterung der Angebotsunterlage sowie eine Schilderung der Folgen einer erfolgreichen Übernahme aus Sicht der Zielgesellschaft. Diese wird ggf. erheblich von den Schilderungen in der Angebotsunterlage abweichen[646].

3. Richtlinienbestimmung als Mindest- bzw. Maximalstandard

Bereits aus dem Wortlaut von Art. 9 Abs. 5 („*unter anderem*“) ergibt sich, dass die Stellungnahme über die in der Richtlinie geforderten Punkte hinausgehen darf.

4. Rechtslage vor der Umsetzung und Anpassungsbedarf

§ 27 WpÜG a.F. regelt im WpÜG a.F. die Stellungnahmepflicht. Danach haben Vorstand und Aufsichtsrat der Zielgesellschaft eine Stellungnahme abzugeben. Ob diese Regelung der Richtlinienvorgabe entspricht, ist durch Auslegung des Art. 9 Abs. 5 zu ermitteln.

---

644 Für eine solche Auslegung auch Rasner, Pflichten der Zielgesellschaft, 2005, S. 135 Fn. 671. Ebenso Krause/Pötzsch, in: Assmann/Pötzsch/Schneider, WpÜG, 2005, § 27 Rn. 24, die von einem Redaktionsversehen ausgehen.

645 Rasner, Pflichten der Zielgesellschaft, 2005, S. 232.

646 An dieser Stelle soll darauf hingewiesen werden, dass die notwendige kritische Distanz bei einem freundlichen Übernahmeangebot verhältnismäßig geringer ausfallen dürfte als bei einem feindlichen Übernahmeangebot.

a. Auslegung des Begriffs „Leitungs- bzw. Verwaltungsorgan" i.S.d. Art. 9 Abs. 5

Die Formulierung der Richtlinie in Art. 9 Abs. 5 besagt, dass *„das Leitungs- bzw. Verwaltungsorgan der Zielgesellschaft* (...)" eine Stellungnahme abzugeben hat und ist damit nicht eindeutig, da sowohl Vorstand als auch Aufsichtsrat einer Gesellschaft Organe der Verwaltung einer Gesellschaft darstellen[647].

Art. 9 Abs. 6 hilft bei der Auslegung nur wenig. Dieser Absatz bestimmt, dass der Begriff „Leitungs- bzw. Verwaltungsorgan" für den Zweck von Abs. 2 sowohl den Vorstand der Gesellschaft als auch deren Aufsichtsrat bezeichnet, sofern die Organisation der Gesellschaft eine dualistische Leitungsstruktur aufweist. Das könnte dafür sprechen, dass in Art. 9 Abs. 5 eben nicht beide Organe gemeint sind. Diesen Umkehrschluss halten *Maul/Muffat-Jeandet* methodisch für unzulässig[648].

Der Umkehrschluss wäre zulässig, wenn im Wege der Auslegung ermittelt wurde, dass der Gesetzgeber die konkrete Rechtsfolge nur auf diesen Tatbestand beschränken wollte. Eine Unterstellung, weil der Gesetzgeber die Rechtsfolge nur an einen Tatbestand geknüpft habe, gelte diese nicht auch für andere Tatbestände, ist unzulässig. Das *argumentum e contrario* wäre in diesen Fällen bereits logisch fehlerhaft angewandt worden[649].

Maul/Muffat-Jeandet führen aus, es sei bei den Verhandlungen klar geworden, dass die Organe in den einzelnen Mitgliedstaaten unterschiedliche Aufgaben wahrzunehmen hätten – also in manchen Ländern das Leitungsorgan, in anderen das Aufsichtsorgan oder eben beide Organe bezüglich derselben Aufgabe zuständig sind. Anschließend habe man ausdrücklich nur für die Zwecke des Abs. 2 eine Regelung getroffen, da dies einigen Mitgliedstaaten in Anbetracht der in Deutschland zu diesem Zeitpunkt bestehenden Regelung des § 33 Abs. 1 S. 2 Alt. 3 WpÜG[650] besonders dringlich erschien[651].

Grundsätzlich sei man sich aber darüber einig gewesen, mit „Leitungs- bzw. Verwaltungsorgan" das jeweils nach nationalem Recht funktional zuständige Organ zu bezeichnen[652]. Folglich sei ein Umkehrschluss nicht zulässig[653]. Unterstellt man die Richtigkeit der Aussagen, so ist *Maul/Muffat-Jeandet* zuzustim-

---

647 Maul/Muffat-Jeandet, AG 2004, 221, 232.

648 Maul/Muffat-Jeandet, AG 2004, 221, 232. Ebenso Krause/Pötzsch, in: Assmann/Pötzsch/Schneider, WpÜG, 2005, § 27 Rn. 21.

649 Larenz/Canaris, Methodenlehre, 1995, S. 209.

650 Vgl. dazu später ausführlich unter H.I.3.d., S. 155.

651 Ebenso Seibt/Heiser, ZGR 2005, 200, 225.

652 Krause/Pötzsch, in: Assmann/Pötzsch/Schneider, WpÜG, 2005, § 27 Rn. 21.

653 Rasner, Pflichten der Zielgesellschaft, 2005, S. 136, befürwortet hingegen einen solchen Umkehrschluss.

men. Der Richtliniengeber hat damit offensichtlich für die übrigen, ähnlichen Tatbestände keine Regelung dergestalt treffen wollen, dass nur der Vorstand mit diesem Begriff bezeichnet werden soll.

Für die übrigen Fälle, also auch hier, ist folglich gesondert zu ermitteln, ob allein der Vorstand oder auch der Aufsichtsrat erfasst ist.

Die Stellungnahme nach Art. 9 Abs. 5, so wird vertreten, stelle funktional eine Geschäftsführungsmaßnahme dar und sei daher dem Vorstand zugewiesen (§ 76 AktG)[654]. Da das WpÜG a.F. offensichtlich eine andere Wertung vorgenommen hat, ist fraglich, ob diese Einschätzung zutrifft[655]. Die Wertung beruht jedoch weniger auf der Einschätzung der funktionalen Zuständigkeit als dem Umstand, dass hierdurch angeblich die Interessen in mitbestimmten Gesellschaften besser zum Ausdruck kommen[656].

Somit ist sowohl nach der Ansicht, welche im Umkehrschluss zu Art. 9 Abs. 6 die alleinige Zuständigkeit des Vorstands annehmen will, als auch nach der vorzugswürdigen funktionalen Theorie ausschließlich der Vorstand das maßgebliche Organ i.S.d. Art. 9 Abs. 5.

Veil hingegen geht davon aus, der Begriff Leitungs- bzw. Verwaltungsorgan sei einheitlich auszulegen[657]. Wäre dies zutreffend, entspricht § 27 WpÜG a.F. insoweit den Richtlinienvorgaben.

---

[654] Maul/Muffat-Jeandet, AG 2004, 306, 307; Krause/Pötzsch, in: Assmann/Pötzsch/Schneider, WpÜG, 2005, WpÜG, § 27 Rn. 21.

[655] Der RegE WpÜG ließ eine Stellungnahme des Vorstands genügen (§ 27 Abs. 1 RegE WpÜG; vgl. BT-Drs. 14/7034, S. 52). Die Stellungnahmepflicht des Aufsichtsrates geht zurück auf eine Beschlussempfehlung des Finanzausschusses.

[656] Kritisch demgegenüber Ekkenga, in: Ehricke/Ekkenga/Oechsler, WpÜG, 2003, § 27 Rn. 8. In der Tat erscheint fragwürdig, ob eine Stellungnahme durch einen (mitbestimmten) Aufsichtsrat hierfür geeignet ist. Hierin dürfte sich nämlich sowohl die Beurteilung des Vorstandes als auch der Arbeitnehmerschaft widerspiegeln. Das erreicht man aber auch durch die Stellungnahmen des Vorstandes einerseits und der Arbeitnehmer andererseits. Diese beiden Stellungnahmen dürften die jeweiligen Positionen deutlicher wiedergeben als eine Stellungnahme des Aufsichtsrates mit Kompromisscharakter. Sollte der Aufsichtsrat hingegen nicht mitbestimmt sein, wird sich die Stellungnahme des Aufsichtsrates inhaltlich kaum von der des Vorstandes unterscheiden. Ausführlich zur Frage der Stellungnahmepflicht des Aufsichtsrates nach dem WpÜG Rasner, Pflichten der Zielgesellschaft, 2005, 367ff.

[657] Veil, in: Veil/Drinkuth, Reformbedarf im Übernahmerecht, 2005, S. 95, 104, allerdings primär bezogen auf die Regelung des Art. 11. Zur Begründung führt er zwar den Zweck der Durchgriffsregelung an, kommt aber zu dem allgemein gehaltenen Ergebnis der einheitlichen Auslegung des Begriffs „Leitungs- und Verwaltungsorgan". Hierbei weist er meines Erachtens in unzutreffender Weise darauf hin, dass auch Maul/Muffat-Jeandet von einer einheitlichen Betrachtungsweise ausgingen. Diese halten hingegen eine funktionale Betrachtungsweise für angebracht, gehen also gerade nicht von einem einheitlichen Begriff aus.

Selbst wenn man einer der zuerst genannten Ansichten folgt[658], ist die Regelung in § 27 Abs. 1 WpÜG a.F., wonach Vorstand und Aufsichtsrat eine begründete Stellungnahme zu dem Angebot abzugeben haben[659], als den EG-Vorgaben entsprechend anzusehen.

Art. 3 Abs. 2 lit. b) erlaubt es, über die Anforderungen der Richtlinie hinauszugehen. So können für Angebote zusätzliche und strengere Bestimmungen festgelegt werden. Zwar ist vorliegend das Angebot des Bieters nicht direkt betroffen, da dem Bieter nicht strengere Bestimmungen im Zusammenhang mit dem Angebot auferlegt werden. Dies verlangt die Richtlinie aber auch nicht. Aufschlussreich ist die englische Fassung, welche von der *„regulation of bids"*, der Regelung von Angeboten spricht. Hierzu gehört mehr als die Festlegung des Angebots. Die Vorschrift ist in dem Sinne auszulegen, dass in Bezug auf den Angebotsvorgang und damit auch für die Stellungnahmepflicht zusätzliche Bedingungen und strengere Bestimmungen festgelegt werden können.

Folglich ist die Stellungnahmepflicht des Aufsichtsrates jedenfalls durch die Vorschrift des Art. 3 Abs. 2 lit. b) gedeckt[660]. Damit ist die Regelung des § 27 WpÜG a.F. in dieser Hinsicht richtlinienkonform.

b. Vorschriften des § 27 Abs. 1 WpÜG a.F. / Inhalt der Stellungnahme

§ 27 Abs. 1 Nr. 2 und Nr. 3 WpÜG a.F. werden inhaltlich den Anforderungen der Richtlinie gerecht. Art. 9 Abs. 5 fordert ein Eingehen auf die Auswirkungen des Angebots auf die Interessen der Gesellschaft[661]. Diese Anforderung stellt auch § 27 Abs. 1 Nr. 2 WpÜG a.F. auf. Die *„Auswirkungen auf die Beschäftigung"* werden durch die *„Folgen (...) für (...) die Arbeitnehmer und ihre Vertretungen"* abgedeckt. *„Die voraussichtlichen Auswirkungen auf Arbeitsplätze und Standorte"* sind durch den zuvor genannten Text sowie die Anforderung, auf *„die Beschäftigungsbedingungen und die Standorte der Zielgesellschaft"* einzu-

---

658 Überzeugend ist allein die bereits von Maul/Muffat-Jeandet vertretene Auffassung.

659 Ob eine Stellungnahme des Aufsichtsrates tatsächlich zu einem weiteren Informationsgewinn der Aktionäre führen wird, wie der Finanzausschuss (vgl. BT-Drs. 14/7477, Einzelbegründung, S. 53f.) die Vorschrift begründet hat, ist zumindest zweifelhaft. Der Aufsichtsrat wird die ihm zur Verfügung stehenden Informationen regelmäßig vom Vorstand der Gesellschaft erhalten haben.

660 Im Ergebnis ebenso Maul/Muffat-Jeandet, AG 2004, 306, 307; Krause/Pötzsch, in: Assmann/Pötzsch/Schneider, WpÜG, 2005, § 27 Rn. 21.

661 Nicht erforderlich dürfte hierzu nach wie vor die Einholung einer *Fairness Opinion* oder gar einer vollständigen Unternehmensbewertung sei. Eine *Fairness Opinion* ist eine Stellungnahme einer Investmentbank darüber, ob die Gegenleistung finanziell gesehen fair und damit angemessen ist. Nicht geprüft wird also, ob es sich bei dem angebotenen Preis um den höchsten erzielbaren Preis handelt, sondern lediglich, ob er im Rahmen der möglichen Ergebnisse, die bei Anwendung anerkannter Bewertungsmethoden ermittelbar sind, liegt. Vgl. dazu Nick, in: Blättchen/Wegen, Übernahme börsennotierter Unternehmen, 2003, S. 87, 113f. Siehe dort auch generell zu Fragen der Unternehmensbewertung bei öffentlichen Übernahmeangeboten.

gehen (§ 27 Abs. 1 Nr. 2 a.E. WpÜG a.F.), bereits umgesetzt. Außerdem ist nach der Richtlinie auf die strategische Planung des Bieters für die Zielgesellschaft einzugehen, eine Regelung, die inhaltlich § 27 Abs. 1 S. 2 Nr. 3 WpÜG a.F. („*die von dem Bieter mit dem Angebot verfolgten Ziele*") entspricht.

Unschädlich ist die darüber hinausgehende Anforderung des WpÜG a.F., die Absicht der Mitglieder des Vorstands und des Aufsichtsrates, soweit sie Inhaber von Wertpapieren der Zielgesellschaft sind, das Angebot anzunehmen, ebenfalls in die Stellungnahme aufzunehmen (§ 27 Abs. 1 Nr. 4 WpÜG a.F.). Die Richtlinie schreibt nur vor, dass *unter anderem* auf die oben genannten Punkte einzugehen ist. Eine abschließende Regelung enthalten die Vorschriften nicht. Daher ist eine weitergehende Verpflichtung zulässig[662].

Gleiches gilt für die Regelung des § 27 Abs. 1 Nr. 1 WpÜG a.F.

§ 27 Abs. 1 WpÜG a.F. ist inhaltlich richtlinienkonform. Eine Anpassung war nicht notwendig.

c. Stellungnahme der Arbeitnehmer(-vertreter)

§ 27 Abs. 2 WpÜG a.F. entspricht der Anforderung, die Stellungnahme der Arbeitnehmervertreter der Zielgesellschaft beizufügen und umfasst auch die offensichtlich nur vergessene Stellungnahme der Arbeitnehmer, falls ein solches Vertretungsorgan nicht existiert. Die Vorschrift geht sogar etwas weiter, da sie die Stellungnahme nicht auf die Auswirkungen auf die Beschäftigung beschränkt. Eine solche Erweiterung ist zulässig, da sie über die Mindestanforderungen hinausgeht.

Hingegen enthält das WpÜG a.F. keine Regelung, wonach auch die Stellungnahme der Arbeitnehmer bzw. -vertreter der Bietergesellschaft der Stellungnahme des Vorstands und des Aufsichtsrates der Zielgesellschaft beizufügen ist. Betrachtet man den Wortlaut von Art. 9 Abs. 5 S. 3 einerseits („*Stellungnahme der Arbeitnehmervertreter* (...) *beizufügen*") und andererseits Erwägungsgrund (23) S. 2 („*die Arbeitnehmer der betroffenen Gesellschaften* (...) *sollten* (...) *die Möglichkeit erhalten, sich zu den voraussichtlichen Auswirkungen des Angebots*

---

662 § 27 Abs. 1 Nr. 4 WpÜG a.F. ist im Grundsatz positiv zu bewerten, da die Vorschrift die Glaubwürdigkeit der Stellungnahme des Vorstands bzw. Aufsichtsrates erhöht, wenn die Organmitglieder ihr persönliches Verhalten entsprechend der abgegebenen Stellungnahme ausrichten. Jedoch ist die Vorschrift mit Vorsicht zu genießen, da es sich nur um eine Absichtserklärung des Organs handelt. Insoweit ist nicht abschließend geklärt, ob bei einem Meinungsumschwung eine Aktualisierungspflicht besteht. Für eine Mitteilungspflicht Krause/Pötzsch, in: Assmann/Pötzsch/Schneider, WpÜG, 2005, § 27 Rn. 87; Harbarth, in: Baums/Thoma, WpÜG, 2004, § 27 Rn. 20; Röh, in: Haarmann/Schüppen, Frankfurter Kommentar WpÜG, 2005, § 27 Rn. 43, 56 unter Aufgabe der in der Vorauflage vertretenen Ansicht. A.A. Hirte, in: Hirte/von Bülow, Kölner Kommentar WpÜG, 2003, § 27 Rn. 47; Ekkenga, in: Ehricke/Ekkenga/Oechsler, WpÜG, 2003, § 27 Rn. 18.

auf die Beschäftigung zu äußern"), könnte eine Stellungnahme auch der Arbeitnehmer(vertreter) der Bietergesellschaft beizufügen sein[663].

Aus Art. 9 Abs. 5 S. 3 lässt sich die Pflicht zur Beifügung dieser Stellungnahme nicht direkt ableiten. Jedoch sind die Erwägungsgründe bei der Auslegung der Artikel mit heranzuziehen[664].

Andererseits spreche die Vorschrift des Art. 8 Abs. 2 gegen eine Auslegung des Art. 9 Abs. 5 S. 3 im zuvor beschriebenen Sinne[665]. Sie bestimmt, dass die Angebotsunterlage bekannt zu machen und den Arbeitnehmervertretern der Zielgesellschaft oder des Bieters umgehend zur Verfügung zu stellen ist. Daher erscheint nicht einleuchtend, wieso die Vorschrift zu einer Differenzierung zwischen Arbeitnehmer(vertreter)n der Bieter- und der Zielgesellschaft herangezogen wird, da sie doch beide gleichermaßen benennt.

Zuzugeben ist, dass eine Veröffentlichung der Stellungnahme der Arbeitnehmer(vertreter) der Bietergesellschaft mit der Stellungnahme des Verwaltungsorgans der Zielgesellschaft sachlich nicht zusammen passt, weil das Verwaltungsorgan der Zielgesellschaft die Belange der „eigenen" Gesellschaft, nicht aber des „fremden" Bieters zu bewerten hat. Insofern würde dies zu einer Veröffentlichungspflicht „auf der falschen Seite"[666] führen. *Krause/Pötzsch* nennen als Beleg für diese These Art. 6 Abs. 1 S. 3, wonach die jeweiligen Leitungs- bzw. Verwaltungsorgane ihre jeweiligen Arbeitnehmer(vertreter) zu unterrichten haben[667].

Die Auffassung von *Krause/Pötzsch* erscheint vorzugswürdig. Hierfür sprechen neben den von ihnen vorgetragenen Argumenten folgende Überlegungen. Art. 9 Abs. 5 S. 1 nennt jeweils die „Gesellschaft" bzw. „Zielgesellschaft". Beide Begriffe bezeichnen inhaltlich die Zielgesellschaft. Nur die Auswirkungen auf die Interessen dieser Gesellschaft hat das Leitungs- bzw. Verwaltungsorgan zu beurteilen und kann es auch beurteilen. Der Hinweis in S. 1, wonach insbesondere auf die in der Angebotsunterlage dargelegten „*Absichten des Bieters in Bezug auf die künftige Geschäftstätigkeit der Zielgesellschaft,* (...) *die strategische Planung des Bieters für diese Gesellschaften und deren voraussichtliche Auswirkungen auf Arbeitsplätze und Standorte*"[668] einzugehen ist, verdeutlicht, dass die Begriffe „Zielgesellschaft" und „Gesellschaft" synonym verwandt werden.

---

663 So Kindler/Horstmann, DStR 2004, 866, 872f. Insoweit Änderungsbedarf sehend Wiesner, ZIP 2004, 343, 347, 349.

664 Lutter, JZ 1992, 593, 600 auch m.N. aus der Praxis des Europäischen Gerichtshofs. Für ein außer Acht lassen der Erwägungsgründe hingegen Krause/Pötzsch, in: Assmann/Pötzsch/Schneider, WpÜG, 2005, § 27 Rn. 25, die darauf hinweisen, lediglich die Artikel der Richtlinie, nicht jedoch die Erwägungsgründe seien in nationales Recht umzusetzen.

665 So Krause/Pötzsch, in: Assmann/Pötzsch/Schneider, WpÜG, 2005, § 27 Rn. 25.

666 Krause/Pötzsch, in: Assmann/Pötzsch/Schneider, WpÜG, 2005, § 27 Rn. 25.

667 Krause/Pötzsch, in: Assmann/Pötzsch/Schneider, WpÜG, 2005, § 27 Rn. 25.

668 Art. 6 Abs. 3 lit. i).

Auch Art. 9 Abs. 5 S. 2 verlangt lediglich eine Übermittlung der Stellungnahme an die Arbeitnehmervertreter der „Gesellschaft" und nicht der „Gesellschaften". Hier wird ebenfalls nur die Zielgesellschaft – Singular – und nicht auch die Bietergesellschaft erfasst.

Es ist nicht anzunehmen, dass der folgende S. 3 sich systematisch sowohl auf die Bieter- als auch auf die Zielgesellschaft beziehen sollte. S. 3 knüpft inhaltlich an S. 2 an und beschreibt den Fall, dass rechtzeitig eine eigene Stellungnahme der Arbeitnehmervertreter eingeht.

Die englische Fassung bestätigt diese Auffassung. Dort wird in S. 2 wie in S. 3 unterschiedslos von der Übermittlung an bzw. der Stellungnahme von *„its employees"* (ihren Arbeitnehmern) gesprochen.

Daher ist ungeachtet von Erwägungsgrund (23) S. 2 davon auszugehen, dass der Gesetzgeber in S. 3 lediglich die Stellungnahme der Arbeitnehmervertreter der Zielgesellschaft meint.

Es bestand folglich kein Umsetzungsbedarf für den deutschen Gesetzgeber. Die alte Fassung konnte vollumfänglich beibehalten werden.

5. Umsetzung und Bewertung

Der Gesetzgeber hat keinen Vorschlag zur Umsetzung des Art. 9 Abs. 5 gemacht. Das ist angesichts der gefundenen Ergebnisse nicht verwunderlich. Die deutschen Regelungen stehen in Einklang mit den Richtlinienvorgaben.

Die alte Fassung ist somit gleichsam die neue Fassung.

II. Weitere Pflichten des Leitungs- bzw. Verwaltungsorgans

Die übrigen in Art. 9 enthaltenen Pflichten unterliegen dem Optionsmodell und werden im Rahmen der nachfolgenden Darstellung des Optionsmodells in den möglichen Varianten (mit den jeweiligen Vor- und Nachteilen) besprochen[669].

H. Freiwillige Regelungen, Art. 12 i.V.m. Art. 9 (Neutralität)

Art. 12 stellt es den Mitgliedstaaten frei, ob bzw. wie sie bestimmte Richtlinienvorschriften umsetzen (sogenanntes Optionsmodell)[670]. Dabei wird das Opti-

---

[669] Siehe dazu sogleich unter H.

[670] Das Optionsmodell veranlasste Lehne zu dem Kommentar, dass *„allen Verhandlungspartnern klar* [ist], *dass der Kompromiss hinter der ursprünglich ins Auge gefassten vollen Harmonisierung des europäischen Übernahmerechts und somit hinter einem 100 % igen level playing field für europäische Unternehmen teilweise zurückbleibt. Ob und inwieweit der Kompromiss zurückbleibt, entscheiden die Mitgliedstaaten selbst. Sie haben die Wahl, den in der Übernahmerichtlinie definierten Standard in Hinblick auf die Neutralitätspflicht und die Durchbruchsregel in ihr nationales Recht aufzunehmen. Tun sie es nicht, so können immer noch Unternehmen autonom den Standard als sog. Benchmark übernehmen. Letztlich ent-*

onsmodell von Teilen der Literatur als dreistufiges Modell bezeichnet, während andere es als zweistufiges Modell[671] begreifen[672]. Hieraus ergeben sich, bezogen auf Art. 9, folgende Wahlmöglichkeiten.

Sie reichen von einer strikten Umsetzung der Neutralitätspflicht durch die Mitgliedstaaten bis zu einer Befreiung von derselben (*Opt-Out*, Stufe 1) mit reversibler Einwahlmöglichkeit (Art. 12 Abs. 1 i.V.m. Abs. 2 S. 1) (*Opt-In*, Stufe 2). Schließlich erlaubt das Optionsmodell noch eine Mischung aus beiden Varianten. Danach können Gesellschaften, welche sich für ein *Opt-In* entschieden haben oder zwingend der Neutralitätspflicht der Art. 9 Abs. 2 und 3 unterliegen, von dieser befreit werden, wenn sie Ziel eines Übernahmeangebots einer Gesellschaft sind, welche ihrerseits nicht der Neutralitätspflicht unterliegt (Art. 12 Abs. 3 i.V.m. Abs. 2 S. 1, Abs. 1) (Stufe 3, sogenannte Reziprozitätsregelung).

Die Möglichkeit, von dem *Opt-Out* Gebrauch zu machen, richtet sich an die Mitgliedstaaten, während das *Opt-In* durch die Gesellschaften wahrzunehmen ist.

Zunächst soll Art. 9 vorgestellt und die Unterschiede zum deutschen Recht alter Fassung dargelegt werden. In einem zweiten Schritt wird auf die Auswirkungen bei Wahl der unterschiedlichen Optionen einschließlich der Vorzüge und Nachteile der jeweiligen Option eingegangen sowie die diesbezügliche Entscheidung des Gesetzgebers dargestellt und bewertet.

I. Vollständige Umsetzung des Art. 9

Die Mitgliedstaaten können den Gesellschaften vorschreiben, Art. 9 bzw. die entsprechende nationale Vorschrift zu beachten.

1. Darlegung der umzusetzenden Richtlinienbestimmung

Art. 9 Abs. 2 bestimmt, dass das Leitungs- bzw. Verwaltungsorgan einer Zielgesellschaft zumindest ab dem Zeitpunkt, in dem es die Informationen über das Angebot erhalten hat, bis zum Ergebnis des Angebots mit Ausnahme der Suche nach konkurrierenden Angeboten ohne Ermächtigung der Hauptversammlung

---

scheidet der Markt. Kritikern dieser optionalen Lösung muss klar sein, dass das Thema politisch ausgereizt ist und wir das Maximale zum jetzigen Zeitpunkt erreicht haben." Zitiert nach Becker, GmbHR 2004, R 77.

671 So zum Beispiel Glade/Haak/Hellich, Der Konzern 2004, 515, 516; Krause, BB 2004, 113; Maul/Kouloridas, German Law Journal 2004, 355, 358. Von einem im Ansatz zweistufigen Modell sprechen Krause/Pötzsch, in: Assmann/Pötzsch/Schneider, WpÜG, 2005, § 33 Rn. 35.

672 In der Sache ändert dies freilich nichts. Maul/Muffat-Jeandet, AG 2004, 306, 310, 312f. etwa gehen im Ergebnis sogar von einem vierstufigen Modell aus. Die ersten beiden Stufen entsprechen der hier gewählten Bezeichnung, die 3. Stufe wird hingegen aufgeteilt in die Stufe „*Öffnung durch den Mitgliedstaat*" und „*Wahl der Unternehmen*".

keine Maßnahmen ergreifen darf, durch die das Angebot vereitelt werden könnte.

Vor diesem Zeitpunkt gefasste, noch nicht zumindest teilweise umgesetzte Entscheidungen, die das Angebot vereiteln könnten, bedürfen, sollten sie außerhalb des normalen Geschäftsverlaufs gefasst worden sein, der Zustimmung bzw. Bestätigung der Hauptversammlung (Art. 9 Abs. 3).

Der Angebotsbegriff der Richtlinie umfasst das auf Kontrollerwerb gerichtete Angebot sowie das nach Kontrollerwerb abzugebende Pflichtangebot. Die Regelungen sind also auf Übernahme- und Pflichtangebote gleichermaßen anzuwenden[673].

Art. 9 Abs. 6 definiert für die Fälle des Art. 9 Abs. 2 als „Leitungs- bzw. Verwaltungsorgan" den Vorstand einer Gesellschaft und im Falle einer dualistischen Struktur zusätzlich den Aufsichtsrat.

2. Europäischer Hintergrund sowie Regelungen in einzelnen Mitgliedstaaten

a. Art. 9 Abs. 2

Die Regelung des Art. 9 Abs. 2 unterscheidet sich von den entsprechenden Regelungen in den Vorgängervorschlägen. Sie war erstmals in Art. 9 Abs. 1 lit. a) des Gemeinsamen Standpunkts von 2000 enthalten[674]. Zuvor war nach dem Wortlaut der Richtlinienvorschläge erforderlich, dass das Leitungs- und Verwaltungsorgan keine Handlungen vornimmt, durch die das Angebot vereitelt würde[675]. Nunmehr kommt es nicht darauf an, ob die Regelung tatsächlich das Angebot vereiteln kann. Es soll bereits der Gefahr der möglichen Vereitelung vorgebeugt werden. Maßgeblich ist folglich allein die objektive Eignung einer Handlung zur Angebotsvereitelung. Ein kausaler Erfolg ist nicht notwendig[676], ebenso wenig eine Vereitelungsabsicht oder sonstige subjektive Merkmale[677].

---

673 Hierfür spricht auch Erwägungsgrund (16), wonach Handlungen vorzubeugen ist, durch die das Angebot vereitelt werden können.

674 Kleinere sprachliche Veränderungen erfuhr Art. 9 Abs. 2: Während es etwa im Kommissionsvorschlag von 2002 hieß, dass „(...) *das Leitungs- bzw. Verwaltungsorgan der Zielgesellschaft die* ***Genehmigung*** *der Hauptversammlung* ***einholen*** [muss]" findet sich nun die Fassung „(...) ***holt*** *das Leitungs- bzw. Verwaltungsorgan die für diese Zwecke erteilte* ***Ermächtigung*** *der Hauptversammlung der Aktionäre* ***ein***". Diese Änderung ist zu begrüßen, da der Begriff „Genehmigung" aus deutscher Sicht technisch nicht korrekt gewesen ist.

675 Vgl. Art. 8 lit. a) des Vorschlags von 1996. Dazu Krause, AG 1996, 209, 214f.; Monti, in: von Rosen/Seifert, Übernahme börsennotierter Unternehmen, 1999, S. 15, 25f. Art. 8 lit. a). des Vorschlags von 1997. Dazu Mülbert, IStR 1999, 83, 87ff.; Witt, EWS 1998, 318, 323; Wolf, AG 1998, 212, 219f.

676 Vgl. Veil, in: Veil/Drinkuth, Reformbedarf im Übernahmerecht, 2005, S. 95, 97.

677 So bereits Hopt, in: FS Koppensteiner, 2001, S. 61, 85; Krieger, in: Henze/Hoffmann-

Eine Aufzählung einzelner unzulässiger Abwehrmaßnahmen, wie sie etwa noch der Vorschlag aus dem Jahr 1990 enthielt, existiert nicht mehr[678].

Auch die Regelung über Vorratsbeschlüsse, wie in Art. 9 Abs. 2 des Gemeinsamen Standpunkts von 2000 vorgesehen, wurde ersatzlos gestrichen[679].

Art. 9 Abs. 2 Uabs. 2 S. 2 erlaubt den Mitgliedstaaten den Zeitraum der Neutralitätspflicht auf einen früheren Zeitpunkt als die Bekanntgabe des Angebots festzulegen. Die Vorschrift geht auf entsprechende Regelungen in mehreren Mitgliedstaaten zurück, die auf die Kenntnis des Leitungs- bzw. Verwaltungsorgans vom Bevorstehen eines Angebots abstellen[680]. Zudem gab es einen ähnlichen Vorschlag bereits in der zweiten Lesung des Europäischen Parlaments zum Gemeinsamen Standpunkt von 2000[681]. Danach sollte die Neutralitätspflicht des Vorstandes auf den Zeitpunkt vorverlagert werden, ab dem das Leitungs- bzw. Verwaltungsorgan der Zielgesellschaft Kenntnis vom Angebot erhalten hat. Die Kommission befürwortete diesen Vorschlag, da hierdurch die Neutralitätspflicht zeitlich ausgeweitet und gestärkt worden wäre[682].

Becking, Gesellschaftsrecht, 2001, S. 289, 305.

678 Art. 8 Abs. 1 des Vorschlags von 1990. Danach durfte das Leitungs- bzw. Verwaltungsorgan ab der Mitteilung des Bieters bezüglich der bevorstehenden Angebotsabgabe keine Wertpapiere mehr ausgeben (Art. 8 Abs. 1 lit. a) des Vorschlags von 1990), keine Rechtsgeschäfte durchführen, welche den Aktiv- oder Passivbestand des Gesellschaftsvermögens bedeutend verändert hätten oder die zu Verpflichtungen der Gesellschaft ohne Gegenleistung führen (Art. 8 Abs. 1 lit. b) des Vorschlags von 1990) und keine eigenen Aktien erwerben (Art. 8 Abs. 1 lit. c) des Vorschlags von 1990).

679 Es bestand die Möglichkeit, eine Vorratsermächtigung des Vorstandes zur Durchführung einer Kapitalerhöhung einzuführen. Voraussetzung war jedoch, dass diese nicht mehr als 18 Monate alt ist (gerechnet bis zum Beginn der Angebotsfrist) sowie keinen Bezugsrechtsausschluss vorsieht. Außerdem hat sich der Vorratsbeschluss auf die Übernahme zu beziehen. Eine vergleichbare Vorschrift enthielten die Vorgängervorschläge nicht.

680 So zum Beispiel *General Principle 7* des *City Code*: „*At no time after a bona fide offer has been communicated to the board or the offeree company, or after the board of the offeree company has reason to believe that a bona fide offer might be imminent, may any action be taken by the board of the offeree company in relation to the affairs of the company, without the approval of the shareholders in general meeting, which could effectively result in any bona fide offer being frustrated or in the shareholders being denied an opportunity to decide on its merits.*" Dieser allgemeine Grundsatz wird konkretisiert in *Rule 21.1 City Code*. Ebenso § 12 ÜbG (Österreich).

681 Art. 9 Abs. 1 lit. a) Legislative Entschließung vom 13. Dezember 2000, Abänderung 20.

682 Stellungnahme vom 12. Februar 2001, KOM (2001) 77 endg., 3.1.

b. Art. 9 Abs. 3

Die Regelung des Art. 9 Abs. 3 ist das Ergebnis des zwischen Rat und Parlament am 6. Juni 2001 erzielten Kompromisses und war in Vorgängerentwürfen und dem Gemeinsamen Standpunkt von 2000 noch nicht enthalten[683].

c. Art. 9 Abs. 6

Schließlich wurde unter der italienischen Ratspräsidentschaft Art. 9 Abs. 6 in die Richtlinie aufgenommen. Der Kommissionsvorschlag von 2002 enthielt diese Vorschrift noch nicht. Während der Verhandlungen wurde jedoch erkannt, dass die Mitgliedstaaten identische Aufgaben teilweise durch unterschiedliche Organe wahrnehmen lassen (entweder durch Vorstand, Aufsichtsrat oder beide gemeinsam). Für den besonders wichtigen Fall der zulässigen Verteidigungsmaßnahmen kam man daher überein, das Verständnis des Leitungs- bzw. Verwaltungsorgans ausdrücklich festzuschreiben[684].

d. Kampf um die Neutralitätspflicht

Wie sich aus den vorstehenden Ausführungen ergibt, enthält die Richtlinie im *Grundsatz* eine strikte Neutralitätspflicht des Leitungs- bzw. Verwaltungsorgans (wenn man einmal von dem Optionsmodell absieht). Dies kommt auch in Erwägungsgrund (16) zum Ausdruck. Danach ist eine Beschränkung der Befugnisse des Leitungs- bzw. Verwaltungsorgans der Zielgesellschaft erforderlich, um das Angebot vereitelnde Handlungen vorzubeugen.

Die Neutralitätspflicht des Vorstandes wurde bereits von der *Winter*-Gruppe für erforderlich gehalten, war aber einer der Punkte, an denen der Vorgängervorschlag scheiterte[685]. Insbesondere die Bundesregierung wandte sich im Jahre 2001 unter dem Eindruck der *Vodafone/Mannesmann*-Übernahme gegen eine zwingende Neutralitätspflicht, da sie einen Ausverkauf deutscher Unternehmen befürchtete.

Die *Winter*-Gruppe führte das Entscheidungsrecht der Aktionäre als Grund für die Neutralitätspflicht an. Letztlich seien die Aktionäre Eigentümer der Anteile und daher sei es ihre Entscheidung, ob und zu welchen Konditionen sie bereit seien, ein Übernahmeangebot anzunehmen[686]. Das Leitungs- und Verwaltungsorgan solle zudem nicht zur Vereitelung des Angebots befugt sein, weil es regelmäßig in einem Interessenkonflikt steht. So wird bei einer Übernahme stets auch das Leitungs- bzw. Verwaltungsorgan berührt. Die Vorstellungen und Plä-

683 Veil, in: Veil/Drinkuth, Reformbedarf im Übernahmerecht, 2005, S. 95, 97.

684 Maul/Muffat-Jeandet, AG 2004, 221, 232.

685 Vgl. dazu Kapitel 2 B.II., S. 3.

686 Winter-Bericht, S. 3, 22f. Ähnlich die Begründung der Bundesregierung zu § 33 Abs. 1 S. 1 WpÜG (Begr. RegE BT-Drs. 14/7034, S. 57).

ne des Organs in Bezug auf die Zielgesellschaft und die jeweilige eigene berufliche Stellung des Organmitglieds werden durch das Angebot möglicherweise entscheidend verändert. Insoweit können Eigeninteressen der Organmitglieder nicht ausgeschlossen werden, was eine eigenmächtige Vereitelungsbefugnis nicht vertretbar erscheinen lasse[687].

Die Verankerung der Neutralitätspflicht in der Richtlinie wurde lange Zeit nicht erreicht, weil sie je nach Mitgliedstaat zu unterschiedlichen Ergebnissen geführt hätte[688]. Dies wiederum liegt an den unterschiedlichen Ausgangsbedingungen in Europa, etwa den unterschiedlichen nationalen Gesellschaftsrechten. Manche Gesellschaftsrechte lassen den Unternehmen durch verschiedene Rechtsinstrumente wie Mehrstimmrechte, Höchststimmrechte, Pyramidenstrukturen und andere Möglichkeiten mehr Spielräume, Unternehmen vorab übernahmefester zu machen als Unternehmen anderer Mitgliedstaaten[689]. Daher war die Aufnahme einer strikten Neutralitätspflicht in die Richtlinie nur durch die Hereinnahme eines Optionsmodells zu gewährleisten.

e. Ziele der Neutralitätspflicht

Anzumerken ist, dass die Diskussion um die strikte Neutralitätspflicht des Leitungs- bzw. Verwaltungsorgans aus verschiedenen Blickwinkeln geführt wurde. Zum einen ging es darum, Unternehmensübernahmen nicht zu behindern, zum anderen aber darum, das Entscheidungsrecht über das Angebot (und über Abwehrmaßnahmen) den Aktionären zu überlassen. Es ging also sowohl um die Frage der grundsätzlichen Neutralitätspflicht des Leitungs- bzw. Verwaltungsorgans und zum anderen um die Frage, ob das Leitungs- bzw. das Verwaltungsorgan von der Neutralitätspflicht durch die Aktionäre befreit werden kann. Es handelt sich somit um unterschiedliche Fragestellungen und Zielrichtungen[690].

Neben der Entscheidungsfreiheit der Aktionäre dient die Neutralitätspflicht dem Markt für Unternehmenskontrolle[691]. Dem liegt die Vorstellung zugrunde, unter-

---

[687] Winter-Bericht, S. 24.

[688] Zu den Auswirkungen der Richtlinie auf Verteidigungsmaßnahmen in Großbritannien und Fraunkreich siehe Ipekel, 2005, 341ff.

[689] Vgl. Dauner-Lieb/Lamandini-Gutachten, S. 25.

[690] Im Ergebnis ist eine Verhinderung des Angebotserfolgs durch den Vorstand auf Grund eines entsprechenden Hauptversammlungsbeschlusses zulässig. Dieses Resultat können die Aktionäre allerdings auch direkt, nämlich durch Nichtannahme des Angebots, erreichen.

[691] Grundlegend hierzu Manne, 73 J. Pol.Econ. 1965, 110, 112ff.; Easterbrook/Fischel, 94 Harv.L.Rev. 1981, 1161ff. Aus deutscher Sicht Adams, AG 1989, 333ff.; ders., AG 1990, 63ff.; Immenga, SAG 1975, 89, 90; Hopt, ZHR 161 (1997), 368, 371; ders., ZGR 1993, 534, 543ff.; Drygala, ZIP 2001, 1861, 1868. Kritisch gegenüber einem Markt für Unternehmenskontrolle Schneider/Burgard, DB 2001, 963, 964; Schneider, AG 2002, 125ff. Zu den Auswirkungen der Übernahmerichtlinie auf den Markt für Unternehmenskontrolle siehe Grundmann, NZG 2005, 122ff.

bewertete Unternehmen werden durch eine Übernahme und anschließende Auswechslung der Unternehmensleitung effizienter, was zu einer entsprechenden Steigerung des Unternehmenswertes führt. Sollte das Leitungs- bzw. Verwaltungsorgan bei einer solchen Übernahme (eigenmächtig) Abwehrmaßnahmen ergreifen und hierdurch Übernahmen verhindern können, bleibt das Unternehmen hingegen ineffizient[692]. Eine optimale Ressourcenallokation wird somit verhindert. Auch wird dies die disziplinierende Wirkung auf das Management verringern[693]; sogenannte *agency costs*[694] entstehen.

Die Frage der Neutralitätspflicht des Vorstandes ist allerdings nur in den Fällen eines feindlichen Übernahmeangebots überhaupt von Interesse[695]. Bisweilen wurde deshalb die Frage aufgeworfen, ob sich feindliche Übernahmeangebote überhaupt positiv auf den europäischen Binnenmarkt auswirken[696]. Das wird

---

[692] Empirische Studien zu den nachteiligen Auswirkungen von Verteidigungsmaßnahmen finden sich bei Kuhner/Schilling, BFuP 2002, 445, 467ff.

[693] Vgl. Adams, AG 1990, 63ff.

[694] Bei Publikumsgesellschaften besteht eine Trennung von Eigentum und Kontrolle. Die Anteilseigner (Prinzipale) beauftragen das Leitungsorgan (Auftragnehmer). Hierbei entstehen, vor allem wenn es keine Großaktionäre in einer Gesellschaft gibt, die sogenannten *agency costs*. Diese resultieren daraus, dass die Kleinanleger das Leitungsorgan kaum überwachen können, weshalb Überwachungs- und Anreizmechanismen aufgebaut werden müssen, die Kosten verursachen. Andernfalls gäbe es kein ausreichendes Gegengewicht zur Stellung des Leitungsorgans auf Seiten der Anteilseigner. Das Leitungsorgan wird regelmäßig nicht nur Interessen der Anteilseigner, sondern auch eigene Interessen verfolgen. Zur *principal-agent* Theorie Elschen, Zfbf 43 (1991), 1002ff.; Reul, JbJZivW 1990, 11, 15.

[695] Unter feindlichen oder unfreundlichen Übernahmeangeboten (auch als *hostile* oder *unfriendly takeover* bezeichnet) versteht man Angebote, denen das Leitungs- oder Verwaltungsorgan der Zielgesellschaft nicht zustimmt. Bisweilen wird weitergehend unterschieden, ob das Leitungs- bzw. Verwaltungsorgan dem Übernahmeangebot zunächst oder endgültig nicht zustimmt. Vgl. Winter-Bericht, S. 47. Teilweise wird auch danach differenziert, ob die Übernahme nicht nur ohne (vorherige) Absprache mit der Unternehmensleitung (dann *unfriendly takeover*), sondern gegen deren Willen erfolgen soll (dann *hostile takeover*). Vgl. grundlegend zu den Begriffen „feindliches" und „freundliches Übernahmeangebot" Ebenroth/Daum, DB 1991, 1105, 1106; Steding, Jura 1999, 181, 182; ders., BuW 2001, 381, 382. Ein bekanntes Beispiel hierfür aus jüngerer Zeit bietet Mittal Steel / Arcelor. Vgl. dazu etwa FAZ vom 30. Januar 2006, S. 16. Hier schaltete sich selbst die französische Regierung ein. Vgl. FAZ vom 31. Januar 2006, S. 11, 17. Ebenso FAZ vom 1. Februar 2006, wonach Frankreich, Spanien und Luxemburg eine Zusammenarbeit als Reaktion auf das feindliche Übernahmeangebot planen. Vgl. auch FAZ vom 15. März 2006, S. 12. Zu späteren Abschottungsversuchen siehe etwa FAZ vom 5. April 2006, S. 14. Siehe zum weiteren Verlauf FAZ vom 23. Mai 2006, S. 14, FAZ vom 27. Mai 2006, S. 11, 15. Die Haltung Frankreichs im Speziellen und die Bemühungen, Übernahmen zu verhindern im Allgemeinen wurde kritisiert von Steltzner, FAZ vom 13. März 2006, S. 11: *„Albtraum Festung Europa"*. Siehe zur weiteren Entwicklung in diesem Fall FAZ vom 20. Juni 2006, S. 14; FAZ vom 26. Juni 2006, S. 13; FAZ vom 1. Juli 2006, S. 19.

[696] Siehe etwa die Analyse von Denzel, Neutralitätspflicht, 2005, S. 175ff., 183ff. Zur Entwicklung feindlicher Übernahmen in Deutschland siehe Fritz, in: Veil/Drinkuth, Übernahme-

man, ausgehend von dem Gedanken an eine durch die Übernahme gesteigerte Effizienz des betroffenen Unternehmens, annehmen können.

f. Interessen der Mitgliedstaaten

Die Mitgliedstaaten sehen diese Problematik aus unterschiedlichen Perspektiven: Einerseits haben sie ein hohes Interesse an einem funktionsfähigen und effizienten Kapitalmarkt[697] mit entsprechendem Wettbewerb zwischen den Unternehmen. Andererseits besteht eben auch (immer noch) die Befürchtung, ausländische Unternehmen könnten inländische übernehmen, was aus Sicht des Staates zu negativen Folgewirkungen führen könnte. Solche könnten in der Verlegung des Unternehmenssitzes bestehen (also dem Verlust von Steuereinnahmen) oder der Schließung bestimmter inländischer Produktionsstätten mit dem Resultat des Verlustes von inländischen Arbeitsplätzen und der daraus entstehenden finanziellen Belastung des Staates[698]. Hieraus erklärt sich letztlich die Diskussion um die zulässigen Abwehrmaßnahmen und das *level playing field*[699]. Es stehen sich die Interessen an einem funktionierenden, wettbewerbsfähigen Kapitalmarkt einerseits und der Schutz der inländischen Unternehmen andererseits gegenüber.

3. Rechtslage vor der Umsetzung und Anpassungsbedarf

§ 33 WpÜG a.F. regelt die Handlungsmöglichkeiten des Vorstands der Zielgesellschaft[700], welche bei feindlichen Übernahmeangeboten[701] vom Vorstand zur Abwehr des Übernahmeangebots genutzt werden können. Bei freundlichen Übernahmeangeboten[702] bedarf es dieser Mittel nicht.

Klärungsbedürftig ist, ob die Vorschrift des § 33 WpÜG a.F. mit den Richtlinienvorgaben vereinbar ist.

---

recht, 2005, S. 113ff.

697 Vgl. Assmann/Bozenhardt, in: Assmann/Basaldua/Bozenhardt/Peltzer, Übernahmeangebote, 1990, S. 1, 17f.

698 Vgl. Schneider/Burgard, DB 2001, 963, 965.

699 Einen Rechtsvergleich der Neutralitätspflicht nach § 33 WpÜG mit dem amerikanischen Recht bieten Schaefer/Eichner, NZG 2003, 150ff.

700 Zu den Fragen der „Neutralitätspflicht“ bzw. „de facto Abwehrbereitschaft“ des Vorstands vgl. Ekkenga/Hofschroer, DStR 2002, 724, 731; Thoma, NZG 2002, 105, 110; Gordon, AG 2002, 670f. Zur Neutralitätspflicht in einigen Mitgliedstaaten vgl. Ma, Der Konzern 2004, 714 Fn. 141 mit Ländernachweisen.

701 Zum Begriff des feindlichen Übernahmeangebots siehe Fn. 695.

702 Ein freundliches Übernahmeangebot liegt dann vor, wenn das Leitungs- bzw. Verwaltungsorgan der Zielgesellschaft den Aktionären empfiehlt, es anzunehmen. Bisweilen wird hierunter auch ein Übernahmeangebot verstanden, bezüglich dessen das Leitungs- bzw. Verwaltungsorgan seine Opposition aufgibt. Vgl. Winter-Bericht, S. 47; Ebenroth/Daum, DB 1991, 1105, 1106.

Während § 33 Abs. 1 S. 1 WpÜG a.F. eine strikte Neutralitätspflicht anordnet und im Zeitraum ab der Veröffentlichung der Entscheidung zur Abgabe eines Angebots bis zur Veröffentlichung des Ergebnisses keine Handlungen erlaubt, durch die der Erfolg des Angebots verhindert werden könnte, macht § 33 Abs. 1 S. 2 WpÜG a.F. hiervon Ausnahmen. Die Regelung des § 33 Abs. 1 S. 1 WpÜG a.F. spiegelt dabei die Entwicklung auf europäischer Ebene wieder. Durchbrochen wird die Regelung von den Ausnahmen des S. 2, welche in den WpÜG Entwurf eingefügt wurden, als das Scheitern des vorhergehenden Richtlinienvorschlages im Jahre 2001 bereits bekannt war[703]. Zulässig sind danach Handlungen, welche auch ein ordentlicher und gewissenhafter Geschäftsleiter außerhalb eines Übernahmeangebots vorgenommen hätte, die Suche nach einem konkurrierenden Angebot und Handlungen mit Zustimmung des Aufsichtsrates.

a. § 33 Abs. 1 S. 1 WpÜG a.F.

Nach § 33 Abs. 1 S. 1 des WpÜG a.F. darf der Vorstand einer Zielgesellschaft keine den Erfolg des Angebots möglicherweise verhindernden Maßnahmen durchführen. Die Vorschrift findet auf Übernahme- und Pflichtangebote gleichermaßen Anwendung[704].

Das Verbot richtet sich nach seinem Wortlaut ausschließlich an den Vorstand, während die Richtlinie das Verbot ausdrücklich auf Vorstand und Aufsichtsrat bezieht[705].

Allerdings ist in der Literatur die (analoge) Anwendung des § 33 Abs. 1 S. 1 WpÜG a.F. auf den Aufsichtsrat anerkannt, sofern es sich nicht um Kontrolltätigkeiten des Aufsichtsrates handelt[706]. Eine solche Regelung enthielt auch der RegE WpÜG[707]. Letztlich wurde die Regelung aber nicht Gesetz.

---

703 Die Ausnahmeregelungen des Abs. 1 S. 2 sowie des Abs. 2 gehen dabei wesentlich weiter, als dies in anderen europäischen Mitgliedstaaten der Fall ist. Insbesondere die Aufsichtsratlösung führt zu Handlungsmöglichkeiten, welche nicht durch eine Beteiligung der Aktionäre legitimiert sind. Die Letztentscheidung über Verteidigungshandlungen wird den Aktionären damit faktisch genommen. Vgl. Rasner, Pflichten der Zielgesellschaft, 2005, S. 532ff.

704 § 39 WpÜG nimmt § 33 WpÜG nicht von den entsprechend anwendbaren Paragraphen aus. Daher gilt die Neutralitätspflicht über § 39 WpÜG für Pflichtangebote entsprechend. Siehe etwa Pötzsch, in: Assmann/Pötzsch/Schneider, WpÜG, 2005, § 39 Rn. 48 m.w.N.

705 Art. 9 Abs. 6.

706 Hirte, in: Hirte/von Bülow, Kölner Kommentar WpÜG, 2003, § 33 Rn. 48ff.; Hirte, ZGR 2002, 623, 628f.; Winter/Harbarth, ZIP 2002, 1, 11; Ekkenga, in: Ehricke/Ekkenga/Oechsler, WpÜG, 2003, § 33 Rn. 24; Grunewald, in: Baums/Thoma, WpÜG, 2004, § 33 Rn. 16. Gegen eine Erfassung des Aufsichtsrates von § 33 WpÜG unter Berücksichtigung des RegE Ü-UG jüngst hingegen Friedl, NZG 2006, 422ff.

707 Vgl. BT-Drs. 14/7034, S. 57, wonach die Entscheidungsfreiheit der Aktionäre eingeschränkt würde, „*wenn Vorstand und Aufsichtsrat der Zielgesellschaft ohne weiteres durch eigenständige Entscheidungen den Erfolg eines Übernahmeangebots verhindern könnten. Satz 1 ordnet daher an, dass Handlungen des Vorstandes und des Aufsichtsrates, durch die*

Ungeachtet dessen gehen viele Verfasser davon aus, es bedürfe wegen der analogen Anwendung der Vorschrift keiner Anpassung des § 33 Abs. 1 S. 1 WpÜG a.F. an die Richtlinienvorgaben[708]. Meines Erachtens ist das nicht zutreffend. Selbst wenn man die Voraussetzungen einer analogen Anwendung des § 33 Abs. 1 S. 1 WpÜG a.F. für gegeben hält[709], ist dies zur Umsetzung einer Richtlinienbestimmung nicht ausreichend. Die Bestimmungen sind von dem Gesetzgeber ins nationale Recht umzusetzen. So kann „*die Übereinstimmung einer Praxis mit (...) einer Richtlinie kein Grund dafür sein (...), diese Richtlinie nicht in der innerstaatlichen Rechtsordnung durch Bestimmungen umzusetzen, die so bestimmt, klar und transparent sind, dass der Einzelne wissen kann, welche Rechte und Pflichten er hat*"[710].

Es bedurfte also einer ausdrücklichen Klarstellung in § 35 Abs. 1 S. 1 WpÜG a.F.

Nach dem Wortlaut des § 33 Abs. 1 S. 1 WpÜG a.F. beginnt der Zeitraum der Neutralitätspflicht mit der Veröffentlichung der Entscheidung zur Abgabe eines Angebots. Diese Entscheidung ist nach § 10 Abs. 1 S. 1 WpÜG a.F. unverzüglich zu veröffentlichen und entspricht der Vorgabe in Art. 6 Abs. 1 S. 1. Die Neutralitätspflicht nach der Richtlinie knüpft ebenso wie das WpÜG a.F. an die Bekanntgabe an (Art. 9 Abs. 2 Uabs. 2). Präventive Verteidigungsmaßnahmen[711] sind nach der Richtlinie damit zulässig[712]. Maßnahmen im Vorfeld der Bekanntgabe werden von Art. 9 Abs. 2 nicht erfasst. Vorgaben für ein früheres Verhalten des Leitungs- bzw. Verwaltungsorgans der Zielgesellschaft stellt die Richtlinie also nicht auf.

Folglich ist der Zeitraum der Neutralitätspflicht mit dem der Richtlinie identisch. Es bestand daher kein zwingender Anpassungsbedarf.

---

der Erfolg des Angebots verhindert werden könnte, grundsätzlich der Ermächtigung der Hauptversammlung bedürfen."

708 So Glade/Haak/Hellich, Der Konzern 2004, 515, 517; Seibt/Heiser, ZGR 2005, 200, 223f. Offensichtlich auch Hopt/Mülbert/Kumpan, AG 2005, 109, 112, die lediglich bei § 33 Abs. 1 S. 2 WpÜG a.F. Anpassungsbedarf sehen.

709 Am Bestehen einer Regelungslücke könnte man nach den vorstehenden Ausführungen durchaus zweifeln.

710 EuGH, Rs. C-361/88, TA-Luft, Slg. 1991, I-2567, 2603 Rn. 24.

711 Einen Überblick über mögliche Verteidigungsstrategien bieten: Krause, AG 2002, 133ff.; Schander, BB 1997, 1801ff.; Ebenroth/Daum, DB 1991, 1105ff.; Hauschka/Roth, AG 1988, 181, 187ff.; Weimar/Breuer, BB 1991, 2309ff., sowie aus der Kommentarliteratur etwa Krause/Pötzsch, in: Assmann/Pötzsch/Schneider, WpÜG, 2005, § 33 Rn. 242-298 oder Röh, in: Haarmann/Schüppen, Frankfurter Kommentar WpÜG, 2005, § 33 Rn. 86-109.

712 Siehe etwa Pötzsch/Möller, WM Sonderbeilage Nr. 2 zu Heft 31/2000, S. 3, 25 zum Gemeinsamen Standpunkt vom 19. Juni 2000.

b. § 33 Abs. 1 S. 2 Alt. 1 WpÜG a.F.

Alt. 1 betrifft Handlungen eines ordentlichen und gewissenhaften Geschäftsleiters. Folgt man der h.M., ist zur Bestimmung der zulässigen Handlungen auf einen Drittvergleich[713] mit einem nicht von einem Übernahmeangebot betroffenen Geschäftsleiter abzustellen[714]. Was dieser dürfe, darf auch der Geschäftsleiter in einer Übernahmephase[715]. Damit ist allerdings noch nicht allzu viel gewonnen, da nicht abschließend geklärt ist, wozu ein solcher Geschäftsleiter berechtigt ist. Unbestritten ist der Geschäftsleiter zur Vornahme gewöhnlicher Geschäftsführungsmaßnahmen befugt[716].

So werden überwiegend auch darüber hinausgehende außergewöhnliche Geschäftsführungsmaßnahmen in bestimmten Situationen für zulässig erachtet[717]. Allerdings gibt es auch Vertreter der Literatur, die einer solchen Auslegung kri-

---

713 Schwierigkeiten bereitet bei einem solchen Drittvergleich jedoch die Frage, wie der Nachweis geführt werden soll, dass ein Geschäftsleiter, welcher nicht von einem Übernahmeangebot betroffen ist, sich gleich verhalten hätte. Angesichts dieser praktischen Schwierigkeiten hat sich wohl die Auffassung durchgesetzt, bei einem Vergleich darauf abzustellen, ob ein ordentlicher und gewissenhafter Geschäftsleiter die Maßnahme außerhalb eines Übernahmeangebots ohne Verstoß gegen seine Sorgfaltspflichten hätte durchführen können. Letztlich wird die Vorschrift auf eine Befugnis des Geschäftsleiters zum Handeln reduziert. Somit wird an die aktienrechtlichen Standards angeknüpft (§ 93 Abs. 1 S. 1, § 317 Abs. 2 AktG). Ob ein Geschäftsleiter unabhängig von der Übernahmesituation tatsächlich gleich gehandelt hätte, wie es der Wortlaut des § 33 Abs. 1 S. 2 Alt. 1 WpÜG a.F. zu fordern scheint, ist hingegen unbeachtlich. Dafür spricht der RegE WpÜG, Begründung, BT-Drs. 14/7034, S. 58. Ebenso Hirte, in: Hirte/von Bülow, Kölner Kommentar WpÜG, 2003, § 33 Rn. 48ff.; Röh, in: Haarmann/Schüppen, Frankfurter Kommentar WpÜG, 2005, § 33 Rn. 137; Krause/Pötzsch, in: Assmann/Pötzsch/Schneider, WpÜG, 2005, § 33 Rn. 146; a.A. Steinmeyer/Häger, WpÜG, 2002, § 33 Rn. 17.

714 Ekkenga/Hofschroer, DStR 2002, 724, 732. Thaeter, NZG 2001, 789, 789 zur insoweit identischen Regelung im Regierungsentwurf. Siehe ebenso die Nachweise in der vorangegangenen Fußnote.

715 Die Vorschrift des § 33 Abs. 1 S. 2 Alt. 1 WpÜG dient vor allem dazu, die Fortführung des Tagesgeschäftes sicherzustellen. Vgl. RegE WpÜG, Begründung, BT-Drs. 14/7034, S. 58. Der Gesetzgeber nahm hiermit die Kritik aus der Praxis (vgl. DAV-Handelsrechtsausschuss, Stellungnahme zum RefE WpÜG, NZG 2001, 420, 429; Spitzenverbände der deutschen Wirtschaft, Stellungnahme zum DiskE WpÜG, S. 18f.) zum Anlass der Überarbeitung der Vorschrift.

716 Vgl. Hirte, in: Hirte/von Bülow, Kölner Kommentar WpÜG, 2003, § 33 Rn. 68.

717 Drygala, ZIP 2001, 1861, 1866; Winter/Harbarth, ZIP 2002, 1, 6f.; Hopt, ZHR 166 (2002), 383, 426; Ekkenga, in: Ehricke/Ekkenga/Oechsler, WpÜG, 2003, § 33 Rn. 44; Krause, NJW 2002, 705, 712; Schneider, AG 2002, 125, 128; Thoma, NZG 2002, 105, 110; Noack, in Schwark, Kapitalmarktskommentar, § 33 WpÜG Rn. 13; Schlitt, in: Kropff/Semler, Münchener Kommentar AktG, 2004, § 33 WpÜG Rn. 135; Röh, in: Haarmann/Schüppen, Frankfurter Kommentar WpÜG, 2005, § 33 Rn. 137; Hopt/Mülbert/Kumpan, AG 2005, 109, 112; Schwennicke, in: Geibel/Süßmann, WpÜG, 2002, § 33 Rn. 45.

tisch gegenüber stehen[718]. Für die erstgenannte Meinung ist das Ansinnen des Gesetzgebers anzuführen. Danach soll dem Geschäftsleiter die Möglichkeit erhalten bleiben, eine bereits begonnene Strategie fortzuführen[719]. Rechnet man hierunter nicht grundsätzlich auch außergewöhnliche Maßnahmen, ist eine Nennung dieses Punktes neben den vom Gesetzgeber dort auch genannten *„Maßnahmen in Fortführung des Tagesgeschäftes“* praktisch bedeutungslos[720]. Es kommt darauf an, ob es sich um strategische Entscheidungen handelt, die nicht von Verteidigungsgedanken motiviert sind[721]. Dann sind auch behindernde Maßnahmen wie etwa Sachkapitalerhöhungen[722], geplante Akquisitionen und der Verkauf von wesentlichen Unternehmensbeteiligungen unterhalb der *Holzmüller*-Schwelle[723] zulässig.

In Anbetracht der Entstehungsgeschichte der Vorschrift und insbesondere des Umstandes, dass der Gesetzgeber bei deren Neugestaltung auf die Kritik der Verbände, welche die Zulassung auch außergewöhnlicher Maßnahmen forderten, reagierte, ist die zuerst genannte Ansicht vorzugswürdig.

Geht man mit der erstgenannten Ansicht also davon aus, dass auch außerordentliche Maßnahmen von § 33 Abs. 1 S. 2 Alt. 1 WpÜG a.F. erfasst sind, bedürfen sie, sofern mit ihnen nicht bereits begonnen wurde, nach Art. 9 Abs. 3 der Zustimmung bzw. andernfalls der vorherigen Ermächtigung nach Art. 9 Abs. 2[724]. Nach Art. 9 Abs. 3 sind (nur) Maßnahmen im normalen Geschäftsverlauf uneingeschränkt gestattet[725]. Gestützt wird dies durch Erwägungsgrund (16), wonach die Befugnisse des Leitungs- bzw. Verwaltungsorgans zur Vornahme *außerge-*

---

[718] Pluskat, WM 2001, 1937, 1940; Steinmeyer/Häger, WpÜG, 2002, § 33 Rn. 15f.

[719] Vgl. RegE WpÜG, BT-Drs. 14/7034, S. 58.

[720] Vgl. Rasner, Pflichten der Zielgesellschaft, 2005, S. 426 sowie eingehend auf S. 433ff. Im Ergebnis ebenso Kindler/Horstmann, DStR 2004, 866, 872.

[721] Vgl. Glade/Haak/Hellich, Der Konzern 2004, 515, 518.

[722] Eine Sachkapitalerhöhung ist eine Kapitalerhöhung mit Sacheinlagen (§ 183 Abs. 1 AktG), also mit Einlagen, die nicht durch Einzahlung des Ausgabebetrages der Aktien zu leisten sind (§ 27 Abs. 1 S. 1 AktG).

[723] Nach der Holzmüller-Entscheidung des BGH (BGHZ 83, 122) gibt es strukturverändernde Maßnahmen, die der Hauptversammlung unabhängig von der Geschäftsführungsbefugnis des Vorstands zur Zustimmung vorzulegen sind. Ausführlich hierzu Hüffer, AktG, 2006, § 119 Rn. 16ff.

[724] Hopt/Mülbert/Kumpan, AG 2005, 109, 112.

[725] *„Entscheidungen (...) bedürfen der Zustimmung oder Bestätigung der Hauptversammlung der Aktionäre, wenn diese Entscheidungen **außerhalb des normalen Geschäftsverlaufs** gefasst wurden (...)“* (Hervorhebung durch den Verfasser). Ebenso Kindler/Horstmann, DStR 2004, 866, 868. Pötzsch, in: Assmann/Pötzsch/Schneider, WpÜG, 2005, Einl. Rn. 92, weist ebenfalls darauf hin, dass sich aus dem Umkehrschluss zu Art. 9 Abs. 3 ergebe, dass Maßnahmen innerhalb des „normalen Geschäftsverlaufs“ zulässig sind. Ebenso Krause/Pötzsch, in: Assmann/Pötzsch/Schneider, WpÜG, 2005, § 33 Rn. 28.

wöhnlicher Handlungen beschränkt werden sollten[726]. Damit bleiben normale Geschäftstätigkeiten, welche das Angebot vereiteln könnten, zulässig[727]. Folglich ist die Ausnahme des § 33 Abs. 1 S. 2 Alt. 1 WpÜG a.F. weiter als Art. 9 Abs. 3.

Daher war § 33 Abs. 1 S. 2 Alt. 1 WpÜG a.F. zu streichen bzw. auf die normale Geschäftstätigkeit zu reduzieren[728]. Eine richtlinienkonforme Auslegung, wie sie von *Seibt/Heiser* vorgeschlagen wird[729], ist nicht ausreichend. Bei der Umsetzung einer Richtlinienbestimmung muss nämlich für den Einzelnen klar erkenntlich sein, welche Rechte und Pflichten er hat[730]. Dies wird für den Vorstand bei Beibehaltung des Wortlauts hingegen nur schwer möglich sein. Es erscheint daher schon zur Klarstellung sinnvoll, die Vorschrift entsprechend abzuändern.

Auch wenn die Richtlinie von der grundsätzlichen Zulässigkeit der normalen Geschäftstätigkeit ausgeht, sollte eine entsprechende Ausnahmevorschrift beibehalten werden. Denn auch die normale Geschäftstätigkeit kann unter Umständen Auswirkungen auf das Angebot haben.

c. § 33 Abs. 1 S. 2 Alt. 2 WpÜG a.F.

§ 33 Abs. 1 S. 2 Alt. 2 WpÜG a.F. gestattet die Suche nach einem konkurrierenden Angebot[731]. Die Zulässigkeit der Suche nach einem sogenannten „weißen Ritter"[732] entspricht der Regelung in Art. 9 Abs. 2, die ebenfalls als „Ausnahme"

---

[726] Glade/Haak/Hellich, Der Konzern 2004, 515, 519; Hopt/Mülbert/Kumpan, AG 2005, 109, 112.

[727] Dies zeigt auch schon die Erläuterung der Kommission zu Art. 9 des Kommissionsvorschlages von 2002, S. 9. Ebenso Krause, BB 2004, 113, 114; Glade/Haak/Hellich, Der Konzern 2004, 515, 519; Kindler/Horstmann, DStR 2004, 866, 868.

[728] Glade/Haak/Hellich, Der Konzern 2004, 515, 520.

[729] Seibt/Heiser, ZGR 2005, 200, 223.

[730] Zur richtlinienkonformen Auslegung siehe Kahl, in Calliess/Ruffert, EUV/EGV, Art. 10 EGV, Rn. 40 sowie ausführlich Roth, EWS 2005, 385ff.

[731] Der Gesetzgeber hat die Einführung dieser Vorschrift damit begründet, dass die Suche nach einem konkurrierenden Bieter im Interesse aller Aktionäre liegt. Vgl. RegE WpÜG, BT-Drs. 14/7034, S. 58.

[732] Dieser wird auch „*white knight*" genannt. Die Bezeichnung hat sich eingebürgert für die Suche nach einem konkurrierenden, befreundeten Bieter. Diese dritte Partei soll die Übernahme der Zielgesellschaft durch den ersten Bieter durch Abgabe eines konkurrierenden freundlichen Übernahmeangebots an die Aktionäre der Zielgesellschaft verhindern. Ein bekannter Fall aus jüngerer Zeit ist die Offerte von BASF an die Schering-Aktionäre, nachdem zuvor die Merck KGaA ein Übernahmeangebot abgegeben hat. Siehe dazu etwa FAZ vom 9. Juni 2006, S. 13, 17; FAZ vom 10. Juni 2006, S. 11; FAZ vom 14. Juni 2006, S. 14; FAZ vom 17. Juni 2006, S. 14; FAZ vom 22. Juni 2006, S. 13.

von der Neutralitätspflicht die Suche nach einem konkurrierenden Bieter gestattet[733].

Bezüglich dieser Alternative bestand kein Anpassungsbedarf.

d. § 33 Abs. 1 S. 2 Alt. 3 WpÜG a.F.

Die 3. Alternative gestattet es dem Vorstand bei Zustimmung des Aufsichtsrates den Erfolg des Angebots verhindernde Handlungen durchzuführen. Sie gibt in der deutschen Literatur häufig Anlass zu Kritik[734]. So wird insbesondere angeführt, der Vorstand und der Aufsichtsrat hätten die gleichen Zielsetzungen. Zudem sei es sachgerechter, auf die Zustimmung der Hauptversammlung und nicht des Aufsichtsrates abzustellen, da sie das Entscheidungsrecht bezüglich des Erfolgs des Angebots innehaben sollten.

Entsprechend sehen verschiedene Mitgliedstaaten eine Zustimmungspflicht der Hauptversammlung vor[735]. Letztlich wurde § 33 Abs. 1 S. 2 Alt. 3 WpÜG a.F. eingeführt, um die Arbeitnehmerinteressen durch den Aufsichtsrat besser zur Geltung zu bringen[736].

Umstritten ist, ob § 33 Abs. 1 S. 2 Alt. 3 WpÜG a.F. sämtliche abwehrgeeigneten Maßnahmen erfasst[737] oder es daneben auf die Abwehrrichtung ankommt, also auf eine mit Vereitelungsabsicht durchgeführte Maßnahme[738]. Angesichts der Weite der Regelung spricht mehr dafür, dass die Vorschrift sowohl die auf

---

[733] Veil, in: Veil/Drinkuth, Reformbedarf im Übernahmerecht, 2005, S. 95, 97, geht davon aus, dass es sich bei der „Ausnahme" im Sinne der Richtlinie nicht um eine konstitutive Ausnahmevorschrift handelt, sondern lediglich um eine deklaratorische Regelung. Eine Suche nach einem konkurrierenden Bieter laufe den Interessen der Aktionäre nicht zuwider und könne folglich nicht vom Vereitelungsverbot umfasst sein. Allerdings ist auch ein konkurrierendes Angebot geeignet, den Erfolg des Ausgangsangebots zu vereiteln. Dennoch ist Veil im Ergebnis zuzustimmen. Ungeachtet dessen sollte der Ausnahmetatbestand im Gesetz aufrechterhalten werden, um Diskussionen im Falle einer Streichung zu vermeiden.

[734] Winter/Harbarth, ZIP 2002, 1, 6; Ekkenga/Hofschroer, DStR 2002, 724, 733; Hopt, ZGR 2002, 333, 361; Krause, AG 2002, 133, 136f.; Ulmer, AcP 202 (2002), 143, 154, Fn. 65; Zschocke, DB 2002, 79, 82; Fleischer/Kalss, WpÜG Gesamtdarstellung, 2002, S. 128; Hirte, in: Hirte/von Bülow, Kölner Kommentar WpÜG, 2003, § 33 Rn. 78; Röh, in: Haarmann/Schüppen, Frankfurter Kommentar WpÜG, 2005, § 33 Rn. 9.

[735] Zum Beispiel *Rule 21.1 City Code*; § 12 ÜbG (jeweils Stand vor Umsetzung der Richtlinie). Siehe Veil, in: Veil/Drinkuth, Reformbedarf im Übernahmerecht, 2005, S. 95, 101, Fn. 28 mit weiteren Ländernachweisen.

[736] Vgl. BT-Drs. 14/7477, S. 50.

[737] So Röh, in: Haarmann/Schüppen, Frankfurter Kommentar WpÜG, 2005, § 33 Rn. 150 Fn. 275; Grunewald, in: Baums/Thoma, WpÜG, 2004, § 33 Rn. 48.

[738] So Ekkenga, in: Ehricke/Ekkenga/Oechsler, WpÜG, 2003, § 33 Rn. 56; Schneider, AG 2002, 125, 129.

Vereitelung abzielende Maßnahme als auch die lediglich abwehrgeeignete Maßnahme umfasst[739].

Im Ergebnis kann das aber dahinstehen, da die Richtlinie weder die eine noch die andere Auslegung erlaubt. Die Richtlinie kennt keine Zustimmungsmöglichkeit durch den Aufsichtsrat (bzw. ein vergleichbares Aufsichtsorgan).

Bei einer strikten Umsetzung des Art. 9 war § 33 Abs. 1 S. 2 Alt. 3 WpÜG a.F. zu streichen[740].

e. § 33 Abs. 2 WpÜG a.F.

§ 33 Abs. 2 WpÜG a.F.[741] behandelt die außerhalb desjenigen Zeitraums, der in der Richtlinie vorgegeben wird, erfolgte Ermächtigung des Vorstands durch die Hauptversammlung[742] zur Vornahme von Handlungen, um den Erfolg von Übernahmeangeboten[743] zu verhindern. § 33 Abs. 2 S. 4 WpÜG a.F. normiert eine

---

[739] Ebenso Glade/Haak/Hellich, Der Konzern 2004, 515, 520. Zwingend ist das nicht. Es wäre auch denkbar, nach der Intention zu entscheiden. Aus Sicht der Betroffenen ist es jedoch unerheblich, ob die Maßnahme gleichsam auf Abwehr ausgerichtet und abwehrgeeignet ist oder ob sie dies zwar nicht bezweckt, aber dennoch bewirkt.

[740] Ebenso Glade/Haak/Hellich, Der Konzern 2004, 515, 519; Hopt/Mülbert/Kumpan, AG 2005, 109, 112. So bereits Krause, ZGR 2002, 500, 518 in Bezug auf den Winter-Bericht.

[741] Vorratsbeschlüsse sind in der Praxis weitgehend bedeutungslos geblieben. Dies liegt unter anderem daran, dass der Ermächtigungsbeschluss als Zweck die Abwehr von Übernahmeversuchen beinhalten muss. Spätestens dadurch wird das Interesse von Übernahmeinteressenten geweckt, kommt es doch dem Eingeständnis des Vorstands gleich, sich als Übernahmekandidat anzusehen. Außerdem dürften Kursabschläge an der Börse hinzunehmen sein, da sich wegen des gezeigten Verteidigungswillens keine Übernahmephantasie (mehr) entwickeln kann. So bereits DAV-Handelsrechtsausschuss, Stellungnahme zum RegE WpÜG, ZIP 2001, 1736, 1739; Geibel/Süßmann, BKR 2002, 52, 66. Vgl. Maul, NZG 2005, 151, 153. Siehe auch Teichmann, ZGR 2001, 645, 661, wonach sämtliche präventiven Schutzmaßnahmen zu Kursabschlägen führen.

[742] Die Hauptversammlung ermächtigt also den Vorstand dazu, Übernahmeangebote zu verhindern, ohne Kenntnis von der Person des möglichen Bieters oder des möglichen Inhalts der Angebotsunterlage zu haben. Die Verhinderungsmöglichkeiten, welche dem Vorstand eingeräumt werden, sind ihrer Art nach in der Ermächtigung anzugeben. Dies befreit den Vorstand jedoch nicht davon, bei Ausübung der Ermächtigung die Aktionärsinteressen zu berücksichtigen.

[743] Fraglich ist, ab wann der Vorstand von der ihm eingeräumten Ermächtigung Gebrauch machen darf. So kommen zwei Anknüpfungspunkte in Betracht: einerseits der Zeitpunkt der Bekanntgabe der Übernahmeabsicht, zum anderen der Zeitpunkt der Veröffentlichung der Angebotsunterlage. Für Letzteres spricht der Wortlaut des § 33 Abs. 2 S. 1 WpÜG a.F., wonach die Ermächtigung erteilt wird, *„um den Erfolg von Übernahme**angeboten** zu verhindern“*. Ein solches Angebot liegt erst mit der Veröffentlichung der Angebotsunterlage vor. Zudem wird es sowohl dem Vorstand als auch dem Aufsichtsrat vor der Angebotsveröffentlichung gar nicht möglich sein, eine fehlerfreie, die Aktionärsinteressen berücksichtigende Entscheidung zu treffen. So auch Winter/Harbarth, ZIP 2002, 1, 14f.

Zustimmungspflicht des Aufsichtsrates zu auf Grund der Ermächtigung vorgenommenen Handlungen des Vorstands.

Im Ergebnis werden diese Vorratsbeschlüsse weit überwiegend als mit der Neutralitätspflicht unvereinbar angesehen[744].

Entscheidend wird auf Art. 9 Abs. 2 abgestellt[745].

Für nach § 33 Abs. 2 WpÜG a.F. zulässige Vorratsbeschlüsse wird angedacht, Art. 9 Abs. 2 Uabs. 1 sei so zu lesen, dass spätestens zu dem in der Bestimmung genannten Zeitpunkt die Ermächtigung des Vorstands eingeholt werden muss. Ein Anfangszeitpunkt sei hingegen nicht bestimmt. Dies ergebe sich aus der Kombination von Art. 9 Abs. 2 und Abs. 3. Letzterer könne insbesondere deshalb nicht als Gegenargument herangezogen werden, da er anders als Abs. 2 von „Entscheidungen" und nicht von „Maßnahmen" spricht[746].

Teilweise wird diese Frage auch offen gelassen und sich mit dem Hinweis begnügt, die Lösung sei wohl in dem Verständnis von „innerhalb" in Art. 9 Abs. 2 Uabs. 1 und dessen Zusammenspiel mit Uabs. 2 S. 2 zu suchen[747].

Überwiegend wird jedoch die vorstehende Interpretation ausdrücklich abgelehnt. Die Richtlinie erlaubt danach keine Vorratsbeschlüsse. Zur Begründung wird die Entstehungsgeschichte der Vorschrift herangezogen, welche von der Konzeption her keine Vorratsbeschlüsse zulasse[748]. Aus dem Umkehrschluss zu Art. 9 Abs. 2 ergebe sich vielmehr, dass eine generelle Gestattung von Vorratsbeschlüssen

---

744 So bereits Krause, ZGR 2002, 500, 518, allerdings noch in Bezug auf den Winter-Bericht. Ebenso Seibt/Heiser, ZGR 2005, 200, 223; Glade/Haak/Hellich, Der Konzern 2004, 515, 521; Veil, in: Veil/Drinkuth, Reformbedarf im Übernahmerecht, 2005, S. 95, 106; Maul/Muffat-Jeandet, AG 2004, 306, 311, 314; Maul, NZG 2005, 151, 153; Rasner, Pflichten der Zielgesellschaft, 2005, S. 489; Röh, in: Haarmann/Schüppen, Frankfurter Kommentar WpÜG, 2005, § 33 Rn. 15. Ebenso Ferrell, in: Ferrarini/Hopt/Winter/Wymeersch, Takeover Law in Europe, 2004, S. 561, 573, in Bezug auf den Winter-Bericht. Er kritisiert die Haltung der Winter-Gruppe, da diese die Aktionäre sehr stark in ihrer Entscheidungsfindung beschränkt, wenn sie ihnen lediglich eine *ex post* Entscheidung gestattet. Ferrell ist der Ansicht, Aktionäre seien sehr wohl dazu in der Lage, bereits vor der Angebotsabgabe über zulässige Verteidigungsmaßnahmen des Vorstandes zu entscheiden. Sollten sie hier keine verantwortliche Entscheidung treffen können, wäre kaum zu erklären, weshalb sie in Kenntnis eines Angebots eher verantwortlich entscheiden könnten.

745 Art. 9 Abs. 2 im Wortlaut: *„Innerhalb der in Unterabsatz 2 genannten Frist holt das Leitungs- bzw. Verwaltungsorgan der Zielgesellschaft die für diesen Zweck erteilte Ermächtigung der Hauptversammlung ein, (...). Diese Ermächtigung ist zumindest ab dem Zeitpunkt erforderlich, zu dem das Leitungs- bzw. Verwaltungsorgan der Zielgesellschaft die (...) Informationen über das Angebot erhalten hat, (...). Die Mitgliedstaaten können verlangen, dass diese Ermächtigung zu einem früheren Zeitpunkt erforderlich ist, beispielsweise wenn (...) die Abgabe des Angebots unmittelbar bevorsteht."*

746 Vgl. Seibt/Heiser, ZIP 2002, 2193, 2195.

747 Hopt/Mülbert/Kumpan, AG 2005, 109, 112.

748 Rasner, Pflichten der Zielgesellschaft, 2005, S. 489.

unzulässig sei[749]. Einzig auf eine innerhalb der in Uabs. 2 genannten Frist eingeholte Ermächtigung können danach Abwehrmaßnahmen gestützt werden[750].

Meines Erachtens ist es zutreffend, die Vorratsbeschlüsse als nicht mit der Neutralitätspflicht der Richtlinie vereinbar anzusehen. Grundgedanke der Richtlinie und des Vorgängervorschlags ist, das Leitungs- bzw. Verwaltungsorgan zu möglichst umfassender Neutralität zu verpflichten. Gerade dies hat zum Scheitern des Gemeinsamen Standpunkts von 2000 geführt. Auch der deutsche Gesetzgeber hat die Vorschrift des § 33 Abs. 2 WpÜG a.F. erst relativ spät (im RegE WpÜG) eingeführt, nämlich als das Scheitern des damaligen Vorschlages bekannt wurde[751] und man sich daher nicht mehr an die Vorgaben des Vorschlages gebunden fühlte.

Gegen eine Zulässigkeit spricht auch der Umstand, dass die Aktionäre nach dem Gedanken der Richtlinie über das konkrete Angebot entscheiden sollen. Ein von ihnen erteilter Vorratsbeschluss, welcher lediglich der Art nach die Handlungsmöglichkeiten bezüglich übernahmevereitelnder Maßnahmen bestimmt, ohne überhaupt ein konkretes Angebot zu kennen und damit beurteilen zu können, widerspricht dem Grundgedanken der Richtlinie[752].

§ 33 Abs. 2 WpÜG a.F. war bei einer vollständigen Umsetzung von Art. 9 zu streichen.

f. Behandlung von teilweise umgesetzten Entscheidungen (Art. 9 Abs. 3)

Das WpÜG a.F. enthält keine Regelung, welche außerhalb des normalen Geschäftsverlaufs gefasste Entscheidungen betrifft, die zumindest teilweise umgesetzt wurden.

Diskutiert wird in diesem Zusammenhang insbesondere die Frage, ob Entscheidungen außerhalb des normalen Geschäftsverlaufs stets der Zustimmung der Hauptversammlung bedürfen.

So wird zum Teil davon ausgegangen, bereits eingeleitete Maßnahmen, wie etwa die Anbahnung eines Verkaufs wesentlicher Unternehmensteile sind nach der Richtlinie zulässig[753]. Dem ist entgegen einer anders lautenden Ansicht in der Literatur zuzustimmen[754]. Die Veräußerung wesentlicher Unternehmensteile kann eine Tätigkeit sein, die ein ordentlicher und gewissenhafter Geschäftsleiter i.S.d. § 33 Abs. 1 S. 2 Alt. 1 WpÜG a.F. einer Gesellschaft vorgenommen hätte.

---

749 Rasner, Pflichten der Zielgesellschaft, 2005, S. 552.

750 Glade/Haak/Hellich, Der Konzern 2004, 515, 521; Röh, in: Haarmann/Schüppen, Frankfurter Kommentar WpÜG, 2005, § 33 Rn. 15.

751 Vgl. Röh, in: Haarmann/Schüppen, Frankfurter Kommentar WpÜG, 2005, § 33 Rn. 8.

752 So auch Mülbert, ecgi Law Working Paper 13/2003, S. 13ff.

753 Krause, BB 2004, 113, 114.

754 A.A. Glade/Haak/Hellich, Der Konzern 2004, 515, 520.

Dies macht die beabsichtigte Veräußerung allerdings noch nicht zu einer Maßnahme im normalen Geschäftsverlauf der Gesellschaft im Sinne der Richtlinie.

Darauf kommt es jedoch nicht an. Maßgeblich ist allein, ob mit der Umsetzung der Entscheidung bereits begonnen wurde. Ausweislich des Wortlauts von Art. 9 Abs. 3 sind nämlich auch Entscheidungen außerhalb des normalen Geschäftsverlaufs nicht zustimmungsbedürftig, wenn sie zumindest teilweise umgesetzt worden sind. Das gilt selbst dann, wenn die Umsetzung der Entscheidungen zu einer Angebotsvereitelung führen könnte.

Damit war bei vollständiger Umsetzung eine Art. 9 Abs. 3 entsprechende Bestimmung in das WpÜG aufzunehmen.

g. Zusammenfassung des Umsetzungsbedarfs

§ 33 Abs. 1 S. 2 WpÜG a.F. war in der 1. und 3. Alternative anzupassen sowie eine Art. 9 Abs. 3 wiedergebende Bestimmung einzuführen.

4. Bewertung

Die Vorzüge einer zwingenden Neutralitätspflicht sind offensichtlich. Der Markt wird verstärkt seinen eigenen Gesetzen überlassen, die Macht des Vorstands eingeschränkt, sowie das Letztentscheidungsrecht der Aktionäre gestärkt.

Nicht vergessen werden darf allerdings bei allen Diskussionen über die Neutralitätspflicht deren Reichweite. Auch im anderen Extremfall, also einer vollständigen Aufhebung von § 33 WpÜG a.F. und einer optionalen Einwahlmöglichkeit wird der Vorstand nicht von seinen aktienrechtlichen Verpflichtungen befreit[755]. Die Befreiung von der Neutralitätspflicht reicht nur so weit, wie sie das Aktienrecht bzw. das Konzernrecht zulässt[756]. Schon vor Inkrafttreten des WpÜG wur-

---

[755] Die ebenfalls von der Richtlinie erfasste KGaA ist angesichts der Präsenz auf dem Kapitalmarkt nur von untergeordneter Bedeutung für die Bewertung des Optionsmodells, weshalb im Folgenden nur auf die AG abgestellt wird. Bei der KGaA gibt es ähnliche Verpflichtungen der Komplementäre. Diese beruhen auf aktienrechtlichen und personengesellschaftsrechtlichen Vorgaben. Siehe zu den Pflichten der Gesellschafter und Organe der KGaA ausführlich Schütz/Reger, in: Schütz/Bürgers/Riotte, Die KGaA, 2004, S. 89ff.

Auch die SE wird für die Bewertung des Optionsmodells nicht gesondert berücksichtigt, weil diese bislang noch nicht in einem nennenswerten Umfang gegründet wurde. Zudem ist die SE wie eine Aktiengesellschaft zu behandeln, so dass sich die Problematik bei der SE im Ergebnis wie bei der Aktiengesellschaft darstellt. Vgl. Art. 10 VO (EG) Nr. 2157/2001 des Rates vom 8. Oktober 2001 über das Statut der Europäischen Gesellschaft (SE), ABl. EG Nr. L 294 v. 10. November 2001.

[756] Dies ist an sich eine Selbstverständlichkeit. Dennoch wurde vom Bundesrat angeregt, eine ausdrückliche Klarstellung im Gesetzeswortlaut des WpÜG vorzunehmen (vgl. BT-Drs. 14/7034, S. 85f.). Die Bundesregierung hob hingegen in ihrer Gegenäußerung hervor, dass es einer solchen Klarstellung nicht bedürfe, um eine Fortgeltung der aktienrechtlichen Anforderungen zu bewirken (Gegenäußerung der Bundesregierung zu der Stellungnahme des

de ganz überwiegend vertreten, dass der Vorstand *de lege lata* einem Verhinderungsverbot unterliegt[757]. Im Einzelnen war freilich vieles streitig[758].

Der europäische Gesetzgeber wollte den Akteuren nicht mehr Möglichkeiten einräumen, als ihnen nach dem jeweiligen Gesellschaftsrecht zustehen. So werden etwa gesellschaftsschädigende Maßnahmen durch eine Befreiung von der Neutralitätspflicht nicht zulässig[759]. Gleiches gilt, wenn die Ermächtigung der Hauptversammlung zur Durchführung das Angebot vereitelnder Maßnahmen eingeholt wird. Auch die Hauptversammlung ist nicht dazu berechtigt, Geschäfte gegen die Interessen der AG zu betreiben, also etwa, Gesellschaftsvermögen zu schädigen, um die Gesellschaft für Übernahmen uninteressanter zu machen[760].

Im Verhältnis zu einer Beibehaltung des § 33 WpÜG a.F. fielen bei vollständiger Umsetzung des Art. 9 mit den Vorratsbeschlüssen, welche praktisch kaum genutzt werden[761], und der „Aufsichtsratslösung" im Wesentlichen zwei Elemente weg. Letztere ist ohnehin fragwürdig, da über die Köpfe der Aktionäre hinweg entschieden wird.

Andererseits ist nicht zu vergessen, dass Unternehmen, welche unter die zwingende Neutralitätspflicht fallen, anfälliger für Unternehmensübernahmen werden. Dies ist insofern nicht wünschenswert, als dass noch kein *level playing field*

Bundesrates, BT-Drs. 14/7090, S. 1).

757 Hierzu Hopt, ZGR 1993, 534ff.; ders., in: FS Lutter, 2000, S. 1361ff.; Altmeppen, ZIP 2001, 1073ff.; Baudisch/Götz, AG 2001, 251ff.; Baums, in: von Rosen/Seifert, Die Übernahme börsennotierter Unternehmen, 1999, S. 165, 175ff.; ders., Gutachten zum 63. DJT 2000, S. F 1, F 214; Dimke/Heiser, NZG 2001, 241ff.; Grunewald, AG 2001, 288ff.; Hopt, in: Hopt/ Wiedemann, Grosskommentar AktG, 1992, § 93 Rn. 122ff.; ders., in: FS Koppensteiner, 2001, S. 61, 85; Kiem, ZIP 2000, 1519, 1520; Krause, AG 2000, 217ff.; Maier-Reimer, ZHR 165 (2001), 258ff.; Merkt, ZHR 165 (2001), 224ff.; Mülbert, IStR 1999, 83ff.; von Nussbaum, Aktiengesellschaft als Zielgesellschaft, 2003, S. 91f.; Hefermehl/Spindler, in: Kropff/ Semler, Münchener Kommentar AktG, 2004, § 76 Rn. 28; a.A. Kirchner, AG 1999, 481ff.; Kort, in: FS Lutter, 2000, S. 1421, 1432ff.; Krieger, in: Henze/Hoffmann-Becking, Gesellschaftsrecht, 2001, S. 289, 303f.; Wiese/Demisch, DB 2001, 849, 851; Hüffer, AktG, 2006, § 76 Rn. 15d; Hens, Vorstandspflichten, 2004, S. 121ff., 136ff.

758 Umstritten waren zum Beispiel die dogmatische Herleitung, der genaue Regelungsgehalt sowie mögliche Ausnahmen. Hergeleitet wurde das Verhinderungsverbot dogmatisch sowohl aus dem Aktienrecht (Gebot der Gleichbehandlung der Aktionäre, § 53a AktG; Vorstand als Wahrer fremder Interessen; Unzulässigkeit der mittelbaren Eingriffe des Vorstands in das Stimmverhalten der Aktionäre) als auch aus dem Kapitalmarktrecht (Gleichbehandlungsgrundsatz; fehlende Befugnis des Vorstands in Geschäfte zwischen Bietern und Aktionären einzugreifen; Aufrechterhaltung der Funktionsfähigkeit des Marktes für Unternehmenskontrolle).

759 Vgl. die weitergehenden Ausführungen von Altmeppen, ZIP 2001, 1073, 1076, zum Schädigungsverbot.

760 So auch Altmeppen, ZIP 2001, 1073, 1078.

761 Vgl. Fn. 741.

innerhalb der EU und erst recht nicht gegenüber den US-amerikanischen Gesellschaften erreicht wurde[762], was zu einem Mittelabfluss zum Nachteil deutscher Unternehmen führen kann[763]. Allerdings gestattet die Richtlinie auch bei vollständiger Umsetzung der Neutralitätspflicht, dass die Aktionäre das Leitungs- bzw. Verwaltungsorgan dazu ermächtigen, das Angebot vereitelnde Maßnahmen zu treffen.

Für eine vollständige Umsetzung ist ungeachtet der Diskussion um das *level playing field* anzuführen, dass aus rechtsökonomischer Sicht jegliche Behinderungen schadhaft sind, wie die Volkswirtschaft herausgearbeitet hat[764]. Selbst der einseitige Abbau von Handelsschranken wirkt sich danach volkswirtschaftlich wohlfahrtssteigernd aus[765]. Zudem würden die *agency costs* der Gesellschaften sinken und folglich die Kapitalausstattung im gleichen Maße steigen[766].

II. Wahl des *Opt-Out* Modells

Art. 12 erlaubt die Wahl des *Opt-Out* Modells. Die Mitgliedstaaten können die Gesellschaften von der unter I. in diesem Kapitel diskutierten Neutralitätspflicht befreien. Diese können sich dann im Grundsatz frei entscheiden, ob sie sich an die Neutralitätspflicht der Richtlinie halten wollen, oder ob sie es vorziehen, von ihr befreit zu sein und die nationalen Regelungen anzuwenden. Halten sie an der Neutralitätspflicht fest und geben sich kapitalmarktorientiert, so bezeichnet man sie als A-Klasse Gesellschaften, andernfalls als (konservative) B-Klasse Gesellschaften[767].

1. Darlegung der umzusetzenden Richtlinienbestimmung

Art. 12 Abs. 2 i.V.m. Abs. 1 verpflichtet Mitgliedstaaten, welche die Art. 9 Abs. 2 und 3 nicht verbindlich umsetzen, den Gesellschaften die widerrufliche Möglichkeit einzuräumen, diese Absätze anzuwenden. Die Entscheidung, ob die Gesellschaft von der Einwahlmöglichkeit (*Opt-In*) Gebrauch machen will, er-

---

[762] Ein solches *level playing field* existiert weder in Europa noch weltweit. Dies gilt für gesellschaftsrechtliche Aspekte und übernahmerechtliche gleichermaßen. Vgl. Schüppen, in: Haarmann/Schüppen, Frankfurter Kommentar WpÜG, 2005, Einl. Rn. 33, der sich gar die Wiedereinführung von Höchst- und Mehrfachstimmrechten wünscht.

[763] So bereits Kirchner, WM 2000, 1821, 1823.

[764] Hierauf weist zu Recht Merkt, Stellungnahme zum RegE Ü-UG, S. 5, hin. Vgl. zur Bedeutung von Unternehmensübernahmen für den Binnenmarkt Kainer, Unternehmensübernahmen, 2004, S. 36ff.

[765] Mankiw, Makroökonomik, 2003, S. 158ff.

[766] Mülbert/Birke, WM 2001, 705, 716; Fleischer/Kalss, WpÜG Gesamtdarstellung, 2002, S. 41.

[767] Diese Begriffsbezeichnungen haben sich wohl mittlerweile durchgesetzt. Vgl. etwa Wiesner, ZIP 2004, 343, 346; Glade/Haak/Hellich, Der Konzern 2004, 515, 516.

folgt durch mit satzungsändernder Mehrheit zu treffenden Hauptversammlungsbeschluss. Die Entscheidung ist anschließend der Aufsichtsstelle des Sitzmitgliedstaats und den Aufsichtsstellen der geregelten Märkte, an denen die Wertpapiere zum Handel zugelassen sind oder die Zulassung beantragt ist, mitzuteilen (Art. 12 Abs. 3). Die Mitgliedstaaten müssen dann die unverzügliche Bekanntmachung der Entscheidung sicherstellen (Art. 12 Abs. 4).

Die Vorschriften des Art. 9 Abs. 2 und 3 sind bereits eingehend erläutert worden. Insoweit wird auf die einleitenden Worte sowie die Ausführungen unter H.I.1. verwiesen[768].

2. Europäischer Hintergrund sowie Regelungen in einzelnen Mitgliedstaaten

Wie bereits unter H.I.2. dargelegt[769], war die strikte Neutralitätspflicht einer der Knackpunkte, an denen der auf dem Vorschlag des Jahres 2000 basierende Vorschlag des Vermittlungsausschusses im Juli 2001 mit 273 pro zu 273 contra Stimmen bei 22 Enthaltungen scheiterte. Eine strikte Neutralitätspflicht wurde gerade aus deutscher Sicht mangels *level playing field* unter dem Eindruck der Übernahmeschlacht *Mannesmann AG / Vodafone* abgelehnt. Solange keine gleichen Ausgangsbedingungen herrschten, so hieß es, sei es nicht sachgerecht, die Unternehmen in Bezug auf Verteidigungsfragen gleich zu behandeln. Die Abschaffung von Höchst- und Mehrstimmrechten durch das 1998 verabschiedete KonTraG[770] hatte das Ungleichgewicht in den Mitgliedstaaten der Europäischen Union noch verstärkt[771]. Zudem erschien es dem Europäischen Parlament nicht einleuchtend, wieso europäische Unternehmen einer strikten Neutralitätspflicht unterliegen sollten, während diese in Nichtmitgliedstaaten der Union – und hierbei zielte man vor allem auf die USA ab – in diesem Umfang nicht bestand. Es folgte auf Druck des Europäischen Parlaments die Einsetzung der *Winter*-Gruppe, die Lösungsmöglichkeiten, insbesondere für einheitliche Rahmenbedingungen, erarbeiten sollte. Ergebnis der Ausarbeitung der Gruppe war die

---

[768] Siehe S. 143.

[769] Siehe S. 144.

[770] Gesetz zur Kontrolle und Transparenz im Unternehmensbereich (KonTraG) v. 27. April 1998, BGBl. I/2004, S. 786.

[771] Ob diese Annahme tatsächlich zutreffend ist, wird stellenweise bezweifelt. So geht etwa Rasner, Pflichten der Zielgesellschaft, 2005, S. 541ff. davon aus, deutsche Gesellschaften seien gegenüber Gesellschaften aus anderen EU-Mitgliedstaaten ungeachtet der Abschaffung von Höchst- und Mehrstimmrechten nicht übernahmeanfälliger. Dies ergebe sich aus einer Gesamtschau der rechtlichen und strukturellen Rahmenbedingungen. Ungeachtet des Fehlens einer umfassenden Untersuchung zur Frage des *level playing field* wird jedoch weithin von einem Fehlen gleicher bzw. vergleichbarer Rahmenbedingungen ausgegangen. Siehe etwa Winter-Bericht, S. 20f. Ebenso Dauner-Lieb/Lamandini-Gutachten, S. 21, unter Bezugnahme auf eine Studie der McKinsey Company.

Durchgriffsregel[772], welche allerdings nicht die Neutralitätspflicht als solche betraf, sondern auf andere Übernahmehindernisse (wie etwa Stimmrechtsbeschränkungen) beschränkt war[773]. Die Übernahmehindernisse, mit Ausnahme der staatlichen Sonderrechte (Goldene Aktien) sollten nicht abgeschafft, immerhin jedoch durchbrochen werden.

Der auf dem *Winter*-Bericht basierende Kommissionsvorschlag von 2002 hielt die Durchgriffsregel offensichtlich für erwägenswert, setzte sie aber nur zum Teil um. Heraus kam die sogenannte „Mini-Durchbruchsregel", welche im Grundsatz Übernahmehemmnisse abbaute, bei den Mehrfachstimmrechten aber eine Ausnahme machte. So wurde angeführt, es sei nicht bewiesen, ob Mehrfach- oder Doppelstimmrechte öffentliche Übernahmeangebote unmöglich machten. Außerdem würde die Aufhebung solcher Stimmrechte für verschiedene Mitgliedsstaaten verfassungsrechtliche Probleme zur Folge haben, was eine Annahme der Richtlinie verzögern könnte[774]. Die Kommission, allen voran *Frits Bolkestein*, erhoffte sich, die Mitgliedstaaten mit Mehrfach- bzw. Doppelstimmrechten – fünf an der Zahl – hierdurch zur Zustimmung bewegen zu können. Die Sonderregelungen wurden jedoch von einigen Mitgliedstaaten, ebenso wie vom Europäischen Parlament heftig kritisiert. Ein *level playing field* war hierdurch weiterhin nicht gewährleistet. Das Europäische Parlament holte seinerseits das *Dauner-Lieb/Lamandini*-Gutachten ein, welches zu dem Ergebnis gelangte, eine Durchbruchsregel wie die vorgeschlagene sei nur im Ganzen sinnvoll und müsse auch Mehrstimmrechte erfassen. Diese könnten Übernahmen ebenso wie die anderen von der Durchbruchsregel erfassten Instrumente verhindern[775]. Zudem könnte eine einseitige Bevorzugung dieser Wertpapiergattungen zu einem vermehrten Einsatz dieses Instruments zur Verhinderung von Übernahmen führen, was dem Grundgedanken der Richtlinie zuwiderlaufe[776]. Die Verhandlungen steckten daher fest, bis ein portugiesischer Ratsteilnehmer das Optionsmodell vorschlug[777], welches die Mitgliedstaaten und die Unternehmen selbst darüber entscheiden lassen sollte, ob sie sich für oder gegen Abwehrmaßnahmen entscheiden[778].

Frits Bolkestein war von dieser Lösung – die in konkreten Einzelheiten weiter starke Diskussionen auslöste – gar nicht angetan und schien sogar ein Scheitern

[772] Die Bezeichnung in der Literatur für diese Regelung ist nicht einheitlich. Neben der Bezeichnung als Durchgriffsregelung (wohl ursprünglich beruhend auf dem Wortlaut im Winter-Bericht bzw. nun aus der amtlichen Übersetzung der Richtlinie) werden auch die Bezeichnungen Durchbruchs- und Durchbrechungsregelung gewählt.

[773] Vgl. Winter-Bericht, S. 29ff., insbesondere S. 33ff.

[774] Erläuterung der Kommission zu Artikel 11 des Kommissionsvorschlags von 2002, S. 10.

[775] Dauner-Lieb/Lamandini-Gutachten, S. 50f.

[776] Dauner-Lieb/Lamandini-Gutachten, S. 54.

[777] Vgl. Hertig/McCahery, ecgi Law Working Paper 12/2003, S. 32f.

[778] Vgl. Wiesner, ZIP 2004, 343, 346.

der gesamten Übernahmerichtlinie in Kauf nehmen zu wollen. *Lehne* brachte schließlich das portugiesische Modell in den Rechtsausschuss ein, das unverändert in die Richtlinie übernommen wurde.

3. Rechtslage vor der Umsetzung und Anpassungsbedarf

a. Grundsätzliche Überlegungen

Das WpÜG a.F. kennt kein Optionsmodell. Bei Wahl dieses Modells waren daher zahlreiche Änderungen bzw. Anpassungen notwendig.

1) Entscheidung der Aktionäre

Die Aktionäre haben es beim *Opt-In* in der Hand, zu entscheiden, ob sie sich für eine konservative oder kapitalmarktorientierte Ausrichtung entscheiden.

a) Umfang der Entscheidungsbefugnis

Der Umfang der Entscheidungsmöglichkeiten der Aktionäre ist klärungsbedürftig. So ist die Frage aufgeworfen worden, ob ein *Opt-In* bezogen auf die Einführung der Neutralitätspflicht nur im Ganzen zulässig ist[779]. Denkbar wäre auch, dass die Aktionäre die Verpflichtung nur teilweise beschließen können, also etwa die Anwendung des Art. 9 Abs. 2 befürworten, die des Art. 9 Abs. 3 aber ablehnen dürfen.

Der Wortlaut von Art. 12 Abs. 2 besagt, die Mitgliedstaaten können den Gesellschaften die Wahlmöglichkeit lassen, „*Artikel 9 Absätze 2 und 3 und/oder Artikel 11 (…) anzuwenden*".

Nach nahezu einhelliger Auffassung bezieht sich die durch „und/oder" ausgedrückte Wahlmöglichkeit nur auf die Wahlmöglichkeit zwischen der in Art. 9 geregelten Neutralitätspflicht und der in Art. 11 geregelten Durchgriffsregelung, nicht aber innerhalb der jeweiligen Regelungen[780].

Hierfür spricht neben dem Wortlaut auch die Transparenz für den Kapitalmarkt. Läßt man neben der konservativen Möglichkeit und der kapitalmarktorientierten Alternative eine Mischform zu, ist eine erhöhte Intransparenz die Folge[781]. Außerdem, so *Krause*, muss den Gesellschaften die Wahl gelassen werden, sich für

---

[779] Glade/Haak/Hellich, Der Konzern 2004, 515, 517.

[780] Vgl. Krause, BB 2004, 113, 114; Veil, in: Veil/Drinkuth, Reformbedarf im Übernahmerecht, 2005, S. 95, 107. Den Unternehmen muss also ermöglicht werden, sowohl für die Neutralitätspflicht als auch für die Durchgriffsregelung zu optieren. Dies verkennt der DGB, der davon ausgeht, den Unternehmen dürfe nur die Möglichkeit eingeräumt werden, entweder die Neutralitätspflicht oder die Durchgriffsregel anzuwenden. DGB, Stellungnahme zum RefE ÜUG, S. 3. Für eine solche Auslegung gibt weder der Wortlaut noch die Intention des Richtliniengebers einen Anhaltspunkt.

[781] Vgl. Krause, BB 2004, 113, 114.

ein vollständiges *Opt-In* zu entscheiden. Andernfalls stelle der Gesetzgeber sie schlechter als andere Gesellschaften.

Seibt/Heiser widersprechen dieser Auffassung. Die Richtlinie verlange lediglich die Möglichkeit, sich für ein strenges Vereitelungsverbot zu entschließen. Dies sei auch gewährleistet, wenn man daneben eine teilweise Neutralitätspflicht zulasse[782]. Kern ihrer Aussage ist also, dass eine „abgeschwächte" Neutralitätspflicht ein Weniger zu einer vollen Neutralitätspflicht ist und damit zulässig sein muss (*argumentum a maiore ad minus*).

Krause geht zutreffend davon aus, für Gesellschaften müsse die Möglichkeit bestehen, sich für ein vollständiges *Opt-In* zu entscheiden. Dies wird in der Tat von der Richtlinie so verlangt. Allerdings bestreitet niemand dieses Verständnis von Art. 12 Abs. 2. *Seibt/Heiser* wollen lediglich zusätzlich eine gesplittete Einwahl zulassen.

Dennoch ist eine abgeschwächte Regelung hier meines Erachtens nach den Richtlinienvorgaben nicht zulässig. Die Richtlinie erlaubt keine Teil-Einwahl. Eine solche würde das ohnehin recht komplizierte Wahlsystem (weiter) überfrachten. Insbesondere im Zusammenhang mit der Reziprozitätsregelung[783] ergäbe sich eine Vielzahl denkbarer Konstellationen.

Die Detailliertheit der Regelung spricht ebenfalls dafür, dass nur ein „entweder" – „oder" gewollt war, nicht aber eine Staffelung innerhalb des gewählten Systems.

Letztlich ist eine gesplittete Einwahlmöglichkeit auch gar nicht notwendig. Schließlich bleibt es den Gesellschaften unbenommen, von den zulässigen Ausnahmen keinen Gebrauch zu machen.

Die Einwahl ist folglich in Bezug auf Art. 9 und Art. 11 jeweils nur vollständig möglich.

b) *Vorschlagsrecht bezüglich des Beschlussvorschlags*

Die Aktionäre treffen ihre Entscheidung durch Hauptversammlungsbeschluss[784]. Damit ein solcher gefasst wird, bedarf es nach den aktienrechtlichen Vorschriften eines Beschlussvorschlages. Dieser wird üblicherweise von Vorstand und Aufsichtsrat gefasst (§ 124 Abs. 3 AktG). Es erscheint wenig wahrscheinlich, dass Vorstand und Aufsichtsrat von sich aus einen Beschlussvorschlag unterbreiten, der sie zur Neutralität verpflichtet. Grundsätzlich werden sie den (zusätzlichen) Handlungsspielraum begrüßen. Dies ergibt sich unter anderem aus den Gründen, welche bereits im Rahmen der Besprechung des Art. 9 ausgeführt

---

[782] Seibt/Heiser, ZGR 2005, 200, 233.

[783] Dazu später mehr unter H.III., S. 169.

[784] Kritisch gegenüber der Zuständigkeit der Hauptversammlung bezüglich der *Opt-In* Entscheidung äußert sich Drinkuth, BZ vom 29. November 2003, S. 6.

wurden (also etwa Eigeninteresse wegen Erhalt des Arbeitsplatzes; Durchsetzung einer eigenen Unternehmensstrategie etc.).

Daher wird von *Seibt/Heiser* vorgeschlagen, den Vorstand gesetzlich zu verpflichten, der Hauptversammlung in bestimmten Abständen einen entsprechenden Vorschlag zu unterbreiten. Alternativ wäre jedem Aktionär ein Beschlussvorschlagsrecht zu gewähren[785].

Das Aktiengesetz enthält jedoch Regelungen, die Minderheiten erlauben, Gegenstände zur Beschlussfassung einer Hauptversammlung zu machen (§ 122 Abs. 2 AktG). Diese Regelungen sind für die Zwecke des Art. 9 ausreichend. Die Minderheit i.S.d. § 122 Abs. 2 AktG müsste zumindest 5 % des Grundkapitals der Gesellschaft innehaben oder den anteiligen Betrag von EUR 500.000 erreichen. Bei einem mit satzungsändernder Mehrheit zu fassenden Beschluss scheint ein solches Quorum nicht unangemessen hoch zu sein. Berücksichtigt man die Kosten der Hauptversammlung, ist es ausreichend, eine solche nicht schon einzuberufen, sobald ein einzelner Aktionär dies wünscht, sonden erst bei Erreichen der vorgenannten Schwellen. Somit sind die bestehenden aktienrechtlichen Regelungen ausreichend; der Vorschlag von *Seibt/Heiser* abzulehnen.

c) Notwendiges Quorum

Teilweise wird vorgeschlagen, die Hauptversammlung durch einfache Mehrheit entscheiden zu lassen[786]. Nach Art. 12 Abs. 2 S. 2 wird die Entscheidung *„nach Maßgabe des Rechts des Mitgliedsstaates (...) im Einklang mit den Vorschriften über die Änderung der Satzung getroffen"*[787]. Entsprechend geht nahezu die gesamte Literatur von der Erforderlichkeit einer satzungsändernden Mehrheit, also einer einfachen Stimmenmehrheit und einer drei Viertel Mehrheit des bei der Beschlussfassung vertretenen Grundkapitals, aus[788]. Dem ist zuzustimmen. In Anbetracht des eindeutigen Wortlauts der Richtlinie ist (nur) eine einfache Mehrheit nicht ausreichend.

d) Informationen als Entscheidungsgrundlage

Um die *Opt-In* Entscheidung auf vernünftiger Grundlage treffen zu können, müssen die Aktionäre darüber informiert sein, wie sich die Neutralitätspflicht des Vorstands und des Aufsichtsrats auswirkt. Andernfalls scheidet eine sachgerechte Beurteilung durch die Aktionäre aus.

---

785 Seibt/Heiser, ZGR 2005, 200, 233.

786 Hopt/Mülbert/Kumpan, AG 2005, 109, 112.

787 Im deutschen Recht ist dies in § 179 AktG geregelt.

788 §§ 179, 133 AktG. Siehe etwa Krause, BB 2004, 113, 114; Seibt/Heiser, ZGR 2005, 200, 232 (Fn. 176), 235.

Es wurde vorgeschlagen, die Gegebenheiten in einem schriftlichen Bericht nach Vorbild des Verschmelzungs- oder Unternehmensvertragsberichts zusammenzufassen[789]. Eine solche Berichtspflicht erscheint nicht notwendig. Es ist jedem Aktionär zuzumuten, sich über die möglichen Auswirkungen eines *Opt-In* zu informieren. Außerdem besteht ein Auskunftsrecht der Aktionäre gegenüber dem Vorstand in Angelegenheiten der Gesellschaft (§ 131 Abs. 1 S. 1 AktG). Zu diesen Angelegenheiten der Gesellschaft ist auch ein Beschlussvorschlag zum *Opt-In* zu zählen[790].

e) Einschränkung oder Ausschluss der Anfechtbarkeit

Um die diesbezügliche Entscheidung der Aktionäre nicht leer laufen zu lassen, wird man erwägen müssen, eine Anfechtung des getroffenen Hauptversammlungsbeschlusses auszuschließen[791]. Sonst hätten es interessierte Aktionäre, wie etwa Inhaber von Entsendungsrechten in den Aufsichtsrat, in der Hand, die ausgesprochene Neutralitätspflicht lahm zu legen[792].

f) Reversibilität der Entscheidung

Fraglich ist, ob die Entscheidung der Gesellschaft, sich für oder gegen ein *Opt-In* zu entscheiden, beliebig reversibel ist.

Art. 12 Abs. 2 S. 1 spricht von einer widerruflichen Wahlmöglichkeit[793]. Ausdrücklich klargestellt ist damit, dass nach einer Einwahl auch die Möglichkeit besteht, sich von dieser kapitalmarktorientierten Haltung wieder zu entfernen. Ob die Wahlmöglichkeit beliebig oft genutzt werden kann, bleibt offen. Da sich jedoch nichts Gegenteiliges aus der Richtlinie ergibt und der Richtliniengeber somit offensichtlich darauf verzichtet hat, die Wahlmöglichkeit zu beschränken, ist davon auszugehen, dass Unternehmen beliebig oft von der A-Klasse in die B-Klasse und umgekehrt wechseln können[794].

g) Rechtsnatur der Entscheidung

Ungeklärt ist die Rechtsnatur der Entscheidung. Die Richtlinie spricht lediglich davon, die Entscheidung habe *„im Einklang mit den Vorschriften über die Sat-*

---

789 Veil, in: Veil/Drinkuth, Reformbedarf im Übernahmerecht, 2005, S. 95, 107.

790 Abzuwarten bleibt, ob die Vorstände hierbei die Nachteile einer Neutralitätspflicht nicht stärker herausstellen als die Vorteile, wird hierdurch doch ihre Position geschwächt.

791 So auch Veil in: Veil/Drinkuth, Reformbedarf im Übernahmerecht, 2005, S. 95, 107.

792 Ebenso Veil, in: Veil/Drinkuth, Reformbedarf im Übernahmerecht, 2005, S. 95, 107.

793 Dem Vernehmen nach war die Frage Gegenstand heftiger Diskussionen. Vgl. Wiesner, ZIP 2004, 343, 348.

794 Ebenso Maul/Muffat-Jeandet, AG 2004, 306, 310; Rasner, Pflichten der Zielgesellschaft, 2005, S. 139.

zungsänderung zu erfolgen". Hieraus ergibt sich zwingend, dass die für Satzungsänderungen notwendigen Quoren erfüllt werden müssen[795]. Eine formelle Satzungsänderung wird durch den entsprechenden Beschluss nicht notwendig bewirkt. Es bleibt dem nationalen Gesetzgeber jedoch unbenommen, den Beschluss als solche auszugestalten. Hierfür sprechen Transparenzerwägungen[796]. Gleichfalls muss man sich aber vergegenwärtigen, dass hierdurch ein *Opt-In* während eines laufenden Übernahmeverfahrens nur schwer möglich sein wird.

2) Mitteilungspflichten

Daneben wurde angedacht, die Gesellschaften in bestimmten Abständen zu Mitteilungen über die Einhaltung der Neutralitätspflicht zu verpflichten[797]. In der Tat ist es sinnvoll, wenn die Gesellschaften nach außen kenntlich machen müssen, ob sie sich der Neutralitätspflicht unterwerfen oder nicht. Dies wird aber ohnehin von der Richtlinie gefordert. Sie sieht einerseits die Mitteilung an die Aufsichtsstellen des Sitzmitgliedstaats der Gesellschaft sowie an die Aufsichtsstellen der Mitgliedstaaten, in denen die Wertpapiere der Gesellschaft zum Handel an einem geregelten Markt zugelassen sind, vor (Art. 12 Abs. 2 Uabs. 2). Andererseits macht die Richtlinie durch Art. 12 Abs. 4 hinreichend deutlich, dass diese Mitteilungen bekannt zu machen sind, wobei die Mitgliedstaaten die Form der Bekanntmachung und auch den Bekanntmachungspflichtigen selbst bestimmen können. Daher ist dem Vorschlag von *Glade/Haak/Hellich* nicht zu folgen. Die punktuellen Mitteilungen der Gesellschaften reichen aus. Außerdem sind die Befugnisse der Mitglieder des Leitungs- bzw. Verwaltungsorgans bereits wegen Art. 10 Abs. 1 lit. i) aus dem Lagebericht zu erkennen[798]. Insofern besteht also eine hinreichende Transparenz.

b. Konkrete Ausgestaltung

Bei Wahl des *Opt-Out* durch den Mitgliedstaat ergibt sich folgendes Bild. Die Vorschrift des § 33 WpÜG a.F. bedurfte keiner Veränderung. Daneben muss den Gesellschaften die Möglichkeit gegeben werden, sich für ein *Opt-In* zu entscheiden. Hierzu bot sich an, § 33 WpÜG a.F. weitere Absätze hinzuzufügen oder einen § 33a WpÜG einzufügen[799]. Der neue Paragraph musste Art. 9 inhalt-

---

[795] Siehe bereits die Ausführungen unter H.II.3.a.1)c), S. 166.

[796] Röh, in: Haarmann/Schüppen, Frankfurter Kommentar WpÜG, 2005, § 33 Rn. 46.

[797] Glade/Haak/Hellich, Der Konzern 2004, 515, 517.

[798] Eine solche Berichterstattung besteht nach dem WpÜG a.F. für deutsche Gesellschaften nicht. Die Erfüllung dieser Pflichten könnte für die Gesellschaften einen erheblichen Mehraufwand bedeuten. Krause/Pötzsch, in: Assmann/Pötzsch/Schneider, WpÜG, 2005, § 33 Rn. 42. Siehe zu den Transparenzpflichten Seibt/Heiser, ZIP 2002, 2193, 2196ff.; Krause, BB 2004, 113, 116; Lanfermann/Maul, DB 2004, 1517; Maul/Muffat-Jeandet, AG 2004, 306, 307ff.

[799] Für die Einfügung eines § 33a WpÜG in dieser Variante Hopt/Mülbert/Kumpan, AG

lich, nicht notwendig wortgleich wiedergeben[800] und im Grundsatz die Neutralitätspflicht einführen. Weiterhin waren Vorstand und Aufsichtsrat der Zielgesellschaften die Suche nach einem konkurrierenden Bieter und die Umsetzung von Entscheidungen während des normalen Geschäftsverlaufs zu gestatten. Zudem musste die Einholung der Zustimmung zu Entscheidungen außerhalb des normalen Geschäftsverlaufs durch die Hauptversammlung ermöglicht werden und eine Regelung für teilweise umgesetzte Entscheidungen in das Gesetz aufgenommen werden.

4. Bewertung

Grundsätzlich erscheint das *Opt-Out* Modell mit individuellem *Opt-In* (und ggf. einer Reziprozitätsregelung) angesichts des derzeitig fehlenden *level playing field* in Europa eine erwägenswerte Lösung für den deutschen Gesetzgeber. Natürlich hat dies den Makel, dass die Neutralitätspflicht bei vielen Unternehmen auf der Strecke bleiben wird, ein freies Spiel der Kräfte i.S.d. Marktes für Unternehmenskontrolle mithin europaweit nicht gewährleistet ist. Indes gibt diese Regelung den deutschen Gesellschaften die größtmögliche Freiheit, sich als kapitalmarktoffene Gesellschaften (oder eben als konservative Gesellschaften) zu präsentieren. Es bleibt nur zu hoffen, dass der Kapitalmarkt auf diese Unterscheidung entsprechend reagiert und kapitalmarktoffene Gesellschaften höher bewertet als vergleichbare konservative Gesellschaften[801]. Hierdurch würde der Kapitalmarkt selbst langfristig gesehen dazu beitragen, dass sich mehr Gesellschaften für die Kapitalmarktorientierung und damit für einen stärkeren Markt für Unternehmenskontrolle entscheiden. Der Markt würde sich praktisch selbst von dem Makel der Marktbeeinflussung durch fehlende Neutralität befreien.

III. Wahl des *Opt-Out* Modells mit Reziprozitätsregelung

Neben der eben unter H.II. besprochenen Möglichkeit des *Opt-Out* mit individuellem *Opt-In* folgt nun die dritte Stufe, das *Opt-Out* Modell mit Reziprozitätsregelung.

2005, 109, 112; Krause/Pötzsch, in: Assmann/Pötzsch/Schneider, WpÜG, 2005, § 33 Rn. 41; Krause, BB 2004, 113, 115; a.A. Kindler/Horstmann, DStR 2004, 866, 872. Beide Gestaltungen sind denkbar, sofern man die amtliche Überschrift des § 33 WpÜG entsprechend gestaltet. Sie könnte etwa wie folgt lauten: „Handlungen des Vorstands der Zielgesellschaft und Wahlrecht".

[800] Krause, BB 2004, 113, 114f.

[801] Ob es tatsächlich zu einer unterschiedlichen Bewertung der Unternehmen kommen wird, ist indes nicht sicher. Zurückhaltend bis skeptisch insoweit Rasner, Pflichten der Zielgesellschaft, 2005, S. 143.

1. Darlegung der umzusetzenden Richtlinienbestimmung

a. Reziprozitätsregelung

Art. 12 Abs. 3 eröffnet den Mitgliedstaaten die Möglichkeit, Unternehmen unter bestimmten Umständen von der Neutralitätspflicht zu befreien. Eine von einem Übernahmeangebot betroffene Gesellschaft muss danach die Neutralitätsregelung nicht anwenden, wenn das Übernahmeangebot von einer Gesellschaft abgegeben wurde, die (i) ihrerseits die Art. 9 Abs. 2 und 3 bzw. deren Umsetzung in das nationale Recht nicht beachtet, oder die (ii) diese Vorschriften beachtet, aber direkt oder indirekt von einer Gesellschaft kontrolliert wird, die diese Vorschriften nicht beachtet[802].

Neben der grundsätzlichen Möglichkeit, die Gesellschaften in den genannten Fällen von der selbst gewählten Neutralitätspflicht zu befreien, bedarf es noch einer entsprechenden Ermächtigung durch die Hauptversammlung (Art. 12 Abs. 5). Insoweit könnte man von einer vierten Stufe des Optionsmodells sprechen. Die Ermächtigung darf frühestens 18 Monate vor Bekanntmachung der Entscheidung zur Abgabe eines Angebots erfolgt sein.

Bezüglich des Inhalts von Art. 9 Abs. 2 und 3 wird wieder auf die Ausführungen unter H.I.1. verwiesen[803].

b. Anwendungsbereich der Reziprozitätsregelung

Es wurde die Frage aufgeworfen, welche Fälle im Grundsatz von der Reziprozitätsregelung erfasst sind.

Folgende Möglichkeiten sind denkbar: Zum einen könnte die Reziprozitätsregelung nur in den Fällen anwendbar sein, in denen die Zielgesellschaft bei einem *Opt-Out* des Mitgliedstaats freiwillig ein *Opt-In* vollzogen hat. Daneben besteht die Möglichkeit, dass lediglich die Fälle erfasst sein sollten, in denen ein Mitgliedstaat Art. 9 vollständig verpflichtend umgesetzt hat und nicht von dem *Opt-Out* Gebrauch gemacht hat. Schließlich könnten sowohl die freiwillige Unterwerfung als auch die gesetzliche Verpflichtung zur Neutralität durch Einführung der Reziprozitätsregelung ausgeschaltet werden[804].

Offen ist zudem die Frage, wie mit der Reziprozitätsregelung in Zusammenhang mit Bietern aus Drittstaaten zu verfahren ist.

---

[802] Das folgt aus Art. 12 Abs. 3 a.E.: „*einer Gesellschaft* (...) *im Sinne des Artikels 1 der Richtlinie 83/349/EWG*“ (RL 83/349/EWG v. 13. Juni 1983, zuletzt geändert durch die RL 2003/51/EG).

[803] Siehe S. 143.

[804] Maul/Muffat-Jeandet, AG 2004, 306, 312; Maul, NZG 2005, 151, 152.

1) Reziprozitätsregelung nur bei Opt-Out der Mitgliedstaaten

Der Wortlaut des Art. 9 Abs. 3 spricht davon, dass die Mitgliedstaaten „(...) *Gesellschaften, welche die Artikel 9 Absätze 2 und 3* (...) *anwenden, von der Anwendung dieser Artikel befreien* [können] (...)".

Rasner möchte dem Wortlaut entnehmen, die Reziprozitätsregelung könne nur auf die Fälle des *Opt-In* durch die Gesellschaften bei *Opt-Out* des Mitgliedstaates bezogen sein[805], weil dem Wort „anwenden" eine aktive Komponente innewohne. Zudem müsse es zu der Anwendung eine Alternative – also die Nichtanwendung – geben. Liege jedoch eine gesetzliche Verpflichtung vor, fehle es bereits begrifflich an einer „Anwendung" der Vorschriften.

Bestätigt sieht *Rasner* sich durch eine Gesamtschau auf Art. 12. So spreche Art. 12 Abs. 2 bezüglich des *Opt-In* davon, den Gesellschaften werde die Möglichkeit eingeräumt, Art. 9 Abs. 2 und 3 anzuwenden. Diese sprachliche Identität lege es ebenfalls nahe, dass die Reziprozitätsregelung nur auf diesen Fall abziele. Daneben führt er Erwägungsgrund (21) an. Dort heißt es, dass *„die Mitgliedstaaten den Gesellschaften, die diese Bestimmungen entsprechend den freiwilligen Regelungen anwenden, nicht vorschreiben müssen, diese auch anzuwenden, wenn sie Ziel eines Angebots von Gesellschaften werden, die ihrerseits die gleichen Bestimmungen als Folge des Einsatzes dieser freiwilligen Regelungen nicht anwenden*". Da Erwägungsgrund (21) ausdrücklich auf die Freiwilligkeit der Regelungen abstelle, sei im Gegenschluss anzunehmen, bei einer gesetzlichen Verpflichtung greife die Reziprozitätsregelung eben nicht.

Schließlich will *Rasner* dieses Ergebnis mit der Entstehungsgeschichte der Vorschrift rechtfertigen. Diese war geprägt von der Befürchtung, das Vereitelungsverbot könne angesichts der unterschiedlichen nationalen Ausgangsbedingungen Ungleichgewichte hervorrufen. Das *Opt-Out* Modell gibt nunmehr den Staaten die Möglichkeit, „ihre Unternehmen" zu schützen. *Rasner* folgert daraus, dass dieser Schutz bestehen müsse, wenn ein Unternehmen sich anschließend freiwillig für ein *Opt-In* entscheide. Treffe der Staat hingegen die Entscheidung, von dem *Opt-Out* keinen Gebrauch zu machen, so solle dieses Ergebnis nicht durch die Reziprozitätsregelung umgangen werden können.

Die Begründung von *Rasner* erscheint zwar zunächst überzeugend, ist jedoch bei näherer Betrachtung nicht tragfähig.

Ausgangspunkt seiner Überlegungen ist das Wort „anwenden". Zuzugeben ist, dass diesem Wort eine aktive Komponente innewohnt. Ungeachtet dessen muss eine „Anwendung" nicht zwingend eine Wahlmöglichkeit implizieren. So spricht etwa das deutsche BGB[806] in einer Vielzahl von Vorschriften von einer

---

[805] Rasner, Pflichten der Zielgesellschaft, 2005, S. 141.

[806] Bürgerliches Gesetzbuch in der Fassung der Bekanntmachung v. 2. Januar 2002, BGBl. I/2002, S. 42, 45, zuletzt geändert durch das BMJBerG 1 v. 19. April 2006, BGBl. I/2006, S. 866.

„entsprechenden Anwendung“ anderer Vorschriften, ohne diesbezüglich ein Wahlrecht einzuräumen[807]. Handelt es sich hierbei auch um deutsches Recht (und nicht europäisches), macht es in der Sache deutlich, dass allein der Wortlaut „Anwendung“ im juristischen Sprachgebrauch nicht zwingend eine Wahlmöglichkeit voraussetzt.

Der Gleichlauf der Wortwahl in Abs. 3 und Abs. 2 des Art. 12 ist damit ebenfalls nicht aussagekräftig. Da auch eine Gesellschaft, welche die Art. 9 Abs. 2 und 3 auf Grund einer gesetzlichen Verpflichtung befolgt, diese „anwendet“, ist der gleichlautende Wortlaut zur Begründung der Ansicht *Rasners* untauglich.

Gleiches gilt für den Verweis auf Erwägungsgrund (21). Meiner Ansicht nach ist dies eine Fehlinterpretation des Erwägungsgrundes. Zwar spricht er sehr wohl von den freiwilligen Regelungen. Maßgeblich erscheint aber nicht, ob *„die Gesellschaften die Bestimmungen entsprechend den freiwilligen Regelungen anwenden“*, sondern der letzte Halbsatz *„wenn sie Ziel eines Angebots von Gesellschaften werden, die ihrerseits die gleichen Bestimmungen als Folge des Einsatzes* ***dieser freiwilligen Regelungen*** *nicht anwenden“* (Hervorhebung durch den Verfasser). Die Richtlinie sieht nur einen Fall vor, in dem die Bietergesellschaft die Art. 9 Abs. 2 und 3 nicht anzuwenden braucht. Das ist nur möglich, wenn der betreffende Mitgliedstaat von den freiwilligen Regelungen des Art. 12 Abs. 1 Gebrauch macht und dadurch die Gesellschaften von der Anwendungspflicht der Abs. 2 und 3 befreit. Damit stellt Erwägungsgrund (21) also bezüglich der „freiwilligen Regelungen“ nicht nur auf die Gesellschaften ab, sondern auch und in erster Linie auf die Mitgliedstaaten. Befreit der Mitgliedstaat die Bietergesellschaft nicht von der Anwendung der Art. 9 Abs. 2 und 3, kann es gar nicht zu der in Erwägungsgrund (21) zum Ausdruck kommenden Fallgestaltung kommen. Die Mitgliedstaaten treffen also die Entscheidung, ob Gesellschaften *„die gleichen Bestimmungen als Folge des Einsatzes dieser freiwilligen Regelungen nicht anwenden“*. Durch die Bezugnahme in *„dieser freiwilligen Regelungen“* kommt darüber hinaus zum Ausdruck, dass entscheidend ist, ob die Mitgliedstaaten die Pflicht, Art. 9 Abs. 2 und 3 zu befolgen, einführen oder nicht.

Die Reziprozitätsregelung findet daher jedenfalls bei einer gesetzlichen Verpflichtung zur Beachtung der Vorschriften des Art. 9 Abs. 2 und 3 Anwendung, sofern ein Mitgliedstaat von ihr Gebrauch macht.

Nichts anderes ergibt sich aus der Entstehungsgeschichte: Es besteht ein Ungleichgewicht zwischen den Gesellschaften eines Mitgliedstaats, der sich für die Einführung einer zwingenden Neutralitätspflicht entschieden hat gegenüber den Gesellschaften eines Staates, der sich gegen die Umsetzung der Art. 9 Abs. 2 und 3 entschieden hat. In gleichem Maße gilt das für Gesellschaften, die sich

---

807 So zum Beispiel § 357 Abs. 1 S. 1 BGB: *„Auf das Widerrufs- und das Rückgaberecht finden (...) die Vorschriften über den gesetzlichen Rücktritt entsprechende Anwendung.“* Ebenso in den § 499 Abs. 1, § 500, § 501 BGB.

freiwillig der Neutralitätspflicht unterworfen haben und vor einer Übernahme durch eine Gesellschaft stehen, die nicht der Neutralitätspflicht unterliegt.

Gerade für Unternehmen derjenigen Staaten, welche sich „kapitalmarktorientierter" zeigen und ihre Unternehmen zur Neutralität verpflichten, besteht ein gesteigertes Bedürfnis, hiervon befreit werden zu können, da sie sich gerade nicht freiwillig der Neutralitätspflicht unterworfen haben, sondern die „Unterwerfung" gesetzlich vorgeschrieben ist. Insbesondere in dieser Situation käme ansonsten das in der Diskussion stets gefürchtete Ungleichgewicht besonders stark zum Tragen.

Folglich ist die Reziprozitätsregelung zumindest auch bei einer gesetzlichen Verpflichtung zur Neutralität bei entsprechender Umsetzung durch die Mitgliedstaaten grundsätzlich anwendbar. Die Aussage, die Reziprozitätsregelung finde nur bei einem *Opt-Out* der Mitgliedstaaten Anwendung, ist mithin abzulehnen.

2) Reziprozitätsregelung nur bei verbindlicher Umsetzung des Art. 9 durch die Mitgliedstaaten

In Betracht käme darüber hinaus, die Reziprozitätsregelung nur auf die Fälle anzuwenden, in denen die Neutralitätspflicht auf Grund vollständiger Umsetzung des Art. 9 für sämtliche Unternehmen gilt[808].

Man könnte argumentieren, diejenigen Gesellschaften, welche sich freiwillig der Neutralitätspflicht unterworfen haben, seien weniger schutzbedürftig, da sie zu einem solchen Schritt nicht gezwungen gewesen sind. Allerdings bietet der Wortlaut der Richtlinie für eine solche Unterscheidung keine Anhaltspunkte. Eine Beschränkung auf die Fälle der verbindlichen Umsetzung der Neutralitätspflicht durch die Mitgliedstaaten ist daher von der Richtlinie nicht vorgegeben.

Die Ansicht, welche die Reziprozitätsregelung nur auf ein *Opt-In* des Mitgliedstaates anwenden will, ist abzulehnen.

3) Ergebnis: Reziprozitätsregelung in beiden Fallkonstellationen möglich

Wie gesehen, kommt es für die Anwendung der Reziprozitätsregelung nicht darauf an, ob der Mitgliedstaat die Zielgesellschaft von der Anwendung der Art. 9 Abs. 2 und 3 befreit hat. Ob die Zielgesellschaft die Absätze freiwillig anwendet oder nicht, ist irrelevant. Folglich ist die Reziprozitätsregelung sowohl in den Fällen des *Opt-Out* mit freiwilligem *Opt-In* als auch bei einer gesetzlichen Verpflichtung zur Neutralität grundsätzlich anwendbar[809].

---

[808] So Maul/Kouloridas, German Law Journal 2004, 355, 359f.

[809] Ebenso Maul, NZG 2005, 151, 152; Rickford, EBLR 2004, 1379, 1397f.

4) Reziprozitätsregelung im Verhältnis zu Drittstaaten

Umstritten ist die Frage, ob die Reziprozitätsregelung auch auf Bieter aus Drittstaaten anzuwenden ist. Ausgehend vom Wortlaut der Vorschrift erscheint das eher unwahrscheinlich, da Gesellschaften aus Drittstaaten nicht „*die Artikel 9 Absätze 2 und 3 (...) anwenden*“[810], sondern allenfalls Vorschriften, welche in ihrem Bedeutungsgehalt den Vorschriften des Art. 9 Abs. 2 und 3 nahe kommen.

Wie ohne weiteres nachvollziehbar ist, verpflichtet die Richtlinie keine Gesellschaften aus Drittstaaten, sich an die Umsetzung der Richtlinie zu halten. Dem Wortsinn nach besteht für diese also weder eine Verpflichtung noch eine Möglichkeit, die Artikel anzuwenden. Fraglich ist nur, ob damit bereits eine Entscheidung dahingehend zu treffen ist, dass die EU-Gesellschaften[811] in diesen Fällen nicht der europarechtlichen Neutralitätspflicht unterliegen. Eine solche Interpretation wäre durchaus denkbar. Art. 12 Abs. 3 wäre dann so zu verstehen, dass die EU-Gesellschaften nicht der Neutralitätspflicht der Richtlinie unterliegen würden, weil die Bietergesellschaft aus einem Drittstaat von Art. 9 Abs. 2 und 3 mangels Anwendbarkeit der Richtlinie in ihrem Sitzstaat nicht erfasst wird.

Dieses Verständnis des Regelungsgehalts und eine entsprechende Umsetzung in das nationale Recht könnten aber zu einer Verletzung völkerrechtlicher Verträge führen. Insbesondere könnte die Umsetzung dem Meistbegünstigungsprinzip des *General Agreement on Trade in Services* (*GATS*) widersprechen[812]. Direktinvestitionen[813], worunter auch Übernahmen zu zählen sind, fallen in den Anwendungsbereich des Art. I Abs. 2 lit. (c)[814] i.V.m. Art. XXVIII lit. (d) (i) *GATS*[815].

---

810 Art. 12 Abs. 3.

811 Gemeint sind damit die der Richtlinie unterfallenden Gesellschaften mit satzungsmäßigem Sitz in der EU.

812 Art. II Ziff. 1 des *GATS*.

813 Direktinvestitionen stellen grenzüberschreitende Investitionen dar, die ein Unternehmen tätigt, um eine langfristige Beteiligung an einem Unternehmen in einem anderen Land zu erwerben, die einen beherrschenden Einfluss sichert. Definition nach *OECD*, *OECD Benchmark: Definition of Foreign Direct Investments, Third Edition*, Ziff. 5, abrufbar unter: http://www.oecd.org/dataoecd/10/16/2090148.pdf.

814 Art. I Abs. 2 lit. c) GATS lautet: „*Für die Zwecke dieses Übereinkommens bedeutet der Handel mit Dienstleistungen die Erbringung einer Dienstleistung (...) c) durch einen Dienstleistungserbringer eines Mitglieds mittels kommerzieller Präsenz im Hoheitsgebiet eines anderen Mitglieds*“.

815 Art. XXVIII lit. d) i) *GATS* lautet: „*Für die Zwecke dieses Übereinkommens (...) d) bedeutet der Begriff „kommerzielle Präsenz“ jede Art geschäftlicher oder beruflicher Niederlassung durch – unter anderem (...) i) die Errichtung, den Erwerb oder die Fortführung einer juristischen Person (...) im Hoheitsgebiet eines Mitglieds zum Zweck der Erbringung einer Dienstleistung*“.

Bieter aus EU-Mitgliedstaaten würden bei einer solchen Auslegung besser gestellt als Bieter aus einem Drittstaat[816], da diese nie die Vorschriften der Richtlinie anwenden könnten. Folglich wäre bei einer solchen Auslegung von Art. 12 Abs. 3 das *GATS* verletzt.

Erwägungsgrund (21) stellt jedoch in Bezug auf die freiwilligen Regelungen klar, dass internationale Abkommen Vorrang vor den freiwilligen Regelungen haben[817]. Zudem wäre ein Abstellen auf die konkreten Vorschriften eine zu wörtliche Interpretation der Richtlinienbestimmung. Betrachtet man Erwägungsgrund (21), kann eine derartige Auslegung vom Richtliniengeber nicht gewollt gewesen sein und ist daher abzulehnen.

Durch die Anmerkung in Erwägungsgrund (21) wird andererseits verdeutlicht, dass der Richtliniengeber von einer Anwendung auch in Drittstaatenkonstellationen ausgeht[818]. Erwägungsgrund (21) wäre überflüssig, hätten Drittstaatenfälle nicht von der Vorschrift erfasst werden sollen[819]. Schließlich setzt ein Vorrang stets auch einen Nachrang, also ein Verhältnis zweier auf den gleichen Sachverhalt anwendbarer Vorschriften, voraus.

Damit scheidet auch eine andere mögliche Interpretation aus: Man hätte annehmen können, die Reziprozitätsregelung würde im Verhältnis zu Drittstaaten gar nicht zur Anwendung kommen, mit der Konsequenz, dass EU-Gesellschaften im Falle eines *Opt-In* immer zur Neutralität verpflichtet blieben, ungeachtet der Tatsache, ob die Gesellschaft aus dem Drittstaat inhaltlich vergleichbaren Regelungen unterliegt.

Übrig bleibt daher nur eine denkbare Konstellation. Es ist danach zu entscheiden, ob die entsprechenden Unternehmen nach ihrem nationalen Recht möglicherweise zulässige Verteidigungsmaßnahmen getroffen haben oder nicht[820]. Maßgeblich ist dabei, ob die Vorschriften inhaltlich den Vorschriften der Richtlinie entsprechen.

Schwierigkeiten wird die praktische Durchführung bereiten, nämlich insbesondere die Frage, ob die Vorschriften inhaltlich gleichwertig sind. Wären in der jeweiligen nationalen Rechtsordnung Verteidigungsmaßnahmen des Leitungs- bzw. Verwaltungsorgans *per se* verboten oder entsprächen diese den europarechtlichen Vorgaben, so würde man wohl die EU-Gesellschaft ebenfalls zur

---

816 Diese müssen allerdings Mitglied der WTO sein.

817 Erwägungsgrund (21) S. 3: *„Unbeschadet internationaler Übereinkünfte, bei denen die Europäische Gemeinschaft Vertragspartei ist (…)"*.

818 Rasner, Pflichten der Zielgesellschaft, 2005, S. 142 zieht hingegen aus dieser Passage den gegenteiligen Schluss und will die Reziprozitätsregelung nicht auf Drittstaatenfälle anwenden.

819 Ebenso Glade/Haak/Hellich, Der Konzern 2004, 515, 516.

820 Diesen Gedanken aufwerfend Hopt/Mülbert/Kumpan, AG 2005, 109, 112.

Neutralitätspflicht anhalten müssen. Gleiches gilt, wenn sich Unternehmen aus Drittstaaten ggf. freiwillig einer Neutralitätspflicht unterworfen hätten[821].

Allerdings kann es unabhängig von diesen Neutralitätspflichten auch wesentliche andere Übernahmehindernisse geben, wie etwa Mehrstimmrechte etc.[822] Dieses fehlende *level playing field* machte bereits die Verabschiedung der Richtlinie besonders schwer und führte unter anderem zu der hier diskutierten *Opt-In* / *Opt-Out* Regelung[823]. Eine Gesamtbetrachtung aller Umstände ist jedoch nicht zulässig. Maßgeblich darf allein die Neutralitätspflicht des Leitungs- bzw. Verwaltungsorgans der Gesellschaft sein. Andernfalls würde man Gesellschaften aus Drittstaaten schlechter behandeln als solche aus EU- bzw. EWR-Staaten.

---

821 Nach den vorigen Ausführungen zur Reziprozitätsregelung bei freiwilliger bzw. verpflichtender Neutralität ist es nur folgerichtig, bei Unternehmen aus Drittstaaten ebenfalls beide Fallkonstellationen gleich zu behandeln.

822 Auf die Behandlung von Mehrstimmrechten wird im Zusammenhang mit der Durchgriffsregelung zurückzukommen sein.

823 Teilweise wurde davon gesprochen, die europäischen Unternehmen müssten sich mit „*Holzknüppeln*" gegen Übernahmeversuche US-amerikanischer Unternehmen zur Wehr setzen, während diesen umgekehrt „*High-Tech-Abwehrwaffen*" zur Verfügung stünden. Von Rosen, ZfgK 2001, 734, 735. Rasner zweifelt hingegen an, ob das europäische Übernahmerecht – ungeachtet der konkreten Ausgestaltung, also bezüglich der freiwilligen Regelungen – Unternehmen tatsächlich anfälliger für Übernahmen macht als das Übernahmerecht der USA für die amerikanischen Unternehmen. Hierbei seien neben den Verhaltenspflichten des Leitungsorgans andere Faktoren, wie das jeweilige nationale Gesellschaftsrecht zu berücksichtigen. Fakt sei, dass der US-amerikanische Übernahmemarkt einer der weltweit aktivsten ist und ungeachtet der Freiräume der Vorstände, die Unternehmen gegen Übernahmen abzusichern, dies nur in unter 20 % der Fälle gelang. Vgl. Rasner, Pflichten der Zielgesellschaft, 2005, S. 237ff., der sich eingehend mit der Frage der Herstellung eines transatlantischen *level playing field* befasst. Wymeersch, AG 1995, 299ff. geht davon aus, im Ergebnis sei das Übernahmerecht in Europa übernahmeunfreundlicher als das amerikanische. Auch Gordon, in: Ferrarini/Hopt/Winter/Wymeersch, Takeover Law in Europe, 2004, S. 541, 542f. hält die europäische Haltung für eine Missinterpretation. Anzumerken ist an dieser Stelle zumindest, dass es neben dem Übernahmerecht auf die einzelstaatlichen Gesellschaftsrechte ankommt. Weit vorherrschend ist jedoch die Ansicht, nach der ein *level playing field* nicht gegeben ist. So wurde zum Beispiel in jüngerer Zeit im Zusammenhang mit der größten feindlichen Offerte eines europäischen Unternehmens in den USA (Feindliches Übernahmeangebot der BASF AG an die Engelhard Corp., FAZ vom 5. Januar 2006, S. 9, 13) erneut die Erwartung geäußert, es werde „*wegen der Abwehrmöglichkeiten des Managements von Engelhard eher eine Übernahmeschlacht als eine reibungslose Transaktion*" (Äußerung des Bankhauses Merck Finck). Eine spätere Schlagzeile lautete „*BASF lässt bei Engelhard nicht locker – Der amerikanische Autozulieferer will sich teuer verkaufen / „Goldener Fallschirm" schon genäht* (FAZ vom 25. Januar 2006, S. 14). Hintergrund der Meldung war, dass Engelhard neben der Ablehnung der BASF-Offerte bei der amerikanischen Börsenaufsicht SEC ein die Anhebung der Pensionsregelungen für Führungskräfte bestätigendes Papier eingereicht hatte. Siehe zu diesem Übernahmekampf auch FAZ vom 2. Mai 2006, S. 21.

Dort wird nur auf die Umsetzung des Art. 9 Abs. 2 und 3 abgestellt. Folglich muss gleiches bei Gesellschaften aus Drittstaaten gelten, um nicht das Meistbegünstigungsprinzip zu verletzen.

Schwierigkeiten können sich auch ergeben, wenn andere Staaten nur bestimmte, geringfügig über Art. 9 Abs. 2 und 3 hinausgehende Maßnahmen zulassen. Sollte dies den europäischen Gesellschaften erlauben, die europäische Neutralitätspflicht völlig außer Kraft zu setzen? Im Ergebnis wird man die Frage zu bejahen haben. Gleiches gilt auch innerhalb Europas. Nur die Anwendung der Art. 9 Abs. 2 und 3 ist maßgeblich, irrelevant ist eine nationale Regelung, welche dem Leitungs- bzw. Verwaltungsorgan vielleicht nur unbedeutend stärkere Verteidigungsmöglichkeiten gewährt.

Wieder anders verhält es sich mit Staaten, die kein zwingendes Recht vorsehen und infolge dessen auch kein Übernahmegesetz haben, welches Verteidigungsmaßnahmen verbietet. Als Beispiel mag der *Hongkonger Takeover Code* dienen, der keine Rechtsverbindlichkeit innehat, aber dennoch gleich wirksam ist[824]. So besteht gemäß *Rule 4* dieses *Code* eine strikte Neutralitätspflicht[825].

Ungeachtet der vorstehend dargestellten Schwierigkeiten ist die Reziprozitätsregelung auch gegenüber Gesellschaften aus Drittstaaten grundsätzlich anwendbar. Maßgeblich ist allein eine inhaltliche Gleichwertigkeit der Vorschriften[826]. Eine Verletzung des *GATS* ist damit ausgeschlossen. Das Meistbegünstigungsprinzip kann nicht verletzt werden, da sämtliche Gesellschaften unter gleichen Ausgangsbedingungen (Bestehen oder Nichtbestehen einer Neutralitätspflicht) gleich behandelt werden. Weitergehende Vorgaben enthält das Meistbegünstigungsprinzip nicht[827]. Klar ist aber auch, dass sich wohl die Gerichte mit der Frage beschäftigen werden, ob im konkreten Fall eine Gleichwertigkeit besteht. Die Vorstände werden also mit einer erheblichen Rechtsunsicherheit in diesen Konstellationen leben müssen[828].

c. Beispiele zur Reziprozitätsregelung

Die Regelung der Gegenseitigkeit soll anhand einzelner Beispiele verdeutlicht werden.

Von besonderem Interesse sind hierbei die Fälle, in denen eine deutsche Gesellschaft Ziel eines Angebots eines ausländischen Bieters ist und die deutsche Zielgesellschaft von dem *Opt-In* Gebrauch gemacht hat. Die Auswirkungen einer im

---

[824] Vgl. hierzu die Ausführungen von Ma/Liekefett, Der Konzern 2004, 705, 706.

[825] Vgl. Ma/Liekefett, Der Konzern 2004, 705, 714.

[826] Einen Vergleich bzgl. der Gleichwertigkeit des Schweizer Rechts mit dem europäischen und deutschen Vereitelungsverbot stellen Nobel/Drenckhan, WM 2006, 1129, 1132ff. an.

[827] Sidhu, ZEuS 2004, 335, 352.

[828] Das stellt auch Simon, Der Konzern 2006, 12, 15, heraus.

Ausland umgesetzten Reziprozitätsregelung auf deutsche Bietergesellschaften werden später dargestellt[829]:

1) Unterliegt die ausländische Bietergesellschaft der zwingenden Neutralitätspflicht des Art. 9 Abs. 2 und 3, oder hat sich die ausländische Gesellschaft freiwillig diesem Regime unterworfen, so bleibt es auch für die deutsche Zielgesellschaft bei der Neutralitätspflicht.

2) Unterliegt die ausländische Gesellschaft nicht der zwingenden Neutralitätspflicht des Art. 9 Abs. 2 und 3 und hat sich die ausländische Gesellschaft auch nicht freiwillig diesem Regime unterworfen, ist die deutsche Zielgesellschaft von der Neutralitätspflicht befreit, sofern von einer entsprechenden Ermächtigung Gebrauch gemacht wird.

3) Handelt es sich bei der ausländischen Gesellschaft um eine Gesellschaft aus einem Drittstaat ist nach dem unter H.III.1.b.4) Ausgeführten davon auszugehen, dass die Reziprozitätsregelung ebenfalls Anwendung findet[830]. Maßgeblich ist also, ob die Bietergesellschaft einer den Vorgaben des Art. 9 Abs. 2 und 3 vergleichbaren Neutralitätspflicht unterliegt. Nur in diesem Fall wäre auch die deutsche Gesellschaft zur Neutralität verpflichtet.

2. Europäischer Hintergrund sowie Regelungen in einzelnen Mitgliedstaaten

Die Reziprozitätsregelung wurde mit dem Optionsmodell eingeführt und stellt eine weitere Wahlmöglichkeit dar, damit eine Gleichbehandlung von Gesellschaften gewährleistet ist.

3. Rechtslage vor der Umsetzung und Anpassungsbedarf

Reziprozitätsregelungen gibt es im WpÜG a.F. nicht. Folglich musste entweder § 33 WpÜG a.F. neben den Regelungen zum individuellen *Opt-In* ein weiterer Absatz hinzugefügt werden oder diese in einem separaten Paragraphen – etwa § 33a WpÜG – aufgenommen werden. Für Letzteres spricht die Wortgleichheit der Richtlinienbestimmung in Bezug auf die hier besprochene Neutralitätspflicht einerseits und die Durchgriffsregelung andererseits[831]. Inhaltlich musste die Vorschrift die Inhalte der Art. 12 Abs. 3[832] und Abs. 5 wiedergeben.

Bei Einführung der Reziprozitätsregelung durch den Gesetzgeber bestand Anpassungsbedarf des WpÜG a.F.

---

829 Siehe H.VI.2.e., S. 196.

830 Siehe S. 174.

831 Vgl. hierzu die Ausführungen unter I.III., S. 218.

832 Bezogen auf Art. 9 Abs. 2 und 3.

4. Bewertung

Wie bereits im Zusammenhang mit der Bewertung des *Opt-Out* Modells beschrieben, stellt dieses eine erwägenswerte Alternative zu einer vollständigen Umsetzung des Art. 9 durch die Mitgliedstaaten dar. Zwar wird hierdurch der Markt für Unternehmenskontrolle behindert, andererseits aber deutsche Unternehmen – so sie dies denn wollen – vor Übernahmen besser geschützt. Den Gesellschaften bleibt auch hier die Wahlmöglichkeit erhalten, sich kapitalmarktoffen zu präsentieren.

Die Umsetzung der Reziprozitätsregelung könnte dazu beitragen, dass es Gesellschaften leichter fällt, sich für ein freiwilliges *Opt-In* zu entscheiden[833]. Hierdurch stehen sie im Grundsatz mit potentiellen Bietern auf einer Höhe, da sie nicht fürchten müssen, an die selbst gewählte Neutralitätspflicht gebunden zu sein, während möglicherweise ein Bieter nicht an sie gebunden ist. Die praktische Bedeutung der Regelung dürfte nicht zu unterschätzen sein[834].

Gerade in der Reziprozitätsregelung kann im Falle eines *Opt-Out* ein Beitrag zur Stärkung des Marktes für Unternehmenskontrolle bestehen.

Es spricht daher einiges dafür, bei Wahl des *Opt-Out* Modells gleichfalls die Reziprozitätsregelung mit umzusetzen. Dies ermöglicht zumindest im Ansatz einen Kampf mit gleichen Waffen, wenn sich Unternehmen für eine Einwahl entscheiden[835]. Die in Drittkonstellationen bestehende Rechtsunsicherheit sollte hiervon nicht abhalten. Die Vorteile auf europäischer Ebene werden dadurch nicht geschmälert.

IV. Vollständige Umsetzung des Art. 9 mit Reziprozitätsregelung

Des Weiteren besteht die Möglichkeit, Gesellschaften im Grundsatz die Neutralitätspflicht zwingend vorzuschreiben, daneben aber von der Anwendung der Neutralitätspflicht unter bestimmten Voraussetzungen zu befreien.

---

[833] Der DGB hingegen scheint dies zu verkennen. Obwohl er Kritik an der grundsätzlichen Möglichkeit des *Opt-In* übt, befürwortet er die Einführung einer Reziprozitätsregelung. DGB, Stellungnahme zum RefE Ü-UG, S. 4.

[834] A.A. Tschoeke (Morgen Stanley Bank AG), Öffentliche Anhörung des Finanzausschusses, 16. Sitzung vom 10. Mai 2006, Pr.Nr. 16/16, S. 8, unter Hinweis darauf, dass es nur selten zu einer sogenannten „*pac man defense*" in grenzüberschreitenden Fällen kommt. Ähnlich äußert sich van Kann/Just, DStR 2006, 328, 331: „*theoretische Waffengleichheit*". Zum Begriff der „*pac man defense*" siehe etwa Krause/Pötzsch, in: Assmann/Pötzsch/Schneider, WpÜG, 2005, § 33 Rn. 110. Ziel der Regelung ist nicht in erster Linie ein Gegenangebot der Zielgesellschaft zu ermöglichen, sondern die Unternehmen – übernahmerechtlich – gleich zu behandeln. Das wird ungeachtet der tatsächlichen Abgabe eines Gegenangebots erreicht.

[835] An dieser Stelle ist noch einmal zu betonen, dass die Neutralitätspflicht von Vorstand und Aufsichtsrat nur einen Faktor bezüglich der gleichen Ausgangsbedingungen bei Übernahmen darstellt.

1. Darlegung der umzusetzenden Richtlinienbestimmung

Insoweit wird auf die Ausführungen unter I.1. (Beschreibung des Art. 9) und III. (Beschreibung der Reziprozitätsregelung) verwiesen.

2. Rechtslage vor der Umsetzung und Anpassungsbedarf

a. Abänderung wie unter I.

Erneut bedarf es zunächst der Abänderung des § 33 WpÜG a.F. wie unter I. in diesem Kapitel beschrieben.

b. Reziprozitätsgedanke

Daneben bedarf es eines weiteren Absatzes, der den Reziprozitätsgedanken aufgreift.

3. Bewertung

Die Vorzüge einer vollständigen Neutralitätspflicht wurden bereits angeführt: Eine Beeinflussung des Marktes für Unternehmenskontrolle wird vermieden, *agency costs* der Gesellschaften würden sinken und auch insgesamt ist eine (auch nur einseitige) Beseitigung von Hemmnissen wohlfahrtssteigernd.

Auf der anderen Seite gilt es, deutsche Unternehmen im Wettbewerb zu schützen, sie also zumindest nicht schlechter zu stellen als Unternehmen aus anderen Mitgliedstaaten oder Drittstaaten.

Dieses Argument gegen eine vollständige Umsetzung der Neutralitätspflicht greift bei gleichzeitiger Umsetzung der Reziprozitätsregelung nur noch bedingt. Durch die Umsetzung der Reziprozitätsregelung werden deutsche Unternehmen zumindest in Bezug auf die Neutralitätspflichten des Vorstandes bzw. Aufsichtsrates gleichgestellt.

Wie bereits mehrfach betont, stellt eine solche Gleichstellung jedoch nur einen Baustein auf dem Weg zur Erreichung gleicher Ausgangsbedingungen dar. Mit der „Befreiung" von der europäischen Neutralitätspflicht werden die Defizite, sich durch andere Maßnahmen vor Übernahmen schützen zu können, ausgeglichen. In anderen europäischen Staaten besteht eine Reihe von Möglichkeiten, sich dafür potentiell von der Durchgriffsregel erfasster Mechanismen zu bedienen. Diese Möglichkeit besteht in Deutschland nur in weit geringerem Maße. In Anbetracht des im Übrigen fehlenden *level playing field* ist die Wahl des mitgliedstaatlichen *Opt-In* mit Reziprozitätsregelung aus der deutschen Sicht derzeit noch nicht angebracht[836], auch wenn hierunter der Markt für Unternehmenskontrolle leidet.

Festzustellen ist aber, dass eine vollständige Umsetzung des Art. 9 verbunden mit der Reziprozitätsregelung jedenfalls einer vollständigen Umsetzung ohne Reziprozitätsregelung vorzuziehen ist.

V. *Opt-Out* Recht der Gesellschaft bei vollständiger Umsetzung von Art. 9

Ferner wird diskutiert, es käme neben den ausdrücklich von der Richtlinie vorgesehenen Modellen eine weitere Alternative in Betracht. So könnten die Mitgliedstaaten Art. 9 vollständig umsetzen, also eine zwingende Neutralitätspflicht einführen und es den Gesellschaften daneben ermöglichen, sich aus dieser Neutralitätspflicht mit satzungsändernder Mehrheit herauszuwählen[837].

Dieses Modell sei anlegerfreundlicher und daher vorzugswürdig. Zudem sei es weniger einschneidend als eine vollständige Umsetzung des Art. 9, weshalb es zulässig sein sollte[838].

Seibt/Heiser gehen hierbei davon aus, § 33 WpÜG a.F. entspräche mit Ausnahme der Alt. 3 des S. 2 (Aufsichtsratszustimmung) und des § 33 Abs. 2 a.F. (Vorratsbeschlüsse) den Vorgaben des Art. 9. Das *Opt-Out* der Gesellschaft bestünde dann in einem mit satzungsändernder Mehrheit herbeigeführten Hauptversammlungsbeschluss, diese beiden Regelungen anzuwenden[839]. Auch sei es möglich, lediglich eine der Regelungen durch Beschluss zuzulassen, da die Richtlinie nur die Entscheidung für eine strikte Neutralitätspflicht ermöglichen müsse[840].

Andere bezweifeln hingegen die Zulässigkeit eines solchen Modells[841]. Der Wortlaut spreche nur für die Möglichkeit, entweder vollständig oder gar nicht von der Neutralitätspflicht Gebrauch zu machen[842].

Der zuletzt genannten Ansicht ist zuzustimmen. Zwar ist zuzugeben, dass der Vorschlag von *Seibt/Heiser* weniger schwerwiegend als eine vollständige Umsetzung des Art. 9 ist. Die Richtlinie führt aber exemplarisch die zulässigen

---

836 Ähnlich die vorherrschende Meinung der Sachverständigen bei der Öffentlichen Anhörung des Finanzausschusses, 16. Sitzung vom 10. Mai 2006, Pr.Nr. 16/16. Vgl. etwa die Antworten von von Rosen (DAI), S. 7, Wulfetange (BDI), S. 28, Seyboth, S. 9; zurückhaltender Merkt, S. 30.

837 Diese Möglichkeit favorisieren Seibt/Heiser, ZGR 2005, 200, 231. Ihnen folgend Merkt, Stellungnahme zum RegE Ü-UG, S. 13.

838 Seibt/Heiser, ZGR 2005, 200, 231.

839 Seibt/Heiser, ZGR 2005, 200, 232.

840 Seibt/Heiser, ZGR 2005, 200, 233.

841 Glade/Haak/Hellich, Der Konzern 2004, 515, 521.

842 Glade/Haak/Hellich, Der Konzern 2004, 515, 521; Krause, BB 2004, 113, 114; Schlitt, in: Kropff/Semler, Münchener Kommentar AktG, 2004, § 33 WpÜG Rn. 22 Fn. 50.

Möglichkeiten auf. Es ist aus Sicht des Kapitalmarktes nicht hinzunehmen, weitere Möglichkeiten einzuführen. Ansonsten würde die Transparenz, welche gerade durch die Offenlegungspflichten (hier insbesondere Art. 10 Abs. 1 lit. i)) erreicht werden soll, nicht gewahrt.

Das von *Seibt/Heiser* favorisierte Modell ist als nicht mit der Richtlinie vereinbar abzulehnen.

VI. Umsetzung und Bewertung

1. Darstellung des WpÜG n.F.

Der Gesetzgeber hat sich erwartungsgemäß[843] für eine Umsetzung der Richtlinie in der Fassung III (*Opt-Out* Modell mit Reziprozitätsregelung) entschlossen.

a. § 33a WpÜG n.F. (Europäisches Verhinderungsverbot)

§ 33a WpÜG n.F. setzt das in den Art. 12 Abs. 1, 2 und 4, Art. 9 Abs. 2 und 3 enthaltene Optionsmodell in der Variante des *Opt-Out* mit individuellem *Opt-In* um.

1) § 33a Abs. 1 WpÜG n.F.

Danach kann in der Satzung einer Zielgesellschaft die Nichtanwendung des § 33 WpÜG (Handlungen des Vorstands der Zielgesellschaft) festgelegt werden. Das führt zur Geltung des § 33a Abs. 2 WpÜG n.F. Erläuternd wird in der Regierungsbegründung ausgeführt, dass sich sowohl die Aufnahme einer entsprechenden Satzungsbestimmung als auch deren Widerruf nach den allgemeinen Vorschriften des Aktiengesetzes richten[844].

2) § 33a Abs. 2 WpÜG n.F.

§ 33a Abs. 2 WpÜG n.F. bestimmt in S. 1, dass sowohl Vorstand als auch Aufsichtsrat ab der Veröffentlichung der Entscheidung zur Abgabe eines Angebots bis zur Ergebnisveröffentlichung keine das Angebot betreffenden erfolgsverhindernden Handlungen vornehmen dürfen. S. 2 enthält vier Ausnahmen von diesem Grundsatz. Das sind (i) Handlungen, zu denen die Hauptversammlung den Vorstand oder Aufsichtsrat nach Veröffentlichung der Entscheidung zur Abgabe eines Angebots ermächtigt hat, (ii) Handlungen innerhalb des normalen Geschäftsbetriebs, (iii) zur Umsetzung von Entscheidung dienende bereits begonnene Handlungen außerhalb des normalen Geschäftsbetriebs, die bereits vor der

---

[843] Siehe etwa Pötzsch, in: Assmann/Pötzsch/Schneider, WpÜG, 2005, Einl. Rn. 113.

[844] BT-Drs. 16/1003, Begründung, B. Zu Artikel 1 Zu Nummer 16 (§§ 33a-33d) Zu § 33a Zu Absatz 1, S. 19.

Veröffentlichung der Entscheidung zur Abgabe eines Angebots gefasst wurden und schließlich (iv) die Suche nach einem konkurrierenden Angebot.

Damit regelt § 33a Abs. 2 WpÜG n.F. die zulässigen Maßnahmen im Fall eines *Opt-In* durch die (Ziel-) Gesellschaft. Während S. 1 hier ein völliges, an Vorstand und Aufsichtsrat gerichtetes Neutralitätsgebot aufstellt, enthält S. 2 die Ausnahmen davon. Aus der Regierungsbegründung geht hervor, dass diesem Neutralitätsgebot ein objektiver Maßstab zu Grunde liegt. Es kommt also maßgeblich darauf an, ob die Handlungen objektiv geeignet sind, den Erfolg eines Übernahmeangebots zu verhindern[845].

Die Vorschrift des S. 1 knüpft an den in Art. 9 Abs. 2 Uabs. 2 vorgegebenen Zeitraum an.

Die erste Ausnahme dient der Umsetzung des Art. 9 Abs. 2 Uabs. 1. Sie macht deutlich, dass die Hauptversammlung einer Gesellschaft nicht dem Verhinderungsverbot unterliegt, zeigt aber auch, dass die Ermächtigung für ein aktuelles Angebot abzugeben ist[846].

Die zweite Ausnahme soll die Zielgesellschaft in einem Übernahmekampf nicht unangemessen in ihrer allgemeinen Handlungsfähigkeit beschränken, ähnlich wie die Vorschrift des § 33 Abs. 1 S. 2 WpÜG[847] und damit wohl den in Art. 9 Abs. 3 enthaltenen Gedanken umsetzen, wonach Maßnahmen innerhalb des normalen Geschäftsverlaufs zulässig sind[848].

Die dritte Ausnahme greift die Vorschrift des Art. 9 Abs. 3 auf. So spricht der Wortlaut von „*Handlungen* (...) [,die] *der Umsetzung von Entscheidungen dienen, die* (...) *teilweise umgesetzt wurden*“. Mit der Umsetzung muss daher zumindest begonnen worden sein[849]. Dies bestätigt die Regierungsbegründung, wonach „*Geschäfte, die der Umsetzung von Entscheidungen dienen, die außerhalb des normalen Geschäftsbetriebs vor der Veröffentlichung der Entscheidung zur Abgabe eines Angebots getroffen wurden und bereits teilweise umgesetzt sind*“, zulässig sind[850]. Maßgeblich ist also, dass die Umsetzung der Entschei-

---

[845] BT-Drs. 16/1003, Begründung, B. Zu Artikel 1 Zu Nummer 16 (§§ 33a-33d) Zu § 33a Zu Absatz 2, S. 19.

[846] BT-Drs. 16/1003, Begründung, B. Zu Artikel 1 Zu Nummer 16 (§§ 33a-33d) Zu § 33a Zu Absatz 2, S. 19.

[847] BT-Drs. 16/1003, Begründung, B. Zu Artikel 1 Zu Nummer 16 (§§ 33a-33d) Zu § 33a Zu Absatz 2, S. 19.

[848] Für eine solche Auslegung der Richtlinie siehe bereits die Ausführungen unter H.I.3.b, S. 152ff.

[849] Der Wortlaut des Referentenentwurfs war geringfügig anders: „*Handlungen* (...) [,die] *der Umsetzung von Entscheidungen dienen, die* (...) *noch nicht vollständig umgesetzt wurden*“. Noch nicht vollständig umgesetzt sind jedoch auch Entscheidungen, mit deren Umsetzung noch gar nicht begonnen wurde. Insoweit war der Referentenentwurf dem Wortlaut nach weiter.

[850] BT-Drs. 16/1003, Begründung, B. Zu Artikel 1 Zu Nummer 16 (§§ 33a-33d) Zu § 33a Zu

dung zum Zeitpunkt der Veröffentlichung nach § 10 WpÜG bereits in die Wege geleitet worden ist.

Die vierte „Ausnahme" schließlich sei durch Art. 9 Abs. 2 Uabs. 1 gedeckt[851].

3) § 33a Abs. 3 WpÜG n.F.

Nach § 33a Abs. 3 WpÜG n.F. hat der Vorstand der Zielgesellschaft die BaFin und sämtliche Aufsichtsstellen der EWR-Staaten, in denen Wertpapiere der Gesellschaft zum Handel auf einem geregelten Markt zugelassen sind, unverzüglich von dem Beschluss einer Satzungsbestimmung nach § 33a Abs. 1 S. 1 zu unterrichten[852]. Eine Eintragungspflicht der Satzungsbestimmung in das Handelsregister soll hiermit explizit nicht geschaffen werden[853]. Diese Bestimmung setzt Art. 12 Abs. 2 Uabs. 2 S. 2 um[854].

b. § 33c WpÜG n.F. (Vorbehalt der Gegenseitigkeit)

§ 33c WpÜG n.F. enthält den sogenannten „Vorbehalt der Gegenseitigkeit". Die Vorschrift regelt sowohl für die Neutralitätspflicht[855] als auch für die Durchbrechungsregel[856] die Reziprozität.

Absatz 2, S. 19. Die inhaltlich wohl gleich gemeinte Begründung des Referentenentwurfs spricht hingegen davon, dass „*Geschäfte, die der Umsetzung von Entscheidungen dienen, die außerhalb des normalen Geschäftsbetriebs vor der Veröffentlichung der Entscheidung zur Abgabe eines Angebots getroffen und bereits in die Wege geleitet wurden*", zulässig sind (RefE Ü-UG, Begründung, B. Zu Artikel 1 Zu Nummer 15 (§§ 33a-33d) Zu § 33a Zu Absatz 2, S. 19). Die Formulierung wirkte etwas missverständlich, bezieht sich doch das „getroffen" auf die Entscheidung, während das „bereits in die Wege geleitet wurden" sich wohl auf die Umsetzung bezieht. Ein anderes Verständnis jedenfalls ergibt keinen Sinn. Eine Entscheidung, die bereits getroffen wurde, kann wohl kaum noch in die Wege geleitet werden. Dies kann nur die Umsetzung der Entscheidung. Die Regierungsbegründung schafft insoweit Klarheit.

[851] BT-Drs. 16/1003, Begründung, B. Zu Artikel 1 Zu Nummer 16 (§§ 33a-33d) Zu § 33a Zu Absatz 2, S. 19.

[852] § 33a Abs. 3 RegE Ü-UG sah hingegen die Übersendung eines Belegs über die Eintragung der Satzungsbestimmung in das Handelsregister vor. Der Bundesrat forderte daraufhin eine Klarstellung, inwieweit die Satzungsbestimmungen nach § 33a Abs. 1 bzw. § 33b Abs. 1 einer Eintragung in das Handelsregister bedürfen. Da ein Beleg über die Eintragung der Satzungsbestimmung zu übersenden ist, erschiene eine erweiterte Eintragungspflicht wahrscheinlich. BT-Drs. 16/1342, Stellungnahme des Bundesrates, Nr. 4 Zu Artikel 1 Nr. 16 (§ 33a Abs. 3, § 33b Abs. 3 WpÜG), Begründung, S. 2.

[853] Vgl. Beschlussempfehlung und Bericht des Finanzausschusses, BT-Drs. 16/1541, B. Einzelbegründung Zu Artikel 1 Zu Nummer 16 (§§ 33a Abs. 3 und 33b Abs. 3), S. 12.

[854] Beschlussempfehlung und Bericht des Finanzausschusses, BT-Drs. 16/1541, B. Einzelbegründung Zu Artikel 1 Zu Nummer 16 (§§ 33a Abs. 3 und 33b Abs. 3), S. 12.

[855] § 33c Abs. 1 WpÜG n.F.

[856] § 33c Abs. 2 WpÜG n.F.

1) § 33c Abs. 1 WpÜG n.F.

Danach kann die Hauptversammlung einer Zielgesellschaft, welche vom individuellen *Opt-In* des § 33a WpÜG n.F. Gebrauch gemacht hat, beschließen, dass statt des § 33a Abs. 2 WpÜG n.F. die Vorschrift des § 33 WpÜG gilt, wenn der Bieter oder dessen beherrschendes Unternehmen nicht einer dem § 33a Abs. 2 WpÜG n.F. entsprechenden Regelung unterliegt.

Damit wird die in Art. 12 Abs. 3 eingeräumten Möglichkeit genutzt. Ausweislich der Regierungsbegründung soll es dabei nicht darauf ankommen, ob der Bieter aus einem EWR-Staat oder einem Drittstaat kommt. Zwar hätten Bieter aus Drittstaaten im Regelfall kaum ein Wahlrecht i.S.d. Art. 12 Abs. 3. Dies sei letztlich aber nicht entscheidend. Maßgeblich sei vielmehr, ob die Vorschriften, welche in Drittstaaten die Verhaltenspflichten der Organe regeln, dem § 33a Abs. 2 WpÜG n.F. entsprechen und inhaltlich gleichwertig sind[857].

Das Abstellen auf das beherrschende Unternehmen soll vermeiden, dass das Übernahmeangebot durch eine Tochtergesellschaft abgegeben wird, welche ihrerseits dem Verhinderungsverbot unterliegt, während dies beim herrschenden Unternehmen nicht der Fall ist[858]. Dieser Gedanke sei in der Richtlinie ebenfalls bereits angelegt[859].

2) § 33c Abs. 3 WpÜG n.F.

§ 33c Abs. 3 S. 1 WpÜG n.F. sieht die Möglichkeit vor, den Gegenseitigkeitsvorbehalt in Bezug auf die Neutralitätspflicht und die Durchbrechungsregelung in einem Beschluss zu fassen[860].

Der nach § 33c Abs. 1 WpÜG n.F. erforderliche Hauptversammlungsbeschluss ist auf eine Wirkungsdauer von 18 Monaten beschränkt[861]. Der Vorstand der Zielgesellschaft hat nach S. 3 die BaFin sowie die übrigen Aufsichtsstellen der EWR-Staaten, an denen stimmberechtigte Aktien der Gesellschaft zum Handel an einem organisierten Markt zugelassen sind, unverzüglich von der Ermächtigung zu unterrichten und nach S. 4 die Ermächtigung auf der Internetseite der Gesellschaft zu veröffentlichen. Die Unterrichtungsform und die Internetveröffentlichung gehen auf die Beschlussempfehlung des Bundestagsfinanzausschus-

---

[857] BT-Drs. 16/1003, Begründung, B. Zu Artikel 1 Zu Nummer 16 (§§ 33a-33d) Zu § 33c Zu Absatz 1, S. 21.

[858] BT-Drs. 16/1003, Begründung, B. Zu Artikel 1 Zu Nummer 16 (§§ 33a-33d) Zu § 33c Zu Absatz 1, S. 21.

[859] Art. 12 Abs. 3 S. 1 a.E.

[860] Hierbei handele es sich ausweislich der Empfehlung des Bundestagsfinanzausschusses lediglich um eine Klarstellung. Vgl. Beschlussempfehlung und Bericht des Finanzausschusses, BT-Drs. 16/1541, B. Einzelbegründung Zu Artikel 1 Zu Nummer 16 (§ 33c Abs. 3), S. 12. Es bedarf also keiner zwei Tagesordnungspunkte auf der Hauptversammlung.

[861] § 33c Abs. 3 S. 2 WpÜG n.F.

ses zurück[862]. Es wird klargestellt, dass eine Eintragung des Hauptversammlungsbeschlusses in das Handelsregister nicht erforderlich ist.

Mit S. 2 des § 33c Abs. 3 WpÜG n.F. soll Art. 12 Abs. 3, 4 und 5 umgesetzt werden[863], die S. 3 und 4 dienen der Umsetzung des Art. 12 Abs. 4 der Richtlinie[864].

2. Bewertung

Der Gesetzgeber hat sich zur Einfügung eines § 33a WpÜG entschlossen und die Regelung des § 33 WpÜG a.F. unangetastet gelassen[865]. Dies ist, betrachtet man die Vorgeschichte und die Befürchtung um den Standort Deutschland, nur konsequent[866]. Allerdings darf nicht vergessen werden, dass hierdurch eine Behinderung des Marktes für Unternehmenskontrolle erfolgt[867].

Insoweit wäre es erwägenswert gewesen, von dem *Opt-Out* keinen Gebrauch zu machen. Betrachtet man die Ausnahmeregelungen auf europäischer Ebene, wäre hierdurch kein erheblicher Schutz der inländischen Unternehmen verloren gegangen[868]. Vor allem die Vorschrift des § 33 Abs. 1 S. 2 Alt. 3 WpÜG a.F., welche Maßnahmen des Vorstandes mit Zustimmung des Aufsichtsrates zulässt, wäre von einem *Opt-In* betroffen. Diese Ausnahme ist zwar rechtspolitisch bedenklich, da sie das Entscheidungsrecht der Aktionäre über das Angebot untergräbt[869]. Dennoch spricht das nicht zwingend gegen ein *Opt-Out*, weil den Ge-

---

862 Vgl. Beschlussempfehlung und Bericht des Finanzausschusses, BT-Drs. 16/1541, B. Einzelbegründung Zu Artikel 1 Zu Nummer 16 (§ 33c Abs. 3), S. 12. Nach dem RegE Ü-UG war hingegen ein Beleg über den Hauptversammlungsbeschluss zu übersenden. Der RefE Ü-UG sah gar eine Eintragung des Hauptversammlungsbeschlusses in das Handelsregister vor (Art 1 § 33c Abs. 3 S. 2 RefE Ü-UG).

863 BT-Drs. 16/1003, Begründung, B. Zu Artikel 1 Zu Nummer 16 (§§ 33a-33d) Zu § 33c Zu Absatz 3, S. 23. Die Begründung bezieht sich auf den ehemaligen Satz 1, welcher nun wortgleich S. 2 entspricht.

864 Vgl. Beschlussempfehlung und Bericht des Finanzausschusses, BT-Drs. 16/1541, B. Einzelbegründung Zu Artikel 1 Zu Nummer 16 (§ 33c Abs. 3), S. 12.

865 Die Wahl des *Opt-Out* Modells wurde begrüßt vom DGB. Vgl. DGB, Stellungnahme zum RefE Ü-UG, S. 2. Nach der Vorstellung des DGB hätte der Gesetzgeber allerdings nur die Einwahl entweder in die Neutralitätspflicht oder die Durchgriffsregelung zulassen sollen. Dies ist jedoch mit dem Wortlaut der Richtlinie nicht zu vereinbaren.

866 Daher wurde die Wahl des Optionsmodells nach der überwiegenden Einschätzung der Sachverständigen bei der Anhörung im Bundestagsfinanzausschuss vom 10. Mai 2006 begrüßt. Vgl. die Nachweise in Fn. 836.

867 Merkt hält es zumindest für fragwürdig, ob die Vorteile für deutsche (Ziel-) Gesellschaften die Nachteile, nämlich eine weiterhin geringe Kapitalzufuhr, überwiegen. Merkt, Stellungnahme zum RegE Ü-UG, S. 13.

868 Vgl. oben die Ausführungen zu § 33 WpÜG a.F. unter H.I.3., S. 149, welche die Unterschiede zwischen WpÜG a.F. und Richtlinienvorgaben kenntlich machen.

869 Vgl. die Ausführungen unter H.I.3.d., S. 155.

sellschaftern immer noch die Möglichkeit offen steht, durch ein *Opt-In* diese Vorschrift, so sie es denn wünschen, auszuschalten.

Zudem wären die Vorratsbeschlüsse nach § 33 Abs. 2 WpÜG a.F., die in der Praxis nur geringe Bedeutung haben, dem *Opt-In* des Mitgliedstaats zum Opfer gefallen. Im Ergebnis hat der Gesetzgeber jedoch zu Recht für deutsche Gesellschaften den größtmöglichen Schutz aufrechterhalten[870].

Zutreffend ist auch die Inanspruchnahme der Reziprozitätsregelung.

Die Anwendung der Vorschriften auf Übernahme- und Pflichtangebote ist durch den unverändert beibehaltenen Verweis in § 39 WpÜG gegeben. Der grundsätzliche Anwendungsbereich stimmt deswegen mit den Richtlinienvorgaben überein[871].

Zur Ausgestaltung der Vorschriften im Einzelnen ist folgendes anzumerken:

a. § 33a WpÜG n.F.

1) § 33a Abs. 1 WpÜG n.F.

Wie gezeigt, verlangt § 33a Abs. 1 WpÜG n.F. eine Aufnahme der Nichtanwendung des § 33 WpÜG n.F. in die Satzung der Gesellschaft.

Die Richtlinie spricht von der Einräumung der Anwendungsmöglichkeit der Art. 9 Abs. 2 und 3. Konstruktiv wird diese durch die Nichtanwendung des § 33 WpÜG n.F. bewirkt, was automatisch die Geltung des § 33a Abs. 2 WpÜG n.F. zur Folge hat. Die Anwendbarkeit wird also nur mittelbar erreicht. In der Sache ist das aber unschädlich. Maßgeblich ist allein die Möglichkeit, sich für ein *Opt-In* zu entscheiden. Diese besteht auch in der vom Gesetzgeber gewählten Form[872].

Die Aufnahme der Nichtanwendungsvorschrift in die Satzung ist allerdings europarechtlich nicht zwingend vorgegeben. Ein entsprechender Hauptversammlungsbeschluss wäre insoweit ausreichend gewesen. Maßgeblich ist lediglich, dass die Entscheidung im Einklang mit den Vorschriften über die Änderung der

---

870 Vgl. die Ausführungen unter H.IV.3., S. 180. Im Übrigen hätte der Gesetzgeber auch darüber hinausgehen können und nicht nur den Zustand vor Umsetzung der Übernahmerichtlinie aufrechterhalten müssen, sondern § 33 WpÜG vollständig abschaffen können. Die Richtlinie macht nämlich bezüglich der nationalen Neutralitätsverpflichtungen bei einem *Opt-Out* neben der Umsetzung des Optionsmodells keine Vorgaben.

871 Siehe zu den Vorgaben der Richtlinie H.I.1., S. 143.

872 Ebenso Schüppen, BB 2006, 165, 166, unter Hinweis darauf, dass die Richtlinie nur bezüglich des materiellen Gehalts umzusetzen ist. Nicht zu folgen ist jedoch Schüpppens Einwand, der nationale Gesetzgeber stelle hiermit das Regel-Ausnahme-Verhältnis auf den Kopf. Ein solches stellt die Richtlinie nicht auf. Sie spricht nur von der Einwahlmöglichkeit der Gesellschaften, nicht aber von einer Möglichkeit, sich aus der Neutralitätspflicht herauszuwählen.

Satzung getroffen wird. Die Richtlinie schließt die Aufnahme in die Satzung jedoch nicht aus.

Ausgehend von dem Begriff der „Zielgesellschaft" in § 2 Abs. 3 WpÜG n.F. könnte § 33a Abs. 1 WpÜG n.F. auch EWR-Gesellschaften erfassen. Daher forderte der Bundesrat eine Präzisierung des § 33a Abs. 1 dahingehend, nach dem Wort „Zielgesellschaft" die Passage „*im Sinne des § 2 Abs. 3 Nr. 1*" einzufügen, um klarzustellen, dass § 33a Abs. 1 WpÜG n.F. nur inländische Zielgesellschaften bezeichnet[873]. Dies wäre durch die Richtlinie in Art. 12 Abs. 1 so vorgegeben und auch von der Bundesregierung beabsichtigt, komme aber im Wortlaut nicht zum Ausdruck. Bei Beibehaltung des Wortlautes seien auch ausländische Zielgesellschaften erfasst.

Die Bundesregierung wies hingegen in ihrer Gegenäußerung darauf hin, eine Präzisierung sei nicht notwendig, weil sich der Anwendungsbereich der Vorschrift bereits aus § 1 WpÜG n.F. ergibt und auch andere Vorschriften auf eine Spezifizierung des Anwendungsbereichs verzichten[874].

Im Ergebnis ist der Bundesregierung zuzustimmen. Eine Aufnahme der Wendung „im Sinne des § 2 Abs. 3 Nr. 1 WpÜG" ist nicht erforderlich. Aus den Regelungen zum Anwendungsbereich lässt sich in der Tat ableiten, dass § 33a WpÜG n.F. lediglich inländische Zielgesellschaften betrifft. Die Vorschrift ist richtlinienkonform.

Allerdings wäre es überlegenswert gewesen, bei sämtlichen Paragraphen, welche nur auf inländische Zielgesellschaften anwendbar sind, eine entsprechende Präzisierung vorzunehmen. Hierdurch hätte man sich insbesondere die WpÜG-AnwVO sparen können. Die Argumentation, man habe an keiner Stelle eine Präzisierung vorgenommen, ist zwar in sich schlüssig und folgerichtig, aber dennoch zu bemängeln. Für die praktische Handhabung wäre eine größere Genauigkeit an dieser Stelle förderlich gewesen.

2) § 33a Abs. 2 WpÜG n.F.

Die Vorschrift des § 33a Abs. 2 WpÜG n.F. richtet sich sowohl an den Vorstand als auch an den Aufsichtsrat. Dies erfordert Art. 9 Abs. 6.

a) § 33a Abs. 2 S. 2 Nr. 1 WpÜG n.F.

Die erste Ausnahme entspricht ohne Einschränkung den Vorgaben in Art. 9 Abs. 2 Uabs. 1.

[873] BT-Drs. 16/1342, Stellungnahme des Bundesrates, Nr. 3 Zu Artikel 1 Nr. 16 (§ 33a WpÜG), Begründung, S. 1. So bereits Schüppen, BB 2006, 165, 166.

[874] BT-Drs. 16/1342, Gegenäußerung der Bundesregierung, Zu Nummer 3 (Artikel 1 Nr. 16), S. 5.

b) § 33a Abs. 2 S. 2 Nr. 2 WpÜG n.F.

Bezüglich § 33a Abs. 2 S. 2 Nr. 2 lässt sich dies nicht ohne weiteres feststellen. Bedenken werden in der Literatur aus zwei Gesichtspunkten vorgebracht: Zum einen erlaubt die Vorschrift auch angebotsvereitelnde Maßnahmen, zum anderen ist der Begriff „Geschäftsbetrieb" missverständlich.

So verstoße die uneingeschränkte Zulässigkeit von Maßnahmen innerhalb des normalen Geschäftsbetriebs gegen die Richtlinienvorgaben. Dies umfasst nämlich auch Maßnahmen, welche das Angebot vereiteln könnten[875]. An anderer Stelle wurde bereits ausführlich dargestellt, dass Maßnahmen innerhalb des normalen Geschäftsverlaufs sehr wohl mit den Richtlinienvorgaben vereinbar sind[876]. Insbesondere kann zur Begründung dieses Ergebnisses auf die Vorschrift des Art. 9 Abs. 3 zurückgegriffen werden. Unter diesem Gesichtspunkt ist die Vorschrift daher in Einklang mit der Richtlinie umgesetzt.

Allerdings bezieht sich die Vorschrift auf Handlungen innerhalb des normalen Geschäftsbetriebs und nicht auf den normalen Geschäftsverlauf, wie die Richtlinie in Art. 9 Abs. 3 als Entscheidungskriterium vorsieht.

Seibt/Heiser sehen einen Unterschied zwischen diesen beiden Begriffen. Unter Geschäftsbetrieb sei das abstrakte Betätigungsfeld eines Unternehmens zu verstehen, unter dem Geschäftsverlauf hingegen der tatsächliche geschäftliche Verlauf der betrieblichen Betätigung[877]. Dies ergebe sich aus § 116 Abs. 1 HGB einerseits bzw. § 289 Abs. 2 HGB, welcher den Lagebericht umschreibt, andererseits. Der Geschäftsverlauf halte sich immer im Rahmen des Geschäftsbetriebs. Der Geschäftsbetieb gehe somit über den Geschäftsverlauf hinaus. Folglich sei der Begriff „Geschäftsbetrieb" weiter als der Begriff „Geschäftsverlauf" und damit auch unzulässigerweise weiter als die Richtlinienvorgaben.

Dem wäre zuzustimmen, wenn die vorrangigen Begriffsverständnisse von „Geschäftsverlauf" (bzw. „Geschäftsbetrieb") im Sinne der Richtlinie mit dem deutschen Verständnis der Vorschriften übereinstimmen.

So findet sich der Begriff „Geschäftsverlauf" auch etwa in der Modernisierungsrichtlinie[878], welche die Internationalisierung des europäischen Bilanzrechts weiterführt[879] und Grundlage der deutschen Regelung in § 289 Abs. 2 HGB ist. Nach Erwägungsgrund (9) der Modernisierungsrichtlinie hat der Lagebericht „*in einer dem Umfang und der Komplexität der Geschäftstätigkeit angemessenen*

---

875 Seibt/Heiser, AG 2006, 301, 311.

876 Siehe die Ausführungen unter H.I.3.b, S. 152ff.

877 Seibt/Heiser, AG 2006, 301, 311.

878 RL 2003/51/EG v. 18. Juni 2003, ABl. Nr. L 178 v. 17. Juli 2003, 16-22.

879 Die besagte Richtlinie modifiziert vorhergehende Richtlinien, unter anderem die sogenannte Bilanzrichtlinie (RL 78/660/EWG v. 25. Juli 1978, ABl. EG Nr. L 222 v. 14. August 1978, 11-31). § 289 Abs. 1 HGB setzte die in Art. 46 Abs. 1 dieser Richtlinie enthaltenen Anforderungen um.

Weise ein den tatsächlichen Verhältnissen entsprechendes Bild des Geschäftsverlaufs und der Lage des Unternehmens [zu] *vermitteln* (...)". Der Geschäftsverlauf ist also wie im deutschen Recht eine Beschreibung der tatsächlichen Geschäftstätigkeit.

Der Begriff des „Geschäftsbetriebs" wird in der Übernahmerichtlinie nicht verwendet, wohl aber in anderen Richtlinien bzw. Verordnungen, etwa der Verordnung (EG) Nr. 2157/2001 über das Statut der Europäischen Gesellschaft, der SE.

Dort heißt es in Erwägungsgrund (22), dass das Inkrafttreten der Verordnung zeitlich bis zur Umsetzung der RL 2001/86/EG aufgeschoben werden muss, um die für die Gründung und den *Geschäftsbetrieb* einer SE notwendigen Verfahren einzuführen. In Erwägungsgrund (2) der besagten Richtlinie wird ausgeführt, mit der Verordnung (EG) Nr. 2157/2001 soll für Gesellschaften ein rechtlicher Rahmen geschaffen werden, damit sie ihren *Geschäftsbetrieb* neu organisieren, gemeinschaftsweit planen und durchführen können.

Art. 8 Abs. 2 RL 2001/86/EG schließlich verwendet den Begriff im Zusammenhang mit der Verschwiegenheit und Geheimhaltung. Danach müssen Informationen, deren Bekanntwerden bei Zugrundelegung objektiver Kriterien den *Geschäftsbetrieb* der SE erheblich beeinträchtigen oder schaden würde, vom Aufsichts- oder Verwaltungsorgan nicht weitergeleitet werden.

Aus diesen Vorschriften ergibt sich, dass die Verordnung und die Richtlinie den Geschäftsbetrieb mit der tatsächlichen Geschäftstätigkeit gleichsetzen. Es kann sinnvollerweise nur eine Beeinträchtigung der tatsächlichen Geschäftstätigkeit geben, nicht aber einer abstrakten Beschreibung der rechtlich zulässigen Geschäftstätigkeit. Auch die Neuorganisation bezieht sich auf die tatsächliche Geschäftstätigkeit. Die Neuorganisation des abstrakt zulässigen Rahmens ist eher abwegig.

Da der nationale Bedeutungsgehalt des Begriffs „Geschäftsbetrieb" abweichend von dem europarechtlichen Verständnis, welches anhand der Begriffsverwendung in anderen Richtlinien ermittelt wurde, abweicht, ist dem Begriff richtlinienkonform der europäische Bedeutungsgehalt zuzumessen[880]. Der Begriff ist also nicht nach der HGB-Vorschrift auszulegen, sondern entsprechend des europäischen Verständnisses.

Folglich sind die Begriffe „Geschäftsverlauf" und „Geschäftsbetrieb" bei der gebotenen europarechtlichen Auslegung deckungsgleich.

Die Wahl des Begriffs „Geschäftsbetrieb" ist richtlinienkonform.

§ 33a Abs. 2 S. 2 Nr. 2 WpÜG n.F. entspricht den Richtlinienvorgaben.

---

880 Vgl. Franzen, Privatrechtsangleichung, 1999, S. 349.

c) § 33a Abs. 2 S. 2 Nr. 3 WpÜG n.F.

In einer ersten Stellungnahme wurde darauf hingewiesen, die in § 33a Abs. 2 S. 2 Nr. 3 WpÜG n.F. enthaltene Ausnahme erlaube auch Maßnahmen, welche den Erfolg des Angebots vereiteln könnten. Das sehe die Richtlinie so nicht vor. Maßnahmen, welche bereits teilumgesetzte Entscheidungen betreffen, bedürften in dieser Konstellation der Zustimmung der Hauptversammlung[881].

Zutreffend ist zunächst, dass auch angebotsvereitelnde Handlungen nach § 33a Abs. 2 S. 2 Nr. 3 WpÜG n.F. zulässig sind, wie sich aus dem Zusammenspiel mit Abs. 2 S. 1 ergibt. Die Richtlinie lässt dies jedoch zu, wie sich dem Wortlaut des Art. 9 Abs. 3 entnehmen lässt. Dieser gestattet ausdrücklich weitere Handlungen außerhalb des normalen Geschäftsverlaufs, selbst wenn diese zur Angebotsvereitelung führen können. Maßgeblich ist allein, ob die Entscheidung bereits teilweise umgesetzt wurde und vor der Bekanntgabe des Angebots getroffen wurde[882]. Eine andere Interpretation würde die Vorschrift auch leer laufen lassen, da sie dann mangels Vereitelungsmöglichkeit ohnehin zulässig wäre[883].

Wie Nr. 2 stellt Nr. 3 auf den „Geschäftsbetrieb“ und nicht auf den „Geschäftsverlauf“ ab. Dies ist nach den zu Nr. 2 gemachten Ausführungen unschädlich.

Die Vorschrift begegnet also vor dem Hintergrund der Richtlinienvorgaben keinen Bedenken.

d) Zeitraum der Neutralitätspflicht

Die Richtlinie eröffnet die Möglichkeit, die Neutralitätspflicht bereits zu einem früheren Zeitpunkt als der Veröffentlichung der Entscheidung einer Angebotsabgabe zu verlangen. Sie nennt beispielhaft den Zeitpunkt, in dem das Leitungs- bzw. Verwaltungsorgan der Zielgesellschaft bemerkt, dass die Abgabe eines Angebots unmittelbar bevorsteht[884]. Der Gesetzgeber hat von dieser Möglichkeit, die der Regelung in einigen anderen Mitgliedstaaten entspricht[885], keinen Gebrauch gemacht. Das ist bedauerlich.

Der Regelungszweck der Norm spricht für eine möglichst frühzeitige Anknüpfung der Neutraltitätspflicht. Grundgedanke der Neutralitätspflicht ist es, den Aktionären die Entscheidungsmöglichkeit über das Angebot zu belassen. Insofern ist es aus Sicht der Aktionäre irrelevant, zu welchem Zeitpunkt das Leitungs- bzw. Verwaltungsorgan das (erwartete) Angebot vereitelnde Maßnahmen durchführt. Hierdurch würden der Vorstand und damit die Gesellschaft auch nicht unnötig in ihrer Entscheidungsfreiheit eingeengt. Die Befugnis, den ge-

---

881 So Simon, Der Konzern 2006, 12, 13.

882 Vgl. dazu schon die Ausführungen unter H.I.3.f., S. 158.

883 Das gesteht auch Simon, Der Konzern 2006, 12, 13, zu.

884 Art. 9 Abs. 2 Uabs. 2 S. 2.

885 Vgl. die diesbezüglichen Ausführungen unter H.I.2., S. 144.

wöhnlichen Geschäftsbetrieb weiterzuführen, wird von der Neutralitätspflicht nicht berührt.

Gegen eine zeitliche Ausweitung der Neutralitätspflicht könnte man zwar einwenden, der Vorstand sei auch vor der Veröffentlichung des Angebots nicht zu sämtlichen Verteidigungsmaßnahmen berechtigt, sondern an die Grenzen des Aktienrechts gebunden. Wie weit diese Grenzen reichen, ist jedoch umstritten[886]. Rechtssicherheitsgesichtspunkte sprechen daher für eine Vorverlagerung[887]. Auch aus Anlegersicht wäre eine Vorverlagerung wünschenswert. Zuzugeben ist aber, dass eine Vorverlagerung mitunter zu praktischen Schwierigkeiten führen kann, weil der Nachweis der früheren Kenntnis häufig nicht einfach zu führen sein wird.

Ungeachtet dessen erscheint die Ausweitung der Neutralitätspflicht sinnvoll[888]. Der Gesetzgeber hat also eine Chance vertan.

3) § 33a Abs. 3 WpÜG n.F.

§ 33a Abs. 3 WpÜG n.F. regelt die Benachrichtigungspflicht des Vorstandes einer Gesellschaft an die BaFin und andere Aufsichtsstellen bezüglich eines Beschlusses nach § 33a Abs. 1 S. 1 WpÜG n.F. Er knüpft damit an Abs. 1 an, der eine Satzungsänderung fordert. Die Verpflichtung zur Eintragung der Satzungsänderung ergibt sich aus § 181 Abs. 1 AktG. Wirksamkeit erlangt die Satzungsbestimmung erst mit der Eintragung der Änderung ins Handelsregister[889]. Die Klarstellung, dass keine erweiterte Eintragungspflicht besteht, ist zu begrüßen. Eine solche verlangt die Richtlinie nicht und entspräche nicht dem bei Satzungsänderungen üblichen Verfahren.

Unglücklich ist hingegen die Formulierung „*in denen Wertpapiere der Zielgesellschaft zum Handel auf einem geregelten Markt zugelassen sind*“, weil der Begriff der Wertpapiere i.S.d. WpÜG nicht dem Wertpapierbegriff der Richtlinie entspricht[890]. Hier wäre, wie bei der Bestimmung des § 33c WpÜG n.F. auch, auf die stimmberechtigten Aktien abzustellen. Sollten etwa nur stimmrechtslose Wertpapiere zum Handel auf einem geregelten Markt eines anderen EWR-Staates zugelassen sein, ist der Anwendungsbereich der Richtlinie nicht eröffnet. Folglich gibt die Richtlinie in diesen Fällen keine Mitteilungspflicht vor. § 33a Abs. 3 WpÜG n.F. geht damit über die Richtlinienvorgaben hinaus. Das ist allerdings unschädlich.

---

886 Vgl. etwa die Ausführungen von Krause/Pötzsch, in: Assmann/Pötzsch/Schneider, WpÜG, 2005, § 33 Rn. 242ff. m.w.N.

887 Veil, in: Veil/Drinkuth, Reformbedarf im Übernahmerecht, 2005, S. 95, 109.

888 Ebenso Veil, in: Veil/Drinkuth, Reformbedarf im Übernahmerecht, 2005, S. 95, 109.

889 § 181 Abs. 3 AktG.

890 Siehe hierzu bereits die Ausführungen oben unter A.IV.3.b., S. 33.

b. § 33c WpÜG n.F.

1) § 33c Abs. 1 WpÜG n.F.

§ 33c Abs. 1 WpÜG n.F. knüpft an die Regelung des § 33a Abs. 2 WpÜG n.F. an, welcher der Umsetzung der Neutralitätspflicht der Richtlinie dient.

Schon der Regierungsentwurf ging, ebenso wie hier vertreten, davon aus, die Reziprozitätsklausel könne (auch) bei einem freiwilligen *Opt-In* durch die Gesellschaften Anwendung finden[891]. Außerdem stellt die Begründung klar, dass Gesellschaften aus Drittstaaten unter die Reziprozitätsregelung fallen. Das gibt meines Erachtens die Richtlinie so vor. Auf die in diesem Zusammenhang entstehenden praktischen Schwierigkeiten wurde bereits hingewiesen[892]. Sinnvoll wäre es daher gewesen, für Drittstaatenkonstellationen Regelungen darüber zu schaffen, wer über die inhaltliche Gleichwertigkeit zu entscheiden hat.

So könnte etwa die BaFin nach § 4 Abs. 1 S. 3 WpÜG n.F. die inhaltliche Gleichwertigkeit feststellen bzw. mangels inhaltlicher Gleichwertigkeit eine Unterlassungsverfügung bezüglich Verteidigungshandlungen aussprechen[893]. Fraglich ist insoweit in jedem Fall, ob dann hiergegen ein Rechtsschutz möglich sein sollte[894].

Zudem würde ein feststellender Verwaltungsakt nur beschränkt weiterhelfen, weil es sich hierbei um ein Instrument des öffentlichen Rechts handelt. Zivilrechtliche Schadensersatzklagen würden dadurch nicht zwingend erfolglos bleiben.

Der Gesetzgeber hat damit klärungsbedürftige Fragen offen gelassen.

Gleichwohl gibt § 33c Abs. 1 WpÜG n.F. die Reziprozitätsregelung der Richtlinie korrekt wieder.

2) § 33c Abs. 3 WpÜG n.F.

§ 33c Abs. 3 WpÜG n.F. dient ausweislich der Gesetzesbegründung zur Umsetzung des Art. 12 Abs. 3, 4 und 5. Die Geltungsdauer der Ermächtigung ist nach S. 1 auf 18 Monate beschränkt.

Der Bundesrat wies darauf hin, dass die zeitliche Begrenzung des Hauptversammlungsbeschlusses möglicherweise auf Maßnahmen in Anwendung des Ge-

---

891 Vgl. die Ausführungen unter H.III.1.b., S. 170.

892 Vgl. die Ausführungen unter H.III.1.b.4), S. 174. Die Schwierigkeiten veranlassten Hopt in der Anhörung der Sachverständigen im Finanzausschuss des Bundestages zu der Bemerkung, mit Drittstaatenkonstellationen solle man sich jetzt nicht beschäftigen, das würden später die Gerichte tun. Vgl. Öffentliche Anhörung des Finanzausschusses, 16. Sitzung vom 10. Mai 2006, Pr.Nr. 16/16, S. 37.

893 Diesen Gedanken aufwerfend Seibt/Heiser, AG 2006, 301, 313.

894 Für eine Rechtsschutzmöglichkeit sprechen sich Seibt/Heiser, AG 2006, 301, 313, aus.

genseitigkeitsvorbehalts beschränkt werden kann[895]. Zur Begründung trug er vor, es könne nicht Ziel der Richtlinie sein, die grundsätzliche Anwendbarkeit des Gegenseitigkeitsvorbehalts auf 18 Monate zu begrenzen. Dann wäre auf jeder Hauptversammlung ein entsprechender Beschluss zu fassen. Inhaltlich gehe es in Art. 12 Abs. 5 nur um die konkreten Abwehrmaßnahmen, welche durch Beschluss der Hauptversammlung zu legitimieren sind[896]. Andere teilen diese Auffassung und führen zur Begründung die Differenzierung im Wortlaut an. So ist in Art. 12 Abs. 3 von der *„Befreiung"* die Rede, während Abs. 5 von *„Maßnahmen in Anwendung des Abs. 3"* spricht[897]. Auch die Systematik spreche für eine solche Auslegung. Sollte die 18 Monats-Beschränkung für die Befreiung als solche gelten, hätte eine Regelung im Rahmen des Abs. 3 näher gelegen[898].

Die Bundesregierung schloss sich dieser Haltung nicht an und verweist auf den Wortlaut des Art. 12 Abs. 5, der die Interpretation des Bundesrates nicht zulässt[899].

Zwar sind die Bedenken, welche der Bundesrat und Teile der Literatur gegen die Auslegung der Vorschrift durch die Bundesregierung vorgebracht haben, durchaus erwägenswert.

Schlüssig erscheint die Argumentation der Literaturstimmen aber allein in Bezug auf das Verhinderungsverbot. Diesbezüglich könnte man tatsächlich annehmen, es ginge um konkrete zu treffende Maßnahmen. Anders sieht es in Bezug auf die Durchgriffsregelung aus. Auch auf diese ist Art. 12 Abs. 5 anwendbar.

Es wäre nicht hinreichend zu erklären, zu welchen konkreten Maßnahmen der Gesellschaft bezüglich der Durchgriffsregelung eine Ermächtigung erforderlich wäre. Die Vorschrift behandelt thematisch Durchbrechungen von bestehenden Beschränkungen etc. Einer Ermächtigung für irgendwelche Maßnahmen bedarf es insoweit nicht. Entweder die Art. 11 Abs. 2 bis 7 finden Anwendung oder eben nicht.

---

895 BT-Drs. 16/1342, Stellungnahme des Bundesrates, Nr. 6 Zu Artikel 1 Nr. 16 (§ 39c Abs. 3 WpÜG), S. 2. Gleichfalls schon Gemeinsame Stellungnahme von BDI, BDA, GDV und DIHK zum RefE Ü-UG, S. 4. Erneut Gemeinsame Stellungnahme von BDI, BDA, GDV und DIHK zum RegE Ü-UG, S. 3. Ebenso Habersack, Stellungnahme zum RegE Ü-UG, S. 3.

896 BT-Drs. 16/1342, Stellungnahme des Bundesrates, Nr. 6 Zu Artikel 1 Nr. 16 (§ 39c Abs. 3 WpÜG), Begründung, S. 2.

897 Die Unterscheidung findet sich auch in der englischen Sprachfassung wieder. Dort heißt es in Abs. 3 *„Member states may (…) exempt companies"* und in Abs. 5 *„Any measure applied in accordance with paragraph 3 shall be subject to the authorisation of the general meeting of shareholders, which must be granted no earlier than 18 months (…)"*.

898 Habersack, Stellungnahme zum RegE Ü-UG, S. 3.

899 BT-Drs. 16/1342, Gegenäußerung der Bundesregierung, Zu Nummer 6 (Artikel 1 Nr. 16, S. 6).

Folglich bezieht sich Art. 12 Abs. 5 tatsächlich auf die Geltungsdauer des Gegenseitigkeitsvorbehalts. Die Entscheidung des Gesetzgebers ist daher zu begrüßen. Durch die Beschränkung der Geltungsdauer der Ermächtigung wird auf elegante Weise die Richtlinienvorgabe *„frühestens 18 Monate vor der Bekanntmachung des Angebots"* umgesetzt.

Die Unterrichtung der Aufsichtsstellen dürfte Art. 12 Abs. 2 entnommen sein. Eine Mitteilungspflicht bzw. nun eine Unterrichtung gegenüber den Aufsichtsstellen ergibt sich nämlich aus den in der Begründung genannten Absätzen nicht. Im Gegensatz zum Referentenentwurf verzichtet die Gesetz gewordene Fassung zutreffender Weise auf das Erfordernis der Eintragung des Hauptversammlungsbeschlusses in das Handelsregister. Dieser sollte scheinbar die unverzügliche Bekanntmachung der anwendbaren Bestimmungen umsetzen. Nun wird dies durch die Unterrichtung der Aufsichtsstellen und die entsprechende Mitteilungspflicht auf der Internetseite der Gesellschaft erreicht. Hiermit hat der Gesetzgeber eine praktikable Lösung für die Bekanntmachung gefunden.

c. Anfechtungsausschluss

Der Gesetzgeber hat hingegen keinen Anfechtungsausschluss normiert, wie das hier und verschiedentlich in der Literatur erwogen wurde[900]. Da Satzungsänderungen erst mit Eintragung in das Handelsregister wirksam werden, ist die Ein- bzw. Auswahl aus § 33a WpÜG n.F. während eines laufenden Übernahmeverfahrens angesichts der Anfechtungsmöglichkeit eher unwahrscheinlich.

Für den Gegenseitigkeitsvorbehalt gilt das hingegen nicht. Bei diesem handelt es sich um einen einfachen Hauptversammlungsbeschluss, so dass die Erhebung einer Anfechtungsklage die Wirksamkeit des Beschlusses weder berührt noch verhindern kann[901].

d. Umsetzung des Optionsmodells in anderen Mitgliedstaaten

Angesichts der vielfältigen Wahlmöglichkeiten der Richtlinie ist insbesondere in Bezug auf das Optionsmodell von besonderem Interesse, wie sich die Mitgliedstaaten entscheiden[902].

Die Reziprozitätsregelung führt dazu, dass diese Frage für deutsche Gesellschaften unmittelbare Bedeutung erlangt.

[900] Vgl. die Ausführungen unter H.II.3.a.1)e), S. 167.

[901] Rechtsfolgen löst die Anfechtungsklage hier erst rückwirkend mit der rechtskräftigen Stattgabe aus.

[902] Eine tabellarische Übersicht bzgl. der erwarteten bzw. vollzogenen Wahl befindet sich bei den Anlagen unter B. Anlage 2, S. 401.

Von dem *Opt-Out* bezüglich Art. 9 haben neben Deutschland auch Dänemark[903], Luxemburg, Polen und die Niederlande Gebrauch gemacht bzw. beabsichtigen dies. In den übrigen Mitgliedstaaten ist Art. 9 verbindlich umgesetzt worden bzw. wird eine verbindliche Umsetzung erwartet.

Die Reziprozitätsregelung setzen neben Deutschland voraussichtlich die Mitgliedstaaten Belgien, Dänemark, Frankreich, Griechenland, Luxemburg, die Niederlande, Portugal, die Slowakei, Slowenien, Ungarn und Zypern um.

Die übrigen Mitgliedstaaten, darunter etwa Österreich, Großbritannien[904], Spanien, Tschechien, Finnland, Schweden, Polen[905] und Lettland[906] werden voraussichtlich von der Reziprozitätsregelung keinen Gebrauch machen bzw. haben hiervon keinen Gebrauch gemacht.

Folglich hat sich eine Mehrzahl der Mitgliedstaaten für eine verbindliche Neutralitätspflicht entschieden bzw. beabsichtigt dies.

Die Reziprozitätsregelung wird etwa gleich stark angenommen und abgelehnt.

e. Ausblick: Nutzung der Wahlmöglichkeiten

Da das *Opt-Out* Modell (verbunden mit der Reziprozitätsregelung) Gesetz wurde, stellt sich die Frage, ob sich viele Unternehmen der *Opt-In* Möglichkeit bedienen werden[907].

Die Antwort auf diese Frage sollte wohl überlegt ausfallen. Generell könnte man angesichts der in Deutschland gegen eine zwingende Neutralitätspflicht geführten Diskussion meinen, es müsste im Interesse einer deutschen Gesellschaft liegen, sich möglichst gut gegen Übernahmen zu schützen und daher ein *Opt-In* eher selten vorkommen. Indes wäre dies eine vorschnelle Entscheidung. Zunächst einmal ist nicht klar, ob ein Schutz, wie ihn die fehlende Neutralitätspflicht bietet, überhaupt im Interesse der Gesellschaft liegen würde. Was sind denn die Interessen der Gesellschaft? Werden die Gesellschaftsinteressen tatsächlich durch einen Schutz vor Übernahmen am besten geschützt? Eine eindeutige Antwort auf diese Fragen zu geben, ist nicht einfach. Letztlich setzt sich

---

903 Zu der Umsetzung der Übernahmerichtlinie (einschließlich der Neutralitätspflicht) in dänisches Recht siehe Krüger, EBLR 2004, 1461, 1469ff.

904 Zum Optionsmodell aus englischer Sicht siehe Rickford, EBLR 2004, 1379, 1396ff.

905 Zum polnischen Übernahmerecht und den Umsetzungserfordernissen durch die Übernahmerichtlinie siehe Stroinski, EBLR 2005, 443ff.

906 Zum Übernahmerecht und dem Reformbedarf durch die Übernahmerichtlinie in Lettland siehe Klauberg, EBLR 2005, 1474ff.

907 Dies befürchtet der DGB. Er geht davon aus, Unternehmen könnten sich zugunsten höherer Börsenbewertungen für ein *Opt-In* entscheiden. Somit würde das kurzfristige Interesse an Aktiengewinnen dem langfristigen Unternehmensinteresse untergeordnet. DGB, Stellungnahme zum RefE Ü-UG, S. 3.

hier die Diskussion um den allgemeinen Grundsatz des Art. 3 Abs. 1 lit. c) fort[908].

Die Interessen der Gesellschaft sind die Interessen der Aktionäre, die Interessen der Allgemeinheit, der Arbeitnehmer und anderer Gruppen.

Letztlich kann für die Aktionäre eine abwehrende Haltung des Vorstandes zu einer Erhöhung der Gegenleistung durch den Bieter führen. Eine zu strikte Verteidigungsbereitschaft und -fähigkeit des Vorstandes kann die Aktionäre jedoch auch davon abhalten, eine eigene Entscheidung zu treffen.

Die Arbeitnehmer als weitere Interessengruppe können von einer Abwehrbereitschaft des Vorstandes ggf. profitieren[909]. Entscheidend hierfür ist, ob der Bieter nach einer erfolgreichen Übernahme etwa Arbeitsplätze am Standort der Zielgesellschaft abbauen möchte, um zum Beispiel neue, kostengünstigere Arbeitsplätze im Ausland zu schaffen. In einer solchen Situation könnte ein abwehrbereiter und -fähiger Vorstand in einer Gesamtabwägung zu dem Ergebnis kommen, eine Übernahme läge ungeachtet der möglichen Gewinnmaximierung für die Aktionäre nicht im Interesse der Zielgesellschaft. Bei Vorliegen einer strikten Neutralitätspflicht könnten die Aktionäre hingegen dazu geneigt sein, ihre Gesellschaftsinteressen über die Arbeitnehmerinteressen zu stellen.

Verteidigungsmöglichkeiten des Vorstandes können also im Interesse zumindest eines Teils der in der Gesellschaft gebündelten Interessen liegen[910]. Aus der Sicht der Gesellschafter kann eine nicht vorgenommene Einwahl auch Vorteile haben.

Zudem hat das *Opt-In* nicht nur Folgen für die Gesellschaften in Situationen, in denen sie potentieller Übernahmekandidat sind.

Es kann, je nachdem wie die übrigen Mitgliedstaaten sich entscheiden, auch in einer Situation, in der sie Bieter sind, Auswirkungen haben. Machen andere Mitgliedstaaten von der sogenannten Reziprozitätsregelung Gebrauch (was voraussichtlich etwa in Belgien, Dänemark, Frankreich, Griechenland, den Niederlanden, Luxemburg und Portugal der Fall sein wird), so kann das Übernahmen ausländischer Gesellschaften durch deutsche Gesellschaften, welche nicht der Neutralitätspflicht unterliegen, erschweren. Das soll anhand folgenden Beispiels erläutert werden:

---

908 Dazu bereits unter D.III.3., S. 73.

909 Hierauf weist auch der DGB in seiner Stellungnahme ausdrücklich hin. So seien adäquate Abwehrmaßnahmen erforderlich, um die unterschiedlichen Interessen in Einklang bringen zu können. DGB, Stellungnahme zum RefE Ü-UG, S. 1.

910 Allerdings ist zuzugeben, dass die Arbeitnehmerinteressen bei der Entscheidung bzgl. des *Opt-In* eher zurückstehen werden, weil die Aktionäre über das *Opt-In* zu entscheiden haben. Sofern also die Arbeitnehmer nicht zugleich Anteilseigner sind, werden ihre Interessen wohl kaum berücksichtigt werden.

Schreibt der andere Mitgliedstaat die Neutralitätspflicht zwingend vor[911] oder hat die Zielgesellschaft von der *Opt-In* Möglichkeit Gebrauch gemacht[912] und setzt der Staat gleichfalls die Reziprozitätsregelung um, unterliegt die Zielgesellschaft der Neutralitätspflicht. Hätte sich die deutsche Gesellschaft nicht in die Neutralitätspflicht eingewählt, wäre die ausländische Zielgesellschaft ebenfalls von ihr befreit.

Damit wären etwaige bestehende, national zulässige Vereitelungsmöglichkeiten des Angebots durch den Vorstand zulässig. Es wird klar, dass es auch auf die Positionierung der Gesellschaft ankommt. Für eine Gesellschaft, welche sich (unfreiwillig) eher als Übernahmekandidat ansieht, wird ein *Opt-In* nicht in Frage kommen. Handelt es sich aber um eine Gesellschaft, die eine gesicherte Position im Markt und ein Interesse an der Übernahme anderer Unternehmen hat, kann es für sie vorteilhaft sein, sich in die Neutralitätspflicht einzuwählen. Es ist allerdings auch denkbar, dass eine Einwahl keine Auswirkungen auf die (ausländische) Zielgesellschaft hat. Das ist in folgenden Konstellationen der Fall:

Schreibt der andere Mitgliedstaat zwingend die Neutralitätspflicht vor, oder hat sich die Zielgesellschaft freiwillig in sie eingewählt, so gilt diese ungeachtet davon, ob sich die deutsche Gesellschaft für ein *Opt-In* entschieden hat oder nicht, wenn dieser Staat die Reziprozitätsregelung nicht umgesetzt hat.

Unternehmen, welche nicht als Übernahmekandidat gelten, wird also insgesamt gesehen durch die Reziprozitätsregelung ein zusätzlicher Anreiz geboten, sich für das *Opt-In* zu entscheiden[913]. Dies gilt umso mehr, als unter anderem mit Belgien, Dänemark, Frankreich, Griechenland, den Niederlanden, Luxemburg und Portugal voraussichtlich einige Mitgliedstaaten von der Reziprozitätsregelung Gebrauch machen, so dass deutsche Bietergesellschaften, sollten sie sich nicht für die Neutralitätspflicht entscheiden, möglicherweise bei einer Übernahme einer Gesellschaft gegenüber stehen, die aus diesem Grund ebenfalls nicht zur Neutralität verpflichtet ist.

Letztlich wird also die Bieterperspektive die Verteidigungsperspektive beeinflussen.

---

911 Wie gezeigt, wird dies auf die überwiegende Zahl der Mitgliedstaaten (so etwa auf Österreich, Großbritannien, Frankreich, Schweden, Finnland, Italien, Tschechien, Griechenland, Spanien und Portugal) zutreffen.

912 Zur Frage des Anwendungsbereichs der Reziprozitätsregelung siehe ausführlich unter H.III.1.b., S. 170.

913 Ebenso Veil, in: Veil/Drinkuth, Übernahmerecht, 2005, S. 95, 110, der aber davon ausgeht, im Einzelfall könne der Kapitalmarkt die Unterwerfung unter die europäischen Vorgaben als Zeichen sehen, die Gesellschaft verstehe sich als Übernahmekandidatin. Diese Einschätzung erscheint mir unzutreffend. Es leuchtet nicht ein, wieso eine Gesellschaft sich freiwillig zur Neutralität bekennen sollte, wenn sie sich als (unfreiwillige) Übernahmekandidatin sieht.

Für Übernahmekandidaten wird die Reziprozitätsregelung keinen ausreichenden Anreiz bieten. Sie werden in erster Linie auf eine möglichst große Verteidigungsbereitschaft bedacht sein. Die Bieterperspektive ist für sie regelmäßig zweitrangig.

Auch wenn eine Vorhersage bezüglich des Optionsmodells schwierig ist, spricht doch vieles dafür, dass sich einige Gesellschaften für eine Einwahl entscheiden werden. Hauptgrund hierfür dürften eine erhoffte Honorierung durch den Kapitalmarkt[914] sowie die dennoch gleichen Ausgangsbedingungen in Übernahmesituationen sein. Das sollte zumindest potentielle Bieter zu einer Einwahl bewegen können.

I. Freiwillige Regelungen, Art. 12 i.V.m. Art. 11 (Durchgriff)

Dem nationalen Gesetzgeber werden in Bezug auf Art. 11 – wie in Bezug auf Art. 9 – verschiedene Möglichkeiten der Umsetzung zugestanden.

I. Vollständige Umsetzung des Art. 11

Die Mitgliedstaaten können den Gesellschaften vorschreiben, Art. 11[915] bzw. die entsprechende nationale Vorschrift zu beachten.

1. Darlegung der umzusetzenden Richtlinienbestimmung

Art. 11 regelt verschiedene Durchbrechungen von Übernahmehindernissen. Diese lassen sich in zwei Phasen unterteilen: die Angebotsphase und die Phase nach erfolgreichem Abschluss eines Angebots.

a. Angebotsbegriff

Nach dem Wortlaut von Art. 11 Abs. 1 gelten die in Abs. 2 bis 7 näher dargelegten Durchgriffsregelungen „*nach Bekanntmachung eines Angebots*". Das „Angebot" definiert die Richtlinie in Art. 2 Abs. 1 lit. a) als Übernahme- und als Pflichtangebot. Hiervon ausgehend spricht einiges dafür, dass die Durchgriffsregelungen sowohl in Anschluss an ein Pflichtangebot als auch an ein Übernahmeangebot gelten sollen.

Erwägungsgrund (19) bezieht sich thematisch auf die Durchgriffsregelungen. S. 1 lautet: „*Die Mitgliedstaaten sollen die notwendigen Vorkehrungen treffen, damit jeder Bieter die Möglichkeit hat, Mehrheitsbeteiligungen an anderen Ge-*

[914] Ebenso Bürgers/Holzborn, FAZ vom 19. April 2006, S. 25: „*Abwehrmaßnahmen bestraft der Kapitalmarkt*".

[915] Siehe dazu Mülbert, ecgi Law Working Paper 13/2003; Coates, ecgi Law Working Paper 11/2003, S. 5ff. Aus ökonomischer Sicht: Berglöf/Burkart, Economic Policy 2003, Vol. 18, Issue 36, 171, 198ff.; Rühland, NZG 2003, 1150ff.

sellschaften zu erwerben und die vollständige Kontrolle über diese auszuüben." Hieran schließt sich, verknüpft mit der Einleitung „*Zu diesem Zweck sollten*", eine Aufzählung der Übertragbarkeitsbeschränkungen etc. an. Der Wortlaut „*die vollständige Kontrolle über diese auszuüben*" könnte darauf hindeuten, es gehe maßgeblich um Übernahmeangebote, da diese auf den Kontrollerwerb ausgerichtet sind.

Andererseits spricht Erwägungsgrund (19) von „Mehrheitsbeteiligungen". Eine solche ist mit dem Kontrollerwerb angesichts der Kontrollschwellen in Europa praktisch nicht erreichbar[916].

Da sich aus Erwägungsgrund (19) jedenfalls keine zwingend andere Wertung ergibt, ist angesichts der Definition in Art. 2 Abs. 1 lit. a) sowohl von der Erfassung des Übernahme- als auch des Pflichtangebots auszugehen.

Hierfür spricht zudem, dass das Pflichtangebot allen Wertpapierinhabern ermöglichen soll, aus der Gesellschaft auszuscheiden[917].

b. Angebotsphase

In der Angebotsphase sind Beschränkungen, welche in der Satzung der Zielgesellschaft in Bezug auf die Übertragung von Wertpapieren vorgesehen sind, dem Bieter gegenüber unwirksam. Gleiches gilt für zwischen der Zielgesellschaft und deren Wertpapierinhabern oder zwischen Wertpapierinhabern vertraglich vereinbarten Stimmrechtsbindungen, die nach Annahme der Richtlinie geschlossen wurden (Art. 11 Abs. 2).

Außerdem sind nach Art. 11 Abs. 3 in der Satzung der Zielgesellschaft vorgesehene Stimmrechtsbeschränkungen in einer über Abwehrmaßnahmen i.S.d. Art. 9 beschließenden Hauptversammlung wirkungslos. Entsprechendes gilt für stimmrechtsbeschränkende Vereinbarungen unter Wertpapierinhabern der Zielgesellschaft und für solche zwischen Wertpapierinhabern und der Zielgesellschaft, die nach Annahme der Richtlinie abgeschlossen wurden. Schließlich berechtigen Wertpapiere mit Mehrfachstimmrecht[918] in diesen Versammlungen nur zur Abgabe einer Stimme.

c. Phase nach erfolgreichem Abschluss eines Angebots

Nach Art. 11 Abs. 4 entfalten in einer vom Bieter einberufenen ersten Hauptversammlung nach Angebotsschluss die unter b. beschriebenen Stimmrechtsbeschränkungen keine Wirkung. Zudem berechtigen Mehrfachstimmrechte nur zur Abgabe einer Stimme. Außerdem gelten etwaige in der Satzung der Zielgesell-

---

916 Vgl. zu den Kontrollschwellen Fn. 411.

917 Diesen Aspekt betonen Seibt/Heiser, AG 2006, 301, 314 Fn. 97.

918 Die Legaldefinition der Mehrfachstimmrechte findet sich in Art. 2 Abs. 1 lit. g). Vgl. bereits die Besprechung unter A.II., S. 30.

schaft eingeräumte Sonderrechte der Gesellschafter zur Ernennung und Abberufung von Mitgliedern des Leitungs- bzw. Verwaltungsorgans nicht. Voraussetzung ist jeweils, dass der Bieter mindestens 75 % des stimmberechtigten Kapitals hält.

d. Weitere Regelungen (insb. Entschädigung für Rechtsentzug)

Daneben bestimmt Art. 11 in Abs. 7, dass die vorgenannten Durchbrechungen nicht für sogenannte *golden shares*[919] gelten, sofern sie mit dem Vertrag vereinbar sind.

Zudem finden die unter b. und c. beschriebenen Regelungen keine Anwendung auf die in Deutschland weit verbreiteten Vorzugsaktien, also solche, deren Stimmrechtsbeschränkungen durch besondere finanzielle Vorteile ausgeglichen sind (Art. 11 Abs. 6)[920].

Schließlich ist für den Entzug der unter b. und c. beschriebenen Rechte eine angemessene Entschädigung zu entrichten (Art. 11 Abs. 5)[921].

2. Europäischer Hintergrund sowie Regelungen in einzelnen Mitgliedstaaten

Hintergrund der Regelungen des Art. 11 ist der Gedanke, ein Bieter müsse a) eine Mehrheitsbeteiligung an einem anderen Unternehmen erwerben können und b) auch nach Erlangung des die Kontrolle begründenden Anteils dazu in der Lage sein, die Kontrolle tatsächlich auszuüben[922].

---

[919] Die Kommission hat einen Bericht über die *golden shares* in den Mitgliedstaaten veröffentlicht. Danach geht der Anteil der Sonderrechte der Mitgliedstaaten an Unternehmen zurück. Insbesondere in den neuen Mitgliedstaaten werden besonders große Fortschritte bei der Abschaffung der Sonderrechte erzielt, so Charlie McCreevy, zuständiges Kommissionsmitglied für Binnenmarkt und Dienstleistungen. In den Bereichen Telekommunikation, Elektrizität, Gas, Postdienstleistung und Versicherungen hat es im Jahre 2004 141 Unternehmen in der Gemeinschaft gegeben, an denen die 25 Mitgliedstaaten Sonderrechte hielten. Vgl. die Zusammenfassung des Berichts in GmbHR 2005, R 363.

[920] Ebenso Rasner, Pflichten der Zielgesellschaft, 2005, S. 137f. So bereits die Begründung zum Kommissionsvorschlag von 2002, S. 10: *„Stimmrechtslose Wertpapiere sind von diesen Beschränkungen nicht erfasst, soweit sie mit einem Anspruch auf nicht verteilte Gewinne oder Liquidationserlöse verbunden sind.“* Im Grunde ist diese Regelung widersprüchlich, da das Richtlinienverständnis Vorzugsaktien gar nicht unter den auch in Art. 11 Abs. 7 verwendeten Wertpapierbegriff subsumieren dürfte. Hierauf weist auch Schüppen, BB 2006, 165, 167 hin. Die Regelung dient wohl der Klarstellung für den Fall, dass der nationale Gesetzgeber den Wertpapierbegriff weiter fasst.

[921] Vgl. dazu Arnold, BB 2003, 267ff.; ders., Der Konzern 2003, 173ff.; Hering/Olbrich, BB 2003, 1519f. Zu den Schwierigkeiten, die mit der Entschädigungsregelung verbunden sind siehe auch Rickford, EBLR 2004, 1379, 1393f.

[922] Erwägungsgrund (19).

Die Einhaltung dieser Grundsätze hat bereits die *Winter*-Gruppe gefordert[923]. Sie hielt die Einführung einer Durchgriffsregel für erforderlich, um die Proportionalität zwischen risikotragendem Kapital und Kontrolle zu gewährleisten[924]. Werde dieser Grundsatz nicht in beiden Angebotsphasen verwirklicht, könnte dies dazu führen, dass Inhaber von Sonderrechten (also unverhältnismäßigen Kontrollrechten) ihre Position ausnutzen und die Sonderrechte in ihrem Sinne missbrauchen. So könnte etwa der Vorstand durch den Minderheitsaktionär zu Abwehrmaßnahmen berechtigt werden, was letztlich ggf. den Erfolg des Angebots vereitelt, obwohl der ermächtigende Beschluss möglicherweise nicht von der anteiligen Mehrheit am risikotragenden Kapital gefasst worden ist.

Eine Gleichbehandlung der Inhaber von stimmberechtigten Wertpapieren entsprechend ihrer Beteiligung am stimmberechtigten Grundkapital sei jedoch erforderlich, um eine unverfälschte Willensbildung in Bezug auf das Angebot zu erreichen.

Zudem könnten bestimmte Satzungskonstruktionen oder vertraglich festgelegte Vereinbarungen zu einer Einflussnahme der Unternehmensleitung auf das Angebotsverfahren führen. Ein Beispiel böten Namensaktien, deren Übertragung regelmäßig nur mit Genehmigung des Leitungs- bzw. Verwaltungsorgans zulässig ist. Dies würde dem Grundsatz der Entscheidung durch die Aktionäre zuwiderlaufen.

Der Durchgriff nach Erlangung eines wesentlichen Anteils am risikotragenden Kapital sei erforderlich, um dem Inhaber dieses Anteils die Durchbrechung der Mechanismen zu ermöglichen, welche die Ausübung der Kontrolle vereiteln[925].

Der *Winter*-Bericht selbst empfahl keinen konkreten Schwellenwert des wesentlichen Anteils, sondern beschränkte sich auf die Empfehlung, diesen an dem Wert auszurichten, der für spezielle Beschlüsse wie Satzungsänderungen erforderlich ist. Zudem sollte dieser Wert nicht auf über 75 % festgelegt werden[926].

Die Kommission griff den Vorschlag auf und überließ es in dem Vorschlag von 2002 dem nationalen Gesetzgeber, den Schwellenwert auf den für eine Satzungsänderung erforderlichen Wert festzusetzen[927]. *Dauner-Lieb/Lamandini* kritisierten die Regelung, weil gleiche Ausgangsbedingungen nicht durch Verweis auf unterschiedliche nationale Schwellenwerte zu erreichen seien[928]. Entspre-

923 Winter-Bericht, S. 29ff., 49f.

924 Winter-Bericht, S. 32f.

925 Winter-Bericht, S. 34.

926 Winter-Bericht, S. 35.

927 Art. 11 Abs. 4 S. 1 des Kommissionsvorschlags von 2002.

928 Dauner-Lieb/Lamandini-Gutachten, S. 46. Die nationalen Schwellenwerte für Satzungsänderungen differieren in den Mitgliedstaaten zwischen einfacher Mehrheit bis zu ¾-Mehrheit.

chend folgte die Festsetzung in der Richtlinie auf einen einheitlichen Wert (75 %).

Der *Winter*-Bericht schlug jedoch keinen Durchgriff in Bezug auf mögliche Beschränkungen der Übertragbarkeit der Wertpapiere vor[929]. Diese Vorschrift beruht auf dem Kommissionsvorschlag von 2002. In dessen Begründung wird allerdings auf den *Winter*-Bericht Bezug genommen, der eine Außerkraftsetzung der Übertragungsbeschränkungen nach Angebotsbekanntgabe vorgeschlagen hätte[930].

Letztlich dient also Art. 11 zur (ggf. nur kurzfristigen) Erreichung eines *level playing field*, in dem alle übernahmerelevanten Übertragungs- und Stimmrechtsbeschränkungen durchbrochen werden[931]. Es wird zumindest in Übernahmesituationen die Geltung des *one share - one vote* Prinzips sichergestellt[932].

Die Entschädigungsregelung wurde eingeführt, um verfassungsrechtlichen Bedenken bezüglich des Rechtsentzugs zu begegnen. Die *Winter*-Gruppe hielt eine solche Entschädigung nicht für erforderlich[933]. *Dauner-Lieb/Lamandini* hingegen schlugen einen „vorsichtigeren Ansatz" vor, auch um langwierige Diskussionen um die verfassungsrechtliche Zulässigkeit des Rechtsentzugs zu vermeiden[934].

---

929 Sie legte aber der Kommission nahe, die Auswirkungen von vertraglichen Vereinbarungen als Übernahmehindernisse zu untersuchen. Vgl. Winter-Bericht, S. 41ff.

930 Begründung des Kommissionsvorschlags von 2002, S. 4. Die Begründung ist also in dieser Form nicht zutreffend.

931 McCahery/Renneboog/Ritter/Haller, in: Ferrarini/Hopt/Winter/Wymeersch, Takeover Law in Europe, 2004, S. 575, 626 bezweifeln die Notwendigkeit einer Durchgriffsregel zur Erreichung eines *level playing field*. Sie weisen darauf hin, dass dann andere Wege gesucht werden könnten, um etwa unterschiedliche Aktiengattungen (insbesondere Doppelstimmrechte) zu ersetzen. Die Suche nach anderen Wegen deutet indes auf die Wirksamkeit der Durchgriffsregel hin.

932 Krause, BB 2004, 113, 115; Kainer, ZHR 168 (2004), 542, 552. Mülbert, ecgi Law Working Paper 13/2003, S. 1, greift hingegen die Notwendigkeit der Wahrung des *one share – one vote* Grundsatzes an. Angesichts der Pflichtangebotsregelung bestünde keine Notwendigkeit, eine allumfassende Durchbruchsregelung einzuführen. Jedenfalls würde hierdurch dem deutschen Widerstand gegen die Neutralitätspflicht zu weiten Teilen Rechnung getragen (S. 8). Zu den Auswirkungen der 75 %-Durchgriffsregel auf EU-Gesellschaften siehe Bennedsen/Nielsen, Discussion Paper No. 2002-10, S. 1ff., abrufbar unter:
www.cebr.dk/upload/dp1002.pdf.

933 Winter-Bericht, Zusammenfassung S. 6, 40. Zur Begründung wird angeführt, der Verlust der besonderen Rechte sei Folge einer politischen Entscheidung der Europäischen Union, um gleiche Ausgangsbedingungen in Europa zu schaffen. Die Kontrollrechte würden außer Kraft gesetzt werden, da sie der öffentlichen Ordnung zuwiderliefen. Daher könne man nicht den Bieter dazu verpflichten, eine Entschädigung zu entrichten. Ausnahmen könne es nur geben, wenn der Rechteinhaber einen konkreten Schaden nachweisen kann.

934 Dauner-Lieb/Lamandini-Gutachten, S. 54.

3. Rechtslage vor der Umsetzung und Anpassungsbedarf

a. Anwendungsbereich und -zeitraum der Durchgriffsregelung

Nationale Durchgriffsregelungen kennt das WpÜG a.F. nicht.

Ihr Anwendungsbereich wäre ohnehin relativ beschränkt gewesen, gibt es in Deutschland doch keine Höchststimmrechte mehr in börsennotierten Gesellschaften (§ 134 Abs. 1 S. 2 AktG). Auch Mehrstimmrechte sind nur noch in Unternehmen zu finden, welche sie durch vor dem 1. Juni 2003 gefassten Beschluss aufrechterhalten haben[935]. Stimmbindungsverträge zwischen der Zielgesellschaft und den Aktionären haben in Deutschland ebenfalls keine Bedeutung, weil sie bereits nach geltendem Aktienrecht verboten sind[936]. Gleiches gilt für satzungsmäßige Stimmrechtsbeschränkungen, die es bei börsennotierten deutschen Gesellschaften seit dem 1. Juni 2000 nicht mehr gibt[937].

Somit ist aufzuzeigen, in welchem Zeitraum die Durchgriffsregel auf die übrig bleibenden Fälle anzuwenden ist, welche Fälle überhaupt von der Regelung erfasst sind, sowie ob und welche Entschädigung für die Durchgriffswirkungen zu leisten ist.

1) Angebotsphase (Phase I)

Die Angebotsphase lässt sich in zwei Stufen unterteilen. Die erste Stufe ist der Wegfall der Übertragungsbeschränkungen (Phase I Stufe 1), die zweite die Durchbrechung der Stimmrechtsbeschränkungen bei der Abstimmung über Abwehrmaßnahmen (Phase I Stufe 2).

a) Anwendungszeitraum bezüglich der Übertragungsbeschränkungen (Phase I Stufe 1)

Nach dem Wortlaut der Richtlinie gelten die unter I.1.1.b. aufgeführten Stimmrechtsbeschränkungen nur während des Zeitraums der Annahmefrist[938]. Dies hilft jedoch unter Umständen nicht weiter. Es ist nämlich durchaus möglich, dass die Übertragung der Wertpapiere unter aufschiebenden Bedingungen, wie etwa der Notwendigkeit der Erteilung einer kartellrechtlichen Freigabe steht. In einem solchen Fall wäre die Vorschrift sowohl für den Bieter als auch für den verkaufsbereiten Wertpapierinhaber nutzlos.

---

[935] § 5 Abs. 1 S. 1 EGAktG. Einführungsgesetz zum Aktiengesetz v. 6. September 1965, BGBl. I/1965, S. 1185, zuletzt geändert durch Art. 2 Abs. 1 des UMAG v. 22. September 2005, BGBl. I/2005, S. 2802

[936] § 136 Abs. 2 AktG.

[937] § 134 Abs. 1 S. 2 AktG.

[938] Siehe S. 200.

Betrachtet man die Intention des Richtliniengebers, die freie Übertragbarkeit der Wertpapiere im Angebotszeitraum zu gewährleisten, ist eine Erstreckung der freien Übertragbarkeit auf den Bieter bis zur Angebotsabwicklung rechtlich zulässig[939]. Maßgeblich war die Aufhebung der Beschränkung für ein konkretes Übernahmeverfahren im Unterschied zu einer generellen Aufhebung der Übertragungsbeschränkungen.

Dies lässt sich nur durch eine Ausweitung des Zeitraums für die dingliche Übertragung erreichen. Entscheidend wird darauf abzustellen sein, dass der Angebotsempfänger das Angebot während der Annahmefrist angenommen hat, nicht jedoch darauf, ob die Annahme bereits zu diesem Zeitpunkt auch dingliche Wirkung entfaltet. Damit wird letztlich der Angebotszeitraum für den schuldrechtlichen Teil nicht ausgeweitet.

b) Durchgriff während der Abstimmung über Verteidigungsmaßnahmen (Phase I Stufe 2)

Wie von der Richtlinie vorgegeben, ist zu gewährleisten, dass sämtliche Stimmrechtsbeschränkungen während der Abstimmung über Verteidigungsmaßnahmen wirkungslos sind.

c) Anwendungsfälle der Durchgriffsregelungen in Phase I Stufe 1

Der einzige Anwendungsfall bzgl. der satzungsmäßigen Übertragungsbeschränkungen in der Angebotsphase sind bei vollständiger Umsetzung die vinkulierten Aktien (§ 68 Abs. 2 AktG). Diese können zukünftig in der Angebotsphase ungehindert auf den Bieter übertragen werden[940]. Andere als nach § 68 Abs. 2 AktG gestattete satzungsmäßige Übertragungsbeschränkungen sind in Deutschland nicht zulässig, da die Übertragungsbeschränkungen dem Grundsatz der freien Übertragbarkeit des Mitgliedschaftsrechts zuwiderlaufen[941].

Schwieriger gestaltet es sich schon bei vertraglichen Übertragungsbeschränkungen zwischen Wertpapierinhabern. Aktien, die vertraglichen Übertragungsbeschränkungen unterliegen, können auch bislang während der Angebotsphase auf

---

[939] So auch Glade/Haak/Hellich, Der Konzern 2004, 515, 522; Krause, BB 2004, 113, 115; Seibt/Heiser, AG 2006, 301, 313; dies., ZGR 2005, 200, 224; Hopt/Mülbert/Kumpan, AG 2005, 109, 113. Hierfür spricht auch die Begründung des Kommissionsvorschlags von 2002, S. 9f. Danach war Ziel der Regelung, dass *„Beschränkungen des Eigentumsrechts, die den Bieter daran hindern können, Wertpapiere der Zielgesellschaft zu erwerben* (...) *dem Bieter gegenüber nicht entgegengehalten werden können*". Eine Änderung bezüglich dieses Ziels ist der Richtlinie, ungeachtet der sprachlichen Änderungen im Wortlaut nicht zu entnehmen.

[940] Glade/Haak/Hellich, Der Konzern 2004, 515, 522.

[941] Die herausgehobene Bedeutung diese Grundsatzes und ein Verbot anderer dinglich wirkender Übertragungsbeschränkungen hat der BGH ausdrücklich bekräftigt. Vgl. BGH AG 2004, 673, 674 (BGH Beschluss v. 20. September 2004 – II ZR 288/02).

den Bieter dinglich übertragen werden, weil es sich nur um schuldrechtlich bindende Abreden handelt. Verstöße begründen lediglich schuldrechtliche Sekundäransprüche, wie etwa Schadensersatz[942].

Zwei mögliche Folgen sind damit denkbar. Zum einen könnte man die besagten Vereinbarungen als gar nicht von der Durchgriffsregelung erfasst ansehen, weil keine Beschränkung im Sinne einer rechtlich durchsetzbaren Verhinderungsmöglichkeit der Wertpapierübertragung besteht. Andererseits könnte man in der Schadensersatzansprüche auslösenden vertraglichen Übertragungsbeschränkung eine Beschränkung im Sinne der Richtlinie sehen.

Für die zuerst genannte Interpretation lässt sich die Begründung zu Art. 11 des Kommissionsvorschlags von 2002 anführen. Danach sollen dem Bieter Beschränkungen des *Eigentums*rechts nicht entgegen gehalten werden können[943]. Eine solche liegt hier gerade nicht vor.

Dennoch ist die zweite Auslegung aus verschiedenen Gründen vorzugswürdig. Die Richtlinie unterscheidet nicht zwischen den unterschiedlichen Rechtssystemen innerhalb Europas, also danach, ob etwa wie in Deutschland das Abstraktionsprinzip gilt.

In Deutschland wären, wenn man allein auf die dingliche Ebene abstellt, keine Vereinbarungen erfasst. Ziel der Regelung kann jedoch nicht sein, Beschränkungen allein wegen der von der Rechtstechnik abhängenden unterschiedlichen Rechtsfolgen aufrechtzuerhalten. Maßgeblich ist nicht, ob die Übertragung rechtlich unmöglich ist, sondern ob die Beschränkung eine Beschränkung im Sinne einer Erschwernis darstellt.

Es liegt auf der Hand, dass ein Wertpapierinhaber seine Wertpapiere auch bei Vorliegen eines sehr guten Übernahmeangebots nicht auf den Bieter übertragen wird, wenn er vergleichsweise hohe Entschädigungszahlungen an einen Dritten leisten muss, die das Geschäft für ihn wirtschaftlich sinnlos erscheinen lassen.

Für diese Auslegung spricht auch das *Dauner-Lieb/Lamandini*-Gutachten, wonach die Unwirksamkeit der Beschränkung auch gegenüber der betroffenen Partei wirkt, um sicherzustellen, dass keine rechtlichen Schritte wegen Vertragsverletzung gegen den Angebotsannehmenden möglich sind[944].

Der Durchgriff bezieht sich damit für Deutschland auf den Ausschluss der Sekundäransprüche[945].

Fraglich ist, ob neben Vertragsstrafen auch Vorkaufsrechte bezüglich der Aktien, die Gegenstand des Angebots sind, als vertragliche Übertragungsbeschrän-

---

942 Hüffer, AktG, 2006, § 133 Rn. 25ff.

943 Kommissionsvorschlag von 2002, Begründung, 2. Erläuterung der Artikel, Artikel 11, S. 10.

944 Dauner-Lieb/Lamandini-Gutachten, S. 45. Allerdings forderten Dauner-Lieb/Lamandini zur Klarstellung eine diesbezügliche Präzisierung.

945 Ebenso Simon, Der Konzern 2006, 12, 14; Seibt/Heiser, AG 2006, 301, 313.

kungen aufzufassen sind. Das ist im Ergebnis abzulehnen[946]. Nach dem Sinn der Regelung könnte man zwar annehmen, solche Fälle könnten erfasst werden. Allerdings ist in einem Vorkaufsrecht – anders als in einer Vertragsstrafe – keine Übertragungsbeschränkung zu sehen. Vielmehr ist gerade eine Übertragung möglich – nur eben nicht auf den Bieter, wenn der Berechtigte sein Vorkaufsrecht ausübt. Letztlich erhält der Veräußerer hierbei eine entsprechende Gegenleistung und ist in seiner Entscheidung, das (Übernahme-) Angebot anzunehmen, im Prinzip frei. Dass er letztlich seine Anteile nicht auf den Bieter übertragen kann, beruht auf einer bereits zuvor getroffenen vertraglichen Entscheidung, die nicht isoliert an das Recht der Aktie anknüpft. Insoweit ist das Vorliegen einer Übertragungsbeschränkung zu verneinen.

Nicht eindeutig ist die Behandlung sogenannter schuldrechtlicher Veräußerungsvorgänge. Hierunter ist etwa der Fall zu verstehen, dass die Übertragung von Aktien der Zielgesellschaft an einen Dritten unter der aufschiebenden Bedingung einer Angebotsbekanntgabe steht[947]. Bei dieser Ausgestaltung ist eine Beschränkung der Übertragung richtigerweise nicht anzunehmen, weil die aufschiebend bedingte Übertragung schon zu einem früheren Zeitpunkt erfolgt ist[948]. Die Richtlinie macht bezüglich der schuldrechtlichen Veräußerungsvorgänge somit keine Vorgaben. Daher wäre eine nationale Regelung, welche auch diese Gestaltungsmöglichkeiten erfasst, zulässig[949].

d) Vertragliche Stimmrechtsbeschränkungen in Phase I Stufe 2

Die vertraglichen Stimmrechtsbeschränkungen sind der einzige Anwendungsfall in Phase I Stufe 2. Diese sind in der Sache nicht anders zu behandeln als die vertraglichen Übertragungsbeschränkungen. Damit werden auch sie von der Durchgriffsregelung erfasst[950].

2) Phase nach erfolgreichem Abschluss eines Angebots (Phase II)

a) Entsendungsrechte in den Aufsichtsrat

Sonderrechte der Gesellschafter zur Ernennung oder Abberufung von Mitgliedern des Leitungs- bzw. Verwaltungsorgans werden in dieser Phase durchbrochen. Dies hat zu Irritationen geführt, da der Begriff „Leitungs- bzw. Verwaltungsorgan“ in Art. 9 Abs. 6 für die Zwecke des Art. 9 Abs. 2 als Vorstand und

---

946 A.A. ohne Begründung Glade/Haak/Hellich, Der Konzern 2004, 515, 522, sowie Harbarth, BZ vom 17. Mai 2006, S. 2.

947 Seibt/Heiser, ZIP 2002, 2193, 2200.

948 Seibt/Heiser, ZIP 2002, 2193, 2200; Glade/Haak/Hellich, Der Konzern 2004, 515, 522;

949 Für eine Durchbrechung der schuldrechtlichen Veräußerungsvorgänge sprechen sich daher Seibt/Heiser, ZIP 2002, 2193, 2200; Glade/Haak/Hellich, Der Konzern 2004, 515, 522;

950 Ebenso Simon, Der Konzern 2006, 12, 14.

Aufsichtsrat der Gesellschaft bestimmt wird. Mithin wird teilweise davon ausgegangen, hier wäre lediglich der Vorstand der Gesellschaft gemeint. Folglich würden satzungsmäßige Entsendungsrechte in den Aufsichtsrat, wie sie in § 101 Abs. 2 AktG geregelt sind, nicht in den Anwendungsbereich der Vorschrift fallen.

Röh bezeichnet den Wortlaut als Redaktionsversehen und sieht die Entsendungsrechte in den Aufsichtsrat ebenfalls als von der Vorschrift erfasst an, wenngleich er dies für methodisch schwierig hält[951].

Im Ergebnis ist dieser Ansicht zuzustimmen[952], allein die Begründung überzeugt nicht. Wie bereits in Zusammenhang mit der Neutralitätspflicht von Vorstand und Aufsichtsrat ausgeführt[953], ist für jede Vorschrift getrennt zu ermitteln, ob in einem dualistischen System nur der Vorstand oder auch der Aufsichtsrat erfasst werden sollen. Die Vorschrift ist funktional auszulegen[954]. Sinn der getroffenen Regelung ist die umfassende Durchbrechung von Sonderrechten und die Erreichung der Proportionalität von risikotragendem Kapital und Kontrolle. Daher gebietet die Auslegung, Entsendungsrechte in den Aufsichtsrat als von der Vorschrift mit umfasst anzusehen.

Vereinzelt wurde die Frage aufgeworfen, ob nicht angesichts des Sonderrechtscharakters des § 101 Abs. 2 AktG[955] zur Durchbrechung die Zustimmung der Betroffenen erforderlich ist[956]. Bislang wurde diese bezüglich § 101 Abs. 2 AktG stets für notwendig erachtet[957].

Ausgehend vom Wortlaut des § 35 BGB könnte man tatsächlich annehmen, dass Sonderrechte zur Entsendung in den Aufsichtsrat ohne Zustimmung des Betroffenen durch Beschluss der Mitgliederversammlung nicht entzogen werden können.

Hiergegen spricht jedoch in Bezug auf die Durchgriffsregelung der Vorrang des Gemeinschaftsrechts vor nationalem Recht. Die Richtlinienregelung sieht eine Durchbrechung auch dieses Sonderrechts in Art. 11 Abs. 4 ausdrücklich vor. Weitere Voraussetzungen stellt sie nicht auf. Die Durchsetzung der Bestimmung ist nicht gewährleistet, wenn die Durchbrechung nur bei einem Einverständnis des Betroffenen möglich wäre. Das ein solches nicht erteilt würde, liegt auf der

---

951 Röh, in: Haarmann/Schüppen, Frankfurter Kommentar WpÜG, 2005, § 33 Rn. 28.

952 Für eine solche Auslegung zuvor bereits Glade/Haak/Hellich, Der Konzern 2004, 515, 523; Maul/Muffat-Jeandet, AG 2004, 306, 312; Veil, in: Veil/Drinkuth, Übernahmerecht, 2005, S. 95.

953 Siehe die Ausführungen unter G.I.4.a., S. 137.

954 So bereits Maul/Muffat-Jeandet, AG 2004, 306, 312. Aus diesem Grund handelt es sich nicht um ein Redaktionsversehen.

955 Hüffer, AktG, 2006, § 101 Rn. 8.

956 Maul, NZG 2005, 151, 154.

957 Siehe etwa Semler, in: Kropff/Semler, Münchener Kommentar AktG, 2004, § 101 Rn. 63; Mertens, in: Zöllner, Kölner Kommentar AktG, 1995, § 101 Rn. 40, Rn. 62.

Hand. Mit der Vorschrift ist jedoch bezweckt, durch die Fassung satzungsändernder Beschlüsse die vollständige Beseitigung der Entsendungsrechte zu ermöglichen[958].

Nichts anderes gilt, wenn die Durchgriffsregelung nur optional umgesetzt wird. Dann wird von der Durchgriffsregelung ausweislich des Wortlauts des Art. 12 Abs. 2 Uabs. 2 durch im Einklang mit den Vorschriften über die Änderung der Satzung zu treffenden Hauptversammlungsbeschluss Gebrauch gemacht. Die Vorschriften zur Satzungsänderung finden sich in §§ 179ff. AktG. Sie enthalten kein Zustimmungserfordernis des Entsendungsberechtigten. Eine Zustimmung ist schon deshalb nicht notwendig[959]. Die Richtlinienvorgabe ist insoweit eindeutig. Auf die Vorgabe eines genauen Quorums wurde nur wegen der unterschiedlichen Ausgestaltung der nationalen Gesellschaftsrechte verzichtet. Hingegen war nicht beabsichtigt, hierdurch etwa ein Zustimmungserfordernis des Betroffenen zuzulassen. Die Regelung wäre ansonsten weitgehend entwertet.

Folglich werden die besonderen Entsendungsrechte gemäß § 101 Abs. 2 AktG ohne Zustimmungserfordernis des Berechtigten durchbrochen.

Die nach dem Mitbestimmungsgesetz, dem Mitbestimmungsergänzungsgesetz oder dem Drittelbeteiligungsgesetz zu wählenden Aufsichtsratsmitglieder werden hingegen von der Vorschrift nicht erfasst. Dafür bedarf es nicht einmal der Heranziehung des Art. 11 Abs. 7, wonach mit dem Vertrag vereinbare, nach nationalem Recht gewährte Sonderrechte zulässig sind. Vielmehr ergibt sich die Nichterfassung eindeutig aus dem Wortlaut des Art. 11 Abs. 4 S. 1. Danach werden die Sonderrechte *der Gesellschafter* durchbrochen. Es handelt sich bei den mitbestimmungsrechtlichen Wahlrechten nicht um Sonderrechte der Gesellschafter. Zudem werden diese nicht in der Satzung, sondern im Gesetzestext eingeräumt.

b) Vertragliche Stimmrechts- und Übertragungsbeschränkungen

Phase II erfasst ebenso wie Phase I vertragliche Stimmrechts- und Übertragungsbeschränkungen und ordnet deren Durchbrechung an. Insoweit gelten die obigen Ausführungen entsprechend[960]. Sie werden von der Durchgriffsregelung erfasst.

c) Satzungsmäßige Übertragungsbeschränkungen

Satzungsmäßige Übertragungsbeschränkungen gelten in Phase II nicht.

---

958 Ebenso Seibt/Heiser, ZGR 2005, 200, 230; Krause, BB 2004, 113, 115.

959 So wohl auch Krause, BB 2004, 113, 115.

960 Siehe die Ausführungen unter I.I.3.a.1)c), S. 205.

b. Umsetzungsstandort

Systematisch gesehen ist eine solche Vorschrift in den 4. Abschnitt des WpÜG a.F. zu integrieren[961], weil der Anwendungsbereich der Richtlinie auf Übernahme- und Pflichtangebote begrenzt ist.

c. Entschädigung für Rechtsentzug

Dem WpÜG a.F. ist eine Regelung, wie sie in Art. 11 Abs. 5 enthalten ist, fremd. Die Richtlinie begnügt sich mit der Vorgabe, dass für die entzogenen Rechte eine angemessene Entschädigung zu entrichten ist. Wie eine solche Entschädigung auszusehen hat, lässt sich ihr nicht entnehmen.

Auch macht die Richtlinie in Art. 11 Abs. 5 keine ausdrücklichen Vorgaben, von wem die Entschädigung zu zahlen ist[962]. Dies ergibt sich jedoch mittelbar aus Art. 6 Abs. 3, wonach die Angebotsunterlage zwingend die gebotene Entschädigung für die Entziehung von Rechten auf Grund der Durchgriffsklausel gemäß Art. 11 Abs. 5 zu enthalten hat[963]. Dem Bieter wird folglich nach der Intention der Richtlinie die Pflicht zur Zahlung der Entschädigung auferlegt.

Nach den obigen Ausführungen kommt grundsätzlich eine Entschädigungspflicht für satzungsmäßige und vertragliche Übertragungsbeschränkungen, für vertragliche Stimmrechtsbeschränkungen sowie für Entsendungsrechte in den Aufsichtsrat und schließlich für die verbliebenen Fälle von Mehrstimmrechten in Betracht.

1) Entschädigung bei satzungsmäßigen Übertragungsbeschränkungen

Eine satzungsmäßige Übertragungsbeschränkung, wie sie nach § 68 Abs. 2 AktG zulässig ist, kann zunächst einmal keine Entschädigungspflicht gegenüber den Inhabern der vinkulierten Aktien auslösen. Für sie ist die Befreiung von der Beschränkung kein Rechtsentzug.

Möglich wäre damit eine Entschädigungspflicht gegenüber den anderen Aktionären oder gegenüber der Gesellschaft. Im Ergebnis scheidet jedoch beides aus.

Eine Entschädigung für die übrigen Aktionäre ist mangels Innehaben einer unmittelbaren Rechtsposition nicht erforderlich[964]. So gibt etwa die pflichtwidrige Zustimmung des Vorstands zur Übertragung der Aktien keinen Schadensersatzanspruch für die Aktionäre, sondern allenfalls intern für die Gesellschaft[965].

---

961 Ebenso Hopt/Mülbert/Kumpan, AG 2005, 109, 113. Zuvor bereits Glade/Haak/Hellich, Der Konzern 2004, 515, 524; Krause, BB 2004, 113, 115.

962 Ebenso Maul, NZG 2005, 151, 154.

963 Art. 6 Abs. 3 lit. e).

964 So bereits Seibt/Heiser, ZGR 2005, 200, 229.

965 Vgl. Lutter, in: Zöllner, Kölner Kommentar AktG, 1988, § 68 Rn. 37; Bayer, in: Kropff/

Eine Entschädigung für die Gesellschaft kommt hingegen gleichwohl auch nicht in Betracht. Schließlich kann die Vinkulierungsklausel durch satzungsändernden Beschluss der Aktionäre jederzeit wieder aufgehoben werden[966]. Ein Rechtsentzug der Gesellschaft scheidet in der vorliegenden Konstellation aus.

Damit besteht keine Entschädigungspflicht für satzungsmäßige Übertragungsbeschränkungen[967].

2) Entschädigung bei vertraglichen Übertragungsbeschränkungen

Vertragliche Übertragungsbeschränkungen werden ggf. durchbrochen. Durchbrochen werden jedoch nur solche Verträge, die bei Annahme der Richtlinie noch nicht abgeschlossen waren[968]. Altverträge sind geschützt. Vor diesem Hintergrund stellt sich die Frage, ob eine Entschädigung für die Durchbrechung von Neuverträgen überhaupt zu entrichten ist. Das ist zu verneinen[969]. Bei Abschluss der Verträge ist den Vertragsparteien nämlich bekannt, dass es in Übernahmekonstellationen entweder durch eine Einwahl der Gesellschaft oder durch eine vollständige Umsetzung des Art. 11 zu einer Durchbrechung der Übertragungsbeschränkungen kommen kann.

Der Vertrauensschutz der vertragsschließenden Parteien ist also ab Annahme der Richtlinie begrenzt[970] und ab Umsetzung in das nationale Recht ist sogar der rechtliche Rahmen, innerhalb dessen vertragliche Übertragungsbeschränkungen zulässig sind, eingeschränkt. Einer Entschädigung bedarf es folglich in diesen Fällen nicht.

Es mangelt also bereits an einem nach Art. 11 Abs. 5 zu entschädigenden *Rechtsentzug.*

3) Entschädigung bei vertraglichen Stimmrechtsbeschränkungen

Auch bezüglich vertraglicher Stimmrechtsbeschränkungen ergibt sich das gleiche Bild. Altverträge werden von der Vorschrift nicht erfasst. Neuverträge sind nur in dem Umfang schützenswert, in dem sie rechtlich zulässig vereinbart werden können.

Semler, Münchener Kommentar AktG, 2004, § 68 Rn. 94.

966 Bayer, in: Kropff/Semler, Münchener Kommentar AktG, 2004, § 68 Rn. 94.

967 Ebenso Seibt/Heiser, ZGR 2005, 200, 229.

968 Art. 11 Abs. 3 S. 2.

969 Ebenso Maul, NZG 2005, 151, 154 sowie Seibt/Heiser, ZGR 2005, 200, 228.

970 So bereits Seibt/Heiser, ZGR 2005, 200, 228, die darauf hinweisen, in einem solchen Fall mangele es an einem Vertrauensschutz in das Fortbestehen einer entsprechenden Rechtslage. Vgl. EuGH, Rs. C-22/94, Irish Farmers Association ./. Minister for Agriculture, Food and Forestry, Ireland, Slg. 1997, I-1809, 1839 Rn. 25.

4) Entschädigung bei Entsendungsrechten

Wie und ob der Entzug von Entsendungsrechten zu entschädigen ist, ist fraglich. Allein die Entsendungsrechte in den Aufsichtsrat nach § 101 Abs. 2 AktG könnten eine Entschädigungspflicht auslösen.

Indes ist dies nicht zwingend, wie sich aus der Natur des Aufsichtsratsmandats ergibt. Die entsandten Aufsichtsratsmitglieder haben nämlich die gleichen Rechte und Pflichten wie gewählte Aufsichtsratsmitglieder und unterliegen insbesondere keinen Weisungen des Entsendungsberechtigten[971]. Sie haben die Interessen des Unternehmens zu wahren[972]. Daher nehmen etwa *Mülbert* und *Merkt* an, es bedürfe angesichts der Höchstpersönlichkeit des Aufsichtsratsmandats und der Interessenwahrungspflicht der Gesellschaft mangels Beeinträchtigung des Entsendungsberechtigten keiner Entschädigung[973].

Andererseits lässt sich kaum bezweifeln, dass Aktien mit Inhaberentsendungsrechten gegenüber normalen Aktien einen Mehrwert haben. Da diese Aktien jedoch einer Vinkulierung unterliegen[974], steht ein Markt zur Bemessung des Wertes nicht zur Verfügung[975].

Letztlich wird man auf Grund des Mehrwertes eine Entschädigungspflicht anzunehmen haben. Eine Beeinträchtigung ist gegeben, weil das Entsendungsrecht entzogen wird. Ob sich hieraus vorteilhafte Rechtspositionen für den Entsendungsberechtigten ableiten lassen, ist nicht relevant. Da dem Entsendungsrecht offensichtlich ein Wert zugemessen wird, lässt sich auch an einem Schaden nicht zweifeln. Ein Verlust, wie er von Art. 11 Abs. 5 als Voraussetzung einer Entschädigung verlangt wird, liegt also vor.

Der Entzug von Entsendungsrechten ist folglich angemessen zu entschädigen.

5) Entschädigung bei Mehrfachstimmrechten

Die Richtlinie macht bezüglich des Entzugs der Mehrfachstimmrechte keine Vorgaben.

Anregungen, wie sie im *Dauner-Lieb/Lamandini*-Gutachten enthalten waren, wurden nicht aufgegriffen. Diese schlugen in Bezug auf Mehrfachstimmrechte zwei Wege der Entschädigung vor. Zum einen könnte man anhand der unterschiedlichen Preise, welche für Mehrfachstimmrechte im Gegensatz zu den einfachen Stimmrechten vom Bieter geboten werden, den Mehrwert je Stimme ermitteln. Die Differenz zwischen dem einfachen Stimmrecht und dem Mehrfach-

---

[971] Hüffer, AktG, 2006, § 101 Rn. 10.

[972] Semler, in: Kropff/Semler, Münchener Kommentar AktG, 2004, § 101 Rn. 132f.

[973] Mülbert, NZG 2004, 633, 639f.; Merkt, Stellungnahme zum RegE Ü-UG, S. 14; Merkt/Binder, BB 2006, 1285, 1289.

[974] § 101 Abs. 2 S. 2 AktG.

[975] So bereits Seibt/Heiser, ZGR 2005, 200, 230.

stimmrecht müsste durch die Anzahl der Mehrfachstimmen geteilt werden[976]. Das Ergebnis entspräche dem Wert je zusätzlicher Stimme[977].

Diese Methode könne aber nicht herangezogen werden, wenn eine der Aktiengattungen nicht börsennotiert ist. Dann sollte man einen Stimmrechtsaufschlag von 10 bis 20 % des Marktwertes[978] der Stammaktien je Stimmrecht annehmen. Der Wert ergebe sich aus Marktuntersuchungen in vielen Mitgliedstaaten[979].

Um einen Kompromiss zwischen diesen beiden Methoden herzustellen, regten *Dauner-Lieb/Lamandini* an, in die Richtlinie einen Richtwert aufzunehmen, wonach Mehrfachstimmrechte mit 15 % des Wertes der Stammaktie je Stimmrecht entschädigt werden[980]. Die nationale Aufsichtsbehörde sollte zudem ermächtigt werden, um bis zu 10 % von diesem Wert abzuweichen, wenn dies die Marktverhältnisse im jeweiligen Mitgliedstaat erforderlich machen[981].

Der Ansatz von *Dauner-Lieb/Lamandini* erscheint nahe liegend. Allerdings sollte man den 15 %-Wert je Stimmrecht als widerlegliche Vermutung ausgestalten, um Fälle zu erfassen, in denen dies keine angemessene Entschädigung für den Entzug des Mehrfachstimmrechts darstellt.

d. Gerichtliche Überprüfbarkeit

Die Durchgriffsregelung setzt (zeitweise) Stimmrechtsbeschränkungen, Übertragungsbeschränkungen, Entsendungsrechte und Mehrfachstimmrechte außer Kraft. In den beiden zuletzt genannten Fällen werden den Rechtsinhabern entschädigungspflichtig Rechtspositionen entzogen. Daher drängt sich die Frage auf, ob nicht die zu leistende Entschädigung gerichtlich auf ihre Angemessenheit hin überprüft werden muss. Das gilt vor allem, weil die Bewertung der ein-

---

976 Dauner-Lieb/Lamandini-Gutachten, S. 57.

977 Dies soll an einem Beispiel verdeutlicht werden: Wird für eine Aktie mit einfachem Stimmrecht ein Betrag von EUR 100 geboten, für eine Aktie mit drei Stimmen hingegen ein Betrag von EUR 130, so ist die Differenz EUR 30. Die Differenz wird geteilt durch die Anzahl der Mehrstimmen (also 2) und man erhält als Ergebnis die Entschädigung je entzogener Stimme (EUR 30: 2 = EUR 15).

978 In einer späteren Veröffentlichung wiederholten Dauner-Lieb/Lamandini diesen Vorschlag leicht modifiziert. So sprachen sie nun davon, in der Richtlinie solle ein Wert zwischen 10 und 15 % festgelegt werden. Dauner-Lieb/Lamandini, Der Konzern 2003, 168, 172.

979 Dauner-Lieb/Lamandini-Gutachten, S. 57.

980 Dauner-Lieb/Lamandini-Gutachten, S. 61. McCahery/Renneboog/Ritter/Haller, in: Ferrarini/Hopt/Winter/Wymeersch, Takeover Law in Europe, 2004, S. 575, 626, bezeichnen eine solche Festlegung hingegen als relativ willkürlich. Insbesondere würden hierdurch nationale Besonderheiten nicht hinreichend berücksichtigt.

981 In einer späteren Veröffentlichung wiederholten Dauner-Lieb/Lamandini diesen Vorschlag leicht modifiziert. So sprachen sie nun davon, in der Richtlinie solle ein Wert zwischen 10 und 15 % festgelegt werden. Dauner-Lieb/Lamandini, Der Konzern 2003, 168, 172.

zelnen Rechte nur schwer möglich ist. Nahe liegend ist daher eine Anwendung des Spruchverfahrens[982].

Schließlich ist auch die Frage, welche Rechte durchbrochen werden und in welchen Fällen eine Entschädigung zu entrichten ist, keinesfalls als geklärt anzusehen.

Außerdem wäre sogar denkbar, dass die Wirksamkeit einer Durchbrechung die Angemessenheit der angebotenen Entschädigung voraussetzt. Einen solchen Ansatz wird man abzulehnen haben. Maßgeblich ist allein die Überprüfbarkeit der Entschädigung und ein letztlich angemessener Ausgleich. Ob der ursprünglich gebotene Ausgleich dem angemessenen Ausgleich entspricht, ist für diese Frage von nachrangiger Bedeutung. Jede andere Interpretation der Vorschrift führt zu nicht hinnehmbaren Rechtssicherheitsverlusten. Hierfür spricht auch die Richtliniensystematik. Die Richtlinie behandelt in den Art. 11 Abs. 2 bis 4 einerseits die zu durchbrechenden Beschränkungen und in Abs. 5 andererseits die Frage der Entschädigung bei einem Rechtsentzug. Sie verlangt damit zwar eine angemessene Entschädigung, verknüpft aber nicht die Wirksamkeit der Durchbrechung mit der Angemessenheit der Entschädigung. Vielmehr wird nur allgemein postuliert, dass für den Rechtsentzug eine angemessene Entschädigung zu entrichten ist. Diese muss natürlich im Ergebnis angemessen sein, nicht jedoch zwingend in der Angebotsunterlage.

4. Bewertung

Eine vollständige Umsetzung des Art. 11 würde den Grundsatz *one share – one vote* bzw. die Proportionalität zwischen risikotragendem Kapital und Kontrolle herstellen. Das ist im Grundsatz zu begrüßen. Zwar wird teilweise kritisiert, die Durchgriffsregelung werde den Kontrollzuschlag, der für Mehrstimmrechtsaktien gezahlt werde, minimieren[983]. Selbst wenn dies zutreffen sollte, wäre es für die Bewertung der Durchgriffsregelung nicht von Bedeutung. Ihr Ziel ist nämlich nicht die Erzielung möglichst hoher Übernahmeprämien[984].

Wie gezeigt, gibt es jedoch in Deutschland ohnehin kaum Stimmrechtsbeschränkungen bzw. Sonderrechte. Erfasst würden vor allem Stimmrechtsbindungen sowie Entsendungsrechte in den Aufsichtsrat.

Dennoch sollte von einer vollständigen Umsetzung nur Gebrauch gemacht werden, wenn gleichzeitig die Reziprozitätsregelung umgesetzt wird. Andernfalls würde man einseitig die wenigen vorhandenen Übernahmehemmnisse ungeach-

---

[982] Ebenso Simon, Der Konzern 2006, 12, 14. Zu den mitunter bestehenden Schwierigkeiten in Spruchverfahren siehe die Ausführungen von Bungert, FAZ vom 18. Januar 2006, S. 21.

[983] So Berglöf/Burkhart, SITE Staff Paper 02/03, S. 34, abrufbar unter: http://web.hhs.se/site/Publications/staffpapers/SP0203Sep.pdf; McCahery, Commentary, S. 4, abrufbar unter: www.europarl.eu.int/hearings/20030128/juri/mccahery.pdf.

[984] Ebenso bereits Mülbert, ecgi Law Working paper 13/2003, S. 23.

tet der derzeit bestehenden Stimmrechtsbeschränkungen in anderen Mitgliedstaaten außer Kraft setzen und das fehlende *level playing field* unter Umständen noch verstärken[985]. Dies gilt vor allem vor dem Hintergrund, dass sich voraussichtlich eine Vielzahl der Mitgliedstaaten gegen ein *Opt-In* zur Durchgriffsregelung entscheiden wird[986].

II. Wahl des *Opt-Out* Modells

Die Mitgliedstaaten können den Gesellschaften die Wahl lassen, ob sie Art. 11 bzw. die entsprechende nationale Vorschrift anwenden.

1. Darlegung der umzusetzenden Richtlinienbestimmung

Bezüglich der in Art. 11 getroffenen Durchgriffsregelungen wird auf die Ausführungen unter I.I.1. verwiesen[987].

Die Vorschrift des Art. 12 wurde bereits im Rahmen des Optionsmodells bezüglich der Neutralitätspflicht besprochen und wird auf die Durchgriffsregelung gleichartig angewendet. Folglich müssen Mitgliedstaaten, welche Art. 11 nicht verpflichtend umsetzen, den Gesellschaften die Anwendung dieses Artikels ermöglichen[988]. Die entsprechende Entscheidung der Gesellschaft (*Opt-In*) erfolgt durch mit satzungsändernder Mehrheit zu treffenden Hauptversammlungsbeschluss. Sie ist den betroffenen Aufsichtsstellen mitzuteilen[989] und unverzüglich bekannt zu machen (Art. 12 Abs. 4).

2. Europäischer Hintergrund sowie Regelungen in einzelnen Mitgliedstaaten

Der Hintergrund der Regelungen ist bereits ausführlich im Rahmen der Neutralitätspflicht dargelegt worden. Durch sie sollten die Diskussionen um ein *level playing field* beendet werden. Zwar konnte man sich nicht zu einer grundsätzlichen Abschaffung der vom Durchgriff betroffenen Rechte durchringen, erreicht wurde jedoch, dass sie künftig zumindest optional im Zusammenhang mit Übernahmen außer Kraft gesetzt werden können.

---

985 Betrachtet man die Auflistung in Anhang 4 des Winter-Berichts, wird man die teilweise aufgestellte Behauptung, die nationalen Divergenzen in den Gesellschaftsrechten würden sich aufheben, als widerlegt ansehen müssen. Ebenso Dauner-Lieb/Lamandini, Der Konzern 2003, 163, 172.

986 Somit würden etwa die in Italien und den Niederlanden verbreiteten sogenannten „*ownership caps*“, wonach ein Aktionär nicht mehr als einen bestimmten Prozentsatz an Aktien halten darf, weiter ein Übernahmehindernis darstellen. Vgl. Maul/Muffat-Jeandet, AG 2004, 306, 311.

987 Siehe S. 199.

988 Art. 12 Abs. 2.

989 Art. 12 Abs. 2.

3. Rechtslage vor der Umsetzung und Anpassungsbedarf

a. Grundsätzliche Überlegungen

Wie bei der Neutralitätspflicht stellt sich auch hier die Frage, wie die Entscheidungsmöglichkeit der Aktionäre in das nationale Recht umzusetzen ist. Die dort gewonnenen Erkenntnisse[990] lassen sich auf die Durchgriffsregelung wie folgt übertragen:

Die Frage, ob nur bezüglich einzelner Teile der Durchgriffsregelung eine Einwahl zulässig ist, muss ebenso wie bei der Neutralitätspflicht[991] verneint werden.

Das Vorschlagsrecht der Aktionäre ist durch die aktienrechtlichen Vorschriften ausreichend gewahrt. Zudem werden Vorstand und Aufsichtsrat den Durchgriffsregelungen nicht so abgeneigt gegenüber stehen wie der (eigenen) Neutralitätsverpflichtung.

Der Beschluss hat mit satzungsändernder Mehrheit zu erfolgen.

Eine besondere Informationsverpflichtung, etwa in Form einer Berichtspflicht gegenüber den Aktionären, ist nicht angezeigt.

Allerdings sollte man den bereits bei der Neutralitätspflicht angeführten Gedanken, die Anfechtbarkeit des Beschlusses auszuschließen oder zumindest einzuschränken, aufgreifen.

Die Entscheidung ist beliebig oft reversibel.

Über die Richtlinie hinausgehende Mitteilungspflichten sollten nicht eingeführt werden.

b. Konkrete Ausgestaltung

Einer Abänderung bestehender Paragraphen bedarf es nicht. Es war erforderlich, eine neue Vorschrift einzufügen, welche die Regelung des Art. 11 inhaltlich zutreffend wiedergibt. Umsetzungsstandort sollte der 4. Abschnitt des WpÜG sein[992].

4. Bewertung

a. Proportionalität zwischen risikotragendem Kapital und Kontrolle

Wie bereits beschrieben stellt eine zwingende Durchgriffsregelung (jedenfalls ohne Reziprozitätsregelung) nicht die erste Wahl dar. Allerdings ist auch das *Opt-Out* kritisch zu betrachten, weil hierdurch der Grundsatz der Proportionalität zwischen Kontrolle und risikotragendem Kapital nicht durchgesetzt wird,

---

990 Siehe die Ausführungen unter H.II.3.a., S. 164.

991 Vgl. dazu oben die Ausführungen unter H.II.3.a.1)a), S. 164.

992 Siehe bereits I.I.3.b., S. 210.

wenn sich Gesellschaften gegen ein *Opt-In* entscheiden. Indes gilt dies nur beschränkt, wie sich aus dem Nachfolgenden ergibt.

Unterteilt man die Bewertung in die Angebotsphase und die Phase nach erfolgreichem Abschluss eines Übernahmeangebots, erhält man folgendes Bild:

In Phase 1 sind die vinkulierten Aktien erfasst. Diese müssen aber bei börsennotierten Wertpapieren bereits derzeit frei handelbar sein, was aus dem Börsengesetz folgt[993]. In der Praxis wird sich damit beholfen, dass die Übertragbarkeit dieser Aktien nur ausgeschlossen ist, wenn ein wichtiger Grund hierfür vorliegt. Einen solchen stellt ein Übernahme- oder Pflichtangebot allenfalls in Sonderkonstellationen dar[994]. Somit würden die vinkulierten Aktien nur in dieser atypischen Situation von der Durchgriffsregelung durchbrochen werden.

Daneben sind Stimmbindungsverträge oder Poolverträge unter Aktionären betroffen. Häufig regeln diese Poolvereinbarungen, dass eine Veräußerung der jeweils gehaltenen Aktien gegen das Votum einer Mehrheit der an der Vereinbarung Beteiligten nicht, oder nur gegen Zahlung einer erheblichen Entschädigung an die übrigen Beteiligten zulässig ist. Allerdings werden vor Annahme der Richtlinie bestehende Vereinbarungen von der Vorschrift nicht erfasst[995].

In Deutschland bestehen praktisch keine statutarischen Übertragungsbeschränkungen, insoweit wäre eine Entscheidung gegen ein *Opt-In* zwar kein Fortschritt, aber eben auch nicht besonders schwerwiegend in Bezug auf das Verhältnis zwischen risikotragendem Kapital und Kontrolle.

Stimmrechtsvereinbarungen hingegen durchbrechen den vorgenannten Grundsatz nicht, mögen sie auch Übernahmen erschweren.

In der zweiten Stufe der Angebotsphase sind ebenfalls in erster Linie die Stimmrechtsbeschränkungen aus Stimmbindungsverträgen betroffen. Mehrstimmrechte sind praktisch nicht mehr existent und Höchststimmrechte ohnehin abgeschafft. In anderen Mitgliedstaaten gibt es hingegen häufig noch Höchststimmrechte.

In der zweiten Phase sind bei deutschen Gesellschaften neben den Stimmbindungsverträgen die Entsendungsrechte in den Aufsichtsrat sowie die verbliebenen Mehrstimmrechte betroffen.

b. Vergleich *Opt-Out* / *Opt-In* durch Mitgliedstaat

Letztlich ist die Frage, ob das *Opt-Out* dem *Opt-In* Modell vorzuziehen ist, in Bezug auf die Durchgriffsregelung verhältnismäßig schwerer als in Bezug auf die Neutralitätspflicht zu beantworten.

---

993 Zätsch/Maul, in: Müller/Rödder, Beck'sches Hdb AG, 2004, § 4 Rn. 39. Eine Störung des Börsenhandels ist zu vermeiden. Vgl. zu den sonst drohenden Folgen Heidelbach, in: Schwark, Kapitalmarktskommentar, 2004, § 38 BörsG Rn. 3ff.

994 Ebenso Maul/Muffat-Jeandet, AG 2004, 307, 315.

995 Maul/Muffat-Jeandet, AG 2004, 307, 314, wollen hingegen als maßgeblichen Zeitpunkt für die Altverträge auf die Umsetzung der Richtlinie ins nationale Recht abstellen.

Der Markt für Unternehmenskontrolle wird durch die bestehenden Instrumente relativ gering beeinträchtigt und die Gesellschaften können sich frei entscheiden, ob sie die in ihrer Gesellschaft bestehenden Hemmnisse abbauen. Somit ist davon auszugehen, dass sich bezüglich der Durchgriffsregelung gleichfalls A-Klasse- und B-Klasse-Gesellschaften bilden werden. Eine hierdurch hervorgerufene Selbstregulierung der Märkte bleibt zu erhoffen.

Gegen ein *Opt-In* durch den Mitgliedstaat etwa spricht die Erfassung von Stimmrechtsvereinbarungen, weil sie nicht den Grundsatz von risikotragendem Kapital und Kontrolle beeinträchtigen.

Für ein *Opt-In* andererseits lässt sich die Durchbrechung der Sonderrechte der Gesellschafter zur Entsendung von Mitgliedern in den Aufsichtsrat anführen.

Letztlich wird man ein reines *Opt-Out* einem reinen *Opt-In* vorzuziehen haben, weil dies den deutschen Gesellschaften den größtmöglichen Handlungsspielraum bietet und gleichzeitig die Marktbeeinträchtigung recht gering ist. Dies gilt vor allem vor dem Hintergrund, dass in Deutschland bereits eine (vergleichsweise) weitgehende Öffnung des Kapitalmarkts erfolgt ist[996].

III. Wahl des *Opt-Out* Modells mit Reziprozitätsregelung

Es besteht die Möglichkeit neben dem *Opt-Out* den Gesellschaften, welche sich für einen Durchgriff entschieden haben, die Reziprozitätsregelung zugute kommen zu lassen.

1. Darlegung der umzusetzenden Richtlinienbestimmung

Bezüglich des Art. 11 wird auf die Ausführungen unter I.I.1. verwiesen[997].

Die Reziprozitätsregelung war bereits im Rahmen der Neutralitätspflicht Gegenstand eingehender Betrachtung[998]. Maßgeblich ist stets, ob Bieter- und Zielgesellschaft die gleichen Regelungen anwenden. Unterliegt also die Bietergesellschaft nicht der Durchgriffsregelung, gilt gleiches auch für die Zielgesellschaft, sofern ihr Mitgliedstaat die Reziprozitätsregelung umgesetzt und die Gesellschaft von ihr Gebrauch gemacht hat.

a. Reziprozitätsregelung bei *Opt-Out* und *Opt-In* des Mitgliedstaats anwendbar

Die Reziprozitätsregelung ist sowohl in Fällen des *Opt-Out* durch den Mitgliedstaat als auch bei einer vollständigen Umsetzung des Art. 11 durch den Mit-

---

996 Ebenso Tschoeke (Morgan Stanley Bank), Öffentliche Anhörung des Finanzausschusses, 16. Sitzung vom 10. Mai 2006, Pr.Nr. 16/16, S. 8.

997 Siehe S. 199.

998 Vgl. insoweit die sinngleichen Ausführungen unter H.III.1.a., S. 170.

gliedstaat anwendbar, sofern der Mitgliedstaat die Reziprozitätsregelung umsetzt[999]. Auch hier zielt die Vorschrift auf das Erreichen gleicher Ausgangsbedingungen ab. Das wird am ehesten gewährleistet, wenn die in der Übernahmesituation befindlichen Gesellschaften die gleichen Regelungen bezüglich des Durchgriffs anwenden. Eine Beschränkung der Reziprozitätsregelung auf die gesetzlich verordneten Fälle des Durchgriffs gibt die Richtlinie ebenso wenig vor wie eine Beschränkung auf Fälle einer freiwilligen Einwahl in die Durchgriffsregelung.

b. Reziprozitätsregelung im Verhältnis zu Drittstaaten

Die Reziprozitätsregelung gilt im Verhältnis zu Drittstaaten auch im Hinblick auf die Durchgriffsregelung. Erwägungsgrund (21) unterscheidet nicht zwischen der Neutralitätspflicht einerseits und der Durchgriffsregelung andererseits. Hier werden sich indes die Schwierigkeiten bei der praktischen Durchführung noch vergrößern. Letztlich kommt es auf die inhaltliche Gleichartigkeit der Bestimmungen an.

Eine ausdrückliche Regelung, wonach bestimmte Regelungen in Übernahmesituationen keine Anwendung finden, wird es in Drittstaaten praktisch nicht geben. Fraglich ist, ob der freiwillige Verzicht auf entsprechende Maßnahmen, wie etwa die Nichtausnutzung einer rechtlich zulässigen Vinkulierung von Aktien, ausreichend ist.

Meines Erachtens ist danach zu unterscheiden, ob die Nichtanwendung auf der Befolgung eines freiwilligen Kodexes beruht, oder ob es sich um eine einfache Entscheidung der Gesellschaft handelt. Im zuerst genannten Fall wird man von einer Vergleichbarkeit ausgehen müssen, im zuletzt genannten nicht. Immerhin hat sich die Gesellschaft im ersten Fall freiwillig einem Kodex unterworfen[1000].

Fragen ergeben sich auch, wenn die Gesellschaften aus Drittstaaten nur vereinzelte Maßnahmen unter den denkbaren Beschränkungen nutzen. Hier wird man zugunsten der EU-Gesellschaften annehmen müssen, dass die Drittstaatengesellschaft keine Art. 11 vergleichbare Regelung befolgt. Dies ergibt sich aus folgender Überlegung: Auch eine EU-Gesellschaft, welche nur eine Form der Stimmrechtsbeschränkung (etwa Höchststimmrechte) in einer Übernahmesituation anwendet, hat sich damit gegen die Einwahl in die Durchgriffsregelung entschieden. Im Verhältnis zu Drittstaaten ist keine andere Bewertung angezeigt.

Nicht zu verkennen ist jedoch, dass die Beurteilung der ausländischen Rechtsordnung in Drittstaatenkonstellationen den Aktionären erhebliche Schwierigkeiten bereiten wird.

---

[999] Insoweit gelten die Ausführungen unter H.III.1.b., S. 170, entsprechend.

[1000] Zuzugeben ist allerdings, dass die Gesellschaft im Fall 2 eine entsprechende Möglichkeit mangels Kodex gar nicht hatte. Entscheidend dürfte aber sein, ob die Gesellschaften bestimmten, wenn auch nicht zwingenden Regelungen unterworfen ist.

2. Europäischer Hintergrund sowie Regelungen in einzelnen Mitgliedstaaten

Die Reziprozitätsregelung stellt eine weitere Möglichkeit dar, gleiche Ausgangsbedingungen zwischen Unternehmen verschiedener Mitgliedstaaten zu schaffen.

3. Rechtslage vor der Umsetzung und Anpassungsbedarf

Als Umsetzungsstandort kam systematisch nur der 4. Abschnitt des WpÜG a.F. in Frage.

Die Reziprozitätsregelung könnte zusammen mit der Reziprozitätsregelung zur Neutralitätspflicht in einen separaten Paragraphen aufgenommen werden. Das wäre nahe liegend, da die Voraussetzungen bezüglich beider Regelungen identisch sind.

4. Bewertung

Teilweise wird das Durchgriffsmodell in Verbindung mit der Reziprozitätsregelung kritisiert. So wird vorgebracht, selbst das Reziprozitätsmodell mache den Bieter nicht zwingend zu einem potentiellen Ziel[1001]. Gebe es dort einen Aktionär, der über einen großen Anteil am stimmberechtigten Grundkapital verfügt, ist eine Übernahme der Gesellschaft kaum zu erreichen, weshalb eine volle Gegenseitigkeit in Übernahmesituationen nicht gewährleistet sei[1002]. Der Ausweg ist, so *Becht*, die Umwandlung von von Mehrheitsgesellschaftern kontrollierten Unternehmen in solche mit weitem Streubesitz. Dies wäre möglich durch die (Wieder-) Einführung des *one member - one vote* Grundsatzes, wie es ihn im frühen 19. Jahrhundert gab[1003]. Andernfalls erlaube es gerade die Reziprozitätsregelung, dass durch einen Hauptaktionär übernahmefeste Unternehmen andere, nicht so gesicherte Unternehmen übernehmen könnten[1004].

Meines Erachtens ist diese Bewertung der Reziprozitätsregelung zwar im Ausgangspunkt inhaltlich richtig, sie gelangt aber zu falschen Schlussfolgerungen. Natürlich ist es richtig, dass die Übernahme einer Gesellschaft mit einem Hauptaktionär ungeachtet der Reziprozitätsregelung nicht gegen dessen Willen zu verwirklichen ist. Ziel der Reziprozitätsregelung ist aber nicht die Ermöglichung

[1001] Becht, in: Ferrarini/Hopt/Winter/Wymeersch, Takeover Law in Europe, 2004, S. 647, 654.

[1002] Ebenso Coates, in: Ferrarini/Hopt/Winter/Wymeersch, Takeover Law in Europe, 2004, S. 677, 687.

[1003] Becht, in: Ferrarini/Hopt/Winter/Wymeersch, Takeover Law in Europe, 2004, S. 647, 654.

[1004] Becht, in: Ferrarini/Hopt/Winter/Wymeersch, Takeover Law in Europe, 2004, S. 647, 655.

von Übernahmen gegen den Willen der Aktionäre, sondern die Erreichung zumindest ähnlicher Ausgangsbedingungen.

Zudem kann hierdurch ein Anreiz für Unternehmen geschaffen werden, sich der Durchgriffsregelung in dem Wissen zu unterwerfen, diese nur anwenden zu müssen, wenn der Bieter diese gleichfalls anwendet.

Die Argumentation, eine Übernahme von Gesellschaften mit einem dominierenden Hauptaktionär sei trotz der Reziprozitätsregelung schwerer, ist also zutreffend, aber nicht maßgeblich.

Ausgangspunkt der Durchgriffsregelung ist der Gedanke der Proportionalität von risikotragendem Kapital und Kontrolle. Dieser Grundsatz würde bei einer *one member - one vote* Regelung mit Füßen getreten.

Festzuhalten ist, dass die Reziprozitätsregelung zu einer verstärkten Einwahl in die Durchgriffsregelung beitragen könnte und daher zu begrüßen ist.

IV. Vollständige Umsetzung des Art. 11 mit Reziprozitätsregelung

Des Weiteren besteht die Möglichkeit, Gesellschaften die Durchgriffsregelung zwingend vorzuschreiben, sie aber gleichzeitig unter bestimmten Voraussetzungen von dieser zu befreien.

1. Darlegung der umzusetzenden Richtlinienbestimmung

Insoweit wird auf die Ausführungen unter I.I.1 (Beschreibung des Art. 11)[1005] und I.III.1 (Beschreibung der Reziprozitätsregelung)[1006] verwiesen.

2. Rechtslage vor der Umsetzung und Anpassungsbedarf

a. Einfügung einer Durchgriffsregelung

Zunächst bedurfte es der Einfügung eines neuen Paragraphen, welcher die Durchgriffsregelung enthält, wie unter I.I. beschrieben[1007].

b. Reziprozitätsgedanke

Außerdem war die Reziprozitätsregelung in das WpÜG a.F. aufzunehmen, vorzugsweise in einen separaten Paragraphen mit den gleichlaufenden Regelungen zur Neutralitätspflicht.

[1005] Siehe S. 199.

[1006] Siehe S. 218.

[1007] Siehe S. 199.

3. Bewertung

Eine verbindliche Umsetzung der Durchgriffsregelung in das deutsche Recht würde deutsche Unternehmen anfälliger für Übernahmen machen. Dem könnte jedoch die Reziprozitätsregelung entgegen wirken.

Andererseits würde das Verhältnis zwischen Kontrolle und risikotragendem Kapital durch die Durchbrechung von Entsendungsrechten am stärksten zur Geltung kommen. Zudem ist eine strikte Umsetzung für potentielle Bieter bei gleichzeitiger Reziprozitätsregelung vor allem dann sinnvoll, wenn andere Mitgliedstaaten sich gleichfalls für ein *Opt-In* bei gleichzeitiger Umsetzung der Reziprozitätsregelung entscheiden. Dies deshalb, weil Gesellschaften anderer Staaten von einer vollständigen Umsetzung ungleich stärker betroffen wären.

Allerdings lässt sich dagegen anführen, dass Gleiches auch mittels der individuellen Einwahl durch deutsche Gesellschaften erreicht werden kann. Außerdem wären deutsche potentielle Übernahmekandidaten stärker gefährdet, wenn sie einem Bieter gegenüber stehen, der seinerseits die Durchgriffsregelung anwendet.

Da aber letztlich sämtliche Mitgliedstaaten ein *level playing field* wünschen, und dies auch das langfristige Ziel in der EU sein muss[1008], wäre dies hinnehmbar. Zwischen der Bieter- und der Zielgesellschaft bestünden gleiche Ausgangsbedingungen. Ein weitergehender Schutz ist für deutsche Unternehmen nicht notwendig.

Außerdem gilt es zu bedenken, dass der Schutz in Deutschland ohnehin weniger über die von der Durchgriffsregelung erfassten Instrumente als vielmehr durch Verteidigungshandlungen des Vorstandes erreicht wird.

Insofern wird man auf eine Einzelfallbetrachtung abstellen müssen. Im Einzelfall ist die Reziprozität gewahrt. Es besteht folglich kein Grund, Art. 11 verbunden mit der Reziprozitätsregelung nicht verbindlich umzusetzen.

Dieses Modell ist daher den anderen Möglichkeiten vorzuziehen[1009]. Abzulehnen

---

[1008] Das *level playing field* ist notwendig, um einen wirklich vollendeten Binnenmarkt zu schaffen (Art. 3 Abs. 1 lit. c) EG).

[1009] Dies mag auf den ersten Blick verwundern, da in Bezug auf die Neutralitätspflicht anders entschieden wurde. Ausschlaggebend ist hierfür Folgendes: In Deutschland bestehen ohnehin nur wenig Möglichkeiten, durch Stimmrechtsbeschränkungen, Mehrfachstimmrechte etc. Unternehmen ähnlich vor Übernahmen zu schützen wie dies im europäischen Ausland der Fall ist. Folglich konnte man in Zusammenhang mit der Neutralitätspflicht nicht allein auf die Gegenseitigkeit abstellen. In Deutschland bedarf es nämlich der Abwehrmöglichkeiten durch den Vorstand, um fehlende Abwehrmöglichkeiten durch andere Mechanismen auszugleichen. Zwar handelt es sich hierbei im Grundsatz um zwei unterschiedliche Fragestellungen. Allerdings hat der Gesetzgeber den Unternehmen an anderer Stelle die Hände gebunden, weshalb die mangelnde Neutralitätspflicht als Gegenmittel genutzt wird.

wäre lediglich ein *Opt-In* ohne Reziprozitätsregelung, wie unter I.II.4.b. gezeigt[1010]. Dann wäre das *Opt-Out* zu präferieren.

V. Umsetzung und Bewertung

1. Darstellung des WpÜG n.F.

Der Gesetzgeber hat sich für eine Umsetzung der Richtlinie in der Fassung III. „*Opt-Out* Modell mit Reziprozitätsregelung" entschlossen[1011].

a. § 33b WpÜG n.F. (Europäische Durchbrechungsregel)

§ 33b WpÜG n.F. [1012] setzt die Art. 11 und 12 in nationales Recht um.

1) § 33b Abs. 1 WpÜG n.F.

§ 33b Abs. 1 WpÜG n.F. ermöglicht Zielgesellschaften, die Vorschriften des Abs. 2 anzuwenden[1013]. Sie können also durch Satzungsbestimmung im „Übernahmefall" die Nichtgeltung von Abwehrmechanismen durch Erklärung der Anwendbarkeit des Abs. 2 beschließen[1014].

2) § 33b Abs. 2 WpÜG n.F.

§ 33b Abs. 2 WpÜG regelt die Anwendbarkeit von verschiedenen Bestimmungen ab dem Zeitpunkt der Veröffentlichung der Angebotsunterlage.
Danach gelten erstens gegenüber dem Bieter während der Annahmefrist eines Übernahmeangebots keine satzungsmäßigen Übertragungsbeschränkungen von Aktien, welche zwischen der Zielgesellschaft und den Aktionären oder zwischen Aktionären vereinbart worden sind[1015].

[1010] Siehe S. 217.

[1011] Wie sich der Gesetzgeber bezüglich der Durchgriffsregelung entscheiden würde, war schwer einzuschätzen. Für offen hielt die Entscheidung etwa Pötzsch, in: Assmann/Pötzsch/Schneider, WpÜG, 2005, Einl. Rn. 113.

[1012] Im RefE Ü-UG lautete die Überschrift des § 33b noch „*Europäische Durchgriffsregel*". Hieran wurde jedoch in Stellungnahmen zum Referentenentwurf Kritik geäußert, da es sich faktisch um eine Durchbrechungsregel handelt. So etwa Schüppen, BB 2006, 165, 167. Dieser Kritik wurde offensichtlich Rechnung getragen.

[1013] Die Regelung des § 33b RefE Ü-UG wurde im Regierungsentwurf, offenbar auch wegen Kritik aus der Praxis, relativ stark abgeändert. Siehe etwa Schüppen, BB 2006, 165, 167.

[1014] Vgl. BT-Drs. 16/1003, Begründung, B. Zu Artikel 1 Zu Nummer 16 (§§ 33a – 33d) Zu Absatz 1, S. 20. Ein ausdrücklicher Hinweis auf die Reversibilität der Entscheidung, wie sie noch im RefE Ü-UG enthalten war, fehlt in der Regierungsbegründung. Ein entsprechender Hinweis ist durch die Anordnung der Geltung der allgemeinen Vorschriften des Aktiengesetzes für die Beschlussfassung und die Aufhebung entbehrlich.

[1015] § 33b Abs. 2 S. 1 Nr. 1 WpÜG n.F.

Zweitens entfalten Stimmbindungsverträge während der Annahmefrist eines Übernahmeangebots in einer Hauptversammlung, die über Abwehrmaßnahmen beschließt, keine Wirkung. Auch haben Mehrstimmrechtsaktien nur eine Stimme[1016].

Hat der Bieter nach dem Angebot mindestens 75 % der Stimmrechte inne und beruft eine Hauptversammlung ein, um die Satzung zu ändern oder eine Entscheidung über die Zusammensetzung der Leitungsorgane der Gesellschaft herbeizuführen, entfalten Stimmbindungsverträge und Entsendungsrechte keine Wirkung. Außerdem gewähren in diesem Fall Mehrstimmrechte nur eine Stimme[1017].

S. 2 sieht vor, dass stimmrechtslose Vorzugsaktien von den vorgenannten Regelungen nicht erfasst werden. Gleiches gilt für vor dem 22. April 2004 vereinbarte Übertragungsbeschränkungen und Stimmbindungen.

Die Begründung zu Abs. 2 erläutert, dass sämtliche in S. 1 genannten Bestimmungen bei der Einwahl Anwendung finden[1018]. Nr. 1 und 2 betreffen die Angebotsphase, während sich Nr. 3 auf die zweite Phase bezieht[1019].

Die Regierungsbegründung nennt beispielhaft für erfasste Übertragungsbeschränkungen die vinkulierten Namensaktien i.S.d. § 68 Abs. 2 AktG. Sie weist zudem darauf hin, dass Höchststimmrechte bereits derzeit gesetzlich ausgeschlossen sind (§ 134 Abs. 1 S. 2 AktG) und es Mehrstimmrechte nur noch in Gesellschaften gibt, die deren Fortgeltung nach dem 1. Juni 2003 beschlossen haben (§ 5 Abs. 1 bis 6 EGAktG).

Schuldrechtliche Veräußerungsvorgänge jedoch stellen der Regierungsbegründung zufolge keine Übertragungsbeschränkungen im Sinne der Vorschrift dar[1020].

Gestrichen wurden auf Beschlussempfehlung des Bundestagsfinanzausschusses die „satzungsmäßigen Stimmrechtsbeschränkungen" in den Nr. 2 und 3. Der RegE Ü-UG erwähnte diese noch ausdrücklich[1021].

Die Begründung für die Streichung fällt widersprüchlich aus. So heißt es einerseits, es werde klargestellt, dass *„die europäische Durchbrechungsregel nicht*

[1016] § 33b Abs. 2 S. 1 Nr. 2 WpÜG n.F.

[1017] § 33b Abs. 2 S. 1 Nr. 3 WpÜG n.F.

[1018] BT-Drs. 16/1003, Begründung, B. Zu Artikel 1 Zu Nummer 16 (§§ 33a-33d) Zu § 33b Zu Absatz 2, S. 20.

[1019] BT-Drs. 16/1003, Begründung, B. Zu Artikel 1 Zu Nummer 16 (§§ 33a-33d) Zu § 33b Zu Absatz 2, S. 20.

[1020] BT-Drs. 16/1003, Begründung, B. Zu Artikel 1 Zu Nummer 16 (§§ 33a-33d) Zu § 33b Zu Absatz 2, S. 20.

[1021] § 33b Abs. 2 Nr. 2, Nr. 3 RegE Ü-UG. Die Einfügung der satzungsmäßigen Stimmrechtsbeschränkungen erfolgte erst im RegE Ü-UG. Ausweislich der Begründung des RefE Ü-UG sollten diese jedoch auch schon vom RefE erfasst werden. Vgl. RefE Ü-UG Begründung, B. Zu Artikel 1 Zu Nummer 15 (§§ 33a-33d) Zu § 33b Zu Absatz 1, S. 20.

auf satzungsmäßige Stimmrechtsbeschränkungen anwendbar ist"[1022], andererseits, die Erwähnung satzungsmäßiger Stimmrechtsbeschränkungen sei entbehrlich, da es solche bei börsennotierten deutschen Gesellschaften seit dem 1. Juni 2000 nicht mehr gebe[1023].

S. 2 schließlich entspreche dem Wertpapierbegriff der Richtlinie[1024].

3) § 33b Abs. 3 WpÜG n.F.

Mit diesem Absatz wird die Verpflichtung des Vorstands, die Aufsichtsstelle des Sitzmitgliedstaats sowie diejenigen Aufsichtsstellen in EWR-Staaten, an denen Wertpapiere der Zielgesellschaft zum Handel auf einem geregelten Markt zugelassen sind, von dem Beschluss über die Satzungsbestimmung nach § 33b Abs. 1 S. 1 WpÜG n.F. zu unterrichten, umgesetzt. Die Vorschrift entspricht § 33a Abs. 3 WpÜG n.F. und stellt die Umsetzung des Art. 12 Abs. 2 Uabs. 2 S. 2 dar[1025].

4) § 33b Abs. 4 WpÜG n.F.

§ 33b Abs. 4 WpÜG n.F. ordnet für die Einberufung und Durchführung der Hauptversammlung in dem Fall des Abs. 2 S. 1 Nr. 3 die entsprechende Anwendung des § 16 Abs. 4 WpÜG an.

Damit wird Art. 11 Abs. 4 Uabs. 2 umgesetzt, welcher dem Bieter unter bestimmten Voraussetzungen die Möglichkeit einer kurzfristig einzuberufenden Hauptversammlung einräumt[1026].

Die Fristen und Formalien sind § 16 Abs. 4 WpÜG zu entnehmen, darüber hinaus gelten die Vorschriften des Aktiengesetzes.

Klargestellt wird in der Begründung, dass die Einberufung nur erfolgen darf, um eine Satzungsänderung oder einen Wechsel der Mitglieder des Aufsichtsrates zu

---

[1022] Beschlussempfehlung und Bericht des Finanzausschusses, BT-Drs. 16/1541, B., S. 2.

[1023] Beschlussempfehlung und Bericht des Finanzausschusses, BT-Drs. 16/1541, B. Einzelbegründung Zu Artikel 1 Zu Nummer 16 (§ 33b Abs. 2 und 5) Zu Absatz 2 Nr. 2 und 3, S. 12.

[1024] BT-Drs. 16/1003, Begründung, B. Zu Artikel 1 Zu Nummer 16 (§§ 33a-33d) Zu § 33b Zu Absatz 2, S. 20. Im Gegensatz dazu begründete der Referentenentwurf die praktisch wortgleiche Vorschrift des RefE Ü-UG mit der Umsetzung der Art. 11 Abs. 6 sowie mit Art. 11 Abs. 2 und 3 (RefE Ü-UG, Begründung, B. Zu Artikel 1 Zu Nummer 15 (§§ 33a-33d) Zu § 33b Zu Absatz 1, S. 20).

[1025] Beschlussempfehlung und Bericht des Finanzausschusses, BT-Drs. 16/1541, B. Einzelbegründung Zu Artikel 1 Zu Nummer 16 (§§ 33a Abs. 3 und 33b Abs. 3), S. 12. Vgl. zur Veränderung der Vorschrift im Laufe des Gesetzgebungsverfahrens Fn. 852.

[1026] BT-Drs. 16/1003, Begründung, B. Zu Artikel 1 Zu Nummer 16 (§§ 33a-33d) Zu § 33b Zu Absatz 4, S. 20.

erreichen. Daneben kann die Hauptversammlung auch über andere Maßnahmen beschließen[1027].

5) *Entschädigung für Rechtsentzug*

Regelungen betreffend die Entschädigung für den Rechtsentzug nach § 33b Abs. 1 WpÜG n.F. finden sich an verschiedenen Stellen.

a) *§ 33b Abs. 5 WpÜG n.F.*

Nach § 33b Abs. 5 WpÜG n.F. ist der Bieter für den Entzug von Rechten nach Abs. 1 zu einer angemessenen[1028] Entschädigung in Geld verpflichtet, wodurch Art. 11 Abs. 5 umgesetzt werde[1029].

Die Verpflichtung besteht nur für Rechte, die vor der Veröffentlichung der Entscheidung zur Abgabe eines Angebots begründet wurden. Zudem müssen sie der Zielgesellschaft bekannt sein. Außerdem ist nach S. 2 der Entschädigungsanspruch innerhalb von zwei Monaten seit dem Rechtsentzug gerichtlich geltend zu machen.

Die zusätzlichen Regelungen zur Geltendmachung sowie dem Entstehungszeitpunkt der Rechte wurden auf die Beschlussempfehlung des Bundestagsfinanzausschusses hin in den Gesetzeswortlaut mit aufgenommen, um Missbrauchsmöglichkeiten bei vertraglichen Übertragungsbeschränkungen und Stimmrechtsvereinbarungen auszuschließen[1030]. Damit wird verhindert, dass die Vereinbarungen einzig zum Ziel einer Entschädigung getroffen werden.

Die zeitliche Befristung ist auf ein Petitum des Bundesrates[1031] hin aufgenommen worden und sei aus Rechtssicherheitsgesichtspunkten notwendig[1032]. Die Vorschrift lehne sich an § 5 Abs. 3 S. 2 EGAktG an.

[1027] BT-Drs. 16/1003, Begründung, B. Zu Artikel 1 Zu Nummer 16 (§§ 33a-33d) Zu § 33b Zu Absatz 4, S. 20.

[1028] Der RefE Ü-UG forderte lediglich eine Entschädigung in Geld (Art. 1 § 33 Abs. 4 RefE Ü-UG).

[1029] BT-Drs. 16/1003, Begründung, B. Zu Artikel 1 Zu Nummer 16 (§§ 33a-33d) Zu § 33b Zu Absatz 5, S. 20.

[1030] Beschlussempfehlung und Bericht des Finanzausschusses, BT-Drs. 16/1541, B. Einzelbegründung Zu Artikel 1 Zu Nummer 16 (§§ 33b Abs. 2 und 5) Zu Absatz 5, S. 12. Eine entsprechende Anregung gab der Zentrale Kreditausschuss, Stellungnahme zum DiskE Ü-UG, S. 3.

[1031] Vgl. BT-Drs. 16/1342, Stellungnahme des Bundesrates, Nr. 5 Zu Artikel 1 Nr. 16 (§ 33b Abs. 5 Satz 2 – neu – WpÜG), S. 2.

[1032] Beschlussempfehlung und Bericht des Finanzausschusses, BT-Drs. 16/1541, B. Einzelbegründung Zu Artikel 1 Zu Nummer 16 (§§ 33b Abs. 2 und 5) Zu Absatz 5, S. 12.

b) § 11 Abs. 2 S. 2 Nr. 4a WpÜG n.F.

Die Angebotsunterlage des Bieters muss Angaben für die ggf. entstehenden Entschädigungen für den Entzug von Rechten nach § 33b WpÜG n.F. enthalten. Dies wird durch die neue Nummer 4a, welche die Angabe der Höhe der Entschädigung fordert[1033], festgeschrieben.

Die Vorschrift dient der Umsetzung des Art. 6 Abs. 1 S. 3[1034].

c) § 2 Nr. 3a WpÜG-AngVO n.F.

Neben weiteren Änderungen wurde in § 2 WpÜG-AngVO n.F. eine neue Nummer 3a eingefügt. Als ergänzende Angaben sind die angewandten Berechnungsmethoden zur Ermittlung der Entschädigung der Rechte nach § 33b Abs. 4 des WpÜG n.F. in der Angebotsunterlage zu nennen. Außerdem ist zu erläutern, wieso die Berechnungsmethode eine angemessene Methode zur Festlegung der Entschädigung darstellt[1035].

Auch diese Vorschrift dient der Umsetzung des Art. 6 Abs. 1 S. 3[1036].

b. § 33c WpÜG n.F. (Vorbehalt der Gegenseitigkeit)

Wie in Bezug auf die Neutralitätspflicht regelt § 33c WpÜG n.F. den Vorbehalt der Gegenseitigkeit.

1) § 33c Abs. 2 WpÜG n.F.

Enthält die Satzung einer Zielgesellschaft eine Bestimmung i.S.d. § 33b Abs. 1 WpÜG n.F., kann die Hauptversammlung die Nichtanwendbarkeit dieser Bestimmung beschließen, wenn der Bieter oder dessen beherrschendes Unternehmen einer entsprechenden Regelung nicht unterliegt.

Systematisch ist Abs. 2 wie Abs. 1 der Vorschrift aufgebaut. Die Regierungsbegründung beschränkt sich daher auf den Hinweis, die Zielgesellschaft könne auch die Geltung der Durchgriffsregel unter den Gegenseitigkeitsvorbehalt stel-

[1033] Der RefE Ü-UG forderte die Angabe von *Art* und Höhe der Entschädigung. Die Regierungsbegründung ist wohl versehentlich gleich geblieben. Dort wird weiterhin auf Art und Höhe Bezug genommen. BT-Drs. 16/1003, Begründung, B. Zu Artikel 1 Zu Nummer 7 (§ 11) Zu Buchstabe a, S. 18.

[1034] BT-Drs. 16/1003, Begründung, B. Zu Artikel 1 Zu Nummer 7 (§ 11) Zu Buchstabe a, S. 18.

[1035] § 2 Nr. 3a) WpÜG-AngVO n.F.

[1036] BT-Drs. 16/1003, Begründung, B. Zu Artikel 7 Zu Nummer 2 (§ 2) Zu Buchstabe b, S. 26.

len. Das lässt den Schluss zu, dass die Begründung, welche zu Abs. 1 der Vorschrift gegeben wurde[1037], auch auf Abs. 2 zutrifft.

Diese soll hier noch einmal kurz zusammengefasst werden: Die Reziprozitätsregel gilt auch gegenüber einem Bieter aus einem Drittstaat. Maßgeblich ist, ob dieser einer der Vorschrift des § 33b Abs. 1 WpÜG n.F. gleichwertigen Satzungsbestimmung unterliegt. Unterliegt nur die Zielgesellschaft einer solchen Satzungsbestimmung, nicht aber der Bieter, führt das bei Vorliegen eines entsprechenden Beschlusses zur Nichtanwendbarkeit der Bestimmung. Auf das beherrschende Unternehmen wird abgestellt, um eine Umgehung des Vorbehalts der Gegenseitigkeit auszuschließen.

2) § 33c Abs. 3 WpÜG n.F.

Der Absatz regelt die Voraussetzungen bezüglich des Hauptversammlungsbeschlusses und der Unterrichtungs- bzw. Veröffentlichungspflichten des Vorstands der Zielgesellschaft. Insoweit wird auf die erläuternden Ausführungen der Vorschrift im Zusammenhang mit der Neutralitätspflicht verwiesen[1038].

2. Bewertung

Der Gesetzgeber hat die Durchbrechungsregeln nur als Option in das WpÜG eingefügt und von der Reziprozitätsregelung Gebrauch gemacht.

Nach der hier vertretenen Ansicht ist die Umsetzung der Reziprozitätsregelung zu begrüßen. Allerdings wäre eine zwingende Festschreibung der Durchbrechungsregelung vorzugswürdig gewesen[1039].

Letztlich ist der Unterschied jedoch nicht sehr groß, weil die zulässigen Beschränkungen in Deutschland ohnehin recht gering ausfallen und der Kapitalmarkt bereits relativ weitgehend geöffnet ist. Insofern ist die Wahl des *Opt-Out* Modells keine schlechte Alternative.

a. § 33b WpÜG n.F.

Nach dem Gesetzeswortlaut kann die Satzung die Anwendung des § 33b Abs. 2 WpÜG n.F. vorsehen. Dieser regelt, welche Beschränkungen durchbrochen werden.

[1037] Siehe hierzu oben unter H.VI.1.b.1), S. 185.

[1038] Siehe oben unter H.VI.1.b.2), S. 185.

[1039] Siehe bereits die ausführliche Bewertung unter I.II.4.b., S. 217, sowie unter I.IV.3., S. 222.

1) Anwendungsbereich der Durchbrechungsregel

Nach § 33b Abs. 2 S. 1 Nr. 1 und Nr. 2 n.F. gelten Übertragungs- und Stimmrechtsbeschränkungen etc. im Falle eines „Übernahmeangebots" nicht. Ausgehend von der Legaldefinition in § 29 Abs. 1 WpÜG n.F. gilt dies also nicht für Pflichtangebote. Das wäre nach den Ausführungen zum Angebotsbegriff i.S.d. Art. 11 nicht ausreichend[1040]. Danach sind Pflichtangebot und freiwilliges Übernahmeangebot gleichermaßen zu erfassen. Andererseits sind nach § 39 WpÜG auf Pflichtangebote die Vorschriften des Abschnitts 4 (Übernahmeangebote) sinngemäß anzuwenden. Es wurde keine Ausnahme bezüglich § 33b WpÜG n.F. in § 39 WpÜG aufgenommen. Damit sind grundsätzlich auch Pflichtangebote von der Vorschrift erfasst. Zwar bedarf es hierfür zunächst einer Satzungsbestimmung der Zielgesellschaft, die sich unmittelbar nur auf § 33b WpÜG n.F. bezieht. Hierauf kommt es hingegen nicht an[1041]. Sieht die Satzung die Anwendung des § 33b Abs. 2 WpÜG n.F. vor, so gilt dies automatisch auch in den Fällen des § 39 WpÜG, da die Satzung nicht den Ausschluss der Anwendung bei Pflichtangeboten vorsehen kann. Die Reichweite der Satzungsbestimmung legt allein der Gesetzgeber durch den Verweis in § 39 WpÜG fest. Mangels Ausnahme in § 39 WpÜG gilt die Druchbrechungsregelung auch für Pflichtangebote.

Das neue deutsche Recht ist insoweit richtlinienkonform.

2) § 33b Abs. 1 WpÜG n.F.

§ 33b Abs. 1 WpÜG n.F. setzt die Richtlinienvorgaben in Art. 12 Abs. 2, 4 ordnungsgemäß um. Insbesondere wurde die im Referentenentwurf verfolgte Idee, die jeweiligen Bestimmungen in die Satzung aufzunehmen, verworfen[1042].

3) § 33b Abs. 2 WpÜG n.F.

a) *Wortwahl „Leitungsorgane" in § 33b Abs. 2 WpÜG n.F.*

In § 33b Abs. 2 Nr. 3 WpÜG n.F. sieht der Gesetzestext die Möglichkeit vor, eine Hauptversammlung einzuberufen, *„um die Satzung zu ändern oder über die Besetzung der Leitungsorgane der Gesellschaft zu entscheiden*". Die Wortwahl „Leitungsorgane" ist unpassend, ist hiermit doch nach der Regierungsbegründung der Aufsichtsrat gemeint[1043]. Eine Definition des Leitungsorgans sieht das

---

[1040] Siehe die Ausführungen unter I.I.1.a., S. 199.

[1041] Zweifelnd unter diesem Gesichtspunkt Seibt/Heiser, AG 2006, 301, 314. Eine Klarstellung des Gesetzgebers, etwa durch die Verwendung des Begriffs *„Angebot*", wäre jedoch wünschenswert gewesen.

[1042] Die Konzeption des Referentenentwurfs hätte mit Sicherheit zu uneinheitlichen Satzungsbestimmungen geführt.

[1043] BT-Drs. 16/1003, Begründung, B. Zu Artikel 1 Zu Nummer 16 (§§ 33a-33d) Zu § 33b Zu

WpÜG n.F. nicht vor. Legt man hier das Verständnis des Leitungsorgans im Sinne der Richtlinie zu Grunde, ist nach funktionaler Betrachtung zu ermitteln, welches Organ hiermit bezeichnet ist. In Anbetracht der Umstände, dass die Richtlinie eine umfassende Durchbrechung von Entsendungs- oder Benennungsrechten erreichen wollte, um den Grundsatz von risikotragendem Kapital und Kontrolle zu gewährleisten, ist Art. 11 Abs. 4 so zu verstehen, dass er Vorstand und Aufsichtsrat erfasst. Gleiches muss damit im Prinzip auch für die deutsche Regelung gelten.

Die Nichterfassung des Vorstandes ist hingegen nicht von Bedeutung, da in Deutschland lediglich Entsendungsrechte in den Aufsichtsrat bestehen (§ 101 Abs. 2 S. 1 AktG).

Daher wäre eine konkrete Bezeichnung des Leitungs- bzw. Verwaltungsorgans als „Aufsichtsrat" im Gesetzestext sinnvoll gewesen. In der Sache ist die Verwendung des Wortes „Leitungsorgane" unschädlich.

b) Anwendungszeitraum der Durchbrechung

Ausweislich des Wortlauts gilt die Durchbrechungsregel nur während der Annahmefrist. Allerdings findet die Abwicklung von Angeboten üblicherweise erst danach statt. Wie ausgeführt, ist es richtlinienkonform, die Durchbrechung auf die Zeit bis zum dinglichen Vollzug zu erstrecken[1044]. Der Gesetzgeber hat diesbezüglich entgegen Forderungen in der Literatur[1045] keine ausdrückliche Klarstellung vorgenommen. Ausgehend von dem Ziel der Regelung, die Übertragungsbeschränkungen zu durchbrechen und den Aktionären die Möglichkeit zu geben, das Angebot anzunehmen, wird man auch den nach Ablauf der Annahmefrist liegenden dinglichen Vollzug als von der deutschen Durchbrechungsregelung erfasst anzusehen haben. Andernfalls würde die Regelung im Normalfall leer laufen. Dies kann nicht die Absicht des Gesetzgebers gewesen sein und entspräche im Übrigen auch nicht den Richtlinienvorgaben. Somit bezieht sich die in § 33b Abs. 2 S. 2 Nr. 1 WpÜG n.F. genannte Frist allein auf die schuldrechtliche Annahme des Angebots.

c) Anwendungsfälle der Durchbrechungsregel

Zu den von der Durchbrechungsregel betroffenen Fällen äußert sich der Gesetzgeber nur partiell. Hier wäre ein höherer Grad an Konkretisierung wünschenswert gewesen. Bezüglich folgender Fälle bezog der Gesetzgeber ausdrücklich Stellung:

Absatz 4, S. 20.

[1044] Vgl. die Ausführungen unter I.I.3.a.1)a), S. 204.

[1045] Siehe etwa Seibt/Heiser, AG 2006, 301, 313.

Der Gesetzgeber hat die satzungsmäßigen Stimmrechtsbeschränkungen gestrichen. Das ist im Ergebnis korrekt[1046], da solche in Deutschland rechtlich nicht zulässig sind.

Die vertraglichen Übertragungsbeschränkungen stellen nach der hier vertretenen Ansicht, auch wenn sie keine dingliche Wirkung haben, Beschränkungen im Sinne der Richtlinie dar[1047]. Mangels dinglicher Wirkung der Übertragungsbeschränkung bedarf es lediglich einer Durchbrechung der faktischen Beschränkungswirkung durch Sekundäransprüche.

Die Regierungsbegründung sieht richtigerweise eine Erfassung dieser Fälle vor[1048]. Allerdings nennt sie nicht beispielhaft hierunter zu subsumierende Beschränkungen.

Vorzugsaktien wurden von der Durchbrechungsregelung durch Abs. 2 S. 2 allgemein ausgenommen. Das ist insoweit sinnvoll, als sie üblicherweise den Kontrollerwerb in keiner Weise verhindern können[1049] und die Richtlinie ihre Erfassung angesichts des Wertpapierbegriffs ohnehin nicht vorsieht[1050].

Der Gesetzgeber nimmt außerdem schuldrechtliche Veräußerungsvorgänge zutreffend vom Anwendungsbereich der deutschen Durchbrechungsregel aus, ohne näher zu konkretisieren, welche Fälle er hierunter subsumiert. Die fehlende Konkretisierung ist bedauerlich. Eine (nicht zwingend abschließende) Aufzählung in der Begründung wäre insoweit hilfreich gewesen[1051].

Hier wurde dargelegt, dass schuldrechtliche Veräußerungsvorgänge keine Übertragungsbeschränkung im Sinne der Richtlinie darstellen[1052].

Letztlich werden durch die inhaltsleere Übernahme der Richtlinienbestimmungen die Richtlinienvorgaben bezüglich des grundsätzlichen Anwendungsbereichs zutreffend umgesetzt. Im Detail wäre angesichts der Unsicherheit über die erfassten Fälle eine Konkretisierung wünschenswert gewesen. Offensichtlich wollte es der Gesetzgeber der Praxis, also letztlich den Gerichten überlassen, diesbezüglich Klarheit zu schaffen.

Die wenigen vom Gesetzgeber ausdrücklich benannten Fälle stimmen jedenfalls mit den Richtlinienvorgaben überein.

1046 Ebenso DAV-Handelsrechtsausschuss, Stellungnahme zum DiskE Ü-UG, NZG 2006, 177, 178.

1047 Vgl. die Ausführungen unter I.I.3.a.1)c), S. 205.

1048 BT-Drs. 16/1003, Begründung, B. Zu Artikel 1 Zu Nummer 16 (§§ 33a-33d) Zu § 33b Zu Absatz 2, S. 20. Missverständlich ist hingegen die dort benutzte Formulierung „*Schuldrechtliche Veräußerungsvorgänge werden von der Durchbrechungsregel nicht erfasst*“.

1049 Das gilt jedenfalls, sofern nicht die Voraussetzungen des § 140 Abs. 2 AktG vorliegen.

1050 Vgl. Art. 2 Abs. 1 lit. e).

1051 Ebenso Seibt/Heiser, AG 2006, 301, 313.

1052 Siehe die Ausführungen unter I.I.3.a.1)c), S. 205ff.

d) Altfallprivilegierung

Die Richtlinie sieht eine Altfallprivilegierung für vertragliche Beschränkungen vor. Danach werden vertragliche Beschränkungen nur erfasst, wenn sie nach Annahme der Richtlinie getroffen wurden.

Der Gesetzgeber hat sich als Stichtag für den 22. April 2004 entschieden und stellt damit auf den Tag nach Unterzeichnung der Richtlinie durch den Präsidenten des Europäischen Parlaments und den Präsidenten des Rats ab.

In der Literatur wurde hingegen unter Hinweis auf die am 30. März 2004 erfolgte Annahme des Rats eben dieses Datum für maßgeblich erachtet[1053].

Für den 30. März 2004 als richtigen Anknüpfungszeitpunkt könnte Art. 254 EG sprechen. Danach sind die im Verfahren des Art. 251 EG *angenommenen* Richtlinien nach Unterzeichnung im Amtsblatt der Europäischen Union zu veröffentlichen. Versteht man die Annahme im Sinne der Richtlinie als Annahme i.S.d. Art. 254 EG, wäre der von *Seibt/Heiser* vertretenen Ansicht zuzustimmen.

Zudem kommt ein dritter Zeitpunkt in Betracht: die Veröffentlichung im Amtsblatt der Europäischen Union. Diese ist für die rechtliche Existenz zwingend erforderlich[1054]. Andererseits ist eine Rückwirkung auf Sachverhalte vor Veröffentlichung des Rechtsaktes nicht ausgeschlossen[1055].

Ein Abstellen auf die Unterzeichnung ist jedenfalls nicht zwingend. Zwar gibt es eine rechtliche Verpflichtung zur Unterzeichnung. Diese besteht jedoch allein für nach Art. 251 EG erlassene Rechtsakte. Letztlich sollte hiermit wohl die Koautorschaft des Parlaments dokumentiert werden, weshalb das Fehlen einer ordnungsgemäßen Unterzeichnung anders als eine unterbliebene Veröffentlichung keine Nichtigkeit zur Folge hat[1056].

Daher erscheint das Abstellen des Gesetzgebers auf die Unterzeichnung eher zufällig[1057].

Andererseits lässt sich nicht mit Sicherheit ermitteln, ob der Richtliniengeber ein Anknüpfen an die Annahme des Rates oder die Veröffentlichung im Amtsblatt vor Augen hatte, mag der Wortlaut für Ersteres und das Wirksamkeitserfordernis für Letzteres sprechen.

Zweifel bezüglich des richtigen Anknüpfungszeitpunktes bleiben damit bestehen.

[1053] So Seibt/Heiser, ZGR 2005, 200, 225.

[1054] Schoo, in: Schwarze, EU-Kommentar, 2000, Art. 254 EGV Rn. 5.

[1055] Vgl. Schmidt, in: von der Groeben/Schwarze, Kommentar zum EUV/EGV, 2004, Art. 254 EG Rn. 10.

[1056] Schmidt, in: von der Groeben/Schwarze, Kommentar zum EUV/EGV, 2004, Art. 254 EG Rn. 3.

[1057] Als „*willkürlich*" bezeichnet Meyer, WM 2006, 1135, 1140 den Anknüpfungszeitpunkt.

4) § 33b Abs. 3 WpÜG n.F.

Wie bei § 33a Abs. 3 WpÜG n.F. taucht bei § 33b Abs. 3 WpÜG n.F. das Problem auf, dass die Aufsichtsstellen sämtlicher EWR-Staaten zu unterrichten sind, in denen Wertpapiere der Gesellschaft zum Handel auf einem organisierten Markt zugelassen sind. Es wird also angesichts des Wertpapierbegriffs der Richtlinie über den Anwendungsbereich der Richtlinie hinausgegangen.
Im Übrigen bestehen gegen die Umsetzung keine Bedenken. Die zu § 33a Abs. 3 WpÜG n.F. gemachten Ausführungen gelten hier sinngemäß[1058].

5) § 33b Abs. 4 WpÜG n.F.

§ 33b Abs. 4 WpÜG n.F. ermöglicht dem Bieter die erste Hauptversammlung unter den beschleunigten Voraussetzungen des § 16 Abs. 4 WpÜG n.F. einzuberufen. Hiermit wird die in Art. 11 Abs. 4 Uabs. 2 enthaltene Anforderung der Richtlinie, dem Bieter kurzfristig zu ermöglichen, eine Hauptversammlung einzuberufen, erfüllt.

6) Entschädigung für Rechtsentzug

a) § 33b Abs. 5 WpÜG n.F.

Kritikwürdig ist die Vorschrift des § 33b Abs. 5 WpÜG n.F. Meines Erachtens genügt sie im Ergebnis nicht den Anforderungen des Art. 11 Abs. 5[1059].

(1) Entschädigungspflichtige Rechte

Der Gesetzgeber hat bestimmte Rechte im Einklang mit der Richtlinie von der Durchgriffsregelung ausgenommen. Entsprechend ist mangels Entzug keine Entschädigungspflicht für diese Rechte gegeben.
Darüber hinaus nennt der Gesetzgeber in der Begründung zu § 33b Abs. 2 WpÜG n.F. von der Durchbrechung erfasste Rechte. Diese lösen mangels Einschränkung des Abs. 5 eine Entschädigungspflicht aus.
Nach dem Willen des Gesetzgebers fallen unter die entschädigungspflichtigen Rechte auch vertragliche Übertragungs- und Stimmrechtsbeschränkungen. Schließlich führte er wegen dieser Verträge eine zeitliche Begrenzung der zu entschädigenden Rechte auf bei Bekanntgabe des Angebots begründete Rechte ein[1060]. Nach der hier vertretenen Ansicht sind diese „Rechte" grundsätzlich

---

[1058] Siehe die Ausführungen unter H.VI.2.a.3), S. 192.
[1059] Ebenso Seibt/Heiser, AG 2006, 301, 314. Wohl auch Schüppen, BB 2006, 165, 167, allerdings zum insoweit ähnlichen Wortlaut im RefE Ü-UG, der noch keine *angemessene* Entschädigung verlangte. A.A. Merkt/Binder, BB 2006, 1285, 1288f.
[1060] Dazu sogleich unter I.V.2.a.6)a)(3), S. 235.

nicht entschädigungspflichtig[1061], weil den Vertragsparteien keine Rechte entzogen wurden. Sieht der nationale Gesetzgeber hingegen dennoch eine Entschädigungspflicht vor, so kann dies jedenfalls nicht den Richtlinienvorgaben widersprechen, weil die Richtlinie insoweit keine Vorgaben aufstellt.

Nunmehr wird den Bietern nichts anderes übrig bleiben, als bezüglich dieser Rechte gleichfalls eine Entschädigung anzubieten. Andernfalls wird es wohl unweigerlich zu Schwierigkeiten bezüglich der Angebotsunterlage mit der BaFin kommen[1062]. Die Angebotsunterlage hat schließlich eine Entschädigung für die entschädigungspflichtigen Rechte vorzusehen.

Durch die fehlende Bestimmtheit zu entschädigender Rechte wird die Vorschrift zudem unweigerlich die Gerichte beschäftigen.

(2) Kriterien der Entschädigung

Die Mitgliedstaaten haben festzulegen, nach welchen Kriterien die Entschädigung bestimmt wird sowie in welcher Form sie zu zahlen ist. Der pauschale Verweis auf eine Verpflichtung des Bieters zur angemessenen Entschädigung in Geld gibt nicht einmal einen Hinweis darauf, nach welchen Kriterien die Entschädigung zu bemessen ist[1063].

Auch die Regierungsbegründung hilft insoweit nicht weiter[1064]. Die Nachbesserungen, welche die Vorschrift erfahren hat, beschränken sich vor allem auf eine zeitliche Befristung des Anspruchs und die Verhinderung von Missbrauchsmöglichkeiten. Es fehlt also sowohl an einer inhaltlichen Konkretisierung des Anspruchs als auch an einer verfahrensmäßigen Konkretisierung. Die Bestimmung enthält keine Festlegung, wie die Angemessenheit der Entschädigung zu überprüfen ist bzw. welche Auswirkungen eine unangemessene Entschädigung auf die Durchbrechungsregelungen hat.

Darüber hinaus wird von *Schüppen* kritisiert, es handele sich bei der vom Gesetzgeber getroffenen Regelung um einen durch sekundäres Gemeinschaftsrecht nicht zu rechtfertigenden enteignungsgleichen Eingriff[1065], weil die Aktie bereits mit der Satzungsänderung eine „Aktie minderen Rechts" sei, weshalb auch die Entschädigung in diesem Zeitpunkt zu erfolgen habe[1066]. Der Eigentumseingriff

---

[1061] Siehe die Ausführungen unter I.I.3.c.2), S. 211, und I.I.3.c.3), S. 211.

[1062] Die BaFin wird eine Angebotsunterlage, in der nach § 11 Abs. 2 S. 2 Nr. 4a WpÜG n.F. notwendige Angaben bezüglich der Entschädigung fehlen, kaum gestatten. Vgl. § 14 Abs. 2 WpÜG.

[1063] Ebenso Schüppen, BB 2006, 165, 167, allerdings noch zum RefE Ü-UG.

[1064] Wie bereits dargelegt, erschöpft sich diese in dem Satz „*Die Vorschrift setzt Artikel 11 Abs. 5 der Übernahmerichtlinie um*". BT-Drs. 16/1003, Begründung, B. Zu Artikel 1 Zu Nummer 16 (§§ 33a-33d) Zu § 33b Zu Absatz 5, S. 20.

[1065] Schüppen, BB 2006, 165, 167.

[1066] Schüppen, BB 2006, 165, 167.

liege also in der Satzungsänderung. Eine irgendwann von einem Bieter zu zahlende Entschädigung könne dies nicht rechtfertigen.

Schüppens Kritik ist nicht berechtigt. Insbesondere handelt es sich nicht um eine Aktie minderen Rechts. Entscheidend ist nämlich, dass die Satzungsänderung gleichzeitig einen Anspruch auf Kompensation im Falle der Verwirklichung der Durchbrechung einräumt[1067]. Der Anspruch entschädigt somit für den Rechtsverlust. Die Vermögenslage des Aktieninhabers ändert sich folglich nicht.

Der Gesetzgeber hat durch die rudimentäre Regelung den an ihn in Art. 11 Abs. 5 S. 2 gerichteten Auftrag, die Kriterien der Festlegung der Entschädigung zu bestimmen, nicht genügt. Diese Aufgabe hat der deutsche Gesetzgeber dem Bieter auferlegt, wie sich aus den Regelungen des § 11 Abs. 2 S. 2 Nr. 4a WpÜG n.F. sowie § 2 Nr. 3a WpÜG-AngVO n.F. ergibt. Das ist indes nicht ausreichend, da die Verpflichtung ausdrücklich an die Mitgliedstaaten gerichtet ist[1068].

Somit entspricht § 33b Abs. 5 WpÜG n.F. nicht den Richtlinienvorgaben.

(3) Begrenzung auf vor Veröffentlichung der Entscheidung zur Angebotsabgabe der Zielgesellschaft bekannte Fälle

Der Gesetzgeber hat die entschädigungspflichtigen Fälle grundsätzlich auf vor der Veröffentlichung der Entscheidung zur Angebotsabgabe begründete Fälle, welche der Zielgesellschaft bekannt sind, beschränkt. Hiermit trägt er Bedenken aus der Praxis Rechnung, die darauf hinwiesen, ohne Beschränkung bestehe etwa bei vertraglichen Übertragungs- und Stimmrechtsbeschränkungen ein gewisses Missbrauchspotential.

Der Gedanke, Missbrauch zu verhindern, ist in der Tat richtig. Allerdings gibt die Richtlinie eine solche Beschränkung in Art. 11 Abs. 5 nicht vor.

Fraglich ist daher, ob die Beschränkung richtlinienkonform ist.

Das ist unter zwei Aspekten zu beurteilen. Zum einen ist zu prüfen, ob eine Anknüpfung an die Veröffentlichung der Entscheidung zur Angebotsabgabe zulässig ist, zum anderen, ob eine Beschränkung auf der Zielgesellschaft bekannte Rechte möglich ist.

Für eine Erfassung nur der vor Angebotsabgabe begründeten Rechte lässt sich die Kenntnis der Rechteinhaber von der möglichen Durchbrechung anführen.

Außerdem spricht die Regelung des Art. 6 Abs. 3 lit. e) gegen eine Entschädigungspflicht für später entstehende Rechte. Danach hat der Bieter in der Angebotsunterlage für die auf Grund der Durchgriffsklausel durchbrochenen Rechte gebotene Entschädigung anzugeben. Die Angebotsunterlage ist unmittelbar nach Bekanntmachung der Entscheidung zur Angebotsabgabe zu erstellen. Folglich

1067 Seibt/Heiser, AG 2006, 301, 315.

1068 Ebenso Seibt/Heiser, AG 2006, 301, 314.

müssen die Rechte auch zu diesem Zeitpunkt bereits bestehen. Es wird vom Bieter kaum verlangt werden können, eine Entschädigungsregelung für zukünftig entstehende Rechte aufzunehmen.

Aus diesem Grund ist diese Festlegung in § 33b Abs. 5 WpÜG n.F. mit den Richtlinienvorgaben vereinbar. Die Richtlinie schließt ein Abstellen auf diesen Zeitpunkt zumindest nicht aus.

Fraglich ist, ob die Beschränkung auf solche Rechte, die der Zielgesellschaft zu diesem Zeitpunkt bekannt sind, möglich ist.

Im Ergebnis ist auch das zulässig. Insofern gelten die Ausführungen zur Angebotsunterlage entsprechend. Der Bieter wird die Informationen über zu durchbrechende Rechte zur Erstellung der Angebotsunterlage von der Zielgesellschaft erhalten. Folglich ist auf deren Kenntnis abzustellen. Auch dies entspricht damit den Richtlinienvorgaben.

Der Zielgesellschaft sind jedenfalls satzungsmäßige Übertragungsbeschränkungen, Entsendungsrechte und Mehrstimmrechte stets bekannt. Der Gesetzgeber hatte bezüglich der „Zusatzregelung“ nur vertragliche Stimmrechtsvereinbarungen und vertragliche Stimmrechtsbeschränkungen vor Augen[1069].

Diese sind nach der hier vertretenen Ansicht ohnehin nicht entschädigungspflichtig[1070], so dass bereits aus diesem Grund die Richtlinienkonformität der Begrenzung auf der Zielgesellschaft bekannte Rechte gegeben ist.

(4) Zusammenfassung

Die Entschädigungsregelung des § 33b Abs. 5 WpÜG n.F. entspricht nach dem zuvor Gesagten nicht den Anforderungen der Richtlinie, da sie die Kriterien der Entschädigung nicht hinreichend bestimmt. Im Übrigen bestehen gegen die Vorschrift keine Bedenken. Insbesondere ist die zeitliche Beschränkung der gerichtlichen Geltendmachung auf zwei Monate hinnehmbar, weil die Richtlinie insoweit keine Vorgaben macht und die technischen Modalitäten den Mitgliedstaaten überlässt[1071].

b) § 11 Abs. 2 S. 2 Nr. 4a WpÜG n.F. / § 2 Nr. 3a WpÜG-AngVO n.F.

§ 11 Abs. 2 S. 2 Nr. 4a WpÜG n.F. fordert die Angabe der Höhe der gebotenen Entschädigung. Die Richtlinie hingegen verlangt neben der Angabe der Entschädigung die Angabe von Einzelheiten über die Art der Zahlung der Entschädigung und über die Methode der Bestimmung. Diese weiteren Anforderungen

---

[1069] Beschlussempfehlung und Bericht des Finanzausschusses, BT-Drs. 16/1541, B. Einzelbegründung Zu Artikel 1 Zu Nummer 16 (§§ 33b Abs. 2 und 5) Zu Absatz 5, S. 12.

[1070] Siehe die Ausführungen unter I.I.3.c.2), S. 211, I.I.3.c.3), S. 211.

[1071] Vgl. Erwägungsgrund (19).

stellt der Gesetzgeber in § 2 Nr. 3a WpÜG-AngVO n.F. auf. Somit entsprechen die nationalen Vorschriften den Richtlinienvorgaben.

b. § 33c WpÜG n.F.

1) § 33c Abs. 2 WpÜG n.F.

§ 33c Abs. 2 WpÜG n.F. gibt in Bezug auf die Durchbrechungsregel die Möglichkeit vor, von der Reziprozitätsregelung Gebrauch zu machen. Die Umsetzung entspricht den Vorgaben der Richtlinie. Insoweit gilt das zu § 33c Abs. 1 WpÜG n.F. Gesagte entsprechend[1072].

2) § 33c Abs. 3 WpÜG n.F.

Gleiches gilt für § 33c Abs. 3 WpÜG n.F. Die zeitliche Beschränkung entspricht den Richtlinienvorgaben in Art. 12 Abs. 5.

c. Umsetzung des Optionsmodells in anderen Mitgliedstaaten

Kaum zu erwarten war, dass sich die skandinavischen Länder, in denen es Höchststimmrechte gibt, oder Großbritannien, wo Mehrstimmrechte existieren, für eine gesetzliche Verpflichtung zur Anwendung des Art. 11 entscheiden[1073].

Nach derzeitigem Stand werden sich nur Estland, Lettland[1074] und Litauen für ein *Opt-In* bezüglich Art. 11 entscheiden.

Die übrigen Mitgliedstaaten werden voraussichtlich das *Opt-Out* nutzen.

Gleichzeitig haben folgende Staaten die Reziprozitätsregelung umgesetzt bzw. beabsichtigen dies: Dänemark[1075], Deutschland, Griechenland, Luxemburg, die Niederlande, Portugal, Slowakei, Slowenien, Ungarn[1076], Zypern und vermutlich auch Belgien.

Die anderen Mitgliedstaaten werden wahrscheinlich die Reziprozitätsregelung nicht anwenden, darunter Österreich, Frankreich[1077], Großbritannien[1078], Italien,

---

1072 Siehe dazu die Ausführungen unter H.VI.2.b.1), S. 193.

1073 Eine tabellarische Übersicht bzgl. der erwarteten bzw. vollzogenen Wahl befindet sich bei den Anlagen unter B. Anlage 2, S. 401.

1074 Zum Übernahmerecht und dem Reformbedarf durch die Übernahmerichtlinie in Lettland siehe Klauberg, EBLR 2005, 1474ff.

1075 Zu der Durchgriffsregelung aus dänischer Sicht siehe Krüger, EBLR 2004, 1461, 1472ff.

1076 In Ungarn wird die Reziprozitätsregelung auf Drittstaatenkonstellationen beschränkt.

1077 Frankreich hat lediglich Stimmrechtsbeschränkungen für die erste Hauptversammlung nach einem erfolgreichen Übernahmeangebot suspendiert. Im Übrigen wurde Art. 11 nicht verpflichtend umgesetzt, weil Vereinbarungen zwischen Gesellschaftern keine Schwierigkeit darstellen, da diese Vereinbarungen nach französischem Recht zu veröffentlichen sind. Außerdem hat die mit Art. 11 einhergehende Rechtsunsicherheit ein *Opt-In* verhindert.

Spanien, Schweden[1079], Finnland und Polen.

Damit hat sich der weit überwiegende Teil der Mitgliedstaaten gegen ein *Opt-In* in Art. 11 entschieden bzw. wird dies voraussichtlich. Die Reziprozitätsregelung wird in etwa gleichem Maße angenommen wie abgelehnt.

Die nationalen Gesetzgeber haben also vorgezogen, ihre Gesellschaften weiterhin weitgehend vor Übernahmen zu schützen. Im Vergleich zur Neutralitätspflicht haben sich nur wenige Staaten für ein *Opt-In* entschieden[1080]. Das ist nahe liegend, weil der Schutz vor Übernahmen in ausländischen Rechtsordnungen regelmäßig mittels der von der Durchgriffsregelung erfassten Möglichkeiten erreicht wird[1081].

d. Ausblick: Nutzung der Wahlmöglichkeiten

Ob deutsche Gesellschaften sich nach alledem für die Durchgriffsregelung entscheiden, wird von verschiedenen Faktoren abhängen, unter anderem von ihrem Selbstverständnis, also ob sie sich eher als Übernahmeziel oder als potentielle Bieter sehen. Zudem kommt es auch auf die Struktur der Gesellschaft an sich an. Gibt es dort keine Stimmbindungsverträge, vinkulierte Aktien und Entsendungsrechte, besteht für die Gesellschaften kein Anlass, sich gegen eine Einwahl zu entscheiden. Gleiches gälte, wenn nur Altverträge über Stimmrechtsbindungen bestünden.

Dies wird noch stärker zum Tragen kommen, wenn die Gesellschaft sich als potentielle Bieterin betrachtet.

Wie dargelegt, sind in anderen Mitgliedstaaten sowohl Mehrstimmrechte als auch Höchststimmrechte weit verbreitet. Durch eine Einwahl wäre sichergestellt, dass sich die Zielgesellschaft, sollte der andere Mitgliedstaat die Reziprozitätsregelung umgesetzt haben und die Zielgesellschaft entweder gesetzlich oder auf Grund eines *Opt-In* zur Befolgung der Durchgriffsregelung verpflichtet

1078 Zum Optionsmodell aus englischer Sicht siehe Rickford, EBLR 2004, 1379, 1396ff. In Großbritannien werden immer mehr Unternehmen durch ausländische Investoren aufgekauft. Dies wird zwar nicht grundsätzlich negativ beurteilt, allerdings wird in diesem Zusammenhang darauf hingewiesen, dass die Briten selber in Kontinentaleuropa angesichts des bestehenden Protektionismus nicht zum Zuge kämen. Vgl. FAZ vom 26. Juni 2006, S. 14.

1079 Zu der Durchgriffsregelung aus schwedischer Perspektive (insbesondere in Bezug auf die unterschiedlichen Klassen von Stimmrechtsaktien) siehe Skog, EBLR 2004, 1339, 1445f. Zur Entwicklung des Übernahmemarkts in Schweden siehe ebenfalls Skog, EBLR 2004, 1439, 1449.

1080 Siehe hierzu die tabellarische Übersicht bei den Anlagen unter B. Anlage 2, S. 401.

1081 Krause, in: BZ vom 21. Juni 2006, S. 2, geht davon aus, dass für deutsche Unternehmen das *Opt-Out* aus der Neutralitätspflicht nicht die Nachteile der in Deutschland unzulässigen, im europäischen Ausland aber zulässigen, potentiell von der Durchgriffsregelung erfassten Abwehrmaßnahmen aufwiegen kann.

sein, nicht durch die mangelnde Einwahl der Bieterin von der Anwendung der Durchgriffsregelung befreien können.

Dem Bieter würde es ermöglicht, einen entsprechenden Kontrollanteil aufzubauen und in einer ersten Hauptversammlung sowohl ggf. bestehende Entsendungsrechte als auch Mehrstimmrechte abzuschaffen.

Allerdings ist bei diesen Gedankenspielen stets zu berücksichtigen, dass eine Anwendung des Art. 11 durch die Zielgesellschaft Voraussetzung ist. Die skandinavischen Staaten werden sich gegen ein *Opt-In* bezüglich Art. 11 entscheiden. Zudem werden Finnland und Schweden die Reziprozitätsregelung nicht umsetzen. Daher wird bezüglich dieser beiden Länder die Wahl des deutschen Unternehmens keine Bedeutung erlangen.

Zudem hat sich nach derzeitigem Stand kein Staat für ein *Opt-In* entschieden und gleichfalls die Reziprozitätsregelung umgesetzt.

Die Reziprozitätsregelung gewinnt aber an Bedeutung, wenn sich Gesellschaften aus Dänemark, Griechenland, Luxemburg, den Niederlanden, Portugal, Slowakei, Slowenien oder Zypern für eine Einwahl entscheiden, da in diesen Ländern die Reziprozitätsregelung voraussichtlich ebenfalls umgesetzt wird bzw. bereits umgesetzt wurde. Ob sich die Gesellschaften der genannten Staaten allerdings für eine freiwillige Einwahl entscheiden, ist zweifelhaft.

Allerdings könnte es der Kapitalmarkt honorieren, wenn sich Gesellschaften für eine Einwahl und damit gegen Übernahmeschranken entscheiden[1082].

Unternehmen können sich, wie in Bezug auf die Neutralitätspflicht, für eine Kapitalmarktorientierung entscheiden. In Anbetracht der bereits derzeit geltenden gesetzlichen Rahmenbedingungen dürfte hierbei keine zu hohe Hürde für die Gesellschaften zu überspringen sein.

J. Ausschluss von Minderheitsaktionären, Art. 15

Art. 15 fordert die Mitgliedstaaten auf, zugunsten des Bieters einen *Squeeze Out* einzuführen.

I. Europarechtliche Unbedenklichkeit des *Squeeze Out*

Das durch Art. 15 normierte *Squeeze Out* Recht des Bieters zu Lasten der verbliebenen Minderheitsaktionäre ist in der Literatur heftig diskutiert und mehrfach aus verschiedenen Blickwinkeln analysiert worden[1083]. Ob ein *Squeeze Out*

[1082] Ebenso Bürgers/Holzborn, FAZ vom 19. April 2006, S. 25: *„Abwehrmaßnahmen bestraft der Kapitalmarkt"*. Fritz, in: Veil/Drinkuth, Übernahmerecht, 2005, S. 113, 126, geht davon aus, dass viele Gesellschaften das *Opt-In* spätestens dann nutzen werden, wenn sich ein großes deutsches Börsenunternehmen für eine Einwahl entschieden hat.

[1083] Vornehmlich ging es dabei um die Frage der Vermutungsregelungen, auf die später noch ausführlich zurückzukommen sein wird.

mit den europäischen Grundrechtsgewährleistungen vereinbar ist, wurde im Schrifttum jedoch bislang nicht bezweifelt[1084].

Die Frage stellt sich zwangsläufig, wenn man bedenkt, dass die Minderheitsaktionäre durch den *Squeeze Out* das Eigentum an ihren Aktien verlieren. Da der *Squeeze Out* durch die Richtlinie eingeführt wird, ist seine grundsätzliche Zulässigkeit auch nach Umsetzung der Vorschrift durch die Mitgliedstaaten an den entsprechenden Grundrechtsgewährleistungen des europäischen Rechts zu messen[1085].

1. Prüfungsmaßstab

Die dogmatische Grundlage für das europäische Grundrecht auf Eigentum[1086] hat der Europäische Gerichtshof schon in seinen früheren Entscheidungen festgelegt. Er wies dabei darauf hin, dass das Eigentumsrecht in der Gemeinschaftsrechtsordnung gemäß den gemeinsamen Verfassungskonzeptionen der Mitgliedstaaten gewährleistet wird[1087], die sich auch im Zusatzprotokoll zur Europäischen Menschenrechtskonvention widerspiegeln[1088].

In einer späteren Entscheidung („*Hoechst*“[1089]) betonte der Europäische Gerichtshof ausdrücklich die Gleichrangigkeit der beiden genannten Rechtsermittlungsquellen. Die Gleichrangigkeit findet sich auch im Wortlaut des Art. 6 Abs. 2 EUV wieder[1090].

Der so definierte Prüfungsmaßstab ist mittlerweile ständige Rechtsprechung und gehört zu den zum primären Gemeinschaftsrecht zählenden allgemeinen Rechtsgrundsätzen[1091].

1084 Ebenso Hoffmann-Becking (DAV), Öffentliche Anhörung des Finanzausschusses, 16. Sitzung vom 10. Mai 2006, Pr.Nr. 16/16, S. 24.

1085 Krause, BB 2004, 113, 118. Diesbezüglich wurden bislang keine anderweitigen Auffassungen vertreten. Soweit Heidel/Lochner, DB 2005, 2564, 2566, die Verfassungswidrigkeit der Regelung rügen, gilt dies nur für die Vermutungsregelungen, nicht jedoch für das Rechtsinstrument des *Squeeze Out* an sich.

1086 Calliess, in: Ehlers, Europäische Grundrechte und Grundfreiheiten, 2005, S. 462, 465, Rn. 9.

1087 Für die grundsätzliche Zulässigkeit eines *Squeeze Out* spricht daher schon die weite Verbreitung des *Squeeze Out* in den Mitgliedstaaten. Vgl. dazu etwa Rühland, Squeeze-out, 2004, S. 151ff. Ein Ausschlussrecht gab es bereits vor Umsetzung der Richtlinie etwa in Deutschland, Großbritannien, Italien, Frankreich, Niederlande und Belgien.

1088 EuGH, Rs. 44/79, Hauer ./. Land Rheinland-Pfalz, Slg. 1979, 3727 Rn. 16.

1089 EuGH, Verb. Rs. 46/87 u. 227/88, Hoechst AG ./. Europäische Kommission, Slg. 1989, 2859 Rn. 13ff.

1090 Calliess, in: Ehlers, Europäische Grundrechte und Grundfreiheiten, 2005, S. 462, 465, Rn. 9.

1091 Siehe zur Legitimation des Europäischen Gerichtshofs zur Entwicklung der Gemeinschaftsgrundrechte Streinz, Europarecht, 2005, § 5 I 2, Rn. 412f.

Fraglich ist, in wie weit die im Jahre 2000 proklamierte[1092] und im Oktober 2004 leicht modifiziert als Teil des Vertrages über eine Verfassung für Europa[1093] von den Staats- bzw. Regierungschefs in Rom feierlich unterzeichnete Charta der Grundrechte der Europäischen Union als Prüfungsmaßstab herangezogen werden kann. Besondere Bedeutung könnte in diesem Zusammenhang Art. 17 GRC (Art. II-77 VE)[1094] zukommen, der das Recht auf Eigentum als ein europäisches Grundrecht gewährleistet. Bei der Aufnahme des Art. 17 GRC hat sich der Grundrechtekonvent auf die Bestimmung des Art. 1 ZP 1 EMRK[1095], auf die gemeinsamen Verfassungstraditionen der Mitgliedstaaten[1096] und auf die Grundrechtsrechtsprechung des Europäischen Gerichtshofs gestützt[1097]. Es handelt sich also um eine Kodifikation der zurzeit schon geltenden Grundsätze. Die Heranziehung des Art. 17 GRC ist somit trotz fehlender Rechtskraft zulässig[1098].

2. Eröffnung des Schutzbereiches des Eigentumsrechts

Der Schutzbereich des gemeinschaftsrechtlichen Eigentumsrechts umfasst nach allgemeiner Ansicht das Eigentum an Aktien. Der Europäische Gerichtshof hat zwar bislang noch nicht die Möglichkeit gehabt, dies ausdrücklich zu bestätigen, es ergibt sich jedoch daraus, dass das Eigentum im Gemeinschaftsrecht ein Produkt der Rechtsordnungen der Mitgliedstaaten ist[1099], so dass bezüglich seines Inhalts an das bürgerliche Recht der Mitgliedstaaten anzuknüpfen ist. Die Aktien fallen auch unter den Eigentumsbegriff i.S.d. Ersten Zusatzprotokolls, wie die Konventionsorgane der EMRK bereits frühzeitig anerkannt haben[1100].

[1092] Charta der Grundrechte der Europäischen Union, ABl. C 364/01 v. 18. Dezember 2000 („GRC").

[1093] Vertrag über eine Verfassung für Europa, ABl. C 310/01 v. 16. Dezember 2004 („VE").

[1094] Die beiden Fassungen der Charta weichen in Bezug auf die Eigentumsgarantie nicht von einander ab. Da sich viele Materialien und insbesondere die Rechtsprechung des Europäischen Gerichtshofs auf die frühere Nummerierung beziehen, wird diese in der Arbeit verwendet.

[1095] Europäische Menschenrechtskonvention vom 4. November 1950, in Kraft getreten am 3. September 1953, Bekanntmachung v. 15. Dezember 1953, BGBl. II/1954, S. 14. Erläuterungen des Präsidiums des Europäischen Konvents, ABl. 2004, C 310, 436f., 457.

[1096] Erläuterungen des Präsidiums des Europäischen Konvents, ABl. 2004, C 310, 437.

[1097] Erläuterungen des Präsidiums des Europäischen Konvents, ABl. 2004, C 310, 437. Ausdrücklich benannt wurde etwa EuGH, Rs. 44/79, Hauer ./. Land Rheinland-Pfalz, Slg. 1979, 3727. Vgl. Bernsdorff, in: Meyer, Charta der Grundrechte, Art. 17, Rn. 1.

[1098] Ebenso Jarass, EU-Grundrechte, 2005, S. 257 Rn. 1.

[1099] Vgl. Calliess, in: Ehlers, Europäische Grundrechte und Grundfreiheiten, 2005, S. 462, 467 Rn. 14.

[1100] Fleischer/Schoppe, Der Konzern 2006, 329, 332.

3. Art. 15 als Eingriff in das Eigentumsrecht

Art. 17 Abs. 1 GRC ist zu entnehmen, dass ein Eingriff in das Eigentum gegeben ist, wenn eine eigentumsfähige Position entzogen oder ihre Nutzung, Verfügung oder Verwertung Beschränkungen unterworfen wird[1101].

Grundsätzlich kommen drei Arten des Eingriffes in Betracht[1102]: die Eigentumsentziehung, die Nutzungsregelung sowie die sonstige Beeinträchtigung[1103].

Das Recht des Bieters, die Aktien der Minderheitsaktionäre zwangsweise zu erwerben, könnte den schärfsten Eingriff in das Eigentumsrecht, nämlich eine Eigentumsentziehung, darstellen[1104].

Der Einstufung des *Squeeze Out* als Eigentumsentziehung ist allerdings entgegenzuhalten, dass der Eigentumsentzug hier nicht zu Gunsten der unmittelbaren Verwirklichung eines im öffentlichen Interesse liegenden Ziels erfolgt, sondern eine Eigentumsübertragung zwischen Privatpersonen darstellt, die vor allem den Interessen der begünstigten Partei (dem Bieter) dient. Möglich ist daher auch, hierin eine sonstige Beeinträchtigung zu sehen.

Nicht in Betracht kommt hingegen eine Charakterisierung als Nutzungsregelung. Eine solche liegt vor, wenn dem Berechtigten ein bestimmter Nutzungsgrad an dem Eigentumsgegenstand verbleibt, es also zu keinem den Gegenstand betreffenden Rechtsübergang kommt[1105]. Das ist bei einem *Squeeze Out* nicht gegeben.

Die sonstige Beeinträchtigung hat Auffangcharakter, sofern sich die Maßnahme nicht als Entziehung oder Nutzungsregelung charakterisieren lässt. Entwickelt wurde sie von der Europäischen Kommission für Menschenrechte im Fall *Bramelid und Malmström*[1106]. Die Literatur begrüßt weit überwiegend die in diesem

---

[1101] Calliess, in: Ehlers, Europäische Grundrechte und Grundfreiheiten, 2005, S. 462, 469 Rn. 18. Calliess weist darauf hin, dass dieser Definition die Rechtsprechung des Europäischen Gerichtshofs zugrunde liegt, der seinerseits die Konzeption des Eigentumseingriffs von der EMRK übernommen hat.

[1102] Das entspricht der Einteilung im Rahmen der Rechtsprechung des Europäischen Gerichtshofs für Menschenrechte. Siehe etwa EGMR, Urteil v. 23. September 1982, Ziff. 61, 65 Sporrong und Lönnroth, EuGRZ 1983, 523. Vgl. Grabenwarter, EMRK, 2005, § 25 Rn. 8ff.

[1103] Vgl. Jarass, EU-Grundrechte, 2005, S. 274f. Rn. 37. A.A. Bernsdorff, in: Meyer, Charta der Grundrechte, Art. 17 Rn. 21 Fn. 376, der die sonstige Beeinträchtigung zwar nicht aus dem Schutzbereich des Eigentumsrechts ausklammern will, sie aber nicht als eigenständige Form anerkennt. Wie Bernsdorff wohl auch Calliess, in: Ehlers, Europäische Grundrechte und Grundfreiheiten, 2005, S. 462, 469 Rn. 18.

[1104] Die Winter-Gruppe hat in ihrem Bericht das *Squeeze Out* Instrument als Eigentumsentziehung eingestuft. Winter-Bericht, S. 71.

[1105] Jarass, EU-Grundrechte, 2005, S. 268 Rn. 25; Calliess, in: Ehlers, Europäische Grundrechte und Grundfreiheiten, 2005, S. 462, 469f. Rn. 18

[1106] EKMR, Beschluss v. 12. Oktober 1982, Nr. 8588/79 und 8589/79, Bramelid und Malmström, EuGRZ 1983, 428.

Fall vorgenommene Differenzierung[1107]. Danach scheidet eine Eigentumsentziehung aus, wenn die in Rede stehende Vorschrift nicht in erster Linie im öffentlichen Interesse liegt, sondern die Ausgestaltung der Privatrechtsordnung zwischen Aktionären betrifft[1108]. Legt man dieses Verständnis zu Grunde, ist der *Squeeze Out* nicht als Eigentumsentziehung, sondern als eine „sonstige Beeinträchtigung" des Eigentums i.S.d. Art. 1 Abs. 1 S. 1 ZP 1 EMRK zu qualifizieren[1109], wenn man, wie hier vertreten, die „Dreiteilung" des Eigentumsrecht annimmt und nicht die „sonstigen Beeinträchtigungen" als Unterfall der Entziehung einstuft.

Die Subsumtion unter die „sonstigen Beeinträchtigungen" ist vorzugswürdig, weil die Gewährleistung des Eigentumsrechts i.S.d. Art. 17 GRC auch auf Art. 1 ZP gestützt wird[1110]. Insoweit ist eine identische Anknüpfung nahe liegend[1111].

Demgegenüber betrachtet der französische *Cour de cassation Squeeze Out* Regelungen als Eigentumsentziehungen[1112].

In der deutschen Rechtsprechung wird der *Squeeze Out* hingegen nicht als Eigentumsentziehung, sondern als nach Art. 14 Abs. 1 S. 2 zulässige Inhalts- und Schrankenbestimmung gewertet[1113].

Somit finden sich in den Mitgliedstaaten unterschiedliche Interpretationsmöglichkeiten.

[1107] Fleischer/Schoppe, Der Konzern 2006, 329, 334 m.w.N.

[1108] EKMR, Beschluss v. 12. Oktober 1982, Nr. 8588/79 und 8589/79, Bramelid und Malmström, EuGRZ 1983, 428.

[1109] Fleischer/Schoppe, Der Konzern 2006, 329, 334.

[1110] Siehe den Nachweis in Fn. 1095.

[1111] Jarass, EU-Grundrechte, 2005, S. 22 Rn. 22f., geht ebenfalls von einer hohen Bedeutung der Rechtsprechung des Europäischen Gerichtshofs für Menschenrechte für den Europäischen Gerichtshof aus. Der Europäische Gerichtshof hat sich dahingehend geäußert, dass der Rechtsprechung des Europäischen Gerichtshofs für Menschenrechte *„Rechnung zu tragen"* und sie *„zu berücksichtigen"* ist. Vgl. EuGH, Rs. 247/99, Limburgse Vinyl Maatschappij (LVM) u.a. ./. Kommission der Europäischen Gemeinschaften, Slg. 2002, I-8375, 8709 Rn. 274; EuGH, Rs. 94/00, Roquette Frères SA ./. Directeur général de la concurrence u.a., Slg. 2002, I-9011, 9039, 9054 Rn. 29. Ausführlich zum Verhältnis der Rechtsprechung des Europäischen Gerichtshofs für Menschenrechte zur Rechtsprechung des Europäschen Gerichtshofs Dippel, Kompetenzabgrenzung EGMR / EuGH, 2004, S. 65ff.

[1112] Fleischer/Schoppe, Der Konzern 2006, 329, 333.

[1113] Das BVerfG hat sich zu der Rechtsqualität im Zusammenhang mit dem *Squeeze Out* zwar noch nicht geäußert. Allerdings geht es für benachbarte Rechtsinstrumente stets von einer Inhalts- und Schrankenbestimmung aus. Vgl. dazu etwa Lenz/Leinekugel, Eigentumsschutz, 2004, S. 12ff.; Grunewald, in: Kropff/Semler, Münchener Kommentar AktG, 2004, Vor § 327a AktG Rn. 6ff. m.w.N.

Ob der Europäische Gerichtshof der Europäischen Kommission für Menschenrechte folgt, ist vor diesem Hintergrund noch unklar, zumal es bis jetzt keine EuGH-Rechtsprechung zur Frage der Eigentumsentziehung gibt[1114].

Letztendlich kann dieses Problem hier dahin stehen, da es erst bei der Rechtfertigung eines Eingriffs an Bedeutung gewinnt, insbesondere in Bezug auf die Frage, ob der zu rechtfertigende Eigentumseingriff im öffentlichen Interesse erfolgt.

In diesem Zusammenhang ist bereits festzuhalten, dass auch die Konventionsorgane der EMRK, die den Eingriff als eine „sonstige Beeinträchtigung" des Eigentums betrachten, nur eine nicht ausschließlich dem Privatinteresse dienende Maßnahme als rechtfertigungsfähig ansehen[1115]. Mithin fordern sie, ähnlich wie bei einem Eigentum entziehenden Eingriff, ein öffentliches Interesse an den Maßnahmen.

Im Ergebnis ist die dogmatische Verortung auch deshalb nicht entscheidend, weil der durch Art. 17 GRC vermittelte Schutz jedenfalls nicht hinter dem nach der EMRK gewährten Schutz zurückbleiben darf[1116].

4. Rechtfertigung des Eingriffs

Eine sonstige Beeinträchtigung kann gemeinschaftsrechtlich nur gerechtfertigt werden, wenn sie gesetzlich vorgesehen ist[1117]. Dies lässt sich aus Art. 17 S. 1 GRC ableiten.

a. Gesetzliche Regelung

Gesetzlich vorgesehen ist die Eigentumsentziehung, wenn sie in einem der in Art. 249 EG aufgezählten Rechtsakte enthalten ist[1118]. Da der *Squeeze Out* in einer Richtlinie geregelt ist, ist die erste Voraussetzung erfüllt.

[1114] Calliess, in: Ehlers, Europäische Grundrechte und Grundfreiheiten, 2005, S. 462, 471 Rn. 21.

[1115] EGMR, Urteil v. 23. September 1982, Ziff. 69, Sporrong und Lönnroth, EuGRZ 1983, 523; EKMR, Beschluss v. 12. Oktober 1982, Nr. 8588/79 und 8589/79, Bramelid und Malmström, EuGRZ 1983, 428; EGMR, Beschluss v. 30. März 2000, Nr. 44324/98, Kind, Rn. 6. Vgl. Wegener, in: Ehlers, Europäische Grundrechte und Grundfreiheiten, 2005, S. 142 Rn. 38.

[1116] Siehe Art. 52 Abs. 3 GRC, sowie die Erläuterungen des Präsidiums des Europäischen Konvents, ABl. 2004, C 310, 456.

[1117] Vgl. Jarass, EU-Grundrechte, 2005, S. 274f. Rn. 38.

[1118] Calliess, in: Ehlers, Europäische Grundrechte und Grundfreiheiten, 2005, S. 462, 473 Rn. 27.

b. Öffentliches Interesse

Zudem muss die sonstige Beeinträchtigung im öffentlichen Interesse liegen, wobei angesichts der Rechtsprechung der Mitgliedstaaten und der Europäischen Kommission für Menschenrechte bzw. des Europäischen Gerichtshofs für Menschenrechte darunter auch der Entzug des Eigentums zugunsten Privater fällt, soweit damit auch Belange der Allgemeinheit verwirklicht werden[1119]. Bezüglich der Frage, wann ein öffentliches Interesse gegeben ist, steht dem Gesetzgeber ein Beurteilungsspielraum („*margin of appreciation*") zu[1120].

Zwar wird durch das *Squeeze Out* Instrument Privaten ermöglicht, Aktien von anderen Personen gegen deren Willen zu erwerben. Gleichwohl ist die Übertragung nicht ausschließlich in privatem Interesse sondern auch im öffentlichen Interesse.

Durch den *Squeeze Out* werden einerseits verschiedene für den Mehrheitsaktionär aus den Minderheitsbeteiligungen entstehende Risiken abgewendet und Opportunitätskosten minimiert[1121]. Andererseits wird dadurch die Konkurrenzfähigkeit der Unternehmen verbessert und die Liquidität der Wertpapiermärkte gesteigert[1122]. Die Stärkung der Funktionsfähigkeit der Märkte wird von den Konventionsorganen als hinreichendes öffentliches Interesse verstanden[1123]. Es ist nicht ersichtlich, weshalb der Europäische Gerichtshof diese Wertung nicht übernehmen sollte. Dies gilt umso mehr, als hierdurch zu einem vollendeten Binnenmarkt beigetragen wird.

c. Entschädigung

Für die Verhältnismäßigkeit des Eingriffs ist schließlich das Vorliegen einer „*rechtzeitigen angemessenen Entschädigung für den Verlust des Eigentums*" (Art. 17 GRC) unentbehrlich. Obwohl der Europäische Gerichtshof dies in seiner bisherigen Rechtsprechung nicht ausdrücklich bestätigt hat[1124], ergibt sich

---

[1119] Fleischer/Schoppe, Der Konzern 2006, 329, 334; Jarass, EU-Grundrechte, 2005, S. 274 Rn. 38. Ebenso Calliess, in: Ehlers, Europäische Grundrechte und Grundfreiheiten, 2005, S. 462, 473 Rn. 27, allerdings ausgehend von der Einordnung als Eigentumsentziehung.

[1120] Bernsdorff, in: Meyer, Charta der Grundrechte, Art. 17 Rn. 22.

[1121] Winter-Bericht, S. 70.

[1122] Winter-Bericht, S. 72.

[1123] EGMR, Beschluss v. 30. März 2000, Nr. 44324/98, Kind, Rn. 6. EKMR, Beschluss v. 12. Oktober 1982, Nr. 8588/79 und 8589/79, Bramelid und Malmström, Rn. 1, EuGRZ 1983, 428. Diese Ansicht, wonach nicht auf ein öffentliches Interesse im Einzelfall, sondern ein allgemeines öffentliches Interesse ausreichend ist, hat in der Literatur ausdrücklich Zustimmung gefunden. Siehe etwa Krohn, EBLR 2004, 159, 168.

[1124] Der Europäische Gerichtshof weist aber in der Rs. 5/88, Wachauf ./. Bundesanstalt für Ernährung und Forstwirtschaft, Slg. 1989, 2609 Rn. 19 darauf hin, dass es mit den Erfordernissen des Grundrechtsschutzes unvereinbar ist, wenn eine Maßnahme der Gemeinschaft den Betroffenen „*entschädigungslos um die Früchte seiner Arbeit und der von ihm (...) vorge-*

der Grundsatz aus den Verfassungsüberlieferungen der Mitgliedstaaten[1125] sowie aus der Rechtsprechung des Europäischen Gerichtshofs für Menschenrechte zu Art. 1 ZP 1 EMRK.

Das Fehlen einer Entschädigungsregelung führt also in jedem Fall zu einer Unverhältnismäßigkeit des Eingriffs und der Unmöglichkeit seiner Rechtfertigung[1126].

Nicht abschließend geklärt ist die Frage, ob die angemessene Abfindung eine volle wirtschaftliche Kompensation der entzogenen Eigentumsposition darstellen muss. Im Fall *Bramelid und Malmström* hat die Europäische Kommission für Menschenrechte betont, dass privatrechtliche Vorschriften, die eine Privatperson verpflichten, ihr Eigentum auf eine andere Privatperson zu übertragen unter anderem nur dann gerechtfertigt sind, wenn die Übertragung nicht zu einem Ungleichgewicht führt, bei dem eine Privatperson willkürlich und ungerecht ihres Eigentums zu Gunsten einer anderen Privatperson beraubt wird[1127].

Die Richtlinie enthält jedenfalls eine Entschädigungsregelung in Art. 15 Abs. 5. Dieser besagt, dass den ausgeschlossenen Aktionären eine angemessene Abfindung zusteht.

5. Ergebnis

Von einer grundsätzlichen Zulässigkeit der Einführung eines *Squeeze Out* Instruments auf europäischer Basis ist auszugehen.

Die vorgenommene Prüfung hat gezeigt, dass Aktien zwar unter den europarechtlichen Eigentumsbegriff fallen, eine sonstige Beeinträchtigung unter bestimmten Voraussetzungen aber dennoch zulässig ist.

Eine gesetzliche Grundlage und das öffentliche Interesse liegen ebenso wie eine Entschädigungsregelung vor.

Ob die Entschädigungsregelung den Vorgaben des europäischen Eigentumsrechts entspricht, soll an dieser Stelle offen gelassen werden[1128].

Hier ist zunächst einmal festzuhalten, dass gegen ein *Squeeze Out* Recht auf europäischer Ebene keine grundsätzlichen Bedenken bestehen.

---

nommenen Investitionen“ bringt.

[1125] Siehe Bernsdorff, in: Meyer, Charta der Grundrechte, Art. 17 Rn. 2, mit Nachweisen aus den Verfassungen der Mitgliedstaaten der EU.

[1126] Calliess, in: Ehlers, Europäische Grundrechte und Grundfreiheiten, 2005, S. 462, 473 Rn. 27.

[1127] EKMR, Beschluss v. 12. Oktober 1982, Nr. 8588/79 und 8589/79, Bramelid und Malmström, EuGRZ 1983, 428.

[1128] Hierauf wird unter J.III.1.b.1)a)(5), S. 314, zurückzukommen sein.

II. Voraussetzungen des *Squeeze Out*

1. Darlegung der umzusetzenden Richtlinienbestimmung

a. Anwendungsbereich des *Squeeze Out*

Bei Erreichen eines bestimmten Schwellenwertes nach einem an alle Wertpapierinhaber der Zielgesellschaft gerichteten Angebots für sämtliche Wertpapiere findet das Ausschlussrecht gemäß Art. 15 Abs. 1 Anwendung. Die Wertpapiere müssen mindestens zum Teil zum Handel an einem geregelten Markt im Sinne der Wertpapierdienstleistungsrichtlinie zugelassen sein[1129].

b. Vorgaben bezüglich der Schwellenwerte

Nach Art. 15 Abs. 2 ist sicherzustellen, dass ein Bieter von den Wertpapierinhabern verlangen kann, ihm ihre Wertpapiere zu einem angemessenen Preis zu verkaufen, sofern er a) Wertpapiere hält die mindestens 90 % des stimmberechtigten Kapitals der Zielgesellschaft und 90 % der Stimmrechte der Zielgesellschaft entsprechen[1130], oder er sich b) zumindest vertraglich verpflichtet hat, Wertpapiere zu erwerben, die mindestens 90 % des (vom Angebot betroffenen)[1131] stimmberechtigten Kapitals der Zielgesellschaft und 90 % der vom Angebot betroffenen Stimmrechte entsprechen. Im erstgenannten Fall ist eine Erhöhung des Schwellenwertes auf maximal 95 % zulässig.

1) Bestimmung der maßgeblichen Bezugsgröße

Unablässig ist es, den Wortlaut von Alternative b) zu untersuchen, da er, im Unterschied zur Alternative a), nicht hinreichend klar formuliert ist.

Alternative b) lautet: „*er* [der Bieter] *hat durch Annahme des Angebots Wertpapiere erworben, oder sich fest vertraglich verpflichtet, solche Wertpapiere zu erwerben, die mindestens 90 % des stimmberechtigten Kapitals der Zielgesellschaft und 90 % der vom Angebot betroffenen Stimmrechte entsprechen.*"

Die deutsche Formulierung ist rätselhaft. Nimmt man sie wörtlich, so könnte nach Alternative b) niemand, der bereits 10 % des stimmberechtigten Kapitals innehat, einen *Squeeze Out* durchführen[1132]. Nach einem Pflichtangebot wäre ein *Squeeze Out* damit ebenfalls nicht möglich. Dies folgt daraus, dass derjenige, der bereits Anteile von mehr als 10 % des stimmberechtigten Kapitals hält,

---

[1129] Vgl. dazu bereits die Ausführungen in A.I., S. 29.

[1130] Der Winter-Bericht (S. 75 unten) und der Kommissionsvorschlag von 2002 („*a) Der Bieter hält entweder Wertpapiere der Zielgesellschaft im Wert von mindestens 90 % des Gesellschaftskapitals*") stellten hingegen lediglich auf das Gesellschaftskapital ab.

[1131] Siehe hierzu sogleich die Ausführungen unter J.II.1.b.1).

[1132] Für diese Interpretation Hopt/Mülbert/Kumpan, AG 2005, 109, 115.

denknotwendigerweise niemals 90 % des stimmberechtigten Kapitals *durch das Angebot* erwerben kann.

Die Regelung ist also ihrem Wortlaut nach völlig verunglückt, wie ein Vergleich zur Regelung des Art. 15 Abs. 5 S. 5 zeigt. Dieser bestimmt, dass die Gegenleistung bei einem Pflichtangebot für den *Squeeze Out* als angemessen gilt[1133] – eine Regelung, welche in Alternative b) gegenstandslos wäre. In keinem Mitgliedstaat der EU liegt die Schwelle zum Kontrollerwerb unterhalb von 10 %[1134]. Es könnte danach nie einen *Squeeze Out* nach einem Pflichtangebot geben.

Es kann nicht beabsichtigt sein, dass der Gesetzgeber in Alternative b) das *Squeeze Out* Recht zu einem erheblichen Teil leer laufen lassen wollte. Dies erscheint vor allem deshalb unwahrscheinlich, weil es dem nationalen Gesetzgeber überlassen bleiben sollte, zu entscheiden, welche Alternative er in nationales Recht umsetzt[1135].

Die englische Sprachfassung hilft weiter: „*b) where, following acceptance of the bid, he/she has acquired or has firmly contracted to acquire securities representing not less than 90 % of the offeree company's capital carrying voting rights and 90 % of the voting rights comprised in the bid*" . Hier ist es zumindest vertretbar, den Zusatz „*comprised in the bid*" auf beide Bedingungen zu beziehen[1136].

Der überwiegende Teil der Literatur geht daher, wie selbstverständlich, davon aus, dass es nur darauf ankommt, ob für 90 % der Anteile das Angebot angenommen wurde[1137]. Unklar bleibt, ob von diesen Literaturstimmen das Problem der Sprachfassung überhaupt erkannt wird, oder sie den Wortlaut bereits anders interpretieren[1138].

[1133] Hierzu später mehr unter J.III., S. 306 sowie zur Frage der Widerleglichkeit der Vermutung unter J.III.1.b.1), S. 307.

[1134] Vgl. die Nachweise in Fn. 411. Die Richtlinie überlässt es den Mitgliedstaaten, den prozentualen, die Kontrolle begründenden Anteil zu bestimmen (Art. 5 Abs. 3; vgl. dazu die Ausführungen unter E.I.1., S. 77).

[1135] Vgl. dazu die Ausführungen und Nachweise unter J.II.3.a., S. 253.

[1136] Dies war nach Maul, NZG 2005, 151, 157, beabsichtigt. Auch Krause, BB 2004, 113, 118, versteht die Richtlinie in Anbetracht der englischen Fassung in diesem Sinne.

[1137] So offensichtlich Hasselbach, ZGR 2005, 387, 392f.; Maul/Muffat-Jeandet, AG 2004, 306, 316.

[1138] Hasselbach, ZGR 2005, 387, 392 scheint bereits den Wortlaut anders zu verstehen, da er schreibt, es komme darauf an, „ob der Bieter Wertpapiere erworben oder sich zu deren Erwerb verpflichtet hat, die mind*estens 90 % des stimmberechtigten Kapitals und der Stimmrechte entsprechen, die* ***Gegenstand des Angebots*** *waren, also von dem Bieter (…) bei Abgabe des Angebots noch nicht gehalten werden*" (Hervorhebung durch den Verfasser). Ähnlich Austmann/Mennicke, NZG 2004, 846, 847: „*(2) der Bieter hat durch Annahme des öffentlichen Angebots mindestens 90 % des stimmberechtigten Kapitals der Gesellschaft und gleichzeitig mindestens 90 % der Stimmrechte, die Gegenstand des Angebots waren, erworben*".

Aufschlussreich ist auch der Wortlaut des Kommissionsvorschlags von 2002. Dessen Art. 14 Abs. 1 lit. b) lautet wie folgt: „*oder er* [der Bieter] *hat durch Annahme des Angebots Wertpapiere erworben, die mindestens 90 % des Gesellschaftskapitals entsprechen, das Gegenstand des Angebots war*". Der Kommissionsvorschlag setzte also ausdrücklich den Schwellenwert in Bezug zu der Annahme des Angebots.

Die nachfolgende Änderung im Wortlaut der Vorschrift ergab sich aus der Tatsache, dass in mehreren Mitgliedstaaten Mehrstimmrechte bestehen[1139]. Eine Änderung des Sinngehalts war hingegen nicht beabsichtigt[1140].

Der *Winter*-Bericht ist ebenfalls eindeutig. Auch er knüpft das Ausschlussrecht alternativ an einen bestimmten Prozentsatz des Kapitals an oder durch Bezugnahme auf den Anteil, „*für den das Angebot angenommen wurde, das heißt das Angebot muss von Aktionären angenommen worden sein, die mindestens 90 % des Aktienkapitals halten, für das das Angebot abgegeben wurde*"[1141].

Berücksichtigt man zudem noch, dass die Regelung in lit. b) auf das englische Recht zurückgeht und dieses widerspiegeln sollte[1142], ist davon auszugehen, dass es sich bei dem deutschen Wortlaut um ein Redaktionsversehen handelt.

So wurde auch in Kreisen der Kommission diese Auslegung zunächst ohne jede weitere Diskussion angenommen[1143], später aber erkannt, dass die deutsche Fas-

---

[1139] Für Deutschland hingegen ist die Regelung mit dem KonTraG (Gesetz zur Kontrolle und Transparenz im Unternehmensbereich v. 27. April 1998, BGBl. I/1998, S. 786) praktisch bedeutungslos geworden, sieht man einmal vom VW-Gesetz ab.

[1140] Ausgenommen ist die differenzierte Regelung der Annahmeschwelle.

[1141] Winter-Bericht, S. 14, 75. Auffällig ist hingegen S. 69 des Winter-Berichts in Bezug auf das Andienungsrecht. Dort wird zur Höhe der Gegenleistung ausgeführt, dass diese in einigen Mitgliedstaaten denselben Bedingungen entsprechen muss wie sie in dem vorausgehenden Angebot von dem Hauptaktionär geboten wurde („*ausgehend von der widerlegbaren Vermutung, dass diese Bedingungen gerecht sind, wenn der Bieter* ***aufgrund des Angebots über 90 % des Aktienkapitals*** *der betreffenden Gattung* ***besitzt***") (Hervorhebung durch den Verfasser). Dies entspräche eher dem Wortlaut der Richtlinie. Allerdings sagt es nicht zwingend etwas darüber aus, ob der Bieter bereits zuvor Anteile innehatte. Im Unterschied zur Richtlinie geht es hier nämlich um den Besitz, nicht den Erwerb.

[1142] Siehe dazu später unter J.II.2., S. 251.

[1143] Maul/Muffat-Jeandet, AG 2004, 306, 317. Die zuerst Genannte ist als Nationale Expertin bei der Kommission tätig, letztere ist Beamtin der EG-Kommission. Natürlich geben die von ihnen geäußerten Ansichten nur ihre jeweiligen persönlichen Ansichten wieder. Indes deutet dies darauf hin, dass die Vorschrift in dem von Ihnen verstandenen Sinn beabsichtigt war, da sie sie ohne Hinweis auf einen möglichen Widerspruch zur Richtlinie dargestellt haben. Sie beschreiben lit. b) wie folgt: „*er muss vorschreiben, dass das Ausschlussrecht ausgeübt werden kann, wenn der Bieter infolge der Annahme des Angebots Wertpapiere erworben oder sich vertraglich verpflichtet hat, solche Wertpapiere zu erwerben, die mindestens 90 % des stimmberechtigten Kapitals und der Stimmrechte der Zielgesellschaft, die Gegenstand des Angebots waren, entsprechen*".

sung dieses Ergebnis nicht ohne weiteres trägt[1144].

2) Auswirkungen der Schwellenwerte

Die Berechnungsmethode a) stellt allein auf den Anteil des Bieters am Kapital und den Stimmrechten der Zielgesellschaft ab, während die Berechnungsmethode b) darauf abstellt, wie viele Anteile der Bieter infolge des Angebots hinzuerworben hat.

Die zweite Alternative ist durch ihren Bezug auf den Erfolg des vorausgehenden Angebots stärker übernahmerechtlich geprägt. Keine Berücksichtigung findet bei Methode b), ob bzw. wie viele Anteile der Bieter vor Abgabe des Angebots innehatte. Unerheblich ist auch, ob der Bieter nach dem Angebot eine 90 %-ige Beteiligung am Grundkapital hält. Das ist zum einen nicht erforderlich[1145], zum anderen nicht stets ausreichend[1146]. Außerdem wird es bei ihr, je höher der Anteil des Bieters vor Abgabe des Angebots war, relativ schwieriger für den Bieter, die 90 %-Hürde zu überspringen[1147]. Das hat auch die *Winter*-Gruppe gesehen, aber unter dem Gesichtspunkt des *„progressiven Minderheitenschutzes“* begrüßt[1148].

3) Berechnung der Schwellenwerte und Ausübungsfrist

Die Berechnung des Schwellenwertes erfolgt nach mitgliedstaatlichen Vorschriften. Im Falle der Ausgabe mehrerer Aktiengattungen durch die Zielgesellschaft können die Mitgliedstaaten vorsehen, dass das Ausschlussrecht nur in derjenigen Gattung besteht, in der die obigen Schwellen erreicht sind[1149].

1144 Maul, NZG 2005, 151, 157 (Fn. 12), bemerkt zutreffend, dass die deutsche Fassung den Begriff *„vom Angebot betroffenen“* lediglich auf die Stimmrechte, nicht aber auf das Kapital bezieht. Der englische Ursprungstext hingegen enthalte, wie es gewünscht worden sei, eine Bezugnahme auf beide Alternativen.

1145 Allerdings wird dies regelmäßig der Fall sein, sollte man keinen *Squeeze Out* nach Gattungen zulassen. Dies ergibt sich daraus, dass selbst ein Bieter, der vor der Angebotsabgabe gar keine Aktien hält, zumindest 90 % der außenstehenden Aktien (und damit regelmäßig der Anteile am Grundkapital) erwerben muss. Je mehr Aktien er aber bereits innehat, umso mehr muss er prozentual gesehen noch hinzuerwerben. Vgl. auch Rühland, NZG 2001, 448, 451 mit einer Studie zum vergleichbaren englischen *Squeeze Out* Recht.

1146 Ausreichend ist eine 90 %-ige Beteiligung am Grundkapital nicht, wenn nicht gleichzeitig 90 % der vom Angebot betroffenen Anteile erworben wurden (bzw. sich zu einem solchen Erwerb vertraglich verpflichtet wurde). So bereits Hasselbach, ZGR 2005, 387, 393.

1147 Hasselbach, ZGR 2005, 387, 393 verdeutlicht dies an einem Beispiel. Mißverständlich ist allerdings bei ihm die Formulierung *„70 % der ihm bis dahin noch nicht gehörenden Anteile dazu erworben hat“*. Gemeint sind 70 % der gesamten Anteile.

1148 Winter-Bericht, S. 75.

1149 Im Gegensatz dazu sah der Kommissionsvorschlag von 2002 in Art. 14 Abs. 2 Uabs. 2 ebenso wie die Empfehlung der Winter-Gruppe (S. 14, 75, 78) noch ein zwingend auf die Gattung begrenztes Ausschlussrecht vor, in der der Schwellenwert erreicht wurde.

Das Ausschlussrecht ist innerhalb von drei Monaten nach Ablauf der Angebotsfrist auszuüben (Art. 15 Abs. 4)[1150].

2. Europäischer Hintergrund sowie Regelungen in einzelnen Mitgliedstaaten

In Europa ist das *Squeeze Out* Recht ein weit verbreitetes Rechtsinstrument[1151], für dessen Einführung im Zusammenhang mit Übernahmeangeboten viele Gründe sprechen. Ein wesentlicher Grund liegt darin, es dem Bieter, der ein Gesamtübernahmeangebot abgeben musste, zu erlauben, einen (verbleibenden) kleinen Teil noch ausstehender Wertpapiere einzusammeln[1152]. Die Ermöglichung eines *Squeeze Out* ab einer bestimmten Prozentschwelle (mind. 90 %) kann darüber hinaus den Bieter dazu veranlassen, ein entsprechend „gutes" Angebot abzugeben, um nachher einen *Squeeze Out* durchführen zu können[1153].

Weitere Gründe sind die Beschleunigung und Erleichterung der Konzernreorganisation und die Reduzierung des erheblichen Kostenaufwands durch Kleinstbeteiligungen, hervorgerufen durch die notwendige Beachtung minderheitsschützender Normen[1154]. Auch ist die Gefahr nicht von der Hand zu weisen, Minder-

---

[1150] Der Kommissionsvorschlag von 2002 sah noch keine Beschränkung des Ausschlussrechts auf drei Monate nach Ablauf der Annahmefrist vor (Art. 14 Abs. 4 des Vorschlags). Stattdessen knüpfte dieser Vorschlag die Beurteilung der Angemessenheit der Gegenleistung an die Drei-Monats-Frist an. Der Winter-Bericht sah bei Nichteingreifen der Angemessenheitsvermutung gleichfalls eine Festlegung durch einen unabhängigen Sachverständigen vor. Vgl. Winter-Bericht, S. 3, 14.

[1151] Einen rechtsvergleichenden Überblick bietet das Forum Europaeum Konzernrecht, ZGR 1998, 672, 734ff. Vgl. auch Sieger/Hasselbach, NZG 2001, 926ff. sowie Grundmann, Europäisches Gesellschaftsrecht, 2004, S. 461 Rn. 977. Das Forum Europaeum Konzernrecht besteht aus einem *steering committee.* Es ist ein privates Projekt, welches von der Thyssenstiftung gefördert wird und die Ausarbeitung von Vorschlägen für ein einheitliches europäisches Konzernrecht zum Ziel hat. Siehe auch Rühland, Squeeze-out, 2004, S. 151ff.

[1152] Vgl. die Ausführungen der Winter-Gruppe, Winter-Bericht, S. 71 *„Das Recht auf „Squeeze-out" kann daher als Gegenstück zum obligatorischen Angebot betrachtet werden."* Diese Prämisse bezweifelt Hopt, ZHR 161 (1997), 368, 390, da auch Mehrheitsaktionäre, welche ihre Wertpapiere nicht durch ein Pflichtangebot erworben haben, vor die gleichen Probleme gestellt seien.

[1153] Vgl. Fleischer, ZGR 2002, 757, 761.

[1154] Vgl. etwa die Regierungsbegründung zur Einführung der §§ 327a ff. AktG, BT-Drs. 14/7034, S. 31, 32. Ehricke/Roth, DStR 2001, 1120. Zwar könnten die Minderheitsaktionäre möglicherweise auch durch Verhandlungen zu einem Verkauf der Anteile bewegt werden, dies dürfte aber nur zu einem deutlich höheren Preis gelingen, da einige wenige Aktionäre einen ähnlichen Kostenaufwand verursachen wie ein größerer Anteil an Minderheitsaktionären. Dieses Problem wird von Rechtsökonomen als „Holdout-Problem" bezeichnet. Vgl. die Nachweise bei Fleischer, ZGR 2002, 757, 762. Der Ausschluss der Minderheitsaktionäre minimiert den Aufwand für die jährliche ordentliche Hauptversammlung: Die Kosten für die Einberufung und Durchführung fallen damit in Zukunft nahezu vollständig weg. Dies betrifft

heitsaktionäre könnten ihre Rechte missbrauchen[1155]. Zudem wird hierdurch das sogenannte *Free-Rider*-Problem gelöst[1156].

Dennoch wurde die gemeinschaftsrechtliche Regelung eines *Squeeze Out* im Zusammenhang mit Übernahmen erst mit der Modernisierung des europäischen Gesellschaftsrechts thematisiert. Die Einführung eines *Squeeze Out* (und auch *Sell Out*) wurde zuvor lediglich bei einer möglichen Änderung der zweiten gesellschaftsrechtlichen Kapitalrichtlinie diskutiert[1157].

Eine erste Anregung zur Regelung des *Squeeze Out* in der Übernahmerichtlinie gab es im September 2000 durch das Europäische Parlament[1158]. Die *Winter*-Gruppe unterstützte dieses Vorhaben und gab Empfehlungen bezüglich der Ausgestaltung eines übernahmerechtlichen *Squeeze Out* ab[1159]. Diese Empfehlungen wurden im Kommissionsvorschlag von 2002 berücksichtigt und schließlich in modifizierter Form in der verabschiedeten Richtlinie beibehalten.

Überwiegend findet das Ausschlussverfahren in Europa im Zusammenhang mit Übernahmen Anwendung[1160]. Dies dürfte mit ausschlaggebend dafür gewesen

---

die Kosten für die Veröffentlichung der Einladung im Bundesanzeiger und in Börsenpflichtblättern, die Erstellung und Versendung von Aktionärsinformationen, für die rechtliche und organisatorische Vorbereitung und Durchführung der Hauptversammlung sowie für die Aufbereitung und Bereitstellung von Informationen vor und während der Hauptversammlung. Zudem sind erhebliche Einsparungen bei evtl. Strukturmaßnahmen möglich, weil aufwendige Berichte oder Unternehmensbewertungen unterbleiben können. Diese Kosten können sich je nach Gesellschaft auf mehrere hunderttausend Euro summieren. Schließlich fallen durch den Ausschluss zukünftig Anfechtungsklagen und Spruchverfahren, welche Rechtsberatungskosten oder Kosten für Vergleichszahlungen verursachen, weg.

1155 So bereits die Winter-Gruppe, Winter-Bericht, S. 70.

1156 Ebenso Burkart/Panunzi, in: Ferrarini/Hopt/Winter/Wymeersch, Takeover Law in Europe, 2004, S. 737, 762. Enriques, in: Ferrarini/Hopt/Winter/Wymeersch, Takeover Law in Europe, 2004, S. 767, 782, weist darauf hin, dass zur Lösung dieses Problems eine Erweiterung auch auf die stimmrechtslosen Aktien notwendig ist. Die *Free-Rider*-Problematik beschreibt den Umstand, dass ein das Management überwachender Aktionär die Kosten der Kontrolle alleine trägt, während der Nutzen hieraus sämtlichen Aktionären zugute kommt. Je geringer der Anteil des einzelnen Aktionärs an der Gesellschaft ist, umso kleiner fällt seine Bereitschaft aus, gleichfalls die Unternehmensleitung mit zu überwachen. Die Kleinaktionäre profitieren also letztlich vom Verhalten des Hauptaktionärs.

1157 Zweite Gesellschaftsrechtliche Richtlinie über die Gründung von Aktiengesellschaften und den Erhalt und die Änderung ihres Kapitals, 77/91/EWG. Zur Diskussion vgl. Forum Europaeum Konzernrecht, ZGR 1998, 672, 732ff.; Hopt, in: Hommelhoff/Hopt/Lutter, Konzernrecht in Europa, 2001, S. 279, 290f.

1158 Empfehlung des Europäischen Parlaments für die zweite Lesung betreffend den Gemeinsamen Standpunkt des Rates, Empfehlung für die Zweite Lesung v. 19. November 2000, PE 294 900, S. 14.

1159 Empfehlung III.1, S. 13 des Winter-Berichts, sowie ausführlicher auf S. 78f.

1160 Fleischer, ZGR 2002, 757, 773.

sein, dass ein europäischer *Squeeze Out* schließlich in der Übernahmerichtlinie geregelt wurde[1161].

Die Regelung der Schwellenwerte stellt einen Kompromiss zwischen den Mitgliedstaaten dar. Die unter 1. beschriebene Alternative b) zum Beispiel geht auf den Wunsch Englands zurück. Das englische Recht knüpft den *Squeeze Out* an die hier geschilderten und im Kommissionsvorschlag von 2002 eindeutiger zum Ausdruck gekommenen Erwerbsmodalitäten an (vgl. *Sec. 429 I Companies Act*)[1162], während die *Winter*-Gruppe scheinbar Alternative a) bevorzugte[1163].

Die zeitliche Beschränkung des *Squeeze Out* existiert – anders als im deutschen Aktiengesetz – zum Beispiel im englischen Recht. Dort beträgt sie 4 Monate (*Sec. 429 III Companies Act*[1164]). Auch das italienische Recht kennt eine zeitliche Beschränkung[1165].

3. Richtlinienbestimmung als Mindest- bzw. Maximalstandard

a. Verhältnis der Alternativen a) und b) des Art. 15 Abs. 2 S. 2

Fraglich ist, in welchem Verhältnis die Alternativen a) und b) von Art. 15 Abs. 2 S. 2 zueinander stehen.

Ausgehend vom deutschen Wortlaut der Vorschrift ist nicht klar ersichtlich, dass es dem Gesetzgeber überlassen bleiben sollte, welche Variante er in nationales Recht umsetzt. Der Kommissionsvorschlag von 2002 ließ ein Wahlrecht ebenfalls nur schwerlich erkennen[1166]. Dies wurde in der verabschiedeten Richtlinie zumindest verbessert[1167].

[1161] Allerdings gibt es seitens der Kommission Überlegungen zur Einführung eines europaweiten aktienrechtlichen *Squeeze Out*. Vgl. Mitteilung der Kommission an den Rat und das Europäische Parlament: Modernisierung des Gesellschaftsrechts und Verbesserung der Corporate Governance in der Europäischen Union - Aktionsplan v. 21. Mai 2003, KOM (2003) 284 endg., S. 24f.

[1162] Gower/Davies, Principles, 2003, S. 744ff.; Rühland, NZG 2001, 448, 450f.; Seibt/Heiser, ZIP 2002, 2193, 2201; Austmann/Mennicke, NZG 2004, 846, 847.

[1163] Winter-Bericht, S. 74, 78.

[1164] Vgl. Gower/Davies, Principles, 2003, S. 745.

[1165] Art. 111 Testo unico delle disposizioni in materia di intermediazione finanziaria (Legislative Decree No 58 of 24 February 1998, as amended by Law 262/2005).

[1166] Dort hieß es: *„Die Mitgliedstaaten sorgen dafür, dass ein Bieter (...) in folgenden zwei Fällen (...) verlangen kann, dass"* (Art. 14 Abs. 1 S. 1 des Kommissionsvorschlags von 2002).

[1167] *„Die Mitgliedstaaten führen dieses Recht ein, wenn einer der folgenden Fälle vorliegt"* (Art. 15 Abs. 2 S. 2). Austmann/Mennicke, NZG 2004, 846, 847 halten dann auch den Wortlaut für eindeutig genug, während etwa Seibt/Heiser, ZGR 2005, 200, 241 den Wortlaut nach wie vor als missglückt ansehen.

Ungeachtet des nicht völlig eindeutigen Wortlauts der deutschen Fassung handelt es sich um echte Wahlmöglichkeiten[1168]. Hierfür spricht auch die englische (Arbeits-)Fassung der Richtlinie: „*Member States shall introduce that right **in one of** the following situations.*" (Hervorhebung durch den Verfasser)[1169].

Grundsätzlich sind sämtliche Fassungen in den Amtssprachen der Europäischen Union gleichwertig. Allerdings lässt sich aus der Entstehungsgeschichte und dem Umstand, dass es sich bei der englischen Fassung um die Arbeitsfassung handelt, der Wille des Gesetzgebers, ein Wahlrecht einzuführen, hinreichend deutlich entnehmen[1170].

Außerdem stellt sich ansonsten die Frage, welcher Regelungsbereich für die Alternative b) überhaupt noch gegeben sein sollte. Der Bieter wird nämlich grundsätzlich, wenn er Alternative b) verwirklicht, auch den Schwellenwert von Alternative a) erreichen[1171].

Es sind also nicht zwingend beide Alternativen in nationales Recht umzusetzen.

b. Keine Möglichkeit der Herab- / Heraufsetzung der Schwellenwerte unter 90 % bzw. über 95 %

Fraglich ist, ob die Schwellenwerte außerhalb des Rahmens von 90 % bzw. 95 % festgesetzt werden dürfen. Der Wortlaut der Richtlinie scheint eindeutig zu sein: „*Die Mitgliedstaaten können im Fall des Buchstaben a) einen höheren Schwellenwert festlegen, der jedoch 95 % des stimmberechtigten Kapitals und 95 % der Stimmrechte nicht überschreiten darf*"[1172]. Demgemäß geht die Literatur nahezu geschlossen davon aus, eine Festlegung außerhalb dieses Rahmens sei unzulässig[1173].

Eine Erhöhung wird auch nicht explizit für zulässig gehalten. Allerdings ist nach *Krause* ein Abstellen auf das Grundkapital wie in § 327a AktG bei der Richtlinienumsetzung ebenfalls möglich[1174]. Das könnte jedoch dazu führen, dass der

---

[1168] Dieser Ansicht sind auch Seibt/Heiser, ZIP 2002, 2193, 2201; dies., ZGR 2005, 200, 240; Krause, BB 2002, 2341, 2345; Austmann/Mennicke, NZG 2004, 846, 847.

[1169] Ebenso Kindler/Horstmann, DStR 2004, 866, 871.

[1170] Siehe hierzu bereits die Nachweise in Kapitel 1 unter D.I., S. 16.

[1171] Vgl. Seibt/Heiser, ZIP 2002, 2193, 2201; Krause, BB 2002, 2341, 2345. Siehe auch die Anmerkung in Fn. 1145. Die Aussage gilt uneingeschränkt, wenn man den Schwellenwert der zu erreichenden Stimmrechte und des Grundkapitals auf 90 % festsetzt und keinen *Squeeze Out* nach Gattungen zulässt.

[1172] Art. 15 Abs. 2 S. 3.

[1173] Austmann/Mennicke, NZG 2004, 846, 848 halten eine Erhöhung auf über 95 % für unzulässig. Ebenso Mülbert, NZG 2004, 633,636. Im Übrigen wird eine Festlegung außerhalb des vorgegebenen Rahmens nicht weiter thematisiert.

[1174] Krause, BB 2004, 113, 118. Auch Kindler/Horstmann, DStR 2004, 866, 873 gehen davon aus, dass der deutsche Gesetzgeber den Schwellenwert auf 95 % des Grundkapitals festlegen wird.

Bieter mehr als 95 % der Stimmrechte und des stimmberechtigten Kapitals innehaben müsste[1175].

Die Richtlinie erlaubt dies meines Erachtens nicht. Sie bestimmt ausdrücklich, dass der Bieter nicht mehr als 95 % des stimmberechtigten Kapitals innezuhaben braucht und gibt damit einen präzisen Rahmen vor. Angesichts der Detailliertheit der Regelung ist nicht ersichtlich, dass der Richtliniengeber eine Abweichung von diesem Rahmen zulassen wollte. Zwar handelt es sich „nur“ um eine Rahmenrichtlinie. Der in der Richtlinie vorgegebene Rahmen ist dann aber auch einzuhalten und nicht als unverbindliche Vorgabe zu verstehen[1176].

4. Rechtslage vor der Umsetzung und Anpassungsbedarf

a. Umsetzungsstandort und entsprechende nationale Regelungen

1) Die §§ 327a ff. AktG und die Unterschiede zu den Richtlinienvorgaben

Das WpÜG a.F. beinhaltet kein *Squeeze Out* Recht. Das Aktiengesetz enthält in den §§ 327a ff. ein *Squeeze Out* Instrument[1177], welches mit dem WpÜG zum

---

[1175] Zur Verdeutlichung der Unterschiede bei einem Abstellen auf das Grundkapital sollen folgende Beispiele dienen: Gäbe eine Gesellschaft je hälftig Vorzugs- und Stammaktien aus, könnte der Anteil, den der Bieter an den Stammaktien hält, bei 90 % liegen, wenn er 100 % der Vorzugsaktien innehätte. Dies könnte man zwar unter Hinweis auf den Rahmen von 90 bis 95 % des stimmberechtigten Kapitals und der Stimmrechte, welche der Bieter nach der Richtlinie halten müsste, noch als zulässig ansehen. (Da maximal 50 % des Aktienkapitals als Vorzugsaktien ausgegeben werden dürfen, kommt ein niedrigerer Wert des Bieters an Stammaktien nach geltendem Aktienrecht nicht in Betracht (§ 139 Abs. 2 AktG)). Anders wäre es hingegen, wenn es dem Bieter in der beschriebenen Konstellation nicht gelänge, zumindest 95 % der Vorzugsaktien auf sich zu vereinen. Dann müsste er nämlich entsprechend mehr als 95 % der Stammaktien halten. Sollte er zum Beispiel nur 90 % der Vorzugsaktien innehaben, würde der *Squeeze Out* selbst bei 99,9 % der Stammaktien nicht möglich sein.

[1176] Vgl. bereits oben unter Kapitel 1 D.III., S. 19.

[1177] Zu den §§ 327a ff. AktG vgl. Angerer, BKR 2002, 260ff.; Bolte, DB 2001, 2587ff.; Fleischer, ZGR 2002, 757ff.; Grunewald, ZIP 2002, 18ff.; Krieger, BB 2002, 53ff.; Sieger/Hasselbach, ZGR 2002, 120ff., Vetter, AG 2002, 176ff.; Vossius, ZIP 2002, 511ff. (sämtliche nach Verabschiedung); Habersack, ZIP 2001, 1230ff.; Heidel/Lochner, DB 2001, 2031ff. (jeweils zum Regierungsentwurf); Ehricke/Roth, DStR 2001, 1120ff.; Kiem, in: Henze/Hoffman-Becking, Gesellschaftsrecht, 2001, S. 329ff.; Rühland, NZG 2001, 448ff.; Vetter, DB 2001, 743ff. (jeweils zum Referentenentwurf); Baums, WM 2001, 1843ff.; Halm, NZG 2000, 1162ff.; Pötzsch/Möller, WM Sonderbeilage Nr. 2 zu Heft 31/2000, S. 29f.; Land/Hasselbach, DB 2000, 1747, 1753f.; Rühland, WM 2000, 1884ff.; Vetter, ZIP 2000, 1817ff. (jeweils zum Diskussionsentwurf).

Von Teilen der Literatur wurde die Verfassungsmäßigkeit dieses *Squeeze Out* Rechts angezweifelt, da es sich um eine Enteignung der Aktionäre handeln würde. Indes kommt dem Gesetzgeber ein weiter Gestaltungsspielraum bezüglich Inhalt und Schranken des Eigentums zu, sofern er die grundlegende Wertentscheidung zugunsten des Privateigentums beachtet. Bei Kleinaktionären steht die Vermögenskomponente, also die Aktie als Kapitalanlage und nicht

1. Januar 2002 eingeführt wurde[1178] und bereits häufig Gegenstand gerichtlicher Auseinandersetzungen war[1179]. Allerdings unterscheidet sich dieses nicht unerheblich von den Vorgaben der Richtlinie. Als Umsetzungsstandort kam damit sowohl die Modifikation des WpÜG a.F. als auch die des Aktiengesetzes in Betracht.

§ 327a AktG stellt darauf ab, ob der Hauptaktionär mindestens 95 % des Grundkapitals hält. Ob diese 95 % stimmberechtigtes Kapital darstellen oder 95 % der Stimmrechte der Zielgesellschaft entsprechen, kommt es hingegen nicht an[1180]. Auch ist irrelevant, seit wann der Hauptaktionär diese 95 % des Grundkapitals innehat, während die Richtlinie den Zeitraum der möglichen Ausübung des *Squeeze Out* Rechts auf drei Monate ab Ablauf der Annahmefrist beschränkt[1181].

---

die Unternehmenspolitik im Vordergrund, auf die der Kleinaktionär ohnehin keinen relevanten Einfluss nehmen kann. Auf der anderen Seite besteht ein Bedarf, die Missbrauchsmöglichkeiten der Kleinaktionäre in Zusammenhang mit unternehmerischen Interessen an Konzernierungs- und Strukturmaßnahmen zu beschränken. Die bislang ergangene Rechtsprechung sieht die *Squeeze Out* Vorschriften als grundsätzlich verfassungsgemäß an. Die Befürworter der Verfassungsmäßigkeit der Regelung weisen insbesondere auf die verfassungsrechtliche Rechtsprechung (BVerfG ZIP 2000, 1670, 1671 „Moto-Meter"; BVerfGE 100, 289 „DAT/Altana" sowie BVerfGE 14, 263 „Feldmühle") hin, die sie auf den *Squeeze Out* übertragen wollen. Die Gegner hingegen sehen keine Vergleichbarkeit der Situationen, weshalb sich eine Übertragung verbiete. Vgl. hierzu ausführlich Moritz, Squeeze Out, 2004, S. 236ff. Inzwischen hat neben der obergerichtlichen Rechtsprechung (OLG Düsseldorf, DB 2005,713; KG Berlin, BB 2004, 2774; OLG Hamburg, ZIP 2004, 2288; OLG Düsseldorf, NZG 2004, 328, 329f.; OLG Stuttgart, ZIP 2003, 2363, 2366; OLG Köln, BB 2003, 2307, 2309; OLG Oldenburg, NZG 2003, 691; OLG Hamburg, NZG 2003, 978, 979; OLG Hamburg, NZG 2003,539, 542) auch der BGH in einem Hinweisbeschluss (BGH, BB 2005, 2651 (BGH, Beschluss v. 25. Oktober 2005 – II ZR 327/03)) die Verfassungsmäßigkeit des *Squeeze Out* Instruments unter Verweis auf die Moto-Meter-Entscheidung des BVerfG bestätigt. Siehe zur BGH-Entscheidung Bungert, BB 2005, 2652f. sowie Linnerz, BGH EWiR § 327a AktG 4/05, 845f. (Linnerz).

[1178] Art. 7 des Gesetzes zur Regelung von öffentlichen Angeboten zum Erwerb von Wertpapieren und von Unternehmensübernahmen v. 22. Dezember 2001, BGBl. I/2001, S. 3822.

[1179] Etwa 60 Gerichtsentscheidungen sind bis Mitte 2006 zum aktienrechtlichen *Squeeze Out* Verfahren ergangen.

[1180] Krause, BB 2004, 113, 118 hält es für möglich, die Regelung des § 327a AktG auch für den übernahmerechtlichen *Squeeze Out* beizubehalten und (weiterhin) auf das Grundkapital abzustellen. Dies erlaubt die Richtlinie nicht. Vgl. dazu die Erläuterungen oben unter J.II.3.b., S. 254.

[1181] Die fehlende zeitliche Beschränkung des *Squeeze Out* Rechts stellte einen der Kritikpunkte am aktienrechtlichen deutschen *Squeeze Out* dar. Vgl. Fleischer, ZGR 2002, 757, 773. Hierzu tendierend wohl auch Altmeppen, ZIP 2001, 1073, 1083, 1084, der eine sachliche Rechtfertigung dieses *Squeeze Out* anzweifelt. Die Winter-Gruppe hingegen hält die Einführung eines von einem Übernahmeverfahren zeitlich unabhängigen *Squeeze Out* für erwägenswert. Vgl. Winter-Bericht II, S. 13.

Eine zeitliche Befristung ist dem aktienrechtlichen *Squeeze Out* fremd[1182]. Von der Grundausrichtung her ist das *Squeeze Out* Recht des Aktiengesetzes eher gesellschaftsrechtlich als kapitalmarktrechtlich ausgeformt[1183].

Der Anwendungsbereich des aktienrechtlichen *Squeeze Out* Verfahrens[1184] ist nicht auf den Anwendungsbereich der Richtlinie limitiert. Diese gilt nur für Gesellschaften, deren Wertpapiere zumindest zum Teil zum Handel auf einem geregelten Markt[1185] in einem Mitgliedstaat zugelassen sind[1186]. Art. 15 ist im Grundsatz nur auf stimmrechtsgewährende Wertpapiere anwendbar, was aus der Definition des Wertpapiers in der Richtlinie folgt[1187]. Eine Ausweitung ist aber ausweislich des Erwägungsgrunds (11), wonach nationale Regelungen auch stimmrechtslose Wertpapiere erfassen dürfen, zulässig. Insoweit wäre also der aktienrechtliche *Squeeze Out* richtlinienkonform.

Schwierigkeiten hätte zudem die mögliche Beschränkung auf die jeweilige Aktiengattung mit sich bringen können. Allerdings ist eine solche optional, so dass

---

[1182] Die Einführung einer zeitlichen Begrenzung wäre jedoch auch beim aktienrechtlichen *Squeeze Out* denkbar gewesen. So hätte man diesen auf einen bestimmten Zeitraum nach Erwerb der 95 % des Grundkapitals beschränken können. Altfälle, in denen der Hauptaktionär bereits geraume Zeit vor Inkrafttreten des aktienrechtlichen *Squeeze Out* die 95 % Schwelle überschritten hatte, hätten gesondert durch eine Übergangsvorschrift geregelt werden können. Es wäre also ohne weiteres möglich (gewesen), für diese Fälle einen Übergangszeitraum vorzusehen, innerhalb dessen der *Squeeze Out* ungeachtet des Zeitablaufs zulässig wäre.

[1183] Seibt/Heiser, ZIP 2002, 2193, 2201.

[1184] Eine Übersicht über die Übernahmen und *Squeeze Out* im Jahr 2004 basierend auf Angaben der BaFin, der Deutschen Börse AG sowie eigenen Recherchen wurde von Bozicevic, AG-R 2005, R 246ff. zusammengestellt. Danach ist die Anzahl der *Squeeze Out* rückläufig. In 2002 wurde ein *Squeeze Out* bei 37 Gesellschaften durchgeführt, in 2003 bei 22 und im Jahr 2004 bei 14 Gesellschaften. Hinzuweisen ist darauf, dass es weitere *Squeeze Out* Beschlüsse in 2004 gab, die wegen erhobener Anfechtungsklagen noch nicht in das Handelsregister eingetragen worden sind.

Zur Anfechtung von *Squeeze Out* Beschlüssen und den Gründen, welche von den Gerichten in den Jahren 2002 bis 2004 als ausreichend angesehen wurden, um die Registersperre aufrechtzuerhalten und sie nicht mittels eines Freigabeverfahrens überwinden zu können, siehe von Schnurbein, AG 2005, 725ff.

[1185] Der geregelte Markt im Sinne der Richtlinie entspricht dem organisierten Markt des WpÜG in Deutschland. Die Wortwahl organisierter Markt im WpÜG wurde getroffen, um eine Verwechslung des geregelten Marktes i.S.d. Börsengesetzes mit dem im Sinne der Richtlinie zu vermeiden.

[1186] Der *Squeeze Out* des Aktiengesetzes erfasst hingegen sämtliche AGs bzw. KGaAs, nicht nur diejenigen, deren Wertpapiere zum Handel an einem organisierten Markt zugelassen sind. Dieser Diskrepanz kritisch gegenüberstehend: Fleischer, ZGR 2002, 757, 768, 770; Habersack, ZIP 2001, 1230, 1235; Drygala, AG 2001, 291, 297f.; Hüffer, AktG, 2006, § 327a Rn. 4a. Fleischer fordert daher zumindest die Einführung eines Austrittsrechts der Restminderheit auch beim aktienrechtlichen *Squeeze Out* für das Ausschlussrecht. Fleischer, ZGR 2002, 757, 768, 773.

[1187] Art. 2 Abs. 1 lit. e).

die §§ 327a ff. AktG diese Vorgabe nicht einhalten müssen. Auf die hiermit zusammenhängenden Fragestellungen wird unter J.II.4.b.2) ausführlich zurückzukommen sein[1188].

2) Folgerungen für den Umsetzungsstandort

Die Richtlinienregelungen weichen erheblich vom aktienrechtlichen *Squeeze Out* ab. Fraglich war daher, ob man ein einheitliches *Squeeze Out* Instrument einführen wollte, oder ob man sich mit zwei verschiedenen Instituten zufrieden geben sollte[1189].

Die Richtlinie jedenfalls verbietet keine Zweigleisigkeit des Squeeze Out Rechts[1190]. Das folgt unmittelbar aus Erwägungsgrund (24): *„Diese Ausschluss- und Andienungsverfahren sollten nur unter bestimmten Bedingungen im Zusammenhang mit Übernahmeangeboten gelten. Die Mitgliedstaaten können unter anderen Umständen auf Ausschluss- und Andienungsverfahren weiterhin ihre nationalen Vorschriften anwenden"*[1191].

[1188] Siehe S. 271.

[1189] Für die zweite Alternative Austmann/Mennicke, NZG 2004, 846, 847; Seibt/Heiser, ZIP 2002, 2193, 2202, allerdings vor dem Hintergrund des noch unveränderten Kommissionsvorschlags von 2002. Ebenso Krause, BB 2002, 2341, 2345; Krause, BB 2004, 113, 118; Kindler/Horstmann, DStR 2004, 866, 873 (wegen der großen Unterschiede zum aktienrechtlichen *Squeeze Out*); Wiesner, ZIP 2004, 343, 349; Pötzsch, in: Assmann/Pötzsch/Schneider, WpÜG, 2005, Einl. Rn. 115. Gegen ein zweites *Squeeze Out* Instrument hingegen Hasselbach, ZGR 2005, 387, 399, der den *Sell Out* wie den *Squeeze Out* im Aktiengesetz regeln möchte.

[1190] Die Abschaffung des aktienrechtlichen *Squeeze Out* nach Einführung des übernahmerechtlichen *Squeeze Out* wird, soweit ersichtlich, in der Literatur nicht gefordert. Dies ist in Anbetracht der Gründe, welche für die Einführung des aktienrechtlichen *Squeeze Out* Rechts angeführt wurden, nicht selbstverständlich. Vgl. dazu BT-Drs. 14/7034, S. 31f. So würde die Funktion als Korrelat des Pflichtangebots ebenso wegfallen wie die grundsätzliche Forderung nach einem *Squeeze Out* mit Blick auf die Regelungen in anderen EU-Staaten. Weiterhin zutreffend ist jedoch die Begründung, der *Squeeze Out* führe zu einer Vereinfachung der Verwaltung einer Gesellschaft. Geht man mit der Moto Meter- (BVerfG, WM 2000, 1948, 1949f.) bzw. DAT/Altana-Entscheidung (BVerfGE Beschluss v. 27. April 1999, - 1 BvR 1613/94, BVerfGE 100, 289, 305) des BVerfG davon aus, dass die Minderheitsaktionäre lediglich ein vermögenswertes Interesse an dem Aktieneigentum haben, sollte es mit dem Grundgesetz vereinbar sein, den *Squeeze Out* allein aus diesem Grund beizubehalten. Austmann/Mennicke, NZG 2004, 846, 847, führen als Grund für die Beibehaltung des aktienrechtlichen *Squeeze Out* insbesondere die im deutschen Recht vergleichsweise starke Stellung der Aktionäre an.

[1191] Unklar ist hingegen das zukünftige Verhältnis des aktienrechtlichen zum übernahmerechtlichen *Squeeze Out*. Austmann/Mennicke, NZG 2004, 846, 847, 855 sehen den übernahmerechtlichen *Squeeze Out* als *lex specialis* gegenüber dem aktienrechtlichen *Squeeze Out* an. Solange dieser möglich sei, weil die Frist noch nicht abgelaufen ist und es sich um eine börsennotierte Gesellschaft handelt, wäre demnach der aktienrechtliche *Squeeze Out* ausge-

Hätte man das aktienrechtliche *Squeeze Out* Verfahren abändern wollen, so wären sowohl die Preisregelung für diese Fälle anzupassen gewesen (dazu später mehr unter J.III.[1192]), als auch ein eigener Anwendungsbereich notwendig geworden. Der Zeitraum für diese *Squeeze Out* Verfahren wäre zu begrenzen gewesen und weitere Änderungen hätten vorgenommen werden müssen.

Nach alledem sprach einiges dafür, den *Squeeze Out* in das WpÜG a.F. einzubetten, zumal sich auch das Korrelat, das *Sell Out* Recht, im WpÜG n.F. wieder findet (dazu mehr unter K.[1193]). Sinnvollerweise war das *Squeeze Out* Recht in einem neuen Abschnitt des WpÜG a.F. unterzubringen, wobei es sich vom Aufbau her anbot, diesen Abschnitt am Ende der Angebotsvorschriften, also nach Abschnitt 5, aber noch vor die Verfahrensvorschriften, einzufügen. Dies wahrt die logische Struktur, da es als Anschlussrecht bei Vorliegen der entsprechenden Voraussetzungen nur innerhalb von drei Monaten nach Ablauf der Angebotsfrist ausgeübt werden kann.

b. Gestaltungsmöglichkeiten im Zusammenhang mit dem *Squeeze Out*

Bei der Ausgestaltung des *Squeeze Out* waren folgende Punkte zu berücksichtigen:

- Wie erfolgt der Ausschluss der Minderheitsaktionäre?
- Wie behandelt man Vorzugsaktien?
- Wie berechnet man den Schwellenwert zur Ausübung des *Squeeze Out*?
- An welchen Zeitpunkt knüpft man die Drei-Monats-Frist des Art. 15 Abs. 4?

1) Art des Ausschlusses der Minderheitsaktionäre

Zu klären ist, ob eine Übernahme des aktienrechtlichen Konzepts mit Hauptversammlungsbeschluss erforderlich ist, was angesichts des Wortlauts der Richtlinie nicht nahe liegt, oder welche alternativen Gestaltungsmöglichkeiten in Betracht zu ziehen sind.

a) Ausschluss durch Hauptversammlungsbeschluss

(1) Zulässigkeit

Die Richtlinie fordert keinen Ausschluss durch Hauptversammlungsbeschluss. Fraglich ist daher, ob ein solcher Beschluss überhaupt im Einklang mit der Richtlinie eingeführt werden dürfte.

---

schlossen. Hopt/Mülbert/Kumpan, AG 2005, 109, 118 sprechen sich gegen eine Verdrängung des aktienrechtlichen *Squeeze Out* während der Drei-Monats-Frist aus.

[1192] Siehe S. 306.

[1193] Siehe S. 350.

Nach dem Wortlaut von Art. 15 Abs. 2 haben die Mitgliedstaaten sicherzustellen, „dass ein Bieter von allen verbleibenden Wertpapierinhabern verlangen kann, dass sie ihm ihre Wertpapiere zu einem angemessenen Preis verkaufen". Im Aktienrecht gehen die Aktien mit Eintragung des Übertragungsbeschlusses auf den Hauptaktionär über[1194]. Es könnte damit an einem Verkauf im Sinne von Angebot und (freiwilliger) Annahme fehlen, übertrüge man die Regelung auf den übernahmerechtlichen Squeeze Out. Indes liegt bei einem Squeeze Out gerade kein freiwilliger Austritt vor, sondern es handelt sich um einen Zwangsausschluss. Entsprechend lautet auch Art. 15 Abs. 5 S. 1 nicht, „die Mitgliedstaaten stellen sicher, dass ein angemessener Kaufpreis garantiert wird", sondern eben, „Die Mitgliedstaaten stellen sicher, dass eine angemessene Abfindung garantiert wird". Die englische Fassung hingegen spricht von einem „price", der zu garantieren ist. Im Einklang mit der deutschen Fassung wäre „compensation" die bessere Wahl gewesen[1195].

Ungeachtet dieser misslichen Begrifflichkeiten kommt es maßgeblich darauf an, dass der europäische Gesetzgeber nur die Grundzüge des *Squeeze Out* Rechts festgelegt hat. Folglich muss die konkrete Ausgestaltung, auch in Bezug auf die Einführung eines Hauptversammlungsbeschlusses, den Mitgliedstaaten überlassen bleiben[1196].

(2) Keine rechtliche Erforderlichkeit eines Hauptversammlungsbeschlusses

Von Teilen der Literatur wird ein Hauptversammlungsbeschluss angesichts der Tragweite der Entscheidung aus rechtsstaatlichen Gesichtspunkten für erforderlich gehalten[1197].

1194 § 327e Abs. 3 S. 1 AktG.

1195 Auf diese Unstimmigkeiten wiesen bereits Austmann/Mennicke, NZG 2004, 846, 851, hin.

1196 Ähnlich auch Austmann/Mennicke, NZG 2004, 846, 851. Ebenso DAV-Handelsrechtsausschuss, Stellungnahme zum DiskE Ü-UG, NZG 2006, 177, 180. Ohne jegliche Diskussion nehmen die Zulässigkeit des Ausschlusses durch Hauptversammlungsbeschluss an: Krause, BB 2004, 113, 118; Seibt/Heiser, ZGR 2005, 200, 247; Hopt/Mülbert/Kumpan, AG 2005, 109, 115; scheinbar auch Kindler/Horstmann, DStR 2004, 866, 873. Einen Hauptversammlungsbeschluss fordert die DSW. DSW, Stellungnahme zum RegE Ü-UG, S. 3. Ebenso Heidel, Stellungnahme zum RegE Ü-UG, S. 22.

1197 Heidel, Stellungnahme zum RegE Ü-UG, S. 21f.; DSW, Stellungnahme zum RegE Ü-UG, S. 1. So jeweils zum aktienrechtlichen *Squeeze Out* Hasselbach, in: Hirte/von Bülow, Kölner Kommentar WpÜG, 2003, § 327a Rn. 19; Sieger/Hasselbach, ZGR 2002, 120, 132; Kiem, in: Henze/Hoffmann-Becking, Gesellschaftsrecht, 2001, S. 329, 337; Ehricke/Roth, DStR 2001, 1120, 1125; Hüffer, AktG, 2006, § 327a Rn. 9; DAV-Handelsrechtsausschuss, Stellungnahme zum RefE WpÜG, NZG 2001, 420, 431.

Selbst bei einer Eingliederung, bei der sämtliche Aktien in der Hand der zukünftigen Hauptgesellschaft liegen, bedarf es eines Hauptversammlungsbeschlusses der einzugliedernden Gesellschaft[1198]. Das müsse dann auch hier gelten.

Außerdem wird das Informationsbedürfnis der Minderheitsaktionäre angeführt, welches nur durch die Fragemöglichkeit auf einer Hauptversammlung gewahrt werden könne[1199]. Daher sei auch ungeachtet der Vergleichbarkeit zur Eingliederung der Hauptversammlungsbeschluss notwendig.

Diese Ansicht ist nicht zutreffend, wie sich aus den folgenden Ausführungen ergibt.

- In Anbetracht der klaren Mehrheitsverhältnisse ist nicht ersichtlich, welche Funktion der Hauptversammlungsbeschluss erfüllen soll. Der aktienrechtliche *Squeeze Out* Beschluss kann mit einfacher Mehrheit gefasst werden[1200]. Der Hauptaktionär, der 95 % des Grundkapitals hält, hat stets mehr als die einfache Mehrheit an Stimmrechten inne[1201].

Es ist mehr als unwahrscheinlich, dass sich ein Hauptaktionär, der einen Ausschluss der Minderheitsaktionäre begehrt, in der Hauptversammlung angesichts deren Verlaufs von einer Zustimmung zum *Squeeze Out* Beschluss abbringen lässt[1202]. Die eigentliche Entscheidung ist also bereits im Zeitpunkt der Geltendmachung des Ausschlussverlangens getroffen worden[1203]. Der Hauptversammlungsbeschluss macht darüber hinaus die Feststellung des Vorliegens der Ausschlussvoraussetzungen nicht entbehrlich[1204].

- Die vom deutschen Gesetzgeber beim aktienrechtlichen *Squeeze Out* angeführte Mehrheitseingliederung ist als Vorbild[1205] und Vergleichsmaßstab ebenfalls verfehlt. Der *Squeeze Out* stellt nämlich anders als die Eingliederung keine konzernrechtliche Maßnahme dar[1206]. Es wird kein Herrschafts- und Haftungsverhältnis begründet, welches aktienrechtliche Schutzvorschriften aufhebt[1207]. Die Stellung der Gesellschaft verändert sich gegenüber den Aktionären gerade

---

[1198] § 319 Abs. 1 S. 1 AktG.

[1199] Heidel, Stellungnahme zum RegE Ü-UG, S. 21f.; DSW, Stellungnahme zum RegE Ü-UG, S. 1.

[1200] § 133 Abs. 1 AktG.

[1201] Im ungünstigsten Fall hat er mindestens 90 % der Stimmrechte bei hälftiger Ausgabe stimmrechtsloser Anteile inne.

[1202] Gegen die Notwendigkeit eines Hauptversammlungsbeschlusses beim aktienrechtlichen *Squeeze Out* als bloße Förmelei deshalb Schiessl, AG 1999, 442, 452.

[1203] Vgl. Vetter, DB 2001, 743, 744

[1204] Vgl. Vetter, DB 2001, 743, 744.

[1205] BT-Drs. 14/7034, S. 32.

[1206] Vgl. Vetter, DB 2001, 743, 745; ders., ZIP 2000, 1817, 1821.

[1207] Vgl. Vetter, ZIP 2000, 1817, 1821.

nicht[1208]. Vielmehr handelt es sich lediglich um eine Art einseitiges Gestaltungsrecht des Hauptaktionärs[1209].

- Gegen einen Hauptversammlungsbeschluss spricht zudem, dass es sich um ein Geschäft zwischen dem Mehrheitsaktionär und den Minderheitsaktionären handelt. Daher erscheint es nicht einsichtig, weshalb Hauptversammlung und Vorstand in dieses Rechtsgeschäft einbezogen werden sollten[1210].

- Schließlich ist zu beachten, dass die Hauptversammlung (bezogen auf den Tagesordnungspunkt *Squeeze Out*) der Information der Aktionäre durch Erläuterung der Voraussetzungen für das *Squeeze Out* Verlangen und der Angemessenheit der Barabfindung dient. Daneben sieht § 327d S. 2 AktG die Möglichkeit vor, dem Hauptaktionär Gelegenheit zu geben, den Entwurf des Übertragungsbeschlusses und die festgelegte Barabfindung zu erläutern. Soweit die Barabfindung, was in vielen Fällen so sein wird, bereits durch die Vermutungen der Angemessenheit vorgegeben ist, erledigt sich damit ein wesentlicher Bestandteil der Hauptversammlung[1211].

Zudem erfolgt eine ausreichende Information der Minderheitsaktionäre durch die Angebotsunterlage und die Stellungnahme des Vorstands zu dem vorausgehenden Angebot.

- Die Gesetzessystematik fordert auch keinen Hauptversammlungsbeschluss. Ein solcher könnte nach deutschem Aktienrecht erforderlich sein, wenn es sich bei dem Ausschluss der Minderheitsaktionäre um eine Grundlagen- oder Strukturentscheidung handelt[1212]. Der Bundesgerichtshof hat ursprünglich in der *Holzmüller*-Entscheidung dieses Postulat aufgestellt, das Anlass zu einer langjährigen Diskussion darüber gab, welche grundlegenden Entscheidungen von der Hauptversammlung und nicht vom Vorstand allein getroffen werden können[1213].

[1208] Vgl. Vetter, AG 2002, 176, 185; Hüffer, AktG, 2006, § 327a Rn. 3.

[1209] Vetter, ZIP 2001, 1817, 1821.

[1210] Ein nicht genannter Teilnehmer äußerte diese Bedenken bei Körber, ZGR 2002, 790, 791.

[1211] Dies stellen auch Austmann/Mennicke, NZG 2004, 846, 852 heraus.

[1212] Holzmüller-Entscheidung des BGH, BGHZ 83, 122, Urteil v. 25. Februar 1982, II ZR 174/80. Zu den Mitwirkungsbefugnissen von Aktionären in der Entwicklung von Holzmüller, Macrotron und Gelatine vgl. etwa Arnold, ZIP 2005, 1573ff.

[1213] Kern der Entscheidung des BGH waren folgende Ausführungen: Es gebe „*grundlegende Entscheidungen, die durch die Außenvertretungsmacht des Vorstands, seine gemäß § 82 Abs. 2 AktG begrenzte Geschäftsführungsbefugnis wie auch durch den Wortlaut der Satzung formal noch gedeckt sind, gleichwohl aber so tief in die Mitgliedsrechte der Aktionäre und deren im Anteilseigentum verkörpertes Vermögensinteresse eingreifen, dass der Vorstand vernünftigerweise nicht annehmen kann, er dürfe sie in ausschließlich eigener Verantwortung treffen, ohne die Hauptversammlung zu beteiligen*“ (BGHZ 83, 122, 131).

Das Vorliegen dieser Voraussetzungen wird teilweise auch bei einem *Squeeze Out* als gegeben angenommen[1214], ist aber abzulehnen. Bei einem *Squeeze Out* verändert sich lediglich die Anzahl der Aktionäre. Die Gesellschaft an sich verändert sich nicht. Weder ihr Gegenstand noch ihre Organe werden von dem Ausschluss berührt[1215]. Unstreitig ist, dass in die Position der Minderheitsaktionäre eingegriffen wird. Das allein macht die Ausschlussentscheidung aber nicht zu einer Grundlagenentscheidung.

Nichts anderes ergibt sich aus § 119 AktG[1216]. Dieser legt die Rechte der Hauptversammlung fest. Nach der Regierungsbegründung zu § 119 AktG[1217] entscheidet die Hauptversammlung *„über alle mit dem wirtschaftlichen und rechtlichem Aufbau der Gesellschaft zusammenhängenden Fragen*". Wie bereits beschrieben, wird der Aufbau der Gesellschaft nicht verändert.

Zudem sind schon die *Holzmüller*-Kriterien nicht erfüllt: Es handelt sich bei dem *Squeeze Out* gerade nicht um eine gemäß § 82 Abs. 2 AktG getroffene Entscheidung des Vorstandes. Sowohl *Holzmüller* als auch *Macrotron* und *Gelatine* behandeln die Frage der ungeschriebenen Mitwirkungsbefugnisse der Hauptversammlung bei Maßnahmen, welche das Gesetz dem Vorstand als Leitungsaufgabe zuweist[1218]. Maßgeblich ist hier aber vielmehr das Ausschlussverlangen des Hauptaktionärs. Das Gesetz fordert also keinen Hauptversammlungsbeschluss.

Ein Hauptversammlungsbeschluss ist daher aus rechtlichen Erwägungen nicht angezeigt.

(3) Vergleich mit anderen Staaten

Auch andere Rechtsordnungen fordern für einen *Squeeze Out* keinen Hauptversammlungsbeschluss[1219]. Teile des deutschen Schrifttums sahen (auch deshalb)

1214 Kiem, in: Henze/Hoffmann-Becking, Gesellschaftsrecht, 2001, S. 329, 338f.

1215 Vgl. Vetter, DB 2001, 743, 745.

1216 Vgl. Vetter, ZIP 2000, 1817, 1820.

1217 Abgedruckt bei Kropff, AktG, 1965, S. 165.

1218 So heißt es in der Gelatine-Entscheidung des BGH: *„Ungeschriebene Mitwirkungsbefugnisse der Hauptversammlung bei Maßnahmen, die das Gesetz dem Vorstand als Leitungsaufgabe zuweist, sind nur ausnahmsweise und in engen Grenzen anzuerkennen. Sie kommen allein dann in Betracht, wenn eine von dem Vorstand in Aussicht genommene Umstrukturierung der Gesellschaft an die Kernkompetenz der Hauptversammlung, über die Verfassung der Aktiengesellschaft zu bestimmen, rührt, weil sie Veränderungen nach sich zieht, die denjenigen zumindest nahe kommen, welche allein durch eine Satzungsänderung herbeigeführt werden können"* (BGH, Urteil v. 26. April 2004, II ZR 155/02, AG 2004, 384).

1219 So ist etwa in Großbritannien nach Sec. 429 Companies Act ein solcher Beschluss entbehrlich. Ebenso in Italien, Art. 111 Testo unico delle disposizioni in materia di intermediazione finanziaria (Legislative Decree No 58 of 24 February 1998, as amended by Law 262/2005). Gleiches gilt auch für Frankreich (Art. 237 General Regulation of the Autorité des Marchés Financiers, initial version approved on 12 November 2004) und die Niederlande (Art. 2:92a, Art. 2:201a Burgerlijk Wetboek) – jeweils Stand vor Umsetzung der Übernahmeeinen Hauptversammlungsbeschluss bereits bei Einführung des aktienrechtlichen *Squeeze Out* als überflüssig an[1220].

(4) Faktisch Hauptversammlungsbeschluss wegen Delisting erforderlich?

Bisweilen wird in Hauptversammlungen, die über den aktienrechtlichen *Squeeze Out* beschließen sollen, die Frage aufgeworfen, wieso nicht gleichfalls ein „*Macrotron*-Beschluss“[1221] auf die Tagesordnung gesetzt worden sei.

Der Bundesgerichtshof hat in der *Macrotron*-Entscheidung bestimmt, dass das reguläre Delisting sowohl einen zustimmenden Hauptversammlungsbeschluss als auch ein überprüfbares Pflichtangebot[1222] der AG oder des Großaktionärs an die übrigen Aktionäre voraussetzt[1223].

Allerdings ist die BGH-Entscheidung ausdrücklich auf das reguläre Delisting beschränkt, also die Konstellation, in der sich die Gesellschaft für einen Rückzug von der Börse entscheidet. Die Zulassung zum Börsenhandel wird jedoch von Amts wegen entzogen, wenn die Voraussetzungen eines ordnungsgemäßen Börsenhandels i.S.d. § 43 Abs. 3 AktG nicht mehr gegeben sind[1224]. Das ist anzunehmen, wenn sämtliche Aktien in der Hand eines Gesellschafters vereint sind[1225]. Aus dem zwingend folgenden Delisting lässt sich daher – mangels Entscheidung durch die Gesellschaft – das Erfordernis eines Hauptversammlungsbeschlusses nicht herleiten[1226]. Der Bundesgerichtshof sah nämlich eine Zustimmung der Hauptversammlung als notwendig an, weil den Aktionären nicht gegen ihren Willen ein Markt entzogen werden darf, auf dem sie ihre Aktien veräußern können. Diese Begründung greift im Zusammenhang mit dem *Squeeze Out* nicht.

---

richtlinie. Österreich hat sich im Zuge der Umsetzung der Übernahmerichtlinie für ein Ausschlussrecht durch Hauptversammlungsbeschluss entschieden. Vgl. ÜbRÄG, Art. 6 § 1, § 7 BGBl. I für die Republik Österreich vom 9. Juni 2006.

[1220] Schiessl, AG 1999, 442, 452; Vetter, ZIP 2000, 1817, 1819ff.; ders., DB 2001, 743, 744; Habersack, ZIP 2001, 1237; Grizmek, in: Geibel/Süßmann, WpÜG, 2002, Art. 7, § 327a AktG Rn. 31.

[1221] Macrotron-Entscheidung des BGH, BGHZ 153, 47, 54.

[1222] Hierbei handelt es nicht um ein Pflichtangebot i.S.d. WpÜG, obgleich dies angesichts des Wortlauts nahe liegend wäre. Vgl. Strunk/Linke, in: Veil/Drinkuth, Übernahmerecht, 2005, S. 3, 14.

[1223] Vgl. hierzu die Kurzzusammenfassung bei Arnold, ZIP 2005, 1573, 1574. Zuvor wurde die Frage, ob die Hauptversammlung überhaupt für die Entscheidung des Delisting zuständig ist, heiß diskutiert. Vgl. etwa Land/Hasselbach, DB 2000, 557ff.; Bungert, BB 2000, 53ff.; Vollmer/Grupp, ZGR 1995, 459ff.; Wirth/Arnold, ZIP 2000, 111ff.

[1224] Sogenanntes kaltes Delisting.

[1225] Vetter, DB 2001, 743, 745.

[1226] So auch Seibt/Heiser, ZGR 2005, 200, 248.

Die mittelbare Folge des *Squeeze Out*, das (kalte) Delisting, betrifft die Aktionäre gerade nicht mehr, weil sie den Gegenwert ihrer Aktien bereits durch die angemessene Barabfindung erhalten haben und sie zudem im maßgeblichen Zeitpunkt nicht mehr Aktionäre der Gesellschaft sind.

(5) Praktische Erwägungen

Gegen die Einführung eines Hauptversammlungsbeschlusses sprechen die Erfahrungen mit Anfechtungsklagen von Minderheitsaktionären gegen *Squeeze Out* Beschlüsse nach §§ 243 ff. AktG[1227].

Die Folge einer Anfechtung ist, dass die Eintragung des Hauptversammlungsbeschlusses in das Handelsregister zunächst nicht erfolgt und der *Squeeze Out* nicht wirksam wird[1228]. Eine Ausnahme hiervon besteht dann, wenn in einem Unbedenklichkeitsverfahren festgestellt wird, dass die Anfechtungsklage unzulässig oder offensichtlich unbegründet ist, oder die Interessen an der Eintragung die Interessen der Minderheitsaktionäre überwiegen[1229]. Der Lästigkeitswert einer Anfechtung ist damit wesentlich höher als der des Spruchverfahrens, welches nachträglich die Angemessenheit der Barabfindung überprüft[1230].

Früher wurden daher Hauptversammlungsbeschlüsse mit dem Argument, es lägen abfindungswertbezogene Informationspflichtverletzungen[1231] vor, angefoch-

---

[1227] Krause, BB 2004, 113, 118 weist darauf hin, dass die Erhöhungen der Barabfindung, welche durch Anfechtungsklagen und die dort regelmäßig ausgehandelten Vergleiche hervorgerufen werden, teilweise reine „Phantasiepreise" sind, die nicht selten um 100 % über dem nach IDW-Standard ermittelten Wert liegen. Insbesondere dann, wenn das Finanzierungskonzept den möglichst schnellen Ausschluss der Minderheitsaktionäre notwendig mache, sei der Hauptaktionär nicht in der Lage, auf das Erhöhungsverlangen anders als mit einem weit überhöhten Vergleich zu reagieren. (Der IDW-Standard S 1 enthält vom Institut für Wirtschaftsprüfer herausgegebene Leitsätze zur Erstellung einer Unternehmensbewertung. Der Unternehmenswert wird danach unter Berücksichtigung der Rechtsprechung zur Maßgeblichkeit des Börsenpreiskriteriums herangezogen, um die angemessene Barabfindung je Aktie festzulegen.).

[1228] § 327e Abs. 2 i.V.m. § 319 Abs. 5 AktG. Der Vorstand hat nach § 327e Abs. 1 S. 1 AktG den Übertragungsbeschluss zur Eintragung in das Handelsregister anzumelden. Die Anmeldung und damit die Eintragung wird frühestens nach Ablauf der Anfechtungsfrist von einem Monat (§ 246 Abs. 1 AktG) erfolgen, da der Vorstand zugleich die Erklärung abzugeben hat, dass eine Klage nicht oder nicht fristgemäß erhoben oder rechtskräftig abgewiesen worden ist. Andernfalls erfolgt keine Eintragung (§ 319e Abs. 5 S. 2 AktG).

[1229] § 327e Abs. 2 i.V.m. § 319 Abs. 6 AktG. Vgl. dazu Koppensteiner, in: Zöllner/Noack, Kölner Kommentar AktG, 2004, § 327e Rn. 5ff., Grunewald, in: Kropff/Semler, Münchener Kommentar AktG, 2004, § 327f Rn. 5ff. Das Freigabeverfahren nach § 319 Abs. 6 AktG geht dem allgemeineren Freigabeverfahren des § 246a Abs. 2 AktG vor.

[1230] So auch Krause, BB 2004, 113, 118.

[1231] Hierbei handelt es sich um die Rüge der mangelhaften Beantwortung von Fragen. Treffend beschreibt Schiessl, AG 1999, 442, 447 manche Fragen der Aktionäre wie folgt: „*Wir erleben es jedes mal wieder, dass generalstabsplanmäßig Unmengen von zum Teil in sinnlose*

ten[1232]. Spätestens[1233] mit Inkrafttreten des UMAG[1234] berechtigen die abfindungswertbezogenen Informationspflichtverletzungen nicht mehr zur Anfechtung[1235].

Der neue § 243 Abs. 4 AktG bestimmt, dass eine Anfechtungsklage nicht mehr auf unrichtige, unvollständige oder unzureichende Informationen in der Hauptversammlung über die Ermittlung, Höhe oder Angemessenheit von Ausgleich, Abfindung, Zuzahlung oder über sonstige Kompensationen gestützt werden kann, wenn das Gesetz für Bewertungsrügen ein Spruchverfahren vorsieht.

Der Gesetzgeber hat auch darüber hinaus Maßnahmen zur Vermeidung von Anfechtungsklagen getroffen: Er führte in § 129 AktG eine Ermächtigung für den Hauptversammlungsleiter ein, das Frage- und Rederecht der Aktionäre zeitlich

---

Details gehende Fragen gestellt werden, um eine Nichtbeantwortung oder Fehlbeantwortung zu provozieren. Man muss diese Fragenkataloge und die bewusst chaotische, nuschelnde und versteckte Art der Fragestellung erlebt haben, um zu begreifen, dass es sich hier um Missbrauch und nicht um Aktionärsdemokratie handelt."

1232 Hinzu kommt, dass das Kostenrisiko des Klägers angesichts der Regelung des § 247 AktG begrenzt ist. Eine empirische Untersuchung zu Anfechtungsklagen gegen *Squeeze Out* Beschlüsse liefert Rathausky, AG-R 2004, R 24ff.

1233 Bereits zuvor wurde unter Verweis auf die MEZ (BGH ZIP 2001, 199) und Aqua Butzke (BGH ZIP 2001, 412) Entscheidungen des Bundesgerichtshofs zur Umwandlung überwiegend angenommen, diese Pflichtverletzungen berechtigen auch beim *Squeeze Out* nicht zur Anfechtung. Aus neuerer Zeit von Schnurbein, AG 2005, 725, 726f.; zuvor Habersack, ZIP 2001, 1230, 1237; Sieger/Hasselbach, ZGR 2002, 120, 160; Vetter, AG 2002, 176, 183, 189. Henze, ZIP 2002, 97, 107 für die Übertragbarkeit auf die verwandte Eingliederung. A.A. Grunewald, ZIP 2002, 18, 21; Hoffmann-Becking, in: Henze/Hoffmann-Becking, Gesellschaftsrecht, 2001, S. 55, 67, für die Eingliederung; Hüffer, AktG, 2006, § 327f Rn. 2; Fleischer, ZGR 2002, 757, 783; Krieger, BB 2002, 53, 60. Für einen Anfechtungsausschluss OLG Köln v. 6. Oktober 2003 – 18 W 35/03, AG 2004, 39, 40; a.A. LG Frankfurt a.M. v. 14. Mai 2003 – 3-13 O 22/03, DB 2003, 1726; LG Frankfurt a.M. v. 27. August 2003 – 3-13 O 205/02, DB 2003, 2590f.

Der Gesetzgeber ging davon aus, dass abfindungswertbezogene Informationspflichtverletzungen nicht zur Anfechtung berechtigen, wollte er doch lediglich die geltende Rechtsprechung festschreiben.

1234 Gesetz zur Unternehmensintegrität und Modernisierung des Anfechtungsrechts v. 22. September 2005, BGBl. I/2005, S. 2802. Dazu Göz/Holzborn, WM 2006, 157ff.; Spindler, NZG 2005, 825ff. Zum RegE: Gantenberg, DB 2005, 207ff.; Holzborn/Bunnemann, BKR 2005, 51ff.; Jahn, BB 2005, 5ff.; Seibert, WM 2005, 157ff. Zum RefE: Seibert/Schütz, ZIP 2004, 252ff., Diekmann/Leuering, NZG 2004, 249ff.; Hemeling, AG 2004, 262ff., Kuthe, BB 2004, 449ff.; Martens, AG 2004, 238ff.; Meilicke/Heidel, DB 2004, 1479ff.; Mutter/Topf, AG-R 2004, R 259; Weißhaupt, WM 2004, 705ff.; Wilsing, ZIP 2004, 1082ff.

1235 Ausweislich der Regierungsbegründung, BT-Drs. 15/5092, S. 10, 26 ist erklärtes Ziel des UMAG, die missbräuchliche Ausnutzung des Anfechtungsrechts zu unterbinden, um Schaden von der Gesellschaft abzuwenden. Den Anfechtungsausschluss in dieser Situation befürworten Weißhaupt, WM 2004, 705, 710f.; Diekmann/Leuering, NZG 2004, 249, 254; Veil, AG 2005, 567, 569f.; Spindler, NZG 2005, 825, 829.

angemessen zu beschränken (§ 131 Abs. 2 S. 2 AktG)[1236] und hat durch eine Verknüpfung von Fragerecht und vor der Hauptversammlung gegebenen Informationen eine weitere Einschränkung von Anfechtungsmöglichkeiten vorgenommen[1237].

Indes wurden durch das UMAG die Probleme nicht gelöst. So wird man in Zukunft verstärkt Anfechtungsklagen beobachten können, die sich auf andere Anfechtungsgründe stützen. Letztlich ist das Lästigkeitspotential dieser Anfechtungsgründe ähnlich hoch wie bei abfindungswertbezogenen Informationspflichtverletzungen, da sie im gleichen Maße die Eintragung des *Squeeze Out* hindern.

Es verwundert angesichts des Störpotentials nicht, dass es sich überwiegend um eine kleine Gruppe „berufsmäßiger“ Anfechtungskläger handelt, die nicht selten lediglich eine Aktie der Gesellschaft innehaben und vor allem – im Vergleichsfalle – von den Gebühren profitieren[1238]. Hier hilft häufig auch das Freigabeverfahren angesichts seiner Dauer nicht weiter.

Der Gesetzgeber hat also wesentliche Schritte unternommen, um das (aktienrechtliche) *Squeeze Out* Verfahren zügiger zum Abschluss bringen zu können.

[1236] Die Beschränkungsmöglichkeit wurde von Seibert, WM 2005, 157, 160, unter Hinweis darauf, dass die Unterscheidung zwischen auch zuvor zulässiger angemessener Beschränkung der Redezeit einerseits und unzulässiger Beschränkung der Fragezeit gekünstelt gewesen sei, begrüßt. Andere (Martens, AG 2004, 238, 241ff.; Meilicke/Heidel, DB 2004, 1479, 1480 und Weißhaupt, WM 2004, 705,707) lehnen sie hingegen wegen verfassungsrechtlicher Bedenken ab. Fraglich ist indes, ob nun die Streitigkeiten nicht lediglich auf eine andere Ebene verlagert werden. So wird sich zukünftig wohl die Frage stellen, was eine angemessene zeitliche Begrenzung des Fragerechts bedeutet. Ebenso Wilsing, ZIP 2004, 1082, 1085; Spindler, NZG 2005, 825, 826. Diese Befürchtung teilt Weißhaupt, ZIP 2005, 1766, 1768, hingegen nicht. Danach sei angesichts der gesetzgeberischen Entscheidung, die Hauptversammlung effizienter zu gestalten, von einem weiten Ermessensspielraum des Versammlungsleiters auszugehen, welcher lediglich in wenigen Ausnahmefällen überschritten sein dürfte, etwa dann, wenn ein Teilnehmer praktisch gar nicht zu Wort gekommen sei. Bei Weißhaupt, ZIP 2005, 1766, 1769, findet sich zudem ein Musterbeispiel für eine Ermächtigungsregelung nach dem neuen § 131 Abs. 2 AktG. Skeptisch gegenüber dem Erfolg der Begrenzungsmöglichkeit des Fragerechts hingegen Jürgen Kurz von der DSW: *„Wenn bislang ein Aktionär 50 Fragen gestellt hat, werden halt in Zukunft zehn Leute je fünf Fragen stellen. Die Gewieften kennen das UMAG sicher schon auswendig und werden sich ihre Schlupflöcher suchen*“. Zitiert nach Kuhr, SZ vom 7. Oktober 2005, S. 34.

[1237] § 131 Abs. 3 S. 1 Nr. 7 AktG. Danach besteht für Gesellschaften die Möglichkeit, nicht aber die Verpflichtung, auf ihrer Internetseite Informationen zu veröffentlichen. Sind diese über mindestens sieben Tage vor Beginn und während der Hauptversammlung ohne Unterbrechung zugänglich, besteht bezüglich dieser Informationen in der Hauptversammlung ein Auskunftsverweigerungsrecht. Vgl. dazu Regierungsbegründung BT-Drs. 15/5092, S. 17. Vgl. auch Weißhaupt, ZIP 2005, 1766, 1770f.

[1238] Ähnlich Austmann/Mennicke, NZG 2004, 846, 852, die ebenfalls die berufsmäßig wirkende Erhebung von Anfechtungsklagen kritisieren.

Die Schwächen, welche sich aus der zeitlichen Verzögerung durch das Freigabeverfahren ergeben, werden hiermit jedoch nur gemildert, nicht behoben[1239].

Die bisherigen Erkenntnisse[1240] zeigen darüber hinaus, dass die überwiegende Anzahl der *Squeeze Out* Beschlüsse im Freigabeverfahren eingetragen wird[1241]. Ein stärkerer Schutz der Aktionäre wird durch das Erfordernis des Hauptversammlungsbeschlusses also nicht geschaffen, sondern häufig nur eine zeitliche Verzögerung.

(6) Zwischenergebnis

Der Hauptversammlungsbeschluss ist grundsätzlich als entbehrlich anzusehen[1242].

Damit bedarf es eines anderen Anknüpfungspunkts für die Übertragung der Aktien[1243]. Verschiedene alternative Ausschlussmöglichkeiten wurden diskutiert.

b) Ausschluss durch Gerichtsentscheidung

Bereits vor Einführung des aktienrechtlichen *Squeeze Out* wurde von *Vetter* vorgeschlagen, den Aktienübergang durch Entscheidung des Landgerichts am Sitz der Gesellschaft, die die Aktien ausgegeben hat, zu bewirken[1244]. Übertragen auf die Richtlinienvorschriften käme damit folgendes Verfahren in Betracht.

Grundlage der Entscheidung sollte der Antrag des Hauptaktionärs, verbunden mit dem Nachweis der Inhaberschaft von 95 % des (stimmberechtigten) Grundkapitals sowie ggf. ein schriftlicher Bericht über das Abfindungsangebot sein[1245].

1239 Anders wohl grundsätzlich die DSW. Die UMAG-Änderungen seien ausreichend. Zudem seien die langen Verfahrensdauern angesichts der großen wirtschaftlichen Bedeutung hinnehmbar. DSW, Stellungnahme zum RegE Ü-UG, S. 3.

1240 Vgl. Fuhrmann, Der Konzern 2004, 1, 5.

1241 Freigabeverfahren führen zu einer geschätzten zeitlichen Verzögerung von etwa sechs bis neun Monaten, da es sich um zwei Instanzen handelt. Vgl. §§ 327e Abs. 2 AktG, 319 Abs. 6 S. 5 AktG.

1242 Ebenso Krause, BB 2004, 113, 118; Austmann/Mennicke, NZG 2004, 846, 852; Tretzmüller-Szauer, AG-R 2006, R 83f.

1243 Im Aktienrecht gehen bekanntlich die Aktien der Minderheitsaktionäre mit Eintragung des Übertragungsbeschlusses auf den Hauptaktionär über (§ 327e Abs. 3 AktG).

1244 So Vetter, DB 2001, 743, 744; ders., ZIP 2000, 1817, 1821. Das Forum Europaeum Konzernrecht, ZGR 1998, 672, 738 wies darauf hin, dass eine Richtlinie keine Vorgaben bezüglich des Ausschlussverfahrens machen sollte. Sie nennen beispielhaft den Ausschluss durch Hauptversammlung, durch Antrag des Mehrheitsgesellschafters an das Gericht oder an eine Aufsichtsbehörde.

1245 Vgl. Vetter, ZIP 2000, 1817, 1821.

Gleichzeitig mit Antragstellung bei dem zuständigen Landgericht wären eine entsprechende Mitteilung über das Ausschlussverlangen und der ggf. erstellte Bericht im Bundesanzeiger zu veröffentlichen.

Der Aktienübergang würde mit der Veröffentlichung der Gerichtsentscheidung im Bundesanzeiger bewirkt werden.

Zudem sprach sich *Vetter* für eine Stellungnahme des Vorstands zu dem Abfindungsangebot des Hauptaktionärs aus. Wenn es eine solche Stellungnahme bei Übernahmeangeboten gäbe, müsste es sie erst recht bei dem stärker belastenden Ausschlussverfahren erforderlich sein[1246]. Das ist jedoch abzulehnen. Wie *Austmann/Mennicke* richtig herausarbeiten, wird bei Übernahmeangeboten eine Entscheidung von den Aktionären abverlangt. Hier ist es für die Wahrnehmung der in der Gesellschaft zusammentreffenden Aktionärsinteressen gerade nicht mehr relevant, wie der Vorstand die Abfindung bewertet. Die Bewertung kann mangels Entscheidungsmöglichkeit nie zur Grundlage einer Aktionärsentscheidung werden.

Eine Ausgestaltung durch Gerichtsentscheidung ist also beim übernahmerechtlichen *Squeeze Out* denkbar.

Daneben kommt allerdings als dritte Möglichkeit der Ausschluss durch Verlangen des Hauptaktionärs in Betracht.

c) Ausschluss durch Verlangen des Hauptaktionärs

Austmann/Mennicke gelangen nach Analyse verschiedener ausländischer *Squeeze Out* Regelungen zu dem Schluss, für den Aktienübergang sollte allein das Ausschlussverlangen des Bieters ausreichen[1247]. Eine zwingende Befassung der Gerichte wird unter Hinweis auf deren Überlastung für nicht sachgerecht erachtet[1248].

Fingierte Verträge, wie sie das englische Recht vorsehen[1249], seien ebenfalls nicht erforderlich. *Austmann/Mennicke* wollen die Kontrolle der Ausschlussvoraussetzungen der BaFin überlassen[1250]. Sie schlagen vor, der Bieter solle in Anlehnung an die §§ 14, 15 WpÜG a.F. der BaFin das Ausschlussverlangen zur Kontrolle übermitteln.

Die BaFin würde dann das Bestehen der notwendigen Voraussetzungen überprüfen, also ob die Beteiligungsschwelle erreicht wurde, die Abfindung ordnungsgemäß ist und eine Bankgarantie abgegeben wurde.

[1246] Vetter, ZIP 2000, 1817, 1823.

[1247] Austmann/Mennicke, NZG 2004, 846, 852.

[1248] Austmann/Mennicke, NZG 2004, 846, 853.

[1249] *Sec. 430 (2) Companies Act* – Stand vor Umsetzung der Richtlinie.

[1250] Schiessl, AG 1999, 442, 452 hat 1999 bereits gleiches gefordert. Die Überprüfung sollte durch das Bundesaufsichtsamt für den Wertpapierhandel erfolgen.

Bei Eingreifen der Angemessenheitsvermutung wäre die Überprüfung auf das Vorliegen der tatbestandlichen Voraussetzungen beschränkt, ansonsten darauf, ob Nachweise der Angemessenheit, wie etwa ein Bewertungsgutachten, vorliegen[1251]. Nach Prüfung des Ausschlussverlangens sollte entsprechend § 14 Abs. 3 WpÜG die Veröffentlichung erfolgen. Die Aktionäre hätten dann einen Monat Zeit, gegen das Ausschlussverlangen vorzugehen.

Nach Ablauf der Monatsfrist gingen die Aktien kraft Gesetzes auf den Bieter über und etwaige Aktienurkunden würden (wie beim aktienrechtlichen *Squeeze Out*) nur noch den Anspruch auf die Barabfindung verbriefen.

Zudem solle § 20 Abs. 2 UmwG entsprechend Anwendung finden – dem Rechtsübergang also Bestandskraft zukommen. Schließlich müsse der Bieter gemäß § 14 Abs. 3 WpÜG unverzüglich nach Aktienübergang und Zahlung der Barabfindung diese Vorgänge veröffentlichen und der BaFin Mitteilung machen.

d) Stellungnahme

Sämtliche vertretenen Positionen bergen Vorteile, aber auch Risiken in sich, die im Folgenden zu erläutern sind.

Der Hauptversammlungsbeschluss an sich ist beim übernahmerechtlichen *Squeeze Out* grundsätzlich zulässig. Der Wortlaut der Richtlinie macht, wie gezeigt, einen Hauptversammlungsbeschluss jedoch nicht erforderlich.

Wie eingehend dargelegt, ist aus aktienrechtlicher Sicht ebenfalls kein Beschluss notwendig. Entscheidend gegen den Hauptversammlungsbeschluss spricht der Mangel an einer Entscheidung. Sofern im Verlauf der Hauptversammlung keine Fehler auftreten und die *Squeeze Out* Voraussetzungen erfüllt sind, kommt die Hauptversammlung eher einer „Show“ gleich. Die mögliche Anfechtung des Hauptversammlungsbeschlusses ist auch nach der Klärung der Behandlung abfindungswertbezogener Informationspflichtverletzungen ein großer Nachteil des Beschlusserfordernisses.

Der Gleichlauf zwischen aktienrechtlichem und übernahmerechtlichem *Squeeze Out* spricht auch nicht für eine Einführung des Hauptversammlungsbeschlusses beim übernahmerechtlichen *Squeeze Out*. Die Folgen des Hauptversammlungsbeschlusserfordernisses sind hinreichend verdeutlicht worden. Ein Gleichlauf auf dieser Ebene ist nicht erstrebenswert.

Ein Hauptversammlungsbeschluss ist folglich aus Praktikabilitätsgründen abzulehnen.

[1251] Austmann/Mennicke, NZG 2004, 846, 853. Austmann/Mennicke wollen also angesichts der rudimentären Vorgaben der Richtlinie außerhalb der Fälle der Angemessenheitsvermutung die aktienrechtlichen *Squeeze Out* Vorschriften anwenden.

Der Minderheitenschutz kann letztlich auch auf andere Weise gewährleistet werden, etwa durch eine Gerichtsentscheidung, wie unter (b) angedacht. Eine Gerichtsentscheidung hätte aber unter Umständen den Nachteil, dass gegen diese Rechtsmittel eingelegt werden könnte, was letztlich wieder zu einer Verzögerung des Aktienübergangs führen würde[1252].

Fraglich ist allerdings, ob auf eine Gerichtsentscheidung verzichtet werden kann, wie dies von *Austmann/Mennicke* vorgeschlagen wird, die ein Ausschlussverlangen des Bieters genügen lassen wollen.

Dieses Modell scheint hingegen eine zu „radikale" Lösung zu sein. Eine Gerichtsentscheidung ist einer Kontrolle durch die BaFin vorzuziehen. Nach *Austmann/Mennickes* Vorstellung könnte gegen das Ausschlussverlangen binnen Monatsfrist vorgegangen werden. Betrachtet man die Erfahrungen mit dem aktienrechtlichen *Squeeze Out*, erscheint es nahezu ausgeschlossen, dass von dieser Möglichkeit seitens der Minderheitsaktionäre kein Gebrauch gemacht würde. Folglich würden die Gerichte ohnehin mit dem *Squeeze Out* Verlangen befasst werden. Daher ist es schon aus diesem Gesichtspunkt sinnvoll, gleich ein Gericht mit der Feststellung der *Squeeze Out* Voraussetzungen zu betrauen.

Aus Kosten- und Zeiteffizienzgründen ist der Ausschluss durch Gerichtsentscheidung die richtige Wahl zur Durchführung eines *Squeeze Out* Verlangens[1253].

Eine Berichtspflicht ist zumindest für den Fall des Eingreifens der Angemessenheitsvermutung bei einem Übernahmeangebot und bei einem Pflichtangebot entbehrlich[1254].

2) *Behandlung von Vorzugsaktien*

Vor Umsetzung der Richtlinie war fraglich, wie stimmrechtslose Aktien bei einem *Squeeze Out* zu behandeln sind.

a) Zulässigkeit eines (gattungsmäßigen) Squeeze Out für nicht stimmberechtigte Wertpapiere

Im Grundsatz ist ein gattungsmäßiger *Squeeze Out* zulässig[1255]. Dies ergibt sich

---

[1252] Kritisch gegenüber dieser Lösung für den aktienrechtlichen *Squeeze Out* aus diesem Grund Ehricke/Roth, DStR 2001, 1120, 1125.

[1253] So auch der DAV-Handelsrechtsausschuss, Stellungnahme zum DiskE Ü-UG, NZG 2006, 177, 180; Seibt/Heiser, AG 2006, 301, 317.

[1254] Hierauf wird später unter J.III.1.b.5), S. 323, ausführlich eingegangen.

[1255] Im Winter-Bericht, S. 76, wurde ein gattungsbezogener *Squeeze Out* für erforderlich gehalten: Dies führe dazu, dass der Mehrheitsaktionär nicht Minderheitsaktionäre in der Gattung, in der er den maßgeblichen Schwellenwert nicht erreicht hat, aus der Gesellschaft ausschließen kann. Umgekehrt ermögliche der gattungsbezogene *Squeeze Out* dem Mehrheitsaktionär, dass er nicht in sämtlichen Gattungen den Schwellenwert erreichen muss, sondern eunmittelbar aus Art. 15 Abs. 3. Indes ist die Formulierung dieses Absatzes nicht eindeutig.

Fraglich ist etwa, ob ein gattungsmäßiger *Squeeze Out* isoliert für stimmrechtslose Aktien, die weiterhin von dem WpÜG erfasst bleiben dürfen, überhaupt zulässig ist. Art. 15 Abs. 3 S. 2 lautet: „*Hat die Zielgesellschaft mehrere Wertpapiergattungen begeben, können die Mitgliedstaaten vorsehen, dass das Ausschlussrecht nur in der Gattung ausgeübt werden kann, in der der in Absatz 2 festgelegte Schwellenwert erreicht ist*“. Art. 15 Abs. 2 spricht von zu erreichenden Schwellenwerten von 90 bzw. 95 % des *stimmberechtigten Kapitals*.

Angesichts des Wortlauts ist nicht selbstverständlich davon auszugehen, der Verweis auf Abs. 2 beziehe sich lediglich auf den Prozentwert. Es spreche mehr dafür, dass der Schwellenwert jeweils auf den Anteil der stimmberechtigten Wertpapiergattung verweist. Andernfalls wäre es nicht notwendig gewesen, den Bezug zum stimmberechtigten Kapital herzustellen. Dieser hätte sich bereits aus der Definition des Wertpapiers ergeben. Wertpapiere i.S.d. Art. 15 Abs. 3 S. 2 seien nämlich nur Wertpapiere, die Stimmrechte verleihen[1256]. Der Kommissionsvorschlag von 2002 sah dagegen die Bezugnahme auf das Gesellschaftskapital vor. Dementsprechend gehen *Seibt/Heiser* davon aus, dass Wahlrecht würde wegen der Bezugnahme auf das stimmberechtigte Kapital für Deutschland leer laufen[1257].

Andere begründen die Zulässigkeit eines auf stimmrechtslose Aktien beschränkten *Squeeze Out* damit, dass ansonsten im Extremfall ein Aktionär, der lediglich 47,5 % des Grundkapitals hält, einen *Squeeze Out* durchführen könnte[1258]. Sie bilden folgendes Beispiel:

Eine Gesellschaft hat je 50 % des Grundkapitals in stimmrechtslosen Vorzugsaktien und Stammaktien ausgegeben. Hielte ein Bieter nach einem Übernahmeangebot 95 % der Stammaktien, aber keine Vorzugsaktien, so wäre er dennoch berechtigt, die übrigen Aktionäre (also einschließlich derjenigen, welche stimmrechtslose Vorzugsaktien halten) auszuschließen[1259]. Mithin könnte er 52,5 % des Grundkapitals durch den *Squeeze Out* erwerben.

Äußerungen aus dem Umfeld der Kommission hätten gezeigt, dass dies vom europäischen Gesetzgeber nicht erkannt wurde[1260]. Einziger Ausweg sei, so die

---

ben nur in der Gattung, in der er tatsächlich den *Squeeze Out* durchführen möchte. Grundsätzlich gegen die Einführung eines gattungsmäßigen *Squeeze Out* bei der Umsetzung der Richtlinie haben sich Maul/Muffat-Jeandet, AG 2004, 306, 316, ausgesprochen.

1256 Art. 2 Abs. 1 lit. e).

1257 Seibt/Heiser, ZGR 2005, 200, 241. Ungeachtet dessen sind Seibt/Heiser, ZGR 2005, 200, 241, der Ansicht, die Richtlinie lasse eine Erweiterung des Wertpapierbegriffs zu. Gegen eine isolierte Zulässigkeit auch Hopt/Mülbert/Kumpan, AG 2005, 109, 116.

1258 Austmann/Mennicke, NZG 2004, 846, 848.

1259 Austmann/Mennicke, NZG 2004, 846, 848.

1260 Austmann/Mennicke, NZG 2004, 846, 848 dort Fn. 22.

Folgerung von *Austmann/Mennicke*, die Einführung eines gattungsmäßigen *Squeeze Out*.

Seibt/Heiser schlagen hingegen einen Mittelweg vor. Für sie ist wegen der Anknüpfung an das stimmberechtigte Kapital ein getrennter *Squeeze Out* für stimmrechtslose Anteile unzulässig. Allerdings sollte Deutschland über die Vorgaben der Richtlinie hinaus eine Umsetzung wählen, wonach zusätzlich die stimmrechtslosen Aktien vom Squeeze Out erfasst werden, wenn der Bieter auch 95 % dieser Gattung hält[1261].

Wird keine der beiden Varianten gewählt, bleibt nach *Seibt/Heiser* der *Squeeze Out* wegen des Wertpapierbegriffs der Richtlinie auf die stimmrechtsgewährenden Wertpapiere beschränkt.

Hopt/Mülbert/Kumpan sehen eine radikalere Lösung vor und halten einen Mindestanteil der vom Bieter gehaltenen stimmrechtslosen Aktien für entbehrlich[1262]. Im Ergebnis entspräche die Radikallösung den von *Austmann/Mennicke* befürchteten Konsequenzen. Ein Bieter hätte hier im Extremfall tatsächlich die Möglichkeit, sämtliche anderen Wertpapierinhaber aus der Gesellschaft auszuschließen, wenn er 47,5 % des Grundkapitals hält[1263].

Meines Erachtens lässt sich die Zulässigkeit eines gattungsbezogenen *Squeeze Out* für stimmrechtslose Wertpapiere nicht ohne weiteres aus den Erwägungsgründen herleiten. Die Richtlinie lässt zumindest für Pflichtangebote die Erweiterung des Wertpapierbegriffs auf nicht stimmberechtigte Wertpapiere zu[1264], trägt damit aber nicht wesentlich zur Klärung der hier in Rede stehenden Problematik bei.

Austmann/Mennicke verkennen entweder die Definition des Wertpapiers im Sinne der Richtlinie[1265] oder gehen davon aus, dass bei einer nationalen Ausweitung des Wertpapierbegriffs auf stimmrechtslose Aktien, der *Squeeze Out* diese gleichsam (zwingend) mit erfassen würde.

Es scheint in Anbetracht der Definition des Wertpapiers nicht ersichtlich, weshalb gerade beim *Squeeze Out* in Art. 15 der in der Richtlinie definierte und unterschiedslos verwendete Begriff in einer anderen Form ausgelegt werden sollte.

[1261] Seibt/Heiser, ZGR 2005, 200, 241.

[1262] Hopt/Mülbert/Kumpan, AG 2005, 109, 116. Zur Begründung führen sie mögliche praktische Probleme an, die bei Wiederaufleben des Stimmrechts durch Nichtzahlung der Dividende entstehen könnten.

[1263] Vgl. das obige Beispiel auf S. 269f.

[1264] Das folgt aus Erwägungsgrund (11). Danach können die Mitgliedstaaten vorsehen, *„dass die Verpflichtung, allen Wertpapierinhabern ein Angebot zu machen, nicht nur für Wertpapiere gilt, die Stimmrechte verleihen, sondern auch für Wertpapiere, die nur unter bestimmten Umständen Stimmrechte verleihen oder überhaupt nicht mit Stimmrechten ausgestattet sind"*.

[1265] So Seibt/Heiser, ZGR 2005, 200, 241.

Die Richtlinie legt die Schwellenwerte in Bezug auf das stimmberechtigte Kapital und die Stimmrechte fest. Der *Squeeze Out* bezieht sich auch nur auf die stimmberechtigten Wertpapiere.

Erwägungsgrund (11) regelt im Zusammenhang mit dem Pflichtangebot die Erweiterungsmöglichkeit auf nicht stimmberechtigte Wertpapiere. Der Erwägungsgrund geht jedoch scheinbar nicht davon aus, dass der Wertpapierbegriff für die gesamte Richtlinie geändert werden sollte und lässt die Erweiterung des Wertpapierbegriffs im Sinne der Richtlinie ausdrücklich nur für das Pflichtangebot zu. Andererseits ist die Begründung des als Grundlage dienenden und in weiten Teilen identischen Kommissionsvorschlages von 2002 zu berücksichtigen. Dort heißt es bei der Erläuterung der Artikel zu „Artikel 2 - Begriffsbestimmungen", dass „*die Richtlinie nur für Wertpapiere* [gilt], *mit denen Stimmrechte in einer Gesellschaft verbunden sind. Es steht den Mitgliedstaaten jedoch frei, den Anwendungsbereich auf andere Wertpapiere auszudehnen, da sich die Richtlinie auf die Festlegung von Mindestanforderungen beschränkt.*" In den Erwägungsgründen kam dies jedoch nicht so deutlich zum Ausdruck. Erwägungsgrund (10) des Kommissionsvorschlags entspricht nämlich Erwägungsgrund (11) der Richtlinie.

Damit erklärt der europäische Gesetzgeber die Erweiterung des Anwendungsbereichs auf andere Wertpapiere für zulässig, gibt aber hinreichend deutlich zu verstehen, dass die getroffene *Squeeze Out* Regelung nur auf die Wertpapiere i.S.d. von der Richtlinie vorgegebenen Wertpapierbegriffs zu beziehen ist.

Art. 15 geht folglich ungeachtet der Zulässigkeit der Erweiterung des Pflichtangebots auf nicht stimmberechtigte Wertpapiere davon aus, dass das Angebot, welches an alle Wertpapierinhaber der Zielgesellschaft gerichtet ist, nur an die stimmberechtigten Wertpapierinhaber zu richten ist. Das hätte nach der Auffassung *Austmann/Mennickes* eine merkwürdige Konsequenz: Obwohl das Angebot nicht an die stimmrechtslosen Aktionäre zu richten war und gerichtet wurde, könnten diese zum Verkauf ihrer Wertpapiere gezwungen werden. Diese Lösung kann angesichts des eindeutigen Richtlinienwortlauts nicht beabsichtigt gewesen sein.

Daher geht ihre Folgerung, dass ein Bieter mit 47,5 % des Grundkapitals unter bestimmten Umständen zum Ausschluss der übrigen Aktionäre berechtigt ist, fehl. Selbst wenn der nationale Gesetzgeber zu den Wertpapieren auch die stimmrechtslosen Wertpapiere zählt, wäre diese Schlussfolgerung also nicht zwingend.

Es ist davon auszugehen, dass die Richtlinie diese Konstellation nicht regelt. Somit stellt sich die Frage, ob sie sie abschließend negativ beschieden hat. Art. 15 ist eine solche abschließende Regelung nicht zu entnehmen. Die Regelung trifft lediglich – von dem Ansatz her, dass Wertpapiere im Sinne der Richtlinie nur stimmberechtigte Wertpapiere sind – für stimmberechtigte Wertpapiere eine abschließende Regelung. Insoweit sind die Vorgaben eindeutig und zwingend. Erwägungsgrund (11) könnte dagegen sprechen, dass der *Squeeze Out* auf stimmrechtslose Aktien ausgedehnt werden darf. Dieser sieht explizit nur die Möglichkeit vor, dass beim Angebot auch nicht stimmberechtigte Wertpapiere erfasst werden dürfen. Die Begründung zu Art. 2 des Kommissionsvorschlags von 2002 hingegen spricht für die Zulässigkeit einer Erweiterung auf stimmrechtslose Anteile.

Nahe liegender erscheint daher, dass der Richtliniengeber nicht erkannt hat, dass das *Squeeze Out* Recht die stimmrechtslosen Wertpapiere nach den Richtlinienvorgaben nicht mit einbezieht. Eine abschließende Regelung ist hierin angesichts der Begründung zu Art. 2 des Kommissionsvorschlags von 2002 nicht zu sehen.

Im Übrigen spricht die Intention des Gesetzgebers dafür, dass eine Gleichbehandlung der stimmrechtslosen Anteile zulässig sein sollte. Da beim Pflichtangebot die Erweiterung auf stimmrechtslose Aktien möglich ist, und das *Squeeze Out* Recht das Korrelat des Pflichtangebots darstellen soll, muss es auch hier gestattet sein, die stimmrechtslosen Anteilsinhaber aus der Gesellschaft zu verdrängen[1266].

Vernünftig ist folglich die von *Seibt/Heiser* vorgeschlagene Lösung. Danach gehen die stimmrechtslosen Anteile auf den Bieter über, wenn er neben den maßgeblichen stimmberechtigten Wertpapieren einen Anteil von 95 % des nicht stimmberechtigten Grundkapitals hält. Hiermit werden die Vorgaben der Richtlinie gewahrt. *Seibt/Heiser* stellen damit anders als etwa *Krause*[1267] nicht auf das Grundkapital ab.

Der *Squeeze Out* erfordert nämlich gerade nicht, dass der Bieter sowohl 95 % der stimmberechtigten Wertpapiere und des stimmberechtigten Kapitals und gleichzeitig auch 95 % des stimmrechtslosen Kapitals innehat (dann wäre man in der Tat bei 95 % des Grundkapitals).

Hat der Bieter die erste Voraussetzung erfüllt, so gehen die stimmberechtigten Wertpapiere auf den Bieter über. Auf den Anteil an den nicht stimmberechtigten Wertpapieren kommt es dann nicht an. Hält er zugleich auch 95 % des nicht stimmberechtigten Grundkapitals, so gehen diese ebenfalls über.

Dies entspricht auch der Wertung des Art. 15 Abs. 3, wonach das Ausschlussrecht nur in der Gattung ausgeübt werden kann, in der der jeweilige Schwellen-

---

[1266] Es wäre kaum zu erklären, wieso es zulässig sein sollte, dem Bieter eine Angebotspflicht auch für die nicht stimmberechtigten Wertpapiere aufzuerlegen, ihn aber andererseits nicht dazu zu berechtigen, die Inhaber nicht stimmberechtigter Wertpapiere unter bestimmten Umständen aus der Gesellschaft auszuschließen. Damit ist also auch die von Maul, NZG 2005, 151, 157, aufgeworfene Frage, ob der *Squeeze Out* für stimmrechtslose Wertpapiere überhaupt zulässig ist, positiv zu beantworten.

[1267] Vgl. oben unter J.II.3.b., S. 254.

wert erreicht ist[1268]. Grundsätzliche Voraussetzung ist jedoch das Erreichen des Schwellenwerts in der Gattung „stimmberechtigte Aktien".

Der Vorschlag von *Hopt/Mülbert/Kumpan* verdient hingegen keine Zustimmung. Die von ihnen befürchteten praktischen Probleme sind nicht durchschlagend. Zunächst einmal spricht gegen diesen Vorschlag, dass der Bieter im Extremfall nur einen relativ geringen Anteil am Grundkapital innehaben müsste.

Das widerspricht der Wertung, die in den §§ 122 Abs. 2, 258 Abs. 2, 260 Abs. 2, 265 Abs. 3 und 320 Abs. 1 S.1 AktG zum Ausdruck kommt. Der Anteil von 5 % am Grundkapital ist danach eine anerkannte Größe im deutschen Aktienrecht[1269]. Dieser Anteil am Grundkapital sollte soweit möglich dem Anteil entsprechen, den der Bieter beim übernahmerechtlichen *Squeeze Out* maximal erwerben darf.

Diese Lösung wird durch den Wortlaut der Richtlinie kombiniert mit dem Vorschlag von *Seibt/Heiser* gewahrt. Entweder hat der Bieter 95 % sämtlicher Anteile inne, oder eben nur 95 % der stimmberechtigten Anteile. Entsprechend könnte er dann nur 5 % der stimmberechtigten Anteile ausschließen. Letztlich würde dann die Relation der Anteile am (stimmberechtigten) Grundkapital gewahrt.

Der Vorschlag von *Hopt/Mülbert/Kumpan* gibt ohne Not diese im Aktienrecht anerkannte Größe auf und dürfte im Extremfall auch verfassungsrechtlich höchst bedenklich sein[1270]. Deshalb ist ihm nicht zu folgen.

b) Wahlrecht bezüglich nicht stimmberechtigter Wertpapiere

In der Sache sind sich wohl sämtliche Verfasser darüber einig, dass Deutschland bei der Umsetzung der Richtlinie analog zum aktienrechtlichen *Squeeze Out* die stimmrechtslosen Aktien in den Anwendungsbereich des Umsetzungsgesetzes einbeziehen sollte. Wäre dies nicht der Fall, so gäbe es stets noch außenstehende Aktionäre.

Den Nutzen, den ein (aktienrechtlicher) *Squeeze Out* für die Gesellschaft mit sich bringt – etwa die nicht mehr bestehende Notwendigkeit, minderheitsschützende Normen zu beachten, oder die Umwandlung einer AG in eine andere Gesellschaftsform vornehmen zu können, ohne dass Minderheitsgesellschafter

---

[1268] Wie beschrieben findet Art. 15 Abs. 2 wegen des engeren Wertpapierbegriffs keine direkte Anwendung.

[1269] Vgl. BT-Drs. 14/7034, S. 72.

[1270] Die Verfassungsmäßigkeit der von Hopt/Mülbert/Kumpan vorgeschlagenen Regelung wäre vom Bundesverfassungsgericht an Grundrechten zu messen, da es sich nach der hier vertretenen Ansicht nicht um eine Richtlinienvorgabe sondern um eine von der Richtlinie unabhängige, nationale Rechtsetzung handelt. Vertritt man hingegen Austmann/Mennickes Standpunkt, so wäre die Regelung an europäischem Recht zu messen, da sie zwingend aus den Richtlinienvorgaben folgen würde.

verblieben – wäre ansonsten nicht gegeben[1271]. Die Verwaltungskosten würden letztlich gleich bleiben. Eine vollständige Konzernierung bliebe aus.

Gegen die Einführung eines Wahlrechts des Bieters bezüglich nicht stimmberechtigter Anteile spricht die mögliche unterschiedliche Behandlung der Inhaber der jeweiligen Wertpapiere. Eine solche Regelung ist darüber hinaus den Kapitalmärkten nur schwer zu erklären sowie mit praktischen Schwierigkeiten verbunden[1272].

Im Übrigen sind auch keine negativen Erfahrungen mit der Gleichbehandlung der unterschiedlichen Aktiengattungen im aktienrechtlichen *Squeeze Out* Recht bekannt geworden. Häufig kommen Bewertungsgutachten zu dem Ergebnis, dass beide Aktiengattungen gleich zu entschädigen sind[1273]. Das spricht gleichfalls gegen eine Aufspaltung nach Aktiengattungen.

Daher sollte es dem Bieter bei Vorliegen der Voraussetzungen nicht überlassen werden, zu wählen, ob er nur die stimmberechtigten Wertpapierinhaber ausschließt oder auch die nicht stimmberechtigten Wertpapierinhaber. Wenn er den Ausschluss möchte, sollte der Bieter verpflichtet sein, auch die stimmrechtslosen Anteile zu erwerben. Dies ist nach den Richtlinienvorgaben zulässig.

Zwar könnte man argumentieren, durch die Ankaufspflicht auch der nicht stimmberechtigten Wertpapiere werde dem Bieter eine zusätzliche Belastung auferlegt, da er entsprechende Kapitalmittel bzw. liquide Aktien zusätzlich aufbringen müsste. Dies ist sicherlich richtig, wird vom europäischen Gesetzgeber aber in anderem Zusammenhang für zulässig erachtet.

Nach dem bereits zitierten Erwägungsgrund (11) ist es dem nationalen Gesetzgeber erlaubt, das Pflichtangebot auf stimmrechtslose Wertpapiere zu erstrecken. In dieser Konstellation wird einem Bieter, dem es lediglich darauf ankommt, die Kontrolle über eine Gesellschaft zu erwerben, ebenfalls zugemutet, Anteile zu erwerben, die ihm nie die Kontrolle vermitteln können und an denen er daher eventuell kein Interesse hat. Die Erweiterung des *Squeeze Out* ist nicht mit einer unzulässigen Erhöhung der Schwellenwerte vergleichbar. Es handelt sich lediglich um eine faktische, nicht um eine rechtliche Erschwerung der *Squeeze Out* Ausübung.

Vom Bieter wird hier nicht mehr verlangt, als ihm die Richtlinie zulässigerweise ohnehin durch Erwägungsgrund (11) auferlegt. Er muss ggf. sämtliche Wertpapiere erwerben. Wirtschaftlich gesehen wird der Bieter also bei der von

---

[1271] Gegen ein Ausschlussrecht nach Gattungen auch Wiesner, ZIP 2004, 343, 348, der das Ausschlussrecht ebenfalls nur im Ganzen für sinnvoll erachtet.

[1272] So für die insoweit identische Konstellation des *Sell Out* Hasselbach, ZGR 2005, 387, 401.

[1273] Dennoch kann es in diesen Fällen im Ergebnis zu einem unterschiedlichen Barabfindungsangebot für Stamm- und Vorzugsaktionäre kommen. Diese beruht auf dem Börsenpreiskriterium, also den unterschiedlichen Börsenkursen von Stamm- und Vorzugsaktien, welche ebenfalls bei der Festlegung des Barabfindungsangebots zu berücksichtigen sind.

Seibt/Heiser vorgeschlagenen und hier ebenfalls befürworteten Lösung beim *Squeeze Out* nicht anders gestellt als beim vorangehenden Pflichtangebot. Ihm muss folglich kein Wahlrecht bezogen auf die nicht stimmberechtigten Wertpapiere eingeräumt werden.

Ein solches ergibt sich auch nicht aus einem Vergleich mit einem Bieter, der nach einem Übernahmeangebot lediglich 95 % des stimmberechtigten Kapitals und der Stimmrechte hält, nicht aber 95 % der stimmrechtslosen Anteile. Dieser kann den *Squeeze Out* nur bezogen auf die übrigen stimmberechtigten Anteile durchführen. Er müsste also eventuell vergleichsweise weniger Kapital für einen *Squeeze Out* aufbringen.

Das stellt keine Benachteiligung desjenigen Bieters dar, der beide 95 % Schwellen überwindet. Es handelt sich nicht um vergleichbare Sachverhalte. Der Bieter erwirbt im Gegenzug auch keine stimmrechtslosen Anteile. Er wird weiter Hauptaktionär einer nicht minderheitsfreien Gesellschaft bleiben. Bei Überschreiten der 95 % Schwelle ist eine Gleichbehandlung der Aktionäre, wie eingangs ausgeführt, angezeigt.

Somit ist es sachgemäß, dem Bieter bei Vorliegen der Voraussetzungen die Verpflichtung aufzuerlegen, entweder sämtliche Wertpapiere zu erwerben, oder auf einen Erwerb gänzlich zu verzichten. Im Übrigen entspricht die Regelung damit, soweit es europarechtlich zulässig ist, dem aktienrechtlichen *Squeeze Out*.

c) Zusammenfassung

Ein Wahlrecht und die Einführung eines gattungsmäßigen *Squeeze Out* sind abzulehnen. Es sollte der von *Seibt/Heiser* vorgeschlagene Mittelweg gewählt werden. Dieser unterscheidet zwar im Prinzip auch nach Gattungen (stimmberechtigte und nicht stimmberechtigte Wertpapiere), verknüpft aber dieses Ausschlussrecht in zulässiger Weise miteinander. Damit würden die stimmrechtslosen Anteile vom übernahmerechtlichen *Squeeze Out* erfasst, was dem *Squeeze Out* letztlich erst seinen wirtschaftlichen Nutzen bringt.

3) Berechnung des Schwellenwerts zur Ausübung des Squeeze Out

Art. 15 Abs. 3 schreibt den Mitgliedstaaten vor, Vorschriften zu erlassen, die es ermöglichen, den Schwellenwert zu berechnen. Nach Art. 15 Abs. 2 muss der Bieter mindestens 90 % bzw. 95 % des stimmberechtigten Grundkapitals halten oder sich vertraglich fest dazu verpflichten, einen entsprechenden Anteil am stimmberechtigten Grundkapital zu erwerben.

Das wirft die Frage auf, ob es tatsächlich allein auf den Bieter ankommt oder ob, wie bei der Abgabe eines Angebots auch, gemeinsam handelnde Personen dem Bieter zugerechnet werden bzw. eine Stimmrechtszurechnung grundsätzlich gestattet ist.

Art. 5 Abs. 1 enthält eine ausdrückliche Regelung und unterscheidet streng zwischen dem Bieter und mit diesem gemeinsam handelnden Personen, während Art. 15 vom Wortlaut her nur auf den Bieter abstellt. Der Bieter ist nach der Begriffsbestimmung des Art. 2 Abs. 1 lit. c) *„jede natürliche oder juristische Person des öffentlichen Rechts oder des Privatrechts, die ein Angebot abgibt“*.

Die *Winter*-Gruppe jedenfalls sah eine Stimmrechtszurechnung als zulässig an. Im *Winter*-Bericht stellte sie Kriterien für die Festlegung der relevanten Schwellenwerte auf. Danach sollte das *Squeeze Out* Recht bestehen, wenn der Bieter und jede mit ihm gemeinsam handelnde Person nach dem Angebot 90 % bis 95 % des Kapitals besitzt[1274]. Unklar erscheint, weshalb diese Regelung nicht Eingang in die Richtlinie bzw. zuvor in den Kommissionsvorschlag von 2002 gefunden hat.

Es könnte sein, dass es den Mitgliedstaaten überlassen bleiben sollte, Anteile gemeinsam handelnder Personen zu berücksichtigen, ausgedrückt durch die Formulierung in Art. 15 Abs. 3, wonach die Mitgliedstaaten die Vorschriften zur Berechnung der Schwellenwerte erlassen. Eine solche Interpretation der Vorschrift wird von Teilen der Literatur vertreten[1275].

Danach käme eine Anknüpfung an die Vorschrift des § 30 WpÜG a.F. oder an § 16 Abs. 2 und 4 AktG wie beim aktienrechtlichen *Squeeze Out* in Betracht.

Beim aktienrechtlichen *Squeeze Out* wird nicht von einer formal-rechtlichen, sondern von einer wirtschaftlich-faktischen Betrachtungsweise[1276] ausgegangen, indem bei der Berechnung der Anteilsschwelle im Mehrheitsbesitz stehende Unternehmen mit berücksichtigt werden[1277]. Die Regelung vermeidet ein unnötiges, aus wirtschaftlichen Gründen unter Umständen gar nicht vertretbares „Umhängen“ von Beteiligungen[1278]. Verfügt nämlich die Gesellschaft, in der der Minderheitsausschluss durchgeführt werden soll, über Immobilienbesitz, würde die Übertragung von Beteiligungen und damit verbunden die Überschreitung des Schwellenwerts von 95 % durch den Hauptaktionär die Grunderwerbsteuerpflicht auslösen[1279]. Dies würde das *Squeeze Out* Instrument für einige Bieter uninteressant machen.

Daher sollte grundsätzlich eine Zurechnung, soweit EG-rechtlich zulässig, mit der neuen *Squeeze Out* Regelung eingeführt werden.

Eine Anknüpfung an § 30 WpÜG a.F. könnte jedoch gegen die Richtlinie verstoßen. Die Vorschriften des Aktiengesetzes betreffen nur Mehrheitsbeteiligungen, während § 30 Abs. 2 WpÜG a.F. darüber hinaus auch die *acting in concert*

1274 Winter-Bericht, S. 74.

1275 Zu dieser Interpretation siehe Maul/Muffat-Jeandet, AG 2004, 306, 316.

1276 Diese Bezeichnung wurde gewählt von Fleischer, ZGR 2002, 757, 774.

1277 §§ 327a Abs. 2, 16 Abs. 4 AktG.

1278 So bereits Ehricke/Roth, DStR 2001, 1120,1122.

1279 Sogenannte Anteilsvereinigung in einer Hand. Vgl. Vetter, ZIP 2000, 1817, 1819.

Sachverhalte beinhaltet. Es sind also nicht nur wirtschaftlich in irgendeiner Weise miteinander verbundene Personen erfasst. Es geht hier um die Zurechnung von Stimmrechten, während § 16 Abs. 4 AktG die Zurechnung von Beteiligungen betrifft. § 30 Abs. 2 WpÜG a.F. ist folglich wesentlich weiter als die aktienrechtliche Vorschrift. Somit ist fragwürdig, ob eine Anknüpfung an § 30 (insb. Abs. 2) WpÜG a.F. rechtlich zulässig ist.

In Anbetracht der Tatsache, dass das *Squeeze Out* Recht die Pflichtangebotsregelung erträglicher machen soll[1280], könnte man annehmen, es stehe mit der Richtlinie in Einklang, den *Squeeze Out* Schwellenwert an die das Pflichtangebot auslösenden Zurechnungstatbestände anzugleichen.

Dies ist abzulehnen. Sinn eines *Squeeze Out* Verfahrens ist es, dem Bieter zu ermöglichen sämtliche Anteile an einer Gesellschaft zu erwerben. Sollte das auch bei einer Zurechnung nach § 30 WpÜG a.F. geschehen, käme man zu dem paradoxen Ergebnis, dass der Bieter eventuell erst durch die Zurechnung der Anteile der mit ihm gemeinsam handelnden Personen auch deren Anteile erwerben würde. Die Richtlinie unterscheidet nämlich genau zwischen dem Bieter einerseits und den mit ihm gemeinsam handelnden Personen andererseits[1281].

Im Ergebnis würde also der Schutz der Minderheitsaktionäre dadurch verringert, dass dem Bieter zunächst die Stimmrechte der mit ihm gemeinsam handelnden Personen zugerechnet werden, er also allein gar nicht den Schwellenwert erreicht, und diese sozusagen zum Dank ihrer Anteile ebenfalls verlustig werden. Insoweit ist nämlich die Vorschrift des Art. 15 Abs. 2 eindeutig: Danach kann der Bieter *von allen verbleibenden Wertpapierinhabern* den Verkauf ihrer Wertpapiere verlangen. Daher ist davon auszugehen, dass eine Anknüpfung an § 30 WpÜG a.F. bzw. an den Begriff der gemeinsam handelnden Personen unzulässig ist.

Einer Anknüpfung an § 16 Abs. 2 und 4 AktG stehen im Gegensatz dazu keine durchgreifenden rechtlichen Bedenken entgegen. Maßgeblich stellt Art. 15 Abs. 2 auf das Halten eines bestimmten Prozentsatzes der Wertpapiere ab. Eine Unterscheidung danach, ob der Bieter diese mittelbar oder unmittelbar hält, wird hierdurch nicht getroffen, eine Anknüpfung an die § 16 Abs. 2 und 4 AktG nicht ausgeschlossen.

Eine solche ist vielmehr im Hinblick auf die Zielsetzung[1282] folgerichtig anzunehmen.

[1280] Vgl. die Ausführungen im Winter-Bericht (Fn. 1152).

[1281] Art. 5 Abs. 1.

[1282] Nach den Vorstellungen des Richtliniengebers ist der *Squeeze Out* das Gegenstück zum Pflichtangebot.

4) Anknüpfungspunkt für die Drei-Monats-Frist des Art. 15 Abs. 4

Die Drei-Monats-Frist des Art. 15 Abs. 4 gilt für den Gesetzgeber ab Ablauf der Annahmefrist. Zwei Problemkreise bedurften hierbei einer Lösung.

Es stellt sich die Frage der Behandlung von § 16 Abs. 2 WpÜG a.F., sowie die Frage wie bei eventuell erforderlichen behördlichen Genehmigungen, etwa Kartellfreigaben, zu verfahren ist.

a) Behandlung von § 16 Abs. 2 WpÜG a.F.

Unklar ist, ob die unter Umständen durch § 16 Abs. 2 WpÜG a.F. verlängerte Annahmefrist bei der Berechnung der Drei-Monats-Frist zu berücksichtigen ist. *Hasselbach* etwa will die Drei-Monats-Frist an die ggf. verlängerte Annahmefrist anknüpfen[1283]. Es wäre auch denkbar, die Frist bereits mit Ablauf der ursprünglichen, in Art. 7 bestimmten Annahmefrist beginnen zu lassen.

Voraussetzung einer Anknüpfung an die verlängerte Annahmefrist des § 16 Abs. 2 WpÜG a.F. ist die Richtlinienkonformität der Vorschrift.

Diese ist gegeben. § 16 Abs. 2 S. 1 WpÜG a.F. gewährt den Aktionären eine weitere Annahmefrist von zwei Wochen ab der auf den Ablauf der Annahmefrist unverzüglich zu folgenden Veröffentlichung der Anzahl der dem Bieter bzw. von mit ihm gemeinsam handelnden Personen gehaltenen Wertpapiere. Die Fristverlängerungsmöglichkeit, welche unter dem Namen Zaunkönigregelung bekannt ist, wird durch Art. 7 Abs. 2 eingeräumt und ermöglicht Aktionären, die zunächst den Erfolg des Übernahmeangebots abwarten wollen, später noch ihre Aktien abzugeben[1284]. Hierdurch soll die häufig fehlende Koordinationsmöglichkeit der Kleinaktionäre ausgeglichen werden[1285]. Es handelt sich also um ein zusätzliches Schutzinstrumentarium zugunsten der Aktionäre.

Genau genommen sind bei der Anknüpfung des Drei-Monats-Zeitraums zwei verschiedene Fragestellungen zu unterscheiden.

Maßgeblich ist zum einen, ob die Aktionäre, die das Angebot in der verlängerten Annahmefrist annehmen, bei der Berechnung des Schwellenwertes mit zu berücksichtigen sind. Das Ergebnis gibt die Antwort auf die Folgefrage, den Anknüpfungszeitpunkt der Fristbestimmung vor.

[1283] Hasselbach, ZGR 2005, 387, 402, allerdings in Bezug auf den *Sell Out* stimmberechtigter Wertpapiere.

[1284] Vgl. auch Mülbert, NZG 2004, 633, 639. Ebenso Seibt/Heiser, die dieses zusätzliche Schutzinstrumentarium als zulässig ansehen, da es vor dem Zwang zur uninformierten Annahme des Angebots schützen soll. Diese Begründung erscheint indes fragwürdig, da der Bieter einerseits bestimmten Informationspflichten unterliegt (Art. 6) und andererseits regelmäßig Mitteilung über die Anzahl der vom Bieter gehaltenen Wertpapiere machen muss (§ 23 Abs. 1 WpÜG).

[1285] Vgl. Pötzsch/Möller, WM Sonderbeilage Nr. 2 zu Heft 31/2000, S. 3, 17, zu der vom Grundgedanken her ähnlichen Regelung des § 19 Abs. 3 des DiskE WpÜG.

Zur Verdeutlichung: Es ist folgende Fallgestaltung denkbar. Ein Bieter hat nach Ablauf der Annahmefrist 89 % der stimmberechtigten Wertpapiere inne. Damit wäre er nicht zum *Squeeze Out* berechtigt. Nach der Veröffentlichung dieser Anzahl durch den Bieter (§ 23 Abs. 1 S. 1 Nr. 2 WpÜG a.F.) entschließen sich Inhaber von weiteren 7 % der stimmberechtigten Wertpapiere zur Annahme des Angebots. Erst jetzt hätte der Bieter 95 % des stimmberechtigten Grundkapitals inne.

Das Beispiel verdeutlicht zweierlei: Knüpft man die Berechnung des Schwellenwertes an die verlängerte Annahmefrist an, werden ggf. hierdurch erst die *Squeeze Out* Voraussetzungen geschaffen. Somit müsste auch der Fristlauf an die verlängerte Annahmefrist gekoppelt werden. Andernfalls wäre ggf. ein Teil der Frist bereits verstrichen, bevor überhaupt die den Fristbeginn auslösenden Voraussetzungen erfüllt sind. Ein solches Ergebnis ist nicht haltbar.

Die Richtlinie knüpft für den Ausübungszeitraum vom Wortlaut her an die Annahmefrist, nicht aber an die verlängerte Annahmefrist des WpÜG a.F. an. Die Vorschrift, welche den maßgeblichen Schwellenwert beinhaltet, verlangt lediglich das Halten von mindestens 90 % des stimmberechtigten Grundkapitals. Dennoch gibt die Richtlinie meines Erachtens durch die Vorschrift des Art. 15 Abs. 4 ausreichend klar den Ablauf der Annahmefrist der Richtlinie als maßgeblichen Zeitpunkt vor.

Hierfür sprechen folgende Erwägungen. Dem Bieter sollte es nur gestattet werden, den *Squeeze Out* durchzuführen, wenn er bereits innerhalb des ursprünglichen Angebotszeitraums den Schwellenwert erreicht.

Die verlängerte Annahmefrist ist lediglich eine weitere Schutzbestimmung für die übrigen Wertpapierinhaber, um das Angebot doch noch annehmen zu können. Letztlich würde hierdurch der Schutzzweck in Bezug auf den *Squeeze Out* unterlaufen werden, weil ggf. gerade die verlängerte Annahmefrist den im Interesse des Bieters liegenden *Squeeze Out* ermöglicht.

Zudem würde es durch ein Abstellen auf die verlängerte Annahmefrist zu unterschiedlichen Anknüpfungszeitpunkten kommen, abhängig davon, ob ein Übernahme- oder ein Pflichtangebot dem *Squeeze Out* vorausging[1286]. Schließlich stellt Alternative b) in Art. 15 Abs. 2 maßgeblich auf die Annahme des Angebots ab. Hierunter wird man lediglich das ursprüngliche Angebot zu verstehen haben.

Die verlängerte Annahmefrist dient nur dazu, den Minderheitsaktionär davor zu schützen, das Angebot (übereilt) anzunehmen, weil er fürchtet, später in einer von dem Bieter kontrollierten Gesellschaft zu verbleiben bzw. um aus dieser

---

[1286] Die Zaunkönigregelung greift nur bei Übernahmeangeboten, nicht aber bei Pflichtangeboten. Vgl. § 39 WpÜG a.F.

noch „aussteigen" zu können, falls es tatsächlich zu einem Kontrollwechsel kommt[1287].

Es ist also weder auf den Zeitpunkt[1288] noch auf das Ergebnis der verlängerten Annahmefrist abzustellen.

b) Berücksichtigung von Bedingungen und behördlichen Genehmigungen

Der *Squeeze Out* ist nach der Richtlinie innerhalb von drei Monaten nach Ablauf der Annahmefrist auszuüben. Häufig wird diese Frist aber nicht ausreichend sein, um behördliche Genehmigungen einzuholen. Insbesondere fusionsrechtliche Genehmigungsverfahren könnten noch nicht abgeschlossen sein. Daher wird stellenweise gefordert, die Antragsfrist erst mit Eintritt eventuell aufschiebender Bedingungen beginnen zu lassen[1289].

In Anbetracht des eindeutigen Wortlauts der Richtlinie scheint ein solches Vorgehen jedoch schwer möglich. *Harbarth*[1290] schlägt deswegen ebenso wie der DAV-Handelsrechtsausschuss[1291] vor, das Verfahren müsse nur innerhalb der mit Ablauf der Annahmefrist beginnenden Drei-Monats-Frist in Gang gesetzt werden. Für das Vorliegen der tatbestandlichen Voraussetzungen hingegen sei auf den Zeitpunkt des *Squeeze Out* Vollzugs abzustellen.

Die von *Harbarth* vorgeschlagene Lösung ist vorzuziehen. Die übrigen Aktionäre erhalten dadurch innerhalb der drei Monate nach Angebotsende Gewissheit darüber, ob ein *Squeeze Out* durchgeführt werden soll.

Für den Zeitpunkt des Vorliegens der *Squeeze Out* Voraussetzungen macht die Richtlinie hingegen keine Vorgaben. Aus Erwägungsgrund (24) lässt sich allerdings entnehmen, dass das Recht bestehen soll, wenn der Bieter *„im Zuge eines Übernahmeangebots*[1292] *einen bestimmten Prozentsatz des stimmberechtigten Kapitals (...) erworben hat*". Maßgeblich ist somit der Zusammenhang mit dem Angebot. Der Vollzug ist zu diesem Zeitpunkt noch nicht erforderlich.

[1287] Seiler, in: Assmann/Pötzsch/Schneider, WpÜG, 2005, § 16 Rn. 30.

[1288] Eine Anknüpfung an den Ablauf der Annahmefrist ohne Umsetzungsspielraum nimmt auch Harbarth an. Vgl. Harbarth (Shearman & Sterling), Öffentliche Anhörung des Finanzausschusses, 16. Sitzung vom 10. Mai 2006, Pr.Nr. 16/16, S. 19.

[1289] Wulfetange (BDI), Öffentliche Anhörung des Finanzausschusses, 16. Sitzung vom 10. Mai 2006, Pr.Nr. 16/16, S. 13. Ebenso bereits DAI, Stellungnahme zum RefE Ü-UG, S. 5.

[1290] Harbarth (Shearman & Sterling), Öffentliche Anhörung des Finanzausschusses, 16. Sitzung vom 10. Mai 2006, Pr.Nr. 16/16, S. 19.

[1291] DAV-Handelsrechtsausschuss, Stellungnahme zum DiskE Ü-UG, NZG 2006, 177, 181. Erneut DAV-Handelsrechtsausschuss, Stellungnahme zum RegE Ü-UG, S. 3.

[1292] Zu Bedenken ist, dass unter Übernahmeangebote in der Terminologie der Richtlinie freiwillige Übernahmeangebote und Pflichtangebote fallen.

Das verdeutlicht zudem Art. 15 Abs. 2 lit. b), wonach auch die feste vertragliche Verpflichtung zum Erwerb ausreichend ist[1293].

c. Schlussfolgerung für die Ausgestaltung des *Squeeze Out* Verfahrens

Wie sich aus den obigen Ausführungen ergibt, ist es sachgemäß, sich für den übernahmerechtlichen *Squeeze Out* möglichst weitgehend an den aktienrechtlichen *Squeeze Out* Vorschriften zu orientieren, sofern diese nicht gerade einen Hauptversammlungsbeschluss voraussetzen.

Insbesondere sollte der Schwellenwert von 95 % – soweit möglich – beibehalten werden. Sinnvoll ist also ein Abstellen auf 95 % des stimmberechtigten Grundkapitals und zusätzlich auf 95 % des nicht stimmberechtigten Grundkapitals.

5. Umsetzung und Bewertung

a. Darstellung des WpÜG n.F.

Bereits der Referentenentwurf sowie der nachfolgende Regierungsentwurf entschieden sich für einen vom aktienrechtlichen *Squeeze Out* getrennten übernahmerechtlichen *Squeeze Out*. Der übernahmerechtliche *Squeeze Out* wurde schließlich auch Gesetz.

Im Unterschied zum aktienrechtlichen *Squeeze Out* wird der übernahmerechtliche Minderheitenausschluss nicht durch die Eintragung eines Hauptversammlungsbeschlusses in das Handelsregister bewirkt[1294], sondern durch rechtskräftige Gerichtsentscheidung.

Das WpÜG n.F. sieht im Einzelnen folgende Regelungen vor:

1) § 39a WpÜG n.F. (Ausschluss der übrigen Aktionäre)

a) § 39a Abs. 1 WpÜG n.F.

Nach § 39a Abs. 1 WpÜG n.F. sind dem Bieter, dem nach einem Übernahme- oder Pflichtangebot mindestens 95 % des stimmberechtigten Grundkapitals[1295]

[1293] Dem lässt sich auch nicht entgegenhalten, in Alt. b) sei ausdrücklich eine vertragliche Verpflichtung ausreichend, während dies in Alt. a) nicht der Fall ist. Ein Grund für die Ungleichbehandlung der Alternativen ist nach Sinn und Zweck der Vorschriften nicht ersichtlich. Ein Umkehrschluss ist mithin nicht zulässig. Dem Gesetzgeber war offensichtlich die Problematik behördlicher Genehmigungen schlichtweg nicht bewusst.

[1294] § 327e Abs. 3 S. 1 AktG.

[1295] Der RegE Ü-UG stellte noch auf 95 % des stimmberechtigten Grundkapitals und der Stimmrechte ab. Die Kurzfassung wurde vom Bundestagsfinanzausschuss unter Hinweis auf die Abschaffung der Höchststimmrechte empfohlen, weshalb derjenige, der 95 % des stimmberechtigten Grundkapitals innehat, immer zugleich 95 % der Stimmrechte hält. Vgl. Beschlussempfehlung und Bericht des Finanzausschusses, BT-Drs. 16/1541, B. Einzelbegründer Zielgesellschaft gehören, die übrigen stimmberechtigten Aktien auf Antrag durch Gerichtsbeschluss gegen Gewährung einer angemessenen Abfindung zu übertragen[1296]. Der Bieter kann, wenn ihm außerdem Aktien in Höhe von 95 % des Grundkapitals der Zielgesellschaft gehören, beantragen, ihm die übrigen stimmrechtslosen Vorzugsaktien zu übertragen.

§ 39a WpÜG n.F. dient der Umsetzung des Art. 15. Erforderlich ist ein Übernahme- oder Pflichtangebot, ein reines Aufstockungsangebot bei Bestehen einer Kontrollbeteiligung ist hingegen nicht ausreichend[1297]. Gleiches soll gelten, wenn etwa eine geänderte Eigentümerstruktur zur Aktienmehrheit geführt hat[1298].

Erläuternd fügt die Regierungsbegründung hinzu, dass die Art und Weise, wie die erforderlichen Mehrheiten von dem Bieter erlangt werden, unerheblich sind. Beispielhaft wird die Möglichkeit eines Paketerwerbs außerhalb des formellen Angebotsverfahrens angeführt, sofern ein enger zeitlicher Bezug zu dem Angebot besteht[1299].

S. 2 nutze die Möglichkeit des Art. 15 Abs. 3 S. 2. Dies gewährleiste, dass der Bieter auch die stimmrechtslosen Aktien einer Gesellschaft erwerben könne. Die Richtlinie gebe, so die Regierungsbegründung, keine Bezugsgröße für den Ausschluss stimmrechtsloser Aktien vor. Daher fordert § 39a Abs. 1 S. 2 WpÜG neben dem Innehaben von 95 % des stimmberechtigten Grundkapitals und der Stimmrechte zugleich das Halten von 95 % des Grundkapitals. So werde vermieden, dass ein Bieter ohne die Voraussetzungen für den *Squeeze Out* der stimmberechtigten Aktionäre zu erfüllen, die nicht stimmberechtigten Aktionäre ausschließen kann. Auf das Grundkapital werde abgestellt, um den Eingriff des Bieters in die Rechte der übrigen Aktionäre zu rechtfertigen[1300]. Schließlich verweist der Gesetzgeber in diesem Zusammenhang auf die bereits angesproche-

---

dung Zu Artikel 1 Zu Nummer 17 (§ 39a) Zu Absatz 1, S. 12f.

Im RefE Ü-UG wurde noch eine andere Formulierung gewählt: „*dem mindestens 95 % der stimmberechtigten Aktien der Zielgesellschaft gehören und der auch über mindestens 95 % der Stimmrechte an der Zielgesellschaft verfügt*" (Art. 1 § 39a Abs. 1 S. 1 RefE Ü-UG). Dies entsprach nicht den Richtlinienvorgaben, da hier durch das Abstellen auf die Anzahl der stimmberechtigten Aktien von dem Bieter durch ggf. noch bestehende Mehrstimmrechte verlangt wurde, mehr als 95 % des stimmberechtigten Grundkapitals innezuhaben.

[1296] § 39a Abs. 1 S. 1 WpÜG n.F.

[1297] Vgl. BT-Drs. 16/1003, Begründung, B. Zu Artikel 1 Zu Nummer 17 (§§ 39a-39c) Zu § 39a Zu Absatz 1, S. 21.

[1298] Vgl. BT-Drs. 16/1003, Begründung, B. Zu Artikel 1 Zu Nummer 17 (§§ 39a-39c) Zu § 39a Zu Absatz 1, S. 21.

[1299] BT-Drs. 16/1003, Begründung, B. Zu Artikel 1 Zu Nummer 17 (§§ 39a-39c) Zu § 39a Zu Absatz 1, S. 21.

[1300] BT-Drs. 16/1003, Begründung, B. Zu Artikel 1 Zu Nummer 17 (§§ 39a-39c) Zu § 39a Zu Absatz 1, S. 21f.

ne[1301] und später noch ausführlicher zu besprechende[1302] Rechtsprechung des Bundesverfassungsgerichts zu Umwandlungsvorgängen[1303], wonach sich der Bieter in einer von Kleinaktionären unabhängigen Position bezüglich der Unternehmensführung befinden müsse.

Die Bezugnahme auf das Grundkapitals sei zudem nicht durch Art. 15 Abs. 2 S. 3 ausgeschlossen.

b) § 39a Abs. 2 WpÜG n.F.

§ 39a Abs. 2 WpÜG n.F. bestimmt, dass zur Festlegung der erforderlichen Beteiligungshöhe § 16 Abs. 2 und 4 AktG entsprechende Anwendung finden.

Hier wird also ein Gleichlauf zu § 327a Abs. 2 AktG hergestellt. Ein Abstellen auf die Vorschrift des § 30 Abs. 2 WpÜG komme hingegen nicht in Betracht, da die Eigentumsverhältnisse an den Aktien maßgebend seien[1304].

c) § 39a Abs. 3 WpÜG n.F.

Dieser Absatz bestimmt die anzubietende Abfindung und wird später unter III. „Abfindung" dargestellt[1305].

d) § 39a Abs. 4 bis 6 WpÜG n.F.

Nach Abs. 4 ist der Übertragungsantrag innerhalb von drei Monaten nach Ablauf der Annahmefrist zu stellen. S. 2 der Vorschrift wurde auf Empfehlung des Bundestagsfinanzausschusses eingeführt[1306] und bestimmt, dass der Antrag bereits gestellt werden kann, wenn das Übernahme- oder Pflichtangebot in einem Umfang angenommen wurde, der bei einem späteren Vollzug die nach Abs. 1 erforderliche Beteiligungshöhe des Bieters am stimmberechtigten oder am gesamten Grundkapital gewährleistet.

Die Annahmefrist in Abs. 4 wird durch Art. 15 Abs. 4 festgelegt und dient der Umsetzung dieser Vorschrift.

[1301] Siehe die Ausführungen in Fn. 1177.

[1302] Siehe die Ausführungen unter J.III.7, S. 346.

[1303] BT-Drs. 16/1003, Begründung, B. Zu Artikel 1 Zu Nummer 17 (§§ 39a-39c) Zu § 39a Zu Absatz 1, S. 21. In der Begründung wird diese Rechtsprechung irrtümlicherweise als Rechtsprechung des Bundesverfassungsgerichts zum aktienrechtlichen *Squeeze Out* bezeichnet. So auch schon der RefE Ü-UG Begründung, B. Zu Artikel 1 Zu Nummer 16 (§§ 39a-39c) Zu § 39a Zu Absatz 1, S. 23.

[1304] BT-Drs. 16/1003, Begründung, B. Zu Artikel 1 Zu Nummer 17 (§§ 39a-39c) Zu § 39a Zu Absatz 2, S. 22.

[1305] Siehe S. 306.

[1306] Vgl. Beschlussempfehlung und Bericht des Finanzausschusses, BT-Drs. 16/1541, Nummer 1 Artikel 1 lit. i) bb), S. 6.

Die Vorschrift des S. 2 trägt einem Petitum des Bundesrates[1307] Rechnung. Hierdurch soll das Ausschlussverfahren auch in Situationen gewährleistet sein, in denen das Angebot unter einer nach § 18 WpÜG zulässigen Bedingung steht[1308].

Abs. 5 enthält eine ausschließliche örtliche und sachliche Zuständigkeitsbestimmung des Gerichts[1309]. Danach ist der Antrag jeweils an das Landgericht Frankfurt a.M. zu richten. Außerdem wird die entsprechende Anwendung des § 66 Abs. 2 WpÜG angeordnet[1310], das heißt es handelt sich um Handelssachen im Sinne der §§ 93 bis 114 GVG.

Abs. 6 legt das Verhältnis zwischen dem aktienrechtlichen und dem übernahmerechtlichen Ausschlussverfahren fest und bestimmt den Vorrang des übernahmerechtlichen Ausschlussverfahrens. So sind die §§ 327a bis f AktG nach Stellung eines Antrags bis zum rechtskräftigen Abschluss des Ausschlussverfahrens nicht anwendbar[1311]. Zunächst erläutert die Regierungsbegründung, dass ein Nebeneinander des aktienrechtlichen und des übernahmerechtlichen Verfahrens nicht möglich ist[1312]. Anschließend wird in der Begründung präzisiert, dass ein aktienrechtlicher *Squeeze Out* ausscheidet, sobald der Bieter einen Ausschlussantrag stellt. Die Regierungsbegründung vermeidet hiermit die Schwächen der Begründung des Referentenentwurfs[1313].

2) § 39b WpÜG n.F. (Ausschlussverfahren)

a) § 39b Abs. 1 WpÜG n.F.

§ 39b Abs. 1 WpÜG n.F. bestimmt vorbehaltlich der Vorschriften der Abs. 2 bis 5 die Anwendbarkeit des FGG Verfahrens[1314]. Die gerichtliche Entscheidung

---

[1307] Vgl. BT-Drs. 16/1342, Stellungnahme des Bundesrates, Nr. 12 Zu Artikel 1 Nr. 17 (§ 39a Abs. 4 WpÜG), S. 4.

[1308] Vgl. Beschlussempfehlung und Bericht des Finanzausschusses, BT-Drs. 16/1541, B. Einzelbegründung Zu Artikel 1 Zu Nummer 17 (§ 39a) Zu Absatz 4, S. 13.

[1309] Vgl. BT-Drs. 16/1003, Begründung, B. Zu Artikel 1 Zu Nummer 17 (§§ 39a-39c) Zu § 39a Zu Absatz 5, S. 22.

[1310] § 39a Abs. 5 S. 2 WpÜG n.F. Hiermit wird also die funktionelle Zuständigkeit bestimmt. Vgl. BT-Drs. 16/1003, Begründung, B. Zu Artikel 1 Zu Nummer 17 (§§ 39a-39c) Zu § 39a Zu Absatz 5, S. 22.

[1311] Der RefE Ü-UG lautete „*Während des Ausschlussverfahrens*" findet das aktienrechtliche Verfahren keine Anwendung.

[1312] BT-Drs. 16/1003, Begründung, B. Zu Artikel 1 Zu Nummer 17 (§§ 39a-39c) Zu § 39a Zu Absatz 6, S. 22.

[1313] Danach war auch ausreichend, dass die Dreimonatsfrist abgelaufen ist (RefE Ü-UG, Begründung, B. Zu Artikel 1 Zu Nummer 16 (§§ 39a-39c) Zu § 39a Zu Absatz 6, S. 25). Insoweit wäre Interpretationsspielraum für die Zulässigkeit eines aktienrechtlichen *Squeeze Out* nach Ablauf des Drei-Monats-Zeitraums, aber parallel zum übernahmerechtlichen *Squeeze Out* (der regelmäßig nicht mit Ablauf der Drei-Monats-Frist vollzogen wäre).

[1314] Gesetz über die Angelegenheiten der freiwilligen Gerichtsbarkeit in der im Bundesgeerfolgt auf Antrag. Es gilt der Amtsermittlungsgrundsatz[1315].

b) § 39b Abs. 2 WpÜG n.F.

Nach § 39b Abs. 2 WpÜG n.F. macht das Landgericht den Ausschlussantrag des Bieters in den Gesellschaftsblättern bekannt, das heißt es erfolgt wegen der Vorschrift des § 25 AktG eine Bekanntmachung im elektronischen Bundesanzeiger, so dass sämtliche Aktionäre der Zielgesellschaft Kenntnis von dem Verfahren erlangen und dadurch die Möglichkeit erhalten, sich an diesem zu beteiligen[1316].

c) § 39b Abs. 3 WpÜG n.F.

In Abs. 3 wird das Ausschlussverfahren beschrieben.

Das Landgericht entscheidet durch einen mit Gründen zu versehenen Beschluss[1317]. Dieser ist mit der sofortigen Beschwerde[1318], über die das für den Sitz der BaFin in Frankfurt a.M. zuständige Oberlandesgericht entscheidet[1319], angreifbar.

Die Einlegung der sofortigen Beschwerde hat aufschiebende Wirkung[1320].

Die weitere Beschwerde ist ausgeschlossen[1321].

Auf Empfehlung des Bundestagsfinanzausschusses[1322] wurde ein S. 2 eingefügt, wonach der Beschluss „*frühestens einen Monat seit Bekanntmachung der Antragstellung und erst dann ergehen* [darf], *wenn der Bieter* [die Ausschlussvoraussetzungen] *glaubhaft gemacht hat*".

Hiermit werde, so die Begründung, sichergestellt, dass die Entscheidung erst nach Vollzug des Angebots ergeht. Der Bieter habe die Verpflichtung, den Erwerb der Ausschlussmehrheit darzulegen und zu beweisen. Das Verfahren könne bereits vor Bedingungseintritt so weit vorangetrieben werden, dass zum Abschluss nur noch der Angebotsvollzug notwendig sei[1323].

---

setzblatt Teil III, Gliederungsnummer 315-1, veröffentlichten bereinigten Fassung, zuletzt geändert durch Art. 4c des BFinVwNeuOG v. 22. September 2005, BGBl. I/2005, S. 2809.

[1315] Vgl. BT-Drs. 16/1003, Begründung, B. Zu Artikel 1 Zu Nummer 17 (§§ 39a-39c) Zu § 39b Zu Absatz 1, S. 22.

[1316] Vgl. BT-Drs. 16/1003, Begründung, B. Zu Artikel 1 Zu Nummer 17 (§§ 39a-39c) Zu § 39b Zu Absatz 2, S. 22.

[1317] § 39b Abs. 3 S. 1 WpÜG n.F.

[1318] § 39b Abs. 3 S. 3 WpÜG n.F.

[1319] § 39b Abs. 3 S. 5 WpÜG n.F.

[1320] § 39b Abs. 3 S. 4 WpÜG n.F.

[1321] § 39b Abs. 3 S. 5 WpÜG n.F.

[1322] Vgl. Beschlussempfehlung und Bericht des Finanzausschusses, BT-Drs. 16/1541, Nummer 1 Zu Artikel 1 lit. j) aa), S. 6f.

[1323] Vgl. Beschlussempfehlung und Bericht des Finanzausschusses, BT-Drs. 16/1541,

d) *§ 39b Abs. 4 WpÜG n.F.*

Abs. 4 konkretisiert die Bekanntgabe der Entscheidung. Diese ist sowohl dem Antragsteller als auch den Aktionären, welche im Beschlussverfahren angehört wurden, von dem Landgericht zuzustellen[1324]. Die Entscheidung ist in den Gesellschaftsblättern ohne Gründe bekannt zu geben[1325].

Hiergegen steht dem Antragsteller sowie den übrigen Aktionären die Beschwerde zu[1326]. Die Beschwerdefrist beginnt grundsätzlich mit der Bekanntmachung im elektronischen Bundesanzeiger zu laufen. Für diejenigen, denen die Entscheidung zugestellt wird (also dem Antragsteller und den angehörten Aktionären) beginnt der Fristlauf jedoch nicht vor Zustellung der Entscheidung[1327].

e) *§ 39b Abs. 5 WpÜG n.F.*

§ 39b Abs. 5 WpÜG n.F. legt die Wirkung der Entscheidung fest. Die Wirksamkeit für und gegen alle Aktionäre tritt erst mit Rechtskraft ein[1328], das heißt nicht vor Ablauf der zweiwöchigen Beschwerdefrist[1329]. Zu diesem Zeitpunkt gehen alle Aktien der übrigen Aktionäre auf den Bieter über[1330]. Etwaige Aktienurkunden verbriefen nur noch den Anspruch auf die angemessene Abfindung[1331]. Dem Vorstand obliegt es, die rechtskräftige Entscheidung unverzüglich zum Handelsregister einzureichen[1332]. Dies diene der Publizität und der Rechtssicherheit[1333].

B. Einzelbegründung Zu Artikel 1 Zu Nummer 17 (§ 39b) Zu Absatz 3, S. 13. Sowohl die Formulierung als auch die Begründung wurden einer Anregung des DAV-Handelsrechtsausschusses entnommen. Vgl. DAV-Handelsrechtsausschuss, Stellungnahme zum DiskE Ü-UG, NZG 2006, 177, 182f.

[1324] § 39b Abs. 4 S. 1 WpÜG n.F.

[1325] § 39b Abs. 4 S. 2 WpÜG n.F.

[1326] § 39b Abs. 4 S. 3 WpÜG n.F. Ungenau insoweit noch die Begründung zum Referentenentwurf, wonach abweichend vom Wortlaut des S. 3 nur alle betroffenen Aktionäre, nicht aber der Antragsteller beschwerdebefugt sind (RefE Ü-UG, Begründung, B. Zu Artikel 1 Zu Nummer 16 (§§ 39a-39c) Zu § 39b Zu Absatz 2, S. 25).

[1327] § 39b Abs. 4 S. 4 WpÜG n.F.

[1328] § 39b Abs. 5 S. 1, 2 WpÜG n.F.

[1329] Vgl. BT-Drs. 16/1003, Begründung, B. Zu Artikel 1 Zu Nummer 17 (§§ 39a-39c) Zu § 39b Zu Absatz 5, S. 22.

[1330] § 39b Abs. 5 S. 3 WpÜG n.F.

[1331] § 39b Abs. 5 S. 4 WpÜG n.F.

[1332] § 39b Abs. 5 S. 5 WpÜG n.F.

[1333] BT-Drs. 16/1003, Begründung, B. Zu Artikel 1 Zu Nummer 17 (§§ 39a-39c) Zu § 39b Zu Absatz 5, S. 23.

f) § 39b Abs. 6 WpÜG n.F.

Der Geschäftswert wird in § 39b Abs. 6 WpÜG n.F. als der Betrag, der dem Wert aller auszuschließenden Aktien im Zeitpunkt der Antragstellung entspricht, jedoch mindestens 200.000 und höchstens EUR 7,5 Mio., festgelegt[1334]. Zudem ordnet er die Geltung der Kostenordnung an[1335].

Außerdem wird bestimmt, dass Schuldner der Gerichtskosten ausschließlich der Antragsteller ist[1336]. Kosten der Antragsgegner hat dieser ebenfalls zu tragen, falls diese zur zweckentsprechenden Erledigung notwendig sind und dies der Billigkeit entspricht[1337].

Mit den getroffenen Regelungen sollen ähnliche Vorschriften im Aktiengesetz (§ 99 Abs. 6 AktG) und im Spruchverfahrensgesetz (§ 15 Abs. 1 S. 1 SpruchG) nachgebildet werden[1338].

b. Bewertung

1) Grundsätzliche Überlegungen

Bei dem übernahmerechtlichen *Squeeze Out* tritt der Aktienübergang mit der Rechtskraft der Gerichtsentscheidung ein.

Im Grundsatz ist die Nichteinführung eines Hauptversammlungsbeschlusses zu begrüßen[1339].

Vom Bundesrat wurde noch weitergehend angedacht, den Bieter nicht zwingend in das Verfahren nach § 39b WpÜG n.F. zu verweisen, sondern nur, wenn die Minderheitsaktionäre einen Anspruch des Bieters auf Übertragung nicht freiwillig erfüllen[1340]. Zur Begründung wird der Wortlaut der Richtlinie angeführt, wonach ein Bieter *verlangen* kann, dass ihm die Wertpapiere zu einem angemessenen Preis verkauft werden. Dieser Anspruch sei nur notfalls gerichtlich durchzu-

---

[1334] § 39b Abs. 6 S. 5 WpÜG n.F. Die Regelung des § 39b Abs. 6 RefE Ü-UG wurde im Regierungsentwurf deutlich erweitert.

[1335] § 39b Abs. 6 S. 1 WpÜG n.F.

[1336] § 39b Abs. 6 S. 7 WpÜG n.F.

[1337] § 39b Abs. 6 S. 8 WpÜG n.F.

[1338] BT-Drs. 16/1003, Begründung, B. Zu Artikel 1 Zu Nummer 17 (§§ 39a-39c) Zu § 39b Zu Absatz 6, S. 23. Spruchverfahrensgesetz v. 12. Juni 2003, BGBl. I/2003, S. 838, geändert durch Artikel 5 des SEEG v. 22. Dezember 2004, BGBl. I/2004, S. 3675.

[1339] Siehe hierzu die Ausführungen unter J.II.4.b.1), S. 259. A.A. DSW, Stellungnahme zum RegE Ü-UG, S. 1. Hierdurch würden die Minderheitsaktionäre ihre Informationsrechte verlieren. Das ist unzutreffend, wie bereits im Rahmen der zitierten Ausführungen dargelegt wurde. Die Angebotsunterlage ist als ausreichende Informationsbasis anzusehen.

[1340] BT-Drs. 16/1342, Stellungnahme des Bundesrates, Nr. 8 Zu Artikel 1 Nr. 17 (§ 39a WpÜG), S. 2.

setzen[1341]. Durch die zwingende Ausgestaltung als Gerichtsverfahren würden die Gerichte unnötig früh mit dem *Squeeze Out* beschäftigt und zusätzlich belastet. Zudem sei äußerst zweifelhaft, ob durch das gewählte System die Richtlinienvorgaben überhaupt erfüllt werden.

Die Auffassung des Bundesrates in dieser Frage ist abzulehnen. Es ist zulässig, die Aktien durch Gerichtsentscheidung auf den Bieter zu übertragen. Ein vorgeschalteter freiwilliger Übertragungsanspruch ist nicht zwingend. Dem steht auch der Wortlaut von Art. 15 Abs. 2 nicht entgegen, weil die Richtlinie kein Übertragungsverfahren festlegt[1342]. Im Übrigen stellt sich die Frage eines *Squeeze Out* gerade in den Fällen, in denen die verbleibenden Aktionäre das vormalige Angebot nicht angenommen haben. Die freiwillige Annahme des *Squeeze Out* Angebots erscheint daher fern liegend[1343].

Abgesehen davon ist nicht sicher, ob der Bieter die Minderheitsaktionäre überhaupt kennt, was gerade bei Inhaberaktien wohl nur selten der Fall sein dürfte[1344].

Ein weitestmöglicher Gleichlauf zwischen aktienrechtlichen und übernahmerechtlichen *Squeeze Out* Vorschriften wäre jedoch sachgemäß gewesen, sofern diese nicht gerade einen Hauptversammlungsbeschluss voraussetzen[1345]. Der Gesetzgeber ist diesem Ansatz nur zum Teil gefolgt und hat stellenweise sinnvolle Regelungen aus dem Aktiengesetz ohne Not nicht in den übernahmerechtlichen *Squeeze Out* integriert. Zu denken ist hier etwa an Regelungen wie den Finanzierungsnachweis und die Geltendmachung von Bewertungsrügen. Auf diese Punkte wird später noch zurückzukommen sein[1346].

Der Gesetzgeber hat für das Eintragungsverfahren die Anwendung des FGG Verfahren angeordnet und die sofortige Beschwerde zugelassen. Dadurch, dass die Rechtskraft erst mit gerichtlicher Entscheidung eintritt und die sofortige Beschwerde Suspensiveffekt hat, wird es in der Praxis wohl ausnahmslos bis zur Entscheidung über die Beschwerde dauern, bis die Übertragung wirksam wird. Das beeinträchtigt die mögliche Vorteilhaftigkeit gegenüber einem aktienrecht-

[1341] BT-Drs. 16/1342, Stellungnahme des Bundesrates, Nr. 8 Zu Artikel 1 Nr. 17 (§ 39a WpÜG), Begründung, S. 2f.

[1342] Vgl. diesbezüglich die Ausführungen unter J.II.4.b.1)a)(1), S. 259.

[1343] In der Sache ebenso die Gegenäußerung der Bundesregierung. BT-Drs. 16/1342, Gegenäußerung der Bundesregierung, Zu Nummer 8 Zu Artikel 1 Nr. 17, S. 6.

[1344] Für praxisfremd hält den Vorschlag aus diesem Grunde Heidel, Stellungnahme zum RegE Ü-UG, S. 30.

[1345] Ebenso Gemeinsame Stellungnahme von BDI, BDA, GDV und DIHK zum RefE Ü-UG, S. 5. Erneut Gemeinsame Stellungnahme von BDI, BDA, GDV und DIHK zum RegE Ü-UG, S. 4.

[1346] Vgl. zum Finanzierungsnachweis die Ausführungen unter J.II.5.b.2)b)(5), S. 300, sowie zur Frage der Bewertungsrügen die Ausführungen unter J.III.5.b.1)c), S. 336.

lichen *Squeeze Out* in Anbetracht der Schwierigkeiten der Bewertung der Abfindung enorm.

Hierauf ist später noch detaillierter zurückzukommen[1347], bevor eine abschließende Bewertung des Verfahrens vorgenommen wird.

2) Zu den Vorschriften im Einzelnen

a) § 39a WpÜG n.F.

(1) § 39a Abs. 1 WpÜG n.F.

(a) Schwellenwert

In Anlehnung an die 95 % Schwelle des aktienrechtlichen *Squeeze Out* hat der Gesetzgeber den höheren Schwellenwert eingeführt. Der fundamentale Unterschied besteht in der Entscheidung durch Gerichtsbeschluss. Das Festhalten an der 95 % Schwelle ist zu begrüßen.

Insoweit gelten die Ausführungen, welche der Gesetzgeber bei Einführung des § 327a AktG anstellte, in ähnlicher Weise[1348]. 5 % des Grundkapitals ist im deutschen Aktienrecht eine anerkannte Größe. Dieser Wert wird in den §§ 122 Abs. 2, 258 Abs. 2, 260 Abs. 2, 265 Abs. 3 und 320 Abs. 1 S.1 AktG verwendet.

Die Bitte des Bundesrates, zu überprüfen, ob der Schwellenwert nicht auf 90 % festgelegt werden sollte[1349], ist von der Bundesregierung bzw. vom Bundestag zu Recht aus Gründen des Aktionärsschutzes abschlägig entschieden worden[1350]. Schließlich soll stets nur eine kleine Minderheit aus der Gesellschaft gedrängt werden können[1351]. Angesichts der Börsenkapitalisierung einzelner börsennotierter Gesellschaften kann man etwa bei *DaimlerChrysler* oder *SAP* bei Annahme einer 90 % Schwelle nicht mehr von einer Restminderheit sprechen[1352].

[1347] Vgl. dazu die Ausführungen unter J.III., S. 306, insbesondere unter J.III.5.b.1)c), S. 336.

[1348] Vgl. BT-Drs. 14/7034, S. 72.

[1349] BT-Drs. 16/1342, Stellungnahme des Bundesrates, Nr. 10 Zu Artikel 1 Nr. 17 (§ 39a Abs. 3 S. 3 WpÜG), S. 4.

[1350] BT-Drs. 16/1342, Gegenäußerung der Bundesregierung, Zu Nummer 10 Zu Artikel 1 Nr. 17, S. 7.

[1351] Aus „taktischen“ Erwägungen gegen eine Absenkung auf 90 % Hoffmann-Becking (DAV), Öffentliche Anhörung des Finanzausschusses, 16. Sitzung vom 10. Mai 2006, Pr.Nr. 16/16, S. 24: *„Wir sollten es bei den 95 Prozent auch für das übernahmerechtliche Squeeze out-Verfahren lassen, um nicht hier ganz unnötig eine weitere Front aufzumachen“*. Zudem weist Hoffmann-Becking darauf hin, ein Ausschluss von 10 % statt 5 % könne vielleicht nicht nur einen quantitativen, sondern auch einen qualitativen Unterschied ausmachen.

[1352] So zutreffend Heidel (Meilicke Hoffmann & Partner), Öffentliche Anhörung des Finanzausschusses, 16. Sitzung vom 10. Mai 2006, Pr.Nr. 16/16, S. 15. Eine Absenkung auf 90 % fordert hingegen Hemeling (Allianz AG), Öffentliche Anhörung des Finanzausschusses, 16. Sitzung vom 10. Mai 2006, Pr.Nr. 16/16, S. 22f., unter Hinweis darauf, dass die 90 %

Richtigerweise ist beim übernahmerechtlichen *Squeeze Out* nicht allein die 95 % Schwelle des Grundkapitals maßgeblich[1353]. Allerdings wäre es nahe liegender gewesen, jeweils an das Innehaben von 95 % des stimmberechtigten Grundkapitals bzw. des nicht stimmberechtigten Grundkapitals anzuknüpfen.

Nun wird für die nicht stimmberechtigten Anteile auf das gesamte Grundkapital abgestellt und so im Ergebnis ein Gleichlauf mit dem aktienrechtlichen Schwellenwert bewirkt. Damit braucht der Bieter also nicht mehr 95 % des nicht stimmberechtigten Grundkapitals zu halten, wenn er entsprechend mehr stimmberechtigte Anteile sein Eigen nennt.

Systematisch korrekter wäre jeweils das hier geforderte Abstellen auf das Innehaben von 95 % der jeweiligen Aktiengattung[1354]. Da aber die Richtlinie, wie unter J.II.4.b.2) ausgeführt[1355], diesbezüglich keine Vorgaben macht, steht die vom Gesetzgeber gewählte Lösung mit der Richtlinie in Einklang.

(b) Wahlrecht bezüglich betroffener Aktien

Nach der hier vertretenen Auffassung[1356] hätte der Gesetzgeber dem Bieter nicht die Wahl lassen sollen, ob er sich neben den stimmberechtigten auch die nicht stimmberechtigten Anteile übertragen lässt. Für ein solches Wahlrecht besteht kein Bedürfnis. In der Praxis wird der Bieter aber wohl ohnehin stets darauf aus sein, nach Möglichkeit auch die stimmrechtslosen Aktien „einzusammeln". Die Regelung ist jedenfalls richtlinienkonform.

(c) *Squeeze Out* bei Aufstockungsangebot ausgeschlossen

Zutreffenderweise ist den Anregungen in manchen Stellungnahmen[1357], den *Squeeze Out* auch im Anschluss an ein Aufstockungsangebot zuzulassen, nicht gefolgt worden.

Systematisch gesehen ist ein solches Ausschlussrecht von der Richtlinie nicht vorgesehen, weil die Richtlinie nur Übernahme- und Pflichtangebote regelt[1358]

Schwelle den Regelwert in der Richtlinie darstellt und hier von der Ausnahme Gebrauch gemacht wird. Ebenfalls für eine Absenkung: Gemeinsame Stellungnahme von BDI, BDA, GDV und DIHK zum RefE Ü-UG, S. 5 sowie Gemeinsame Stellungnahme von BDI, BDA, GDV und DIHK zum RegE Ü-UG, S. 4; Allianz AG, Stellungnahme zum RegE Ü-UG, S. 1.

[1353] Vgl. J.II.3.b., S. 254.

[1354] Ebenso Seibt/Heiser, AG 2006, 301, 318.

[1355] Siehe S. 276.

[1356] Vgl. die Ausführungen unter J.II.4.b.2)b), S. 276.

[1357] So etwa DAV-Handelsrechtsausschuss, Stellungnahme zum RegE Ü-UG, S. 4. Zuvor bereits DAV-Handelsrechtsausschuss, Stellungnahme zum DiskE Ü-UG, NZG 2006, 177, 182. Allianz AG, Stellungnahme zum RegE Ü-UG, S. 2.

[1358] Dies erkennt auch der DAV-Handelsrechtsausschuss an. Vgl. Stellungnahme zum DiskE Ü-UG, NZG 2006, 177, 182.

und das *Squeeze Out* Recht als Gegenstück für das Pflichtangebot ansieht. Zudem ist fraglich, wie die Abfindung bei einem Aufstockungsangebot zu bestimmen wäre. Es besteht folglich kein Bedürfnis, in diesen Konstellationen einen übernahmerechtlichen *Squeeze Out* zu ermöglichen. Insoweit ist also ein Rückgriff auf den aktienrechtlichen *Squeeze Out* erforderlich.

(d) *Squeeze Out* Schwelle nach einem öffentlichen Angebot

Ausweislich des Wortlauts und der Regierungsbegründung ist nicht maßgeblich, ob der *Squeeze Out* Schwellenwert durch das öffentliche Angebot erreicht wurde. Ausreichend ist vielmehr ein Erreichen *nach* einem öffentlichen Angebot, etwa durch einen außerbörslichen Paketerwerb in engem zeitlichem Zusammenhang mit dem Angebot[1359].

Zunächst ist zu klären, ob die Richtlinie das *Squeeze Out* Recht nur gewähren will, wenn die *Squeeze Out* Schwelle durch das öffentliche Angebot erreicht wurde, oder ob die vom Gesetzgeber gewählte Lösung ebenfalls richtlinienkonform ist. Art. 15 Abs. 1 erklärt die Abs. 2 bis 5 *„im Anschluss an ein an alle Wertpapierinhaber der Zielgesellschaft gerichtetes Angebot"* für anwendbar. Ein solches Angebot, welches entweder den Kontrollerwerb zum Ziel hat oder im Anschluss an den Kontrollerwerb abgegeben wurde, liegt hier unzweifelhaft vor.

Art. 15 Abs. 2 verlangt darüber hinaus nur das Halten von mindestens 90 % des stimmberechtigten Grundkapitals der Zielgesellschaft. Auch diese Vorgabe ist bei einem Parallelerwerb erfüllt.

Letztlich spricht auch Erwägungsgrund (24) für die Zulässigkeit eines *Squeeze Out*, wenn der Schwellenwert (auch) mittels Parallelerwerben erreicht wurde. Dort heißt es lediglich, der Bieter müsse *„im Zuge eines Übernahmeangebots"* einen bestimmten Prozentsatz erreicht haben. Noch deutlicher ist die englische Fassung: *„to enable an offerer who, following a takeover bid, has acquired a certain percentage of a company's capital carrying voting rights"*. Der Schwellenwert ist also nicht notwendig durch das Angebot zu erreichen, sondern nach dem Angebot.

Problematisch könnte allein der *„enge zeitliche Zusammenhang mit dem Angebot"* sein. Die konkrete Reichweite dieser Formulierung in der Regierungsbegründung ist nicht eindeutig.

Richtigerweise wird man einen solchen Zusammenhang nur dann bejahen können, wenn der Parallelerwerb entweder bis zum Ablauf der Angebotsfrist erfolgt, also dinglich bewirkt worden ist, oder der dingliche Erwerb jedenfalls nur an Bedingungen geknüpft ist, die vom Bieter nicht ausschließlich selbst herbeiführbar sind. Insoweit ist § 18 WpÜG sinngemäß heranzuziehen.

[1359] Vgl. den Nachweis in Fn. 1299.

In anderen Konstellationen wird man angesichts des Wortlauts von Art. 15 Abs. 1, wonach der Bieter nach einem Angebot (also nach Ablauf der Annahmefrist und nicht zu einem späteren Zeitpunkt[1360]) den entsprechenden Anteil am stimmberechtigten Grundkapital innehaben muss, den engen zeitlichen Zusammenhang zu verneinen haben.

Insbesondere ist es nicht zulässig, Aktienerwerbe im Zeitraum der weiteren Annahmefrist unter die Regelung zu subsumieren[1361]. Das entspricht nach der hier vertretenen Auffassung nicht den Richtlinienvorgaben[1362].

Angesichts des Wortlauts von § 39a Abs. 1 WpÜG n.F. bestehen jedoch keine Bedenken.

§ 39a Abs. 1 WpÜG n.F. entspricht folglich den Richtlinienvorgaben.

(2) § 39a Abs. 2 WpÜG n.F.

Die Beteiligungshöhe wird entsprechend der Regelung im aktienrechtlichen *Squeeze Out* Verfahren nach § 16 Abs. 2 und 4 AktG festgelegt.

Das ist richtlinienkonform und wurde auch hier so gefordert[1363]. Es ist zu begrüßen, dass der Gesetzgeber keine Anknüpfung an § 30 WpÜG vorgenommen hat. Allerdings hätte die Unterscheidung nach den nach § 39 Abs. 1 WpÜG n.F. maßgeblichen Schwellenwerten in der Vorschrift stärker zum Ausdruck kommen können. Besser wäre also eine Formulierung wie folgt gewesen: „Für die Feststellung der *jeweils* erforderlichen Beteiligungshöhe nach Abs. 1 gilt § 16 Abs. 2 und 4 des Aktiengesetzes entsprechend“.

(3) § 39a Abs. 3 WpÜG n.F.

Die Besprechung von § 39a Abs. 3 WpÜG n.F. erfolgt unter III. „Abfindung“[1364].

(4) § 39a Abs. 4 WpÜG n.F.

Nach der Regierungsbegründung beginnt die Drei-Monats-Frist mit Ablauf der Angebotsfrist. Das ist in der Sache zutreffend, weil von der Richtlinie so zwingend vorgegeben[1365].

[1360] Ausgenommen sind wieder erforderliche behördliche Genehmigungen oder zulässige Bedingungen.

[1361] So aber Seibt/Heiser, AG 2004, 301, 318.

[1362] Siehe die Ausführungen unter J.II.4.b.4)a), S. 281.

[1363] Vgl. die Ausführungen unter J.II.4.b.3), S. 278

[1364] Siehe S. 306.

[1365] Vgl. die Ausführungen unter J.II.4.b.4)b), S. 283.

Zu der eigentlichen Problematik bei einem Erfordernis behördlicher Genehmigungen nahm der Gesetzgeber erst spät Stellung. Letztlich hat er sich eines von *Harbarth* vorgeschlagenen Modells bedient und damit im Grundsatz die Richtlinienvorgaben und die nationalen Bedürfnisse gleichermaßen befriedigt[1366].

Schwächen zeigt die gewählte Formulierung allerdings im Detail. So kann nach dem Wortlaut ein Antrag schon dann gestellt werden, wenn dem Bieter bei „*Vollzug des Angebots Aktien in Höhe des zum Ausschluss mindestens erforderlichen Anteils am stimmberechtigten oder am gesamten Grundkapital der Zielgesellschaft gehören werden*".

Die Wortwahl „oder" ist irreführend. Allein das Innehaben von 95 % am gesamten Grundkapital der Zielgesellschaft berechtigt nämlich nach § 39a Abs. 1 S. 2 WpÜG n.F. gerade nicht zum Ausschluss der stimmrechtslosen Aktieninhaber.

Erforderlich ist nach dem eindeutigen Wortlaut des § 39a Abs. 1 S. 2 WpÜG n.F. stets das Innehaben von 95 % am stimmberechtigten Grundkapital. Das muss bei Halten von 95 % des gesamten Grundkapitals nicht der Fall sein. So kann der Bieter etwa 99 % des nicht stimmberechtigten Grundkapitals halten, aber nur 91 % des stimmberechtigten Grundkapitals[1367].

Daher ist der Wortlaut des § 39a Abs. 4 S. 2 WpÜG n.F. so auszulegen, das der Antrag nur gestellt werden kann, wenn der Bieter später stets mindestens 95 % des stimmberechtigten Grunkapitals innehat. Das war ausweislich der Begründung des Bundestagsfinanzausschuss auch so beabsichtigt[1368]. Letztlich wird man dies der Formulierung „*in Höhe des zum Ausschluss mindestens erforderlichen Anteils*" zu entnehmen haben.

(5) § 39a Abs. 5 WpÜG n.F.

§ 39a Abs. 5 WpÜG n.F. konzentriert die Zuständigkeit beim Landgericht bzw. Oberlandesgericht Frankfurt a.M. Vom Bundesrat wurde vertreten, eine Konzentration sei weder aus Gründen der fachlichen Spezialisierung geboten, noch werde hiermit der Gefahr divergierender Entscheidungen vorgebeugt[1369]. Schließlich müsse eine weitere Beschwerde zum Bundesgerichtshof zugelassen werden. Daneben führte der Bundesrat negative betriebswirtschaftliche Standortauswirkungen etwa durch Entscheidungen von Anwaltskanzleien und Beratern an, welche sich nunmehr am Standort des Gerichts niederlassen könnten[1370].

[1366] Vgl. die Ausführungen unter J.II.4.b.4)b), S. 283.

[1367] Dies gilt bei hälftiger Ausgabe von Stamm- und Vorzugsaktien.

[1368] Vgl. Beschlussempfehlung und Bericht des Finanzausschusses, BT-Drs. 16/1541, B. Einzelbegründung Zu Artikel 1 Zu Nummer 17 (§ 39a) Zu Absatz 4, S. 13.

[1369] BT-Drs. 16/1342, Stellungnahme des Bundesrates, Nummer 11 Zu Artikel 1 Nr. 17 (§ 39a Abs. 3 S. 3 WpÜG), Begründung, S. 5.

[1370] BT-Drs. 16/1342, Stellungnahme des Bundesrates, Nummer 11 Zu Artikel 1 Nr. 17 (§ 39a Abs. 3 S. 3 WpÜG), Begründung, S. 5. Außerdem brachte er die Mindereinnahmen der Jus-

Im Ergebnis sind die Motive des Bundesrates nicht durchschlagend. Die vorgenommene Konzentration ist zu begrüßen[1371]. Sie stellt einen Gleichlauf der Zuständigkeit im *Squeeze Out* Verfahren mit dem Beschwerdeverfahren (§ 48 WpÜG) und mit Bußgeldsachen (§§ 62, 64, 65 WpÜG) nach dem WpÜG her, welche ebenfalls in Frankfurt a.M. konzentriert sind[1372]. Außerdem hätte eine nicht ausschließliche Zuständigkeit den Nachteil nicht einheitlicher obergerichtlicher Rechtsprechung, so man die weitere Beschwerde ausschließt, oder den Nachteil überlanger Verfahrensdauer, so man sie zulässt.

Nicht gefolgt wurde richtigerweise ungeachtet der vorstehend dargestellten Schwierigkeiten einem Vorstoß des DAV-Handelsrechtsausschusses, der eine Beschränkung des Verfahrens auf eine Instanz vorschlug[1373]. Das ist nicht erforderlich. Die zeitlichen Verzögerungen wären vielmehr durch einen Verweis in das Spruchverfahren zu lösen.

(6) § 39a Abs. 6 WpÜG n.F.

§ 39a Abs. 6 WpÜG n.F. legt zutreffend den beschränkten Vorrang des übernahmerechtlichen vor dem aktienrechtlichen *Squeeze Out* Verfahren fest. Es ist richtig, auf die tatsächliche Antragstellung und nicht auf die Möglichkeit der Antragstellung während der Drei-Monats-Frist abzustellen.

Hiergegen spricht auch nicht Erwägungsgrund (24). Danach können die Mitgliedstaaten „***unter anderen Umständen*** *auf Ausschluss- und Andienungsverfahren weiterhin ihre nationalen Vorschriften anwenden*“ (Hervorhebung durch den Verfasser). Die Wortwahl könnte zwar als Sperrwirkung durch die europäische Regelung in deren Anwendungsbereich angesehen werden. Letztlich soll sie jedoch wohl nur der Klarstellung dienen, dass die nationalen Gesetzgeber bestehende *Squeeze Out* Rechte grundsätzlich beibehalten können.

Zudem sind die Erwägungsgründe nur zur Auslegung der Richtlinienbestimmungen heranzuziehen, nicht aber selbst in nationales Recht umzusetzen.

---

tizhaushalte der Länder als Nachteil einer Konzentration vor. Hiergegen wandte sich der hessische Staatsminister Hoff mit der Begründung, Gerichtsgebühren dürften nur die tatsächlichen Kosten decken. Vgl. Erklärung von Staatsminister Hoff zu TOP 21, Anlage 12 der 821. Sitzung des Bundesrates vom 7. April 2006, PlPr. 821 S. 137.

[1371] Ebenso DAV-Handelsrechtsausschuss, Stellungnahme zum RegE Ü-UG, S. 3. Zuvor DAV-Handelsrechtsausschuss, Stellungnahme zum DiskE Ü-UG, NZG 2006, 177, 180.

[1372] Dies stellt auch die Bundesregierung in ihrer Gegenäußerung heraus. BT-Drs. 16/1342, Gegenäußerung der Bundesregierung, Zu Nummer 13 Zu Artikel 1 Nr. 17, S. 7. A.A. Heidel, Stellungnahme zum RegE Ü-UG, S. 25, der die Anknüpfung für willkürlich hält, weil die BaFin im *Squeeze Out* Verfahren keine Kompetenzen habe. Das ist zwar zutreffend. In der Sache handelt es sich dennoch um ein Verfahren mit Bezug zu Übernahmesachverhalten. Folglich ist die Anknüpfung keineswegs willkürlich.

[1373] So DAV-Handelsrechtsausschuss, Stellungnahme zum RegE Ü-UG, S. 3. Zuvor bereits DAV-Handelsrechtsausschuss, Stellungnahme zum DiskE Ü-UG, NZG 2006, 177, 180.

Art. 15 befasst sich allein mit der Einführung eines *Squeeze Out* als Folge des Erreichens einer bestimmten Anteilsschwelle des Bieters. Er will lediglich die Möglichkeit eines *Squeeze Out* in dieser Situation sicherstellen. Der Ausschluss anderer *Squeeze Out* Möglichkeiten zum selben Zeitpunkt wird hierdurch jedenfalls nicht festgelegt. Maßgeblich ist nur, dem Bieter die Möglichkeit des Art. 15 zu gewähren. Einen weitergehenden Regelungsgehalt beinhaltet die Vorschrift nicht.

Somit ist die deutsche Umsetzungsvorschrift richtlinienkonform[1374].

b) § 39b WpÜG n.F.

(1) § 39b Abs. 1 WpÜG n.F.

Der Verweis auf das FGG Verfahren ist sinnvoll, weil das FGG Verfahren flexibler ist als das Verfahren nach der ZPO.

Auf die Frage, ob nicht bezüglich Bewertungsrügen auf das SpruchG hätte verwiesen werden sollen, wird im Anschluss an die Besprechung der Abfindungsregelung zurückzukommen sein[1375].

(2) § 39b Abs. 2 WpÜG n.F.

Durch die in § 39b Abs. 2 WpÜG n.F. geregelte Bekanntmachung wird den auszuschließenden Aktionären die Möglichkeit der Beteiligung am Ausschlussverfahren eröffnet. Insofern ist die Vorschrift sinnvoll und notwendig.

Man hätte allerdings erwägen können, dem Gericht bezüglich der Antragsveröffentlichung eine Frist zu setzen[1376].

Aus Aktionärsschutzgesichtspunkten ist zutreffend an einer Veröffentlichung in allen Gesellschaftsblättern der Gesellschaft festgehalten worden[1377].

(3) § 39b Abs. 3 WpÜG n.F.

Die Regelung des § 39b Abs. 3 WpÜG n.F., insbesondere des S. 2, wirft einige Fragen auf. So lautet die Begründung, der Bieter habe die Ausschlussvoraussetzungen *„darzulegen und zu beweisen"*. Der Wortlaut von S. 2 spricht von einer Glaubhaftmachung. Geht man von dem in § 15 Abs. 2 FGG verwendeten Begriff der „Glaubhaftmachung" aus, ist ein geringerer Grad von Wahrscheinlich-

---

[1374] Ebenso DAV-Handelsrechtsausschuss, Stellungnahme zum DiskE Ü-UG, NZG 2006, 177, 179.

[1375] Siehe dazu später die Ausführungen unter J.III.5.b.1)c), S. 336.

[1376] So DAV-Handelsrechtsausschuss, Stellungnahme zum DiskE Ü-UG, NZG 2006, 177, 181.

[1377] A.A. DAV-Handelsrechtsausschuss, Stellungnahme zum DiskE Ü-UG, NZG 2006, 177, 181.

keit für das Vorliegen einer tatsächlichen Behauptung im Gegensatz zum Vollbeweis ausreichend[1378]. Es ist also nicht die volle Überzeugung, sondern nur die erhebliche Wahrscheinlichkeit eines zu beweisenden Sachverhalts notwendig[1379]. Die Anforderungen an das Beweismaß werden somit reduziert[1380].

Fraglich ist, ob eine solche Reduzierung der Beweislast zu rechtfertigen ist. Schließlich handelt es sich um eigentumsrelevante Maßnahmen[1381]. Auch aus den Kommentierungen zu § 15 FGG erhellt sich nicht, weshalb der Gesetzgeber nur eine Glaubhaftmachung fordert. So kommt die Glaubhaftmachung als Mittel vor allem für einstweilige und vorläufige Anordnungen in Betracht[1382]. Ausschlaggebend ist die Vorläufigkeit der Entscheidung. Zudem wird die Eilbedürftigkeit der Maßnahme als Kriterium herangezogen. Eine vergleichbare Situation liegt hier hingegen nicht vor. Es erfolgt keine vorläufige Übertragung der Aktien, sondern der Minderheitsaktionär wird endgültig aus der Gesellschaft ausgeschlossen. Natürlich besteht ein Interesse des Bieters daran, die Minderheitsaktionäre in einem schnell durchzuführenden Verfahren auszuschließen. Das darf aber nicht dazu führen, dass der Minderheitsaktionär ohne Vorliegen des vollen Beweises der Ausschlussvoraussetzungen aus der Gesellschaft ausgeschlossen wird. Damit ist der volle Beweis der Erfüllung der Ausschlussvoraussetzungen zu führen. Diesen Beweis wird der Bieter im Übrigen durch Vorlage eines Depotauszugs ohne weiteres führen können.

Folglich stellt sich die Frage, ob der Begriff „Glaubhaftmachung" angesichts der Regierungsbegründung als Erfordernis des Vollbeweises und damit anders auszulegen ist als im FGG. Letztlich wird man das nicht annehmen können. Zwar hat der Bieter nach der Regierungsbegründung die Voraussetzungen dazulegen und zu beweisen. Beweismittel ist aber auch die Glaubhaftmachung[1383], so dass sich hieraus ein gegenteiliges Ergebnis nicht ableiten lässt. Angesichts der Verwendung des Rechtsbegriffs „Glaubhaftmachung" scheidet eine andere Interpretation aus.

Die Richtlinie ist daher nicht ordnungsgemäß umgesetzt, weil diese an das Halten einer bestimmten Beteiligungshöhe anknüpft und nicht nur an die diesbezügliche überwiegende Wahrscheinlichkeit. Eine richtlinienkonforme Auslegung

---

1378 Bumiller/Winkler, FGG, 2006, § 15 Rn. 31.

1379 Schmidt, in: Keidel/Kuntze/Winkler, FGG, 2003, § 15 Rn. 69.

1380 Schmidt, in: Keidel/Kuntze/Winkler, FGG, 2003, § 15 Rn. 69; Prütting, in: Lüke/Wax, Münchener Kommentar ZPO, 2000, § 284 Rn. 23.

1381 In einem solchen Fall ist wegen der aus der Grundrechtsrelevanz resultierenden Bedeutung der Angelegenheit der Strengbeweis durch förmliche Beweiserhebung notwendig. Vgl. Schmidt, in: Keidel/Kuntze/Winkler, FGG, 2003, § 15 Rn. 6. Hierunter fällt die Glaubhaftmachung nicht. Vgl. Prütting, in: Lüke/Wax, Münchener Kommentar ZPO, 2000, § 294 Rn. 14.

1382 Schmidt, in: Keidel/Kuntze/Winkler, FGG, 2003, § 15 Rn. 68.

1383 Vgl. Prütting, in: Lüke/Wax, Münchener Kommentar ZPO, 2000, § 284 Rn. 23.

gegen den Bedeutungsgehalt des Begriffs „Glaubhaftmachung" ist zudem auch nicht möglich.

(4) § 39b Abs. 4 WpÜG n.F.

§ 39b Abs. 4 WpÜG n.F. legt die Rechtsschutzmöglichkeiten von Antragsteller und übrigen Aktionären fest.

Es ist sachgerecht, das Verfahren nicht auf eine Instanz zu beschränken[1384]. Zwar werden Tatsachen regelmäßig nicht streitig sein, der vom DAV-Handelsrechtsausschuss herangezogene Vergleich mit den §§ 48 Abs. 4, 67 WpÜG, wonach wie dort ausschließlich das Oberlandesgericht Frankfurt mit dem Verfahren befasst werden könnte, trägt dennoch nicht. Insbesondere wird dort die Verfügung der BaFin vorab einer Überprüfung in einem Widerspruchsverfahren unterzogen, woran es hier mangelt.

(5) § 39b Abs. 5 WpÜG n.F.

§ 39b Abs. 5 WpÜG n.F. ordnet den Rechtsübergang der Aktien auf den Bieter mit rechtskräftiger Entscheidung an. Für sich genommen ist das eine nachvollziehbare Regelung.

Dennoch ist es die Vorschrift, welche für Fragen der Abfindungshöhe mangels Verweises auf das Spruchverfahren möglicherweise verheerenden Charakter haben wird.

Hierauf wird im Rahmen der Besprechung der Abfindung ausführlich zurückzukommen sein.

Der Gesetzgeber hat auf eine Regelung wie im aktienrechtlichen Spruchverfahren, in dem für die übrigen Aktionäre, welche sich nicht an dem Spruchverfahren beteiligen, ein gemeinsamer Vertreter bestellt wird, verzichtet. Weshalb er hier keinen Gleichlauf geschaffen hat, ist nicht ersichtlich, da die Entscheidung gleichfalls für und gegen alle Aktionäre wirkt[1385].

Ein Verstoß gegen die Richtlinienvorgaben liegt hierin allerdings nicht.

Außerdem besteht keine Garantie für die Barabfindung, obwohl die Aktien der Minderheitsaktionäre ab Aktienübergang, wie im aktienrechtlichen *Squeeze Out*, (lediglich) den Anspruch auf eine angemessene Abfindung verbriefen. Ob der Gesetzgeber den Anspruch auf die Barabfindung hinreichend im Sinne der Richtlinie gesichert hat, ist angesichts dieser Regelung fraglich.

1384 A.A. DAV-Handelsrechtsausschuss, Stellungnahme zum DiskE Ü-UG, NZG 2006, 177, 181.

1385 Für die Einrichtung eines gemeinsamen Vertreters sprach sich die DSW, Stellungnahme zum RegE Ü-UG, S. 8, aus.

Nach der Regierungsbegründung hat der Bieter den Aktionären *im Gegenzug* für den Verlust ihrer Mitgliedschaft einen angemessenen Ausgleich zu gewähren[1386]. Eine Zug-um-Zug Übertragung, wie man sie diesem Gedanken entnehmen könnte, sieht das Gesetz jedoch gerade nicht vor. Auch lässt sich keine ausdrückliche Garantieregelung in den *Squeeze Out* Regelungen finden.

Vorbild für eine solche Regelung hätte § 327b Abs. 3 AktG sein können, der eine Absicherung des Abfindungsanspruchs der Minderheitsaktionäre durch eine Gewährleistungserklärung verlangt.

Ohne eine Garantie ist die Abfindung der Minderheitsaktionäre nicht abgesichert, obwohl ihre Aktien durch Gerichtsbeschluss auf den Bieter übergegangen sind und nur noch den Anspruch auf die Gegenleistung verbriefen. Der Bieter hat also bereits die Aktien inne, ohne seinerseits die Gegenleistung erbracht zu haben.

Ein ungesicherter Abfindungsanspruch der Minderheitsaktionäre ist jedoch nicht hinnehmbar[1387]. Dies ist der Intention des europäischen Gesetzgebers zu entnehmen: Nach Art. 15 Abs. 5 haben die Mitgliedstaaten sicherzustellen, dass eine angemessene Abfindung *garantiert* wird. Es geht also nicht nur um die Festlegung einer angemessenen Abfindung, sondern auch um die Entrichtung derselben[1388].

Eine hinreichende Absicherung ließe sich allenfalls aus § 11 Abs. 2 S. 3 Nr. 1 WpÜG herleiten. Danach hat der Bieter Angaben zu notwendigen Maßnahmen in die Angebotsunterlage aufzunehmen, die sicherstellen, dass ihm die vollständigen Mittel zur Erfüllung des Angebots zur Verfügung stehen.

Selbst wenn man wegen der zeitlichen Nähe von *Squeeze Out* und vorausgehendem Angebot unterstellt, der Bieter habe tatsächlich die notwendigen Mittel, so gilt dies nur für das Angebot. Für den *Squeeze Out* ist die Regelung aus zwei Gesichtspunkten nicht ausreichend.

Offeriert ein Bieter etwa als Angebotsgegenleistung liquide Aktien, verfügt er unter Umständen nicht über ein ausreichendes Barkapital, welches bei einem *Squeeze Out* zwingend wahlweise anzubieten ist.

Außerdem sind ungeachtet der Frage, wie man die Angemessenheitsvermutungen der Richtlinie beurteilt, Fälle denkbar, in denen die Angemessenheitsquote bei einem Übernahmeangebot (90 % Annahme bezüglich des außenstehenden stimmberechtigten Grundkapitals) nicht erreicht wird. Für eine über den Angebotspreis hinausgehende Abfindung besteht somit von vorneherein keine Absicherung.

[1386] BT-Drs. 16/1003, Begründung, B. Zu Artikel 1 Zu Nummer 17 (§§ 39a-39c) Zu § 39a Zu Absatz 1, S. 21.

[1387] So bereits DAV-Handelsrechtsausschuss, Stellungnahme zum RefE WpÜG, NZG 2001, 420, 432.

[1388] Ebenso Heidel, Stellungnahme zum RegE Ü-UG, S. 3, 26f.

Folglich verstößt die Neuregelung gegen die Richtlinienvorgaben.

Sinnvollerweise ist eine Regelung einzuführen, nach der dem Antrag auf Aktienübertragung die Erklärung eines Kreditinstituts beizufügen ist, durch die das Kreditinstitut die Gewährleistung für die unverzügliche Erfüllung des Abfindungsanspruchs übernimmt.

(6) § 39b Abs. 6 WpÜG n.F.

§ 39b Abs. 6 WpÜG n.F. befasst sich mit der Frage, wer die Kosten des Verfahrens zu tragen hat.

Die Gerichtskosten sind danach vom Antragsteller zu tragen.

Das ist auf den ersten Blick einleuchtend, weil er ja Initiator und Nutznießer des Ausschlussverfahrens ist. Allerdings gilt das uneingeschränkt nur für die erste Instanz, nicht für die Beschwerdeinstanz. In der Gerichtskostenregelung besteht damit ein Anreiz für Minderheitsaktionäre, mangels Kostentragungspflicht stets Beschwerde einzulegen, um eine höhere als die angemessene Abfindung zu erzielen.

Auch der Bundesrat sah in der getroffenen Kostenregelung diese Gefahr[1389]. Ihm schwebte für die Verfahrenskosten die Anwendung des § 15 Abs. 2 SpruchG vor. Dem ist die Bundesregierung nicht gefolgt, weil sie keine geeigneten Kriterien für eine Billigkeitsentscheidung erkennen konnte[1390]. Entsprechende Kriterien lassen sich aber durchaus finden. Als solche kommen etwa die Rechtsmißbräuchlichkeit, die fehlenden Erfolgsaussichten oder die mangelhafte Auseinandersetzung mit dem Abfindungsangebot in Betracht[1391].

Bezüglich der außergerichtlichen Kosten der Antragsgegner wird hingegen eine Erstattungspflicht des Antragstellers angenommen, wenn die Kosten zur zweckentsprechenden Erledigung notwendig waren und dies der Billigkeit entspricht. Maßstäbe für die Billigkeit stellt der Gesetzgeber nicht auf[1392]. Auch die Begründung geht auf diese Frage nicht ein.

Man wird sich letztlich wohl an der Vorschrift des § 15 Abs. 4 SpruchG[1393] orientieren müssen, die im Gegensatz zu § 39b Abs. 6 WpÜG n.F. als Billigkeitskriterium ausdrücklich die Berücksichtigung des Verfahrensausgangs nennt. Dieses Kriterium wird bei § 39b Abs. 6 WpÜG n.F. lediglich deshalb keinen

---

1389 BT-Drs. 16/1342, Stellungnahme des Bundesrates, Nummer 8 Zu Artikel 1 Nr. 17 (§ 39a WpÜG), Begründung, S. 3.

1390 BT-Drs. 16/1342, Gegenäußerung der Bundesregierung, Zu Nummer 8 Zu Artikel 1 Nr. 17, S. 6.

1391 Vgl. etwa Rosskopf, in: Riegger/Wasmann, Kölner Kommentar SpruchG, 2005, § 15 Rn. 38f.

1392 Eine Konkretisierung forderte die DSW, Stellungnahme zum RegE Ü-UG, S. 9.

1393 Siehe dazu ausführlich Rosskopf, in: Riegger/Wasmann, Kölner Kommentar SpruchG, 2005, § 15 Rn. 45ff.

Eingang gefunden haben, weil das Ergebnis regelmäßig die Übertragung der Aktien sein wird. Unter Verfahrensausgang ist also die Entscheidung bezüglich der Höhe der Gegenleistung zu verstehen.

Offensichtlich hielt man hier eine Billigkeitsentscheidung anders als bei der Frage der Verfahrenskosten ohne weiteres für möglich. Das verwundert etwas. Zuzugeben ist jedenfalls, dass die erste Instanz tatsächlich stets von dem Bieter initiiert wird, weshalb hier seine alleinige Kostentragung zutreffend ist. Die Beschwerdeinstanz hätte jedoch bezüglich gerichtlicher und außergerichtlicher Kosten gleich behandelt werden können.

Im Ergebnis ist das allerdings keine Frage, für die die Richtlinie Vorgaben macht.

3) Behandlung von Wandlungs- und Optionsrechten

Der Gesetzgeber hat sich zur Frage der Behandlung von Wandlungs- und Optionsrechten mit keiner Silbe geäußert. Eine eindeutige Haltung hierzu wäre hilfreich gewesen.

Die Richtlinie erstreckt sich nach ihrem klaren Wortlaut nicht auf Optionen, sondern ausschließlich auf stimmberechtigte Wertpapiere. Eine Erweiterung auf nicht stimmberechtigte Wertpapiere ist zulässig.

Wertpapiere, die sich erst im Verlauf der Annahmefrist in Aktien umwandeln, fallen sowohl in den Anwendungsbereich der Richtlinie als auch des deutschen Rechts[1394]. Das wirft die Frage auf, ob von einem *Squeeze Out* auch Optionsrechte erfasst werden dürfen bzw. sollten.

Ausgehend von dem Anwendungsbereich des WpÜG a.F. ist dies zumindest denkbar[1395]. Die Richtlinie jedenfalls verbietet einen *Squeeze Out* für Optionen und Wandlungsrechte nicht. Sie sieht diesbezüglich keine explizite Regelung vor. Allerdings ergibt sich wiederum aus Erwägungsgrund (11), dass unter einen weiten Wertpapierbegriff auch Optionen bzw. Wandlungsrechte fallen können[1396].

Eine gesetzliche Regelung wäre wünschenswert gewesen, wie die Parallelproblematik beim aktienrechtlichen *Squeeze Out* zeigt. Dort wurde die Behandlung der Wandlungs- und Optionsrechte nicht geregelt[1397]. Mannigfaltige Probleme sind die Folge. Zum einen wurde und wird die Frage thematisiert, ob Wandlungs- und Optionsrechte bei der Berechnung des aktienrechtlichen Schwellen-

---

[1394] Siehe hierzu bereits die Ausführungen unter F.IV.2., S. 130.

[1395] § 2 Abs. 2 Nr. 2 WpÜG. Dieser erfasst auch Wandlungs- und Optionsrechte. Siehe etwa Assmann, in: Assmann/Pötzsch/Schneider, WpÜG, 2005, § 2 Rn. 80.

[1396] „*Wertpapiere, (…) die überhaupt nicht mit Stimmrechten ausgestattet sind*".

[1397] Deshalb wird üblicherweise versucht, die Problematik durch Ankauf dieser Rechte zu umgehen.

wertes Berücksichtigung finden müssen oder nicht[1398]. Mit der h.M. ist dies für den aktienrechtlichen *Squeeze Out* abzulehnen. Diese Frage stellt sich beim übernahmerechtlichen *Squeeze Out* (glücklicherweise) nicht. Insoweit sind die Regelungsvorgaben der Richtlinie, wonach es nur auf stimmberechtigte Wertpapiere ankommt, eindeutig.

Schwierigkeiten bereitet beim aktienrechtlichen *Squeeze Out* zudem die Frage, ob die Handelsregistereintragung das Bezugsrecht der Wandlungs- und Optionsrechtsinhaber mit erfasst oder nicht. Hierzu hat sich ein differenziertes Meinungsbild ergeben. Das Spektrum reicht von der sofortigen Umwandlung der Bezugsrechte in einen gegen den Hauptaktionär zu richtenden Barabfindungsanspruch[1399] bis zu einer Nichterfassung durch den *Squeeze Out*[1400]. Andere wollen hingegen das Bezugsrecht generell erfassen, allerdings mit der Beschränkung, dass sich die Wandlungs- und Optionsrechte nicht auf mehr als 5 % des Grundkapitals beziehen dürfen[1401].

In Bezug auf den übernahmerechtlichen *Squeeze Out* hat man vergeblich darauf gewartet, wie der Gesetzgeber diese Frage angeht. Grundsätzlich ist Ziel des

---

1398 So geht etwa Hasselbach davon aus, diese seien zu berücksichtigen, da der Hauptaktionär ansonsten Minderheitsaktionäre auch in Fällen ausschließen könnte, in denen die übrigen Aktionäre zumindest potentiell Anteile an der Gesellschaft halten, welche die 5 % Grenze (weit) übersteigen. Hasselbach, in: Hirte/von Bülow, Kölner Kommentar WpÜG, 2003, § 327a AktG Rn. 34. Die weit überwiegende Auffassung im Schrifttum hingegen lehnt diese Ansicht ab, da Options- oder Wandlungsrechte vor dem Aktienbezug keine Mitgliedschaftsrechte vermitteln. So etwa Schlitt/Seiler/Singhof, AG 2003, 254, 267; DAV-Handelsrechtsausschuss, Stellungnahme zum RefE WpÜG, NZG 2001, 420, 431; Wilsing/Kruse, ZIP 2002, 1465, 1467; Grunewald, ZIP 2002, 18; Krieger, BB 2002, 53, 61; Ehricke/Roth, DStR 2001, 1120, 1122; Hamann, Minderheiten beim Squeeze Out Beschluss, 2003, 193; Gesmann-Nuissl, WM 2002, 1205, 1206; Baums, Ausschluss von Minderheitsaktionären, 2001, 152ff.; Grunewald, in: Kropff/Semler, Münchener Kommentar AktG, 2004. § 327a Rn. 9.

1399 So etwa DAV-Handelsrechtsausschuss, Stellungnahme zum RefE WpÜG, NZG 2001, 420, 431; Wilsing/Kruse, ZIP 2002, 1465, 1468; Habersack, in: Emmerich/Habersack, Konzernrecht, 2005, § 327b AktG Rn. 8; Heidel/Lochner, in: Heidel, Anwaltkommentar, 2003, § 327e AktG Rn. 9; Grzimek, in: Geibel/Süßmann, WpÜG, 2002, § 327f AktG Rn. 32. Angeführt werden Praktikabilitätserwägungen, nämlich die Vermeidung eines eventuell notwendig werdenden zweiten *Squeeze Out* Verfahrens und die Siemens-Nixdorf-Entscheidung. Diese Entscheidung betraf die Mehrheitseingliederung, wonach sich dort Optionsrechte in einen Abfindungsanspruch gegen die Hauptgesellschaft umwandeln, jedenfalls dann, wenn die Optionsrechte nicht mehr als 5 % des Grundkapitals ausmachen. BGH, NJW 1998, 2146.

1400 So Steinmeyer/Häger, WpÜG, 2002, § 327e AktG Rn. 33; Baums, WM 2001, 1843, 1848f.; Friedl, Der Konzern 2004, 309, 315. Zur Begründung wird angeführt, die Inhaber dieser Wertpapiere seien weder am Ausschlussverfahren beteiligt noch könnten sie das Spruchstellenverfahren betreiben, weshalb sie einem nicht überprüfbaren Barabfindungsanspruch ausgesetzt wären.

1401 Grunewald, ZIP 2002, 18; Krieger, BB 2002, 53, 61; Gesmann-Nuissl, WM 2002, 1205, 1207; Fleischer, ZGR 2002, 757, 777; Grunewald, in: Kropff/Semler, Münchener Kommentar AktG, 2004, § 327b Rn. 11.

Squeeze Out, eine minderheitenfreie Gesellschaft zu erreichen. Dieses Ziel wird nicht erreicht, sollten Wandlungs- und Optionsrechte bestehen bleiben. Dann würde ggf. ein zweiter *Squeeze Out* erforderlich werden.

Die Ausgangslage unterscheidet sich allerdings von derjenigen beim aktienrechtlichen *Squeeze Out*. Beim übernahmerechtlichen *Squeeze Out* wird an das Übernahme- bzw. Pflichtangebot angeknüpft. Von der Grundkonzeption her ist also das *Squeeze Out* Recht das Gegenstück für die Verpflichtung zur Abgabe eines Angebots. Hätte der Gesetzgeber sich dafür entschieden, den übernahmerechtlichen *Squeeze Out* auf Wandlungs- und Optionsrechte zu erstrecken, wäre es nahe liegend gewesen, beim Übernahme- bzw. Pflichtangebot gleichermaßen zu verfahren.

Nach der gesetzlichen Regelung müssen und können sich Pflichtangebote nicht auf Wandlungs- oder Optionsrechte erstrecken[1402]. Zulässig ist es aber zum Beispiel, ein öffentliches Übernahmeangebot mit einem öffentlichen Erwerbsangebot, etwa auf börsenzugelassene Optionsscheine der Zielgesellschaft zu kombinieren[1403]. Auch ist möglich, ein Übernahmeangebot mit einem Angebot auf den Erwerb nicht börsenzugelassener Optionsscheine zu verbinden[1404]. Im ersten Fall hat das Erwerbsangebot die Voraussetzungen der §§ 10ff., 3 WpÜG a.F. zu erfüllen[1405]. Gleiches gilt in Bezug auf Pflichtangebote[1406].

Letztlich wäre also eine (fakultative) Erweiterung der Übernahme- und Pflichtangebotsregelung sinnvoll gewesen, wenn man die Wandlungs- und Optionsrechte vom *Squeeze Out* erfassen wollte.

Schließlich wäre dann, analog zu den Vorgaben der Richtlinie beim Übernahme- und Pflichtangebot darauf zu achten gewesen, dass bereits eine Teilbörsenzulassung der Wandlungs- und Optionsrechte für die Einbeziehung ausreichend aber auch notwendig ist.

Außerdem wäre, wie im Zusammenhang mit den stimmrechtslosen Aktien diskutiert, die Frage zu beantworten gewesen, ab welchem Schwellenwert die Optionen ebenfalls übergehen bzw. ob ggf. auf die Festlegung eines Schwellenwertes verzichtet werden kann.

Endlich hätte der Gesetzgeber eine Regelung bezüglich der angemessenen Gegenleistung in diesen Fällen treffen müssen.

Wie gezeigt, ist der Gesetzgeber die Problematik bedauerlicherweise gar nicht angegangen.

Von daher ist davon auszugehen, dass sich Wandlung- und Optionsrechte anders als bei einem aktienrechtlichen *Squeeze Out* nicht automatisch in einen Barab-

---

[1402] Siehe hierzu bereits die Ausführungen unter E.I.4.b.4), S. 93.

[1403] Baums/Hecker, in: Baums/Thoma, WpÜG, 2004, § 1 Rn. 52.

[1404] Baums/Hecker, in: Baums/Thoma, WpÜG, 2004, § 1 Rn. 52.

[1405] Baums/Hecker, in: Baums/Thoma, WpÜG, 2004, § 1 Rn. 52.

[1406] Baums/Hecker, in: Baums/Thoma, WpÜG, 2004, § 1 Rn. 78.

findungsanspruch gegen den Bieter umwandeln, sondern bestehen bleiben, da die Richtlinie nicht von einer Einbeziehung der Wandlungs- und Optionsrechte ausgeht und der nationale Gesetzgeber die Richtlinienvorgaben (lediglich) Eins zu Eins umsetzen wollte. Dadurch wird der Nutzen des *Squeeze Out* eingeschränkt.

III. Abfindung

1. Darlegung der umzusetzenden Richtlinienbestimmung

a. Allgemeines

Bei einem Pflichtangebot gilt die Gegenleistung des Angebots als angemessen (Art. 15 Abs. 5 a.E.), bei einem freiwilligen Angebot dann, wenn der Bieter durch die Annahme des Angebots mindestens 90 % des vom Angebot betroffenen stimmberechtigten Kapitals in Wertpapieren erworben hat[1407].

Die Gegenleistung hat dieselbe Form aufzuweisen wie das Angebot, wahlweise auch eine Geldleistung. Den Mitgliedstaaten bleibt es unbenommen, zwingend eine Geldleistung (als Alternative)[1408] vorzuschreiben.

b. Gestaltungsmöglichkeiten im Zusammenhang mit der Abfindung

Die dargestellten Vorschriften werfen verschiedenartige Probleme auf, die bei der Ausgestaltung des *Squeeze Out* durch die Mitgliedstaaten zu berücksichtigen waren. Insbesondere folgende Fragen sind diskussionswürdig:

- Ist die Angemessenheit der Abfindung gerichtlich überprüfbar? Handelt es sich um widerlegliche bzw. unwiderlegliche Vermutungen?
- Folgefrage: Welche Anforderungen sind an die Widerlegung der Vermutung zu stellen?
- Ist die Angemessenheitsvermutung auch für den Bieter widerleglich?
- Sollte stets eine zwingende Geldabfindung gefordert werden?
- Wie wird die Angemessenheit in anderen als den durch die Richtlinie festgelegten Fällen bestimmt?

[1407] Dies stellt ebenfalls einen Beitrag zur Gleichbehandlung der Aktionäre der Zielgesellschaft dar. Nun werden diejenigen, welche das Angebot vor dem *Squeeze Out* angenommen haben, und diejenigen, welche die Aktien im Rahmen des *Squeeze Out* verlieren im Grundsatz gleichbehandelt. Umgekehrt kann auch kein niedrigerer Preis, als derjenige, der im Rahmen der Übernahme gezahlt wurde, angemessen sein. So auch von Bülow, BZ vom 11. Mai 2005, S. 2. Dieses Regelungsziel enthielt auch der RefE WpÜG in § 327b Abs. 1 S. 3 AktG. So auch Rühland, WM 2000, 1884ff. zum RefE WpÜG.

[1408] Auf das Verständnis der zugrunde liegenden Vorschrift wird unter J.III.1.b.4), S. 321, zurückzukommen sein.

- Squeeze Out im Anschluss an ein Angebot: Ist eine Nachbesserung für sämtliche (ehemaligen) Aktionäre erforderlich?

1) Die Angemessenheitsvermutung der Abfindung

a) Regelung des Art. 15 Abs. 5 S. 4 (Übernahmeangebot)

(1) Wortlautauslegung

Auf den ersten Blick spricht der Wortlaut des Art 15 Abs. 5 S. 4 für eine unwiderlegliche Vermutung. Die deutsche Fassung der Richtlinie besagt, „*bei einem freiwilligen Angebot (...)* ***gilt*** *die im Angebot angebotene Abfindung dann als angemessen, wenn der Bieter durch die Annahme des Angebots Wertpapiere erworben hat, die mindestens 90 % des vom Angebot betroffenen stimmberechtigten Kapitals entsprechen*" (Hervorhebung durch den Verfasser). Diese Formulierung lässt wenig Raum für eine widerlegliche Vermutung.

Die wohl überwiegende Anzahl der Literaturstimmen in Deutschland geht daher davon aus, es handele sich um eine unwiderlegliche Vermutung[1409]. Die Vermutung sei jeglicher Beweisführung dahingehend, der Preis sei trotz Erreichens des von der Richtlinie vorgegebenen Schwellenwerts nicht angemessen, entzogen[1410]. Ein etwaiges gerichtliches Spruchverfahren habe dann nur festzustellen, ob die tatbestandlichen Voraussetzungen der Vorschrift vorliegen, eine Überprüfung auf die Angemessenheit wäre ausgeschlossen. Die Regelung gelte ohne Ausnahme, also selbst dann, wenn der gebotene Preis unerträglich niedrig gewesen ist[1411].

[1409] Krause, BB 2004, 113, 118; Austmann/Mennicke, NZG 2004, 846, 851; Wiesner, ZIP 2004, 343, 349; Hasselbach, ZGR 2005, 387, 404f.; zum Kommissionsvorschlag von 2002 unentschieden Seibt/Heiser, ZIP 2002, 2193, 2201; differenzierend Seibt/Heiser, ZGR 2005, 200, 243-246; a.A. Hopt/Mülbert/Kumpan, AG 2005, 109, 117; Maul/Muffat-Jeandet, AG 2004, 306, 317; Maul, NZG 2005, 151, 157; Mülbert, NZG 2004, 633, 634; wohl auch Kindler/Horstmann, DStR 2004, 866, 871, die bei einem freiwilligen Angebot von einer „*Vermutung*" sprechen, beim Pflichtangebot jedoch ausführen „***Hingegen*** *gilt* (…) *die Gegenleistung* (…) *als angemessen*". Dies spricht dafür, dass sie bei dem Übernahmeangebot von einer widerleglichen Vermutung ausgehen. Unklar von Bülow, BZ vom 11. Mai 2005, S. 2, der von einer gesetzlichen Angemessenheitsvermutung spricht, angesichts derer die gerichtliche Nachprüfung der Angemessenheit regelmäßig ausgeschlossen sei.

[1410] Austmann/Mennicke, NZG 2004, 846, 851. Krause, BB 2004, 113, 118 begrüßt dies, da es ausländischen Investoren nicht vermittelbar sei, wieso ein Sachverständiger die Abfindung überprüfen solle. Schließlich hätten doch die meisten Anleger die Aktien über die Börse, also zum Marktpreis erworben und müssten sie nun zu eben diesem wieder abgeben. Eine solche Argumentation ist bei einem Zwangsausschluss jedoch nicht haltbar. Der Vergleich mit dem Erwerbsvorgang greift bereits deshalb nicht, weil ja die „Veräußerung" nun auch nicht über die Börse und im Regelfall schon gar nicht freiwillig erfolgt. Die Sachverhalte sind schlichtweg nicht vergleichbar.

[1411] Austmann/Mennicke, NZG 2004, 846, 851.

Indes ist die Wortlautauslegung insbesondere bei europäischen Rechtsakten nicht die ergiebigste Auslegungsmethode, da es durch die Vielzahl der Sprachfassungen durchaus zu unbeabsichtigten unterschiedlichen Bedeutungen kommen kann[1412].

Die englische Fassung zum Beispiel lautet: „*Following a voluntary bid,* (…) *the consideration offered in the bid shall be presumed to be fair where,* (…)". Diese Formulierung spricht für eine widerlegliche Vermutung. Andernfalls hätte man das stärkere „is considered to be" statt „*shall be presumed to be*" wählen können[1413].

(2) Historische Auslegung

Man hat jedoch den von der *Winter*-Gruppe benutzten Wortlaut gewählt. Die *Winter*-Gruppe ging aber von einer widerleglichen Vorschrift aus[1414]. Gegen eine unwiderlegliche Vermutung spricht also auch die Entwicklung der Vorschrift[1415].

[1412] Dies gilt insbesondere für das Sekundärrecht, welches nicht selten sich voneinander unterscheidende Wortlaute hat. Neben Übersetzungsfehlern spielen dabei auch ungelöste Differenzen zwischen den Mitgliedstaaten eine Rolle, die sich in der Wortlautwahl manifestieren. Vgl. Wegener, in: Calliess/Ruffert, EUV/EGV, 2002, Art. 220 EG Rn. 11. Siehe zur sprachvergleichenden Wortlautauslegung in der Rechtsprechung des Europäischen Gerichtshofs Schübel-Pfister, Sprache und Gemeinschaftsrecht, 2004, S. 233ff.

[1413] Auch die österreichische Fassung geht von einer widerleglichen Vermutung aus. Dies kommt zwar im Wortlaut von § 7 des Gesellschafter-Ausschlussgesetzes (ÜbRÄG, Art. 6 § 7 BGBl. I für die Republik Österreich vom 9. Juni 2006) nicht deutlich zum Ausdruck, ergibt sich jedoch aus den Erläuterungen der Regierungsvorlage (GP XXII. – Regierungsvorlage 1334 – Materialien) zu § 7, S. 31f., ebenfalls unter Hinweis auf den englischen Wortlaut.

[1414] High Level Group of Experts, p. 65: „*The price offered in the takeover bid should be presumed to be a fair price for the shares of the minority shareholders if the bid has been accepted by shareholders holding 90 % or more of the share capital in respect of which the offer has been made. This presumption would apply on condition that the squeeze-out right is exercised within a defined period following the bid* (…). *The presumption of the price of the bid as a fair price should be rebuttable.*" (Deutsche Fassung: S. 76: „*Die Gruppe ist der Ansicht, dass bei beiden Arten von Schwellenwerten (Anteil am Kapital und Anteil der Angebotsannahme) der im Rahmen des Übernahmeangebots gebotene Preis als ein gerechter Preis für die Aktien der Minderheitsaktionäre betrachtet werden sollte, wenn das Angebot von den Aktionären angenommen wurde, die mindestens 90 % des Aktienkapitals halten, für das das Angebot unterbreitet wurde. Dieses Angebot gilt unter der Bedingung, dass das Recht auf „Squeeze-out" innerhalb eines bestimmten Zeitraums nach dem Angebot ausgeübt wird.* (…) *Die Annahme, dass der Preis des Angebots gerecht ist, sollte anfechtbar sein, so dass unter bestimmten Voraussetzungen bei Gericht oder bei der Stelle, die die Aufsicht über das Übernahmeangebot führt, eine Überprüfung des Preises beantragt werden kann.*" Ebenso zum Kommissionsvorschlag von 2002 Seibt/Heiser, ZIP 2002, 2193, 2201.

[1415] Zur Frage der Maßgeblichkeit des historischen Willens des Gesetzgebers bei der Auslegung durch den Europäischen Gerichtshof siehe Schübel-Pfister, Sprache und Gemeinschaftsrecht, 2004, S. 242f. sowie die Ausführungen in Kapitel 1 unter D.II., S. 17.

Das von dem ursprünglichen Verständnis abgewichen werden sollte, ist aus den Gesetzgebungsmaterialien zumindest nicht ersichtlich.

Die Formulierung im Kommissionsvorschlag von 2002 bringt insoweit ebenfalls keinen Erkenntnisgewinn. Diese besagt, die *„Vermutung der angemessenen Abfindung* [gilt] *nur, wenn das Ausschlussrecht innerhalb von drei Monaten nach Ablauf der Frist für die Annahme des Angebots ausgeübt wird*". Andernfalls war die Festlegung der Abfindung durch einen unabhängigen Sachverständigen vorgesehen. Hieraus lässt sich nicht entnehmen, ob in den Fällen innerhalb der Drei-Monats-Frist von einer widerleglichen Vermutung ausgegangen wurde[1416]. Allerdings deutet der Wortlaut „Vermutung" in Anbetracht des vorausgehenden Berichts der Winter-Gruppe auf die Interpretation als widerlegliche Vermutung hin.

(3) Systematische Auslegung

Die Systematik der Richtlinie spricht ebenfalls für eine widerlegliche Vermutung. Sie postuliert zunächst in Art. 15 Abs. 5 S. 1 die Notwendigkeit einer angemessenen Abfindung. Erst in den Uabs. 2 und 3 findet dann eine Konkretisierung statt, wann (grundsätzlich) von einer angemessenen Abfindung ausgegangen werden kann. S. 1 wäre entbehrlich, wenn es nicht auf eine Angemessenheit der Abfindung ankäme. Dann wären die Regelungen in Uabs. 2 und 3 gleichfalls ausreichend.

Hierfür ist auch der Vergleich zur Regelung des Art. 5 Abs. 1 anzuführen. Dort heißt es in S. 2, dass den Wertpapierinhaber ein Angebot *„zu einem **im Sinne des Absatzes 4** angemessenen Preis unterbreitet*" werden soll (Hervorhebung durch den Verfasser). Abs. 4 gibt dann vor, wann der Preis als angemessen gilt. Durch die Formulierung ein *„im Sinne des Absatzes 4*" angemessener Preis wurde also eine Beschränkung auf die dort gemachten Preisvorgaben vorgenommen. Eine solche fehlt hingegen in Art. 15 Abs. 5 S. 1. Dort ist nur die angemessene Abfindung maßgeblich.

Die Richtlinie geht also von verschiedenen Angemessenheitsbegriffen aus[1417]. Das spricht gleichfalls für eine widerlegliche Vermutung.

Die Systematik legt eine Widerleglichkeit der Vorschrift nahe.

[1416] Die Formulierung lehnt sich an die Vorschläge des Winter-Berichts, S. 76, an: *„Dieses Angebot gilt unter der Bedingung, dass das Recht auf "Squeeze-out" innerhalb eines bestimmten Zeitraums nach dem Angebot ausgeübt wird."* Daher kann man auch nicht darauf schließen, die Überprüfung der Angemessenheit der Abfindung sei im erstgenannten Zeitraum unzulässig.

[1417] Gleiches gilt im Übrigen auch für das WpÜG a.F. und den *Squeeze Out* des Aktiengesetzes. Die Angemessenheit der Gegenleistung nach dem WpÜG a.F. bestimmt sich nach durchschnittlichen Börsenkursen sowie Vorerwerben und entspricht damit nicht einer angemessenen Abfindung im Sinne der Feldmühle-Rechtsprechung.

(4) Teleologische Auslegung

Zu demselben Ergebnis führt die teleologische Auslegung der Regelung.

(a) Tatsächliche Angemessenheit maßgeblich

Eine nur widerlegliche Vermutung ist im Gegensatz zu einer unwiderleglichen Vermutung deshalb zweckgerechter, weil den Minderheitsaktionären nicht die Möglichkeit verwehrt werden darf, die Unangemessenheit der Barabfindung darzulegen und ggf. zu beweisen. Hierdurch werden die Interessen der Minderheitsaktionäre geschützt, ohne den Bieter unverhältnismäßig zu benachteiligen[1418].

Zudem trägt (auch) die widerlegliche Angemessenheitsvermutung dazu bei, eine Erhöhung der Gegenleistung bei einer Annahmequote von 90 % für den Regelfall entfallen zu lassen. Die Interessen des Bieters, kostenträchtige Sachverständigengutachten zu vermeiden und diejenigen der Minderheitsaktionäre, eine angemessene Abfindung zu erhalten, werden so hinreichend ausgeglichen.

Hiergegen wird vorgebracht, es sei nicht einzusehen, wieso die von einem *Squeeze Out* betroffenen Anteilsinhaber anders abgefunden werden sollen als die große Mehrzahl der Wertpapierinhaber, die zuvor das Übernahmeangebot angenommen haben. Eine einheitliche Behandlung gebiete die Kapitalmarktgerechtigkeit[1419]. Eine Angemessenheitsvermutung habe zudem gegenüber einer Unternehmensbewertung nach dem Ertragswertverfahren den Vorteil, ein objektives Verfahren zu sein[1420]. Ergebnis einer solchen Preisfestlegung sei ein marktnaher Preis, der dem Verkehrswert der Wertpapiere entspricht[1421].

Die Kapitalmarktgerechtigkeit ist jedoch kein geeignetes Gegenargument, da bei einem Angebot durchaus vom wahren Wert der Aktie abgewichen werden kann. Hier soll vor allem eine Gleichbehandlung der Aktionäre gewährleistet werden, während es beim Ausschluss maßgeblich darauf ankommt, dass dem auszuschließenden Aktionär eine angemessene Abfindung angeboten wird.

Auch die Hinweise darauf, eine Angemessenheitsvermutung führe zu einem marktnahen Preis, lassen sich nicht dahingehend interpretieren, dass die Angemessenheitsvermutung unwiderleglich ausgestaltet werden sollte. Entscheidend für den Richtliniengeber war, dass eine angemessene Abfindung garantiert wird. Die Vermutungen sollten lediglich dazu dienen, das Verfahren zu erleichtern.

1418 So Ehricke/Roth, DStR 2001, 1120, 1123, zum RefE WpÜG.

1419 So Kossmann, NZG 1999, 1198, 1202, zu den Vorschlägen der Börsensachverständigenkommission zur künftigen Regelung von Unternehmensübernahmen.

1420 So Kossmann, NZG 1999, 1198, 1202; Krieger, BB 2002, 53, 57; Sieger/Hasselbach, ZGR 2002, 120, 148f.; Fleischer, ZGR 2002, 757, 782f.; Karrer, Angemessenheit der Leistung, 2003, S. 42.

1421 Karrer, Angemessenheit der Leistung, 2003, S. 42.

Den Aktionären ist als angemessene Entschädigung ein voller Ausgleich zu gewähren[1422].

Gegen die Notwendigkeit einer notfalls gerichtlich zu ermittelnden angemessenen Abfindung lässt sich auch nicht Art. 4 Abs. 6 oder Erwägungsgrund (8) anführen. Beide behandeln thematisch ausschließlich das Angebotsverfahren und betreffen die hier in Rede stehende Fragestellung nicht. Nur diesbezüglich bleibt es allein den Mitgliedstaaten überlassen, ob sie den Parteien in einem Verwaltungs- oder Gerichtsverfahren geltend zu machende Rechte verleihen. Hinsichtlich des *Squeeze Out* lässt sich also nicht vertreten, die Angemessenheitsvermutungen könnten als unwiderleglich aufzufassen sein, weil es dem nationalen Gesetzgeber überlassen ist, ob er Rechte der Parteien einführt.

Auch die Behauptung, eine Vermutungsregelung stelle ein objektiveres Verfahren zur Bestimmung der angemessenen Abfindung als etwa das Ertragswertverfahren dar und müsse daher die angemessene Abfindung bestimmen, ist nicht tragfähig. Die so bestimmte Abfindung kann dem Unternehmenswert entsprechen, muss es aber nicht.

Außerdem wäre die Möglichkeit der Zurückweisung des ursprünglichen Angebots stark entwertet, wenn der ablehnende Aktionär über den Umweg des *Squeeze Out* seine Aktien doch zum ursprünglichen Preis abgeben müsste[1423].

Dass der angemessene Preis im Sinne der Richtlinie als volle wirtschaftliche Entschädigung zu verstehen ist, lässt sich auch dem vorausgehenden *Winter*-Bericht entnehmen. Danach wird für Fälle, in denen die anzubietende Gegenleistung nicht durch eine der Vermutungen widerleglich festgelegt wird, empfohlen, die anzubietende Gegenleistung durch einen Sachverständigen festzulegen[1424]. Dieser Sachverständige wird den Wert des Unternehmens zur Berechnung des Anteilswerts ermitteln. Auch das spricht dafür, dass unter einer angemessenen Entschädigung eine volle wirtschaftliche Entschädigung zu verstehen ist[1425].

(b) Angemessenheit bei Erfüllung der Vermutung nicht garantiert

Denkbar sind Fälle, in denen die Willensbildung der Angebotsadressaten nicht vom Bieter unabhängig ist, etwa wegen Konzernsachverhalten[1426], oder weil sie ebenfalls den Erfolg des Angebots herbeiführen wollen. So kann ein veräußern-

---

[1422] Vgl. etwa Hüffer/Schmidt-Aßmann/Weber, Anteilseigentum, S. 17 für das deutsche Recht. Auch die europäische Regelung geht von einem vollen Wertersatz aus.

[1423] Hierauf weist Krohn, EBLR 2004, 159, 171, zutreffend hin.

[1424] Winter-Bericht, S. 76.

[1425] Selbst wenn man jedoch unter einem angemessenen Preis nicht die volle wirtschaftliche Entschädigung versteht, gelten die Erwägungen entsprechend. Die Gewährung eines wie auch immer bestimmten, angemessenen Preises wird durch unwiderlegliche Vermutungen nicht gewahrt, wie sich aus den nachfolgenden Ausführungen (J.III.1.b.1)a)(4)(b), S. 311) ergibt.

[1426] Vgl. Ehricke/Roth, DStR 2001, 1120, 1127.

des Konzernunternehmen versucht sein, die Abfindung durch Annahme eines vergleichsweise niedrigen Angebots mittels der Preisvermutung zum Nachteil der übrigen Aktionäre zu drücken[1427].

Auch wenn jahrelang eine sehr zurückhaltende Dividendenpolitik betrieben wird und Ausschüttungen auf längere Zeit nicht erfolgt sind, ist eine hohe Annahmequote ungeachtet der tatsächlichen Angemessenheit wegen der Unterbewertung der Aktie denkbar[1428].

Möglich ist desweiteren, dass die getroffene Annahmeentscheidung auf einer fehlerhaften bzw. nicht angemessenen Information beruht und sie bei ordnungsgemäßer Information anders ausgefallen wäre[1429]. So kann etwa ein Verstoß gegen §§ 15, 13 WpHG, also die Nichtveröffentlichung publizitätspflichtiger, den Börsen- bzw. Marktpreis beeinflussender Informationen, zu einer fehlerhaften Angemessenheitsbeurteilung bei der Angebotsannahme führen[1430].

Ein weiteres Beispiel soll klarstellen, warum die Preisvermutung nicht den angemessenen Preis widerspiegeln muss: Ein Bieter hat vor Abgabe des Übernahmeangebots einen Anteil am stimmberechtigten Grundkapital von 20 % inne. Durch das Übernahmeangebot erwirbt er weitere 75 % des stimmberechtigten Grundkapitals hinzu. Dieses befand sich allesamt oder zumindest zu 90 % in der Hand eines Aktionärs, der etwa in finanzielle Schwierigkeiten geraten war oder aus anderen, möglicherweise sachfremden Erwägungen das Angebot zu einem unter dem eigentlichen Wert der Aktien liegenden Angebotspreis angenommen hat. Nun können die übrigen Aktionäre zu eben diesem Preis aus der Gesellschaft ausgeschlossen werden. Das Angebot muss nämlich bei einer Umsetzung der Vermutungsregelung als unwiderlegliche Vermutung nicht von einer Mindestzahl an Aktionären angenommen worden sein.

Eine unwiderlegliche Vermutung ist somit bei einer hohen Annahmequote von 90 % kein Garant für die Angemessenheit der Gegenleistung.

1427 Eine Zurechnung des veräußernden Unternehmens zur Bieterin i.S.d. Art. 2 Abs. 1 lit. d) kommt in diesen Fällen nicht in Betracht. Die veräußerten Anteile wären also bei der Berechnung der Annahmequote mit zu berücksichtigen. Würde man dann dennoch von einer unwiderleglichen Vermutung ausgehen, wäre der allgemeine Grundsatz des Art. 3 Abs. 1 lit. d) verletzt, da eine Marktverzerrung vorläge.

1428 Vgl. auch Ehricke/Roth, DStR 2001, 1120, 1127. Eine Unterbewertung ist gegeben, wenn der Aktienwert unter dem „wahren" Wert des Unternehmens liegt. Zu weiteren Gründen, die zu einer Unterbewertung führen können, siehe Kainer, Unternehmensübernahmen, 2004, S. 50f.

1429 Ähnlich auch die Begründung des österreichischen Gesellschafter-Ausschlussgesetzes zu § 7 GesAusG (Erläuterungen der Regierungsvorlage (XXII. GP – Regierungsvorlage 1334 – Materialien), S 32.

1430 Hierauf weist Rühland, NZG 2006, 401, 405, zutreffend hin.

Dies belegen allein die Anstiege der aktienrechtlichen *Squeeze Out* Abfindungen im Vergleich zu den vorausgehenden Übernahmeangeboten[1431].

Ein anderer Aspekt ist ebenfalls nicht zu vernachlässigen. Dieser setzt bei der Begründung für freiwillige Übernahmeangebote an. In welcher Situation werden Übernahmeangebote abgegeben? Sicher nicht in einer Phase, in der die Zielgesellschaft als überbewertet gilt, ihr Börsenkurs also (nach Meinung der Analysten) über dem eigentlichen Wert des Unternehmens liegt. Vielmehr wird ein Übernahmeangebot dann abgegeben, wenn der Bieter davon ausgeht, dass Unternehmen sei unterbewertet bzw. das Unternehmen könnte erfolgreicher in seinem Geschäftssegment sein, weshalb zukünftig eine höhere Bewertung erzielbar erscheint. In diesem Fall wird es ihm eher gelingen, eine hohe Annahmequote für sein Angebot zu erreichen, wenn er die unterbewerteten Aktien zu einem (deutlich) über dem Börsenkurs, aber noch unter dem Wert der Aktie liegenden Preis ankaufen möchte[1432]. Der wirtschaftliche Nutzen ergibt sich ja nicht, wenn zu einem hohen Preis eingekauft wird. Der Aktienkurs der Unternehmen spiegelt nämlich häufig nicht die stillen Reserven, den Zerschlagungswert oder die zukünftigen Entwicklungsmöglichkeiten der Gesellschaft hinreichend wider[1433].

Schließlich hat der Bieter häufig einen Informationsvorsprung vor den übrigen Aktionären durch die regelmäßig im Rahmen einer *Due Diligence* erfolgte Unternehmensprüfung. Er kann also den Wert des Unternehmens besser einschätzen als die anderen Aktionäre[1434]. Selbst ein über dem Börsenkurs liegendes Angebot kann daher tatsächlich unter dem Unternehmenswert liegen, auch wenn es die Annahmequote erreicht. Wegen der Unvollkommenheit der Märkte repräsentieren die Börsenkurse nämlich nicht zwingend den tatsächlichen Unternehmenswert[1435].

Außerdem werden sich die Aktionäre kaum die Mühe machen, das Unternehmen ausgehend von den ihnen vorliegenden Daten hinreichend zu bewerten, sondern vielmehr auf das Management vertrauen. Letztlich kann es dadurch zu

---

[1431] Ebenso Heise (DSW), Öffentliche Anhörung des Finanzausschusses, 16. Sitzung vom 10. Mai 2006, Pr.Nr. 16/16, S. 6.

[1432] Heidel/Lochner, DB 2001, 2031, 2033, mit Hinweis auf eine entsprechende Erklärung der DSW (Deutsche Schutzvereinigung für Wertpapierbesitz e.V.) vom 27. März 2001. Plastisch Heise (DSW), Öffentliche Anhörung des Finanzausschusses, 16. Sitzung vom 10. Mai 2006, Pr.Nr. 16/16, S. 6: „*Niemand kauft gerne teuer*“. Vgl. auch DSW, Stellungnahme zum RegE Ü-UG, S. 6. Ebenso Heidel, Stellungnahme zum RegE Ü-UG, S. 12.

[1433] Vgl. Schneider/Burgard, DB 2001, 963, 965.

[1434] Ebenso Peterson (Schutzgemeinschaft der Kapitalanleger e.V.), Öffentliche Anhörung des Finanzausschusses, 16. Sitzung vom 10. Mai 2006, Pr.Nr. 16/16, S. 12.

[1435] Schüppen (IDW), Öffentliche Anhörung des Finanzausschusses, 16. Sitzung vom 10. Mai 2006, Pr.Nr. 16/16, S. 31.

einer Annahmequote von über 90 % kommen, obwohl das Angebot dem Unternehmenswert nicht entspricht[1436].

Die in Übernahmeangebotsfällen gezahlte Gegenleistung liegt zudem häufig unter den im *Squeeze Out* als angemessene Abfindung entrichteten Beträgen, wie zahlreiche Belege aus der aktienrechtlichen Praxis verdeutlichen[1437].

Zu Recht wird deshalb darauf hingewiesen, es bedürfe des gerichtlichen Rechtsschutzes, weil eine Annahmequote unabhängig von ihrer Größenordung keine Gewähr für eine angemessene Kompensation bietet. In diesem Zusammenhang ist zu berücksichtigen, dass es nicht auf die Entscheidung der übrigen Aktionäre gegenüber dem Angebot ankommt, sondern allein auf die tatsächliche Angemessenheit des Angebots[1438].

(c) Zwischenergebnis

Da Ziel der Richtlinie eine angemessene Gegenleistung ist und die Vermutung, wie gezeigt, diese nicht zwingend gewährt, folgt auch aus der teleologischen Auslegung die Widerleglichkeit der Vermutung.

(5) Unvereinbarkeit mit europäischen Grundrechtsgewährleistungen nicht feststellbar

Eine unwiderlegliche Angemessenheitsvermutung der Abfindung bei freiwilligen Übernahme- bzw. Pflichtangeboten könnte zudem gegen europäische Grundrechtsgewährleistungen verstoßen, weshalb die Richtlinienvermutungen

---

[1436] Diesen Aspekt stellt Labryga unter dem in der Betriebswirtschaftslehre gebräuchlichen Begriff „*rationale Ignoranz*“ in den Vordergrund. Vgl. Labryga (Schutzgemeinschaft der Kapitalanleger e.V.), Öffentliche Anhörung des Finanzausschusses, 16. Sitzung vom 10. Mai 2006, Pr.Nr. 16/16, S. 12.

[1437] Beispiele entnommen von Heidel, Stellungnahme zum RegE Ü-UG, S. 7ff. Beispiel Deutsche Bahn AG / Stinnes AG: 2002 übernahm die Deutsche Bahn AG die Stinnes AG. Der Angebotspreis betrug EUR 32,75 je Aktie (Annahmefrist 27. September 2002). Durch das Angebot erwarb die Deutsche Bahn AG mehr als 90 % des Grundkapitals der Stinnes AG. Es folgte ein *Squeeze Out*. Die Barabfindung wurde am 17. Dezember 2002 mit EUR 39,85 angegeben, einer Steigerung um 21,68 % gegenüber dem zeitnahen Übernahmeangebotspreis. Obgleich das Übernahmeangebot also außerordentlich erfolgreich war, wurde die Barabfindung durch den Bieter auf Grundlage von Bewertungsgutachten wesentlich erhöht. Beispiel Edcar Beteiligungs-GmbH & Co. KG / Edscha AG: Die Edcar Beteiligungs-GmbH & Co. KG erwarb im Zuge eines bis zum 20. Januar 2003 anzunehmenden Übernahmeangebots zum Preis von EUR 26,50 eine Beteiligung von mehr als 98 % an der Edscha AG. Die *Squeeze Out* Abfindung wurde keine drei Monate später auf EUR 32,50 festgelegt, eine Steigerung um 22,64 %. Allerdings ist darauf hinzuweisen, dass ungeachtet der erfolgreichen Übernahmeangebote nicht in allen von Heidel angeführten Fällen die 90 % Vermutung eingegriffen hätte.

[1438] So bereits Heidel/Lochner, DB 2001, 2031, 2033, allerdings zur geplanten Regelung im Aktienrecht.

europarechtskonform zwingend als widerlegliche Vermutungen auszulegen wären.

(a) Prüfungsmaßstab

Wie unter J.I.1. gezeigt[1439], gehört das Eigentum ausgehend von den gemeinsamen Verfassungstraditionen der Mitgliedstaaten zu den geschützten Rechten.

(b) Schutzbereich

Das Eigentum an Aktien fällt in den Schutzbereich der europäischen Eigentumsgarantie[1440].

(c) Eingriff in den Schutzbereich

Durch die Ermöglichung des *Squeeze Out* liegt eine sonstige Beschränkung des Eigentumsrechts und somit ein Eingriff in den Schutzbereich vor[1441].

(d) Rechtfertigung

Grundsätzlich besteht eine Rechtfertigungsmöglichkeit des Eingriffs, wie sich aus den Ausführungen unter J.I.4. ergibt[1442].
Allerdings könnte eine unwiderlegliche Angemessenheitsvermutung zu einer nicht ausreichenden Entschädigungsregelung führen, weshalb im Ergebnis eine Rechtfertigung ausscheiden würde. Die Einführung des *Squeeze Out* wäre dann nicht verhältnismäßig.
Durch eine unwiderlegliche Vermutung wird den Minderheitsaktionären die Möglichkeit einer gerichtlichen Überprüfung der Abfindung genommen. Hierdurch besteht die Gefahr, dass sie nicht in vollem Umfang für den Verlust ihrer Aktien entschädigt werden, sie also eine Minderung ihres Vermögens, vergleicht man die Vermögenslage vor und nach dem *Squeeze Out*, hinnehmen müssen.

Ob den ausscheidenden Aktionären ausgehend von dem europäischen Grundrechtsschutz eine angemessene Entschädigung im Sinne einer vollen wirtschaftlichen Entschädigung gewährt werden muss, lässt sich jedoch nur schwer feststellen.

Insoweit wird man zunächst auf die Rechtsprechung des Europäischen Gerichtshofs für Menschenrechte zurückgreifen können, da der Standard des europäi-

---

[1439] Siehe S. 240.
[1440] Siehe die Ausführungen unter J.I.2., S. 241.
[1441] Siehe die Ausführungen unter J.I.3., S. 242.
[1442] Siehe S. 244.

schen Eigentumsrechts nicht hinter dem in Art. 1 ZP 1 EMRK verbrieften Standard zurückbleiben darf[1443].

In Richtung einer vollen Entschädigungspflicht lässt sich eine Entscheidung des Europäischen Gerichtshofs für Menschenrechte interpretieren, wonach es unzulässig ist, der Festlegung der Entschädigungshöhe unwiderlegbare (Wertsteigerungs-) Vermutungen zugrundezulegen[1444]. In der Entscheidung *Aristomenis und Papachelas gegen Griechenland* wurde eine Entschädigung unter Marktwert zwar für zulässig erachtet, sofern dies durch das öffentliche Interesse gerechtfertigt ist, gleichwohl aber eine vollständige Entschädigung für den Eigentumsverlust gefordert, welche durch das Eingreifen einer unwiderleglichen Vermutung verhindert wird[1445]. Somit sieht also der Europäische Gerichtshof für Menschenrechte einerseits kein Erfordernis einer Entschädigung zum Marktwert, andererseits fordert er die Überprüfbarkeit der Entschädigung. Die Entscheidung betraf allerdings nicht die hier in Rede stehende „sonstige Beeinträchtigung", sondern die Eigentumsentziehung i.S.d. Art. 1 Abs. 1 S. 2 ZP 1 EMRK. Daher könnte man den Maßstab beim *Squeeze Out* sogar höher anlegen, weil dieser überwiegend im privaten Interesse erfolgt und ein öffentliches Interesse zwar gegeben ist, aber dahinter zurückbleibt[1446]. Letztlich ist der *Squeeze Out* ein Übertragungsvorgang unter Privaten. Es ist nahe liegend, hier stets eine volle Entschädigung zu verlangen und das öffentliche Interesse lediglich insoweit zu berücksichtigen, als es die Aktienübertragung an sich legitimiert, nicht aber eine Vermögensverschiebung zu ungunsten einer der beteiligten Parteien erlaubt.

Auch den Fall *Bramelid und Malmström* könnte man in diesem Sinne deuten. Die Europäische Kommission für Menschenrechte entschied in dieser Sache, dass eine nicht willkürliche oder nach unangemessenen Kriterien durch sachverständige Schiedsrichter in einer sorgfältig begründeten Entscheidung festgestellte Abfindung ausreichend ist[1447]. Als maßgeblich wurde erachtet, dass keine Privatperson willkürlich und ungerecht zum Vorteil einer anderen Privatperson benachteiligt wurde[1448]. Es durfte also kein Ungleichgewicht zwischen Privaten durch die Übertragung entstehen.

[1443] Ebenso Jarass, EU-Grundrechte, 2005, S. 23 Rn. 22, der einerseits hervorhebt, es handele sich zwar nur um Rechtserkenntnisquellen, andererseits aber deutlich macht, dass die in Art. 52 Abs. 3 S. 1 GRC enthaltene Gewährleistung des Mindestgehalts auch auf die Rechtsprechung des Europäischen Gerichtshofs für Menschenrechte zu beziehen ist.

[1444] EGMR, Urteil v. 25. März 1999, Nr. 31423/96 Rn. 53f., Aristomenis und Evgenia Papachelas ./. Griechenland, EuGRZ 1999, 319.

[1445] EGMR, Urteil v. 25. März 1999, Nr. 31423/96 Rn. 46ff., 53f., Aristomenis und Evgenia Papachelas ./. Griechenland, EuGRZ 1999, 319.

[1446] In diesem Sinne auch Krohn, EBLR 2004, 159, 171.

[1447] EKMR, Beschluss v. 12. Oktober 1982, Nr. 8588/79 und 8589/79, Bramelid und Malmström, EuGRZ 1983, 428.

[1448] EKMR, Beschluss v. 12. Oktober 1982, Nr. 8588/79 und 8589/79, Bramelid und Malmström, EuGRZ 1983, 428.

Der Europäische Gerichtshof für Menschenrechte verlangte später in der Rechtssache *Kind* eine vollständige wirtschaftliche Kompensation[1449]. Zum niederländischen Ausschlussrecht ließ der Europäische Gerichtshof für Menschenrechte eine Barabfindung ausreichen, die in einem vernünftigen Verhältnis zum Wert der Anteile steht[1450].

Allerdings ist ein vernünftiges Verhältnis zum Wert nicht notwendig mit dem vollen Wert gleichzusetzen. Auch die Entscheidung *Bramelid und Malmström* fordert wohl nur eine sorgfältig begründete, nicht willkürliche Entscheidung. Nicht willkürliche Kriterien liegen jedoch auch bei den *Squeeze Out* Vermutungen des Art. 15 Abs. 5 vor, unabhängig davon, ob man sie als widerlegliche oder unwiderlegliche auffasst.

Letztlich gewährt der Europäische Gerichtshof für Menschenrechte den Mitgliedstaaten einen weiten Spielraum bei der Festsetzung der Entschädigungshöhe[1451]. Diese muss nicht immer dem vollen Verkehrswert des Eigentums entsprechen[1452].

Daher bestehen erhebliche Zweifel, ob der Schutz des Eigentumsrechts stets eine volle wirtschaftliche Entschädigung verlangt, wenn man diese Rechtsprechung auf eine mögliche EuGH-Rechtsprechung überträgt[1453].

Auch in der Rechtsprechung des Europäischen Gerichtshofs wird von Fall zu Fall ein unterschiedlich weiter Beurteilungsspielraum eingeräumt[1454]. Dieser gilt auch für den Gemeinschaftsgesetzgeber[1455].

Gegen das Erfordernis eines vollen Ausgleichs spricht zudem die Diskussion im Zusammenhang mit der Einführung des Eigentumsrechts in Art. 17 GRC. Dort konnte sich die Haltung, es müsse ein voller Ausgleich entrichtet werden, nicht durchsetzen[1456].

[1449] EGMR, Beschluss v. 30. März 2000, Nr. 44324/98, Kind, Rn. 6.

[1450] EGMR, Urteil v. 16. Januar 2001, Nr. 35730/97, Offerhaus und Offerhaus, Rn. 2. Vgl. Fleischer/Schoppe, Der Konzern 2006, 329, 337; Krohn, EBLR 2004, 159, 171. Aus den Regelungen in den einzelnen Mitgliedstaaten lässt sich eine volle Entschädigungspflicht nicht ableiten. Zwar wird die angemessene Abfindung in einigen Mitgliedstaaten durch unabhängige Sachverständige festgelegt. Allerdings gilt dies nicht in sämtlichen Mitgliedstaaten. Vgl. Krohn, EBLR 2004, 159, 161f., 174.

[1451] Vgl. Wegener, in: Ehlers, Europäische Grundrechte und Grundfreiheiten, 2005, S. 146 Rn. 50.

[1452] EGMR, Urteil v. 21. Februar 1986, Nr. 3/1984/75/119 James, EuGRZ 1988, 341, 346 Rn. 54.

[1453] Siehe die Ausführungen und Nachweise in Fn. 1111.

[1454] Vgl. Jarass, EU-Grundrechte, 2005, S. 83 Rn. 52 m.w.N.

[1455] Vgl. Calliess, in: Meyer, Charta der Grundrechte, § 17 Rn. 31.

[1456] Vgl. Bernsdorff, in: Ehlers, Europäische Grundrechte und Grundfreiheiten, 2005, S. 245 Rn. 8.

(e) Zwischenergebnis

Es lässt sich nicht mit hinreichender Sicherheit feststellen, ob unwiderlegliche Angemessenheitsvermutungen gegen europäische Grundrechtsgewährleistungen verstoßen[1457]. Folglich sind die Richtlinienvermutungen nicht allein aus diesem Grund als zwingend widerlegliche Vermutungen aufzufassen.

b) Regelung des Art. 15 Abs. 5 S. 5 (Pflichtangebot)

Bei der Gegenleistungsregelung des Pflichtangebots ist ebenfalls umstritten, ob es sich um eine widerlegliche oder unwiderlegliche Vermutung handelt[1458].

Einige der schon im vorherigen Punkt dargestellten Argumente zugunsten einer widerleglichen Vermutung sind auch hier einschlägig. Insbesondere dem Wortlaut-Argument und dem historischen Argument[1459] wird nicht nochmals nachgegangen.

Die Aufmerksamkeit wird sich auf die Argumente fokussieren, die spezifisch für den Fall des *Squeeze Out* nach einem Pflichtangebot sind. Die folgenden Ausführungen sollen zeigen, dass auch hier eine widerlegliche Vermutung durch den europäischen Gesetzgeber vorgegeben ist.

Im Unterschied zum *Squeeze Out* infolge eines Übernahmeangebots, wo die Vermutung nur eingreift, wenn für 90% des außenstehenden stimmberechtigten Grundkapitals das Angebot angenommen wurde, greift die Vermutung immer ein, wenn nach einem Pflichtangebot die Voraussetzungen eines *Squeeze Out* vorliegen. Die angebotene Gegenleistung gilt als angemessen, ohne dass weitere Voraussetzungen erfüllt werden müssen.

Die Spaltung der Voraussetzungen in den beiden Fällen ist darauf zurückzuführen, dass die Richtlinie nur für die Gegenleistung beim Pflichtangebot konkrete

---

[1457] Ebenso unter Hinweis auf die vagen Vorgaben des Gemeinschaftsrechts Merkt/Binder, BB 2006, 1285, 1290.

[1458] Für eine unwiderlegliche Vermutung Krause, BB 2004, 113, 118; Austmann/Mennicke, NZG 2004, 846, 851; Wiesner, ZIP 2004, 343, 349; Hasselbach, ZGR 2005, 387, 404f.; zum Kommissionsvorschlag von 2002 bereits Seibt/Heiser, ZIP 2002, 2193, 2201; scheinbar auch Hopt/Mülbert/Kumpan, AG 2005, 109, 117; differenzierend Seibt/Heiser, ZGR 2005, 200, 243-246; a.A. Maul/Muffat-Jeandet, AG 2004, 306, 317; Maul, NZG 2005, 151, 157; Mülbert, NZG 2004, 633, 634.

[1459] Siehe die Ausführungen im Winter-Bericht für eine widerlegliche Vermutung auf S. 76 *„Falls ein obligatorisches Angebot gemacht wurde, sollte der im Rahmen dieses Angebots gebotene Preis in einem anschließenden „Squeeze Out"-Verfahren nach Ansicht der Gruppe als gerecht betrachtet werden, selbst wenn das Angebot von Aktionären angenommen worden ist, die weniger als 90% des Aktienkapitals halten, für das das Angebot unterbreitet wurde, da der Preis in einem obligatorischen Angebot angemessen sein muss. Auch hier würde die Annahme für eine bestimmte Frist gelten und sollte unter bestimmten Umständen anfechtbar sein."*, die die Grundlage der Richtlinie bildeten.

Vorgaben macht[1460], während der Bieter in der Preisgestaltung bei einem Übernahmeangebot an keine Richtlinienvorgaben gebunden ist.

Die Differenzierung der Voraussetzungen kann aber nicht als Hinweis darauf verstanden werden, der Gesetzgeber habe auch die Rechtsfolgen unterschiedlich regeln wollen.

Vielmehr ist auch in dieser Konstellation von einer widerleglichen Vermutung auszugehen. Das ergibt sich aus der besonderen Schutzbedürftigkeit der Minderheitsaktionäre beim *Squeeze Out*. Maßgeblich kommt es darauf an, dass es sich hier anders als beim Pflichtangebot nicht um eine freiwillige Deinvestitionsentscheidung handelt. Die Beachtung der Preisregelungen ist nicht Garant für eine angemessene Entschädigung der Minderheitsaktionäre.

Letztlich wollte der Richtliniengeber beim *Squeeze Out* die Minderheitsaktionäre *angemessen* schützen[1461]. Dieses Ziel ist nur bei Annahme einer widerleglichen Vermutung erreichbar.

c) Gesamtergebnis

Die oben dargestellten Argumente sprechen in beiden Fällen dafür, dass die Richtlinie jeweils nur eine widerlegliche Vermutung vorsieht.

Nicht abschließend klären lässt sich, ob das gegenteilige Verständnis zu einem Verstoß der Richtlinienvorschriften gegen die europäische Eigentumsgarantie führt[1462].

2) Anforderungen an die Widerlegung der Vermutung

Vermutet man damit widerleglich die Angemessenheit in den beschriebenen Fällen, stellt sich die Folgefrage, welche Anforderungen an das Entkräften der gesetzlichen Vermutungen zu stellen sind. Diese sind meines Erachtens recht hoch anzusetzen. Nicht ausreichend sollte eine gerichtliche Entscheidung sein, eine andere Gegenleistung sei angemessener. Vielmehr wird man von einer Unangemessenheit erst dann ausgehen können, wenn die Abfindung sich nicht im Rahmen einer gewissen Spanne hält, also sich in ihr nicht mehr der auf die jeweilige Aktie entfallende wirtschaftliche Unternehmenswert widerspiegelt[1463].

Eine Anpassung der Barabfindung wäre also nur in krassen Fällen bei groben Abweichungen möglich[1464]. Diesbezüglich ist dem Minderheitsaktionär entspre-

---

[1460] Siehe die Ausführungen zu Art. 5 Abs. 4 unter E.II., S. 111.

[1461] Ziel der Richtlinie ist ausweislich des Erwägungsgrunds (25) *„die Gewährleistung eines ausreichenden Schutzes für Wertpapierinhaber in der gesamten Gemeinschaft"*.

[1462] Siehe dazu ausführlich unter J.III.1.b.1)a)(5), S. 314.

[1463] So Ehricke/Roth, DStR 2001, 1120, 1123, zum RefE WpÜG.

[1464] So Krieger, BB 2002, 53, 57, zur Stellungnahme des Bundesrates zum WpÜG, die eine widerlegliche Vermutung vorsah.

chend der Regelung in § 292 ZPO die volle Beweislast für das Nichtvorliegen der Angemessenheit aufzuerlegen[1465].

Eines weitergehenden Schutzes der Minderheitsaktionäre bedarf es nicht.

3) Angemessenheitsvermutung stellt Untergrenze dar

Geht man von einer widerleglichen Vermutung der Angemessenheit des Angebotspreises aus, stellt sich eine weitere Frage. Sind die Vermutungen nur für die Minderheitsaktionäre widerlegbar, oder erhält auch der auf Ausschließung drängende Bieter die Möglichkeit, den Preis „zu drücken"[1466].

Hier ist im Ausgangspunkt zwischen den Regelungen zu differenzieren: Gegen eine solche Möglichkeit in Fällen, denen ein Übernahmeangebot vorausging, spricht die Festlegung des Übernahmeangebotspreises durch den Bieter. Die Gleichbehandlung könnte es daher verbieten, gegenüber den verbleibenden Aktionären einen niedrigeren Preis festzusetzen. Andererseits hatten es die Minderheitsaktionäre in der Hand, das Übernahmeangebot anzunehmen. Insofern könnte es ihnen an einer Schutzbedürftigkeit für eine Gleichbehandlung fehlen.

In diesem Zusammenhang ist der allgemeine Grundsatz des Art. 3 Abs. 1 lit. a), das Gleichbehandlungsgebot, zu berücksichtigen. Aus diesem könnte sich die Folge ergeben, die Aktionäre seien immer gleich zu behandeln, also auch noch im *Squeeze Out* Verfahren und nicht nur im eigentlichen Übernahmeverfahren. Das kann aber nicht zwingend so sein: Vielmehr ergibt sich aus der 90 % Regelung, dass der angemessene Preis durchaus von dem Angebotspreis abweichen kann. Insofern ist also auch eine Abweichung nach unten denkbar.

Gegen eine zwingende (Mindest-) Gleichbehandlung lässt sich zudem folgendes ins Feld führen: eine Gleichbehandlung ist dem Wortlaut nach nur unter Wertpapierinhabern erforderlich. An der Wertpapierinhaberschaft derjenigen, welche das Übernahmeangebot angenommen haben, fehlt es aber.

Dem läßt sich jedoch entgegenhalten, dass die Konzeption der Richtlinie durch die Einführung der Angemessenheitsvermutungen wohl schon auf einen möglichst großen Gleichlauf ausgerichtet ist, was jedenfalls gegen eine Schlechterstellung der vom *Squeeze Out* Betroffenen spricht.

Entscheidend gegen eine Abweichungsmöglichkeit nach unten ist anzuführen, dass der Bieter bei Fehlen einer solchen Anpassungsmöglichkeit nicht schlechter steht, als er stünde, wenn sofort sämtliche Aktionäre das Übernahmeangebot angenommen hätten[1467].

[1465] Ebenso Rühland, NZG 2006, 401, 406.

[1466] Für eine solche Möglichkeit im Zusammenhang mit dem RefE WpÜG Ehricke/Roth, DStR 2001, 1120, 1127. Dazu Hüttemann, ZGR 2001, 454, 473ff.

[1467] Dieses Verständnis liegt auch dem österreichischen Gesellschafter-Ausschlussgesetz zu Grunde, welches die Richtlinienvorgaben umsetzt. Nach § 7 Abs. 3 S. 1 GesAusG ist *„eine Barabfindung unter dem Wert der höchsten Gegenleistung des Übernahmeangebots (...) je-*

Auch aus der (an späterer Stelle noch zu besprechenden) Regelung zum Andienungsrecht ergibt sich nichts anderes: Die Vorschriften bezüglich der Angemessenheit des Preises sind in der Richtlinie identisch ausgestaltet.

In Bezug auf die Preisfindung bei einem Pflichtangebot ist die Entscheidung nicht ganz so einfach, da es an der Freiwilligkeit des Bieters zur Abgabe des vorausgehenden Angebots mangelt. Im Ergebnis kann aber auch hier nichts anderes gelten: der Pflichtangebotspreis stellt die Untergrenze der zu gewährenden Abfindung dar. Dieser Preis ermittelt sich aus den Vorerwerbspreisen, die der Bieter zu zahlen bereit war[1468].

Letztlich geht also auch der Pflichtangebotspreis auf ein Verhalten des Bieters zurück. Hinzu kommt, dass aufgrund des Schutzzweckes allein für den Minderheitsaktionär eine Überprüfung möglich sein muss. An einer Schutzbedürftigkeit des den *Squeeze Out* betreibenden Hauptaktionärs mangelt es hingegen. Dieser weiß, welche Gegenleistung er im Falle des von ihm beantragten *Squeeze Out* mindestens zu erbringen hat.

Endlich ist nicht einzusehen, weshalb Minderheitsaktionäre beim *Squeeze Out* nicht zumindest die gleiche Abfindung erhalten sollten wie sie beim Pflichtangebot gewährt wurde.

4) Form der Abfindung

Art. 15 Abs. 5 Uabs. 1 S. 3 überlässt grundsätzlich dem Bieter die Festlegung, welche Form der Abfindung er wählen möchte, gibt den Mitgliedstaaten aber die Möglichkeit, zwingend als Alternative eine Geldleistung zu fordern[1469].

Mitunter wird die Formulierung des Art. 15 Abs. 5 Uabs. 1 S. 3 so verstanden, dass den Mitgliedstaaten freistünde, die Gegenleistung auf eine Geldgegenleistung zu beschränken[1470].

Der Wortlaut lässt eine solche Beschränkungsmöglichkeit nicht ohne weiteres erkennen. Er besagt, dass *„zumindest wahlweise eine Geldleistung angeboten werden muss"*. Auch die englische Fassung entspricht dem: *„Member States may provide that cash shall be offered at least as an alternative"*.

Offensichtlich wird dem Wort „zumindest" entnommen, das auf eine andere Gegenleistung ganz verzichtet werden kann. Hiergegen spricht allerdings das „wahlweise" bzw. die Formulierung *„as an alternative"*. Dadurch wird zunächst

---

denfalls nicht angemessen" (ÜbRÄG, Art. 6, § 7 BGBl. I für die Republik Österreich vom 9. Juni 2006). Ebenso in Großbritannien: *Schedule 2 Regulation 30 Art. 6 Sect. 4 (b)„the court shall not require consideration of a lower value than the offer value to be given for the shares", The Takeovers Directive (Interim Implementation) Regulations 2006.*

[1468] Art. 5 Abs. 4 S. 1.

[1469] Zur ähnlichen Regelung beim Pflichtangebot vgl. die Ausführungen unter E.II.4.b., S. 119.

[1470] Maul, NZG 2005, 151, 157.

klar zum Ausdruck gebracht, dass die Abfindung in Geld neben der ggf. anderen gewählten Form, also der Abfindung in liquiden Aktien, zwingend vorgeschrieben werden kann. Dem Wortlaut ist aber umgekehrt nicht zu entnehmen, dass das Anbieten auch von liquiden Aktien ausgeschlossen werden darf[1471]. Andernfalls wäre eine Wortwahl wie etwa: „Die Mitgliedstaaten können vorsehen, dass die Abfindung ausschließlich als Geldleistung angeboten werden muss" zu erwarten gewesen.

Neben dem Wortlaut gilt es die anderen Auslegungsmethoden zu berücksichtigen.

Von besonderem Interesse ist hier die historische Auslegungsmethode. Art. 15 Abs. 5 Uabs. 1 S. 3 geht nämlich auf eine Forderung Deutschlands zurück, als Abfindung ausschließlich eine Geldleistung zu ermöglichen[1472]. Daher ist angesichts des historischen Willens des Gesetzgebers eine Beschränkungsmöglichkeit auf eine ausschließliche Geldleistung gegeben.

Hierdurch wird auch das Ziel der Regelung, dem Bieter einen Ausschluss zu ermöglichen und gleichzeitig die Minderheitsaktionäre zu schützen, nicht beeinträchtigt. Bei einem *Squeeze Out* ist nur noch eine relativ geringe Anzahl außenstehender Aktien betroffen, so dass es aus Sicht des Bieters machbar sein sollte, hier eine entsprechende Geldmenge aufzubringen[1473].

Schließlich stellt eine ausschließliche Geldabfindung eine Verschärfung zum Schutz der Minderheitsaktionäre dar.

Fraglich war also, ob Deutschland von der Möglichkeit, (ausschließlich) eine Geldgegenleistung vorzuschreiben, Gebrauch machen sollte.

Teilweise wird dies für entbehrlich erachtet, da die Richtlinie die Liquidität der angebotenen Aktien sicherstellt[1474]. Ein Nachteil für die Minderheitsaktionäre bestehe daher nicht. Außerdem werde so ein Gleichlauf zwischen dem Angebot und dem *Squeeze Out* erreicht[1475].

Deutschland sollte die Wahlmöglichkeit nutzen. Der Minderheitsaktionär befindet sich in einer anderen Situation als der Angebotsempfänger. Dieser hat die Möglichkeit, das Angebot abzulehnen, etwa weil er die Gegenleistung für nicht angemessen hält oder ihm einfach die angebotenen liquiden Aktien nicht zusa-

---

1471 Ebenso Seibt/Heiser, ZGR 2005, 200, 242.

1472 So Maul, NZG 2005, 151, 157.

1473 Zuzugeben ist, dass diese Geldmenge bei größeren Aktiengesellschaften wie etwa DaimlerChrysler AG oder SAP AG mehrere Milliarden Euro ausmachen kann. So Heidel (Meilicke Hoffmann & Partner), Öffentliche Anhörung des Finanzausschusses, 16. Sitzung vom 10. Mai 2006, Pr.Nr. 16/16, S. 15, unter Hinweis auf die Börsenkapitalisierung von etwa EUR 60 Milliarden bei SAP und etwa EUR 50 Milliarden bei DaimlerChrysler (allerdings in Bezug auf die Frage der Absenkung des *Squeeze Out* Schwellenwertes auf 90 %).

1474 Art. 5 Abs. 5. So Austmann/Mennicke, NZG 2004, 846, 849. Ihnen folgend Hopt/Mülbert/Kumpan, AG 2005, 109, 117.

1475 Hopt/Mülbert/Kumpan, AG 2005, 109, 117.

gen. Die Möglichkeit besteht beim *Squeeze Out* nicht. Hier werden dem Minderheitsaktionär, sollte man nicht zwingend zumindest alternativ eine Geldabfindung einführen, die Aktien gegen seinen Willen aufgedrängt.

Insoweit lassen sich die Argumente, welche gegen eine zwingende Geldgegenleistung beim Pflichtangebot sprechen, nicht auf das Abfindungsangebot übertragen.

Es erscheint deshalb sachgerechter, stets eine Geldabfindung zu fordern. Das kommt im Übrigen auch der Regelung beim aktienrechtlichen *Squeeze Out* (§ 327b Abs. 1 S. 1 AktG) näher. Im Interesse des größtmöglichen Gleichlaufs könnte man auch erwägen, nur eine Abfindung in Geld zuzulassen.

Jedoch führt das Erfordernis einer Geldabfindung unter Umständen zu umfassenden Bewertungsarbeiten, weil dann die vom Bieter schon im vorausgehenden Angebotsverfahren angebotenen Aktien bewertet werden müssen. Das ist allerdings wegen der ansonsten erfolgenden aufgedrängten Mitgliedschaft in einer anderen Gesellschaft hinzunehmen.

5) Bestimmung der Angemessenheit in anderen als durch die Richtlinie festgelegten Fällen

In vielen Fällen wird die Abfindung bereits durch die in der Richtlinie explizit geregelten Vermutungen bestimmt werden (bei Pflichtangeboten und bei Übernahmeangeboten, sofern der Bieter mindestens 90 % des vom Angebot betroffenen, stimmberechtigten Kapitals hierdurch erworben hat (Art. 15 Abs. 5)). Regelungsbedürftig bleiben also nur die übrigen Fälle.

Hilfreich ist dafür ein Blick auf die Regelung im Aktiengesetz. Danach hat die Abfindung angemessen zu sein[1476]. In einem Bericht ist zu begründen, weshalb die angebotene Abfindung angemessen ist. Schließlich ist die Angemessenheit durch Sachverständige zu prüfen[1477]. Auf Grundlage welcher Methoden die Angemessenheit der Abfindung zu bemessen ist, hat der Gesetzgeber beim aktienrechtlichen *Squeeze Out* nicht vorgegeben. Die Praxis bedient sich üblicherweise entweder des Ertragswert- oder des Discounted-Cash-flow-Verfahrens. Wesentlich verbreiteter ist das Ertragswertverfahren. Beide Verfahren kommen jedoch bei richtiger Anwendung zum gleichen Ergebnis.

Die Regelungen sollten auf den übernahmerechtlichen *Squeeze Out* übertragen werden: Auch hier sollte der Gesetzgeber für die Fälle, in denen die Vermutung nicht eingreift, ein Bewertungsgutachten, welches wie im Aktienrecht durch einen von dem zuständigen Gericht bestellten sachverständigen Prüfer überprüft

---

[1476] § 327a Abs. 1 S. 1 AktG.

[1477] § 327c Abs. 2 S. 1, 2 AktG.

wird, als Ausschlussvoraussetzung verlangen[1478]. In den übrigen Fällen wäre ein solches Gutachten entbehrlich.

6) *Auswirkungen einer Preisabänderung im Squeeze Out Verfahren auf die Gegenleistung beim vorausgehenden Angebot*

Nach der hier vertretenen Ansicht handelt es sich bei der Abfindungsfestlegung im *Squeeze Out* Verfahren sowohl bei einem vorausgehenden Pflichtangebot als auch bei einem freiwilligen Übernahmeangebot um eine widerlegliche Vermutung.

Daher stellt sich eine aus dem Zusammenhang von Übernahme- bzw. Pflichtangebot und *Squeeze Out* in Deutschland bereits bekannte Thematik. Wirkt sich eine etwaige Erhöhung des angemessenen Preises im Zuge eines *Squeeze Out* Verfahrens positiv für diejenigen aus, welche zuvor das Pflicht- bzw. freiwillige Übernahmeangebot angenommen haben? Mit anderen Worten: Erhalten die ehemaligen Aktionäre eine Nachzahlung bezüglich der ihnen gegenüber erbrachten Gegenleistung?

Im deutschen Recht gibt es hierfür, bezogen auf den aktienrechtlichen *Squeeze Out*, keine Rechtsgrundlage. Diejenigen, welche das Übernahme- oder Pflichtangebot angenommen haben, scheiden mit dem Übergang ihrer Aktien als Aktionäre aus der Gesellschaft aus. Daher sind sie auch nicht von einer (nach der aktienrechtlichen Regelung in einem Spruchverfahren festzulegenden) etwaigen Erhöhung betroffen.

Beabsichtigt ein Bieter im Anschluss an ein Übernahme- bzw. Pflichtangebot bei der Zielgesellschaft einen *Squeeze Out* durchzuführen, hat er dies jedoch in der Angebotsunterlage bereits anzukündigen[1479]. In diesen Fällen kann es aus Bietersicht zweckmäßig sein, hiermit eine freiwillige Nachbesserung des Angebotspreises im Falle einer etwaigen Erhöhung der Abfindung beim *Squeeze Out* zu verbinden[1480].

Damit gewährleistet der Bieter, dass Aktionäre das Angebot nicht bereits deshalb ablehnen, weil sie auf eine Erhöhung in einem eventuell später stattfindenden *Squeeze Out* Verfahren spekulieren. Diese Haltung könnte die Ermöglichung eines *Squeeze Out* (mangels Erreichens des Schwellenwerts) verhindern.

Eine gesetzliche Fixierung dergestalt, dass ehemalige Aktionäre stets von einer Erhöhung bei einer Preisanpassung profitieren, ist für den übernahmerechtlichen

---

[1478] Auch Heise (DSW), Öffentliche Anhörung des Finanzausschusses, 16. Sitzung vom 10. Mai 2006, Pr.Nr. 16/16, S. 6, fordert in dieser Situation ein Bewertungsgutachten.

[1479] Übernahmerecht, Jahrbuch 2004, S. 40.

[1480] Vgl. als Beispiel etwa die Angebotsunterlage (Pflichtangebot) der TurboGroup GmbH, Nr. 9, S. 17, abrufbar auf der BaFin Homepage unter: http://www.bafin.de/datenbanken/wpueg_14/turbo_group.pdf.

Squeeze Out von der Richtlinie nicht vorgegeben. Sie ergibt sich nicht aus den – eben widerleglichen – Angemessenheitsvermutungen.

Auch der Gleichbehandlungsgrundsatz in Art. 3 Abs. 1 lit. a) fordert keine Erhöhung. Es bleibt den Aktionären nämlich selbst überlassen, ob sie ein freiwilliges Übernahmeangebot oder ein Pflichtangebot annehmen. Somit handelt es sich um eine freiwillige Deinvestitionsentscheidung, nicht um einen Zwangsausschluss. Von daher fehlt es schon an einer Vergleichbarkeit der Ausgangslage. Im Übrigen dürfte der Gleichbehandlungsgrundsatz nicht eingreifen, weil nur die Inhaber der jeweiligen Wertpapiere gleich zu behandeln sind, nicht aber ehemalige Inhaber und derzeitige.

Eine gesetzliche Fixierung könnte zudem zumindest in Übernahmeangebotsfällen gegen die Intention des Richtliniengebers sprechen, weil der Aussagegehalt, der durch die Annahme des Angebots möglicherweise herbeigeführt wird, durch eine zwingende Gleichbehandlung eventuell verfälscht wird.

Aktionäre kämen nun eventuell auf den Gedanken, sie könnten das Übernahmeangebot ohne Nachteile annehmen, da sie an einer etwaigen späteren Erhöhung ohnehin partizipieren. Das würde den Aussagegehalt der widerleglichen Angemessenheitsvermutung zumindest gefährden. Zwar wird ein Wertpapierinhaber, der das Angebot für unangemessen hält, es stets ablehnen. Diejenigen, welche lediglich leise Zweifel an der Angemessenheit haben, könnten hingegen dazu geneigt sein, es unter diesen Umständen aus zwei Gründen anzunehmen.

Dies deshalb, weil sie erstens nicht Aktionär einer möglicherweise später kontrollierten Gesellschaft sein möchten und/oder zweitens hierdurch eine Abwertung der von ihnen gehaltenen Aktien erwarten.

Gegen eine Verfälschung des Aussagegehalts könnte man anführen, dass die vorstehenden Erwägungen natürlich davon ausgehen, es käme tatsächlich zu einem *Squeeze Out*. Zumindest wenn die Gesellschaft einen solchen beabsichtigt und entsprechend ankündigt, sind die Überlegungen aber nahe liegend. Die Aussagekraft der Angemessenheitsvermutung wird durch eine solche Regelung in jedem Fall stark beeinträchtigt. Es spricht also viel dafür, eine derartige Regelung für Übernahmeangebote als nicht mit den Richtlinienvorgaben vereinbar anzusehen[1481].

Da ein Pflichtangebot wegen der Privilegierungswirkung eines im Einklang mit der Richtlinie abgegebenen Übernahmeangebots entbehrlich ist, empfiehlt sich gleichfalls keine Festschreibung bei einem Pflichtangebot. Eine Gleichstellung

[1481] Fraglich ist in diesem Zusammenhang, ob es für Bieter zukünftig in Übernahmeverfahren ratsam ist, die Aussage, im Falle einer Erhöhung der angemessenen Abfindung im *Squeeze Out* Verfahren diese auch denjenigen Personen zu teil werden zu lassen, die zuvor das Übernahmeangebot angenommen haben in die Angebotsunterlage aufzunehmen. Damit würde der Bieter die Vermutung der Angemessenheit nach dem vorstehend Gesagten selbst „angreifen" bzw. in Frage stellen.

ist angesichts der unterschiedlichen Ausgangslagen nach dem Vorstehenden nicht erforderlich.

Eine Gleichbehandlungspflicht der das Pflicht- oder Übernahmeangebot annehmenden Aktionäre und der später durch *Squeeze Out* ausscheidenden Aktionäre verlangt die Richtlinie nicht und war nach alledem nicht in das WpÜG aufzunehmen.

2. Europäischer Hintergrund sowie Regelungen in einzelnen Mitgliedstaaten

Wie bereits erwähnt, geht die den Mitgliedstaaten eingeräumte Möglichkeit, beim *Squeeze Out* eine Geldleistung vorzusehen, auf das Bestreben Deutschlands zurück.

Andere Staaten regeln hingegen die Abfindung analog zu den vorausgehenden Angeboten. Im englischen *Companies Act* zum Beispiel haben die Minderheitsaktionäre eine Wahlmöglichkeit zwischen unterschiedlichen Gegenleistungen, sofern das Übernahmeangebot ein Wahlrecht vorsah (zum Beispiel Aktientausch und Barzahlung)[1482].

3. Richtlinienbestimmung als Mindest- bzw. Maximalstandard

a. Art. 15 Abs. 5 S. 4

An dieser Stelle ist zu untersuchen, ob Art. 15 Abs. 5 S. 4 (Übernahmeangebot) nur einen Mindest- oder zugleich einen Maximalstandard darstellt und somit Abweichungen unzulässig sind[1483].

Zunächst stellt der europäische Gesetzgeber fest, dass eine Angemessenheit der Gegenleistung nur dann gegeben ist, wenn das Angebot von „*mindestens 90 % des vom Angebot betroffenen stimmberechtigten Kapital*“ angenommen worden ist. Der Richtliniengeber benutzt eine gesetzliche Vermutung, ausgedrückt durch die Formulierung „*gilt* (…) *dann als angemessen, wenn* (…)“. Nach den obigen Feststellungen handelt es sich hierbei um eine widerlegliche Vermutung[1484].

1) Art. 15 Abs. 5 S. 4 als Mindeststandard

Fraglich ist, ob eine unwiderlegliche Vermutung zulässig ist.

Das ist zu verneinen, weil hierdurch der von der Richtlinie vorgegebene Schutz einer angemessenen Abfindung unterschritten würde.

[1482] Sec. 430 (3) Companies Act.

[1483] Im diesem Fall wäre es richtlinienwidrig, wenn sich ein Mitgliedstaat bei der Umsetzung der Richtlinie einer unwiderleglichen Vermutung „bedient“.

[1484] Siehe die Ausführungen unter J.III.1.b.1)a), S. 307.

Die Abfindung kann selbst bei Annahme des Angebots für 90 % des stimmberechtigten Kapitals unter der durch Art. 15 Abs. 2 S. 1 geforderten angemessenen Abfindung liegen[1485]. Eine unwiderlegliche Vermutung verstößt somit gegen die Vorgaben der Richtlinie.

2) Art. 15 Abs. 5 S. 4 als Maximalstandard

Bei der Lösung der Frage, ob Art. 15 Abs. 5 S. 4 einen Maximalstandard vorgibt, ist zu beachten, dass eine Interpretation der Richtlinienbestimmung als Maximalstandard über das Ziel der Rechtsangleichung im Gesellschaftsrecht hinausgehen kann[1486]. Deswegen ist eine solche Interpretation nur dann geboten, wenn sie sich aus dem Text selbst oder einem speziellen Ziel der Richtlinie herausnehmen lässt[1487]. Im Fall des Art. 15 Abs. 5 S. 4 geben weder der Text der Vorschrift noch ein spezielles Ziel der Richtlinie feste Anhaltspunkte dafür, dass der europäische Gesetzgeber eine zwingende, abschließende Regelung schaffen wollte.

Dem Wortlaut der Vorschrift ist zunächst nur zu entnehmen, dass die Angemessenheit der Abfindung in bestimmten Fällen vermutet wird. Bezüglich des Aufstellens von anderen Anforderungen zur Festlegung einer angemessenen Abfindung gibt der Wortlaut nichts her.

Bestreben des europäischen Gesetzgebers war, die positiven Erfahrungen des englischen *Companies Acts*, der eine solche Vermutung vorsieht, auf europäischer Ebene zu etablieren. Hiermit wird dem Interesse des Bieters an einer schnellen und unkomplizierten Abwicklung des Verfahrens Rechnung getragen, ohne den Schutz der Minderheitsaktionäre zu gefährden.

Für die Festlegung lediglich eines Mindeststandards bei Vorliegen der widerleglichen Vermutung könnte der in Art. 3 Abs. 1 lit. a) zum Ausdruck kommende Schutz der Minderheitsaktionäre angeführt werden. Dieser greift seinem Wortlaut nach vorliegend nicht ein, weil er sich auf den Kontrollerwerb und damit den Fall des Pflichtangebots beschränkt. Indes wird man diesen Grundsatz auch darüber hinausgehend anzuwenden haben[1488]. Das Schutzbedürfnis der Minderheitsaktionäre ist bei einem *Squeeze Out* vergleichsweise größer als bei einem Kontrollerwerb. Hier müssen die Gesellschafter ihre Anteile abgeben. Sie treffen keine eigene Austrittsentscheidung. Daher ist der in Art. 3 Abs. 1 lit. a) enthaltene Gedanke hier erst Recht einschlägig. Weitergehende Schutzvorschriften

---

[1485] Siehe hierzu bereits die Ausführungen unter J.III.1.b.1)a), S. 307.

[1486] Lutter, JZ 1992, 593, 606.

[1487] Lutter, JZ 1992, 593, 606.

[1488] Nach Erwägungsgrund (25) ist die Gewährleistung eines ausreichenden Schutzes der Wertpapierinhaber in der gesamten Gemeinschaft Ziel der Richtlinie. Im Ergebnis ebenso Schüppen (IDW), Öffentliche Anhörung des Finanzausschusses, 16. Sitzung vom 10. Mai 2006, Pr.Nr. 16/16, S. 32.

erscheinen somit möglich. Hierfür spricht auch die zugrunde liegende Ermächtigungsgrundlage (Art. 44 Abs. 2 lit. g) EG).

Andererseits ließe sich vertreten, die Richtlinie gebe ein ausdifferenziertes System vor und treffe einen Interessenausgleich zwischen Bieter und betroffenen Aktionären, weshalb jede weitergehende Anforderung als eine Verschiebung zu Lasten des Bieters unzulässig ist[1489].

Dem kann nicht vollends zugestimmt werden. Zwar gibt die Richtlinie widerleglich vor, wann die Gegenleistung als angemessene Abfindung gilt. Liegen diese Voraussetzungen vor, ist also von einer – überprüfbaren – Angemessenheit auszugehen. Die Angemessenheitsvermutung darf als solche angesichts der Richtlinienvorgabe nicht verschärft werden. Dahingehend ist also die vorige Aussage zutreffend. Es ist aber dem nationalen Gesetzgeber überlassen, andere Angemessenheitsvermutungen einzuführen.

Ziel der Richtlinie ist nämlich nicht, den Bieter zu schützen, sondern lediglich, ihm ein geordnetes, einheitliches Verfahren zur Verfügung zu stellen[1490]. Somit kann über die in der Richtlinie enthaltenen Vorgaben durch Etablierung alternativer Vorgaben hinausgegangen werden[1491]. Andernfalls wäre schon die Widerleglichkeit der Vermutung fragwürdig. Die Vermutung stellt nämlich nur ein Hilfsmittel dar, um eine angemessene Abfindung zu ermitteln.

Letztlich sind also zwei Problemkreise zu unterscheiden: Erstens kann über die Anforderungen des Art. 15 Abs. 5 S. 4 durch Aufstellung anderer alternativer Vorgaben, nicht aber durch Modifizierung der Richtlinienvorgaben hinausgegangen werden, soweit die Vorschrift keine angemessene Abfindung garantiert. Zweitens stellt die Richtlinie jedoch insoweit einen Mindest- und Maximalstandard dar, als sie eine angemessene Abfindung fordert. Der Gesetzgeber hat keine Möglichkeit, darüber hinauszugehen. Nur die angemessene Abfindung ist den Aktionären zu gewähren. Spielraum besteht für die Mitgliedstaaten folglich lediglich bei der Frage, *wie* die angemessene Abfindung ermittelt wird. Das Angemessenheitsprinzip ist jedoch stets zu wahren[1492].

[1489] In diesem Sinne DAV-Handelsrechtsausschuss, Stellungnahme zum DiskE Ü-UG, NZG 2006, 177, 180.

[1490] Vgl. Erwägungsgrund (25).

[1491] Fraglich erscheint, ob damit begrifflich tatsächlich über die Richtlinienvorgaben hinausgegangen wird. Im Ergebnis ist die Angemessenheit ja stets zu wahren. Es geht hier lediglich um Wege, die Angemessenheit zu ermitteln.

[1492] Im Übrigen ist auch kein Grund ersichtlich, weshalb etwa der Gesetzgeber den Aktionären mehr als die angemessene Abfindung gewähren sollte. Eine angemessene Abfindung kann allerdings wegen des Grundsatzes der Gleichbehandlung jedenfalls nicht unter der im Angebot bestimmten Gegenleistung liegen.

b. Art. 15 Abs. 5 S. 5

Art. 15 Abs. 5 S. 5 regelt die Abfindungsproblematik bei Pflichtangeboten. Auch hier bedient sich der europäische Gesetzgeber einer Vermutung, durch welche die Angemessenheit der Abfindung garantiert werden soll. Nach der hier vertretenen Ansicht handelt es sich um eine widerlegliche Vermutung. Eine unwiderlegliche Vermutung wird man jedoch aus den gleichen Erwägungen wie zuvor bei dem freiwilligen Angebot als unzulässig anzusehen haben. Hierdurch würde nämlich das Postulat, die Abfindung müsse angemessen sein, unter Umständen nicht erfüllt. Die Richtlinie lässt also keine unwiderlegliche Vermutung zu.

Gleichfalls lässt sie eindeutig erkennen, dass die widerlegliche Vermutung ohne weitere Erfordernisse die Angemessenheit indiziert. Der nationale Gesetzgeber hat diese Wertung zu beachten und kann insbesondere die Regelung nicht verschärfen, da sie eine konkrete Richtlinienvorgabe darstellt[1493].

Art. 15 Abs. 5 S. 5 ist bezüglich der widerleglichen Angemessenheitsvermutung eine abschließende Regelung. Die Aufstellung alternativer Vorgaben kommt nicht in Betracht.

4. Rechtslage vor der Umsetzung und Anpassungsbedarf

a. Aktienrechtliche Regelungen

Im deutschen Aktienrecht legt der Hauptaktionär die Barabfindung fest (§ 327b AktG). Sie wird auf der Grundlage eines Bewertungsgutachtens ermittelt, welches von einem gerichtlich bestimmten sachverständigen Prüfer überprüft wird (§ 327c Abs. 2 AktG). Daneben ist der Durchschnittsbörsenkurs der letzten 3 Monate (vor dem Tag der Beschlussfassung)[1494] rechtlich zwingend zu berück-

[1493] Eine andere Bewertung scheint jedoch zumindest vertretbar, wenn man – wie hier – die Richtlinienvorgaben als widerlegliche Vermutungen ansieht. Dann könnte man argumentieren, es käme letztlich entscheidend auf die tatsächliche Angemessenheit an, weshalb man die Vermutungsregelung modifizieren dürfe. Ab wann eine Vermutungsregelung eingreife, sei daher nicht von Belang. Geht man hingegen von einer unwiderleglichen Vermutung aus, wäre dieser Schluss nicht möglich. Dann hätte der Richtliniengeber durch die Festlegung der Unwiderleglichkeit zum Ausdruck gebracht, wann eine Angemessenheit gegeben ist. Diese Wertung wäre zwingend zu beachten.

[1494] Der maßgebliche Stichtag für die Berücksichtigung des Börsenkurses ist umstritten. Teilweise wird auf die drei Monate vor der Hauptversammlung abgestellt, teilweise auf das Ausschlussverlangen. Gegen ein Abstellen auf den Tag der Hauptversammlung spricht, dass die Kurse in diesem Zeitraum bereits durch die Bekanntgabe des *Squeeze Out* Verlangens beeinflusst wurden und daher keine Richtigkeitsgewähr mehr für eine angemessene Abfindung bieten.

sichtigen, wie sich aus der verfassungsgerichtlichen und obergerichtlichen Rechtsprechung ableiten lässt[1495].

Die Bestimmung des Preises in den aktienrechtlichen Verfahren führt häufiger zu Unterschieden in der Behandlung von Aktionären bei Unternehmensübernahmen einerseits und anschließenden *Squeeze Out* Verfahren andererseits.

Sofern die Barabfindung nicht angemessen ist, bestimmt das Gericht auf Antrag eine angemessene Barabfindung (§ 327f AktG).

Der RegE WpÜG enthielt eine ähnliche Regelung wie die Richtlinie. Nach dem nicht Gesetz gewordenen Vorschlag galt die in einem vorausgegangenen Angebot gezahlte Geldleistung als angemessen, wenn mindestens 90 % der Aktionäre (nach Kopfzahl), an die das Angebot gerichtet war, es annahmen[1496]. Der Bundesrat wollte diese Vermutung wegen verfassungsrechtlicher Bedenken zu einer widerleglichen Vermutung umgestalten[1497], sie wurde aber vom Finanzausschuss des Bundestages gestrichen[1498].

b. Ausgestaltung der übernahmerechtlichen Regelungen

Wie schon dargelegt, geht die Richtlinie einen anderen Weg, indem sie den Pflichtangebotspreis als angemessen ansieht.

Bei einem Übernahmeangebot sieht sie eine dem WpÜG Entwurf ähnliche Regelung vor.

Letztlich hatte also der Gesetzgeber die widerleglichen Angemessenheitsvermutungen der Art. 15 Abs. 5 S. 4 und Art. 15 Abs. 5 S. 5 ins nationale Recht umzusetzen sowie Vorkehrungen zu treffen, die eine angemessene Abfindung der Minderheitsaktionäre gewährleisten.

[1495] Vgl. BVerfG, Beschluss v. 27. April 1999 (1 BvR 1613/94), BB 1999, 1778; DAT/Altana-Entscheidung des BGH, Beschluss v. 12. März 2001 (II ZB 15/00), BB 2001, 1053. Im Detail hierzu Hüffer/Schmidt-Aßmann/Weber, Anteilseigentum, 2004, S. 145ff. Siehe auch Kallmeyer, AG 2000, 59, 60; Hasselbach, in: Hirte/von Bülow, Kölner Kommentar WpÜG, 2003, § 327b AktG Rn. 16ff.; Hüffer, AktG, 2006, § 327b Rn. 5; Eislot, DStR 2002, 1145ff.; Ehricke/Roth, DStR 2001, 1120, 1123f.

[1496] Hierbei handelt es sich nach der Regierungsbegründung, BT-Drs. 14/7034, S. 72 um eine unwiderlegliche Vermutung. Das Vorliegen der tatbestandlichen Voraussetzungen der unwiderleglichen Vermutung sollte im Spruchverfahren überprüfbar bleiben. Vgl. Möller/Pötzsch, ZIP 2001, 1256, 1262. Kritisch gegenüber der unwiderleglichen Vermutung äußerten sich etwa Heidel/Lochner, DB 2001, 2031ff; Rühland, NZG 2001, 448, 452ff.; Ehricke/Roth, DStR 2001, 1120, 1123.

[1497] BR-Drs. 574/01, S. 7f. Ähnliche Erwägungen stellten auch Ehricke/Roth, DStR 2001, 1120, 1123, an.

[1498] Vgl. BT-Drs. 14/7477, S. 46, 72. Dies mag nicht zuletzt daran gelegen haben, dass sich die Regelung erheblicher verfassungsrechtlicher Kritik ausgesetzt sah. Vgl. Heidel/Lochner, DB 2001, 2031, 2032f.; Rühland, NZG 2001, 448, 453f.; Vetter, AG 2002, 176, 188; Wenger/Kaserer/Hecker, ZBB 2001, 317, 332; Land, DB 2001, 1707, 1713.

Insbesondere war er aufgefordert, zu normieren, wie die Abfindung in anderen als durch die Richtlinie vorgegeben Fällen ermittelt wird. Im Übrigen durfte der Gesetzgeber weitere Vorgaben machen, sofern hierdurch nicht über eine angemessene Abfindung hinausgegangen wird.

Nach der hier vertretenen Ansicht ist zudem eine gerichtliche Überprüfung der Abfindungen grundsätzlich erforderlich, um deren Angemessenheit zu garantieren. Dabei ist darauf zu achten, dass der *Squeeze Out* Gerichtsbeschluss nicht durch dieses Prüfverfahren belastet wird.

Es ist also erforderlich, dafür Sorge zu tragen, den Gerichtsbeschluss unabhängig davon wirksam werden zu lassen, ob Einigkeit zwischen den Minderheitsaktionären und dem Bieter in Hinsicht auf die Angemessenheit der Abfindung besteht oder nicht. Alles andere wäre ein Rückschritt gegenüber dem aktienrechtlichen *Squeeze Out* Verfahren. Sinnvoll wäre es daher, die Frage der Angemessenheit der Abfindung in das Spruchverfahren zu verlagern.

Beim *Squeeze Out* kann es grundsätzlich zu Bewertungsfragen kommen, entweder, weil die widerleglichen Vermutungen von den ausgeschlossenen Minderheitsaktionären angegriffen werden, oder weil eine solche Vermutung gar nicht erst eingreift und die Abfindung von den Minderheitsaktionären als unangemessen eingestuft wird.

5. Umsetzung und Bewertung

a. Darstellung des WpÜG n.F.

Der Gesetzgeber hat die Angemessenheitsvermutungen in § 39a Abs. 3 WpÜG n.F. unwiderleglich ausgestaltet sowie die Voraussetzungen von Pflicht- und Übernahmeangebot miteinander verknüpft.

1) § 39a Abs. 3 WpÜG n.F.

§ 39a Abs. 3 S. 1 WpÜG n.F. regelt die Art der Abfindung, die der Gegenleistung beim Übernahme- und Pflichtangebot entsprechen muss. Außerdem ist immer wahlweise eine Geldleistung anzubieten[1499].

S. 3 enthält die Vorgaben zur Angemessenheit der Abfindung. Danach ist die im Rahmen des Übernahme- oder Pflichtangebots gewährte Gegenleistung bei Erwerb von mindestens 90 % der vom Angebot betroffenen Aktien durch das Angebot „*als angemessene Abfindung anzusehen*“. Die Annahmequote für stimmberechtigte und nicht stimmberechtigte Aktien ist jeweils separat zu bestimmen[1500].

[1499] § 39a Abs. 3 S. 2 WpÜG n.F.

[1500] § 39a Abs. 3 S. 4 WpÜG n.F.

2) Begründung zu § 39a Abs. 3 WpÜG n.F.

S. 3 setze Art. 15 Abs. 5 Uabs. 2 und 3 um, wonach sich die Abfindung bei Pflichtangeboten nach dem Angebotspreis richtet. Der Gesetzgeber erläutert die Preisregelungen wie folgt: Bei einem freiwilligen Angebot gilt die Gegenleistung bei Erreichen der 90 %-igen Annahmequote als angemessene Abfindung. Da das WpÜG sowohl Übernahme- als auch Pflichtangebote den gleichen Preisregeln unterwirft, wird die Vermutungsregel auch bei Pflichtangeboten angewandt. Außerdem wird klargestellt, dass es sich bei der Vermutung um eine unwiderlegliche Vermutung handele[1501]. Die 90 % Schwelle sei im Einklang mit den Richtlinienvorgaben gewählt worden.

Zudem weist die Regierungsbegründung darauf hin, dass die Abfindung dem Preis der als Gegenleistung angebotenen Aktien entspräche. Dieser Preis sei anhand der Vorschriften über den Angebotspreis in der WpÜG-AngVO sowie nach § 31 Abs. 4 WpÜG zu ermitteln[1502].

Von der Wahlmöglichkeit, stets eine Geldleistung zu verlangen wird *„zugunsten der verbleibenden Aktionäre Gebrauch gemacht“*[1503].

b. Bewertung

1) § 39a Abs. 3 WpÜG n.F.

Die Vorschrift des § 39a Abs. 3 WpÜG n.F. begegnet insbesondere vor dem Hintergrund der (beabsichtigten) unwiderleglichen Angemessenheitsvermutungen erheblichen Bedenken. Außerdem ist die Verknüpfung der Richtlinienvorgaben für Übernahme- und Pflichtangebote untersuchungsbedürftig.

a) „auf Grund des Angebots“

Nach dem Wortlaut von § 39a Abs. 3 S. 2 WpÜG n.F. müssen 90 % der Aktien bei einem Übernahmeangebot *„auf Grund des Angebots“* erworben worden sein. Das entspricht den Richtlinienvorgaben. Damit ist hinreichend klar, dass Parallelerwerbe, erfolgen sie auch zu dem Angebotspreis, nicht zu den auf Grund des Angebots oder durch das Angebot erworbenen Anteile zu rechnen sind[1504].

[1501] BT-Drs. 16/1003, Begründung, B. Zu Artikel 1 Zu Nummer 17 (§§ 39a-33c) Zu § 39a Zu Absatz 3, S. 22.

[1502] BT-Drs. 16/1003, Begründung, B. Zu Artikel 1 Zu Nummer 17 (§§ 39a-33c) Zu § 39a Zu Absatz 3, S. 22.

[1503] BT-Drs. 16/1003, Begründung, B. Zu Artikel 1 Zu Nummer 17 (§§ 39a-33c) Zu § 39a Zu Absatz 3, S. 22.

[1504] Ebenso van Kann/Just, DStR 2006, 328, 331. Schwierigkeiten werden damit zukünftig Paketerwerbe vor dem Hintergrund einer gewollten vertraglichen Gewährleistung des Verkäufers verursachen. Diese werden nämlich häufig die Angemessenheitsvermutung zu Fall bringen.

b) Vermutungsregelungen

Der Gesetzgeber hat sich ungeachtet der vorgebrachten verfassungsrechtlichen Bedenken[1505] und der Prüfbitte des Bundesrates[1506] dazu entschlossen, die Vermutungsregelung unwiderleglich auszugestalten[1507].

Allerdings ließ sich der (ursprünglichen) Regierungsbegründung nicht eindeutig entnehmen, ob die Unwiderleglichkeit der Vermutungen als verpflichtende Vorgabe der Richtlinie oder als überschießende nationale Umsetzung verstanden wird. In Anbetracht der Gegenäußerung der Bundesregierung ist aber wohl von einer zwingenden europarechtlichen Vorgabe ausgegangen worden. Dort führt die Bundesregierung folgendes aus: *„Aus europäischer Sicht sind die Vorgaben der Übernahmerichtlinie für den deutschen Gesetzgeber bindend und zwingend in nationales Recht umzusetzen.“*[1508] Zugleich äußert sie: *„Bedenken des nationalen Verfassungsrechts gegen die Ausgestaltung als unwiderlegliche Vermutung bestehen aber auch nicht“*, obgleich zuvor angeführt wurde, durch die Entscheidung des Bundesverfassungsgerichts zum Europäischen Haftbefehl[1509] habe sich nichts an dem Vorrang des Europarechts vor dem nationalen Verfassungsrecht geändert[1510].

Wie ausgeführt, garantiert eine unwiderlegliche Vermutung keine angemessene Abfindung[1511]. Im Rahmen der teleologischen Auslegung des Art. 15 Abs. 5 S. 4[1512] wurde dargelegt, dass die 90 %-ige Annahmevermutung im Falle des Art. 15 Abs. 5 Uabs. 2 nicht ausreichend für eine in jedem Fall angemessene

---

1505 Siehe etwa Heidel (Meilicke Hoffmann & Partner), Öffentliche Anhörung des Finanzausschusses, 16. Sitzung vom 10. Mai 2006, Pr.Nr. 16/16, S. 14: *„Eine unwiderlegliche Vermutung (...) wird nicht dadurch verfassungsgemäß, wenn es im europäischen Gewand daherkommt“*. Ebenso Heidel, Stellungnahme zum RegE Ü-UG, S. 2f.

1506 BT-Drs. 16/1342, Stellungnahme des Bundesrates, Nummer 9 Zu Artikel 1 Nr. 17 (§ 39a Abs. 3 S. 3 WpÜG), Begründung, S. 3.

1507 Merkt, Stellungnahme zum RegE Ü-UG, S. 20, begrüßt dies unter Hinweis auf die ansonsten entstehende Verfahrensdauer. Auch wenn die Vermutung in Ausnahmefällen keine angemessene Abfindung garantiere, sei dies aus ansonsten für die Gesellschaftermehrheit und letztlich für die Volkswirtschaft entstehenden Nachteilen hinzunehmen. Dem kann nicht zugestimmt werden. Eine angemessene Abfindung ist stets zu gewährleisten. Schließlich liegt der die Entschädigung begründende Sachverhalt im Interesse des Bieters und wird von diesem herbeigeführt. Den unwiderleglichen Vermutungen zustimmend Krause, FAZ vom 31. Mai 2006 unter der Überschrift *„Schluß mit Phantasiepreisen“*.

1508 BT-Drs. 16/1342, Gegenäußerung der Bundesregierung, Zu Nummer 9 Zu Artikel 1 Nr. 17, S. 6.

1509 Siehe zu den Auswirkungen dieser Entscheidung auf den Prüfungsmaßstab die Ausführungen unter J.III.6.a., S. 344.

1510 BT-Drs. 16/1342, Gegenäußerung der Bundesregierung, Zu Nummer 9 Zu Artikel 1 Nr. 17, S. 6.

1511 Ebenso DSW, Stellungnahme zum RegE Ü-UG, S. 2.

1512 Siehe J.III.1.b.1)a)(4), S. 310.

Entschädigung ist. Gleiches gilt somit für die insoweit identische Regelung des § 39 Abs. 3 WpÜG n.F. Hierauf hat auch der Bundesrat hingewiesen, wonach *„die Verkaufsentscheidungen anderer Aktionäre auf ganz anderen Motiven beruhen können“*[1513].

Die Bundesregierung hingegen nimmt eine Angemessenheit der Abfindung an[1514]. Sie meint, es sei davon auszugehen, dass die Gegenleistung bei einer Annahmequote von 90 % zumindest dem Verkehrswert entspreche[1515]. Zudem werde der Börsenkurs, der regelmäßig mit dem Verkehrswert identisch sei, über § 5 WpÜG-AngVO berücksichtigt. Daher ist mindestens der gewichtete durchschnittliche Börsenkurs als Gegenleistung bei Übernahme- und Pflichtangeboten anzubieten[1516]. Dieser gilt damit mittelbar auch für das *Squeeze Out* Verfahren.

Aus der Berücksichtigung des Börsenpreiskriteriums ergibt sich jedoch keine zwingende Angemessenheit, da die Märkte unvollkommen sind und ein durchschnittlicher Börsenkurs gleichfalls nicht mit Sicherheit den tatsächlichen anteiligen Unternehmenswert widerspiegeln muss. Auch hierauf wurde bereits eingegangen.

Die gleichen Erwägungen gelten bei einem Pflichtangebot. Eine stets angemessene Abfindung ist hier gleichfalls nicht gewährleistet[1517].

Damit widerspricht die Einführung der unwiderleglichen Vermutungen den Richtlinienvorgaben[1518].

Äußerst fraglich ist, ob dieses Ergebnis durch eine richtlinienkonforme Auslegung der Vorschrift behoben werden kann.

Zwar sind die Grenzen von richtlinienkonformer Auslegung und richtlinienkonformer Rechtsfortbildung umstritten. Anerkannt ist zumindest, dass sämtliche

---

[1513] BT-Drs. 16/1342, Stellungnahme des Bundesrates, Nummer 10 Zu Artikel 1 Nr. 17 (§ 39a Abs. 3 S. 3 WpÜG), Begründung, S. 3.

[1514] BT-Drs. 16/1342, Gegenäußerung der Bundesregierung, Zu Nummer 9 Zu Artikel 1 Nr. 17, S. 6.

[1515] Die Begründung stellt fälschlicherweise auf 90 % der betroffenen Aktionäre ab. Gemeint ist offensichtlich die Annahme für 90 % des betroffenen Grundkapitals. Angesichts der Annahmequote hält auch die Bundesrechtsanwaltskammer eine gerichtliche Prüfung aus Billigkeitserwägungen für entbehrlich. Vgl. Bundesrechtsanwaltskammer, Stellungnahme zum RefE Ü-UG, S. 1. Auch Riehmer, FAZ vom 28. Dezember 2005, S. 19, ist der Ansicht, auf Grund des vorausgegangenen Angebots habe sich ein im Markt akzeptierter Preis gebildet.

[1516] BT-Drs. 16/1342, Gegenäußerung der Bundesregierung, Zu Nummer 9 Zu Artikel 1 Nr. 17, S. 6.

[1517] Siehe die Ausführungen unter J.III.1.b.1)b), S. 318.

[1518] Eine Verfassungswidrigkeit wegen Verstoßes gegen Art. 14 GG scheidet hingegen aus. Ein Verstoß wäre nur dann möglich, wenn die Richtlinie (1) nur eine widerlegliche Vermutung vorgibt und (2) den Mitgliedstaaten einen Spielraum bezüglich der Einführung einer unwiderleglichen Vermutung einräumt. Vorgabe (1) ist nach der hier vertretenen Ansicht erfüllt (siehe J.III.1.b.1), S. 307). Vorgabe (2) hingegen nicht, wie sich aus den Ausführungen unter J.III.3., S. 326, ergibt.

staatlichen Organe, also etwa Behörden und Gerichte, Adressaten der Verpflichtung sind[1519]. Außerdem ist eine richtlinienkonforme Auslegung nur in den Auslegungsgrenzen, die das nationale Recht einräumt, notwendig[1520]. Zu beachten ist allerdings, dass sich der europarechtliche Begriff der Auslegung nicht mit dem deutschen Verständnis deckt sondern darüber hinaus in einem bestimmten Maß auch richtlinienkonforme Rechtsfortbildung erfasst[1521].

Ausgehend von dem erklärten Willen des Gesetzgebers, eine unwiderlegliche Vermutung einzuführen, scheint eine Auslegung als widerlegliche Vermutung zunächst abwegig.

Betrachtet man hingegen den Wortlaut der Vorschrift, kommt eine solche Auslegung durchaus in Betracht[1522]. Die Formulierung „*ist als angemessene Abfindung anzusehen*" schließt eine Auslegung im Sinne einer nur widerleglichen Vermutung nicht aus. Vielmehr ist auch eine Auslegung denkbar, wonach lediglich grundsätzlich von einer Angemessenheit auszugehen ist, die jedoch im Einzelfall durch Führung eines Gegenbeweises widerlegt werden kann.

Die Grenze der Auslegung, nämlich der mögliche Wortsinn des gesetzlichen Tatbestandsmerkmals[1523], ist also durch eine Interpretation als nur widerlegliche Vermutung nicht überschritten.

Fraglich ist jedoch, ob eine solche Auslegung angesichts des historischen Willens des nationalen Gesetzgebers, der sich ausdrücklich gegen ein solches Verständnis geäußert hat, möglich ist. In diesem Zusammenhang ist zu berücksichtigen, dass der Gesetzgeber hier eine Richtlinienvorgabe umsetzen wollte, die er als für sich bindend ansah[1524]. Nach der hier vertretenen Auffassung liegt also ein Wertungswiderspruch dahingehend vor, dass der Gesetzgeber einerseits die Vorschriften als unwiderlegliche Vermutungen ausgestalten wollte, dies aber andererseits, wie sich aus der Gegenäußerung der Bundesregierung ableiten lässt, in Erfüllung einer vermeintlichen Umsetzungsverpflichtung der Richtlinie tat. Es liegt also eine unbewusste Kollision zwischen dem Verständnis von der Richtlinie und der nationalen Umsetzung einerseits sowie der zutreffenden Interpretation der Richtlinienbestimmung andererseits, vor[1525].

In einem solchen Fall sind die Richtlinienvorgaben maßgeblich und verdrängen die Vorstellungen sowie die Regelungsabsichten des nationalen Gesetzge-

---

1519 Vgl. Karpenstein, EG-Recht, 2006, S. 36 Rn. 79.

1520 Vgl. Riesenhuber/Domröse, RIW 2006, 47, 51. Vgl. EuGH, Rs. 14/83, von Colson und Kamann ./. Nordrhein-Westfalen, Slg. 1984, 1891, 1909 Rn. 28.

1521 Vgl. Franzen, Privatrechtsangleichung, 1999, S. 358f.

1522 Im Ergebnis ebenfalls für die Auslegung als widerlegliche Vermutung Simon, Der Konzern 2006, 12, 17.

1523 Vgl. Roth, EWS 2005, 385, 392.

1524 Siehe hierzu die Ausführungen unter der vorausgehenden Überschrift.

1525 Vgl. Franzen, Privatrechtsangleichung, 1999, S. 311f.

bers[1526]. Stellenweise wird dies sogar darüber hinaus in Fällen angenommen, in denen der nationale Gesetzgeber bewusst richtlinienwidrig umsetzen wollte, sofern sich dieses Ergebnis im Rahmen der Wortlautauslegung hält, weil dann die historische Auslegung der Wortlautauslegung im Lichte der Richtlinienkonformität zu weichen habe[1527].

Ob eine so weit reichende Auslegung tatsächlich möglich ist, kann hier dahinstehen. In der vorliegenden Situation ist eine richtlinienkonforme Auslegung jedenfalls zulässig. Es wurde vor allem beabsichtigt, die Richtlinie korrekt in das nationale Recht umzusetzen. Dies ist das Ziel des Umsetzungsgesetzes, wie sich den Gesetzgebungsmaterialien entnehmen lässt[1528]. Gerade in Bezug auf die streitige Frage der Widerleglichkeit der Vermutung wird darauf hingewiesen, dass der Gesetzgeber europarechtliche Vorgaben zu beachten habe. Es kommt also im Zusammenhang mit dieser Vorschrift erneut der Befolgungswille der Richtlinienvorgaben zum Ausdruck. Somit ist der historische Wille des Gesetzgebers, eine unwiderlegliche Vermutung zu etablieren, im Lichte der beabsichtigten Erfüllung der Richtlinienvorgaben zu sehen. Maßgeblich kam es dem Gesetzgeber nämlich nicht darauf an, unwiderlegliche Vermutungen zu etablieren, sondern darauf, die Richtlinienvorgaben zu erfüllen. Der ausdrückliche Wille, die Vermutung als unwiderlegliche Vermutung auszugestalten wird daher durch den Willen, die Vorgaben der Richtlinie umzusetzen, überlagert.

Folglich ist eine richtlinienkonforme Auslegung möglich.

Die ins deutsche Recht eingeführte Vermutung ist als widerlegliche Vermutung zu interpretieren. Dies ist angesichts des Wortlauts möglich und daher im Sinne einer richtlinienkonformen Auslegung auch erforderlich. Allerdings ändert das nichts an der fehlerhaften Umsetzung der Richtlinie.

c) Überprüfung der Angemessenheit der Abfindung

Der Gesetzgeber hat nur für bestimmte Fälle Vermutungen eingeführt. Darüber hinausgehend sind Sachverhalte denkbar, in denen keine der Vermutungsregelungen eingreift. Nach der Vorstellung des Gesetzgebers sind das diejenigen Fälle, in denen die Annahmequote des vorausgehenden Angebots unter 90 % liegt[1529]. Ausgehend von dem Befund oben[1530] stellen die Vermutungen entgegen dem Willen des Gesetzgebers lediglich widerlegliche Vermutungen dar.

[1526] Vgl. Franzen, Privatrechtsangleichung, 1999, S. 381.

[1527] So etwa Roth, EWS 2005, 385, 393; Heiderhoff, Gemeinschaftsprivatrecht, 2005, S. 51f.; Steindorff, in: FS Everling, 1995, S. 1455, 1461f.

[1528] Siehe etwa BT-Drs. 16/1003, S. 1.

[1529] Eine Unterscheidung zwischen Übernahme- und Pflichtangebot trifft der Gesetzgeber hingegen anders als die Richtlinie nicht.

[1530] Siehe die Ausführungen unter J.III.5.b.1)b), S. 333.

Die Angemessenheit muss daher stets in einem Verfahren gerichtlich überprüfbar sein[1531].

Damit ist die Frage zu beantworten, wie[1532] und vor allem in welchem Verfahren[1533] die Angemessenheit der gebotenen Abfindung bei Nichteingreifen bzw. bei Eingreifen einer Vermutung zu überprüfen ist.

Der Bundesrat hat in seiner Stellungnahme darum gebeten, für Fälle des Nichteingreifens der Vermutungen Verfahrensvorschriften festzulegen, um die Gerichtsentscheidung über die Übertragung der Aktien der Minderheitsaktionäre nicht zu verzögern[1534].

Hintergrund ist die Befürchtung jahrelang anhaltender Ausschlussverfahren, sollte diese Frage ebenfalls im Ausschlussverfahren zu klären sein[1535]. Eine Verfahrenstrennung sei daher wünschenswert und auch bei anderen Umstrukturierungsmaßnahmen üblich. Insbesondere käme die Anwendung des Spruchverfahrens für Bewertungsrügen statt des FGG Verfahrens in Betracht[1536]. Gleiches wurde auch hier vorgeschlagen[1537].

Der Gesetzestext lässt jedoch einen Verweis auf das Spruchverfahren, wie er im Aktiengesetz in § 327f S. 2 AktG für das aktienrechtliche *Squeeze Out* Verfahren enthalten ist, vermissen. Die Regierungsbegründung ging auf den Fall der mangelnden Akzeptanz des Angebots überhaupt nicht ein. Erst die Gegenäußerung der Bundesregierung brachte diesbezüglich Klarheit.

Danach ist die Zuweisung an ein anderes Gericht als das in § 66 WpÜG n.F. bestimmte mit Absicht nicht erfolgt[1538].

Vielmehr sei ein besonderes Verfahren nicht erforderlich, weil es mangels Erfordernis eines Hauptversammlungsbeschlusses nicht zu einer Anfechtung desselben kommen könne. Die §§ 39a und 39b WpÜG n.F. würden dem Bieter eine *„einfache und praktikable Möglichkeit des Ausschlusses“* bieten, was die Praxis ausdrücklich begrüßt hätte[1539]. Zudem hätte es der Bieter durch ein entsprechendes Angebot selbst in der Hand, ob ihm die Angemessenheitsvermutung zugute

---

[1531] Ebenso Schüppen, BB 2006, 165, 168.

[1532] Vgl. dazu bereits die Anregungen unter J.III.1.b.5), S. 323.

[1533] Vgl. dazu bereits die Anregungen unter J.III.4.b, S. 330.

[1534] BT-Drs. 16/1342, Stellungnahme des Bundesrates, Nummer 11 Zu Artikel 1 Nr. 17 (§ 39a Abs. 3 S. 3 WpÜG), S. 4.

[1535] BT-Drs. 16/1342, Stellungnahme des Bundesrates, Nummer 11 Zu Artikel 1 Nr. 17 (§ 39a Abs. 3 S. 3 WpÜG), Begründung, S. 4.

[1536] BT-Drs. 16/1342, Stellungnahme des Bundesrates, Nummer 15 Zu Artikel 1 Nr. 17 (§ 39b WpÜG), S. 5.

[1537] Siehe Fn. 1533. Ebenso Allianz AG, Stellungnahme zum RegE Ü-UG, S. 2.

[1538] BT-Drs. 16/1342, Gegenäußerung der Bundesregierung, Zu Nummer 11 Zu Artikel 1 Nr. 17, S. 7.

[1539] BT-Drs. 16/1342, Gegenäußerung der Bundesregierung, Zu Nummer 11 Zu Artikel 1 Nr. 17, S. 7.

kommt. Im Übrigen wird auf die wahlweise bestehende Möglichkeit des aktienrechtlichen Ausschlussverfahrens verwiesen.

Eine Vermischung des nach § 39b WpÜG n.F. grundsätzlich einschlägigen FGG Verfahrens mit dem Spruchverfahren sei abzulehnen[1540].

Der Gesetzgeber hat also fälschlicherweise nicht auf die Prüfbitte des Bundesrates reagiert. Die von der Bundesregierung gegebene Begründung ist leider aus zwei Gründen verfehlt.

Zunächst einmal liegen schon keine unwiderleglichen Vermutungen vor[1541]. Damit sind die Erwägungen, der Bieter habe es letztlich durch ein lukratives Angebot selbst in der Hand, die Angemessenheitsvermutung und mittelbar die Verfahrensdauer zu bestimmen, nicht vollends zutreffend. Auch in dieser Situation ist unter Zugrundelegung hoher Anforderungen[1542] ein (zeitaufwendiger) Gegenbeweis möglich. Allein das Stör- und Verzögerungspotential hätte deshalb in dieser Situation einen Verweis in das Spruchverfahren erforderlich gemacht[1543].

Für die übrigen Fälle wird das Verfahren ohnehin langwierig werden, da es einer Ermittlung der Angemessenheit bedarf. Der Gesetzgeber hat das wohl gesehen, aber dennoch in Kauf genommen.

Ob die Praxis bei Nichteingreifen einer Angemessenheitsvermutung angesichts der zwingend vorzunehmenden Bewertung im Rahmen des Übertragungsverfahrens von dem übernahmerechtlichen *Squeeze Out* Gebrauch machen wird, bleibt abzuwarten[1544]. Das gilt vor allem, weil der Gesetzgeber keine Anhaltspunkte dafür gegeben hat, ob der Bieter etwa ein Bewertungsgutachten in das Verfahren einbringen muss oder das Gericht einen Sachverständigen zur Unternehmensbewertung bestellt. Zumindest auf die maßgeblichen Kriterien hätte der Gesetzgeber in der Gesetzesbegründung hinweisen sollen[1545]. Im Ergebnis wird in dieser Konstellation wohl eine volle Unternehmensbewertung erforderlich[1546]. Damit würde im Ausschlussverfahren ggf. keine Überprüfung einer zuvor durchgeführten Unternehmensbewertung angestellt, sondern erstmals durchgeführt.

[1540] BT-Drs. 16/1342, Gegenäußerung der Bundesregierung, Zu Nummer 15 Zu Artikel 1 Nr. 17, S. 7.

[1541] Ebenso Simon, Der Konzern 2006, 12, 17.

[1542] Siehe dazu die Gedanken unter J.III.1.b.2), S. 319.

[1543] Auch Merkt/Binder, BB 2006, 1285, 1290 weisen auf das „*Störpotential*" hin.

[1544] Nach Heidel, Stellungnahme zum RegE Ü-UG, S. 32, gibt das gerichtliche Verfahren den Bietern „*Steine statt Brot*".

[1545] Ebenso Gemeinsame Stellungnahme von BDI, BDA, GDV und DIHK zum RefE Ü-UG, S. 6 sowie Gemeinsame Stellungnahme von BDI, BDA, GDV und DIHK zum RegE Ü-UG, S. 5.

[1546] Dies erkennt auch der DAV-Handelsrechtsausschuss an, der die Konsequenz allerdings vermeiden will, indem gar nicht mehr auf eine bestimmte Annahmequote abgestellt wird. DAV-Handelsrechtsausschuss, Stellungnahme zum DiskE Ü-UG, NZG 2006, 177, 180.

Hierin liegt eine Neuerung für abfindungsrelevante Strukturänderungen. Überträgt man die Zeitdauer von Spruchverfahren, in denen beim aktienrechtlichen *Squeeze Out* die Abfindung überprüft wird, auf den übernahmerechtlichen *Squeeze Out*, wäre wohl in diesen Konstellationen weiterhin der aktienrechtliche *Squeeze Out* vorzugswürdig[1547].

Schließlich könnte man sogar daran zweifeln, ob das Gericht die im Antrag angebotene Abfindung überhaupt modifizieren darf, oder den Antrag ablehnen muss, wenn keine angemessene Abfindung angeboten wird[1548].

So gibt es FGG Verfahren, in denen der Sachantrag die Entscheidung in der Weise vorgibt, dass dem Antrag nur entweder ganz oder teilweise entsprochen werden kann oder der Antrag zurückzuweisen ist, insbesondere wenn die Vermögensinteressen der Beteiligten im Vordergrund stehen[1549], eine Modifizierung hingegen ausscheidet.

Zwar sind bei einem *Squeeze Out* die Vermögensinteressen der auszuschließenden Aktionäre zu wahren und auch die Interessen des Antragstellers zu berücksichtigen. Dem Antragsteller wird es jedoch regelmäßig auf die Übertragung der Aktien ankommen.

Sollte sich also ein anderer als der vom Bieter angebotene Betrag als angemessene Abfindung herausstellen, ist entweder auf Hinweis des Gerichts eine Antragsumstellung zuzulassen oder stets neben einem die Abfindung konkret bestimmenden Hauptantrag hilfsweise ein Antrag auf Aktienübergang gegen Entrichtung einer angemessenen Abfindung zu stellen.

Im Ergebnis wird also der Antrag jedenfalls nicht allein deshalb abzulehnen sein, weil die ursprünglich angebotene Abfindung nicht angemessen ist. Eine andere Schlussfolgerung kann dem Interesse des Antragstellers nicht gerecht werden. Gerade in dessen Interesse ist jedoch die Verfügungsbefugnis des Gerichts eingeschränkt.

Angesichts der vielen Unwägbarkeiten ist ein *Squeeze Out* Verfahren ohne Eingreifen einer Angemessenheitsvermutung ein Abenteuer. Dem Gesetzgeber ist vorzuwerfen, sehenden Auges dennoch keine diesbezüglichen Regelungen getroffen zu haben. Der übernahmerechtliche *Squeeze Out* wurde hiermit bedauerlicherweise stark entwertet. Letztlich gefährdet damit auch der Suspensiveffekt der sofortigen Beschwerde die Transaktionssicherheit erheblich.

Das Ausschlussverfahren kann sich damit länger hinziehen, als etwa das Spruchverfahren. Vorschriften zu Antragsfristen, Antragsbegründung und Verfahrensförderungspflicht fehlen nämlich in § 39b WpÜG n.F.[1550].

[1547] Ebenso Diekmann, BZ vom 12. April 2006, S. 2.

[1548] Das zuletzt genannte Verständnis des § 39a Abs. 1 WpÜG n.F. legt die DSW zu Grunde. DSW, Stellungnahme zum RegE Ü-UG, S. 8f.

[1549] Vgl. Schmidt, in: Keidel/Kuntze/Winkler, FGG, 2003, § 12 Rn. 23.

[1550] So die DSW, Stellungnahme zum RegE Ü-UG, S. 7.

Die Erleichterung, welche durch die Nichteinführung eines Hauptversammlungsbeschlusses und damit das Ausbleiben von missbräuchlichen Anfechtungsklagen gewonnen wird, wird durch die Beschwerde und vor allem den Verzicht, Bewertungsfragen in das Spruchverfahren zu verweisen, in anderer Form wieder genommen[1551].

Somit könnte zumindest bei Nichteingreifen einer Angemessenheitsvermutung der aktienrechtliche *Squeeze Out* nach wie vor die bessere Wahl sein.

d) Verknüpfung der Vorgaben für Pflicht- und Übernahmeangebote

Ungeachtet der Frage, ob die Vermutungsregelungen widerruflich sind oder nicht, verwundert es auf den ersten Blick, dass der Gesetzestext die 90 % Vermutung auf Übernahme- und auf Pflichtangebote gleichermaßen anwendet.

Eine diesbezügliche Vorgabe stellt die Richtlinie nicht auf. Vielmehr gilt die Abfindung bei einem Pflichtangebot (widerleglich) als angemessen, ohne dass es einer bestimmten Annahmequote bedarf. Dies findet seinen Ursprung in den Preisfestlegungsvorgaben bei Pflichtangeboten im Unterschied zu den Übernahmeangeboten. Der nationale Gesetzgeber verknüpft hingegen beide Vorgaben und geht, beruhend auf den gewählten Gegenleistungsregelungen bei Übernahme- und Pflichtangeboten[1552], über die Anforderungen der Richtlinie hinaus.

Der Bundesrat sprach sich daher für eine Prüfung aus, ob es der 90 % Vermutung im Anschluss an Pflichtangebote tatsächlich bedarf[1553]. Die Bundesregierung wies in ihrer Gegenäußerung darauf hin, dass die Angemessenheitsvermutung aus Gründen des Aktionärsschutzes erforderlich und wegen der gleichen Preisvorschriften bei Übernahme- und Pflichtangeboten zwingend sei[1554].

Hoffmann-Becking hat sich im Umkehrschluss gar dafür ausgesprochen, die 90 % Vermutung sowohl im Anschluss an ein Pflicht- als auch an ein freiwilliges Übernahmeangebot aus der Abfindungsregelung zu streichen[1555]. Zur Begründung führt er an, eine solche sei nicht notwendig, weil durch die Einhaltung der Pflichtangebotspreisregelungen auch bei Übernahmeangeboten die Angemessenheit der Übernahmeangebotsabfindung gleichfalls ohne Erfordernis einer

---

[1551] Ähnlich die Bewertung des DAI, Stellungnahme zum RefE Ü-UG, S. 6.

[1552] Vgl. diesbezüglich die Ausführungen unter E.II., S. 111, bzw. F.IV.3., S. 132.

[1553] BT-Drs. 16/1342, Stellungnahme des Bundesrates, Nummer 10 Zu Artikel 1 Nr. 17 (§ 39a Abs. 3 WpÜG), S. 4.

[1554] BT-Drs. 16/1342, Gegenäußerung der Bundesregierung, Zu Nummer 10 Zu Artikel 1 Nr. 17, S. 7.

[1555] Hoffmann-Becking (DAV), Öffentliche Anhörung des Finanzausschusses, 16. Sitzung vom 10. Mai 2006, Pr.Nr. 16/16, S. 25. Ebenso DAV-Handelsrechtsausschuss, Stellungnahme zum RegE Ü-UG, S. 2. So bereits DAI, Stellungnahme zum RefE Ü-UG, S. 5. Ebenso Gemeinsame Stellungnahme von BDI, BDA, GDV und DIHK zum RefE Ü-UG, S. 6. Erneut Gemeinsame Stellungnahme von BDI, BDA, GDV und DIHK zum RegE Ü-UG, S. 4. Ebenso Austmann, FAZ vom 29. März 2006, S. 27.

bestimmten Angemessenheitsquote gegeben ist[1556]. Hierdurch könnte im Übrigen das Problem umgangen werden, wie mit Fällen umzugehen sei, in denen die 90 % Schwelle nicht erreicht werde[1557].

Heidel hingegen hält die 90 % Vermutung bei Pflichtangeboten und Übernahmeangeboten gleichermaßen für erforderlich, was er mit folgendem Beispiel begründet: Ein Bieter, der unter 30 % der Stimmrechte an einer Zielgesellschaft hält, erwirbt außerbörslich eine Beteiligung, die ihm nun zu einem Stimmrechtsanteil von knapp unter 95 % verhilft. Anschließend gibt er das nach §§ 35, 29 Abs. 2 WpÜG erforderliche Pflichtangebot ab und überspringt durch marginale Hinzuerwerbe die 95 % Grenze. In diesem Fall wäre also das Pflichtangebot nicht für 90 % der übrigen Anteile angenommen worden, was nach *Heidel* für eine Unangemessenheit des Angebots spreche[1558].

Er übersieht dabei aber, dass die Richtlinie konkrete Mindestanforderungen für die Pflichtangebotsgegenleistung aufstellt, gerade weil der Markt nicht mehr über den Erfolg der Übernahme entscheidet.

Nach dem Willen des Richtliniengebers wird durch diese Vorschriften die Angemessenheit (widerleglich) vermutet. Eine zusätzliche Sicherung ist nicht erforderlich und nach der hier vertretenen Ansicht[1559] sogar ein Verstoß gegen die Richtlinienvorgaben.

Die Verschärfung der Angemessenheitsvermutungen durch weitere Vorgaben ist nicht möglich[1560]. Eine Verschärfung erlaubt weder Art. 3 Abs. 2 lit. b)[1561], denn dieser erfasst lediglich das Angebotsverfahren, noch die Vorschrift des Art. 5 Abs. 6, welche zusätzliche Schutzinstrumente neben dem Pflichtangebot zulässt, sich also thematisch auch nur mit dem Angebot befasst[1562].

[1556] Hoffmann-Becking (DAV), Öffentliche Anhörung des Finanzausschusses, 16. Sitzung vom 10. Mai 2006, Pr.Nr. 16/16, S. 25.

[1557] DAV-Handelsrechtsausschuss, Stellungnahme zum RegE Ü-UG, S. 2.

[1558] Heidel, Stellungnahmezum RegE Ü-UG, S. 30.

[1559] Vgl. die Ausführungen unter J.III.3.b., S. 329.

[1560] In Bezug auf das Pflichtangebot ebenso Hoffmann-Becking (DAV), Öffentliche Anhörung des Finanzausschusses, 16. Sitzung vom 10. Mai 2006, Pr.Nr. 16/16, S. 24. A.A. Merkt, Stellungnahme zum RegE Ü-UG, S. 19.

[1561] Die Frage offen lassend DAI, Stellungnahme zum RefE Ü-UG, S. 5.

[1562] Ebenso Hoffmann-Becking (DAV), Öffentliche Anhörung des Finanzausschusses, 16. Sitzung vom 10. Mai 2006, Pr.Nr. 16/16, S. 24. A.A. Schüppen (IDW), Öffentliche Anhörung des Finanzausschusses, 16. Sitzung vom 10. Mai 2006, Pr.Nr. 16/16, S. 31f. Schüppen hält es für wertungswidersprüchlich, wenn man den *Squeeze Out* einerseits als kapitalmarktrechtlich und dem Angebotsverfahren betrachtet, andererseits die für das Angebotsverfahren getroffenen Regelungen nicht auf den *Squeeze Out* anwenden will.

Angesichts des klaren Wortlauts der Regelungen ist die von Schüppen vorgetragene Argumentation abzulehnen.

Die Pflichtangebotsvermutung entspricht wegen des Abstellens auf eine bestimmte Annahmequote nicht den Richtlinienvorgaben[1563].

Die Übernahmeangebotsvermutung ist hingegen zutreffend umgesetzt worden. Ein Verzicht auf das 90 % Erfordernis war angesichts der klaren Richtlinienvorgaben nicht möglich. Insoweit hilft auch die von *Hoffmann-Becking* vorgetragene Argumentation nicht. Nur bezüglich der angemessenen Gegenleistung bei Angeboten hat der Gesetzgeber einen Spielraum. Die mittelbaren Auswirkungen auf den *Squeeze Out* sind daher systemimmanent, berechtigen aber nicht zu einer Abänderung der Vermutungen.

Die Angemessenheitsvermutung bei einem Übernahmeangebot sollte an das Bestehen eines Markttests anknüpfen. Diese Wertung hat der Gesetzgeber richtigerweise beachtet.

2) Wahlweise zwingende Geldabfindung

Der Gesetzgeber hat sich zur Einführung einer Geldabfindung als zwingender Alternative neben einer ggf. angebotenen Abfindung in Aktien entschieden. Das ist begrüßenswert[1564]. Zur Vermeidung von Bewertungsgutachten bezüglich der angebotenen Aktien wurde vorgeschlagen, die Regelung des § 6 WpÜG-AngVO heranzuziehen, welche bei einem Tauschangebot zur Bestimmung des Werts der Gegenleistung Anwendung findet[1565]. Ob ohne Verweis auf die entsprechende Vorschrift der WpÜG-AngVO eine solche Anknüpfung zulässig ist, ist zweifelhaft[1566]. Letztlich wird man eine Anknüpfung an § 6 WpÜG-AngVO nicht vornehmen können, weil es schon an einer vergleichbaren Interessenlage fehlt. Beim Übernahme- bzw. Pflichtangebot ist nur ein angemessener Mindestpreis im Sinne der Richtlinienvorgaben bzw. des WpÜG zu entrichten, beim *Squeeze Out* hingegen eine angemessene Abfindung im Sinne einer vollen wirtschaftlichen Entschädigung. Die Berücksichtigung der als Abfindung angebotenen Gegenleistung anhand des Durchschnittsbörsenkurses nach § 6 WpÜG-AngVO gewährleistet nicht, dass die Aktien zumindest dem danach ermittelten Wert ent-

---

[1563] Ebenso Hoffmann-Becking (DAV), Öffentliche Anhörung des Finanzausschusses, 16. Sitzung vom 10. Mai 2006, Pr.Nr. 16/16, S. 24. In diese Richtung tendierend Hemeling (Allianz AG), Öffentliche Anhörung des Finanzausschusses, 16. Sitzung vom 10. Mai 2006, Pr.Nr. 16/16, S. 22.

[1564] Siehe hierzu die Ausführungen unter J.III.1.b.4), S. 321. Ebenso Merkt/Binder, BB 2006, 1285, 1290.

[1565] So DAV-Handelsrechtsausschuss, Stellungnahme zum DiskE Ü-UG, NZG 2006, 177, 179f.; Merkt/Binder, BB 2006, 1285, 1290. Eine Heranziehung der Vorschrift wäre im Prinzip zulässig, wenn hierdurch zumindest kein höherer Wert als der wahre Wert der angebotenen Aktie berechnet würde. Dann würde der Bieter einen zwischen ermitteltem Wert und tatsächlichem Wert der Aktie liegenden Verlust hinnehmen müssen. Im Zusammenhang mit dem Tauschangebot wurde die Regelung bereits unter E.II.4.a.3), S. 118, besprochen.

[1566] Für die Zulässigkeit scheinbar Merkt/Binder, BB 2006, 1285, 1290.

sprechen. Das kann so sein, muss angesichts der Zeitdauer des *Squeeze Out* Verfahrens und möglicher neuer Börsenkursentwicklungen aber nicht so sein. Beim *Squeeze Out* ist also wegen der geforderten vollen Entschädigung eine Unternehmensbewertung bezüglich der als Abfindung angebotenen Aktien durchzuführen. Eine Anwendung des § 6 WpÜG-AngVO kommt nicht in Betracht.

3) Ergebnis

§ 39a Abs. 3 WpÜG n.F. verstößt wegen der Verknüpfung der Abfindungsvorgaben bezüglich des Pflichtangebots gegen die Richtlinie.

Die Vermutungen in § 39a Abs. 3 WpÜG n.F. sind, wenngleich als unwiderlegliche Vermutungen konzipiert, richtlinienkonform zwingend als widerlegliche Vermutungen auszulegen.

4) Abschließende Bewertung des Squeeze Out Verfahrens

Kardinalfehler des Gesetzgebers ist der fehlende Verweis der Angemessenheitsfrage in das Spruchverfahren. Die präventive gerichtliche Kontrolle ist dem nachgeschalteten Kontrollverfahren unterlegen.

Ohne den Verweis auf das Spruchverfahren ist der Nutzen des *Squeeze Out* für die Bieter erheblich eingeschränkt.

Eine Auslegung der Angemessenheitsvermutungen als unwiderlegliche Vermutungen, welche das Problem lösen könnte, ist nicht möglich, weil sie gegen die Richtlinie verstoßen würde.

Ein rechtssicherer *Squeeze Out* Rahmen besteht nicht. Es finden sich keine Regelungen dazu, ob der Bieter etwa ein Bewertungsgutachten in das Verfahren einzubringen hat.

Auch die hier befürwortete Zweistufigkeit des Verfahrens wird den *Squeeze Out* unerträglich verlängern, eben weil die Frage der Angemessenheit nicht „ausgelagert" wurde.

Die Umsetzung des *Squeeze Out* Verfahrens ist dem Gesetzgeber trotz (oder vielleicht wegen) der nur wenigen europäischen Vorgaben gründlich misslungen.

6. Exkurs A: Unwiderleglichkeit durch die Richtlinie vorgegeben

Gelangt man, anders als hier angenommen, zu dem Ergebnis, es handele sich um von der Richtlinie vorgegebene zwingende unwiderlegliche Vermutungen, so stellt sich zunächst die Frage, ob die Umsetzung in das deutsche Recht mit dem Europarecht vereinbar ist.

Da die fragliche Vorschrift der Umsetzung einer Richtlinie dient, wäre diese nicht anhand des Grundgesetzes zu überprüfen, sondern an europäischen Grundrechtsgewährleistungen[1567]. Dies hat das Bundesverfassungsgericht in seiner *Solange 2*-Rechtsprechung und der *Maastricht*-Entscheidung bestimmt[1568].

a. Auswirkungen der Auslieferungshaftbefehl-Entscheidung des Bundesverfassungsgerichts

Teilweise wird jedoch unter Verweis auf eine neuere Entscheidung des Bundesverfassungsgerichts bezweifelt, ob diese Grundsätze noch einschlägig sind[1569].

Der *Auslieferungshaftbefehl*-Entscheidung des Bundesverfassungsgerichts[1570] sei zu entnehmen, dass der Bundestag die Umsetzung einer Richtlinie zu verweigern habe, wenn nach Maßgabe des umzusetzenden sekundären Gemeinschaftsrechts kein Umsetzungsspielraum besteht und eine Umsetzung gegen die verfassungsrechtlichen Gewährleistungen der Grundrechte verstößt[1571].

Dieser Ansicht ist nicht zuzustimmen. Zum einen ging es bei der Entscheidung des Bundesverfassungsgerichts nicht um die Umsetzung eines Akts des sekundären Gemeinschaftsrechts, sondern um die Transformation eines Rahmenbeschlusses[1572], dem keine supranationale, sondern (nur) völkerrechtliche Natur zugesprochen werden kann[1573], und zum zweiten greift das Bundesverfassungsgericht in seiner Entscheidung keine Regelung des deutschen Transformationsgesetzes, die eine direkte Umsetzung des Rahmenbeschlusses darstellt, an[1574], sondern lediglich Vorschriften, bei denen der deutsche Gesetzgeber einen Ermessensspielraum hatte[1575]. Die Ausschöpfung dieses Spielraums *„hätte einen Verstoß des Europäischen Haftbefehlgesetzes gegen das Grundrecht auf Auslieferungsschutz (…) vermieden“*[1576].

[1567] Siehe ausführlich dazu Büdenbender, Verhältnis, 2005, S. 267ff.

[1568] BVerfGE 73, 339, 378ff. (Solange 2); BVerfGE 89, 155, 175 (Maastricht); BVerfGE 102, 147 (Bananenmarktverordnung), Dazu Schlaich/Korioth, Das Bundesverfassungsgericht, 2004, Rn. 359ff.; Everling, EuR 1990, 195, 213; Nicolaysen, EuR 1989, 215, 221; Tomuschat, EuR 1990, 340, 344ff.

[1569] So Heidel/Lochner, DB 2005, 2564, 2565.

[1570] BVerfG Beschluss v. 18. Juli 2005 – 2 BvR 2236/04 = NJW 2005, 2289ff.

[1571] So Heidel/Lochner, DB 2005, 2564, 2566. Ebenso Heidel, Stellungnahme zum RegE Ü-UG, S. 18f.

[1572] Art. 34 Abs. 2 lit. b) EUV: [*Der Rat (…) kann (…) einstimmig*] *„Rahmenbeschlüsse zur Angleichung der Rechts- und Verwaltungsvorschriften der Mitgliedstaaten annehmen. Rahmenbeschlüsse sind für die Mitgliedstaaten hinsichtlich des zu erreichenden Ziels verbindlich, überlassen jedoch den innenstaatlichen Stellen die Wahl der Form und der Mittel. Sie sind nicht unmittelbar wirksam.“*

[1573] Satzger, in: Streinz, EUV/EGV, 2003, Art. 34 EUV Rn. 9.

[1574] Von Unger, NVwZ 2005, 1266,1268.

[1575] Masing, NJW 2006, 264.

[1576] BVerfG, NJW 2005, 2289, 2294.

Die Rechtsprechung, wonach Bestimmungen mit einem Spielraum bei der Umsetzung durch das Verfassungsgericht bezüglich des Spielraums unumschränkt überprüfbar sind, gilt nach gefestigter Kammerrechtsprechung auch für Richtlinienbestimmungen[1577]. Nicht zulässig ist es hingegen, in deutsche Rechtsakte umgesetzte zwingende Richtlinienbestimmungen an den Grundrechten zu messen[1578].

Im Fall der Umsetzung einer durch die Richtlinie vorgegebenen unwiderleglichen Angemessenheitsvermutung hat der Gesetzgeber keinen Spielraum. Bei der Prüfung der Verfassungsmäßigkeit würde also die Norm der Richtlinie direkt geprüft. Nach dem zuvor Gesagten ist davon auszugehen, dass das Bundesverfassungsgericht nicht von seiner *Solange 2-* und *Maastricht*-Rechtsprechung abweichen wollte[1579]. Maßstab der Prüfung sind damit die europäischen Grundrechte[1580].

b. Ergebnis

Bei einer von der Richtlinie vorgegebenen unwiderleglichen Vermutung sind Prüfungsmaßstab die europäischen Grundrechte und nicht das Grundgesetz.

Daher wird an dieser Stelle auf die Ausführungen unter J.III.1.b.1)a)(5) verwiesen[1581]. Dort wurde erläutert, dass die Unvereinbarkeit einer unwiderleglichen Vermutung mit europäischen Grundrechten nicht mit Sicherheit festgestellt werden kann. Das ergibt sich sowohl aus der Rechtsprechung des Europäischen Gerichtshofs für Menschenrechte, welche auch für den Europäischen Gerichtshof Leitlinien darstellen, weil der Rechtschutz in der EU mindestens dem Standard der EMRK zu entsprechen hat. Danach ist wohl nicht stets eine volle Entschädigung bei einer sonstigen Beeinträchtigung erforderlich, sondern eine an nachvollziehbaren Kriterien ausgerichtete Entschädigung unter Umständen ausreichend. Auch die Vorarbeiten zu Art. 17 GRC lassen eine volle Entschädigungspflicht nicht zwingend erkennen.

1577 Siehe z.B. BVerfG, Beschluss v. 12. Mai 1989, NJW 1990, 974; BVerfG, Beschluss v. 9. Juli 1992, NVwZ 1993, 883; BVerfG, Beschluss v. 27. Juli 2004, NVwZ 2004, 1346f.

1578 Siehe die Nachweise in der vorigen Fußnote. Vgl. Masing, NJW 2006, 264, 265.

1579 Bei einer so grundsätzlichen Kehrtwendung wäre zumindest ein Hinweis oder irgendeine Bezugnahme auf die Solange 2-Rechtsprechung zu erwarten gewesen. Masing, NJW 2006, 264ff. zieht eine solche Abkehr durch diese Entscheidung nicht einmal in Erwägung. Ebenso Rühland, NZG 2006, 401, 406.

1580 Zum Eigentumsrecht in der EU siehe Pernice/Mayer, in: Grabitz/Hilf, EU Kommentar, 2005, nach Art. 6 EUV Rn. 142ff.

1581 Siehe S. 314.

7. Exkurs B: (Nur) Widerleglichkeit durch Richtlinie vorgegeben

Geht man davon aus, es handelt sich um eine deutsche Erweiterung der europäischen Vorgaben, stellt sich zunächst die Frage, ob eine solche Erweiterung der Richtlinie zulässig ist[1582]. Nimmt man, anders als der Verfasser an, die Richtlinie erlaube eine Abweichung von der vorgegebenen Regelung der Angemessenheit der Abfindung, muss sie an den nationalen Grundrechten gemessen werden – in Deutschland an den Grundrechten des Grundgesetzes. Das hat das Bundesverfassungsgericht in seiner Rechtsprechung, wonach bei einem Ermessensspielraum des Gesetzgebers dieser voll gerichtlich überprüfbar ist, festgelegt[1583].

Ob eine unwiderlegliche Vermutung die Eigentumsgewährleistung des Art. 14 Abs. 1 GG hinreichend wahrt, wird teilweise verneint[1584].

Die verfassungsrechtlichen Bedenken beruhen auf dem Umstand, dass die Vermutung nicht die volle Entschädigung der ausgeschlossenen Minderheitsaktionäre garantiere. Ausgangspunkt ist also die Unterscheidung einer unwiderleglichen von einer widerleglichen Vermutung.

a. Unwiderlegliche und widerlegliche Vermutung im Vergleich

Bei der unwiderleglichen Vermutung tritt die Rechtsfolge immer dann ein, wenn die Vermutungsbasis bewiesen werden kann. Die Möglichkeit eines Gegenbeweises besteht nicht[1585]. Das entscheidende gesetzgeberische Motiv ist, dass das Vermutungsergebnis selbst dann gewollt ist, wenn die Vermutung im Einzelfall nicht dem tatsächlichen Geschehen entspricht[1586].

[1582] Siehe hierzu die Ausführungen unter J.III.3., S. 326.

[1583] Vgl. die Nachweise in Fn. 1577. Daneben sind auch die europäischen Grundrechte zu beachten. Vgl. Jarass, EU-Grundrechte, 2005, S. 39 Rn. 13.

[1584] So bereits zu dem § 327b Abs. 1 S. 3 des Regierungsentwurfs zum AktG Rühland, NZG 2001, 448, 453ff.; Heidel/Lochner, DB 2001, 2031, 2032f.; Ehricke/Roth, DStR 2001, 1120, 1127; Vetter, AG 2002, 176, 188. Kritisch gegenüber dem Regierungsentwurf Wenger/Kaserer/Hecker, ZBB 2001, 317, 332.

[1585] Nach der h.M. haben unwiderlegliche Vermutungen keine Beweis- oder Beweislastwirkung, sondern sind Normen mit rein materieller Rechtsfolge. Prütting, in: Lüke/Wax, Münchener Kommentar ZPO, 2000, § 292 Rn. 4 m.w.N.

[1586] Prütting, in: Lüke/Wax, Münchener Kommentar ZPO, 2000, § 292 Rn. 4 m.w.N. Der Ausgangspunkt allerdings ist die Annahme, dass die Gleichstellung von Vermutungsbasis und Inhalt der Vermutung der Lebenswirklichkeit im Regelfall entsprechen. Die DSW, Stellungnahme zum RegE Ü-UG, S. 5, meint, eine unwiderlegliche Vermutung widerspreche dem Amtsermittlungsgrundsatz des auf den *Squeeze Out* anwendbaren FGG Verfahrens. Dies ist nicht zutreffend, weil sich der Amtsermittlungsgrundsatz nicht auf unwiderlegbare gesetzliche Vermutungen erstreckt. Es handelt sich nämlich hierbei um Normen mit einer rein materiellen Rechtsfolge. Vgl. Prütting, in: Lüke/Wax, Münchener Kommentar ZPO, 2000, § 292 Rn. 4. Die Nichtanwendbarkeit zeigt sich auch aus einem Vergleich zu § 1566 BGB. Die dort enthaltenen unwiderleglichen Vermutungen sind für das Gericht gleichfalls zwingend, obwohl

Die widerleglichen Vermutungen dagegen sind Rechtssätze, die die Beweislast regeln[1587]. Die von der Vermutung begünstigte Partei trägt die Beweislast für die Vermutungsbasis. Sie muss die Vermutungsbasis behaupten und auch beweisen, falls diese von der Gegenseite bestritten wird[1588]. Ist dies geschehen, muss die nicht begünstigte Partei das Gegenteil beweisen. Dieser Beweis ist kein Gegen-, sondern Hauptbeweis und erfordert, dass der Richter vom Gegenteil der vermuteten Tatsache voll überzeugt ist[1589].

Der Hauptunterschied zwischen der widerleglichen und der unwiderleglichen Vermutung besteht also darin, dass bei der widerleglichen Vermutung das Abweichen des tatsächlichen Geschehens von den normalen Vorgängen widerlegt werden kann, während dies bei der unwiderleglichen Vermutung nicht zulässig ist.

Die Normierung der Abfindung durch eine widerlegliche Vermutung ist daher unbedenklich. Der Bieter müsste die Vermutungsbasis behaupten und bezüglich des Übernahmeangebots beweisen, dass mindestens für 90 % des vom Angebot betroffenen stimmberechtigten Kapitals[1590] sein Angebot angenommen wurde. Damit wird die Angemessenheit der Abfindung für das Gericht feststehen, es sei denn, ein ausgeschlossener Aktionär könnte das Gegenteil nachweisen.

Eine unwiderlegliche Vermutung bezüglich der Angemessenheit der Gegenleistung hingegen wird sowohl Fälle umfassen, in denen eine solche vorliegt, als auch Fälle in denen die Abfindung aus unterschiedlichen Gründen unangemessen ist.

b. Unwiderlegliche Vermutung gewährleistet keine angemessene Abfindung

Im Rahmen der teleologischen Auslegung des Art. 15 Abs. 5 S. 4[1591] und im Rahmen der Besprechung des § 39a Abs. 3 WpÜG n.F. wurde dargelegt, dass die unwiderleglichen Angemessenheitsvermutungen keine ausreichende Entschädigung gewährleisten. Darauf machte auch der Bundesrat aufmerksam und fügte an, die Verfassungsgemäßheit der getroffenen Regelung wäre äußerst

---

auch hier der Untersuchungsgrundsatz nach § 616 ZPO, also eine Ermittlung von Amts wegen, gilt. Vgl. Wolf, in: Rebmann/Säcker/Rixecker, Münchener Kommentar BGB-FamR, 2000, § 1566 Rn. 33ff.

[1587] Prütting, in: Lüke/Wax, Münchener Kommentar ZPO, 2000, § 292 Rn. 25; Leipold, in: Stein/Jonas, ZPO, 1997, § 292 Rn. 7 m.w.N.

[1588] Prütting, in: Lüke/Wax, Münchener Kommentar ZPO, 2000, § 292 Rn. 19.

[1589] Greger, in: Zöller, ZPO, 2005, § 292 Rn. 2.

[1590] Art. 15 Abs. 5 S. 4.

[1591] Siehe die Ausführungen unter J.III.1.b.1)a)(4), S. 310.

zweifelhaft, wenn der Gesetzgeber bei der Umsetzung einen Spielraum, von dessen Bestehen der Bundesrat wohl auszugehen scheint, habe[1592].

Die Bundesregierung hingegen teilt diese Bedenken nicht, weil sie eine Angemessenheit der Abfindung annimmt[1593]. Deshalb handele es sich um eine zulässige Inhalts- und Schrankenbestimmung. Insbesondere werde der Verkehrswert, welcher regelmäßig dem Börsenkurs entspreche, berücksichtigt[1594].

Wie bereits mehrfach beschrieben, gewährleisten die Gesetz gewordenen Angemessenheitsvermutungen die Angemessenheit der Abfindung entgegen der Ansicht des Bundesregierung nicht.

c. Volle wirtschaftliche Entschädigung nach Rechtsprechung erforderlich

Nach der Rechtsprechung des Bundesverfassungsgerichts sind die Aktionäre ausreichend zu schützen. Ob dieser Schutz durch eine Gerichtsentscheidung gesichert werden muss, wird jeweils unter Berufung auf die *Moto-Meter* Entscheidung unterschiedlich beantwortet.

Teilweise wird davon ausgegangen, eine unwiderlegliche Vermutung verstoße gegen die Vorgaben des Bundesverfassungsgerichts in eben dieser Entscheidung[1595]. Eine gerichtliche Überprüfbarkeit werde dort bei Abfindungen an Minderheitsaktionäre zwingend verlangt. Das Erfordernis einer gerichtlichen Überprüfungsmöglichkeit (etwa in einem Spruchverfahren) zeige sich vor allem an den in Spruchverfahren vorgenommenen Erhöhungen, welche bereits verdeutlichten, dass die angebotenen Abfindungen nicht der verfassungsmäßig geforderten angemessenen Abfindung entsprächen[1596].

[1592] BT-Drs. 16/1342, Stellungnahme des Bundesrates, Nummer 10 Zu Artikel 1 Nr. 17 (§ 39a Abs. 3 S. 3 WpÜG), Begründung, S. 3. Dabei wies der Bundesrat auf die geäußerten Bedenken im Zusammenhang mit dem aktienrechtlichen *Squeeze Out* Verfahren hin. Vgl. BT-Drs. 14/7034, S. 86f.

[1593] Vgl. die Ausführungen unter J.III.5.b.1)b), S. 333.

[1594] BT-Drs. 16/1342, Gegenäußerung der Bundesregierung, Zu Nummer 9 Zu Artikel 1 Nr. 17, S. 6.

[1595] So zum Beispiel Heidel, Stellungnahme zum RegE Ü-UG, S. 16ff. Zuvor zur geplanten aktienrechtlichen Regelung Rühland, NZG 2001, 448, 454; Habersack, ZIP 2001, 1230, 1238; Heidel/Lochner, DB 2001, 2031, 2032; Vetter, AG 2002, 176, 188; Thaeter/Barth, NZG 2001, 545, 550; Ehricke/Roth, DStR 2001, 1120, 1123.

[1596] Heidel, Stellungnahme zum RegE Ü-UG, S. 9ff. Heidel/Lochner, DB 2001, 2031, 2032.

Andere wollen der Entscheidung entnehmen, es komme maßgeblich darauf an, ob der Schutz der Minderheitsaktionäre ausreichend gewährleistet sei[1597]. Dies müsse nicht durch eine Gerichtsentscheidung gesichert werden[1598]. Ausreichend sei vielmehr die Kontrolle durch Marktmechanismen. Das sei der Kern der Aussage des Bundesverfassungsgerichts, wonach keine verfassungsrechtlichen Probleme bestehen, *„wenn die schutzwürdigen Interessen der zum Ausscheiden gezwungenen Aktionäre gewahrt bleiben“*[1599]. Seien diese gewahrt, bedürfe es keiner gerichtlichen Überprüfung[1600]. Selbst wenn man der zuletzt genannten Meinung zuneigt, wofür gute Gründe sprechen, ist den Aktionären jedenfalls die volle wirtschaftliche Entschädigung zu gewähren[1601], wie sich aus der Rechtsprechungsentwicklung von der *Feldmühle*-Entscheidung über die *DAT/Altana*-Entscheidung bis hin zur *Moto-Meter*-Entscheidung ergibt. Nur dann darf das unternehmerische Gestaltungsinteresse dem Kapitalanlageinteresse des Minderheitsaktionärs übergeordnet werden[1602].

Diese volle wirtschaftliche Entschädigung wird nicht gewährleistet.

d. Ergebnis

Somit ist klar, dass der durch das Prinzip der Wahrung der Grundrechte gebotene Rechtsschutz bei einer unwiderleglichen Vermutung angesichts der tatsächlichen Befunde versagt wird. Eine unwiderlegliche Vermutung greift in nicht zu rechtfertigender Weise in das Eigentumsrecht der Minderheitsaktionäre ein.

[1597] So etwa Merkt, Öffentliche Anhörung des Finanzausschusses, 16. Sitzung vom 10. Mai 2006, Pr.Nr. 16/16, S. 30. Diese Ansicht vertrat auch die Bundesregierung in ihrem Entwurf zu § 327b Abs. 1 S. 3 AktG. BegrRegE WpÜG, BR-Drs. 574/01, 186. Zum damaligen Entwurf siehe neben den in Fn. 1595 Genannten etwa Land, DB 2001, 1707, 1713; Möller/Pötzsch, ZIP 2001, 1256, 1262.

[1598] Krieger, BB 2002, 53, 57.

[1599] BVerfG, ZIP 2000, 1670, 1672.

[1600] Austmann/Mennicke, NZG 2004, 846, 850.

[1601] BVerfG ZIP 2000, 1670, 1672 (Moto-Meter); BVerfGE 100, 289, 306f. (DAT/Altana); BVerfGE 14, 263, 284 (Feldmühle). *„Der Ausscheidende muss erhalten, was seine gesellschaftliche Beteiligung an dem arbeitenden Unternehmen wert ist“* (BVerfGE 100, 289, 303). Aus dem Gebot der Berücksichtigung des Börsenkurses folge hingegen nicht die alleinige Maßgeblichkeit des Börsenkurses. Vgl. BVerfGE 100, 289, 309.

[1602] Die Bedeutung über die übertragende Auflösung hinaus wird überwiegend anerkannt. In diesem Sinne: Fleischer, ZGR 2002, 757, 764; Fleischer, DNotZ 2000, 876, 877; Henze, in: FS Peltzer, 2001, S. 181, 190; Hüffer, AktG, 2006, § 327a Rn. 4; Neye, EWiR 2000, 913, 914; Vetter, AG 2002, 176, 180-183.

K. Andienungsrecht (*Sell Out*), Art. 16

Art. 16 fordert die Mitgliedstaaten auf, ein Andienungsrecht[1603], also das Recht des Minderheitsaktionärs, dem Bieter unter bestimmten Umständen seine Aktien gegen Gewährung einer angemessenen Abfindung anzutragen, einzuführen.

I. Voraussetzungen des Andienungsrechts

1. Darlegung der umzusetzenden Richtlinienbestimmung

Das Andienungsrecht soll bestehen, wenn ein Wertpapierangebot an alle Inhaber von Wertpapieren für sämtliche Wertpapiere abgegeben wurde und hierdurch die bereits oben in Zusammenhang mit dem *Squeeze Out*[1604] erläuterten Schwellenwerte erreicht werden[1605].

Auch die übrigen Bestimmungen bezüglich des *Squeeze Out* (also etwa die Drei-Monats-Frist zur Ausübung) gelten entsprechend[1606].

2. Europäischer Hintergrund sowie Regelungen in einzelnen Mitgliedstaaten

a. Begründung für das *Sell Out* Recht

Das *Sell Out* Recht fand früher ebenso wie das *Squeeze Out* Recht bei der Regelung von Unternehmensübernahmen kaum Beachtung. Beide Rechtsinstitute wurden im Zusammenhang mit der zweiten Gesellschaftsrechtlichen Kapitalrichtlinie von 1976 angedacht, bevor sie dann wieder im Rahmen der Modernisierung des allgemeinen europäischen Gesellschaftsrechts angesprochen wurden. Die *Winter*-Gruppe gab die Anregung dafür, den *Sell Out* in eine Übernahmerichtlinie aufzunehmen[1607]. Ein *Sell Out* Recht war anders als in Deutschland in anderen Mitgliedstaaten der Europäischen Union durchaus bekannt. So exis-

---

[1603] Das Andienungsrecht wird in der Literatur verbreitet auch als *Sell Out* Recht bezeichnet.

[1604] Vgl. dazu J.II.1., S. 247.

[1605] Der Bieter hält also a) mindestens 90 (bzw. 95 %) des stimmberechtigten Kapitals der Zielgesellschaft, das mindestens 90 (bzw. 95 %) der Stimmrechte der Zielgesellschaft entspricht, oder b) er hat sich zumindest vertraglich verpflichtet, Wertpapiere zu erwerben, die mindestens 90 % des vom Angebot betroffenen stimmberechtigten Kapitals der Zielgesellschaft und 90 % der vom Angebot betroffenen Stimmrechte entsprechen.

[1606] Im Gegensatz zum Kommissionsvorschlag von 2002 gilt das Andienungsrecht unbeschränkt. Die Einschränkung, wonach das Andienungsrecht bei nur kurzzeitiger Überschreitung des Schwellenwertes nicht ausgeübt werden kann (Art. 15 Abs. 1 Uabs. 2 des Kommissionsvorschlags von 2002), wurde nicht in die Richtlinie übernommen.

[1607] Winter-Bericht, S. 81.

tierte es beispielsweise schon vor der Umsetzung in Frankreich[1608], in Großbritannien[1609], Italien[1610] und Belgien.

Nach Erwägungsgrund (24) handelt es sich beim *Sell Out* um das (notwendige) Korrelat zum *Squeeze Out*. Da der Bieter nach Erwerb eines bestimmten Anteils an Wertpapieren die Möglichkeit hat, die übrigen Wertpapierinhaber zu einem Verkauf ihrer Wertpapiere zu zwingen, müssen diese gleichsam das Recht haben, den Bieter zum Erwerb dieser Wertpapiere zu verpflichten[1611].

Die *Winter*-Gruppe sprach sich für ein *Sell Out* Recht aus, um die Minderheitsaktionäre vor möglichen Missbräuchen durch den Hauptaktionär zu schützen. So sollte hiermit insbesondere vermieden werden, dass eine Gesellschaft etwa Geschäfte mit (nun) verbundenen Unternehmen zu günstigeren Konditionen tätigt, die Dividendenpolitik ändert, die Strategie an den Zielen einer Unternehmensgruppe, von der sie nun möglicherweise kontrolliert wird, ausrichtet, oder den Minderheitsaktionären weniger Informationen zur Verfügung stellt[1612].

Daneben wurde der Vorschlag der *Winter*-Gruppe von der Erwägung geleitet, Minderheitsaktionäre könnten auf illiquiden Märkten an der Börse keinen angemessenen Preis mehr für ihre Aktien erzielen. Insoweit bliebe ihnen die Möglichkeit erhalten, ihre Aktien zu einem angemessenen Verkaufspreis abzugeben, wenn das Übernahmeangebot erfolgreich war und der Markt hierdurch illiquide geworden ist. Das würde den Aktionären gleichermaßen den Verkaufsdruck nehmen, der ansonsten durch die Befürchtung, das Übernahmeangebot führe zu einem illiquiden Markt, entstehen könnte[1613].

[1608] Art. 236 General Regulation of the Autorité des Marchés Financiers, initial version approved on 12 November 2004. Zuvor in Art. 5-6-1 Règlement général Autorité des marchés financiers. Siehe dazu Sieger/Hasselbach, NZG 2001, 926, 927; Forum Europaeum Konzernrecht, ZGR 1998, 672, 736; Helms, in: Hommelhoff/Hopt/Lutter, Konzernrecht in Europa, 2001, S. 69, 93.

[1609] *Sec. 430A Companies Act*, dazu Gower/Davies, Principles, 2003, S. 744ff.; Than, in: FS Claussen, 1997, S. 405, 413f.; Sieger/Hasselbach, NZG 2001, 926; Forum Europaeum Konzernrecht, ZGR 1998, 672, 736; Morgan, Journal of Business Law, November 1988, 486, 491; Wooldridge, Journal of Business Law, July 1986, 300, 303.

[1610] Art. 108 Testo unico delle disposizioni in materia di intermediazione finanziaria (Legislative Decree No 58 of 24 February 1998, as amended by Law 262/2005). Dazu Diemer/Hasselbach, NZG 2000, 824, 830; Kindler, in: Hommelhoff/Hopt/Lutter, Konzernrecht in Europa, 2001, S. 123, 153. Allerdings ist dieses nicht als Andienungsrecht der Aktionäre, sondern als Pflichtangebot durch denjenigen, welcher mindestens 90 % der Stammaktien innehat, ausgestaltet. Ausnahmen hiervon sind danach zulässig, wenn der Aktionär innerhalb einer gewissen Zeit einen den regulären Börsenhandel ermöglichenden free float herstellt.

[1611] Das stellte bereits die Winter-Gruppe in den Vordergrund. Winter-Bericht, S. 13, 72f.

[1612] Winter-Bericht, S. 72. Bezüglich der zur Verfügung zu stellenden Informationen sind jedoch im deutschen Recht grundsätzlich die sich aus dem Aktiengesetz ergebenden Informationsansprüche der Aktionäre zu beachten.

[1613] Winter-Bericht, S. 72. Ebenso Burkart/Panunzi, in: Ferrarini/Hopt/Winter/Wymeersch, Takeover Law in Europe, 2004, S. 737, 758, die sich aber dafür aussprachen, den Schwellen-

Insgesamt wurde ein Andienungsrecht auf europäischer Ebene überwiegend für wünschenswert erachtet[1614].

Allerdings gab es auch Stimmen, die ein Andienungsrecht ablehnten. Zur Begründung wurde unter anderem ausgeführt, die Minderheitsgesellschafter hätten die Möglichkeit (gehabt), das Angebot anzunehmen. Der *Sell Out* fördere ein rein spekulatives Verhalten. Dem hielt die *Winter*-Gruppe zu Recht entgegen, der Minderheitsaktionär kann durch den Erfolg des Angebots seine zunächst ablehnende Haltung nun überdenken[1615]. Der Mehrheitsgesellschafter wird hierdurch nicht übermäßig belastet.

Teilweise wurde in den Konsultationen der *Winter*-Gruppe die Befürchtung geäußert, das Andienungsrecht sei eine unverhältnismäßig hohe finanzielle Belastung für den Mehrheitsaktionär. Diese Befürchtung teilte die *Winter*-Gruppe aus verschiedenen Gründen nicht: Zum einen sprächen die oben angeführten Argumente für eine höhere Gewichtung der Minderheitsaktionärsinteressen, zum anderen werde der Bieter nicht wirklich belastet. Das *Sell Out* Recht beträfe nur die Aktien, welche der Aktionär in seinem freiwilligen oder obligatorischen Übernahmeangebot zu erwerben bereit war[1616]. Eine zusätzliche Belastung ergebe sich folglich nicht[1617]. Zudem könne ein Aktionär durchaus gute Gründe für eine Ablehnung des vorausgehenden Angebots gehabt haben. Exemplarisch nennt die *Winter*-Gruppe einen unattraktiven Preis oder viel versprechende Aussichten für die Gesellschaft[1618].

---

wert, ab dem das *Sell Out* Recht geltend gemacht werden kann, wesentlich niedriger, nämlich bei 50 % anzusetzen. Dies sei nötig, um den Verkaufsdruck von den Aktionären zu nehmen. Die Forderung von Burkart/Panunzi ist zu weitgehend. Bei einem solch niedrigen Schwellenwert wäre ein illiquider Markt noch nicht zu befürchten, weshalb auch kein Verkaufsdruck entstehen sollte.

[1614] Vgl. Winter-Bericht II, Anhang III, S. 170, 171.

[1615] Winter-Bericht, S. 73, gegen die in den Konsultationen geäußerten (zuvor beschriebenen) Bedenken.

[1616] Der Winter-Bericht ging noch davon aus, dass es grundsätzlich ein *Squeeze Out* bzw. *Sell Out* Recht nach Gattungen geben wird. Die Richtlinie hat nunmehr festgelegt, dass ein *Sell Out* Recht bei Vorliegen der Schwellenwerte besteht, wenn zuvor ein Wertpapierangebot an alle Wertpapierinhaber für sämtliche Wertpapiere abgegeben wurde. Die Argumentation ist also inhaltlich immer noch zutreffend. Der Hauptaktionär wird nach wie vor nicht dazu gezwungen, mehr Aktien zu erwerben, als er ursprünglich zu erwerben bereit war.

[1617] Winter-Bericht, S. 73, gegen die in den Konsultationen geäußerten (zuvor beschriebenen) Bedenken. Die Aussage der Winter-Gruppe ist allerdings nur bedingt richtig. Zwar ist zutreffend, dass der Bieter nicht mehr Aktien erwerben müsse, als diejenigen, zu deren Erwerb er bereits zuvor bereit war. Aber der Bieter hat es nicht mehr in der Hand, die zu entrichtende Gegenleistung zu bestimmen, da die Winter-Gruppe von widerleglichen Vermutungen ausgeht. Übernahme- bzw. Pflichtangebotsgegenleistung müssen folglich nicht der *Sell Out* Abfindung entsprechen.

[1618] Winter-Bericht, S. 73. Gleichzeitig wies die Gruppe darauf hin, spekulatives Verhalten sei durch die Einführung einer Vorschrift zu vermeiden, wonach die Gegenleistung beim *Sell Out*

Daneben wurde im Zusammenhang mit der Richtlinie die Frage aufgeworfen, ob das Andienungsrecht der Minderheitsaktionäre nicht eine andere, möglicherweise nicht beabsichtigte Folge auslöst: Die Aktionäre der Zielgesellschaft könnten dazu geneigt sein, das Übernahmeangebot nicht anzunehmen, gerade weil ihnen ggf. das Andienungsrecht zusteht[1619].

Diese Bedenken sind meines Erachtens nicht durchschlagend. Ein Andienungsrecht entsteht erst ab einer Beteiligungsschwelle des Hauptaktionärs von 90 % bzw. 95 % und nicht bereits bei einer das Pflichtangebot auslösenden Stimminhaberschaft von (nach deutschem Recht) 30 %. Insofern können sich Wertpapierinhaber nicht darauf verlassen, dass ihnen später ein Andienungsrecht zusteht. Das *Sell Out* Recht besteht nur in dem Fall eines sehr erfolgreichen Übernahmeangebots, nicht jedoch innerhalb der Spanne von 30 % bis unterhalb von 90 % bzw. 95 %. Die Erwägung einzelner Wertpapierinhaber, man könne zur Not noch von dem Andienungsrecht Gebrauch machen, erscheint daher eher fern liegend[1620].

b. Diskussion in Deutschland vor Einführung des *Squeeze Out*

Die Forderung nach einem Andienungsrecht gab es auch in der Diskussion um die Einführung des aktienrechtlichen *Squeeze Out* in Deutschland[1621]. Diesen Stimmen wurde entgegengehalten, in der Praxis bedürfe es eines solchen Andienungsrechts nicht, da ein Mehrheitsaktionär fast immer am Erwerb aller Aktien interessiert sei[1622]. Das mag für den Regelfall durchaus zutreffen. Indes ist aber gerade bei Unternehmen mit einem hohen Börsenwert auch das Gegenteil denkbar: Der Bieter wird nicht unbedingt alle Anteile aufkaufen wollen, sofern die mit einer Börsennotierung verbundenen Publizitätspflichten, die Kosten der

---

im Normalfall nicht über der im Angebot bestimmten liegen sollte.

1619 So Wagner, Deutsche Bank Research, EU Monitor Finanzmarkt Spezial, Nr. 2 vom 22. Mai 2003, S. 11.

1620 Die Argumentation, Aktionäre könnten dazu geneigt sein, das Angebot nicht anzunehmen und eher abwarten, trifft auf die Zaunkönigregelung im deutschen Recht zu (§ 16 Abs. 2 WpÜG). Hier haben die übrigen Aktionäre in der Tat die Möglichkeit, den Ausgang des Übernahmeangebots abzuwarten und sich erst anschließend für die Annahme des Angebots zu entscheiden. Zuzugeben ist der Aussage von Wagner aber, dass die durchschnittliche Annahmequote unter dem WpÜG im Jahre 2002 bei 94,8 % und damit in der Nähe des Schwellenwertes lag. Vgl. Blättchen/Götz, FB 2003, 184, 186. Krause (Allen & Overy) geht unter Hinweis auf Erfahrungen aus der Vergangenheit hingegen (allerdings bezogen auf den *Squeeze Out* Schwellenwert) davon aus, dass der Schwellenwert kaum jemals durch ein Übernahmeangebot erreicht werde, weshalb die 95 % Grenze zu hoch und langfristig zu überdenken sei. Öffentliche Anhörung des Finanzausschusses, 16. Sitzung vom 10. Mai 2006, Pr.Nr. 16/16, S. 5. Das Erreichen des *Squeeze Out* Schwellenwerts für im Regelfall unwahrscheinlich halten auch Oppenhoff/Seider, BZ vom 21. Dezember 2005, S. 2.

1621 Vgl. Körber, ZGR 2002, 790.

1622 Vgl. Körber, ZGR 2002, 790.

Hauptversammlungen und der Börsennotierung nicht in einem angemessenen Verhältnis zu dem Kaufpreis für die außenstehenden Aktien stehen. Hierin liegt also kein gewichtiger Grund, der gegen das Andienungsrecht spricht. Trotzdem wurde mit dem aktienrechtlichen *Squeeze Out* kein Andienungsrecht eingeführt.

c. Beabsichtigte Folgeregelungen bezüglich des *Sell Out*

Bislang ergeben sich die EG-Vorgaben bezüglich des *Sell Out* ausschließlich aus Art. 16 i.V.m. Art. 15. Allerdings ist für die Zukunft eine Ausweitung des *Sell Out* zu erwarten. In Zusammenhang mit der für die Jahre 2006 bis 2008 geplanten Reform der Zweiten Gesellschaftsrechtlichen Richtlinie[1623] hat die EG-Kommission mitgeteilt, sie beabsichtige, ein allgemeines *Sell Out* Instrument vorzuschlagen[1624]. Ein entsprechender Kommissionsvorschlag wurde als Arbeitspapier mittlerweile vorgelegt[1625]. Fraglich war daher, ob man über die Richtlinienvorgaben hinaus bereits jetzt ein gesellschaftsrechtliches (also allgemein ausgestaltetes) *Sell Out* Recht[1626] einführen soll, oder es (zunächst) bei einer übernahmerechtlichen Regelung belässt[1627].

3. Richtlinienbestimmung als Mindest- bzw. Maximalstandard

Grundsätzlich gelten die Ausführungen zum *Squeeze Out* entsprechend. Die Schwellenwerte stellen eine vorgegebene, feste Größe dar und dürfen nicht verändert werden[1628].

[1623] Zweite Gesellschaftsrechtliche Richtlinie über die Gründung von Aktiengesellschaften und den Erhalt und die Änderung ihres Kapitals, 77/91/EWG.

[1624] KOM (2002), 284 endg., abrufbar unter: http://europa.eu.int/eur-lex/de/com/cnc/2003/com2003_0284de01.pdf, abgedruckt in NZG 2003, Sonderbeilage zu Heft Nr. 13. Siehe dazu Habersack, NZG 2004, 1ff.; Maul/Lanfermann/Eggenhofer, BB 2003, 1289ff.; Wiesner, ZIP 2003, 977ff.

[1625] KOM (2004) endg., abrufbar unter: http://ec.europa.eu/internal_market/company/docs/capital/2004-proposal/proposal_de.pdf. Siehe hierzu auch die Ausführungen in Fn. 1666.

[1626] Unter einem gesellschaftsrechtlichen *Sell Out* wird ein *Sell Out* verstanden, der neben börsennotierten nicht börsennotierte Unternehmen erfasst und sich nicht auf Übernahmefälle beschränkt.

[1627] Aus diesem Grund für eine gesellschaftsrechtliche Ausgestaltung: Hasselbach, ZGR 2005, 387, 397. Gegen eine gesellschaftsrechtliche und für eine übernahmerechtliche Ausgestaltung hingegen: Kindler/Horstmann, DStR 2004, 866, 873; Wiesner, ZIP 2004, 343, 349; Krause, BB 2004, 113, 118; Seibt/Heiser, ZIP 2002, 2193, 2201f.; dies., ZGR 2005, 200, 240; Hopt/Mülbert/Kumpan, AG 2005, 109, 115, 118.

[1628] A.A. Hasselbach, ZGR 2005, 387, 392, der eine Absenkung des Schwellenwertes auf unter 90 % wegen des Minderheitenschutzes für zulässig hält. Angesichts der Detailliertheit der Regelungen sowie dem Umstand, dass der *Sell Out* als Gegenstück zum *Squeeze Out* konzipiert ist, lässt die Richtlinie eine Abweichung außerhalb des für beide Rechtsinstrumente vor-

4. Rechtslage vor der Umsetzung und Anpassungsbedarf

Entsprechende nationale Regelungen gab es bisher nicht, wenn man einmal von der Zaunkönigregelung des § 16 Abs. 2 WpÜG a.F. absieht. Diese Regelung erlaubt es den Aktionären, das Übernahmeangebot noch zwei Wochen nach der Veröffentlichung der Mitteilung des Bieters über den von ihm nach Ablauf der Annahmefrist gehaltenen Wertpapieranteil anzunehmen. Ausgenommen sind Übernahmeangebote, die der Bieter von dem Erwerb eines Mindestanteils der Aktien abhängig gemacht hat, sofern dieser Mindestanteil nicht erreicht wurde. Außerdem findet die Zaunkönigregelung nach § 39 S. 1 WpÜG a.F. bei Pflichtangeboten keine Anwendung. Die Regelung des § 16 Abs. 2 WpÜG a.F. ist also in ihren Voraussetzungen und von ihrem Umfang nicht mit dem *Sell Out* der Richtlinie vergleichbar.

Als Umsetzungsstandort kamen somit grundsätzlich die Modifikation des WpÜG a.F. und die des Aktiengesetzes in Betracht.

Da die Richtlinienbestimmungen auf das *Squeeze Out* Recht Bezug nehmen, ist es nahe liegend, das Andienungsrecht an das *Squeeze Out* Recht anzuknüpfen. Hierbei hätte man erwägen können, zunächst einen Paragraphen einzuführen, der die *Squeeze Out* und *Sell Out* gemeinsamen Vorschriften enthält, bevor man anschließend die spezifischen Vorschriften anfügt.

a. Ausgestaltung des übernahmerechtlichen *Sell Out*

Im Zusammenhang mit dem übernahmerechtlichen *Sell Out* musste der Gesetzgeber vielfältige Entscheidungen treffen. Der maßgebliche Schwellenwert war festzulegen, die Art und ggf. Höhe der Gegenleistung zu bestimmen und andere, eher verfahrensrechtliche Regelungen waren zu entwerfen.

1) Der Schwellenwert

Die Schwellenwerte wurden in Zusammenhang mit dem Squeeze Out bereits thematisiert. Danach ist ein *Squeeze Out* für den Bieter in Alternative b) von Art. 15 Abs. 2 im Vergleich zu Alternative a) schwerer durchzuführen, je größer sein Anteil an Wertpapieren vor Abgabe des Pflichtangebots gewesen ist. Dies wurde als progressiver Minderheitenschutz begrüßt[1629]. Beim *Sell Out* Recht wirkt sich die Alternative b) gerade umgekehrt aus: Weil für den Bieter die Schwelle vergleichsweise höher liegt, wird das Andienungsrecht des Minderheitsaktionärs entsprechend erschwert[1630]. Das ist die Kehrseite der Medaille.

---

gegebenen Rahmens nicht zu. Hiergegen spricht zudem die nur in Alternative a) vorgesehene Möglichkeit, den Schwellenwert (zum Minderheitenschutz) beim *Squeeze Out* auf 95 % zu erhöhen. Ein weitergehender Schutz sollte offensichtlich nicht gewährt werden.

[1629] Siehe dazu die Ausführungen unter J.II.1.b.2), S. 250.

[1630] Ebenso Hasselbach, ZGR 2005, 387, 401.

Lässt man die Regelung beim *Squeeze Out* einmal außen vor, ergibt sich aus Sicht der Minderheitsaktionäre folgendes Bild: Am günstigsten wäre es für sie, Alternative a) mit dem geringen Schwellenwert von 90 % sowie ggf. Alternative b) zusätzlich umzusetzen.

Dies wirft die Frage auf, ob es zulässig ist, bei *Squeeze Out* und *Sell Out* an unterschiedliche Regelungen anzuknüpfen bzw. beim *Sell Out* beide Alternativen umzusetzen, wenn man beim *Squeeze Out* nur eine umsetzt. Die Richtlinie drückt in Erwägungsgrund (24) aus, dass es sich beim *Sell Out* um das Gegenstück zum *Squeeze Out* handelt[1631]. Allerdings wird dort nicht ausdrücklich auf die Varianten a) und b) Bezug genommen. So heißt es, einem Bieter, „*der einen bestimmten Prozentsatz des stimmberechtigten Kapitals* (...) *erworben hat*" müsse das *Squeeze Out* Recht zustehen. Der nächste Satz beginnt wie folgt: „*Dementsprechend sollten die Inhaber der übrigen Wertpapiere die Möglichkeit haben, den Bieter, der* (...) *einen bestimmten Prozentsatz des stimmberechtigten Kapitals* (...) *erworben hat, zum Erwerb ihrer Wertpapiere zu verpflichten*". Der Erwägungsgrund fordert jeweils nur das Erreichen eines bestimmten Prozentsatzes[1632].

Er verknüpft diese Forderung aber durch den Ausdruck „Dementsprechend"[1633]. Ein zwingender Gleichlauf ergibt sich aus dem Wortlaut nicht. „Dementsprechend" lässt sich auch dahingehend interpretieren, dass die grundsätzliche Einführung eines *Squeeze Out* das Gegenstück *Sell Out* bedingt. Es sagt jedoch nicht, beide Rechtsinstrumente müssten unter denselben Voraussetzungen ausgeübt werden können. Um dies zum Ausdruck zu bringen, wäre eine Formulierung des S. 2 wie: „Bei Vorliegen der gleichen Voraussetzungen können die Inhaber der übrigen Wertpapiere den Bieter zum Erwerb ihrer Wertpapiere verpflichten" angebracht gewesen.

Die Art. 15 und 16 geben auch keinen Aufschluss. Art. 16 verweist zwar auf Art. 15, aber eben auf sämtliche dort geregelten Fälle.

Teilweise wird dennoch davon ausgegangen, der Verweis des Art. 16 Abs. 2 und Abs. 3 auf die Art. 15 Abs. 2 bis 5 sei so zu verstehen, dass die Umsetzung spiegelverkehrt zum *Squeeze Out* vorzunehmen sei. Abweichungen von den dort getroffenen Regelungen wären danach unzulässig[1634].

Hätte man einen vollständigen Gleichlauf festlegen wollen, so wäre eine andere Formulierung des Art. 16 zu erwarten gewesen. Diese hätte etwa wie folgt lauten können: „Die Mitgliedstaaten stellen sicher, dass ein Inhaber verbleibender Wertpapiere von dem Bieter verlangen kann, dass er seine Wertpapiere unter

---

[1631] So auch ausdrücklich die Zusammenfassung der Richtlinie.

[1632] Gleiches gilt für die englische Fassung: „*an offeror has acquired a certain percentage of a company's capital carrying voting rights*".

[1633] Die englische Fassung spricht hier von „*Likewise*".

[1634] So wohl Seibt/Heiser, ZGR 2005, 200, 249.

den gleichen Voraussetzungen erwirbt, zu denen der Bieter verlangen kann, dass der Inhaber der Wertpapiere ihm diese verkauft".

Die englische *Squeeze Out* bzw. *Sell Out* Regelung spricht ebenfalls dafür, dass Art. 16 und 15 keinen zwingenden Gleichlauf vorschreiben. Während der *Squeeze Out* im britischen Recht Vorbild für Alternative b) gewesen ist, entsprechen die *Sell Out* Vorschriften eher Alternative a) und knüpfen an das Innehaben eines bestimmten Prozentsatzes des Grundkapitals an[1635]. Sicherlich wären Einwände von englischer Seite gegen eine zwingend identische Anknüpfung von *Squeeze Out* und *Sell Out* erhoben worden, weil dies eine Abänderung des englischen Rechts erfordert hätte. Die Richtlinie schreibt somit keinen zwingenden Gleichlauf vor.

Daher stellt sich die Folgefrage, ob eine unterschiedliche Anknüpfung der Schwellenwerte bei Squeeze Out und Sell Out sinnvoll ist. Für den *Sell Out* wurde die Einführung der Alternative a) mit dem Schwellenwert 95 % gefordert[1636]. Grundsätzlich spricht für eine Gleichbehandlung, dass der *Sell Out* als Gegenstück des *Squeeze Out* angesehen wird[1637]. Wie oben bereits ausgeführt, folgt etwa Großbritannien dieser Einschätzung in seinem vor Umsetzung der Richtlinie etablierten *Sell Out* nicht bzw. sieht die Gleichbehandlung auch auf andere Weise gewährleistet.

Auch im deutschen Schrifttum wird vereinzelt die Umsetzung der Alternative b) für sinnvoll erachtet[1638].

Eine einheitliche Handhabung erscheint vorzugswürdig. Diese ist durch die alleinige Umsetzung der Alternative a) gegeben. Das Abstellen auf das (stimmberechtigte) Grundkapital dient dem Schutz der Minderheitsaktionärsinteressen vor einer willkürlichen Behandlung durch den Mehrheitsgesellschafter[1639].

Ein doppelter Schwellenwert ist zwar möglich, aber entbehrlich. Der aktienrechtliche *Squeeze Out* kennt keine Anknüpfung an Übernahmeangebote. Im Interesse möglichst großen Gleichlaufs beider *Squeeze Out* Instrumente sowie von *Squeeze Out* und *Sell Out* war die Einführung der Alternative b) deshalb beim übernahmerechtlichen *Squeeze Out* nicht angezeigt. Gleiches sollte daher auch beim *Sell Out* gelten, wenngleich es rechtlich nicht zwingend ist.

1635 *Sec. 429 (1) Companies Act* einerseits und *Sec. 430A (1) Companies Act* andererseits (Stand vor Umsetzung der Übernahmerichtlinie).

1636 Maul/Muffat-Jeandet, AG 2004, 306, 316; Krause, BB 2004, 113, 118; Hasselbach, ZGR 2005, 387, 401.

1637 So bereits die Winter-Gruppe, Winter-Bericht, S. 73.

1638 So Hasselbach, ZGR 2005, 387, 400, 401, allerdings nur dann, wenn beim *Squeeze Out* ebenfalls beide Alternativen umgesetzt würden.

1639 Hasselbach, ZGR 2005, 387, 400 mit Verweis auf Gower/Davies, Principles, 2003, S. 744.

Der Schwellenwert war daher bei 95 % des stimmberechtigten Kapitals und der Stimmrechte anzusetzen. Von einer Umsetzung der Alternative b) war abzusehen.

2) Berechnung des Schwellenwertes

Die Berechnung des Schwellenwertes sollte analog zum *Squeeze Out* erfolgen. Wie ausgeführt, ist eine Zurechnung gemäß § 16 Abs. 2 und 4 AktG zulässig und sinnvoll[1640].

3) Andienungsrecht nach Gattungen

Die Einführung eines gattungsmäßigen *Sell Out* ist grundsätzlich zulässig[1641]. Analog zu den Ausführungen beim *Squeeze Out* gilt, dass das *Sell Out* Recht für stimmberechtigte Wertpapierinhaber aus den Vorschriften der Art. 15 und 16 herrührt, während ein *Sell Out* Recht für stimmrechtslose Anteile auf einer nationalen Regelung beruhen würde. Die Richtlinie sieht zwar ein *Sell Out* Recht für nicht stimmberechtigte Anteile nicht vor, verbietet es aber auch nicht[1642].

Die Gründe, welche gegen ein *Squeeze Out* Recht in der jeweiligen Gattung sprechen, lassen sich nicht vollständig auf das Andienungsrecht übertragen. Das fehlende Verständnis des Kapitalmarkts für die unterschiedliche Behandlung trifft hier ebenfalls zu[1643].

Ein *Sell Out* Recht nach Gattungen würde zu einem verstärkten Schutz des Minderheitsaktionärs führen. Dies sei an einem Beispiel verdeutlicht:

Der Hauptaktionär hält nach einem Übernahmeangebot insgesamt 94 % der Aktien und des Grundkapitals der Gesellschaft. Das Grundkapital der Gesellschaft ist je hälftig eingeteilt in Stammaktien (mit Stimmrecht) und Vorzugsaktien (ohne Stimmrecht). Von den Stammaktien hält der Hauptaktionär 92 %, von den Vorzugsaktien 96 %. Dann wäre – vorausgesetzt man nimmt einen Schwellenwert von 95 % an – ohne gattungsmäßigen *Sell Out* kein Minderheitsaktionär zur Andienung berechtigt. Mit gattungsmäßigem *Sell Out* wird also für einen Teil der Aktionäre der Schutz verstärkt. Eine Gleichbehandlung unter den Minderheitsaktionären würde dadurch jedoch nicht eingeführt. Das verlangt die Richtlinie auch nicht[1644].

1640 Siehe die entsprechenden Ausführungen zum *Squeeze Out* unter J.II.4.b.3), S. 278. Ebenso Hasselbach, ZGR 2005, 387, 401.

1641 Insoweit gelten die obigen Ausführungen unter J.II.4.b.2), S. 271, zum *Squeeze Out* Recht sinngemäß.

1642 Die bezüglich des *Squeeze Out* vertretene Argumentation gilt hier entsprechend. Siehe dazu J.II.4.b.2)a), S. 271.

1643 Hasselbach, ZGR 2005, 387, 401.

1644 Art. 3 Abs. 1 lit. a) postuliert lediglich den Gleichbehandlungsgrundsatz nach Gattungen.

Allerdings ist angesichts des Regelungsgehalts der Richtlinie davon auszugehen, dass Voraussetzung eines *Squeeze Out* stets das Innehaben von 95 % (90 %) des stimmberechtigten Grundkapitals ist[1645]. Der Richtliniengeber wollte nämlich in erster Linie die Übertragung der stimmberechtigten Anteile ermöglichen. Die gesamte Richtlinie baut darauf auf, dass die stimmberechtigten Anteile Gegenstand der Übernahme sind, da nur sie die Kontrolle vermitteln können. Die nicht stimmberechtigten Anteile werden eher als Annex begriffen. Gleiches gilt für den *Squeeze Out* und den *Sell Out* im Anschluss an ein Angebot. Auch diese stellen eine Art Annex dar. Es entspricht also nicht den Richtlinienvorgaben, ein Andienungsrecht (nur) für die Gattung nicht stimmberechtigter Aktien einzuführen, wenn die Andienungsvoraussetzungen bezüglich der stimmberechtigten Aktien nicht vorliegen.

Zudem spricht gegen ein so verstandenes Andienungsrecht nach Gattungen die Zerstörung des Gleichlaufs von *Squeeze Out* und *Sell Out*[1646]. Eine besondere Schutzbedürftigkeit gerade der nicht stimmberechtigten Wertpapierinhaber ist nicht zu erkennen.

Im Übrigen würde der Gesetzgeber bei Einführung einer dem *Squeeze Out* entsprechenden Regelung, wonach der Inhaber nicht stimmberechtigter Wertpapiere dem Bieter seine Wertpapiere andienen kann, wenn der Bieter sowohl 95 % des stimmberechtigten Kapitals als auch des nicht stimmberechtigten Kapitals hält, schon über das Andienungsrecht der Richtlinie hinausgehen. Allerdings ist es sachgerecht, dem Bieter, dem die Erwerbsmöglichkeit auch bezüglich der nicht stimmberechtigten Anteile gegeben wird, auf Verlangen gleichsam zum Erwerb der nicht stimmberechtigten Wertpapiere zu verpflichten, wenn bezüglich beider Gattungen der Schwellenwert erreicht ist.

4) Fristbestimmung

Die Drei-Monats-Frist des Art. 15 Abs. 4 gilt gemäß Art. 16 Abs. 3 entsprechend. *Hasselbach* will beim *Sell Out* die Drei-Monats-Frist an die ggf. weitere Annahmefrist anknüpfen[1647]. In Bezug auf den *Squeeze Out* wurde bereits ausgeführt, dass eine Anknüpfung an die Frist des § 16 Abs. 2 S. 1 WpÜG nicht in Betracht kommt[1648].

Zwar wurde dort auf eine Absenkung des Schutzes der Minderheitsaktionäre abgestellt, wenn erst innerhalb der weiteren Annahmefrist der notwendige *Squeeze Out* Schwellenwert durchbrochen wird.

Dennoch kann im Ergebnis hier wie dort nichts anderes gelten, da die Richtlinie keine weitere Annahmefrist vorsieht, sondern für die Erreichung des Schwel-

---

1645 Siehe ebenfalls die Ausführungen unter J.II.4.b.2)a), S. 271.

1646 So auch Hasselbach, ZGR 2005, 387, 401.

1647 Hasselbach, ZGR 2005, 387, 402.

1648 Siehe dazu die Ausführungen unter J.II.4.b.4), S. 281.

lenwertes die Annahme des Angebots innerhalb der normalen Angebotsfrist maßgeblich ist.

Im Übrigen bedarf es auch keines weitergehenden Schutzes der Minderheitsaktionäre gerade nach einem Übernahmeangebot. Es ist nicht einzusehen, wieso die Minderheitsaktionäre in dieser Situation besser gestellt werden sollten als nach einem Pflichtangebot.

5) Form und Zeitpunkt der Anzeige

Hasselbach möchte für die Anzeige des Erreichens des Schwellenwertes auf § 10 Abs. 1 S. 1, Abs. 3 S. 1 und Abs. 2 WpÜG a.F. zurückgreifen. Diese Bestimmungen regeln die Veröffentlichung der Entscheidung zur Abgabe eines Angebots. Daneben bestünde die Möglichkeit, § 23 Abs. 1 Nr. 2 WpÜG a.F., der die Veröffentlichungspflichten des Bieters nach Abgabe des Angebots festlegt, entsprechend zu modifizieren. Die Vorschrift wäre dahingehend zu erweitern, dass der Bieter gleichzeitig mit Veröffentlichung der Anzahl der von ihm direkt oder mittelbar gehaltenen Wertpapiere angibt, für wie viele Wertpapiere, getrennt nach Gattungen, das Angebot angenommen wurde. So würden sämtliche Veröffentlichungspflichten des Bieters nach Abgabe des Angebots in einer Vorschrift geregelt bleiben. Vorzugswürdig erscheint, die Veröffentlichungspflicht in § 23 WpÜG a.F., nach dessen Abs. 1 zu integrieren. Es ist zu beachten, dass ein bloßes Anhängen als Abs. 1 Nr. 4 zwar möglich ist, aber inhaltlich verfehlt erscheint, da bei den Veröffentlichungspflichten des § 23 Abs. 1 WpÜG a.F. auch die nach § 30 WpÜG a.F. zuzurechnenden Stimmrechtsanteile berücksichtigt werden. Wie gezeigt, darf bei *Squeeze Out* und *Sell Out* die Zurechnung jedoch nur nach § 16 Abs. 2 und 4 AktG erfolgen. Insoweit würde eine bloße Erweiterung um einen § 23 Abs. 1 Nr. 4 zumindest irritieren. Entscheidend ist ja nicht, wie viele Stimmrechtsanteile dem Bieter zum Zeitpunkt des Erreichens der *Sell Out* Schwelle zuzurechnen sind, sondern vielmehr der Umstand, dass die Minderheitsaktionäre zum *Sell Out* (und der Bieter zum *Squeeze Out*) berechtigt sind. Hierin liegt das vorwiegende Informationsinteresse der Minderheitsaktionäre. Daher war § 23 WpÜG a.F. um einen Abs. 1a zu erweitern.

6) Andienungserklärung

Fraglich ist, wie der Aktienübergang rechtlich vollzogen werden soll.

In Betracht kommt zum einen, dem Minderheitsaktionär durch eine Art Gestaltungserklärung die Möglichkeit einzuräumen, den Rechtsübergang zu bewirken. Daneben könnte man auch auf eine vertragliche Basis zurückgreifen. Dann wäre in der Anzeige des Bieters ein unwiderlegliches Angebot zu sehen, welches durch den Zugang der Andienungserklärung angenommen würde[1649]. Ab diesem

---

[1649] Für diese Alternative Hasselbach, ZGR 2005, 387, 411.

Zeitpunkt würden die Wertpapiere nur noch den Anspruch auf die Abfindung gegen den Bieter verbriefen (wie in § 327e Abs. 3 S. 2 AktG).

In jedem Fall ist der Zeitpunkt, in dem die Übertragung der Wertpapiere dinglich wirksam wird, auf den Ablauf der Andienungsfrist festzulegen[1650]. Dies würde dem Bieter die Erfüllung der Pflichten aus dem *Sell Out* erleichtern.

7) Bankgarantie

Anders als beim übernahmerechtlichen *Squeeze Out* und der Vorbildregelung des § 327b Abs. 3 AktG kann auf eine Bankgarantie für etwaige austrittswillige Minderheitsgesellschafter verzichtet werden[1651]. Das ergibt sich aus der Freiwilligkeit des Austrittsentschlusses. Zudem würde der Bieter ansonsten gezwungen, stets eine Bankgarantie für sämtliche außenstehenden Wertpapiere einzuholen, obwohl das Austrittsrecht möglicherweise nur von wenigen Wertpapierinhabern angenommen wird[1652]. Auch aus dem Umstand, dass es sich beim *Sell Out* um das Gegenstück zum *Squeeze Out* handelt, ergibt sich nichts anderes.

8) Verfahrenskosten

Die Richtlinie gewährt den Mitgliedstaaten bei der Umsetzung des *Sell Out* einen weiten Gestaltungsspielraum. Direkte Vorgaben bezüglich der Kosten, welche für die Durchführung des *Sell Out* Verfahrens anfallen, macht sie nicht. Allerdings handelt es sich beim *Sell Out* um eine Vorschrift zum Minderheitenschutz. Daher ist es sachgerecht, dem Bieter die im Zusammenhang mit diesem Recht entstehenden Kosten aufzuerlegen[1653]. Kosten des Verfahrens sind dabei sämtliche Abwicklungskosten, also etwa die Bankgebühren des Andienenden. Nicht hierher gehören hingegen Kosten, welche auf Seiten des Andienenden im Rahmen der Andienung durch die Beauftragung eines Rechtsbeistandes entstehen können.

5. Umsetzung und Bewertung

a. Darstellung des WpÜG n.F.

Der Gesetzestext regelt den *Sell Out* ebenso wie zuvor der Regierungsentwurf nur in zwei Vorschriften.

[1650] Austmann/Mennicke, NZG 2004, 846, 855; Hasselbach, ZGR 2005, 387, 413. Eine Bündelung der Verfahren fordert auch Krause, BB 2004, 113, 119.

[1651] Ebenso Austmann/Mennicke, NZG 2004, 846, 855; Hopt/Mülbert/Kumpan, AG 2005, 109, 118; Hasselbach, ZGR 2005, 387, 412.

[1652] Hasselbach, ZGR 2005, 387, 412.

[1653] Ebenso Hasselbach, ZGR 2005, 387, 413.

1) § 39c WpÜG n.F.

Nach § 39c WpÜG n.F. können Aktionäre einer Zielgesellschaft, die ein vorausgehendes Übernahme- oder Pflichtangebot nicht angenommen haben, das Angebot innerhalb von drei Monaten nach Ablauf der Annahmefrist annehmen, falls der Bieter von dem übernahmerechtlichen *Squeeze Out* Gebrauch machen kann.

Ausweislich der Regierungsbegründung wird mit dieser Vorschrift Art. 16 umgesetzt[1654]. Voraussetzung für das Andienungsrecht sei die *Squeeze Out* Berechtigung des Bieters und die Nichtannahme des Angebots innerhalb der Annahmefrist oder der erweiterten Annahmefrist durch den Aktionär. Hiermit, so die Regierungsbegründung, werde eine *„unbürokratische und praktikable Umsetzung"* der Richtlinie gewährleistet.

Zudem knüpft § 39c S. 2 WpÜG n.F. den Fristbeginn an die Erfüllung der Verpflichtung aus dem nachfolgend zu besprechenden § 23 Abs. 1 S. 1 Nr. 4 WpÜG n.F an.

2) § 23 Abs. 1 S. 1 Nr. 4 WpÜG n.F.

Um den Andienungsberechtigten Kenntnis von ihrem Andienungsrecht zu verschaffen, muss der Bieter nach Erreichen der *Squeeze Out* Schwelle diese Tatsache veröffentlichen[1655]. Dies ist in § 23 Abs. 1 S. 1 Nr. 4 WpÜG n.F. geregelt.

b. Bewertung

Der Gesetzestext sieht nur eine ganz rudimentäre Regelung des Andienungsrechtes vor. Dass dies eine *„unbürokratische und praktikable Umsetzung"* des Andienungsrechtes darstellt, darf getrost bezweifelt werden. Der Ausgangspunkt der Regelung ist durchaus nachvollziehbar. So knüpft sie an das Recht des Bieters zum *Squeeze Out* an. Ist ein solches gegeben, besteht auch das Andienungsrecht. Insoweit wird also ein wünschenswerter Gleichlauf der Rechtsinstrumente herbeigeführt. Weitere Regelungen werden jedoch nicht getroffen.

Zu den Vorschriften im Einzelnen:

1) § 39c WpÜG n.F.

Die „unbürokratische Lösung" lässt viele Fragen offen. Richtigerweise knüpft die Regelung über den Verweis auf die *Squeeze Out* Berechtigung an den *Squeeze Out* Tatbestand an. Allein der Ablauf der Annahmefrist, nicht der weiteren

---

[1654] BT-Drs. 16/1003, Begründung, B. Zu Artikel 1 Zu Nummer 17 (§§ 39a-33c) Zu § 39c, S. 23.

[1655] Anders als noch im RefE Ü-UG stellt die verabschiedete Fassung auf das Erreichen der erforderlichen Beteiligungshöhe ab (zuvor Mehrheiten). Der Begriff „Mehrheiten" war unglücklich gewählt, da mit Mehrheiten üblicherweise Stimmrechtsmehrheiten gemeint sind.

Annahmefrist i.S.d. § 16 Abs. 2 WpÜG ist ausschlaggebend[1656]. Auch ist sinnvoll, dass bei der Berechnung des Schwellenwertes eine identische Anknüpfung von *Squeeze Out* und *Sell Out* vorgenommen wurde[1657]. Mit der Bezugnahme auf die Möglichkeit der Antragstellung durch den Bieter werden auch die Fälle erfasst, in denen dem Bieter innerhalb des Drei-Monats-Zeitraum noch nicht die maßgeblichen Anteile gehören, sondern erst bei einem späteren Vollzug.

Unklar ist hingegen, ob die Regelung inhaltlich den Richtlinienvorgaben entspricht, da sie ausweislich der Begründung den verbleibenden Aktionären ermöglichen soll, *das Angebot* innerhalb von drei Monaten nach Ablauf der Annahmefrist anzunehmen. Hierauf wird im Anschluss an die Besprechung der Vorgaben zur Gegenleistung ausführlich einzugehen sein[1658].

2) § 23 Abs. 1 S. 1 Nr. 4 WpÜG n.F.

§ 23 Abs. 1 S. 1 Nr. 4 WpÜG n.F. regelt die Veröffentlichungspflicht des Bieters.

Der Gesetzeswortlaut des § 23 Abs. 1 S. 1 Nr. 4 WpÜG n.F. ist unglücklich gewählt worden, da einfach eine Erweiterung des § 23 Abs. 1 S. 1 WpÜG a.F. um eine Nummer vier vorgenommen wurde. Systematisch passt die neue Nr. 4 nicht in die Reihe der anderen Anknüpfungspunkte, da sämtliche anderen Vorschriften auf den Bieter, mit diesem gemeinsam handelnde Personen und ihm nach § 30 WpÜG zuzurechnende Stimmrechtsanteile abstellen[1659]. Maßgeblich sind allerdings allein der Bieter und die ihm nach § 16 Abs. 2 und 4 AktG zugerechneten Anteile, wie sich aus § 39a Abs. 2 WpÜG n.F. ergibt. Diesen Makel bereinigt auch nicht der pauschale Verweis auf das *„Erreichen der für einen Ausschluss nach § 39a Abs. 1 und 2 erforderlichen Beteiligungshöhe“*. Letztlich handelt es sich um eine widersprüchliche Regelung, die nachbesserungswürdig ist. Sinnvoller wäre es gewesen, wenn der Bieter die eigenen, die ihm nach § 16 Abs. 2 und 4 AktG zugerechneten sowie die sich aus den Annahmeerklärungen ergebende Anzahl der Wertpapiere angeben müsste. Die weiteren in § 30 WpÜG enthaltenen Stimmrechtsanteile sind hingegen für den Sell Out sowie aus Informationsgesichtspunkten nicht von Relevanz.

Die Vorschrift ist zudem aus einem anderen Punkt zumindest klarstellungsbedürftig.

Für die Andienenden besteht das *Sell Out* Recht in den ersten drei Monaten nach Ablauf der Annahmefrist.

[1656] Siehe hierzu bereits die Ausführungen unter K.I.4.a.4), S. 359. Siehe zur Frage des zeitlichen Zusammenhangs die im Rahmen des *Squeeze Out* vorgenommene Bewertung unter J.II.5.b.2)a)(1)(d), S. 294.

[1657] Siehe hierzu bereits die Ausführungen unter K.I.4.a.1), S. 355 und K.I.4.a.2), S. 358.

[1658] Siehe die erneute Besprechung des § 39c WpÜG n.F. unter K.II.5.b., S. 374.

[1659] Vgl. die Ausführungen unter K.I.4.a.5), S. 360.

Wie im Zusammenhang mit dem *Squeeze Out* angeführt, kommt es dort (richtigerweise) nicht darauf an, dass der Bieter die Beteiligungsschwelle bei Stellung des *Squeeze Out* Antrags innehat, sondern nur nach der ggf. späteren Übertragung. Gleiches gilt offensichtlich auch beim *Sell Out*[1660].

Der Wortlaut von § 23 Abs. 1 S. 1 Nr. 4 WpÜG n.F. stellt jedoch für die Veröffentlichungspflicht (wie vor Einfügung der Änderung der *Squeeze Out* Regelung auf Beschlussempfehlung des Bundestagsfinanzausschusses) auf das „*Erreichen der für einen Ausschluss nach § 39a Abs. 1 und 2 erforderlichen Beteiligungshöhe*" ab.

Die Beteiligungshöhe wird streng genommen erst mit dem Eintritt der Bedingungen bzw. dem dinglichen Rechtsübergang erreicht. Dieser kann außerhalb des Drei-Monats-Zeitraums liegen.

Folglich ist § 23 Abs. 1 S. 1 Nr. 4 WpÜG n.F. dahingehend auszulegen, dass die Veröffentlichungspflicht wie die Voraussetzung des Übertragungsantrags in § 39a Abs. 4 WpÜG n.F. an den Umfang der Annahme bei einem späteren Vollzug geknüpft wird. Maßgeblich muss also sein, ob der Bieter einen Antrag stellen kann.

Unklar ist zudem, welche Folge die Nichtveröffentlichung nach § 23 Abs. 1 S. 1 Nr. 4 WpÜG n.F. auf das Andienungsrecht der Minderheitsaktionäre hat. Stellt man auf den Wortlaut ab, der in der Regierungsbegründung praktisch nur wiederholt wird, sind die Folgen der Nichtveröffentlichung nur in einem fehlenden Beginn der Laufzeit der Drei-Monats-Frist zu sehen. Auswirkungen auf das Andienungsrecht dürften hiermit nicht verbunden sein. Die Minderheitsaktionäre können also ungeachtet der fehlenden Bekanntmachung von ihrem Andienungsrecht Gebrauch machen. Das ist auch sachgerecht. Andernfalls hätte es der Bieter in der Hand, durch die Nichtanzeige das *Sell Out* Recht der Minderheitsaktionäre zu unterlaufen. Im Übrigen stellt die Nichtveröffentlichung nach § 23 Abs. 1 S. 1 Nr. 4 WpÜG n.F. eine Ordnungswidrigkeit gemäß § 60 Abs. 1 Nr. 1 WpÜG dar, so dass der Bieter bei Nichteinhaltung der Vorschrift Sanktionen befürchten muss.

3) Einführung eines übernahmerechtlichen Sell Out

Der Gesetzgeber hat sich für die Schaffung eines übernahmerechtlichen *Sell Out* entschieden. Damit ist er der weit vorherrschenden Meinung gefolgt, die ein übernahmerechtliches *Sell Out* Instrument einer gesellschaftsrechtlichen, in das Aktiengesetz integrierten Ausgestaltung[1661] vorzieht. Angesichts der Einfügung des übernahmerechtlichen *Squeeze Out* in das WpÜG ist diese Anknüpfung nur folgerichtig.

1660 Vgl. die obigen Ausführungen zu § 39c WpÜG n.F.

1661 Für eine gesellschaftsrechtliche Anknüpfung Hasselbach, ZGR 2005, 387, 399; Habersack, in: Emmerich/Habersack, Konzernrecht, 2005, Vor § 311 AktG Rn. 11.

Ungeachtet dessen sind die Gründe, welche für eine Integration in das Aktiengesetz gesprochen hätten, beachtlich[1662]. So führt *Hasselbach* neben den Kommissionsabsichten, einen generellen *Sell Out* einzuführen, die Gleichbehandlung nicht börsennotierter Unternehmen an und fordert außerdem eine Erweiterung auf nicht übernahmebezogene Sachverhalte, da die Minderheitsaktionäre dort gleich schutzwürdig seien.

Vergleicht man *Hasselbachs* Anliegen mit den *Sell Out* Regelungen in anderen EU-Mitgliedstaaten, fällt auf, dass diese in vielen Mitgliedstaaten (zum Beispiel in Großbritannien, Frankreich und Italien) – wie in der Richtlinie – nur auf börsennotierte Gesellschaften Anwendung finden[1663]. Dies liegt daran, dass börsennotierte Gesellschaften anfälliger für Struktur- bzw. Anteilseigneränderungen sind als Gesellschaften, die nicht börsennotiert sind. Die Wahrscheinlichkeit, bei einem börsennotierten Unternehmen zunächst ein Anteilseigner unter einem breit gestreuten Anlegerpublikum zu sein und sich bereits sehr kurze Zeit später einem starken Mehrheitsaktionär gegenüber zu sehen, ist um ein Vielfaches höher als bei einer nicht börsennotierten Gesellschaft[1664]. Zudem ist das *Sell Out* Recht als Gegenstück zum *Squeeze Out* konzipiert, der seinerseits an das Pflichtangebot anknüpft.

Desweiteren war zur Zeit der Verabschiedung des Ü-UG nicht ersichtlich, ob eine allgemeine *Sell Out* Regelung letztlich tatsächlich entsprechend des Vorschlags der Kommission ausgestaltet sein würde[1665], also welche Vorgaben von europäischer Ebene insoweit gegeben werden[1666]. Zudem besteht, nachdem der Gesetzgeber sich zutreffend für einen übernahmerechtlichen *Squeeze Out* entschieden hat, keine systematische Notwendigkeit für die Einführung eines gesellschaftsrechtlichen *Sell Out*.

1662 Siehe hierzu ausführlich Hasselbach, ZGR 2005, 387, 398ff.

1663 Siehe K.I.2.a., S. 350.

1664 Dies gesteht auch Hasselbach, ZGR 2005, 387, 398, zu.

1665 Vgl. KOM (2004) endg., Art. 39b, S. 15, abrufbar unter: http://ec.europa.eu/internal_market/company/docs/capital/2004-proposal/proposal_de.pdf.

1666 Die Kommission hat von ihren ursprünglichen Absichten, einen allgemeinen *Sell Out* in den Kommissionsvorschlag zur Reform der Zweiten Gesellschaftsrechtlichen Richtlinie aufzunehmen, abgesehen. Ein Grund hierfür war, dass die Aufnahme von gesellschaftsrechtlichen *Sell Out* und *Squeeze Out* Vorschriften die mit dem Kommissionsvorschlag erstrebte Vereinfachung konterkarieren würde. Eine Befragung von Stakeholdern ergab zudem, dass grundsätzlich die Einführung eines gesellschaftsrechtlichen *Sell Out* weit überwiegend für entbehrlich erachtet wird. Siehe *directorate general for internal market and services, consultation on future priorities for the action plan on modernising company law and enhancing corporate governance in the european union*, abrufbar unter http://ec.europa.eu/internal_market/company/docs/consultation/consultation_en.pdf bzw. http://forum.europa.eu.int/Public/irc/markt/markt_consultations/library?l=/company_law/priorities_consultation/foundations&vm=detailed&sb=Title.

Die Entscheidung des Gesetzgebers, einen übernahmerechtlichen *Sell Out* einzuführen, ist zu begrüßen. Die konkrete Ausgestaltung des übernahmerechtlichen *Sell Out* ist hingegen als weitgehend misslungen zu bezeichnen.

4) Fragmentarische Regelung

Leider konnte sich der Gesetzgeber nicht zu einer umfassenden Regelung durchringen. Insbesondere sind keine Verfahrensvorschriften zu finden[1667].

a) Andienungsberechtigte

Nach dem Gesetzeswortlaut können *„die Aktionäre"*, die das Angebot nicht angenommen haben, es noch annehmen, wenn der Bieter *„einen Antrag"* nach § 39a WpÜG n.F. (*Squeeze Out*-Antrag) stellen kann. Der Gesetzeswortlaut gibt damit nicht einmal zwingend vor, welche Minderheitsaktionäre andienungsberechtigt sind.

Auf den ersten Blick spricht einiges für die Erfassung sowohl der Inhaber stimmberechtigter als auch nicht stimmberechtigter Aktien, da von *„den Aktionären"* die Rede ist. Die fehlende Einsschränkung auf Inhaber stimmberechtigter Aktien legt den Schluss nahe, dass sämtliche Aktien erfasst sind, sofern die Voraussetzungen nach § 39a WpÜG n.F. vorliegen.

Indes ist dieses Ergebnis gar nicht zwingend, wie sich aus der Formulierung *„einen Antrag"* ergibt. Nach § 39a Abs. 1 WpÜG n.F. sind dem Bieter auf seinen Antrag die stimmberechtigten Aktien zu übertragen und daneben auf Antrag die Vorzugsaktien ohne Stimmrecht. Man könnte hieraus schließen, der Bieter könne in der Sache zwei Anträge stellen. Der erste ist auf die stimmberechtigten Aktien gerichtet, der zweite sozusagen als Annexantrag auf die nicht stimmberechtigten. Legt man § 39a Abs. 1 WpÜG n.F. in dem Sinne aus, dass es sich begrifflich um zwei Anträge handelt, spricht einiges dafür, dass beim *Sell Out* nur der erste Antrag gemeint ist. Dann hätten die nicht stimmberechtigten Wertpapierinhaber kein Andienungsrecht.

Für diese Auslegung scheint auch die Regierungsbegründung heranziehbar, wonach die Vorschrift der Umsetzung des Art. 16 diene[1668]. Art. 16 behandelt lediglich das Andienungsrecht der stimmberechtigten Wertpapierinhaber. Von diesem hier gleichfalls vertretenen Begriffsverständnis geht die Regierungsbegründung aus. Sie erläutert nämlich im Zusammenhang mit dem *Squeeze Out*: *„Da die Übernahmerichtlinie nur Aktien mit Stimmrechten erfasst, gibt sie keine Bezugsgröße für den Ausschluss von stimmrechtslosen Aktien vor"*[1669].

1667 Ebenso van Kann/Just, DStR 2006, 328, 332.

1668 BT-Drs. 16/1003, Begründung, B. Zu Artikel 1 Zu Nummer 17 (§§ 39a-33c) Zu § 39c, S. 23.

1669 BT-Drs. 16/1003, Begründung, B. Zu Artikel 1 Zu Nummer 17 (§§ 39a-33c) Zu § 39a Zu

Andererseits will der Gesetzgeber den Aktionären, welche das Angebot nicht angenommen haben, das Andienungsrecht zur Verfügung stellen[1670]. Die Begründung nennt wie der Gesetzestext unterschiedslos die „Aktionäre". Zudem ist das Angebot nach der Konzeption des WpÜG sowohl für die stimmberechtigten wie die nicht stimmberechtigten Aktien abzugeben. Aus diesem Grund sprechen letztlich die besseren Argumente dafür, das Andienungsrecht des WpÜG n.F. auf sämtliche Aktien, ungeachtet ob stimmberechtigte oder nicht stimmberechtigte, zu beziehen.

Mit dieser Auslegung wird man letztlich dem Grundgedanken der Richtlinie am ehesten gerecht, auch wenn diese den Fall der nicht stimmberechtigten Wertpapiere gar nicht regelt. Der Gedanke lässt sich dennoch übertragen. Das Pflichtangebot wird durch das *Squeeze Out* Recht ausgeglichen und dieses wiederum durch das Andienungsrecht der Aktionäre. Erstreckt man das Pflichtangebot und den *Squeeze Out* auf nicht stimmberechtigte Aktien, sollte gleiches für den *Sell Out* gelten.

b) *Verfahrenskosten*

Die Begründung äußert sich leider nicht dazu, wer die Kosten des Andienungsverfahrens zu tragen hat[1671]. Dies wäre sinnvollerweise zu regeln gewesen. Das Unterlassen stellt aber keinen Verstoß gegen die Richtlinienvorgaben dar.

II. Gegenleistung

1. Darlegung der umzusetzenden Richtlinienbestimmung

a. Allgemeines

Art. 16 Abs. 3 verweist auf die Art. 15 Abs. 3 bis 5, d.h. bei einem Pflichtangebot gilt die Gegenleistung des Angebots als angemessen, bei einem freiwilligen Angebot dann, wenn der Bieter durch die Annahme des Angebots mindestens 90 % des vom Angebot betroffenen stimmberechtigten Kapitals in Wertpapieren erworben hat. Beide Vermutungen sind widerlegliche Vermutungen, wie im Rahmen des *Squeeze Out* gezeigt wurde. Für eine unterschiedliche Behandlung der Vermutungen bei *Squeeze Out* und *Sell Out* sind keine Anhaltspunkte er-

---

Absatz 1, S. 21. Nicht in Einklang zu bringen ist hiermit jedoch die einführende Begründung des gleichen Absatzes, wonach in S. 2 die Möglichkeit des Art. 15 Abs. 3 S. 2 genutzt werde und das Ausschlussrecht für jede Gattung gesondert angewendet wird.

[1670] BT-Drs. 16/1003, Begründung, B. Zu Artikel 1 Zu Nummer 17 (§§ 39a-33c) Zu § 39c, S. 23.

[1671] Siehe hierzu bereits die Ausführungen unter K.I.4.a.8), S. 361.

sichtlich. Dies wird unter K.II.3.b. noch ausführlich dargelegt[1672]. Auch im Übrigen gelten die Ausführungen zum *Squeeze Out* entsprechend[1673].

b. Form der Abfindung

Beim *Sell Out* wird wie beim *Squeeze Out* – nach der hier vertretenen Auffassung zutreffend[1674] – teilweise davon ausgegangen, der Gesetzgeber könne die Gegenleistung auf eine Geldleistung beschränken[1675]. Die Einführung einer alleinigen Geldgegenleistung wird jedoch – soweit ersichtlich – in der Literatur von niemandem gewünscht.

Gefordert wird hingegen, dem Bieter die Wahlfreiheit zu lassen, welche Art von Gegenleistung er anbiete[1676]. Die Argumente, welche etwa den deutschen Gesetzgeber dazu veranlasst hätten, beim aktienrechtlichen *Squeeze Out* zwingend eine Barabfindung in Geld vorzusehen, seien beim *Sell Out* nicht tragfähig[1677]. Dem Mehrheitsaktionär sollte dort ein vollständiger Ausschluss der Minderheitsaktionäre auch aus dem Konzern ermöglicht werden, weshalb eine Gegenleistung in liquiden Aktien nicht sinnvoll erschien. Umgekehrt sei es den Minderheitsaktionären nicht zuzumuten, sich mit einer aus ihrer Sicht möglicherweise nicht zufrieden stellenden Sachgegenleistung abfinden zu müssen.

Betrachtet man beide Argumente, so ist in der Tat festzustellen, dass sie auf den *Sell Out* nicht voll übertragbar sind. Dem Bieter ist zu gestatten, weiterhin die Angebotsgegenleistung anzubieten.

Eine Beschränkung auf eine Geldgegenleistung erscheint weder aus Sicht des Bieters noch des Minderheitsaktionärs erforderlich.

Gegen ein Festhalten an Wertpapieren als Gegenleistung ließe sich zunächst der Gedanke anführen, dass dem Minderheitsaktionär hiermit zwar ein Ausstiegsrecht aus der Gesellschaft, nicht aber aus der Konzernstruktur eingeräumt wird. Ausreichend ist aber, dem Bieter ein Ausstiegsrecht aus der konkreten Gesellschaft zu gewähren. Der Minderheitsaktionär ist nämlich nicht gezwungen, von dem Andienungsrecht Gebrauch zu machen und die angebotene Gegenleistung anzunehmen. Der Bieter andererseits, der bislang Wertpapiere als Gegenleistung angeboten hat, kann ohnehin durch eine nun erfolgende Beschränkung auf eine Geldgegenleistung keine minderheitenfreie Konzernstruktur mehr erreichen.

[1672] Siehe S. 369.

[1673] Vgl. die Ausführungen unter J.III.1., S. 306.

[1674] Siehe die Ausführungen unter J.III.1.b.4), S. 321.

[1675] So Hasselbach, ZGR 2005, 387, 405.

[1676] Hopt/Mülbert/Kumpan, AG 2005, 109, 118, die allerdings dem Bieter diese Wahlmöglichkeit auch beim *Squeeze Out* einräumen wollen. Austmann/Mennicke, NZG 2004, 846, 855.

[1677] So Hasselbach, ZGR 2005, 387, 403.

Damit steht also der Bieter aus dieser Perspektive besser als beim *Squeeze Out*, da es für ihn einfacher sein dürfte, (weiterhin) Wertpapiere als Gegenleistung anzubieten, als eine reine Geldleistung.

Außerdem wird vorgebracht, die Minderheitsaktionäre sollten bei einem *Sell Out* keine erweiterte Gegenleistung (also wahlweise die Geldgegenleistung) angeboten bekommen, weil sie das ermutigen könnte, das vorausgehende Angebot nicht anzunehmen[1678]. Dies mag zwar vereinzelt zutreffen. Überwiegend werden die Wertpapierinhaber aber wohl nicht darauf vertrauen, dass ihnen mit dem *Sell Out* eine weitere Möglichkeit eingeräumt wird, ihre Wertpapiere nach Ablauf des öffentlichen Angebots noch zu veräußern.

Mangels Schutzwürdigkeit der Minderheitsaktionäre ist dennoch eine Beschränkung auf eine Geldgegenleistung nicht angezeigt.

2. Europäischer Hintergrund sowie Regelungen in einzelnen Mitgliedstaaten

Die *Sell Out* Vorschriften basieren, wie bereits unter K.I.2.a. dargelegt[1679], auf dem Gedanken, dass sie ein notwendiges Korrelat zum *Squeeze Out* darstellen. Zudem soll den Minderheitsaktionären der Verkaufsdruck bei vorangehenden Angeboten genommen werden und ihnen eine angemessene Verkaufsmöglichkeit geboten werden.

3. Richtlinienbestimmung als Mindest- bzw. Maximalstandard

a. Vergleich mit *Squeeze Out* Bestimmungen

Im Zusammenhang mit den *Squeeze Out* Vorschriften wurde darauf hingewiesen, dass die Vermutungen als solche angesichts ihrer Detailliertheit eins zu eins umzusetzen sind und lediglich daneben bei einem Übernahmeangebot andere Vermutungen eingeführt werden können.

Maßgeblich ist beim *Squeeze Out* stets die Angemessenheit des Preises. Insoweit stellt die *Squeeze Out* Bestimmung also stets einen Mindest- und zugleich einen Maximalstandard dar[1680].

b. Höhe der Gegenleistung

Die Angemessenheit der Gegenleistung ist auch beim *Sell Out* stets maßgeblich.

Bezüglich der Höhe der Gegenleistung ist im Ausgangspunkt zwischen verschiedenen Konstellationen zu unterscheiden.

1678 Austmann/Mennicke, NZG 2004, 846, 855.

1679 Siehe S. 350.

1680 Vgl. die Ausführungen unter J.III.3., S. 326.

Es ist zu trennen zwischen dem *Sell Out* stimmberechtigter und nicht stimmberechtigter Wertpapierinhaber.

1) Wertpapiere mit Stimmrecht

Für Inhaber stimmberechtigter Wertpapiere gilt folgendes:

Bei einem Pflichtangebot gilt die Gegenleistung als angemessen (Art. 16 Abs. 3 i.V.m. Art. 15 Abs. 5 S. 5). Der Bieter hat also nur die im Pflichtangebot angebotene Gegenleistung zu gewähren.

Gleiches gilt bei einem Übernahmeangebot, welches zum Erwerb von mindestens 90 % der vom Angebot betroffenen stimmberechtigten Wertpapiere geführt hat (Art. 16 Abs. 3 i.V.m. Art. 15 Abs. 5 S. 4).

Fraglich ist in beiden Konstellationen, ob für die Minderheitsaktionäre, welche ihre Wertpapiere antragen, die Angemessenheit gerichtlich – etwa in einem Spruchverfahren – überprüfbar sein muss.

Teile der Literatur sprechen sich gegen eine solche Überprüfungsmöglichkeit aus[1681]. Grund hierfür sei die Unwiderleglichkeit der Vermutung in diesen Fällen. Wie gezeigt, wird hier der Ansicht gefolgt, welche von einer widerleglichen Vermutung ausgeht. Daher kann die vorgetragene Ansicht der Literatur – mit dieser Begründung – das Ergebnis nicht tragen.

Andererseits treffen die Minderheitsaktionäre eine eigene Verkaufsentscheidung, zu der sie nicht gezwungen werden. In Anbetracht dessen wird eine gerichtliche Überprüfung der Angemessenheit der Abfindung ungeachtet der Frage der Widerleglichkeit der Vermutung für entbehrlich erachtet[1682].

Letztlich kämen damit in den Fällen, in denen die Angemessenheit vermutet wird, die unwiderlegliche und die widerlegliche Vermutung zum gleichen Ergebnis. Eine widerlegliche Vermutung, die mangels Rechtsmittel nicht angegriffen werden kann, entspricht in der Wirkung einer unwiderleglichen Vermutung.

Ausschlaggebend und entscheidend dafür, ob der zuletzt genannten Ansicht zuzustimmen ist, ist die Intention des Richtliniengebers. Sollte den Aktionären lediglich die Möglichkeit gegeben werden, sich doch noch für eine Annahme des Angebots und damit den Ausstieg aus der kontrollierten Gesellschaft zu entscheiden? Oder sollte ihnen auch für den Fall, in dem sie das ursprüngliche Angebot an sich nicht annehmen wollten, die Möglichkeit gegeben werden, gegen Zahlung einer überprüfbaren und in jedem Fall angemessenen Abfindung aus der Gesellschaft auszuscheiden? Letztlich ist also die Frage zu beantworten, ob

---

[1681] Austmann/Mennicke, NZG 2004, 846, 855; Hasselbach, ZGR 2005, 387, 404, 413. Allerdings gehen sowohl Austmann/Mennicke als auch Hasselbach von einer unwiderleglichen Vermutung aus.

[1682] So etwa Austmann/Mennicke, NZG 2004, 846, 855; Hopt/Mülbert/Kumpan, AG 2005, 108, 119.

der Richtliniengeber einfach eine verlängerte Annahmefrist schaffen oder den Gesellschaftern ein echtes Andienungsrecht gewähren will.

a) Wortlaut

Ausgehend von der hier vertretenen Ansicht ist den Minderheitsaktionären beim *Squeeze Out* eine angemessene, nicht nur den widerleglichen Angemessenheitsvermutungen entsprechende Abfindung zu gewähren. Es scheint daher fragwürdig, warum der Andienende nicht gleichfalls ein Anrecht auf eine solche angemessene Abfindung haben sollte. Der Wortlaut der Richtlinie wendet in beiden Konstellationen die gleichen Vorschriften an. Eine Unterscheidung wird vom Wortlaut nicht vorgegeben.

Die Richtlinie schreibt nicht nur die entsprechende Anwendung der Bestimmungen des Art. 15 Abs. 3 bis 5 vor, die ohnehin von einer angemessenen Abfindung sprechen, sondern fordert in Art. 16 Abs. 2 darüber hinausgehend ausdrücklich einen „*angemessenen Preis*“. Die detaillierten Regelungen des Art. 15 Abs. 5 dienen hingegen nur als Vermutungen zur Verfahrensvereinfachung. Der Wortlaut spricht daher für das Erfordernis einer angemessenen Gegenleistung.

b) Systematik

Auch die Systematik spricht für die Gewährung einer angemessenen Gegenleistung. Sollte den Wertpapierinhabern stets nur die Gegenleistung des vorausgehenden Übernahme- bzw. Pflichtangebots gewährt werden, wäre der Verweis auf Art. 15 Abs. 5 zumindest missverständlich und im Falle eines Übernahmeangebots schlichtweg nicht zu erklären. Es dürfte nämlich gar nicht darauf ankommen, ob das Übernahmeangebot tatsächlich für 90 % der außenstehenden stimmberechtigten Wertpapiere angenommen wurde. Eine Ausgestaltung des Verweises in Art. 16 Abs. 3, welche die Vermutungsregelungen des Art. 15 Abs. 5 S. 4 und 5 nicht erfasst, wäre ohne weiteres möglich gewesen.

Die systematische Auslegung führt damit ebenfalls zu dem Erfordernis einer angemessenen Gegenleistung.

c) Teleologische und historische Auslegung

Für eine entsprechende Anwendung der Gegenleistungsvorschriften zum *Squeeze Out* hatte sich bereits die *Winter*-Gruppe ausgesprochen[1683]. Von besonderem Interesse ist die Begründung der *Winter*-Gruppe für die Einführung eines *Sell Out* Rechts, welche bereits unter K.I.2.a. wiedergegeben[1684] und unter K.II.2. kurz zusammengefasst wurde[1685].

[1683] Winter-Bericht, S. 78.

[1684] Siehe S. 350.

[1685] Siehe S. 369.

In der Begründung wird ausdrücklich darauf Bezug genommen, dass die Minderheitsaktionäre gute Gründe dafür gehabt haben könnten, das Angebot nicht anzunehmen, wie etwa einen unattraktiven Preis. Außerdem wies die Gruppe darauf hin, dass die Gegenleistung beim *Sell Out* im Normalfall nicht über der im Angebot bestimmten liegen sollte[1686]. Der *Winter*-Bericht geht also auch beim Andienungsrecht von einer Überprüfbarkeit der Gegenleistung aus.

Dafür, dass der Richtliniengeber diese Position aufgeben wollte, sind keine Anhaltspunkte ersichtlich. Er bezeichnet das Recht – wie die *Winter*-Grup-pe – als Andienungsrecht und nicht etwa als weitere oder verlängerte Annahmefrist. Auch wendet er die Bestimmungen für *Squeeze Out* und *Sell Out* identisch an. Für diese Auslegung spricht zudem Erwägungsgrund (24), welcher das *Sell Out* Recht als Gegenstück zum *Squeeze Out* etabliert sehen will und bereits diskutiert wurde[1687].

d) Ergebnis

Die genannten Umstände sprechen dafür, dass es dem Richtliniengeber darum ging, ein echtes Andienungsrecht mit angemessener Gegenleistung zu etablieren[1688]. Die fehlende Überprüfbarkeit der Gewährung einer angemessenen Gegenleistung würde zu einer nicht zu rechtfertigenden Schlechterstellung der Minderheitsaktionäre bei einem *Sell Out* im Gegensatz zum *Squeeze Out* führen und ist mithin zu verwerfen.

2) Wertpapiere ohne Stimmrecht

Der deutsche Gesetzgeber ist in der Ausgestaltung bei den stimmrechtslosen Anteilen frei, weil der Richtliniengeber diesen Fall nicht geregelt hat[1689]. Nahe liegend ist, an die Regelungen bei Wertpapieren mit Stimmrecht anzuknüpfen. Man sollte identische Vermutungen einführen und auch die Lösung in Fällen, in denen die Vermutung nicht eingreift, identisch ausgestalten. Eine Ungleichbehandlung wäre willkürlich und nicht sachgerecht.

[1686] Winter-Bericht, S. 73.

[1687] Unter K.I.4.a.1), S. 355, wurde unter Bezugnahme auf diesen Erwägungsgrund ausgeführt, *Squeeze Out* und *Sell Out* müssten nicht zwingend unter denselben Voraussetzungen gewährt werden. Gemeint sind mit den „Voraussetzungen" die Schwellen zur Ausübung, nicht die Qualität des Rechtsinstruments. Die Angemessenheit ist beim *Sell Out* ungeachtet dessen *entsprechend* dem *Squeeze Out* zu gewähren.

[1688] Eine Absenkung der Gegenleistung unter die im Übernahme- oder Pflichtangebot angebotene Gegenleistung kommt nicht in Betracht. Dies gilt hier ebenso wie beim *Squeeze Out*. Vgl. dazu die Ausführungen unter J.III.1.b.2), S. 319.

[1689] Vgl. die Ausführungen unter J.II.4.b.2)a), S. 271.

4. Rechtslage vor der Umsetzung und Anpassungsbedarf

a. § 16 Abs. 2 WpÜG a.F.

Im WpÜG a.F. existieren mangels *Sell Out* keine Regelungen zur angemessenen Gegenleistung. Die einzige annähernd vergleichbare Regelung ist § 16 Abs. 2 WpÜG a.F., der eine weitere Annahmefrist bei Übernahmeangeboten zu ansonsten gleich bleibenden Bedingungen vorsieht[1690]. Im Grunde ist die weitere Annahmefrist, wenn man einmal von Pflichtangeboten absieht, die schrankenlosere Regelung[1691].

b. Bestimmung der Gegenleistung in anderen als durch die Richtlinie festgelegten Fällen

Wie unter K.II.3.b. gezeigt[1692], gibt die Richtlinie nur Angemessenheitsvermutungen für Pflichtangebote sowie für besonders erfolgreiche Übernahmeangebote auf stimmberechtigte Anteile vor.

Damit bleibt offen, wie vorzugehen ist, wenn das Übernahmeangebot nicht den Schwellenwert von 90 % erreicht.

Hasselbach geht in diesem Fall davon aus, der Bieter müsse die Abfindung festlegen sowie einen Bericht erstellen, wie es auch beim aktienrechtlichen *Squeeze Out* gefordert wird[1693]. Zudem müsse die Möglichkeit bestehen, die Abfindung in einem Spruchverfahren zu überprüfen.

Es erscheint auf den ersten Blick nahe liegend, zwischen Fällen, in denen die Angemessenheitsfiktion eingreift und solchen, in denen dies nicht der Fall ist, zu unterscheiden. Andernfalls wäre die Vermutung entbehrlich und hätte keine Bedeutung für den *Sell Out*.

Dennoch sind die von *Hasselbach* geforderten Konsequenzen erheblich. Sie würden den Bieter möglicherweise dazu verpflichten, wegen einer angedienten Aktie eine Unternehmensbewertung durchzuführen. Das ist auf den ersten Blick erschreckend, weil es ein enormes Erpressungspotential bietet. Auf der anderen Seite ist das Ziel des Richtliniengebers zu bedenken, nämlich dem Bieter eine echte Ausstiegsmöglichkeit zu einem angemessenen Preis zu gewähren. Greift damit die Angemessenheitsvermutung nicht ein, führt an einer Festlegung anhand einer Unternehmensbewertung wohl kein Weg vorbei. Zumindest muss die

---

[1690] § 39 WpÜG a.F. verweist nicht auf § 16 Abs. 2 WpÜG a.F. Insofern wäre es systematisch sinnvoller gewesen, die Regelung gleich in „Abschnitt 4. Übernahmeangebote" zu integrieren, da sie auch bei einfachen Erwerbsangeboten nicht zur Anwendung gelangt. Siehe zu dieser Vorschrift bereits die Ausführungen unter K.I.4, S. 355.

[1691] Die Regelung ist schrankenloser, weil sie nicht auf eine bestimmte Annahmequote bzw. auf das Innehaben einer bestimmten Beteiligungsschwelle des Bieters abstellt.

[1692] Siehe S. 369.

[1693] Hasselbach, ZGR 2005, 387, 408, 410.

Gegenleistung in einem Gerichtsverfahren überprüfbar sein. Dies ergibt sich zwingend aus der zu gewährenden angemessenen Abfindung. Nehmen nämlich nicht 90 % der Wertpapierinhaber das Angebot an, deutet dies, glaubt man an die Kräfte des Marktes, auf die Unangemessenheit der Barabfindung hin.

Der Hinweis auf die mit einer Unternehmensbewertung verbundenen Kosten rechtfertigt keine anderweitige Beurteilung. Es ist also nicht ausreichend, den Minderheitsaktionären den Preis des öffentlichen Angebots zu zahlen[1694]. Eine Berichtspflicht des Bieters wird man hingegen nicht ohne weiteres annehmen können.

5. Umsetzung und Bewertung

a. § 39c WpÜG n.F.

§ 39c WpÜG n.F. wurde bereits vorgestellt. Der Sache nach handelt es sich um eine stark verlängerte Zaunkönigregelung, welche nicht nur auf Übernahmeangebote, sondern auch auf Pflichtangebote Anwendung findet. Die Aktionäre können also das Angebot noch drei Monate nach Ablauf der ursprünglichen Annahmefrist annehmen.

b. Bewertung

Wie die obigen Ausführungen zeigen, ist beim *Sell Out* stets eine angemessene Gegenleistung zu gewährleisten. Nicht ausreichend ist das Vorgehen des Gesetzgebers, ausschließlich auf die Gegenleistung, die im Rahmen des Übernahme- oder des Pflichtangebots entrichtet wurde, abzustellen[1695]. Die seit dem Referentenentwurf unverändert gebliebene Regelung erfüllt nicht die Anforderungen der Richtlinie.

Insbesondere hilft die beibehaltene parallele Preisbestimmung bei Pflicht- und Übernahmeangeboten nicht weiter. Damit erfüllen die Übernahmeangebote zugleich die Voraussetzungen der Pflichtangebote, was im Grundsatz zu einer Angemessenheit des freiwilligen Übernahmeangebots im Sinne der Angemessenheitsvermutung des Pflichtangebots führt. Allerdings ist das unerheblich. Denn auch bei der Angemessenheitsvermutung des Pflichtangebots handelt es sich nur um eine widerlegliche Vermutung. Folglich ist die Angemessenheit der Gegenleistung nicht gewährleistet, weder in einem Pflichtangebotsfall, noch bei einem

---

[1694] A.A. Austmann/Mennicke, NZG 2005, 846, 855; Hopt/Mülbert/Kumpan, AG 2005, 109, 118.

[1695] Ebenso Schüppen BB 2006, 165, 169, mit der Anmerkung hinter der Überschrift „Andienungsrecht" befinde sich lediglich eine erweiterte Annahmefrist. A.A. DAV-Handelsrechtsausschuss, Stellungnahme zum DiskE Ü-UG, NZG 2006, 177, 182, der die Lösung des Gesetzgebers in Anbetracht der Freiwilligkeit der Andienung für eine sachgerechte Lösung hält. Die Regelung für ausreichend erachtet auch Merkt, Stellungnahme RegE Ü-UG, S. 21.

Übernahmeangebot. Allein deshalb hätte der Gesetzgeber eine Überprüfungsmöglichkeit schaffen müssen.

Eine richtlinienkonforme Auslegung der Vorschrift scheidet aus. Insbesondere ist es nicht möglich, etwa das Spruchverfahren analog anzuwenden.

Der Gesetzgeber verstößt somit gegen die in Art. 16 enthaltenen Vorgaben.

Zudem fehlen Vorschriften zur Bestimmung der Gegenleistung in anderen als von der Richtlinie durch die Vermutungen bestimmten Fällen, wie etwa Anhaltspunkte für die Frage, ob der Bieter ein Bewertungsgutachten zu erstellen hat oder ob das Gericht ein solches einholt.

Abgesehen davon ist nicht ersichtlich, wie bei Eingreifen der Vermutung die Gegenleistung überprüft werden soll[1696].

L. Verhältnis *Squeeze Out / Sell Out* Verfahren

Sowohl der Bieter als auch die Minderheitsaktionäre können bei Vorliegen der beschriebenen Voraussetzungen vom *Squeeze Out* bzw. *Sell Out* Gebrauch machen. Daher drängt sich die Frage auf, in welchem Verhältnis die beiden Rechtsinstrumente zueinander stehen. In Betracht kommen (theoretisch) ein Vorrang des *Sell Out*, der Gleichrang von *Squeeze Out* und *Sell Out* sowie ein Vorrang des *Squeeze Out*.

Die Richtlinie gibt diesbezüglich keine Rangfolge vor, sondern regelt nur die grundsätzlichen Voraussetzungen, unter denen das jeweilige Recht ausgeübt werden kann.

I. Vorrang des *Sell Out*

Ein Vorrang des *Sell Out* würde bedeuten, dass ein *Squeeze Out* während des *Sell Out* nicht durchgeführt werden könnte. Dies ist schon deshalb abwegig, weil ansonsten ein einzelner Andienungsberechtigter ein etwa gewünschtes *Squeeze Out* Verfahren des Bieters gegen sämtliche Minderheitsaktionäre blockieren könnte. Ein vorrangiger *Sell Out* muss daher ausscheiden. Damit kommen lediglich die Gleichrangigkeit der Rechte und der Vorrang des *Squeeze Out* in Betracht.

II. Gleichrang von *Squeeze Out* und *Sell Out*

Ein Gleichrang von *Squeeze Out* und *Sell Out* könnte für den Minderheitsaktionär vorteilhaft sein. Geht man wie hier davon aus, dass die Zeitspanne bis zur Gerichtsentscheidung über den *Squeeze Out* länger ist als die Drei-Monats-Frist

---

[1696] Natürlich haben sich dem Gesetzgeber diese Fragen ausgehend von seinem Konzept des Angebotspreises als maßgeblichen Preis nicht gestellt. Insoweit war der Gesetzgeber konsequent.

zur Ausübung des *Sell Out*, müsste der Minderheitsaktionär entsprechend länger auf seine Gegenleistung warten. Das wird bei einem Gleichrang der Verfahren vermieden. Der Minderheitsaktionär scheidet gegen Übereignung der Gegenleistung mit Ablauf der Drei-Monats-Frist aus der Gesellschaft aus. Im Übrigen muss für ihn noch die Möglichkeit bestehen, die Angemessenheit der Abfindung gerichtlich überprüfen zu lassen[1697].

Sollte ein Minderheitsaktionär von dem Andienungsrecht Gebrauch gemacht haben, berührt ihn der nachfolgende Gerichtsbeschluss bezüglich des *Squeeze Out* unabhängig von der dinglichen Erfüllung des Anspruchs nicht mehr. Für ihn wäre das *Sell Out* Verfahren weiter maßgeblich. In Anbetracht der Zeitdauer, die zwischen dem Entschluss des Bieters zum *Squeeze Out* und dessen Vollzug regelmäßig liegen wird, handelt es sich hierbei wohl eher um eine theoretische (Konflikt-) Möglichkeit. Der Minderheitsaktionär wird bereits aus der Gesellschaft ausgeschieden sein, bevor es zu einem Gerichtsbeschluss bezüglich des *Squeeze Out* kommt.

III. Vorrang des *Squeeze Out*

Für den Vorrang des *Squeeze Out* lässt sich dessen größere Reichweite anführen. Durch ihn werden sämtliche Minderheitsaktionäre ausgeschlossen, beim *Sell Out* nur der jeweils Andienende. Dies spricht dafür, dem umfassenderen Recht den Vorrang einzuräumen.

IV. Stellungnahme

Squeeze Out und *Sell Out* sind zwei voneinander unabhängige Rechtsinstrumente. Diese Unabhängigkeit sollte auch bei der verfahrensrechtlichen Ausgestaltung gewahrt bleiben. Zwar ist zuzugeben, dass im Grundsatz das weiterreichende Verfahren das engere überlagern sollte. Da aber beide Verfahren nicht zum gleichen Zeitpunkt zu einem Ergebnis führen müssen, ist es sinnvoller, die Verfahren parallel laufen zu lassen. Dies ist vor allem für den Fall sachgerecht, dass es zu keinem wirksamen *Squeeze Out* – aus welchen Gründen auch immer – kommt. In einem solchen Fall würde der Vorrang des *Squeeze Out* Verfahrens zu einer Nichtausübbarkeit des *Sell Out* Rechts führen. Dieses Ergebnis ist unhaltbar.

Zudem ist nicht einzusehen, diejenigen Aktionäre, die freiwillig aus der Gesellschaft ausscheiden wollen, länger als notwendig auf ihre Gegenleistung warten zu lassen. Folglich ist ein Gleichrang der Rechtsinstrumente vorzugswürdig.

[1697] Siehe die Ausführungen unter K.II.3.b., S. 369.

V. Umsetzung und Bewertung

Der Gesetzgeber geht mit keinem Wort darauf ein, wie das Verhältnis von *Sell Out* und *Squeeze Out* zueinander ausgestaltet ist.

Da der Gesetzgeber weder ausdrücklich noch implizit einen Anwendungsvorrang des *Squeeze Out* festgelegt hat, ist von einem Gleichrang der Verfahren auszugehen.

Das *Sell Out* Recht soll den Minderheitsaktionären nach den Vorstellungen des Gesetzgebers eine einfache Möglichkeit einräumen, das Angebot noch innerhalb von drei Monaten nach Ablauf der Annahmefrist anzunehmen. Eine Sperrwirkung will der Gesetzgeber also offensichtlich nicht.

Dieses Ergebnis – Gleichrang von *Squeeze Out* und *Sell Out* – entspricht dem hier gefundenen und ist somit zu begrüßen.

KAPITEL 3: ZUSAMMENFASSUNG UND ABSCHLIEßENDE BEWERTUNG

A. Einführung in die Thematik

1. Der Gesetzgeber war durch die Übernahmerichtlinie vom 30. März 2004 dazu aufgerufen, das deutsche Recht und damit insbesondere das WpÜG an die neuen europäischen Vorgaben anzupassen. Mit der Richtlinie wurden etwa 30 Jahre anhaltende Bemühungen um einheitliche Rahmenbedingungen für Übernahmen vorübergehend zu einem erfolgreichen Abschluss gebracht. Freilich war dies nur auf Kosten eines Kompromisses, welcher sich vor allem im Optionsmodell äußert, zu realisieren.
2. Das in weiten Teilen auf dem Vorgängervorschlag der Richtlinie basierende, zum 1. Januar 2002 eingeführte WpÜG entsprach weitgehend den Richtlinienvorgaben. Allerdings ist die Grundkonzeption des WpÜG eine andere als die der Richtlinie, da das deutsche Gesetz neben Regelungen für Übernahmesachverhalte auch solche für einfache Wertpapiererwerbangebote beinhaltet.
3. Der deutsche Gesetzgeber hat die Übernahmerichtlinie in Form eines Artikelgesetzes, das vorwiegend Änderungen des WpÜG, daneben auch des AktG, des HGB und weiterer Gesetze vorsieht, mit nur geringer Verspätung in das deutsche Recht umgesetzt.
4. Den zahlreichen Vorarbeiten in der Literatur wurde bei der Umsetzung offensichtlich nur bedingt Rechnung getragen. Viele Regelungen wurden zutreffend umgesetzt. Teilweise erfolgte die Umsetzung nur unzureichend. In manchen dieser Fälle ist eine richtlinienkonforme Auslegung durch die zuständige Stelle möglich, andere Vorschriften sind keiner richtlinienkonformen Auslegung zugänglich.
5. Bezüglich der fehlerhaft oder gar nicht umgesetzten Vorschriften kommt eine unmittelbare Anwendbarkeit nicht in Betracht. Eine horizontale Wirkung von Richtlinienbestimmungen ist in der Rechtsprechung des Europäischen Gerichtshofs nicht anerkannt. Allerdings drohen diesbezüglich Schadensersatzansprüche der Betroffenen oder etwa ein durch die Kommission oder einen anderen Staat eingeleitetes Vertragsverletzungsverfahren.

B. Anwendungsbereich, Zuständigkeit und anwendbares Recht

6. Die Regelungen des Art. 1 und des Art. 4 betreffend den Anwendungsbereich, die Zuständigkeit und das anwendbare Recht sind in einen neu gefassten § 1 WpÜG eingeflossen. Im Wesentlichen ist die Umsetzung der

genannten Artikel gelungen. § 1 Abs. 1 WpÜG n.F. lässt jedoch eine Klarstellung dahingehend, dass schon die Teilzulassung der stimmberechtigten Aktien zum organisierten Markt den Anwendungsbereich des Gesetzes eröffnen, vermissen. Insofern ist eine richtlinienkonforme Auslegung erforderlich.

7. Der ehemals für deutsche Gesellschaften umfassende Anwendungsbereich wurde entsprechend den Richtlinienvorgaben bei alleiniger Zulassung der Wertpapiere an einem organisierten Markt in einem anderen Mitgliedstaat auf gesellschaftsrechtliche Fragen beschränkt.

8. Umgekehrt wurde die Zuständigkeit bezüglich der Fragen des Marktrechts für Gesellschaften aus dem europäischen Ausland, deren stimmberechtigte Wertpapiere nicht im Heimatstaat zum Handel an einem organisierten Markt zugelassen sind, in zwei Fällen eingeführt. Die Zuständigkeit besteht zum einen, wenn die stimmberechtigten Wertpapiere der Gesellschaft ausschließlich in Deutschland zugelassen sind, zum anderen, wenn bei gleichzeitiger Zulassung in Deutschland und einem anderen Mitgliedstaat Deutschland als Marktstaat gewählt wurde.

9. Der Gesetzgeber hat, entgegen der weit vorherrschenden Auffassung, den Sitzbegriff, welcher zur Bestimmung des Heimatstaats und der Zuständigkeit bezüglich der Gesellschaften erforderlich ist, nicht konkretisiert. Im Sinne der Richtlinie ist unter dem Begriff „Sitz“ der Satzungssitz zu verstehen. Das ergibt sich etwa aus der englischen Sprachfassung sowie aus systematischen Erwägungen. Entsprechend ist der Begriff „Sitz“ in § 2 Abs. 3 Nr. 1 und 2 WpÜG n.F. als Satzungssitz zu verstehen.

C. Angebotsregelungen

I. Pflichtangebot

10. Die Richtlinie regelt das Pflichtangebot detailliert. Dem nationalen Gesetzgeber war es überlassen, die Kontrollschwelle festzulegen. Die Kontrollschwelle von 30 % der Stimmrechte wurde im deutschen Recht beibehalten. Außerdem hat der Gesetzgeber von der Möglichkeit, das Pflichtangebot auf nicht stimmberechtigte Aktien zu erstrecken, Gebrauch gemacht.

11. Die Richtlinie geht anders als das WpÜG in § 29 Ab. 2 nicht von einem formellen, sondern einem materiellen Kontrollbegriff aus.

12. Die Richtlinie sieht eine Befreiung von einem Pflichtangebot nicht vor. Dennoch wurden die Regelungen der §§ 36, 37 WpÜG sowie die §§ 8ff. WpÜG-AngVO unverändert beibehalten.

13. Bei der Nichtberücksichtigung von Stimmrechten nach § 36 WpÜG handelt es sich zwar systematisch nicht um einen Befreiungstatbestand von

einem Pflichtangebot. Inhaltlich aber stellt die Vorschrift eine Befreiung dar. Ausgehend von dem durch die Richtlinie vorgegebenen materiellen Kontrollbegriff ist § 36 Nr. 1 WpÜG nicht mit den Richtlinienvorgaben vereinbar.

14. Die Befreiungstatbestände des § 37 WpÜG sind ebenfalls insoweit nicht mit den Richtlinienvorgaben vereinbar, als sie trotz Vorliegen einer materiellen Kontrollposition eine Befreiung von der Angebotspflicht zulassen. Das trifft auf § 37 Alt. 1 WpÜG i.V.m. § 9 S. 1 Nr. 1 und 2 WpÜG-AngVO zu. Insofern wird die BaFin die Vorschrift richtlinienkonform auszulegen haben und eine Befreiung in diesen Fällen versagen müssen.

15. Art. 5 Abs. 4 legt die angemessene Gegenleistung anhand von Vorerwerben bzw. Parallelerwerben fest. Das alte und neue WpÜG bestimmen die Gegenleistung sowohl mittels Vor- und Parallelerwerben als auch durch Berücksichtigung des durchschnittlichen gewichteten Börsenkurses der drei Monate vor Angebotsveröffentlichung. Der maßgebliche Zeitraum für die Vorerwerbe wurde an die Richtlinienvorgaben angepasst. Die Berücksichtigung des Börsenpreiskriteriums ist unschädlich, weil der nationale Gesetzgeber für Angebote strengere Anforderungen als die Richtlinienbestimmungen aufstellen darf. Die Regelung entspricht somit im Ergebnis den Anforderungen der Richtlinie.

16. Die Möglichkeit, stets eine Geldleistung als Gegenleistung einzufordern, wurde nicht genutzt. Das ist zu begrüßen, weil eine Geldgegenleistung eine unverhältnismäßige Belastung des Bieters darstellen würde und eine solche aus Aktionärsschutzgesichtspunkten nicht erforderlich ist. Die Aktionäre haben sich zuvor für die Anlageform Aktie entschieden und werden daher bei dem Angebot einer anderen Aktie nicht schlechter gestellt, weil bei dieser durch das Liquiditätserfordernis gesichert ist, dass sie umgehend zum Marktpreis veräußert werden kann.

17. Der BaFin wurde keine Preisanpassungsmöglichkeit eingeräumt. Eine solche wäre erwägenswert gewesen, weil es durchaus Situationen geben kann, in denen angesichts des Börsenpreiskriteriums eine nicht angemessene Gegenleistung zu entrichten ist. Zwar besteht in diesen Situationen weiterhin die Möglichkeit, über die §§ 36 und 37 WpÜG (soweit sie richtlinienkonform sind) eine Nichtberücksichtigung von Stimmrechten zu erreichen bzw. eine Befreiung von einem Pflichtangebot zu erhalten, allerdings wäre angesichts der teilweise vorgebrachten Stimmen, welche die §§ 36 und 37 WpÜG insgesamt für nicht richtlinienkonform halten, ein „doppelter Boden“ sinnvoll.

II. Freiwilliges Übernahmeangebot

18. Die Richtlinie basiert auf der Vorstellung, dass der Markt die angemessene Gegenleistung bei Übernahmeangeboten regelt.

19. Der nationale Gesetzgeber hat für Übernahmeangebote dennoch an den Preisbestimmungsmechanismen, welche auch bei einem Pflichtangebot gelten, festgehalten. Zur Begründung führt er die Notwendigkeit des Gleichlaufs an, um bei einem erfolgreichen Übernahmeangebot in den Genuss der Befreiungswirkung von einem Pflichtangebot zu kommen. Hierbei geht der Gesetzgeber von falschen Voraussetzungen aus, weil die Richtlinie eine Befreiung von einem Pflichtangebot nicht an die Erfüllung der Preisvoraussetzungen des Pflichtangebots knüpft. Das ergibt sich aus der Systematik und dem Willen des Richtliniengebers. Im Ergebnis entspricht die deutsche Regelung jedoch den Richtlinienvorgaben.

D. Freiwillige Regelungen

20. Die Richtlinie lässt den Mitgliedstaaten durch das in Art. 12 verankerte Optionsmodell weit reichende Spielräume in Bezug auf die Neutralitätspflicht und auf die Durchgriffsregelung. Deutschland hat in beiden Fällen vom *Opt-Out* mit Reziprozitätsregelung Gebrauch gemacht.

I. Neutralitätspflicht

21. Art. 9 beinhaltet eine an Vorstand und Aufsichtsrat gerichtete Neutralitätspflicht. Im Grundsatz sind danach ab der Veröffentlichung der Entscheidung eines Angebots (oder nach Wahl des Mitgliedstaats zu einem früheren Zeitpunkt) die genannten Organe zur strikten Neutralität verpflichtet. Die Ausnahmen der Richtlinie stimmen teilweise mit den in § 33 WpÜG a.F. enthaltenen Ausnahmen überein, reichen stellenweise weiter und an anderer Stelle weniger weit.

22. Die Handlungen mit Zustimmung des Aufsichtsrats (§ 33 Abs. 1 S. 2 Alt. 3 WpÜG a.F.) wären bei einer zwingenden Umsetzung der Neutralitätspflicht ebenso zu streichen gewesen wie die Vorratsbeschlüsse nach § 33 Abs. 2 WpÜG a.F. Die Handlungen eines ordentlichen und gewissenhaften Geschäftsleiters (§ 33 Abs. 1 S. 2 Alt. 1 WpÜG a.F.) wären durch die Maßnahmen innerhalb des normalen Geschäftsverlaufs zu ersetzen gewesen. Einzig § 33 Abs. 1 S. 2 Alt. 2 WpÜG a.F. entsprach den Richtlinienvorgaben. Zusätzlich hätte eine Art. 9 Abs. 3 entsprechende Vorschrift, wonach Maßnahmen zur Erfüllung von außerhalb des normalen Geschäftsverlaufs gefassten, teilweise umgesetzten Entscheidungen zulässig sind, aufgenommen werden müssen.

23. Bei dem vom Gesetzgeber gewählten *Opt-Out* konnten die vorstehenden Regelungen vollständig beibehalten werden. Daneben waren die Richtlinienvorgaben alternativ umzusetzen. Der Gesetzgeber hat sich für eine Einwahl durch Satzungsänderung entschlossen, obgleich die Richtlinie nur eine Einwahl im Einklang mit den Vorschriften über die Satzungsän-

derung, also mit satzungsändernder Mehrheit, fordert. Das ist unschädlich. Die Regelungen des Art. 9 wurden insgesamt zutreffend umgesetzt. Hierbei wurde allerdings ohne Not der in der Richtlinie verwendete Begriff „Geschäftsverlauf" in „Geschäftsbetrieb" geändert. Bei Zugrundelegung eines europarechtlichen Verständnisses des Begriffs „Geschäftsbetrieb" entspricht dies den Richtlinienvorgaben.

24. Auf einen Anfechtungsausschluss bezüglich der Einwahlmöglichkeit wurde verzichtet. Damit erscheint eine Nutzung der Option im Rahmen einer Übernahmesituation praktisch ausgeschlossen.

25. Die Richtlinie erlaubt die Einführung eines Gegenseitigkeitsvorbehalts. Danach sind Gesellschaften, welche vom *Opt-In* Gebrauch machen, von der strengen Neutralitätspflicht befreit, wenn die Bietergesellschaft nicht ebenfalls der Neutralitätspflicht unterliegt. Die Richtlinie unterscheidet hierbei nicht zwischen EU-Gesellschaften und solchen aus Drittstaaten. Maßgeblich ist allein die inhaltliche Gleichwertigkeit der Regelung. Eine Verletzung völkerrechtlicher Normen in Drittstaatenkonstellationen, wie sie häufig in der Literatur angedacht wurde, besteht dadurch nicht. Insbesondere liegt keine Verletzung des *GATS* vor, da dieses lediglich eine Gleichbehandlung unter gleichen Voraussetzungen verlangt.

26. Die Geltung des in das deutsche Recht eingefügten Gegenseitigkeitsvorbehalts wird durch einfachen Mehrheitsbeschluss angeordnet. Entsprechend den Richtlinienvorgaben ist die Gültigkeitsdauer auf 18 Monate beschränkt. Der Gegenseitigkeitsvorbehalt ist insgesamt zutreffend in das deutsche Recht umgesetzt worden. Allerdings werden sich Rechtsstreitigkeiten im Verhältnis mit Gesellschaften aus Drittstaaten kaum vermeiden lassen. Die Frage, wann eine inhaltliche Gleichwertigkeit vorliegt, wurde vom Gesetzgeber nicht einmal ansatzweise geklärt. Letztlich ist hier ein breites Feld rechtsvergleichender Tätigkeit zu erschließen.

27. Im Ergebnis ist die Wahl des *Opt-Out* mit Reziprozitätsregelung positiv zu bewerten. Aus Sicht des deutschen Gesetzgebers wurde die konsequente Linie, welche schon zum Scheitern der Verabschiedung des Gemeinsamen Standpunkts von 2000 beitrug, fortgeführt. Deutsche Gesellschaften sind wegen des fehlenden *level playing field* weiterhin schutzbedürftig. Dieser Schutz durch das *Opt-Out* aus der Neutralitätspflicht ist notwendig, um fehlende Schutzhindernisse durch eine vergleichsweise weitgehende Öffnung des deutschen Kapitalmarkts auszugleichen. Das *Opt-Out* des Mitgliedstaats liegt im Interesse der Gesellschaften, weil er ihnen weitestmögliche Handlungsspielräume einräumt und ihnen gleichzeitig erlaubt, sich durch die Einwahl kapitalmarktorientiert zu geben. Dadurch könnte eine Stärkung des Marktes für Unternehmenskontrolle erreicht werden, die eigentlich durch die (fehlende) Neutralität teilweise blockiert wird.

28. Der Gegenseitigkeitsvorbehalt stärkt die Anreize für eine Einwahl aus zwei Gründen. Zum einen kann die Bieterperspektive die Verteidigungsperspektive überwiegen, um im „Übernahmekampf" als Bieter nicht mangels Einwahl einer nicht neutralen Gesellschaft gegenüber zu stehen. Zudem kann sich eine Gesellschaft, welche sich für eine Einwahl entscheidet, zumindest einer Gleichbehandlung in Bezug auf das jeweilige Optionsrecht sicher sein. Sie erleidet also im Grundsatz durch das *Opt-In* keinen Nachteil.

29. Innerhalb Europas hat die überwiegende Anzahl der Staaten eine zwingende Neutralitätspflicht eingeführt (darunter Großbritannien, Frankreich und Österreich) oder beabsichtigt dies (so etwa Italien). Vom *Opt-Out* hat bspw. Dänemark Gebrauch gemacht. Die Niederlande wird voraussichtlich ebenfalls das *Opt-Out* nutzen. Die Reziprozitätsregelung wird in ungefähr der Hälfte der Mitgliedstaaten in nationales Recht umgesetzt. Neben Staaten, welche sich für ein *Opt-Out* entschieden haben, sehen auch Staaten, die sich für ein verbindliches *Opt-In* entschieden haben (z.B. Großbritannien, Österreich), die Reziprozitätsregelung nicht vor. Anders ist dies etwa in Frankreich. Somit wird der Reziprozitätsregelung durchaus praktische Bedeutung zukommen.

II. Durchgriffsregelung

30. Art. 11 beinhaltet die Durchgriffsregelung. Hiermit werden verschiedene Stimmrechts- und Übertragungsbeschränkungen in der Angebotsphase und der Phase nach erfolgreichem Abschluss eines Angebots durchbrochen. Hierunter fallen etwa vinkulierte Aktien, vertragliche Übertragungsbeschränkungen sowie Entsendungsrechte in den Aufsichtsrat. Zudem ist für den Entzug von Rechtspositionen eine Entschädigung zu entrichten.

31. Der Gesetzgeber hat sich für das *Opt-Out* mit Reziprozitätsregelung entschieden und der Regelung nach aufgetretener Kritik den Namen „*Europäische Durchbrechungsregel*" gegeben. Das *Opt-In* der Gesellschaft wird wie bei der Neutralitätspflicht durch Satzungsänderung bewirkt. Da die Anfechtungsmöglichkeit nicht ausgeschlossen wurde, ist abzusehen, dass von einem *Opt-Out* bzw. einem *Opt-In* während eines Übernahmekampfes nur selten Gebrauch gemacht werden kann. Die Reziprozitätsregelung entspricht ebenfalls der Regelung der Neutralitätspflicht und ist zutreffend umgesetzt worden.

32. Welche Rechte durchbrochen weden, hat der Gesetzgeber nicht abschließend geklärt. Einige Rechte nennt er exemplarisch, bezüglich anderer Gestaltungen (schuldrechtliche Veräußerungsvorgänge) schließt er die Erfassung ausdrücklich aus. Schuldrechtliche Übertragungsbeschränkungen werden richtigerweise in den Anwendungsbereich der Regelung aufge-

nommen, wenngleich sie keine dingliche Wirkung haben und eine Übertragung auch ohne Durchgriff rechtlich möglich ist. Allerdings handelt es sich dennoch um eine Beschränkung, weil etwa wegen Verstoßes gegen Vertragspflichten eine Vertragsstrafe zu entrichten sein könnte.

33. Viele von der Durchgriffsregelung potentiell erfasste Modelle, wie etwa Höchststimmrechte oder satzungsmäßige Stimmrechtsbeschränkungen sind in Deutschland unzulässig oder praktisch nicht mehr vorhanden (etwa Mehrstimmrechte), weshalb die Anzahl der zu durchbrechenden Rechte vergleichsweise gering ausfällt. Deutschland ist also anders als viele andere Mitgliedstaaten der EU, in denen sich die Durchgriffsregelung wesentlich stärker auswirken würde, schon relativ kapitalmarktorientiert.

34. Die im deutschen Recht für den Rechtsentzug vorgesehene Entschädigungsregel entspricht nicht den Richtlinienvorgaben, weil sie nur die Art der Entschädigung (Geld), nicht jedoch Bestimmungen zur Ermittlung der Höhe vorgibt. Wie die Entschädigung festzulegen ist, wird also den Bietern auferlegt, die die Entschädigung zu entrichten haben.

35. Die im deutschen Recht vorgenommene Beschränkung auf der Zielgesellschaft bekannte und vor der Entscheidung zur Angebotsabgabe getroffene Regelungen ist aus Missbrauchsgesichtspunkten richtig und steht im Einklang mit den Richtlinienvorgaben. Dies ergibt sich aus den Angaben, welche in die Angebotsunterlage aufzunehmen sind und dem Sinn und Zweck der Vorgaben.

36. Nach der Auffassung des Gesetzgebers ist scheinbar stets eine Entschädigung für Durchbrechungen zu entrichten. Für vertragliche Stimmrechts- bzw. Übertragungsbeschränkungen ist diese Einschätzung unzutreffend, weil die Richtlinie eine Altfallprivilegierung enthält und nur Fälle nach Annahme der Richtlinie erfasst. Neuverträge sind folglich nicht schützenswert. Da der Gesetzgeber sich dieser Haltung zumindest nicht ausdrücklich angeschlossen hat, wird wohl auch in diesen Fällen eine Entschädigung in der Angebotsunterlage vorzusehen sein, weil andernfalls Schwierigkeiten mit der BaFin zu befürchten sind.

37. Schließlich ist eine Klärung der Frage unterblieben, wie die gerichtliche Überprüfung der angemessenen Entschädigung vorzunehmen ist. Eine Überprüfungsmöglichkeit ist jedenfalls, gerade vor dem Hintergrund der erheblichen Unsicherheiten bezüglich der Höhe der Entschädigung und der grundsätzlichen Entschädigungspflicht, erforderlich.

38. Ein *Opt-In* mit Reziprozitätsregelung wäre einem *Opt-Out* mit Reziprozitätsregelung vorzuziehen gewesen. Zwar besteht in Deutschland bereits eine recht starke Kapitalmarktorientierung, weshalb man auch einen *Opt-Out* nicht als sehr nachteilig für den Markt für Unternehmenskontrolle ansehen kann. Allerdings ist es gerade diese Nähe, die für eine vollständige Aufgabe der getroffenen Maßnahmen spricht. Hierin ist auch kein gravie-

render Nachteil gegenüber Gesellschaften aus anderen Mitgliedstaaten zu sehen, weil die Reziprozitätsregelung zu einer Gleichbehandlung führt und in Deutschland der nur geringe über die in Rede stehenden Instrumente erreichbare Schutz durch die Verteidigungsmöglichkeiten des Vorstands kompensiert wird.

39. In den meisten Mitgliedstaaten wird wie in Deutschland vom *Opt-Out* Gebrauch gemacht. Zu diesen Staaten zählen etwa Frankreich, Großbritannien, Dänemark, Österreich und voraussichtlich auch die Niederlande. Das *Opt-In* wird wohl lediglich in Litauen, Lettland und Estland genutzt werden. Die Reziprozitätsregelung wird bspw. in Dänemark und den Niederlanden angewandt; in Österreich, Großbritannien, und Frankreich hingegen nicht. Da sich die Gesellschaften vieler Staaten über die vom Durchgriff erfassten Instrumente schützen, ist die weit überwiegende Entscheidung der Mitgliedstaaten gegen ein *Opt-In* nahe liegend gewesen.

E. *Squeeze Out*

40. Die Richtlinie gewährt dem Bieter in Art. 15 als Korrelat für das Pflichtangebot ein Ausschlussrecht gegenüber den verbleibenden Minderheitsaktionären. Zur Berechnung des Schwellenwerts, ab dem dieses Recht genutzt werden kann, standen zwei Anknüpfungsmodelle zur Auswahl. Zudem gibt die Richtlinie Angemessenheitsvermutungen bezüglich der Abfindung vor.

41. Der *Squeeze Out* ist grundsätzlich mit den europäischen Grundrechtsgewährleistungen vereinbar. Das ergibt sich aus den Traditionen in den Mitgliedstaaten, der auf den Europäischen Gerichtshof übertragbaren Rechtsprechung des Europäischen Gerichtshofs für Menschenrechte sowie aus Art. 1 ZP 1.

42. Vorgaben bezüglich des Ausschlussverfahrens gibt die Richtlinie nicht vor. In Betracht kam der Ausschluss durch in das Handelsregister einzutragenden Hauptversammlungsbeschluss, durch ein an die BaFin zu richtendes Ausschlussverlangen oder durch eine Gerichtsentscheidung.

43. Für die Einführung eines Hauptversammlungsbeschlusse bestand weder eine rechtliche Verpflichtung, noch ein praktisches Bedürfnis. Eine Anknüpfung an einen Hauptversammlungsbeschluss ist nicht notwendig, weil es sich um ein Geschäft zwischen dem Hauptaktionär und den Minderheitsaktionären handelt. Es wird gerade keine konzernrechtliche Entscheidung getroffen. Zudem ist die Entscheidung angesichts der Mehrheitsverhältnisse bereits im Vorfeld gefallen. Die Informationsgrundlage der Minderheitsaktionäre ist in Form der Angebotsunterlage und der Stellungnahme von Vorstand und Aufsichtsrat zum Angebot gleichfalls gewahrt. Aus praktischer Sicht spricht gegen einen Hauptversammlungsbe-

schluss die Anzahl der Anfechtungsklagen gegen die Beschlüsse beim aktienrechtlichen *Squeeze Out*. Diesbezüglich sind zwar mit dem UMAG Verbesserungen eingeführt worden, eine Lösung hingegen brachte dies nicht.

44. Der ebenfalls diskutierte Ausschluss durch Verlangen des Bieters, das von der BaFin auf das Vorliegen der Voraussetzung hin überprüft wird, war abzulehnen. Stellt die BaFin die Voraussetzungen fest, so muss dies gerichtlich überprüfbar sein. Letztlich befassen sich daher ohnehin die Gerichte mit dem Ausschlussverlangen, weshalb eine direkte Befassung verfahrenstechnisch ökonomischer ist.

45. Der Gesetzgeber hat sich zutreffend für den Ausschluss durch Gerichtsbeschluss entschieden. Er wählte eine übernahmerechtliche Gestaltung und entschied sich gegen eine Modifizierung des aktienrechtlichen *Squeeze Out*. Das ist angesichts der Regelungsunterschiede und einem gewünschten Gleichlauf zum *Sell Out* zu begrüßen.

46. Der *Squeeze Out* wurde in Einklang mit dem Pflichtangebot auf nicht stimmberechtigte Wertpapiere ausgedehnt. Die gewählte Konstruktion entspricht den Richtlinienvorgaben. Zwar ist sie teilweise zumindest missverständlich formuliert, aus dem Zusammenhang ergibt sich jedoch, dass ein *Squeeze Out* nicht stimmberechtigter Aktien nur möglich ist, wenn die *Squeeze Out* Voraussetzungen bezüglich der stimmberechtigten Aktien vorliegen. Die Anknüpfung an die 95 % Schwelle des stimmberechtigten bzw. des gesamten Grundkapitals ist indessen nicht einsichtig, weil ein Bieter somit nicht zwingend 95 % des nicht stimmberechtigten Grundkapitals innehaben muss. Eine Anknüpfung an die 95 % Schwelle des nicht stimmberechtigten Grundkapitals wäre folgerichtiger gewesen.

47. Ein *Squeeze Out* im Anschluss an ein Aufstockungsangebot wurde entgegen anders lautender Forderungen aus der Praxis nicht eingeführt. Das ist positiv zu bewerten, weil der *Squeeze Out* der Richtlinie sich systematisch mit dieser Frage nicht auseinandersetzt, sondern lediglich Übernahme- und Pflichtangebote regelt. Zudem wären ansonsten zahlreiche Fragen zu klären gewesen, wie etwa die Problematik der Abfindungsbestimmung.

48. § 39a Abs. 2 WpÜG n.F. knüpft zur Berechnung des Schwellenwerts an die Vorschriften des § 16 Abs. 2 und 4 AktG an. Dieses Vorgehen ist richtlinienkonform. In der Sache geht es bezüglich des Vorliegens der Ausschlussvoraussetzungen um das Innehaben von Beteiligungen. Deshalb wurde richtigerweise von einer Zurechnung nach § 30 WpÜG abgesehen. Eine solche Zurechnung wäre ungeachtet der Einführung des *Squeeze Out* als Korrelat des Pflichtangebots unzulässig gewesen.

49. Die Drei-Monats-Frist für den *Squeeze Out* knüpft zutreffend an den Ablauf der Annahmefrist und nicht an den Ablauf der verlängerten Annahmefrist an. Um den *Squeeze Out* innerhalb dieses Zeitraums beantragen zu

können, wird für das Vorliegen der Ausschlussvoraussetzungen auf das Erreichen des Schwellenwerts beim (ggf. späteren) Vollzug des Angebots abgestellt. Dieses Vorgehen entspricht den Richtlinienvorgaben. Ziel des Richtliniengebers war es, das *Squeeze Out* Recht nicht unbeschränkt gelten zu lassen. Das wird mit der gewählten Konstruktion erreicht. Maßgeblich sind allein noch ausstehende Genehmigungen bzw. nach § 18 WpÜG zulässige Bedingungen.

50. Zutreffenderweise kommt es für das Vorliegen der *Squeeze Out* Voraussetzungen nach § 39a Abs. 1 WpÜG n.F. nicht darauf an, ob der Bieter die Anteile durch ein Übernahme- oder Pflichtangebot erworben hat. Ausreichend ist nach der Richtlinie nämlich auch der Erwerb im Zuge eines Angebots. Die Regierungsbegründung zu § 39a Abs. 1 WpÜG n.F. ist hingegen zu weitgehend, weil sie auch ein Erreichen der Beteiligungshöhe in einem engen zeitlichen Zusammenhang mit dem Angebot ausreichen lässt. Dieses Verständnis entspricht nur der Richtlinie, wenn hiermit der dingliche Vollzug, nicht jedoch die schuldrechtliche Vereinbarung gemeint ist. Das Erreichen der Beteiligungsquote muss bereits zu Beginn der Drei-Monats-Frist bestimmbar sein.

51. Das auf den *Squeeze Out* anwendbare FGG Verfahren ist zweistufig ausgestaltet. Die Aktienübertragung erfolgt erst mit Rechtskraft der Entscheidung. Hiermit hat der Gesetzgeber an sich eine vernünftige Lösung gefunden, die allerdings in Anbetracht des fehlenden Verweises von Bewertungsfragen ins Spruchverfahren völlig entwertet wird.

52. Ausweislich des Wortlauts von § 39b Abs. 3 WpÜG n.F. hat der Bieter lediglich glaubhaft zu machen, dass ihm die zum Ausschluss erforderlichen Anteile des Grundkapitals gehören. Das entspricht nicht den Vorgaben der Richtlinie. Eine Glaubhaftmachung ist angesichts der eigentumsrechtlichen Relevanz und der Endgültigkeit der Gerichtsentscheidung über den Aktienübergang nicht ausreichend. Vielmehr ist der volle Beweis des Vorliegens der Ausschlussvoraussetzungen zu führen. Dies wird durch die Verwendung des Rechtsbegriffs „Glaubhaftmachung" nicht gewährleistet.

53. Die ausschließliche gerichtliche Zuständigkeit des Landgerichts bzw. des Oberlandesgerichts Frankfurt a.M. ist zu begrüßen. Andernfalls wäre eine uneinheitliche obergerichtliche Rechtsprechung zu erwarten bzw. eine Zulassung der Rechtsbeschwerde zum Bundesgerichtshof erforderlich geworden.

54. Die getroffenen Regelungen lassen aber eine Absicherung für die Abfindung vermissen, obwohl die Aktien mit Rechtskraft der Entscheidung auf den Bieter übergehen. Eine Zug-um-Zug Lösung, welche den Erhalt der Abfindung gewährleistet, wurde nicht gewählt. Somit ist der Gesetzgeber seinen Verpflichtungen aus der Richtlinie, den auszuschließenden Aktionären eine angemessene Abfindung zu garantieren, nicht nachgekommen.

55. Außerdem hat sich der Gesetzgeber offensichtlich nicht die Frage gestellt, ob Wandlungs- und Optionsrechte vom übernahmerechtlichen *Squeeze Out* erfasst werden sollen. Da weder der Begründung noch dem Wortlaut eine Erstreckung auf diese Rechte zu entnehmen ist, bleiben die Wandlungs- und Optionsrechte außen vor. Das ist zwar an sich folgerichtig, weil der *Squeeze Out* das Gegenstück zum Pflichtangebot ist und Letzteres die genannten Rechte unstreitig nicht erfasst. Allerdings wäre aus Sicht des Bieters eine Erfassung sinnvoll gewesen. Die Frage wurde im Zusammenhang mit dem aktienrechtlichen *Squeeze Out* stark diskutiert, fand hier jedoch erstaunlicherweise keinerlei Berücksichtigung.

56. Der deutsche Gesetzgeber will die Richtlinienvermutungen als von der Richtlinie vorgegebene unwiderlegliche Vermutungen interpretieren. Das ist fehlerhaft. Die Richtlinie gibt weder unwiderlegliche Vermutungen vor, noch könnte der nationale Gesetzgeber im Einklang mit der Richtlinie die widerleglichen Vermutungen als unwiderlegliche ausgestalten.

57. Die Richtlinienvermutungen sind widerleglich, wie sich aus einer mittels gängigen Auslegungsmethoden durchgeführten Untersuchung ergibt. Der Wortlaut der Vorschrift spricht nicht gegen die Widerleglichkeit der Vermutungen, was in der englischen Fassung deutlicher als in der deutschen zum Ausdruck kommt. Die Formulierungen entsprechen den schon im *Winter*-Bericht verwendeten, der von widerleglichen Vermutungen ausging. Bei Wahl unwiderleglicher Vermutungen wäre in der englischen Arbeitsfassung eine andere Formulierung zu erwarten gewesen. Die Systematik der Richtlinie fordert ebenfalls in erster Linie eine angemessene Abfindung. Im Unterschied zur Regelung bei den Pflichtangeboten lässt sie keine angemessene Abfindung im Sinne der Vermutungen genügen, sondern nur eine grundsätzlich angemessene Abfindung. Die in Art. 5 Abs. 1 S. 2 enthaltene Einschränkung des Angemessenheitsbegriffs findet sich beim *Squeeze Out* nicht wieder. Ziel des Richtliniengebers war es, den Aktionären eine angemessene Entschädigung im Sinne einer vollen wirtschaftlichen Entschädigung zu gewähren. Das wird durch die Vermutungen nicht gewährleistet, weil Umstände denkbar sind, die bei Eingreifen der Vermutungen keine volle Entschädigung garantieren. Somit wäre die Einführung einer unwiderleglichen Vermutung ein Verstoß gegen die Richtlinienvorgaben.

58. Ein Verstoß gegen europäische Grundrechtsgewährleistungen lässt sich durch Einführung unwiderleglicher Vermutungen hingegen nicht mit hinreichender Sicherheit feststellen. Einschlägige Rechtsprechung des Europäischen Gerichtshofs gibt es zu dieser Frage nicht. Die Ausschlussverfahren in einzelnen Mitgliedstaaten betreffenden Entscheidungen der Konventionsorgane für Menschenrechte gewähren einen weiten Spielraum bei der Festlegung der Abfindung. Die Konventionsorgane fordern jedenfalls eine an nicht willkürlichen Maßstäben ausgerichtete Abfin-

dungsbestimmung. Eine Übertragung der Rechtsprechung auf eine zukünftige EuGH-Rechtsprechung erscheint angesichts der Regelung des Art. 53 GRC, wonach der Grundrechtsschutz durch die Grundrechtecharta nicht hinter derjenigen der EMRK zurückbleiben darf, und der Rechtsprechung des Europäschen Gerichtshofs, der die Rechtsprechung des Europäischen Gerichtshofs für Menschenrechte zumindest berücksichtigt, möglich. Selbst wenn man dies annimmt, ist ein Verstoß gegen europäische Grundrechtsgewährleistungen jedoch nicht mit Sicherheit nachweisbar.

59. Ungeachtet der Regierungsbegründung, die eine unwiderlegliche Vermutung etablieren wollte, lässt der Wortlaut der deutschen Umsetzungsvorschrift eine Interpretation als widerlegliche Vermutung zu. Somit sind die Vermutungen richtlinienkonform als widerlegliche Vermutungen auszulegen. Hiermit wird letztlich auch der Intention des Gesetzgebers entsprochen, die maßgeblich auf eine Befolgung der Richtlinienvorgaben gerichtet war. Nur in Erfüllung der Richtlinienvorgaben sollte eine unwiderlegliche Vermutung eingeführt werden. Der Wille, die Richtlinie ordnungsgemäß umzusetzen, überlagert daher den Willen, eine unwiderlegliche Vermutung einzuführen.

60. Der Bieter muss beim *Squeeze Out* zwingend eine Barabfindung anbieten. Das entspricht der aktienrechtlichen Regelung, ist nach den Vorgaben der Richtlinie zulässig und aus Minderheitsschutzgesichtspunkten vorzugswürdig. Anders als bei einem Pflichtangebot werden hier die Aktionäre gegen ihren Willen aus der Gesellschaft ausgeschlossen, weshalb ihnen keine, auch keine liquiden Aktien, einer anderen Gesellschaft aufgedrängt werden dürfen. Beim *Squeeze Out* besteht kein freier Entschluss, sich für das Teilhaben an einer anderen Gesellschaft zu entscheiden.

61. Der Gesetzgeber will die Angemessenheit der Abfindung im gleichen Verfahren, das über den Aktienübergang befindet, überprüfen lassen. Hierbei stützt er sich auf die Überlegung, dass es den Bietern überlassen ist, für ein entsprechend gutes vorausgehendes Angebot zu sorgen, damit die 90 % Vermutung eingreift. Das ist nach den hier gefundenen Ergebnissen aus zwei Gründen zu kurz gedacht. Zum einen muss die Abfindung auch in diesem Fall gerichtlich überprüfbar sein, weshalb der Aktienübergang sich stark verzögern kann. Zum anderen greifen die Vermutungen nicht in allen Fällen ein. Zumindest für die Fälle des Nichteingreifens hätte der Gesetzgeber Hinweise irgendeiner Art schaffen müssen, wie er sich dann den Ablauf des Verfahrens vorstellt, also ob etwa der Bieter ein Bewertungsgutachten beizubringen hat oder ein solches im Laufe des Verfahrens vom Gericht in Auftrag gegeben wird.

62. Der fehlende Verweis der Abfindungsüberprüfung in das Spruchverfahren wird den *Squeeze Out* bei Nichteingreifen einer Angemessenheitsvermutung zu einem für den Bieter schwer einschätzbaren Verfahren von ungewisser Dauer machen. Insbesondere ist für den Bieter nur schwer zu beur-

teilen, welche Anforderungen an seinen Ausschlussantrag gestellt werden. Die Praxis wird zeigen, wie lange das neu geschaffene Verfahren in dieser Situation andauert. Ob es tatsächlich einen Vorteil gegenüber dem aktienrechtlichen *Squeeze Out* Verfahren darstellt, oder ob man den Bietern durch den fehlenden Verweis in das Spruchverfahren einen völlig ungeeigneten Weg zur Verfügung gestellt hat, wird sich also erst zeigen. Zumindest die ersten Versuche aus der Praxis, in denen ohne Eingreifen einer Vermutung der Ausschlussantrag gestellt wird, werden mit Spannung zu beobachten sein.

63. Auch in Fällen des Eingreifens der Angemessenheitsvermutungen ist nicht hinreichend klar, wie schnell ein Ausschlussverfahren durchgeführt werden kann. Sollten die Gerichte – anders als hier angenommen – von einer unwiderleglichen Vermutung ausgehen, wird den Bietern eine hervorragende Alternative zum aktienrechtlichen *Squeeze Out* Verfahren zur Verfügung gestellt. Geht man jedoch richtigerweise davon aus, es handelt sich um widerlegliche Vermutungen, wird das Ausschlussverfahren durch Bewertungsfragen belastet. Allerdings hat das Verfahren für den Bieter gegenüber dem Nichteingreifen der Vermutung immer noch den Vorteil, dass er seiner Darlegungslast durch die Vermutung genügt und es Sache der Minderheitsaktionäre ist, das Gegenteil zu beweisen. Insofern wird der Bieter kein Bewertungsgutachten beizubringen haben. Eine Verzögerung des Verfahrens wird aber auch hier die Folge sein.

64. Wegen der unbefriedigenden Regelung von Bewertungsfragen bleibt der übernahmerechtliche *Squeeze Out* weit hinter den Möglichkeiten zurück, nach dem durch Anfechtungsklagen belasteten aktienrechtlichen *Squeeze Out* in einem zweiten Anlauf ein praktikableres Ausschlussverfahren zu etablieren. Der Gesetzgeber hat durch seinen Unwillen, Bewertungsfragen in das Spruchverfahren zu verweisen, den hoffnungsvoll erwarteten neuen *Squeeze Out* stark entwertet.

65. Geht man anders als hier von einer von der Richtlinie vorgegebenen unwiderleglichen Vermutung aus, ist diese nicht an den Maßstäben des Grundgesetzes, sondern an europäischen Grundrechtsgewährleistungen zu messen. Derzeit lässt sich nicht mit Sicherheit prognostizieren, ob unwiderlegliche Angemessenheitsvermutungen mit den europäischen Grundrechtsgewährleistungen unvereinbar sind.

66. Nimmt man anders als in dieser Ausarbeitung vertreten wird an, die Richtlinie gebe nur eine widerlegliche Vermutung vor und lasse eine unwiderlegliche Vermutung zu, so handelt es sich um eine Umsetzung, die an nationalem Recht zu messen wäre. Da nicht in jedem Fall eine volle wirtschaftliche Entschädigung durch die Angemessenheitsvermutungen gewährleistet wäre, ist ein Verstoß gegen Art. 14 GG gegeben, wie sich aus der Rechtsprechung des Bundesverfassungsgerichts zu vergleichbaren Sachverhalten ergibt

F. *Sell Out*

67. Art. 16 legt den Mitgliedstaaten die Verpflichtung auf, ein Andienungsrecht der Minderheitsaktionäre für die Fälle einzuführen, in denen der Bieter vom *Squeeze Out* Gebrauch machen kann. Die Bestimmungen des *Squeeze Out* gelten für den *Sell Out* sinngemäß. Den Aktionären soll damit die Möglichkeit eingeräumt werden, ihre Anteile zu einem angemessenen Preis zu veräußern. Hierdurch wird ihnen der Verkaufsdruck genommen, der durch die Befürchtung entstehen könnte, es komme nach dem Angebot zu einem illiquiden Markt, an dem sie den Aktienwert nicht mehr realisieren können.

68. Die Richtlinie überlässt es grundsätzlich den Mitgliedstaaten, den *Squeeze Out* und *Sell Out* Schwellenwert einheitlich oder unterschiedlich festzulegen. Ein zwingender Gleichlauf beider Instrumente ergibt sich aus der Systematik der Richtlinie nicht. Allerdings erscheint eine einheitliche Handhabung der Anknüpfung sinnvoll. Ein Andienungsrecht nach Gattungen besteht wie beim *Squeeze Out* nur insoweit, als eine Andienung nicht stimmberechtigter Aktien nur bei Überschreiten des Schwellenwertes für stimmberechtigte Aktien möglich ist, weil es sich hierbei um eine Art Annex handelt.

69. Der Gesetzgeber hat den Minderheitsaktionären kein Andienungsrecht, sondern in § 39c WpÜG n.F. lediglich eine als Andienungsrecht bezeichnete verlängerte Annahmefrist eingeräumt. Richtigerweise hat der Gesetzgeber hingegen die Schwellenwerte von *Squeeze Out* und *Sell Out* identisch ausgestaltet.

70. Die „verlängerte Annahmefrist" beginnt mit Ablauf der Annahmefrist, sofern die notwendigen Voraussetzungen vorliegen. Diese entsprechen den *Squeeze Out* Voraussetzungen. Maßgeblich ist also nur, ob der Bieter einen Ausschlussantrag stellen kann. Davon werden die Aktionäre nach der Vorstellung des Gesetzgebers durch den Bieter informiert. Die Veröffentlichungspflicht wurde in § 23 Abs. 1 S. 1 Nr. 4 WpÜG n.F normiert. Die Vorschrift ist jedoch unglücklich formuliert, weil sie an die anderen in § 23 Abs. 1 S. 1 WpÜG n.F. aufgelisteten Tatbestände anknüpft, welche auch auf mit dem Bieter gemeinsam handelnde Personen und ihm zuzurechnende Personen abstellen. Außerdem hat der Gesetzgeber hier die Änderungen im Bundestagsfinanzausschuss bezüglich des *Squeeze Out* „verschlafen". Dort ist nicht mehr entscheidend, ob die Beteiligungshöhe zum Ablauf der Annahmefrist vorliegt, sondern nur, ob sie bei späterem Vollzug gegeben ist. Somit ist § 23 Abs. 1 S. 1 Nr. 4 WpÜG n.F. so auszulegen, dass für die Veröffentlichungspflicht nur die schuldrechtliche Verpflichtung zum Aktienerwerb und nicht dessen dingliche Wirkung maßgeblich ist.

71. Die Wahl des übernahmerechtlichen *Sell Out* ist (nicht nur) angesichts der Einfügung eines übernahmerechtlichen *Squeeze Out* zu begrüßen. Zwar mag ein Andienungsrecht auch in anderen Situationen durchaus sinnvoll sein. Eine Trennung von *Sell Out* und *Squeeze Out* war dennoch zu vermeiden. Ein allgemeiner *Sell Out* könnte immer noch als Pendant zum aktienrechtlichen *Squeeze Out* eingeführt werden.

72. Die Regelung des *Sell Out* ist insgesamt nur fragmentarisch ausgefallen. Insbesondere hat der Gesetzgeber nicht einmal vollständige Klarheit bezüglich der Andienungsberechtigten geschaffen. Letztlich ergibt sich jedoch im Wege der Auslegung, dass ungeachtet der Formulierungsunschärfe die Inhaber nicht stimmberechtigter Aktien diese gleichfalls andienen können, wenn der Schwellenwert bezüglich der stimmberechtigten und der nicht stimmberechtigten Aktien erreicht ist. Dieses Ergebnis ist angesichts des Regelungszwecks, den *Squeeze Out* als Gegenstück zum Pflichtangebot und den *Sell Out* als Gegenstück zum *Squeeze Out* einzuführen, folgerichtig.

73. Das den Mitgliedstaaten eingeräumte Wahlrecht, stets oder zumindest wahlweise eine Geldabfindung beim *Sell Out* zu verlangen, wurde erfreulicherweise nicht genutzt. Ein solches ist beim *Sell Out* nicht notwendig, weil dem Andienenden immer zumindest liquide Aktien anzubieten sind. Die Werthaltigkeit der Gegenleistung ist folglich gewahrt. Die Situation ist wegen des Moments der Freiwilligkeit anders zu bewerten als beim *Squeeze Out*. Hier ist es eine freie Entscheidung des Andienenden, vom Andienungsrecht Gebrauch zu machen. Ihm wird also nicht die Mitgliedschaft in einer anderen Gesellschaft aufgezwungen. Da die Liquidität der Anteile gewährleistet ist, wird das *Sell Out* Recht nicht beeinträchtigt.

74. Der Gesetzgeber sieht die Gegenleistung bei sämtlichen Angeboten als angemessen an. Hintergrund ist wohl der Gedanke, dass die Andienung freiwillig erfolgt, weshalb ein weitergehender Schutz nicht erforderlich sei. Das überzeugt nicht und stellt einen Verstoß gegen die Richtlinienvorgaben dar. Die Richtlinie verweist bezüglich der Gegenleistungsvorgaben auf die *Squeeze Out* Vorschriften und insbesondere auf die Angemessenheitsvermutungen. Maßgeblich ist beim *Sell Out* wie beim *Squeeze Out* eine angemessene Gegenleistung. Diese muss zudem gerichtlich überprüfbar sein. Eine unterschiedliche Behandlung von *Squeeze Out* und *Sell Out* ist ungeachtet der Freiwilligkeit nicht angezeigt. Das ergibt sich sowohl aus dem Wortlaut, welcher einen angemessenen Preis fordert, sowie aus der Systematik, weil die Richtlinie auf die Angemessenheitsvermutungen verweist und der Verweis bei einem Übernahmeangebot, bei dem die Richtlinie auf eine 90 %-ige Annahmequote abstellt, sonst entbehrlich wäre. Auch das Ziel des Richtliniengebers, den Aktionären ein echtes Ausstiegsrecht zu gewähren und nicht nur den Angebotspreis, stützt dieses Ergebnis. Folglich ist das *Sell Out* Recht nicht mit den Richt-

linienvorgaben vereinbar. Eine richtlinienkonforme Auslegung scheidet aus.

G. Verhältnis *Squeeze Out* / *Sell Out* Verfahren

75. Zum Verhältnis zwischen *Squeeze Out* und *Sell Out* äußert sich der Gesetzgeber nicht. Mangels ausdrücklicher Normierung eines Rangverhältnisses stehen *Squeeze Out* und *Sell Out* gleichberechtigt nebeneinander. Eine andere Lösung, etwa der Vorrang des *Squeeze Out* vor dem *Sell Out*, wäre nicht vertretbar gewesen. Zwar könnte man andenken, dass das vom Umfang weitere Recht – bezogen auf die Anzahl der Aktionäre – das engere Recht verdrängen sollte. Dieses Ergebnis ist allerdings in Fällen, in denen der *Squeeze Out* aus irgendwelchen Gründen beantragt, aber nicht vollzogen werden kann, nicht haltbar. Dann wären die Minderheitsaktionäre um ihr Andienungsrecht gebracht. Folglich ist der mangels anderweitiger ausdrücklicher Regelung bestehende Gleichrang die richtige Wahl.

H. Zwischenstation auf dem Weg zu einem *level playing field*

76. Wie haben es bereits in 2000 Pötzsch/Möller bezogen auf den Gemeinsamen Standpunkt vom 19. Juni 2000 ausgedrückt1698? „Eine perfekte Lösung wird es nicht geben". Wie die kritischen Stimmen aus der Literatur gezeigt haben, ist eine solche perfekte Lösung auf EG-Ebene in der Tat nicht gefunden worden. Gleiches gilt für die Umsetzung des Gesetzgebers. Das beruht jedoch nicht allein auf den Vorgaben der Richtlinie.

Die unterschiedlichen Ansätze von protektionistischer Haltung einerseits und der Forderung nach einem liberalen Markt andererseits gipfelten in dem vom nationalen Gesetzgeber umzusetzenden Optionsmodell, welches die Zerrissenheit auf europäischer Ebene deutlich macht.

Allerdings handelt es sich bei der Richtlinie um einen bemerkenswerten „Anfang"[1699], der immerhin die Frage der zuständigen Aufsichtsstelle und des anwendbaren Rechts einer Lösung zugeführt hat, was einen erheblichen Gewinn an Rechtssicherheit mit sich bringt.

Das europäische Recht lässt dennoch weiterhin viele Fragen offen. Insbesondere hat es nicht zu einer Vereinheitlichung des Pflichtangebots geführt. Auch die Frage des *level playing field* wurde nur auf niedrigstem Niveau gelöst[1700]. Letztlich stellt die Richtlinie also nur einen Schritt auf

---

[1698] Pötzsch/Möller, WM Sonderbeilage Nr. 2 zu Heft 31/2000, S. 3, 31.

[1699] Sofern man von einem Anfang in Anbetracht des seit dem Pennington-Entwurf vergangenen Zeitraums sprechen will.

[1700] Vgl. FAZ vom 7. März 2006, S. 12: *„Sonderschutz für heimische Konzerne – Länder nutzen das Wahlrecht bei der Umsetzung der EU-Übernahmerichtlinie"*. Somit sei die Kommisdem Weg zu einem *level playing field* dar. Nicht zu folgen ist der teils kritischen Haltung in der deutschen Literatur, wonach „*Wettbewerbsunterschiede geradezu legitimiert werden*", wie dies *Seibt/Heiser* zum Ausdruck bringen[1701]. Zwar hat neben Deutschland eine Vielzahl weiterer Staaten von dem *Opt-Out* bezüglich der Durchgriffsregelung Gebrauch gemacht, während die Neutralitätspflicht vergleichsweise häufig verbindlich umgesetzt wurde.

Erreicht wurde aber immerhin, dass jedes nationale Recht nunmehr identische Neutralitätspflichten und Durchgriffsregelungen beinhalten muss, wenngleich diese nur optional sind. Es ist in einem weiteren Schritt darauf hinzuarbeiten, die dem Optionsmodell unterliegenden Regelungen verbindlich festzuschreiben. Art. 20 i.V.m. Art. 21 Abs. 1 sieht ohnehin eine Überprüfung der Richtlinie und der zu ihrer Umsetzung erlassenen Rechtsakte im Jahre 2011 durch die Kommission vor[1702]. Maßgeblich wird sein, ob bis dahin eine Angleichung der europäischen Gesellschaftsrechte, insbesondere in Bezug auf den Grundsatz *one share – one vote* erreicht wird.

77. Der nationale Gesetzgeber hat den mit dem Optionsmodell eingeführten Regelungsspielraum für deutsche Unternehmen genutzt. Das ist konsequent, weil er allein ein *level playing field* nicht zu schaffen vermochte. In der Sache wurde das Optionsmodell zutreffend umgesetzt, wenn man einmal von der Frage der Entschädigungsregelung bezüglich der durchbrochenen Rechte absieht.

Eklatante Schwächen weist hingegen das *Squeeze Out* Verfahren auf. Es wird weder den Anforderungen der Richtlinie noch der Praxis gerecht.

Gleiches gilt für das Andienungsrecht, welches in der allgemeinen Diskussion eher stiefmütterlich behandelt wurde[1703]. Dort hat sich der Gesetzgeber letztlich für eine verlängerte Zaunkönigregelung entschieden, die gleichsam nicht den Anforderungen der Richtlinie entspricht, weil sie e-

---

sion mit ihrem Vorhaben, den Schutz von Konzernen vor Übernahmen abzuschaffen, gescheitert. Ähnlich Krause, BZ vom 21. Juni 2006, S. 2: „*Keine gleichen Rahmenbedingungen für Übernahmen – Harmonisierungsziel in Europa verfehlt – Deutsche Gesellschaften werden benachteiligt – Dringender Gestaltungsbedarf*".

1701 So Seibt/Heiser, ZGR 2005, 200, 234. In die gleiche Richtung Merkt: „[Das Optionsmodell] *schafft anstelle eines gemeinschaftsweiten „level playing field" kontraproduktive Beliebigkeit*". Merkt, Stellungnahme zum RegE Ü-UG, S. 6; ebenso Merkt/Binder, BB 2006, 1285, 1286. Optimistischer hingegen Austmann, BZ vom 29. März 2006, S. 2, wonach auch der Minimalkonsens zu mehr Freiheiten auf den europäischen Kapitalmärkten führen könne.

1702 Eine spätere verbindliche Festschreibung fürchtet offensichtlich Schüppen, BZ vom 18. Januar 2006, S. 2, wonach der Kompromiss den Charakter eines trojanischen Pferds trage.

1703 Mit dem Vorschlag des Gesetzgebers zum Andienungsrecht hat sich vor allem Schüppen, BB 2006, 165, 169 auseinandergesetzt. Hasselbach, ZGR 2005, 387ff., befasste sich ausführlich mit dem Andienungsrecht der Richtlinie.

ben kein echtes Andienungsrecht beinhaltet. Allerdings wird dies im Regelfall nicht so stark ins Gewicht fallen, da der Bieter häufig zu einem *Squeeze Out* greifen wird, wenn die Andienungs- bzw. Ausschlussvoraussetzungen vorliegen. Auf diesem Weg sollte also der Minderheitsaktionär seine Aktien zu einem angemessenen Preis abgeben können (bzw. müssen).

Nach alledem ist die Umsetzung in Teilen nahezu vollständig geglückt (etwa bezüglich der Frage der Zuständigkeit und des anwendbaren Rechts, des Pflicht- und des Übernahmeangebots – wenn man einmal von einzelnen Vorschriften der §§ 36, 37 WpÜG absieht – sowie des Optionsmodells) und an anderen Stellen deutlich missglückt (*Squeeze Out* und *Sell Out*). Insoweit besteht erheblicher Nachbesserungsbedarf.

Inwieweit sich nationale Unternehmen des Optionsmodells bedienen, bleibt mit Spannung abzuwarten. Insbesondere wird zu beobachten sein, ob sich tatsächlich zwei Klassen von Unternehmen herausbilden werden, welche je nach Kapitalmarktausrichtung eine Aufwertung der Börsenkurse erfahren oder nicht. Diese Frage wird letztlich entscheidend dazu beitragen, ob der Markt die Kraft hat, sich durch Honorierung der Einwahl weitgehend selbständig zu liberalisieren.

ANLAGEN

A. Anlage 1: Synopse: Richtlinienbestimmung / Nationale Umsetzungsvorschrift / Besprechungsort

Richtlinienbestimmung	*Umsetzungsvorschrift (WpÜG n.F.)*	*Besprechungsort Richtlinienbestimmung*	*Besprechungsort Umsetzungsvorschrift*
Art. 1 Abs. 1	§ 1; § 2 Abs. 3 Nr. 2	Kapitel 2. A., B.	A. V. B. II. 5.
Art. 1 Abs. 2, 3	keine Umsetzung[1]	Kapitel 2. A.	
Art. 2 Abs. 1 lit. a)	keine Umsetzung	Kapitel 2. A., C.	C. IV.
Art. 2 Abs. 1 lit. b), c)	keine Umsetzung	Kapitel 2. C.	
Art. 2 Abs. 1 lit. d)	§ 2 Abs. 5	Kapitel 2. C.	C. IV.
Art. 2 Abs. 1 lit. e), g)	keine Umsetzung	Kapitel 2 A., C.	
Art. 2 Abs. 1 lit. f)	keine Umsetzung	Kapitel 2 C.	
Art. 2 Abs. 2	§ 2 Abs. 5 S. 3 § 30 Abs. 1 Nr. 1	Kapitel 2. C.	C. IV. E. I. 5.
Art. 3 Abs. 1 lit. a)-f)	keine Umsetzung	Kapitel 2. D.	
Art. 3 Abs. 2 lit. a), b)	[§ 31 Abs. 3; scheinbar § 39a Abs. 3; Beibehaltung § 5 WpÜG-AngVO][2]		E. II. 5. J. III. 5. E. II. 5.
Art. 4 Abs. 1	keine Umsetzung	Kapitel 2. B.	

[1] „Keine Umsetzung" bedeutet nicht, dass keine solche erforderlich war, sondern lediglich, dass der Gesetzgeber angesichts der bestehenden Regelung keinen Umsetzungsbedarf gesehen hat.

[2] Genannt sind die Paragraphen, bei denen der Gesetzgeber ausdrücklich oder implizit von einer Anwendung des Art. 3 Abs. 2 ausgegangen ist. Die Tabelle enthält keine Aussage darüber, ob der Artikel zutreffend angewandt wurde.

Richtlinienbestimmung	*Umsetzungsvorschrift (WpÜG n.F.)*	*Besprechungsort Richtlinienbestimmung*	*Besprechungsort Umsetzungsvorschrift*
Art. 4 Abs. 2 lit. a)-c)	§ 1 Abs. 3 § 2 Abs. 1a	Kapitel 2. B.	B. II. 5. C. IV.
Art. 4 Abs. 2 lit. e)	§ 1 Abs. 2	Kapitel 2. B.	B. II. 5.
Art. 4 Abs. 5	keine Umsetzung		
Art. 5 Abs. 1	keine Umsetzung	Kapitel 2. E.	
Art. 5 Abs. 2	§ 31 Abs. 3, § 4 S. 1, § 5 WpÜG-AngVO	Kapitel 2. E.	E. II. 5.
Art. 5 Abs. 3	keine Umsetzung	Kapitel 2. E.	
Art. 5 Abs. 4	§ 31 Abs. 3, § 4 S. 1 WpÜG-AngVO	Kapitel 2. E.	E. II. 5.
Art. 5 Abs. 5	§ 31 Abs. 3	Kapitel 2. E.	E. II. 5.
Art. 5 Abs. 6	[§ 31 Abs. 3, § 5 WpÜG-AngVO]	Kapitel 2. E. II.	E. II. 5.
Art. 9 Abs. 1	§ 33a	Kapitel 2. G., H.	G. I. V. H. VI. 1. a. H. VI. 2. a.
Art. 9 Abs. 2	§ 33a Abs. 2 S. 1, 2	Kapitel 2. G., H.	H. VI. 1. a. H. VI. 2. a.
Art. 9 Abs. 3	§ 33a Abs. 2 S. 2 Nr. 2, Nr. 3	Kapitel 2. G., H.	H. VI. 1. a. H. VI. 2. a.
Art. 9 Abs. 4	keine Umsetzung	Kapitel 2. G., H.	
Art. 9 Abs. 5	§ 33a Abs. 2 S. 2	Kapitel 2. G., H.	H. VI. 1. a. H. VI. 2. a.
Art. 9 Abs. 6	§ 33a Abs. 2	Kapitel 2. G., H.	H. VI. 1. a. H. VI. 2. a.

Richtlinienbestimmung	*Umsetzungsvorschrift (WpÜG n.F.)*	*Besprechungsort Richtlinienbestimmung*	*Besprechungsort Umsetzungsvorschrift*
Art. 11 Abs. 1	§ 33b	Kapitel 2. I.	I. V. 1. a. I. V. 2. a.
Art. 11 Abs. 2	§ 33b Abs. 2 S. 1 Nr. 1, S. 2	Kapitel 2. I.	I. V. 1. a. I. V. 2. a.
Art. 11 Abs. 3	§ 33b Abs. 2 S. 1 Nr. 2, S. 2	Kapitel 2. I.	I. V. 1. a. I. V. 2. a.
Art. 11 Abs. 4	§ 33b Abs. 2 Nr. 3, S. 2	Kapitel 2. I.	I. V. 1. a. I. V. 2. a.
Art. 11 Abs. 5	§ 33b Abs. 5	Kapitel 2. I.	I. V. 1. a. I. V. 2. a.
Art. 11 Abs. 6	§ 33b Abs. 2 S. 2	Kapitel 2. I.	I. V. 1. a. I. V. 2. a.
Art. 12 Abs. 1	§ 33a Abs. 1, § 33b Abs. 1	Kapitel 2. H., I.	H. VI. 1. a. H. VI. 2. a. I. V. 1. a. I. V. 2. a.
Art. 12 Abs. 2	§ 33a Abs. 1, § 33b Abs. 1	Kapitel 2. H., I.	H. VI. 1. a. H. VI. 2. a. I. V. 1. a. I. V. 2. a.
Art. 12 Abs. 3	§ 33c Abs. 1, 2	Kapitel 2. H., I.	H. VI. 1. b. H. VI. 2. b. I. V. 1. b. I. V. 2. b.

Richtlinienbestimmung	*Umsetzungsvorschrift (WpÜG n.F.)*	*Besprechungsort Richtlinienbestimmung*	*Besprechungsort Umsetzungsvorschrift*
Art. 12 Abs. 4	§ 33a Abs. 3 § 33b Abs. 3 § 33c Abs. 3		H. VI. 1. a. H. VI. 2. a. I. V. 1. a. I. V. 2. a. H. VI. 1. b. H. VI. 2. b. I. V. 1. b. I. V. 2. b.
Art. 12 Abs. 5	§ 33c Abs. 3	Kapitel 2. H., I.	H. VI. 1. b. H. VI. 2. b. I. V. 1. b. I. V. 2. b.
Art. 15 Abs. 1	§ 39a	Kapitel 2. J., L.	J. II. 5.
Art. 15 Abs. 2	§ 39a Abs. 1, 2	Kapitel 2. J., L.	J. II. 5.
Art. 15 Abs. 3	§ 39a Abs. 2	Kapitel 2. J., L.	J. II. 5.
Art. 15 Abs. 4	§ 39a Abs. 4	Kapitel 2. J., L.	J. II. 5.
Art. 15 Abs. 5	§ 39a Abs. 3	Kapitel 2. J., L.	J. III. 5.
Art. 16	§ 39c	Kapitel 2. K., L.	K. I. 5. K. II. 5.

B. Anlage 2: (Erwartete) Umsetzung des Optionsmodells in den einzelnen Mitgliedstaaten

(Die in dieser Tabelle enthaltenen Informationen beruhen auf den Ergebnissen einer Untersuchung der *egip*[1], Angaben des Bundesministeriums der Finanzen[2] sowie eigenen Recherchen).

Mitgliedstaat	*Art. 9*	*Art. 11*	*Art. 12 (3)*
Belgien	Opt-In	Opt-Out	Opt-In
Dänemark	Opt-Out	Opt-Out	Opt-In
Deutschland	Opt-Out	Opt-Out	Opt-In
Estland	Opt-In	Opt-In	Opt-Out
Finnland	Opt-In	Opt-Out	Opt-Out
Frankreich	Opt-In[3]	Opt-Out[4]	Opt-In (Art. 9)[5]
Griechenland	Opt-In	Opt-Out	Opt-In
Großbritannien	Opt-In	Opt-Out[6]	Opt-Out
Irland	Opt-In	Opt-Out[7]	Opt-Out
Italien[8]	Opt-In	Opt-Out	Opt-Out

1 European Group for Investor Protection / Europäische Investorenschutzvereinigung, Implementation of the optional provisions of the EU Takeover Directive by the EU25, Stand Juni 2006, abrufbar unter: http://www.egip.org/news.html.

2 Im Rahmen verschiedener Seminare wurden von Herrn Reg.Dir. Dr. Kerkloh sowie von Frau Dr. Cloidt-Stotz Tabellen bzgl. des Umsetzungsstandes in einzelnen Mitgliedstaaten zugänglich gemacht.

3 Art. 12 loi n. 2006-387 du 31 mars 2006 relative aux offres publiques d'acquisition

4 Art. 14-17 loi n. 2006-387 du 31 mars 2006 relative aux offres publiques d'acquisition

5 Art. 13 loi n. 2006-387 du 31 mars 2006 relative aux offres publiques d'acquisition

6 Art. 20ff. (Opting in and Opting out), The Takeovers Directive (Interim Implementation) Regulations 2006.

7 Part 3 (Breakthrough Provisions), Art. 16ff., Statutory Instruments S.I. No. 255 of 2006.

8 Für Italien gibt es noch keine offiziellen Entwürfe. Es handelt sich lediglich um Tendenzen.

Mitgliedstaat	*Art. 9*	*Art. 11*	*Art. 12 (3)*
Lettland	Opt-In	Opt-In	Opt-Out
Litauen	Opt-In	Opt-In	Opt-Out
Luxemburg	Opt-Out	Opt-Out	Opt-In
Malta	Opt-In	Opt-Out	Opt-Out
Niederlande	Opt-Out	Opt-Out	Opt-In
Österreich	Opt-In[9]	Opt-Out[10]	Opt-Out
Polen	Opt-Out	Opt-Out	Opt-Out
Portugal	Opt-In	Opt-Out	Opt-In
Schweden	Opt-In	Opt-Out	Opt-Out
Slowakei	Opt-In	Opt-Out	Opt-In[11]
Slowenien	Opt-In	Opt-Out	Opt-In
Spanien[12]	Opt-In	Opt-Out	Opt-Out
Tschechien	Opt-In	Opt-Out	Opt-Out
Ungarn	Opt-In	Opt-Out	Opt-In
Zypern	Opt-In	Opt-Out	Opt-In

9 ÜbRÄG Art. 1 Nr. 8 § 12 („*Verhinderungsverbot und Objektivitätsgebot*") BGBl. I für die Republik Österreich vom 9. Juni 2006.

10 ÜbRÄG Art. 1 Nr. 22 § 27a („*Durchbrechung von Übernahmehindernissen*") BGBl. I für die Republik Österreich vom 9. Juni 2006.

11 Die Reziprozitätsregelung soll auf Drittstaatenkonstellationen beschränkt werden.

12 Für Spanien gibt es noch keine offiziellen Entwürfe. Es handelt sich lediglich um Tendenzen.

LITERATURVERZEICHNIS

Adams, Michael, Der Markt für Unternehmenskontrolle und sein Missbrauch, AG 1989, 333-338.

Ders., Höchststimmrechte, Mehrfachstimmrechte und sonstige wundersame Hindernisse auf dem Markt für Unternehmenskontrolle, AG 1990, 63-78.

Ders., Was spricht gegen eine ungehinderte Übertragbarkeit der in Unternehmen gebundenen Ressourcen durch ihre Eigentümer, AG 1990, 243-252.

Alstine, Michael P. van, Die EG-Übernahme-Richtlinie im Lichte der Erfahrungen in den USA, EWS 1993, 8-16.

Altmeppen, Holger, Neutralitätspflicht und Pflichtangebot nach dem neuen Übernahmerecht, ZIP 2001, 1073-1084.

Andersen, Paul Krüger, The Takeover Directive and Corporate Governance: The Danish Experience, EBLR 2004, 1461-1475.

Angerer, Lutz, Der Squeeze-out, BKR 2002, 260-268.

Archner, Gernot, Das Wertpapiererwerbs- und Übernahmegesetz (WpÜG) aus Sicht der Investmentbranche, ZfgK 2001, 999-1003.

Arnold, Arnd, Entschädigung von Mehrstimmrechten bei Übernahmen, BB 2003, 267-270.

Ders., Mehrstimmrechte und stimmrechtslose Vorzugsaktien in der Übernahmerichtlinie, Der Konzern 2003, 173-178.

Arnold, Michael, Mitwirkungsbefugnisse der Aktionäre nach Gelatine und Macrotron, ZIP 2005, 1573-1579.

Assmann, Heinz-Dieter, Verhaltensregeln für freiwillige öffentliche Übernahmeangebote – Der Übernahmekodex der Börsensachverständigenkommission, AG 1995, 563-572.

Ders./Basaldua, Nathalie/Bozenhardt, Friedrich/Peltzer, Martin (Hrsg.), Übernahmeangebote, ZGR Sonderheft 9, Berlin, New York 1990, (zit.: Verfasser, in: Assmann/Basaldua/Bozenhardt/Peltzer, Übernahmeangebote, 1990).

Ders./Bozenhardt, Friedrich, Übernahmeangebote als Regelungsproblem zwischen gesellschaftlichen Normen und zivilrechtlich begründeten Verhaltensgeboten, in: Assmann/ Basaldua/Bozenhardt/Peltzer, Übernahmeangebote, 1990, S. 1-156.

Ders./Pötzsch, Thorsten/Schneider, Uwe H. (Hrsg.), Kommentar zum WpÜG, Köln 2005, (zit.: Bearbeiter, in: Assmann/ Pötzsch/Schneider, WpÜG, 2005).

Austmann, Andreas/Mennicke, Petra, Übernahmerechtlicher Squeeze-out und Sell-out, NZG 2004, 846-855.

Bar, Christian von/Mankowski, Peter, Internationales Privatrecht, Band I Allgemeine Lehren, München 2003 (zit.: von Bar/Mankowski, Internationales Privatrecht, 2003)

Baudisch, Matthias/Götz, Alexander, Nochmals: Neutralitätspflicht des Vorstands und Entscheidungsbefugnis der Hauptversammlung im Übernahmerecht, AG 2001, 251-256.

Baum, Harald, Funktionale Elemente und Komplementaritäten des britischen Übernahmerechts, RIW 2003, 421-433.

Baumbach, Adolf (Begr.)/Hopt, Klaus J., Handelsgesetzbuch (Kommentar), 29. Aufl., München 1995, (zit.: Baumbach/Hopt, HGB, 1995).

Dies., Handelsgesetzbuch (Kommentar), 30. Aufl., München 2000, (zit.: Baumbach/Hopt, HGB, 2000).

Baums, Philipp A., Ausschluss von Minderheitsaktionären, Frankfurt a.M., 2001.

Ders., Der Ausschluss von Minderheitsaktionären nach §§ 327a ff. AktG n.F. – Einzelfragen, WM 2001, 1843-1850.

Baums, Theodor, Gutachten zum 63. DJT 2000.

Ders., Notwendigkeit und Grundzüge einer gesetzlichen Übernahmeregelung, in: von Rosen/Seifert, Die Übernahme börsennotierter Unternehmen, 1999, S. 165-186.

Ders., The Regulation of Takeovers under German Law, EBLR 2004, 1453-1460.

Ders., Übernahmeregeln in der Europäischen Gemeinschaft, ZIP 1989, 1376-1381.

Ders., Vorschlag eines Gesetzes zu öffentlichen Übernahmeangeboten, ZIP 1997, 1310-1315.

Ders., Zur Harmonisierung des Rechts der Unternehmensübernahmen in der EG, in: Rengeling, Europäisierung des Rechts, 1996, S. 91-112.

Ders./Thoma, Georg, Kommentar zum WpÜG, Losebl.-Ausg., 1. Liefg., Köln 2004, (zit.: Bearbeiter, in: Baums/Thoma, WpÜG, 2004).

Ders./Thoma, Georg F. (Hrsg.), Takeover Laws in Europe, Losebl.-Ausg., 2. Liefg., Köln 2003, (zit.: Baums/Thoma, Takeover Laws in Europe, 2003).

Becht, Marco, Reciprocity in Takeovers, in: Ferrarini/Hopt/Winter/Wymeersch, Takeover Law in Europe, 2004, S. 647-675.

Becker, Patricia, Übernahmerichtlinie: Baldige Absegnung durch den Europäischen Rat, GmbHR 2004, R 77-R 79.

Beckmann, Ralph, Der Richtlinienvorschlag betreffend Übernahmeangebote auf dem Weg zu einer europäischen Rechtsangleichung, DB 1995, 2407-2411.

Ders., Übernahmeangebote in Europa, Diss., Münster 1995, (zit.: Beckmann, Übernahmeangebote, 1995).

Behrens, Peter, Rechtspolitische Grundsatzfragen zu einer Europäischen Regelung für Übernahmeangebote, ZGR 1975, 433-458.

Bennedsen, Morten/Nielsen, Kasper, The impact of a break-through rule on European firms, Discussion Paper No 2002-10, abrufbar unter: www.cebr.dk/upload/dp1002.pdf.

Benner-Heinacher, Jella S., Mindeststandards für Übernahmeregeln in Deutschland, DB 1997, 2521-2524.

Berger, Klaus Peter/Filgut, Esther, "Acting in Concert" nach § 30 Abs. 2 WpÜG, AG 2004, 592-603.

Berglöf, Erik/Burkat, Mike, „Break-Through" in European Takeover Regulation?, SITE Staff paper 02/03, abrufbar unter:

http://web.hhs.se/site/Publications/staffpapers/SP0203Sep.pdf.

Dies., European takeover regulation, Economic Policy 2003 (Volume 18, Issue 36), 171-213.

Bess, Jürgen, Eine europäische Regelung für Übernahmeangebote, Kritische Bemerkungen zum Entwurf eines Richtlinienvorschlags über „Übernahmeangebote und andere Angebote", AG 1976, 169-176 (Teil I), 206-210 (Teil II).

Bittner, Claudia, Die EG-Übernahme-Richtlinie aus englischer Sicht, RIW 1992, 182-189.

Blättchen, Wolfgang/Götz, Alexander, „Öffentliche Übernahmen" börsennotierter Unternehmen in Deutschland: Halbjahresreport 1. Halbjahr, 2005, FB 2005, 687-689.

Dies., „Öffentliche Übernahmen" börsennotierter Unternehmen in Deutschland: Halbjahresreport 2. Halbjahr 2005, FB 2006, 270-272.

Ders./Wegen, Gerhard, Übernahme börsennotierter Unternehmen, Stuttgart 2003, (zit.: Verfasser, in: Blättchen/Wegen, Übernahme börsennotierter Unternehmen, 2003).

Bleckmann, Albert, Zu den Auslegungsmethoden des Europäischen Gerichtshofs, NJW 1982, 1177-1182.

Bolte, Christian, Squeeze-out: Eröffnung neuer Umgehungstatbestände durch die §§ 327a ff. AktG, DB 2001, 2587-2591.

Bozicevic, Falko, Übernahmen und Squeeze-outs 2004, AG-R 2005, R 246-R 250.

Buck, Carsten, Über die Auslegungsmethoden des Gerichtshofs der Europäischen Gemeinschaften, Münster 1998, (zit.: Buck, Auslegungsmethoden 1998).

Büdenbender, Martin, Das Verhältnis des Europäischen Gerichtshofs zum Bundesverfassungsgericht, Köln u.a. 2005, (zit.: Büdenbender, Verhältnis, 2005).

Buerstedde, Wolfgang, Juristische Methodik des europäischen Gemeinschaftsrechts: ein Leitfaden, Baden-Baden 2006, (zit.: Buerstedde, Juristische Methodik, 2006).

Bülow, Christoph von/Bücker, Thomas, Abgestimmtes Verhalten im Kapitalmarkt- und Gesellschaftsrecht, ZGR 2004, 669-720.

Dies., Das Konzernprivileg des § 36 Nr. 3 WpÜG – Tatbestand, Rechtsfolgen, Verfahren, Der Konzern 2003, 185-202.

Bumiller, Ursula/Winkler, Karl, Kurzkommentar Freiwillige Gerichtsbarkeit, 8. Aufl., München 2006, (zit.: Bumiller/Winkler, FGG, 2006)

Bungert, Hartwin, Kommentar zum BGH Beschluss v. 25.10.2005 – II ZR 327/03, BB 2005, 2652-2653.

Ders., Delisting und Hauptversammlung, BB 2000, 53-58.

Burgard, Ulrich, Kapitalmarktrechtliche Lehren aus der Übernahme Vodafone-Mannesmann, WM 2000, 611-616.

Burkart, Mike/Panuzi, Fausto, Mandatory Bids, Squeeze-Out, Sell-Out and the Dynamics of the Tender Offer Process, in: Ferrarini/Hopt/Winter/Wymeersch, Takeover Law in Europe, 2004, S. 737-763.

Büschgen, Hans E./Schneider, Uwe H. (Hrsg.), Der europäische Binnenmarkt 1992 - Auswirkungen für die deutsche Finanzwirtschaft, 1990, (zit.: Verfasser, in: Büschgen/Schneider, Binnenmarkt, 1990).

Cahn, Andreas, Verwaltungsbefugnisse der Bundesanstalt für Finanzdienstleistungsaufsicht im Übernahmerecht und Rechtsschutz Betroffener, ZHR 167 (2003), 262-301.

Calliess, Christian, Eigentumsrecht, in: Ehlers, Europäische Grundrechte und Grundfreiheiten, 2005, S. 462-478.

Ders./Ruffert, Matthias (Hrsg.), Kommentar des Vertrages über die Europäische Union und des Vertrages zur Gründung der Europäischen Gemeinschaft, 2. Aufl. Neuwied, Kriftel 2002, (zit.: Bearbeiter, in: Callies/Ruffert, EUV/EGV, 2002).

Casper, Matthias, Acting in concert – Grundlage eines neuen kapitalmarktrechtlichen Zurechnungstatbestandes, ZIP 2003, 1469-1477.

Ders., Acting in Concert - Reformbedürftigkeit eines neuen kapitalmarktrechtlichen Zurechnungstatbestandes?, in: Veil/Drinkuth, Übernahmerecht, 2005, S. 45-58.

Choper, Jesse H./Cofee, John C./Gilson, Ronald J., Cases and Materials on Corporations, 6th Edition, 2004 (zit.: Choper/Cofee/Gilson, Cases and Materials, 2004).

Coates, John C. IV, Ownership, Takeovers and EU Law: How contestable should EU corporations be?, in: Ferrarini/Hopt/Winter/Wymeersch, Takeover Law in Europe, 2004, S. 677-709.

Ders., Ownership, Takeovers and EU Law: How Contestable Should EU Corporations Be?, ecgi Law Working Paper 11/2003.

Dauner-Lieb, Barbara/Lamandini, Marco, Der neue Kommissionsvorschlag einer Übernahmerichtlinie und das Europäische Parlament, Der Konzern 2003, 168-172.

Defriez, Alistair/Read, Warburg Dillon, Takeover Regulation in the United Kingdom, in: von Rosen/Seifert, Die Übernahme börsennotierter Unternehmen, 1999, S. 29-39.

Denzel, Stefanie, Die Neutralitätspflicht im europäischen Übernahmerecht – Ein Vergleich mit dem US-amerikanischen System der Modified Business Judgement Rule, Hamburg, 2005, (zit.: Denzel, Neutralitätspflicht, 2005).

Depser, Ingrid, Der Vorschlag der EG-Kommission zur Takeover-Richtlinie im Spiegel der amerikanischen Takeover-Erfahrung, RIW 1992, 351-361.

Diekmann, Hans/Leuering, Dieter, Der Referentenentwurf eines Gesetzes zur Unternehmensintegrität und Modernisierung des Anfechtungsrechts (UMAG), NZG 2004, 249-257.

Diemer, Frank/Hasselbach, Kai, Öffentliche Übernahmeangebote in Italien, NZG 2000, 824-830.

Dimke, Andreas W./Heiser, Kristian J., Neutralitätspflicht, Übernahmegesetz und Richtlinienvorschlag 2000, NZG 2001, 241-259.

Dippel, Carsten, Die Kompetenzabgrenzung in der Rechtsprechung von EGMR und EuGH, Diss., Berlin 2004, (zit.: Dippel, Kompetenzabgrenzung EGMR / EuGH, 2004).

Diregger, Christoph/Kalls, Susanne/Winner, Martin, Das österreichische Übernahmerecht, Vier Jahre Übernahmepraxis – ein Gesamtüberblick, Wien 2003, (zit.: Diregger/Kalls/Winner, Das österreichische Übernahmerecht, 2003).

Ders./Winner, Martin, Deutsches und österreichisches Übernahmerecht aus Anlegersicht, WM 2002, 1583-1592.

Doralt, Peter, Überlegungen zur Gestaltung der Vorschriften über das Recht des öffentlichen Übernahmeangebots in Österreich, in: FS für Bruno Kropff, hrsg. von Karl-Heinz Foster, Barbara Grunewald, Marcus Lutter, Johannes Semler, Düsseldorf 1997, S. 53-70, (zit.: Doralt, in: FS Kropff, 1997).

Drygala, Tim, Die neue deutsche Übernahmeskepsis und ihre Auswirkungen auf die Vorstandspflichten nach § 33 WpÜG, ZIP 2001, 1861-1871.

Ders., Die Vorschläge der SLIM-Arbeitsgruppe zur Vereinfachung des Europäischen Gesellschaftsrechts, AG 2001, 291-299.

Dürig, Markus, Kollisionsrechtliche Anknüpfung bei öffentlichen Übernahmeangeboten, im Blickpunkt: Pflichtangebot und Verhaltenspflichten, RIW 1999, 746-750.

Easterbrook Frank H./Fischel, Daniel R., The Proper Role of a Target's Management in Responding to a Tender Offer, 94 Harv.L.Rev. 1981, 1161-1204.

Ebenroth, Carsten Thomas/Daum, Thomas, Die Kompetenzen des Vorstands einer Aktiengesellschaft bei der Durchführung und Abwehr unkoordinierter Übernahmen, DB 1991, 1105-1111 (Teil I), 1157-1161 (Teil II).

Ders./Rapp, Angela, Abwehr von Unternehmensübernahmen, DZWiR 1991, 2-10.

Ders./Wilken, Oliver, Entwicklungstendenzen im deutschen Internationalen Gesellschaftsrecht – Teil 2, JZ 1991, 1061-1070.

Dies., Kollisionsrechtliche Einordnung transnationaler Unternehmensübernahmen, ZVglRWiss 90 (1991), 235-261.

Edwards, Vanessa, The Directive on Takeover Bids – Not Worth the Paper It's Written On?, ECFR 2004, 416-439.

Ehlers, Dirk (Hrsg.), Europäische Grundrechte und Grundfreiheiten, Berlin 2005, (zit.: Verfasser, in: Ehlers, Europäische Grundrechte und Grundfreiheiten, 2005).

Ehricke, Ulrich/Ekkenga, Jens/Oechsler, Jürgen, Wertpapiererwerbs- und Übernahmegesetz (Kommentar), München 2003, (zit.: Bearbeiter, in: Ehricke/Ekkenga/Oechsler, WpÜG, 2003).

Ders./Roth, Markus, Squeeze-out im geplanten deutschen Übernahmerecht, DStR 2001, 1120-1127.

Eidenmüller, Horst, Wettbewerb der Gesellschaftsrechte in Europa, ZIP 2002, 2233-2245.

Eislot, Dirk, Die Squeeze-out Prüfung nach § 327c Abs. 2 AktG, DStR 2002, 1145-1152.

Ekkenga, Jens/Hofschroer, Josef, Das Wertpapiererwerbs- und Übernahmegesetz, DStR 2002, 724-734 (Teil I), 768-777 (Teil II).

Ders./Kuntz, Thilo, Grundzüge eines Kollisionsrechts für grenzüberschreitende Übernahmeangebote, WM 2004, 2427-2436.

Elschen, Rainer, Gegenstand und Anwendungsmöglichkeiten der Agency-Theorie, Zfbf 43 (1991), 1002-1012.

Emmerich, Volker/Habersack, Mathias, Aktien- und GmbH-Konzernrecht, 4. Aufl., München 2005, (zit.: Verfasser, in: Emmerich/Habersack, Konzernrecht, 2005).

Enriques, Luca, The Mandatory Bid Rule in the Takeover Directive: Harmonization Without Foundation?, ECFR 2004, 440-457.

Ders., The Mandatory Bid Rule in the Proposed EC Takeover Directive: Harmonization as Rent-Seeking?, in: Ferrarini/Hopt/Winter/Wymeersch, Takeover Law in Europe, 2004, S. 767-795.

Entzian,Till, Das neue Investmentrecht 2004, Sammlung relevanter Texte Stand 2005/2006, Band 1: Recht, 4. Ausgabe, Frankfurt a.M. 2006, (zit.: Entzian, Investmentrecht, 2004).

Everling, Ulrich, Brauchen wir "Solange III"? – Zu den Forderungen nach Revision der Rechtsprechung des Bundesverfassungsgerichts, EuR 1990, 195-227.

Eymann, Angelika/Menichetti, Marco J., Die Regelung von Übernahmeangeboten und deren Umsetzung für den europäischen Binnenmarkt, Konstanz 1990, (zit.: Eymann/Menichetti, Die Regelung von Übernahmeangeboten, 1990).

Ferrarini, Guido/Hopt, Klaus. J./Winter, Jaap/Wymeersch, Eddy, Reforming Company and Takeover Law in Europe, Oxford 2004, (zit.: Verfasser, in: Ferrarini/Hopt/Winter/Wymeersch, Takeover Law in Europe, 2004).

Ferrell, Allen, Why Continental European Takeover Law Matters, in: Ferrarini/Hopt/Winter/Wymeersch, Takeover Law in Europe, 2004, S. 561-574.

Fischer, Gerfried/Medicus, Dieter/Busnelli, Francesco D. (Hrsg.), Schadensrecht, Arzthaftung, Domain-Namen, Übernahmerecht, Kapitalmarkt, Rechtswahl, Jahrbuch für italienisches Recht Bd. 14, Heidelberg 2001, (zit: Verfasser, in: Fischer/Medicus/Busnelli, Jahrbuch für italienisches Recht, 2001).

Fleischer, Holger, Das neue Recht des *Squeeze Out*, ZGR 2002, 757-789.

Ders., Schnittmengen des WpÜG mit benachbarten Rechtsmaterien – eine Problemskizze, NZG 2002, 545-551.

Ders., Zum Umfang des Schutzes der Aktionärsrechte durch GG Art. 14: Urteilsanmerkung zu BVerfG Beschluss v. 23.8.2000 – 1 BvR 68/95 und 147/97 (Moto-Meter AG), DNotZ 2000, 876-880.

Ders./Kalss, Susanne, Das neue Wertpapiererwerbs- und Übernahmegesetz, Einführende Gesamtdarstellung und Materialien, München 2002, (zit.: Fleischer/Kalss, WpÜG Gesamtdarstellung, 2002).

Ders./Körber, Torsten, Der Rückerwerb eigener Aktien und das Wertpapiererwerbs- und Übernahmegesetz, BB 2001, 2589-2595.

Forum Europaeum Konzernrecht (Doralt/Druey/Hommelhoff/Hopt/Lutter/Wymeersch), Konzernrecht für Europa, ZGR 1998, 672-772.

Franzen, Martin, Privatrechtsangleichung durch die Europäische Gemeinschaft, Berlin, New York 1999, (zit.: Franzen, Privatrechtsangleichung, 1999).

Frei, Stephan N., Öffentliche Übernahmeangebote, in der Schweiz, 1. Aufl., Bern, Stuttgart, Wien 1995, (zit.: Frei, Öffentliche Übernahmeangebote, 1995).

Friedl, Markus J., Die Rechte von Bezugsrechtsinhabern beim Squeeze Out, Der Konzern 2004, 309-318.

Ders., Die Stellung des Aufsichtsrats der Zielgesellschaft bei Abgabe eines Übernahmeangebots nach neuem Übernahmerecht unter Berücksichtigung des Regierungsentwurfs zum Übernahmerichtlinie-Umsetzungsgesetz, NZG 2006, 422-424.

Fritz, Ken Oliver, Bestandsaufnahmen – Entwicklung von feindlichen Übernahmen in Deutschland, in: Veil/Drinkuth, Übernahmerecht, 2005, S. 113-126.

Fuhrmann, Lambertus, Das Freigabeverfahren bei Squeeze out-Beschlüssen, Der Konzern 2004, 1-5.

Gall, Mario, Die Angebotspflicht nach dem Übernahmegesetz, Diss., Wien 2003, (zit.: Gall, Angebotspflicht, 2003).

Gantenberg, Philipp, Die Reform der Hauptversammlung durch den Regierungsentwurf eines Gesetzes zur Unternehmensintegrität und Modernisierung des Anfechtungsrechts – UMAG, DB 2005, 207-212.

Geibel, Stephan/Süßmann, Rainer, Erwerbsangebote nach dem Wertpapiererwerbs- und Übernahmegesetz, BKR 2002, 52-67.

Dies. (Hrsg.), Wertpapiererwerbs- und Übernahmegesetz (WpÜG) Kommentar, München 2002, (zit.: Bearbeiter, in: Geibel/Süßmann, WpÜG, 2002).

Gesmann-Nuissl, Dagmar, Die neuen Squeeze-Out-Regeln im Aktiengesetz, WM 2002, 1205-1210.

Geyrhalter, Volker/Gänßler, Peggy, „Inspire Art“ – Briefkastengesellschaften „on the Move“, DStR 2003, 2167-2172.

Dies., Perspektiven nach „Überseering“ – wie geht es weiter?, NZG 2003, 409-414.

Glade, Achim/Haak, Andreas M./Hellich, Peter, Die Umsetzung der Übernahmerichtlinie in das deutsche Recht, Der Konzern 2004, 455-462 (Teil I), Der Konzern 2004, 515-525 (Teil II).

Gordon, Jeffrey N., An American Perspective on Anti-Takeover Laws in the EU: The German Example, in: Ferrarini/Hopt/Winter/Wymeersch, Takeover Law in Europe, 2004, S. 541-559.

Ders., Das neue deutsche „Anti"-Übernahmegesetz aus amerikanischer Perspektive, AG 2002, 670-674.

Gower, Laurence C./Davies, Paul L., Principles of Modern Company Law, 7th. Edition, London 2003, (zit.: Gower/Davies, Principles, 2003).

Göz, Philipp/Holzborn, Timo, Die Aktienrechtsreform durch das Gesetz zur Unternehmensintegrität und Modernisierung des Anfechtungsrechts – UMAG, WM 2006, 157-164.

Grabbe, Hartwig/Fett, Torsten, Pflichtangebot im Zuge von Verschmelzungen? Zugleich ein Beitrag zur Schnittstelle von Kapitalmarkt- und Gesellschaftsrecht, NZG 2003, 755-763.

Grabenwarther, Christoph, Europäische Menschenrechtskonvention, 2. Aufl., München 2005, (zit.: Grabenwarther, EMRK, 2005).

Grabitz, Eberhard (Begr.)/Hilf, Meinhard (Hrsg.), Das Recht der Europäischen Union, Loseblattkommentar, Band I, Stand: Dezember 2005, (zit.: Bearbeiter, in: Grabitz/Hilf, EU Kommentar, 2005).

Dies., Das Recht der Europäischen Union, Loseblattkommentar, Band III, Stand: Dezember 2005, (zit.: Bearbeiter, in: Grabitz/Hilf, EU Kommentar, 2005).

Groeben, Hans von der/Schwarze, Jürgen, Kommentar zum Vertrag über die Europäische Union und zur Gründung der Europäischen Gemeinschaft, Band 2 Art. 81-97 EGV, 6. Aufl., Baden-Baden 2003, (zit.: Bearbeiter, in: von der Groeben/Schwarze, Kommentar zum EUV/EGV, 2003).

Dies., Kommentar zum Vertrag über die Europäische Union und zur Gründung der Europäischen Gemeinschaft, Band 4 Art. 189-314 EGV, 6. Aufl., Baden-Baden 2004, (zit.: Bearbeiter, in: von der Groeben/Schwarze, Kommentar zum EUV/EGV, 2004).

Grosserichter, Helge, Ausländische Kapitalgesellschaften im deutschen Rechtsraum – Das deutsche Internationale Gesellschaftsrecht und seine Perspektiven nach der Entscheidung Überseering, DStR 2003, 159-169.

Großfeld, Bernhard, Europäisches Gesellschaftsrecht, WM 1992, 2121-2128.

Grundmann, Stefan, Die rechtliche Verfassung des Marktes für Unternehmenskontrolle nach Verabschiedung der Übernahme-Richtlinie, NZG 2005, 122-128.

Ders., Europäisches Gesellschaftsrecht: Eine systematische Darstellung unter Einbeziehung des Europäischen Kapitalmarktrechts, Heidelberg 2004, (zit.: Grundmann, Europäisches Gesellschaftsrecht, 2004).

Ders., EG-Richtlinie und nationales Privatrecht – Umsetzung und Bedeutung der umgesetzten Richtlinie im nationalen Privatrecht, JZ 1996, 274-287.

Ders., Die Auslegung des Gemeinschaftsrechts durch den Europäischen Gerichtshof, Konstanz 1997, (zit.: Grundmann, Auslegung des Gemeinschaftsrechts, 1997).

Grunewald, Barbara, Der geänderte Vorschlag einer 13. EG-Richtlinie betreffend Übernahmeangebote, WM 1991, 1361-1366.

Dies., Die neue Squeeze-out-Regelung, ZIP 2002, 18-22.

Dies., Europäisierung des Übernahmerechts, AG 2001, 288-291.

Dies., Was bringt der Vorschlag einer 13. EG-Richtlinie über Übernahmeangebote für das deutsche Recht?, WM 1989, 1233-1239.

Haarmann, Wilhelm/Riehmer, Klaus/Schüppen, Matthias (Hrsg.), Öffentliche Übernahmeangebote: Kommentar zum Wertpapiererwerbs- und Übernahmegesetz, Heidelberg 2002 (zit.: Bearbeiter, in: Haarmann/Riehmer/Schüppen, WpÜG, 2002).

Ders./Schüppen, Matthias, Frankfurter Kommentar zum WpÜG, Frankfurt a.M. 2005 (zit.: Bearbeiter, in: Haarmann/Schüppen, Frankfurter Kommentar WpÜG, 2005).

Habersack, Mathias, Auf der Suche nach dem gerechten Preis – Überlegungen zu § 31 WpÜG, ZIP 2003, 1123-1129.

Ders., Der Finanzplatz Deutschland und die Rechte der Aktionäre – Bemerkungen zur bevorstehenden Einführung des „*Squeeze Out*“, ZIP 2001, 1230-1239.

Ders., Europäisches Gesellschaftsrecht im Wandel, NZG 2004, 1-9.

Ders., Reformbedarf im Übernahmerecht!, ZHR 166 (2002), 619-624.

Ders./Mayer, Christian, Der neue Vorschlag 1997 einer Takeover-Richtlinie – Überlegungen zur Umsetzung in das nationale Recht, ZIP 1997, 2141-2146.

Hahn, Dieter, Die Regulierung von Übernahmen in der Europäischen Gemeinschaft, ZBB 1990, 10-21.

Halm, Dirk, „Squeeze Out“ heute und morgen: Eine Bestandsaufnahme nach dem künftigen Übernahmerecht, NZG 2000, 1162-1165.

Hamann, Axel, Minderheiten beim Squeeze Out Beschluss, Köln 2003.

Harbarth, Stephan, Kontrollerlangung und Pflichtangebot, ZIP 2002, 321-332.

Hasselbach, Kai, Das Andienungsrecht von Minderheitsaktionären nach der EU-Übernahmerichtlinie, ZGR 2005, 387-416.

Hauschka, Christoph E./Roth, Thomas, Übernahmeangebote und deren Abwehr im deutschen Recht, AG 1998, 181-196.

Hecker, Renate, Regulierung von Unternehmensübernahmen und Konzernrecht, Wiesbaden 2000, (zit.: Hecker, Regulierung, 2000).

Heidel, Thomas (Hrsg.), Anwaltkommentar Aktienrecht, Bonn 2003, (zit.: Bearbeiter, in: Heidel, Anwaltkommentar, 2003).

Ders./Lochner, Daniel, Squeeze-out ohne hinreichenden Eigentumsschutz, DB 2001, 2031-2034.

Dies., Verfassungswidrigkeit der Squeeze-out-Regelungen der umzusetzenden EU-Übernahmerichtlinie – Unzulässige Einschränkung der gerichtlichen Überprüfung der angebotenen Barabfindung durch gesetzliche Fiktion der Angemessenheit, DB 2005, 2564-2566.

Heidenhain, Martin, Ausländische Kapitalgesellschaften mit Verwaltungssitz in Deutschland, NZG 2002, 1141-1143.

Heiderhoff, Bettina, Gemeinschaftsprivatrecht, München 2005, (zit.: Heiderhoff, Gemeinschaftsprivatrecht, 2005).

Hein, Jan von, Grundfragen des europäischen Übernahmekollisionsrechts, AG 2001, 213-232.

Ders., Zur Kodifikation des europäischen Übernahmekollisionsrechts, ZGR 2005, 528-567.

Heinle, Daniel C., City Code und Übernahmekodex: eine Rechtsvergleichung, Frankfurt a.M. u.a. 2001, (zit.: Heinle, City Code und Übernahmekodex, 2001).

Heinsius, Theodor, Abfindung außenstehender Aktionäre und Übernahmeangebote im deutschen Aktien- und Konzernrecht, in: Schmitthoff/Goré/Heinsius, Übernahmeangebote, 1976, S. 35-61.

Heiser, Kristian J., Interessenkonflikte in der Aktiengesellschaft und ihre Lösung am Beispiel des Zwangsangebots, Diss., Hamburg 1999, (zit.: Heiser, Interessenkonflikte, 1999).

Helms, Dietmar, Konzernrecht und Kapitalmarktrecht in Frankreich, in: Hommelhoff/Hopt/Lutter, Konzernrecht für Europa, 2001, S. 69-97.

Hemeling, Peter, Die Durchführung der Hauptversammlung – die Chance des UMAG nut-zen!, AG 2004, 262-263.

Hens, Roland, Vorstandspflichten bei feindlichen Übernahmeangeboten: Eine rechtsvergleichende Untersuchung des US-amerikanischen Rechts, des deutschen Aktienrechts und des WpÜG, Berlin 2004, (zit.: Hens, Vorstandspflichten, 2004).

Henze, Hartwig, Aspekte und Entwicklungstendenzen der aktienrechtlichen Anfechtungsklage in der Rechtsprechung des BGH, ZIP 2002, 97-108.

Ders., Der Schlusspunkt des Bundesverfassungsgerichts unter den Streit um die „Übertragende Auflösung", in FS für Martin Peltzer, hrsg. von Marcus Lutter, Manfred Scholz, Walter Sigle, Köln 2001, S. 181-194, (zit.: Henze, in: FS Peltzer, 2001).

Ders./Hoffmann-Becking, Michael (Hrsg.), Gesellschaftsrecht 2001, RWS Forum 20, 2001 (zit.: Verfasser, in: Henze/Hoffmann-Becking, Gesellschaftsrecht, 2001).

Hering, Thomas/Olbrich, Michael, Wert, Preis und Entschädigung der Mehrstimmrechte, BB 2003, 1519-1520.

Herkenroth, Klaus E., Konzernierungsprozesse im Schnittfeld von Konzernrecht und Übernahmerecht: rechtsvergleichende Untersuchungen der Allokationseffizienz unterschiedlicher Spielregeln von Unternehmensübernahmen, Diss., Berlin 1994, (zit.: Herkenroth, Konzernierungsprozesse, 1994).

Hertig, Gerard/McCahery, Joseph A., Company and Takeover Law Reforms in Europe: Misguided Harmoniza-tion Efforts or Regulatory Competition?, ecgi Law Working Paper 12/2003.

Hirte, Heribert, Die Auswirkungen der grenzüberschreitenden Sitzverlegung, EWS 2002, 573-574.

Ders., Eckpunkte des neuen deutschen Wertpapiererwerbs- und Übernahmegesetz, in: Hirte, WpÜG Materialien, 2002, S. 1-24.

Ders., Verteidigung gegen Übernahmeangebote und Rechtsschutz des Aktionärs gegen die Verteidigung, ZGR 2002, 623-658.

Ders. (Hrsg.), Wertpapiererwerbs- und Übernahmegesetz (WpÜG) – Gesetzestexte, Quellen, Materialien, Köln, Berlin u.a. 2002, (zit.: Verfasser, in: Hirte, WpÜG Materialien, 2002).

Ders./Bülow, Christoph von (Hrsg.), Kölner Kommentar zum WpÜG, Köln 2003, (zit.: Bearbeiter, in: Hirte/von Bülow, Kölner Kommentar WpÜG, 2003).

Hoffmann-Becking, Michael, Rechtsschutz bei Informationsmangeln im Unternehmensvertrags- und Umwandlungsrecht, in: Henze/Hoffmann-Becking, Gesellschaftsrecht, 2001, S. 55-70.

Ders., Referat zum 59. DJT, 1992 R 14, in: Verhandlungen des 59. Deutschen Juristentages 1992 in Hannover; Band II, (zit.: Hoffmann-Becking, Referat 59. DJT, 1992).

Holzborn, Timo, Ausschluss ausländischer Aktionäre nach § 24 WpÜG, BKR 2002, 67-76.

Ders./Blank, Joachim, Die Nichtzurechnung nach §§ 20, 36 WpÜG und die Befreiung vom Pflichtangebot nach § 37 WpÜG, §§ 8ff. WpÜG-AngVO, NZG 2002, 948-954.

Ders./Bunnemann, Jan, Änderungen im AktG durch den Regierungsentwurf für das UMAG, BKR 2005, 51-58.

Hommelhoff, Peter, Konzerneingangs-Schutz durch Takeover-Recht?, in: FS für Johannes Semler, hrsg. von Marcus Bierich, Peter Hommelhoff, Bruno Kropff, Berlin, New York 1993, S. 455-471 (zit.: Hommelhoff, in: FS Semler, 1993).

Ders., Übernahmeangebote im italienischen Recht aus deutscher Sicht, in: Fischer/Medicus/Busnelli, Jahrbuch für italienisches Recht, 2001, S. 121-137.

Ders./Hopt, Klaus J./Lutter, Marcus (Hrsg.), Konzernrecht für Europa, Band 1: Konzernrecht und Kapitalmarktrecht, München 2001, (zit.: Verfasser, in: Hommelhoff/Hopt/Lutter, Konzernrecht für Europa, 2001).

Ders./Kleindiek, Detlef, Takeover-Richtlinie und europäisches Konzernrecht, AG 1990, 106-111.

Ders./Witt, Carl-Heinz, Bemerkungen zum deutschen Übernahmegesetz nach dem Scheitern der Richtlinie, RIW 2001, 561-569.

Hopt, Klaus J., Aktionärskreis und Vorstandsneutralität, ZGR 1993, 534-566.

Ders., Auf dem Weg zum deutschen Übernahmegesetz, in: FS für Hans-Georg Koppensteiner, hrsg. von Ernst A. Kramer, Wolfgang Schumacher, Wien 2001, S. 61-89, (zit.: Hopt, in: FS Koppensteiner, 2001).

Ders., Auf dem Weg zum deutschen Übernahmegesetz, in: FS für Wolfgang Zöllner, hrsg. von Manfred Lieb, Ulrich Noack, Harm Peter Westermann, Band I, Handels-, Gesellschafts- und Wirtschaftsrecht, Köln 1998, S. 253-274, (zit.: Hopt, in: FS Zöllner, 1998).

Ders., Die Regelung der Übernahmeangebote im europäischen Recht, in: Büschgen/Schneider, Binnenmarkt, 1990, S. 297-313.

Ders., Europäisches und deutsches Übernahmerecht, ZHR 161 (1997), 368-420.

Ders., European Takeover Regulation: Barriers to and Problems of Harmonizing Takeover Law in the European Community, in: Hopt/Wymeersch, European Takeovers, 1992, S. 165-191.

Ders., Grundsatz- und Praxisprobleme nach dem Wertpapiererwerbs- und Übernahmegesetz, ZHR 166 (2002), 383-432.

Ders., Harmonisierung im europäischen Gesellschaftsrecht – Status quo, Probleme, Perspektiven, ZGR 1992, 265-295.

Ders., Konzernrecht und Kapitalmarktrecht: Rechtsvergleichende Synthese, in: Hommelhoff/Hopt/Lutter, Konzernrecht für Europa, 2001, S. 279-295.

Ders., Übernahmeangebote im europäischen Recht, in: FS für Fritz Rittner, hrsg. von Manfred Löwisch, Christian Schmidt-Leithoff, Burkhard Schmiedel, München 1991, S. 187-209, (zit.: Hopt, in: FS Rittner, 1991).

Ders., Übernahmen, Geheimhaltung und Interessenkonflikte: Probleme für Vorstände, Aufsichtsräte und Banken, ZGR 2002, 333-376.

Ders., Verhaltenspflichten des Vorstands der Zielgesellschaft bei feindlichen Übernahmen, in: FS für Marcus Lutter, hrsg. von Uwe H. Schneider, Peter Hommelhoff, Karsten Schmidt, Wolfram Timm, Barbara Grunewald, Tim Drygala, Köln 2000, S. 1361-1400, (zit.: Hopt, in: FS Lutter, 2000).

Ders./Mülbert, Peter O./Kumpan, Christoph, Reformbedarf im Übernahmerecht, AG 2005, 109-119.

Ders./Wiedemann, Herbert (Hrsg.), Großkommentar zum Aktiengesetz (Grosskommentare der Praxis), 4. Aufl., Berlin 1992, (zit.: Bearbeiter, in: Hopt/Wiedemann, Grosskommentar AktG, 1992).

Ders./Wymeersch, Eddy (Hrsg.), European Takeovers – Law and Practice, London 1992, (zit.: Verfasser, in: Hopt/Wymeersch, European Takeovers, 1992).

Houben, Eike, Die Gestaltung des Pflichtangebots unter dem Aspekt des Minderheitenschutz und der effizienten Allokation der Unternehmenskontrolle, WM 2000, 1873-1883.

Hüffer, Uwe, Aktiengesetz (Beck'sche Kurz-Kommentare, Bd. 53), 7. Aufl., München 2006, (zit.: Hüffer, AktG, 2006).

Ders./Schmidt-Aßmann, Eberhard/Weber, Martin, Anteilseigentum, Unternehmenswert und Börsenkurs, München 2004, (zit.: Hüffer/Schmidt-Aßmann/ Weber, Anteilseigentum, 2004).

Hulle Karel van, Aktuelle Entwicklungen im europäischen Gesellschaftsrecht, EWS 2000, 521-526.

Hurstell, Daniel/Süß, Gisela, Reformansätze des französischen Übernahmerecht, EuZW 1998, 203-209.

Hüttemann, Rainer, Börsenkurs und Unternehmensbewertung, ZGR 2001, 454-478.

Ihrig, Hans-Christoph, Rechtsschutz Drittbetroffener im Übernahmerecht, ZHR 167 (2003), 315-350.

Immenga, Ulrich, Öffentliche Übernahmeangebote, SAG 1975, 89-103.

Ipekel, Ferna, Defensive Measures under the Directive on Takeover Bids and their Effect on the UK and French Takeover Regimes, EBLR 2005, 341-351.

Jahn, Joachim, UMAG: Das Aus für räuberische Aktionäre oder neues Erpressungspotenzial?, BB 2005, 5-13.

Jahn, Joachim, Nach dem Mannesmann-Urteil des BGH: Konsequenzen für Wirtschaft, Justiz und Gesetzgeber, ZIP 2006, 738-745.

Jarass, Hans, EU-Grundrechte – ein Studien- und Handbuch, München, 2005, (zit.: Jarass, EU-Grundrechte, 2005).

Kaindl, Claudia, Das Pflichtangebot im Übernahmegesetz, Wien 2001, (zit.: Kaindl, Pflichtangebot, 2004).

Kainer, Friedemann, Binnenmarktrechtliche Grenzen des Übernahmerechts, ZHR 168 (2004), 542-576.

Kainer, Friedemann, Unternehmensübernahmen im Binnenmarktrecht – Zugleich ein Beitrag zur Privatrechtswirkung der Grundfreiheiten, 1. Aufl., Baden-Baden 2004, (zit.: Unternehmensübernahmen, 2004).

Kallmeyer, Harald, Ausschluss von Minderheitsaktionären, AG 2000, 59-61.

Ders., Die Mängel des Übernahmekodex der Börsensachverständigenkommission, ZHR 161 (1997), 435-454.

Ders., Neutralitätspflicht des Vorstands und Entscheidungsbefugnis der Hauptversammlung im Übernahmerecht, AG 2000, 553-554.

Ders., Umwandlungsgesetz Kommentar – Verschmelzung, Spaltung und Formwechsel bei Handelsgesellschaften, 3. Aufl., Köln 2006, (zit.: Bearbeiter, in: Kallmeyer, UmwG, 2006).

Ders., Zum neuen Kommissionsvorschlag für eine Übernahmerichtlinie, DB 2002, 2695.

Kalss, Susanne/Zollner, Johannes, Pflicht- und Übernahmeangebote im Regierungsentwurf des deutschen Wertpapier- und Übernahmegesetzes, SWI 2002, 36-45.

Kann van, Jürgen/ Just,Clemens, Der Regierungsentwurf zur Umsetzung der europäischen Übernahmerichtlinie, DStR 2006, 328-333.

Karpenstein, Ulrich, Praxis des EG-Rechts – Anwendung und Durchsetzung des Gemeinschafts-rechts in der Bundesrepublik Deutschland, München 2006, (zit.: Karpenstein, EG-Recht, 2006)

Karrer, Götz G., Die Angemessenheit der Leistung im Konzern-, Übernahme- und Ausschlussrecht, Studien zum Handels-, Arbeits- und Wirtschaftsrecht, Band 82, Baden-Baden 2003, (zit.: Karrer, Angemessenheit der Leistung, 2003).

Keidel, Theodor/Kuntze, Joachim/Winkler, Karl, Kommentar zum Gesetz über die Angelegenheiten der freiwilligen Gerichtsbarkeit, 15. Aufl., München 2003, (zit.: Keidel/Kuntze/Winkler, FGG, 2003).

Kiem, Roger, Das neue Übernahmegesetz: „Squeeze-out“, in: Henze/Hoffmann-Becking, Gesellschaftsrecht, 2001, S. 329-351.

Ders., Der Hauptversammlungsentscheid zur Legitimation von Abwehrmaßnahmen nach dem neuen Übernahmegesetz, ZIP 2000, 1509-1517.

Ders., Die Rechtsstellung des einzelnen Aktionärs beim Versuch der feindlichen Übernahme, EWiR 2000, 413-414.

Kiesewetter, Matthias, Der Sitz der Zielgesellschaft als Anknüpfungspunkt für die Anwendung des WpÜG n.F., RIW 2006, 518-521.

Kindler, Peter, „Inspire Art" - Aus Luxemburg nichts Neues zum internationalen Gesellschaftsrecht, NZG 2003, 1086-1090.

Ders., Hauptfragen des Konzernrechts in der internationalen Diskussion, ZGR 1997, 449-463.

Ders., Konzernrecht und Kapitalmarktrecht in Italien, in: Hommelhoff/Hopt/Lutter, Konzernrecht für Europa, 2001, S. 123-167.

Ders./Horstmann, Hendrik, Die EU-Übernahmerichtlinie – Ein „europäischer" Kompromiss, DStR 2004, 866-873.

Kirchner, Christian, Managementpflichten bei „feindlichen" Übernahmeangeboten, WM 2000, 1821-1830.

Ders., Neue Regeln für Unternehmensübernahmen, WISU 2001, 1037-1038.

Ders., Neutralitäts- und Stillhaltepflicht des Vorstands der Zielgesellschaft im Übernahmerecht, AG 1999, 481-492.

Ders./Ehricke, Ulrich, Funktionsdefizite des Übernahmekodex der Börsensachverständigenkommission, AG 1998, 105-116.

Klauberg, Theis, Rules on Takeover Bids in Latvia, EBLR 2005, 1474-1476.

Kleindiek, Detlef, Funktion und Geltungsanspruch des Pflichtangebots nach dem WpÜG, Kapitalmarktrecht – Konzernrecht – Umwandlungsrecht, ZGR 2002, 546-578.

Kleinschmit, Florian, Deutsches Volkswagengesetz und Europäische Kapitalsverkehrsfreiheit, Diss., Göttingen 2004, (zit.: Kleinschmit, Volkswagengesetz, 2004).

Köndgen, Johannes, Die Rechtsquellen des Europäischen Privatrechts, in: Riesenhuber, Europäische Methodenlehre, 2006, S. 65-90.

König, Detlef, Diskussionsbericht, in: Schmitthoff/Goré/Heinsius, Übernahmeangebote, 1976, S. 63-74.

Körber, Torsten, Übernahmerecht – ZGR-Symposium 2002 vom 18. und 19. Januar 2002 in Glashütten – Bericht über die Diskussion, ZGR 2002, 790-793.

Körner, Marita, Die Neuregelung der Übernahmekontrolle nach deutschem und europäischem Recht – insbesondere zur Neutralitätspflicht des Vorstandes, DB 2001, 367-374.

Kort, Michael, Rechte und Pflichten des Vorstands der Zielgesellschaft bei Übernahmeversuchen, in: FS für Marcus Lutter, hrsg. von Uwe H. Schneider, Peter Hommelhoff, Karsten Schmidt, Wolfram Timm, Barbara Grunewald, Tim Drygala, Köln 2000, S. 1421-1447, (zit.: Kort, in: FS Lutter, 2000).

Kossmann, Alfred, Ausschluß („Freeze-out") von Aktionären gegen Barabfindung, NZG 1999, 1198- 1203.

Krause, Hartmut, Zwei Jahre Praxis mit dem Wertpapiererwerbs- und Übernahmegesetz, NJW 2004, 3681-3688.

Ders., Das deutsche Übernahmegesetz vor dem Hintergrund der EU-Richtlinie, ZGR 2002, 500-519.

Ders., Das neue Übernahmerecht, NJW 2002, 705-716.

Ders., Das obligatorische Übernahmeangebot: Eine juristische und ökonomische Analyse, Diss., Baden-Baden 1996, (zit.: Krause, Das obligatorische Übernahmeangebot, 1996).

Ders., Der Kommissionsvorschlag für eine Revitalisierung der EU-Übernahmerichtlinie, BB 2002, 2341-2347.

Ders., Der revidierte Vorschlag einer Takeover-Richtlinie (1996), AG 1996, 209-217.

Ders., Die EU-Übernahmerichtlinie – Anpassungsbedarf im Wertpapiererwerbs- und Übernahmegesetz, BB 2004, 113-119.

Ders., Die geplante Takeover-Richtlinie der Europäischen Union mit Ausblick auf das geplante deutsche Übernahmegesetz, NZG 2000, 905-913.

Ders., Prophylaxe gegen feindliche Übernahmeangebote, AG 2002, 133-144.

Ders., Zur „Pool- und Frontenbildung" im Übernahmekampf und zur Organzuständigkeit für Abwehrmaßnahmen gegen „feindliche" Übernahmeangebote, AG 2000, 217-222.

Ders., Zur Gleichbehandlung der Aktionäre bei Übernahmeangeboten und Beteiligungserwerb, WM 1996, 845-851 (Teil I), 893-900 (Teil II).

Krieger, Gerd, Das neue Übernahmegesetz: Preisfindung beim Übernahmeangebot und Neutralitätspflicht des Vorstands der Zielgesellschaft, in: Henze/Hoffmann-Becking, Gesellschaftsrecht, 2001, S. 289-322.

Ders., Squeeze-Out nach neuem Recht: Überblick und Zweifelsfragen, BB 2002, 53-62.

Krohn, Mads, Minority Squeeze-Outs and the European Convention on Human Rights, EBLR 2004, 159-182.

Kropff, Bruno, Aktiengesetz, Düsseldorf 1965 (zit.: Kropff, AktG, 1965).

Ders./Semler, Johannes, Münchener Kommentar zum Aktiengesetz, Band 9/1 §§ 327a-327f. AktG, WpÜG, SpruchG, 2. Aufl., München 2004, (zit.: Bearbeiter, in: Kropff/Semler, Münchener Kommentar AktG, 2004).

Kropholler, Jan, Internationales Privatrecht, 5. Aufl., Tübingen 2004.

Kuhner, Christoph/Schilling, Dirk, Maßnahmen der Unternehmensleitung zur Abwehr von Unternehmensübernahmen in der rechts- und wirtschaftspolitischen Diskussion, BFuP 2002, 445-477.

Kuthe, Thorsten, Die Fortsetzung der Akteinrechtsreform durch den Entwurf eines Gesetzes zur Unternehmensintegrität und Modernisierung des Anfechtungsrechts, BB 2004, 449-451.

Land, Volker, Das neue deutsche Wertpapiererwerbs- und Übernahmegesetz – Anmerkungen zum Regierungsentwurf, DB 2001, 1707-1713.

Ders./Hasselbach, Kai, Das neue deutsche Übernahmegesetz, Einführung und kritische Anmerkung zum Diskussionsentwurf des BMF, DB 2000, 1747-1755.

Dies., „Going Private" und „*Squeeze Out*" nach deutschem Aktien-, Börsen- und Übernahmerecht, DB 2000, 557-562.

Lanfermann, Georg/Maul, Silja, EU-Übernahmerichtlinie: Aufstellung und Prüfung des Lageberichts, BB 2004, 1517-1521.

Larenz, Karl/Canaris, Claus-Wilhelm, Methodenlehre der Rechtswissenschaft, 3. Aufl., Berlin, Heidelberg u.a. 1995, (zit.: Larenz/Canaris, Methodenlehre, 1995).

Lee, Peter, Regulation of Takeovers in Selected National Legal Systems, in: Hopt/Wymeersch, European Takeovers, 1992, S. 133-163.

Lehne, Klaus-Heiner, Die 13. Richtlinie auf dem Gebiet des Gesellschaftsrechts betreffend Übernahmeangebote – gescheitert, aber dennoch richtungweisend für das künftige europäische Übernahmerecht, in: Hirte, WpÜG Materialien, 2002, S. 33-44.

Ders./Haak, Andreas Max, Das Ringen um die Übernahmerichtlinie aus der Sicht des Europäischen Parlaments, Der Konzern 2003, 163-167.

Lenz, Christofer/Leinekugel, Rolf, Eigentumsschutz beim Squeeze out, Köln, 2004, (zit.: Lenz/Leinekugel, Eigentumsschutz, 2004).

Lenz, Jürgen/Linke, Ulf, Die Handhabung des WpÜG in der aufsichtsrechtlichen Praxis, AG 2002, 361-369.

Ders./Behnke, Thorsten, Das WpÜG im Praxistest, BKR 2003, 43-51.

Letzel, Hans-Joachim, Das Pflichtangebot nach dem WpÜG, BKR 2002, 293-304.

Liebscher, Thomas, Das Übernahmeverfahren nach dem neuen Übernahmegesetz, ZIP 2001, 853-869.

Liekefett, Kai Haakon, Die EU-Übernahmerichtlinie aus ökonomischer Perspektive, RIW 2004, 824-836.

Linnerz, Markus, § 327a AktG: Kurzkommentar zum BGH Beschluss v. 25.10.2005 – II ZR 327/03 (OLG Celle), EWiR 2005, 845-846.

Loehr, Helmut, Der freiwillige Übernahmekodex, in: von Rosen/Seifert, Die Übernahme börsennotierter Unternehmen, 1999, S. 149-163.

Loritz, Karl-Georg/Wagner, Klaus-R., Das „Zwangsübernahmeangebot" der EG-Takeover-Richtlinie aus verfassungsrechtlicher Sicht, WM 1991, 709-722.

Lüke, Gerhard/Wax, Peter (Hrsg.), Münchener Kommentar zur Zivilprozessordnung, §§ 1-354, 2. Aufl., München 2000, (zit.: Bearbeiter, in: Lüke/Wax, Münchener Kommentar ZPO, 2000).

Lutter, Marcus, Die Auslegung angeglichenen Rechts, JZ 1992, 593-644.

Ders., Europäisches Unternehmensrecht, ZGR-Sonderheft 1, 3. Aufl., Berlin 1991, (zit.: Lutter, Europäisches Unternehmensrecht, 1991).

Ders., Europäisches Unternehmensrecht, ZGR-Sonderheft 1, 4. Aufl., Berlin 1996, (zit.: Lutter, Europäisches Unternehmensrecht, 1996).

Ders., Überseering und die Folgen, BB 2003, 7-10.

Ders., Zum Umfang der Bindung durch Richtlinien, in: FS für Ulrich Everling, Bd. I, hrsg. von Ole Due, Marcus Lutter, Jürgen Schwarze, Baden-Baden 1995, S. 765-1467, (zit.: Lutter, in FS Everling, 1995).

Ma, Teresa/Liekefett, Kai Haakon, Die Hongkonger »Codes on Takeovers and Mergers and Share Repurchases«, Der Konzern 2004, 705-716.

Maier-Reimer, Georg, Verhaltenspflichten des Vorstands der Zielgesellschaft bei feindlichen Übernahmen, ZHR 165 (2001), 258-279.

Mankiw, N. Gregory, Makroökonomik, 5. Aufl., Stuttgart 2003. (zit: Mankiw, Makroökonomik, 2003).

Manne, Henry G., Mergers and the Market for Corporate Control, 73. J. Pol. Econ. 1965, 110-120.

Manz, Gerhard/Mayer, Barbara/Schröder, Albert, Europäische Aktiengesellschaft SE, 1. Aufl., Baden-Baden 2005, (zit.: Bearbeiter, in: Manz/Mayer/Schröder, SE, 2005).

Mark, Christine, Angemessene Gegenleistung bei Übernahme- und Pflichtangeboten, in: Zschocke/Schuster, Übernahmerecht, Jahrbuch 2004, S. 41-44.

Martens, Klaus-Peter, Die Reform der aktienrechtlichen Hauptversammlung, AG 2004, 238-245.

Masing, Johannes, Vorrang des Europarechts bei umsetzungsgebundenen Rechtsakten, NJW 2006, 264-268.

Maul, Silja, Die EU-Übernahmerichtlinie – ausgewählte Fragen, NZG 2005, 151-158.

Dies./Muffat-Jeandet, Danièle, Die EU – Übernahmerichtlinie – Inhalt und Umsetzung in nationales Recht, AG 2004, 221-234 (Teil I), AG 2004, 306-318 (Teil II).

Dies./Schmidt, Claudia, Inspire Art - Quo vadis Sitztheorie?, BB 2003, 2297-2300.

Dies./Kouloridas, Athanasios, The Takeover bids Directive, German Law Journal, 2004 (Volume 5), 355-366.

Dies./Lanfermann, Georg/Eggenhofer, Erich, Aktionsplan der Europäischen Kommission zur Reform des Europäischen Gesellschaftsrechts, BB 2003, 1289-1295.

McCahery, Joseph A., Commentary on the draft takeover directive, (zit.: McCahery, Commentary), abrufbar unter:

www.europarl.eu.int/hearings/20030128/juri/mccahery.pdf

Ders./Renneboog, Luc/Ritter, Peer/Haller, Sascha, The Economics of the Proposed European Takeover Directive, in: Ferrarini/Hopt/Winter/Wymeersch, Takeover Law in Europe, 2004, S. 575-646.

Meilicke, Wienand/ Heidel, Thomas, UMAG: „Modernisierung" des Aktienrechts durch Beschränkung des Eigentumsschutzes der Aktionäre, DB 2004, 1479-1487.

Merkt, Hanno, Verhaltenspflichten des Vorstands der Zielgesellschaft bei feindlichen Übernahmen, ZHR 165 (2001), 224-257.

Merkt, Hanno/Binder, Jens-Hinrich, Änderungen im Übernahmerecht nach Umsetzung der EG-Übernahmerichtlinie: Das deutsche Umsetzungsgesetz und verbleibende Problemfelder, BB 2006, 1285-1292.

Mertens, Hans-Joachim, Förderung von, Schutz vor, Zwang zu Übernahmeangeboten, AG 1990, 252-259.

Meyer, Andreas, Änderungen im WpÜG durch die Umsetzung der EU-Übernahmerichtlinie, WM 2006, 1135-1144.

Ders., Das Verwaltungs- und Beschwerdeverfahren nach dem Wertpapiererwerbs- und Übernahmegesetz unter besonderer Berücksichtigung der Rechtsstellung Dritter, ZHR 167 (2003), 301-314.

Ders./Pötzsch, Thorsten, Das neue Übernahmerecht – Der Regierungsentwurf vom 11. Juli 2001, ZIP 2001, 1256-1262.

Monti, Mario, Vorschlag für eine Richtlinie über Übernahmeangebote, in: von Rosen/Seifert, Die Übernahme börsennotierter Unternehmen, 1999, S. 15-28.

Morgan, D.Li., Compulsory Acquisition of Shares, Journal of Business Law, November 1988, 486-494.

Moritz, Hans, Squeeze Out: Der Ausschluss von Minderheitsaktionären nach § 327a ff. AktG, Baden-Baden, 2004, (zit.: Moritz, Squeeze Out, 2004).

Mülbert, Peter O., Die Zielgesellschaft im Vorschlag 1997 einer Takeover-Richtlinie – zwei folgenreiche Eingriffe ins deutsche Aktienrecht, IStR 1999, 83-94.

Ders., Make It or Break It: The Break-Through Rule as a Break-Through for the European Takeover Directive, ecgi Law Working Paper 13/2003.

Ders., Shareholder Value aus rechtlicher Sicht, ZGR 1997, 129-172.

Ders., Übernahmerecht zwischen Kapitalmarktrecht und Aktien(konzern)recht – die konzeptionelle Schwachstelle des RegE WpÜG, ZIP 2001, 1221-1229.

Ders., Umsetzungsfragen der Übernahmerichtlinie – erheblicher Änderungsbedarf bei den heutigen Vorschriften des WpÜG, NZG 2004, 633-642.

Ders./Birke, Max, Das übernahmerechtliche Behinderungsverbot, WM 2001, 705-718.

Ders./Schneider, Uwe H., Der außervertragliche Abfindungsanspruch im Recht der Pflichtenangebote, WM 2003, 2301-2317.

Müller, Welf/Rödder, Thomas (Hrsg.), Beck'sches Handbuch der AG, mit KGaA: Gesellschaftsrecht, Steuerrecht, Börsengang, München 2004, (zit.: Bearbeiter, in: Müller/Rödder, Beck'sches Hdb AG, 2004).

Mutter, Stefan/Topf, Cornelia, Änderungen im Recht der Hauptversammlung durch das UMAG (Teil 3), AG-R 2004, R 259.

Neumann, Kay-Uwe, § 327e AktG: Kurzkommentar zum OLG Düsseldorf, Beschluss v. 29.6.2005 – I.15 W 38/05, EWiR 2005, 847-848.

Neye, Hans-Werner, Der gemeinsame Standpunkt des Rates zur 13. Richtlinie – ein entscheidender Schritt auf dem Weg zu einem europäischen Übernahmerecht, AG 2000, 289-301.

Ders., Der neue Vorschlag der Kommission für eine dreizehnte Richtlinie über Übernahmeangebote, DB 1996, 1121-1125.

Ders., Der Vorschlag 2002 einer Takeover-Richtlinie, NZG 2002, 1144-1145.

Ders., Im Wege der übertragenden Auflösung herausgedrängter Minderheitsaktionär, EWiR 2000, 913-914.

Ders., Zur Vereinbarkeit der Sitztheorie mit Gemeinschaftsrecht, EWiR 2002, 1003-1004.

Nick, Andreas, Unternehmensbewertung bei öffentlichen Übernahmeangeboten, in: Blättchen/Wegen, Übernahme börsennotierter Unternehmen, 2003, S. 87-115.

Nicolaysen, Gert, Tabakrauch, Gemeinschaftsrecht und Grundgesetz, EuR 1989, 215-225.

Nietsch, Michael, Rechtsschutz der Aktionäre der Zielgesellschaft im Übernahmeverfahren, BB 2003, 2581-2588.

Nobel, Peter/Drenckhan, Helke, Ein deutscher und europäischer Blick auf Unternehmensübernahmen in der Schweiz, WM 2006, 1129-1134.

Nussbaum, Konrad von, Die Aktiengesellschaft als Zielgesellschaft eines Übernahmeangebots: Vorgaben nach AktG und WpÜG für das Verhalten von Vorstand und Aufsichtsrat während einer Übernahmeauseinandersetzung und für Vorratsbeschlüsse der Hauptversammlung, Diss., Baden-Baden 2003, (zit.: von Nussbaum, Aktiengesellschaft als Zielgesellschaft, 2003).

Oechsler, Jürgen, Der Grundsatz der angemessenen Gegenleistung bei Übernahmeangeboten nach § 31 Abs. 1 Satz 1 WpÜG, in: FS für Walther Hadding, hrsg. von Franz Häuser, Horst Hammen, Joachim Hennrichs, Berlin 2004, S. 1027-1046, (zit.: Oechsler, in: FS Hadding, 2004).

Palandt, Otto, Kommentar zum BGB, 65. Aufl., München 2006, (zit.: Bearbeiter, in: Palandt, BGB, 2006).

Pechstein, Matthias, Die Bedeutung von Protokollerklärungen zu Rechtsakten der EG, EuR 1990, 249-268.

Peltzer, Martin, Das Mannesmann-Revisionsurteil aus der Sicht des Aktien- und allgemeinen Zivilrechts, ZIP 2006, 205-210.

Ders., Der Kommissionsentwurf für eine 13. Richtlinie über Übernahmeangebote vom 7.2.1996, AG 1997, 145-151.

Ders., Hostile Takeovers in der Bundesrepublik Deutschland? – Möglichkeiten und Hindernisse, ZIP 1989, 69-79.

Ders., Übernahmeangebote nach künftigem Europa-Recht und dessen Umsetzung in deutsches Recht, in: Assmann/Basaldua/Bozenhardt/Peltzer, Übernahmeangebote, 1990, S. 179-233.

Pietzke, Rudolf, Das zwingende Übernahmeangebot bei Erwerb einer Kontrollmehrheit, in: FS für Wolfgang Fikentscher, hrsg. von Bernhard Großfeld, Rolf Sack, Thomas M. J. Möllers, Josef Drexl, Andreas Heinemann, Tübingen 1998, S. 601-621, (zit.: Pietzke, in: FS Fikentscher, 1998).

Pluskat, Sorika, Das geplante neue Übernahmerecht nach dem Referentenentwurf des BMF, DStR 2001, 897-901.

Dies., Das Scheitern der europäischen Übernahmerichtlinie, WM 2001, 1937-1942.

Pötzsch, Thorsten/Möller, Andreas, Das künftige Übernahmerecht, WM Sonderbeilage Nr. 2 zu Heft 31/2000, S. 3-38, (zit.: Pötzsch/Möller, WM Sonderbeilage Nr. 2 zu Heft 31/2000).

Rappaport, Alfred, Shareholder Value, 2. Aufl., Stuttgart 1999, (zit.: Rappaport, Shareholder Value, 1999).

Rasner, Markus, Die Pflichten der Zielgesellschaft bei unfreundlichen Übernahmeangeboten nach dem neuen deutschen WpÜG, Frankfurt a.M. u.a. 2005, (zit.: Rasner, Pflichten der Zielgesellschaft, 2005).

Rathausky, Uwe, Squeeze out in Deutschland: eine empirische Untersuchung zu Anfechtungsklagen und Spruchverfahren, AG-R 2004, R 24.

Rau-Bredow, Hans, Ökonomische Analyse obligatorischer Übernahmeangebote, DBW 59 (1999), 763-777.

Rebmann, Kurt/Säcker, Franz Jürgen/Rixecker, Roland, Münchener Kommentar zum Bürgerlichen Gesetzbuch, Band 7, Familienrecht I, 4. Aufl., München 2000, (zit.: Bearbeiter, in: Rebmann/Säcker/Rixecker, Münchener Kommentar BGB-FamR, 2000).

Rengeling, Hans-Werner (Hrsg.), Europäisierung des Rechts: Ringvorlesung anlässlich des zehnjährigen Bestehens des Instituts für Europarecht der Universität, Osnabrück 1995, 1996, (zit.: Verfasser, in: Rengeling, Europäisierung des Rechts, 1996).

Reul, Jürgen, Die Pflicht zur Gleichbehandlung der Aktionäre bei privaten Kontrolltransaktionen: eine juristische und ökonomische Analyse, Tübingen 1991, (zit.: Reul, Pflicht zur Gleichbehandlung, 1991).

Ders., Übernahmeangebote in der ökonomischen Analyse, in: JbJZivW 1990, Kapitalmarktrecht-Schadensrecht-Privatrecht und Deutsche Einheit, hrsg. von Harald Baum, Christoph Engel, Oliver Remien, Manfred Wenckstern, Stuttgart u.a. 1991, S. 11-30, (zit.: Reuel, JbJZivW, 1990).

Richter, Eberhard Maria, Chancen für eine Übernahmeregelung in Europa, Das künftige Gemeinschaftsrecht im Vergleich mit dem britischen „City Code on Takeovers and Mergers", Diss., Freiburg i. Br., 1997, (zit.: Richter, Chancen für eine Übernahmeregelung, 1997).

Rickford, Jonathan, The Emerging European Takeover Law from a British Perspective, EBLR 2004, 1379-1421.

Riegen, Arend von, Verwaltungsrechtsschutz Dritter im WpÜG, Der Konzern, 2003, 583-591.

Riegger, Bodo/Wasmann, Dirk (Hrsg.), Kölner Kommentar zum Spruchverfahrensgesetz, 1. Aufl., Köln Berlin München, 2005, (zit.: Bearbeiter, in: Riegger/Wasmann, Kölner Kommentar SpruchG, 2005).

Riehmer, Klaus/Schröder, Oliver, Der Entwurf des Übernahmegesetzes im Lichte von Vodafone / Mannesmann, NZG 2000, 820-824.

Dies., Praktische Aspekte bei der Planung, Durchführung und Abwicklung eines Übernahmeangebots, BB 2001, Beilage 5, 1-16.

Riesenhuber, Karl, Europäische Methodenlehre – Grundlagen der Methoden des Europäischen Privatrechts, Berlin 2006, (zit.: Verfasser, in: Riesenhuber, Europäische Methodenlehre, 2006).

Ders./Domröse, Ronny, Richtlinienkonforme Rechtsfindung und nationale Methodenlehre, RIW 2005, 47-54.

Rodewald, Jörg/Siems, Mathias M., Der Preis ist heiß – Zur Angemessenheit der Gegenleistung bei Übernahmeangeboten, ZIP 2002, 926-929.

Rojo, Angel, Das öffentliche Übernahmeangebot im spanischen Recht, AG 1994, 16-23.

Roos, Michael, Der neue Vorschlag für eine EG-Übernahme-Richtlinie, WM 1996, 2177-2188.

Rosen, Rüdiger von, Berlin versus Brüssel – Europa in der Übernahmefalle?, ZfgK 2001, 734-735.

Ders./Seifert, Werner G. (Hrsg.), Die Übernahme börsennotierter Unternehmen, Frankfurt a.M. 1999, (zit.: Verfasser, in: von Rosen/Seifert, Die Übernahme börsennotierter Unternehmen, 1999).

Rosskopf, Gabriele, Selbstregulierung von Übernahmeangeboten in Großbritannien: der City Code on Takeovers and Mergers und die dreizehnte gesellschaftsrechtliche EG-Richtlinie, Diss., Berlin 2000, (zit.: Rosskopf, Selbstregulierung, 2000).

Roth, Wulf-Henning, Die Freiheiten des EG-Vertrages und das nationale Privatrecht: Zur Entwicklung internationaler Sachnormen für europäische Sachverhalte, ZEuP, 1994, 5-33.

Ders., Die richtlinienkonforme Auslegung, EWS 2005, 385-396.

Rühland, Philipp, Das „Level Playing Field" im europäischen Übernahmerecht – eine ökonomische Analyse der Durchbruchsregel (Art. 11 EUÜRL), NZG 2003, 1150-1153.

Ders., Der Ausschluss von Minderheitsaktionären aus der Aktiengesellschaft (Squeeze-out) – Eine rechtsdogmatische, rechtsvergleichende und ökonomische Untersuchung zur Ausgestaltung des Ausschlußrechts der §§ 327a ff. AktG de lege lata und de lege ferenda, Baden-Baden 2004, (zit. Rühland, Squeeze-out, 2004).

Ders., Der squeeze-out nach dem Referentenentwurf zum WpÜG vom 12.3.2001, NZG 2001, 448-455.

Ders., Der übernahmerechtliche Squeeze-out im Regierungsentwurf des Übernahmerichtlinie-Umsetzungsgesetzes, NZG 2006, 401-407.

Ders., Die Abfindung von aus der Aktiengesellschaft ausgeschlossenen Minderheitsaktionären: Ein Diskussionsbeitrag zum Entwurf des Übernahmegesetzes vom Bundesministerium der Finanzen vom 29.6.2000, WM 2000, 1884-1888.

Ruiz Peris, Juan Ignacio, Konzernrecht und Kapitalmarktrecht in Spanien, in: Hommelhoff/Hopt/Lutter, Konzernrecht für Europa, 2001, S. 243-278.

Sandberger, Georg, Teilübernahmeangebote und Zwangsübernahmeangebote im Europäischen Take-over-Recht, DZWiR 1993, 319-326.

Schaefer, Franz W./Eichner, Christian, Abwehrmöglichkeiten des Vorstands von börsennotierten Aktiengesellschaften bei feindlichen Übernahmeversuchen – ein Rechtsvergleich zwischen Deutschland und den USA, NZG 2003, 150-155.

Schander, Albert A., Abwehrstrategien gegen feindliche Übernahmen und ihre Zulässigkeit im Lichte der Aktienrechtsreform, BB 1997, 1801-1804.

Schiessl, Maximilian, Ist das deutsche Aktienrecht kapitalmarkttauglich?, AG 1999, 442-452.

Schilling, Wolf-Ulrich, Shareholder Value und Aktiengesetz, BB 1997, 373-381.

Schindler, Hendrik, Das Austrittsrecht in Kapitalgesellschaften: eine rechtsvergleichende Untersuchung zum Austrittsrecht als Mittel des Individual- und Minderheitenschutzes im deutschen und französischen Kapitalgesellschaftsrecht, München 1999, (zit.: Schindler, Austrittsrecht, 1999).

Schlaich, Klaus/Korioth, Stefan, Das Bundesverfassungsgericht: Stellung, Verfahren, Entscheidungen, 6. Aufl., München 2004, (zit.: Schlaich/Korioth, Das Bundesverfassungsgericht, 2004).

Schlitt, Michael/Seiler, Oliver/Singhof, Bernd, Aktuelle Rechtsfragen und Gestaltungsmöglichkeiten im Zusammenhang mit Wandelschuldverschreibungen, AG 2003, 254-268.

Schmidt, Hartmut/Prigge, Stefan, Übernahmekonzeption und Übernahmegesetz, DBW 62 (2002), 225-241.

Schmitthoff, Clive M./Goré, Francois/Heinsius, Theodor (Hrsg.), Übernahmeangebote im Aktienrecht, Frankfurt a.M. 1976, (zit.: Verfasser, in: Schmitthoff/Goré/Heinsius, Übernahmeangebote, 1976).

Schneider, Uwe H., Die Zielgesellschaft nach Abgabe eines Übernahme- oder Pflichtangebots, AG 2002, 125-133.

Ders./Burgard, Ulrich, Übernahmeangebote und Konzerngründung – Zum Verhältnis von Übernahmerecht, Gesellschaftsrecht und Konzernrecht, DB 2001, 963-969.

Schnurbein, Caspar Frhr. von, Anfechtung von Squeeze-out-Beschlüssen und Registersperre, AG 2005, 725-734.

Schockenhoff, Martin/Schumann, Alexander, Acting in Concert – geklärte und ungeklärte Rechtsfragen, ZGR 2005, 568-610.

Schübel-Pfister, Isabel, Sprache und Gemeinschaftsrecht: Die Auslegung der mehrsprachig verbindlichen Rechtstexte durch den Europäischen Gerichtshof, Berlin 2004, (zit.: Schübel-Pfister, Sprache und Gemeinschaftsrecht, 2004).

Schüppen, Matthias, WpÜG-Reform: Alles Europa, oder was? – Der Referentenentwurf eines ÜbernahmeRL-UmsetzungsG lässt viele Fragen und Wünsche offen, BB 2006, 165-171.

Ders., Übernahmegesetz ante portas! – Zum Regierungsentwurf eines „Gesetzes zur Regelung von öffentlichen Angeboten zum Erwerb von Wertpapieren und von Unternehmensübernahmen", WPg 2001, 958-976.

Schuster, Gunnar, Der neue Vorschlag für eine EG-Takeover-Richtlinie und seine Auswirkungen auf den Übernahmekodex, EuZW 1997, 237-241.

Schütz, Carsten/Bürgers, Tobias/Riotte, Michael, Die Kommanditgesellschaft auf Aktien, München 2004, (zit.: Bearbeiter, in: Schütz/Bürgers/Riotte, Die KGaA, 2004).

Schwark, Eberhard, Kapitalmarktrechtskommentar, 3. Aufl., München 2004, (zit.: Bearbeiter, in: Schwark, Kapitalmarktskommentar, 2004).

Schwarz, Günter Christian, Europäisches Gesellschaftsrecht, Baden-Baden 2000.

Schwarze, Jürgen, EU-Kommentar, 1. Aufl., Baden-Baden 2000, (zit.: Bearbeiter, in: Schwarze, EU-Kommentar, 2000).

Seibert, Ulrich, UMAG und Hauptversammlung - Der Regierungsentwurf eines Gesetzes zur Unternehmensintegrität und Modernisierung des Anfechtungsrechts (UMAG), WM 2005, 157-161.

Seibert, Ulrich/Schütz, Carsten, Der Referentenentwurf eines Gesetzes zur Unternehmensintegrität und Modernisierung des Anfechtungsrechts – UMAG, ZIP 2004, 252-258.

Seibt, Christoph H., Grenzen des übernahmerechtlichen Zurechnungstatbestandes in § 30 Abs. 2 WpÜG (Acting in Concert), ZIP 2004, 1829-1837.

Ders., Rechtsschutz im Übernahmerecht, ZIP 2003, 1865-1877.

Ders./Heiser Kristian J., Analyse des Übernahmerichtlinie-Umsetzungsgesetzes (Regierungsentwurf), AG 2006, 301-320.

Dies., Analyse der EU-Übernahmerichtlinie und Hinweise für eine Reform des deutschen Übernahmerechts, ZGR 2005, 200-251.

Dies., Der neue Vorschlag einer EU-Übernahmerichtlinie und das deutsche Übernahmerecht – Analyse und Umsetzungserfordernisse für den deutschen Gesetzgeber, ZIP 2002, 2193-2203.

Dies., Regelungskonkurrenz zwischen neuem Übernahmerecht und Umwandlungsrecht, ZHR 165 (2001), 466-494.

Sidhu, Karl, Die Regelung von grenzüberschreitenden Investitionen der WTO: ein Über-blick, ZEuS 2004, 335-366.

Sieger, Jürgen/Hasselbach, Kai, Ausschluss von Minderheitsaktionären (Squeeze-Out) im ausländischen Recht, NZG 2001, 926-930.

Dies., Der Ausschluss von Minderheitsaktionären nach den §§ 327a ff AktG, ZGR 2002, 120-162.

Siems, Mathias M., The Rules on Conflict of Laws in the European Takeover Directive, ECFR 2004, 458-476.

Simon, Stefan, Entwicklungen im WpÜG, Der Konzern 2006, 12-17.

Skog, Rolf, The Takeover Directive, the 'Breakthrough' Rule and the Swedish System of Dual Class Common Stock, EBLR 2004, 1439-1451.

Sonnenberger, Hans Jürgen (Red.), Münchener Kommentar zum BGB: Internationales Gesellschaftsrecht, 3. Aufl., München 1999, (zit.: Bearbeiter, in: Sonnenberger, Münchener Kommentar BGB-IntGesR, 1999).

Spindler, Gerald, Die Reform der Hauptversammlung und der Anfechtungsklage durch das UMAG, NZG 2005, 825-831.

Ders., Vorstandsvergütungen und Abfindungen auf dem aktien- und strafrechtlichen Prüfstand – Das Mannesmann-Urteil des BGH, ZIP 2006, 349-355

Staudinger, Julius von/Großfeld, Bernhard, Kommentar zum Bürgerlichen Gesetzbuch, mit Einführungsgesetz und Nebenregelungen: Internationales Gesellschaftsrecht, 13. Bearb., Berlin 1998, (zit: Staudinger/Großfeld, BGB-IntGesR, 1998).

Steding, Rolf, Das Take-over und Strategien zu seiner Abwehr im Aktienrecht, Jura 1999, 181-185.

Ders., Take-over: Eine neue Art des Unternehmenserwerbs auch in Deutschland?, BuW 2001, 381-385.

Stein, Friedrich/Jonas, Kommentar zur Zivilprozessordnung, Bd. 3, §§ 253-299a, 21. Aufl., Tübingen 1997, (zit.: Bearbeiter, in: Stein/Jonas, ZPO, 1997).

Steindorff, Ernst, EG-Richtlinien und Illusionen, in: FS für Ulrich Everling, Bd. II, hrsg. von Ole Due, Marcus Lutter, Jürgen Schwarze, Baden-Baden 1995, S. 1455-1467, (zit.: Steindorff, in FS Everling, 1995).

Ders., Gesellschaftsrechtliche Richtlinien der EG und strengeres staatliches Recht, EuZW 1990, 251-254.

Steinmeyer, Roland, Der übernahmerechtliche Sitzbegriff, in: FS für Ulrich Immenga, hrsg. von Andreas Fuchs, Hans-Meter Schwintowski, Daniel Zimmer, München 2004, S. 743-756, (zit.: Steinmeyer, in: FS Immenga, 2004).

Ders./Häger, Michael, Kommentar zum Wertpapiererwerbs- und Übernahmegesetz mit Erläuterungen zum Minderheitenschutz nach §§ 327a ff. AktG, 1. Aufl., Berlin 2002, (zit.: Steinmeyer/Häger, WpÜG, 2002).

Stoll, Jutta, Zum Vorschlag der EG-Kommission für die 13. Richtlinie auf dem Gebiet des Gesellschaftsrechts über Übernahmeangebote, BB 1989, 1489-1491.

Streinz, Rudolf, Europarecht, 7. Aufl., Heidelberg 2005, (zit.: Streinz, Europarecht, 2005).

Ders., EUV/EGV (Kurzkommentar), München 2003, (zit.: Bearbeiter, in: Streinz, EUV/EGV, 2003).

Stroinski, Rafal, Takeovers in Poland – Current Regulations and Towards Implementation of the Takeover Directive, EBLR 2005, 1443-1473.

Strunk, Klaus-Jürgen/Linke, Ulf, Erfahrungen mit dem Übernahmerecht aus Sicht der Bundesanstalt für Finanzdienstleistungsaufsicht, in: Veil/Drinkuth, Übernahmerecht, 2005, S. 3-42.

Sudmeyer, Jan, Mitteilungs- und Veröffentlichungspflichten nach §§ 21, 22 WpHG, BB 2002, 685-692.

Taschner, Hans Claudius, Zur Fortentwicklung des in der Europäischen Union angeglichenen Privatrechts durch die Gerichte der Mitgliedstaaten, in: FS für Erich Steffen, hrsg. von Erwin Deutsch, Ernst Klingmüller, Hans Josef Kullmann, Berlin New York 1995, S. 479-487, (zit.: Taschner, in: FS Steffen, 1995).

Technau, Konstantin, Übernahmerechtliche Austrittsrechte in Verschmelzungsfällen, AG 2002, 260-266.

Teichmann, Christoph, ECLR - Corporate Governance in Europa, ZGR 2001, 645-679.

Thaeter, Ralf, Zur Abwehr feindlicher Übernahmeversuche im RegE eines Gesetzes zur Regelung von öffentlichen Angeboten zum Erwerb von Wertpapieren und Unternehmensübernahmen (WÜG-RegE), NZG 2001, 789-791.

Ders./Barth, Daniel, RefE eines Wertpapiererwerbs- und Übernahmegesetzes, NZG 2001, 545-550.

Than, Jürgen, Zwangsweises Ausscheiden von Minderheitsaktionären nach Übernahmeangebot?, in: FS für Carsten Peter Clausen, hrsg. von Klaus-Peter Martens, Harm Peter Westermann, Wolfgang Zöllner, Köln 1997, S. 405-422, (zit.: Than, in: FS Claussen, 1997).

Thoma, Georg F., Das Wertpapiererwerbs- und Übernahmegesetz im Überblick, NZG 2002, 105-112.

Ders., Der neue Übernahmekodex der Börsensachverständigenkommission, ZIP 1996, 1725-1734.

Thüsing, Gregor, Zu den Grenzen richtlinienkonformer Auslegung, ZIP 2004, 2301-2305.

Tomuschat, Christian, Alle guten Dinge sind III, EuR 1990, 340-361.

Traugott, Rainer/Schäfer, Franz W., Zulässigkeit von Paketzuschlägen – Rechtsvergleichende Untersuchung und praktische Konsequenzen für die Auslegung des deutschen WpÜG, NZG 2004, 158-163.

Tretzmüller-Szauer, Christine, Squeeze-out-Regelungen im Entwurf zum Übernahmerichtlinie-Umsetzungsgesetz, AG-R 2006, R 83-R 84.

Tröger, Tobias, Unternehmensübernahmen im deutschen Recht (II), DZWIR 2002, 397-402.

Ulmer, Peter, Aktienrecht im Wandeln – Entwicklungslinien und Diskussionsschwerpunkte, AcP 202 (2002), 143-178.

Unger, Moritz von, „So lange" nicht mehr: Das BVerfG behauptet die normative Freiheit des deutschen Rechts, NVwZ 2005, 1266-1272.

Veil, Rüdiger, Die Übernahmerichtlinie und ihre Auswirkungen auf das nationale Übernahmerecht, in: Veil/Drinkuth, Übernahmerecht, 2005, S. 95-111.

Ders., Klagemöglichkeiten bei Beschlussmängeln der Hauptversammlung nach dem UMAG, AG 2005, 567-576.

Ders./Drinkuth, Henrik, Reformbedarf im Übernahmerecht – Tagungsband zum Symposium in den Räumen der Bucerius Law School am 4. Juni 2004, München 2005, (zit.: Verfasser, in: Veil/Drinkuth, Übernahmerecht, 2005).

Vetter, Eberhard, Squeeze-out – Der Ausschluss der Minderheitsaktionäre aus der Aktiengesellschaft nach den §§ 327a – 327f AktG, AG 2002, 176-190.

Ders., Squeeze-Out in Deutschland, ZIP 2000, 1817-1824.

Ders., Squeeze-Out nur durch Hauptversammlungsbeschluss?, DB 2001, 743-747.

Vetter, Jochen, Pflichtangebot nach Kontrollerwerb im Wege der Verschmelzung oder Spaltung?, WM 2002, 1999-2010.

Vollmer, Lothar/Grupp, Alexander, Der Schutz der Aktionäre beim Börseneintritt und Börsenaustritt, ZGR 1995, 459-480.

Vossius, Oliver, Squeeze-out – Checklisten für Beschlussfassung und Durchführung, ZIP 2002, 511-516.

Wagner, Jens, Zur Rechtsstellung Dritter nach dem WpÜG, NZG 2003, 718-719.

Wagner, Oliver, EU-Übernahmerichtlinie – Erfolg nach 30 Jahren Diskussion?, in: Deutsche Bank Research, EU Monitor Finanzmarkt Spezial, Nr. 2 vom 22. Mai 2003, abrufbar unter:

http://www.dbresearch.de/PROD/DBR_INTERNET_DE–PROD/PROD000000 0000055473.pdf.

Wastl, Ulrich, Der Handel mit größeren Aktienpaketen börsennotierter Unternehmen, NZG 2000, 505-514.

Weber, Martin, Der geänderte Vorschlag der Kommission für eine Takeover-Richtlinie vom 10.11.1997, EuZW 1998, 464-469.

Weber-Rey, Daniela/Schütz, Bernhard G., Zum Verhältnis von Übernahmerecht und Umwandlungsrecht, AG 2001, 325-330.

Weiler, Lothar/Meyer, Ingo, "Abgestimmtes Verhalten" gemäß § 30 WpÜG – Neue Ansätze der Bundesanstalt für Finanzdienstleistungsaufsicht?, NZG 2003, 909-911.

Weimar, Robert/Breuer, Jürgen, International verwendete Strategien der Abwehr feindlicher Übernahmeversuche im Spiegel des deutschen Aktienrechts, BB 1991, 2309-2322.

Weinberg, Mark A./Blank, Maurice V., Weinberg and Blank on Take-Overs and Mergers, Losebl-Ausg., London, Stand Oktober 2001, (zit.: Weinberg/ Blank, Take-Overs and Mergers, Stand: Oktober 2001).

Weisgerber, Thomas, Der Übernahmekodex in der Praxis, ZHR 161 (1997), 421-434.

Weisner, Arnd, Abwehrmaßnahmen gegen feindliche Unternehmensübernahmen, ZRP 2000, 520-525.

Weißhaupt, Frank, Informationsmängel in der Hauptversammlung: die Neuregelungen durch das UMAG, ZIP 2005, 1766-1773.

Ders., Modernisierung des Informationsmängelrechts in der Aktiengesellschaft nach dem UMAG-Regierungsentwurf, WM 2004, 705-712.

Wenger, Ekkehard/Kaserer, Christoph/Hecker, Renate, Konzernbildung und Ausschluss von Minderheiten im neuen Übernahmerecht: Eine verpasste Chance für einen marktorientierten Minderheitenschutz, ZBB 2001, 317-334.

Werder, Axel von, Shareholder Value-Ansatz als (einzige) Richtschnur des Vorstandshandelns?, ZGR 1998, 69-91.

Werner, Winfried, Probleme „feindlicher" Übernahmeangebote im Aktienrecht, Berlin, New York 1989 (zit.: Werner, Feindliche Übernahmeangebote, 1989).

Wiese, Götz Tobias/Demisch, Dominik, Unternehmensführung bei feindlichen Übernahmeangeboten: Eine Kritik des geplanten Übernahmerechts aus ökonomischer Sicht, DB 2001, 849-852.

Wiesner, Peter M., Corporate Governance und kein Ende: Zum Aktionsplan der EU-Kommission über die Modernisierung des Gesellschaftsrechts und Verbesserung der Corporate Governance, ZIP 2003, 977-980.

Ders., Die neue Übernahmerichtlinie und die Folgen, ZIP 2004, 343-350.

Ders., Europäisches Unternehmensrecht – Stand und Entwicklung, ZIP 2000, 1792-1812.

Ders., Kein EG-weites Harmonisierungsbedürfnis für das Recht der Übernahmeangebote, GmbHR 1987, R 81.

Wilsing, Hans-Ulrich, Neuerungen des UMAG für die aktienrechtliche Beratungspraxis, ZIP 2004, 1082-1091.

Ders./Kruse, Tobias, Die Behandlung bedingter Aktienbezugsrechte beim Squeeze out, ZIP 2002, 1465-1470.

Winter, Martin/Harbarth, Stephan, Verhaltenspflichten von Vorstand und Aufsichtsrat der Zielgesellschaft bei feindlichen Übernahmeangeboten nach dem WpÜG, ZIP 2002, 1-18.

Wirth, Gerhard/Arnold, Michael, Anlegerschutz beim Delisting von Aktiengesellschaften, ZIP 2000, 111-117.

Witt, Carl-Heinz, Bericht über die Diskussion, ZGR 2002, 754-756.

Ders., Der neue Vorschlag für eine EG-Richtlinie über Übernahmeangebote, EWS 1998, 318-323.

Ders., Die Änderungen der Mitteilungs- und Veröffentlichungspflichten nach §§ 21 WpHG durch das geplante Wertpapiererwerbs- und Übernahmegesetz, AG 2001, 233-241.

Ders., Regelmäßige „Wasserstandsmeldungen" – unverzichtbarer Bestandteil eines künftigen Übernahmegesetzes, NZG 2000, 809-819.

Witte, Jürgen, Diskussionsentwurf zur Regelung von Unternehmensübernahmen: Abwehrmöglichkeiten des Vorstands der Zielgesellschaft, BB 2000, 2161-2166.

Wöhe, Günter, Einführung in die allgemeine Betriebswirtschaftslehre, 22. Aufl., München 2005, (zit.: Wöhe, Betriebswirtschaftslehre, 2005).

Wolf, Martin, Konzerneingangsschutz bei Übernahmeangeboten, AG 1998, 212-221.

Wooldridge, Frank, Compulsory Acquisition of Shares on Takeovers, Journal of Business Law, July 1986, 300-305.

Wouters, Jan, Towards a Level Playing Field for Takeovers in the European Community? An Analysis of the Proposed Thirteenth Directive in light of American Experiences, (1993) 30 CMLR 267-310.

Wymeersch, Eddy, The Mandatory Bid: A Critical View, in: Hopt/Wymeersch, European Takeovers, 1992, S. 351-368.

Ders., Unternehmensführung in Westeuropa, AG 1995, 299-316.

Ders., Übernahmeangebote und Pflichtangebote, ZGR 2002, 520-545.

Zimmer, Daniel, Aufsicht bei grenzüberschreitenden Übernahmen, ZGR 2002, 731-753.

Zinser, Alexander, Der britische City Code on Takeovers and Mergers in der Fassung vom 9.3.2001, RIW 2001, 481-488.

Ders., Der Entwurf eines Übernahmegesetzes, ZRP 2001, 363-368.

Ders., Der RefE eines „Gesetzes zur Regelung von öffentlichen Angeboten zum Erwerb von Wertpapieren und von Unternehmensübernahmen" vom 12.3.2001, NZG 2001, 391-397.

Ders., Pflichtangebotsregelungen in europäischen Staaten, NZG 2000, 573-578.

Ders., Übernahmeangebote (takeover bids) im englischen und deutschen Recht: eine rechtsvergleichende Untersuchung mit Blick auf eine künftige Regelung in Deutschland, Diss., Kiel u.a. 2000, (zit.: Zinser, Übernahmeangebote (takeover bids), 2000).

Zöller, Richard, Zivilprozessordnung Kommentar, 25. Aufl., Köln 2005, (zit.: Bearbeiter, in: Zöller, ZPO, 2005).

Zöllner, Wolfgang, Kölner Kommentar zum Aktiengesetz, Band 1, §§ 1-75 AktG, 2. Aufl., Köln Berlin Bonn München 1988 (zit.: Bearbeiter, in: Zöllner, Kölner Kommentar AktG, 1988).

Ders., Kölner Kommentar zum Aktiengesetz, Band 2, §§ 76-117 AktG, 2. Aufl., Köln Berlin Bonn München 1995 (zit.: Bearbeiter, in: Zöllner, Kölner Kommentar AktG, 1995).

Ders., Referat zum 59. DJT, 1992, R 35-R 56, in: Deutscher Juristentag, Empfiehlt es sich, das Recht faktischer Unternehmensverbindungen – auch im Hinblick auf das Recht anderer EG-Staaten – neu zu regeln?, Band II, Sitzungsberichte, München 1992, (zit.: Zöllner, Referat 59. DJT, 1992).

Ders./Noack, Ulrich, Kölner Kommentar zum Aktiengesetz, Band 6, §§ 15-22 AktG, §§ 291-328 AktG, 3. Aufl., Köln Berlin München 2004 (zit.: Bearbeiter, in: Zöllner/ Noack, Kölner Kommentar AktG, 2004).

Dies., One share – one vote?, AG 1991, 117-131.

Zschocke, Christian, Europapolitische Mission: Das neue Wertpapiererwerbs- und Übernahmegesetz, DB 2002, 79-85.

Ders./Rahlf, Nils Kein Anspruch eines Aktionärs auf Hinzuziehung im Angebotsverfahren vor der BaFin, Anmerkung zu OLG Frankfurt/Main, Beschluss von 4.7.2003 - WpÜG 4/03, DB 2003, 1782-1786

Dies., Kein Anspruch eines Aktionärs auf Nachbesserung des Übernahmeangebots in dem Angebotsverfahren des Bieters vor der BaFin, Anmerkung zu OLG Frankfurt/Main, Beschluss von 27.5.2003 - WpÜG 2/03, DB 2003, 1375-1376.

Dies., Verfahren zur Befreiung des Bieters von der Verpflichtung zur Veröffentlichung und Abgabe eines Pflichtangebots: Kein Anspruch eines Aktionärs auf Hinzuziehung, Anmerkung zu OLG Frankfurt/Main, Beschluss von 9.10.2003– WpÜG 3/03, DB 2003, 2540.

Ders./Schuster, Stephan, Bad Homburger Handbuch zum Übernahmerecht, Heidelberg 2003, (zit: Bearbeiter, in: Zschocke/Schuster, Bad Homburger Hdb Übernahmerecht, 2003).

Dies., Übernahmerecht – Jahrbuch 2004, Frankfurt/Main 2004, (zit.: Verfasser, in: Zschocke/Schuster, Übernahmerecht, Jahrbuch 2004).

QUELLEN

Allianz AG, Stellungnahme der Allianz AG zum Regierungsentwurf eines Übernahmerichtlinie-Umsetzungsgesetzes, vom 5. Mai 2006, (zit.: Allianz AG, Stellungnahme zum RegE Ü-UG).*

Börsensachverständigenkommission, Standpunkte der Börsensachverständigenkommission zur zukünftigen Regelung von Unternehmensübernahmen, 1999.

Bundesrechtsanwaltskammer, Stellungnahme zum Entwurf eines Gesetzes zur Umsetzung der Richtlinie 2004/25/EG des Europäischen Parlaments und des Rates vom 21. April 2004 betreffend Übernahmeangebote (Übernahmerichtlinie – Umsetzungsgesetz), vom 24. Januar 2006, Az: K G I Übn-Rili-UmG, (zit.: Bundesrechtsanwaltskammer, Stellungnahme zum RefE Ü-UG).

Deutsches Aktieninstitut (DAI), Stellungnahme zum Entwurf eines Gesetzes zur Umsetzung der Richtlinie 2004/25/EG des Europäischen Parlaments und des Rates vom 21. April 2004 betreffend Übernahmeangebote (Übernahmerichtlinie-Umsetzungsgesetz), vom 24. Januar 2006, (zit.: DAI, Stellungnahme zum RefE Ü-UG), abrufbar unter:
http://www.dai.de/internet/dai/dai-2-0.nsf/dai_publikationen.htm.

Deutscher Anwaltsverein (DAV)

Stellungnahme zum revidierten Vorschlag einer 13. Richtlinie der EG über Übernahmeangebote, in: WiB 1996, 1023, (zit.: DAV, Stellungnahme, WiB 1996).

Stellungnahme des Handelsrechtsausschusses zum Referentenentwurf des BMF für ein Gesetz zur Regelung von öffentlichen Angeboten zum Erwerb von Wertpapieren und von Unternehmensübernahmen, vom 20. April 2001, abgedruckt in: NZG 2001, 420-432, (zit.: DAV, Stellungnahme zum RefE WpÜG, NZG 2001).

Stellungnahme des Handelsrechtsausschusses zum Regierungsentwurf WpÜG, abgedruckt in: ZIP 2001, 1736-1740, (zit.: DAV-Handelsrechtsausschuss, Stellungnahme zum RegE WpÜG, ZIP 2001).

Stellungnahme des Handelsrechtsausschusses zum Diskussionsentwurf eines Gesetzes zur Umsetzung der Übernahmerichtlinie, abgedruckt in: NZG 2006, 177-183, (zit.: DAV-Handelsrechtsausschuss, Stellungnahme zum DiskE Ü-UG, NZG 2006).

Stellungnahme des Handelsrechtsausschusses zum Regierungsentwurf eines Gesetzes zur Umsetzung der Übernahmerichtlinie, vom 9. Mai 2006, (zit.: DAV, Stellungnahme zum RegE Ü-UG), abrufbar unter: http://www.bundestag.de/ausschuesse/a07/anhoerungen/016/Stellungnahmen/09 –Hengeler_Mueller.PDF.

Deutsche Schutzvereinigung für Wertpapierbesitz e.V. (DSW), Stellungnahme der Deutsche Schutzvereinigung für Wertpapierbesitz e.V. (DSW) zu dem Gesetzentwurf der Bundesregierung eines Gesetzes zur Umsetzung der Richtlinie 2004/25/EG des Europäischen Parlamentes und des Rates vom 21. April 2004 betreffend Übernahmeangebote (Übernahmerichtlinie - Umsetzungsgesetz), vom 3. Mai 2006, (zit.: DSW, Stellungnahme zum RegE U-ÜG).*

Spitzenverbände der deutschen Wirtschaft (BDI, BDA, GDV, DIHK)

Stellungnahme zum Referentenentwurf eines Wertpapiererwerbs- und Übernahmegesetz (WpÜG), vom 30. März 2001, (zit.: Gemeinsame Stellungnahme von BDI, BDA, GDV und DIHK zum RefE WpÜG), abrufbar unter: http://www.anwaltverein.de/03/05/2001/13-01.rtf.

Stellungnahme zum Regierungsentwurf eines Wertpapiererwerbs- und Übernahmegesetz (WpÜG), vom 27. September 2001, (zit.: Gemeinsame Stellungnahme von BDI, BDA, GDV und DIHK zum RegE WpÜG).

Gemeinsame Stellungnahme zum Referentenentwurf eines Übernahmerichtlinie-Umsetzungsgesetzes, vom 24. Januar 2006, (zit.: Gemeinsame Stellungnahme von BDI, BDA, GDV und DIHK zum RefE Ü-UG), abrufbar unter: http://www.dihk.de/index.html?/inhalt/themen/rechtundfairplay/stellungnahmen/index.html.

Gemeinsame Stellungnahme zum Regierungsentwurf eines Übernahmerichtlinie-Umsetzungsgesetzes, vom 17. März 2006, (zit.: Gemeinsame Stellungnahme von BDI, BDA, GDV und DIHK zum RegE Ü-UG).*

Habersack, Mathias, Stellungnahme zum Regierungsentwurf eines Gesetzes zur Umsetzung der Richtlinie 2004/25/EG betreffend Übernahmeangebote (Drs. 16/1003), vom 2. Mai 2006, (zit. Habersack, Stellungnahme zum RegE Ü-UG).*

Heidel, Thomas, Stellungnahme zu dem Gesetzentwurf der Bundesregierung – Drucksache 16/1003 – „Entwurf eines Gesetzes zur Umsetzung der Richtlinie 2004/25/EG des Europäischen Parlaments und des Rates vom 21. April 2004 betreffend Übernahmeangebote (Übernahmerichtlinie-Umsetzungsgesetz)“, vom 4. Mai 2006, (zit.: Heidel, Stellungnahme zum RegE Ü-UG).*

Merkt, Hanno, Schriftliche Stellungnahme zur öffentlichen Anhörung in Berlin am 10. Mai 2006 zum Gesetzentwurf der Bundesregierung – Drucksache 16/1003 – Entwurf eines Gesetzes zur Umsetzung der Richtlinie 2004/25/EG des Europäischen Parlaments und des Rates vom 21. April 2004 betreffend Übernahmeangebote (Übernahmerichtlinie-Umsetzungsgesetz), vom 8. Mai 2006, (zit.: Merkt, Stellungnahme zum RegE Ü-UG).*

* *Sämtliche Stellungnahmen abrufbar unter:*

http://www.bundestag.de/ausschuesse/a07/anhoerungen/016/Stellungnahmen.

Winter, Jaap/Schans Christensen, Jan/Garrido García, José Maria/Hopt, Klaus J./Rickford, Jonathan/Rossi, Guido/Simon, Joëlle („Winter-Gruppe")

Bericht der Hochrangigen Gruppe von Experten auf dem Gebiet des Gesellschaftsrechts über die Abwicklung von Übernahmeangeboten vom 10. Januar 2002, (zit.: Winter-Bericht), abrufbar unter:
http://ec.europa.eu/comm/internal_market/company/docs/takeoverbids/2002-01-hlg-report_de.pdf.

Winter, Jaap/Schans Christensen, Jan/Garrido García, José Maria/Hopt, Klaus J./Rickford, Jonathan/Rossi, Guido/Simon, Joëlle („Winter-Gruppe")

Bericht der Hochrangigen Gruppe von Experten auf dem Gebiet des Gesellschaftsrechts über moderne gesellschaftsrechtliche Rahmenbedingungen in Europa vom 4. November 2002, (zit.: Winter-Bericht II), abrufbar unter:
http://ec.europa.eu/comm/internal_market/company/docs/modern/report_de.pdf.

Dauner-Lieb, Barbara/Lamandini, Marco

Der neue Vorschlag für eine Richtlinie auf dem Gebiet des Gesellschaftsrechts betreffend Übernahmeangebote und die Erreichung von gleichen Ausgangsbedingungen, Gutachten im Auftrag des Europäischen Parlaments, 12/2002, (zit.: Dauner-Lieb/Lamandini – Gutachten), abrufbar unter:
http://europarl.eu.int/meetdocs/committees/juri/20030122/484532DE.pdf.

FSC
www.fsc.org
MIX
Papier | Fördert
gute Waldnutzung
FSC® C083411

Kolibri 360 GmbH
Ferdinand-Jühlke-Straße 7
99095 Erfurt, Deutschland
produktsicherheit@kolibri360.de

Druck:
CPI Druckdienstleistungen GmbH
im Auftrag der
Kolibri 360 GmbH
Ferdinand-Jühlke-Str. 7
99095 Erfurt